Amarres perros

Amarres perros
Una autobiografía

Jorge G. Castañeda

Amarres perros
Una autobiografía

Primera edición: noviembre de 2014
Segunda reimpresión: marzo de 2015

D. R. © 2014, Jorge G. Castañeda

D. R. © 2015, derechos de edición mundiales en lengua castellana:
Penguin Random House Grupo Editorial, S. A. de C. V.
Blvd. Miguel de Cervantes Saavedra núm. 301, 1er piso,
colonia Granada, delegación Miguel Hidalgo, C. P. 11520,
México, D. F.

www.megustaleer.com.mx

D. R. © Diseño de cubierta: Guillermo Mercado Mulliert
Fotografías: Cortesía del autor.
Del archivo personal de Jorge Castañeda

Comentarios sobre la edición y el contenido de este libro a:
megustaleer@penguinrandomhouse.com

ISBN 978-607-113-538-4

Impreso en México / *Printed in Mexico*

Cuando un hombre sin enemigos parte de este mundo hacia el siguiente, el Creador sabe inmediatamente que esa persona ha desperdiciado su vida.

RABINO YEHUDA BRANDWEIN
citado en *Educación de un cabalista*,
de Rav P.S. Berg

Prólogo de Marina Castañeda

Algunas autobiografías son interesantes por la importancia histórica de su narrador; otras, por la visión del mundo muy particular —original, excéntrica o sencillamente graciosa— que nos revelan; y otras, por la personalidad misma del autor. La de Jorge Castañeda combina los tres elementos, pero sobre todo los dos últimos. Lo interesante de Jorge, para los que hemos convivido con él durante algún tiempo —en mi caso, en tanto su hermana menor, 58 años—, es que nunca pasa desapercibido, ni nos deja indiferentes.

Jorge siempre impacta, para bien o para mal, por su forma de ser, de pensar y expresarse. A veces lo queremos, a veces no lo soportamos, pero nunca deja de intrigarnos. El solo hecho de mirarlo vivir, en sus múltiples actividades e incansable análisis del mundo, es asistir a un espectáculo permanente. Y es por ello que este libro cumple con el requisito primordial de cualquier texto autobiográfico, que es despertar nuestro interés y darnos ganas de conocer al narrador.

Pero, ¿qué tiene de especial la personalidad de Jorge? Lo más obvio, y lo que nadie disputa, es su brillantez intelectual. Gracias a sus idiomas, su conocimiento enciclopédico de la historia y del mundo actual, su curiosidad insaciable y su espíritu siempre crítico, sus opiniones son siempre bien fundamentadas, lógicamente argumentadas y claras.

En muchos casos se basan, además, en un conocimiento personal del tema: Jorge no sólo ha sido testigo de acontecimientos importantes a nivel nacional e internacional, sino que ha participado o influido en muchos de ellos directamente. Esto le ha dado una visión, quizá más pragmática que la de muchos intelectuales, de la política como arte de lo posible.

Otra característica de Jorge, en su forma de expresarse, es su absoluta honestidad. A diferencia de muchos personajes públicos, dice sin ambigüedad ni escrúpulo todo lo que piensa y siente. Puedo suponer que esto ha lastimado a mucha gente, pero adivino asimismo que muchas personas aprecian saber exactamente dónde están paradas frente a él. Así como Jorge no deja a nadie indiferente, nadie le resulta indiferente: si te quiere o no te quiere, lo sabrás con toda claridad.

Pero quizá lo más interesante sea su visión del mundo radicalmente iconoclasta. En su universo intelectual y sentimental, no hay ídolo que escape de su mirada crítica, ni nadie que se salve de un cuestionamiento reiterado. Esto explica en gran parte sus posturas políticas en apariencia cambiantes: en diferentes épocas de la vida, ha sido considerado de izquierda, de derecha y, a veces, todo lo contrario. La constante subyacente a esta evolución no ha residido en un carácter frívolo ni oportunista, sino en una visión que se ha ido adaptando, a veces anticipadamente, a los cambios políticos, económicos y sociales que han regido nuestro mundo en las últimas cuatro décadas. Es por ello que su mirada es siempre fresca, innovadora —y muchas veces, o en todo caso inicialmente, rechazada por los poderes fácticos de nuestra sociedad.

Por supuesto, nada de esto es gratuito. Con los padres que tuvimos, habiendo vivido en diferentes países y contado con magníficas oportunidades de estudio, Jorge no podía ser otra cosa que iconoclasta. Nuestros padres eran cultos, cosmopolitas y brillantes, cada uno a su manera. Nuestra madre, rusa judía, con siete idiomas y doctorada en bioquímica a los 22 años, apasionada por la política pero también por la naturaleza, la poesía y la música, de una izquierda convencidamente comunista; nuestro padre, de una izquierda liberal y tolerante, y bastante conformista en sus gustos culturales. La diferencia entre ellos daba lugar a una gran riqueza y apertura de opinión.

Recuerdo, por ejemplo, discusiones apasionadas entre nuestra madre, quien decía que la Mona Lisa le aburría profundamente, y nuestro padre, que aducía que era la expresión máxima de la pintura universal. Y recuerdo la incesante curiosidad intelectual que imperaba en nuestro hogar: en la mesa, en la cama, en la playa, en dónde estuviéramos, todos leíamos, todo el tiempo. Y comentábamos todo lo que leíamos. La casa familiar era un perpetuo espacio de aprendizaje y debate.

Con su inteligencia innata, Jorge absorbió ese gusto por la discusión, para llegar más a fondo que con ideas preconcebidas y con lo políticamente correcto. Es por ello que puede a veces parecer extremo en sus opiniones; su meta siempre es cuestionar lo que damos por sentado.

Por supuesto, esta forma de "llevar la contraria" no es siempre bienvenida. En un mundo ideal, debería serlo. Las opiniones de Jorge, como las de cualquiera, no son siempre atinadas. Pero su valor no consiste en decir la verdad, sino en promover el debate.

Como muchos productos del sistema educativo francés, Jorge es eminentemente cartesiano. Le gusta lo claro y, en la medida de lo posible, lo que está en blanco y negro. Sin embargo, los lectores atentos de este libro se darán cuenta que más allá de esa lógica e inteligencia, a veces abrumadoras, existe una sensibilidad cariñosa, leal, e incluso delicada para sus seres cercanos.

Este libro encierra muchas capas, y cada lector encontrará en él lo que más le interese: lo político, lo intelectual, lo personal. Y también encontrará huecos y omisiones acerca de temas que quizás hubiera querido conocer mejor. Pero, finalmente, el privilegio de quien se haya atrevido a escribir una autobiografía es éste: decir su versión y compartir lo que quiera de su vida y su mundo. Y vale la pena recalcar que el mundo de Jorge, su historia y su pensamiento, no sólo describen una personalidad atípica, sino que reflejan una época, una generación, profundamente inscritas en el devenir de nuestro país.

Manual de uso

La autobiografía es un género casi desconocido en México, si lo diferenciamos de las "memorias" de expresidentes donde narran su gestión o recopilan sus notas diarias e informes de gobierno. Con la excepción del *Ulises criollo* de José Vasconcelos, de *La victoria sin alas* de Jaime Torres Bodet, de las *Memorias* póstumas de Gabriel Figueroa y de *La estatua de sal* de Salvador Novo, en nuestro país la gente no suele contar por escrito los pormenores de su existencia. La narración de la vida propia es mucho más común en otras latitudes, donde cada esfuerzo tiende a descansar en una de tres justificaciones: o bien el sujeto vivió una vida importante —para su país, su profesión, su época—; o bien vivió una vida interesante —digna de ser compartida con otros, más allá de su trascendencia—; o bien vivió una vida cuyo relato permite entender un drama humano, un momento histórico, un dilema de sociedad. El texto que sigue reúne una pizca de cada uno de los ingredientes enumerados y representa una pequeña ruptura con la tradición mexicana de callar todo o pagarle a otros para que hablen. Innovar es mucho decir; acaso esta autobiografía convencerá a quienes satisfagan plenamente los requisitos enumerados de escribir sus historias.

Le dediqué de manera intermitente tres años a este proyecto, por motivos sencillos. Primero, porque podía: dispongo del tiempo, de la memoria, de los documentos y testigos necesarios para armar el rompecabezas. Dudo que cuente con todo ello más tarde en la vida. Segundo: porque pensé —con razón— que me divertiría mucho al conjugar la escritura política, histórica y personal de un modo que me entretuviera, y con suerte, a algunos lectores también. Y tercero, porque con independencia de si lo que aquí recuerdo revista interés para algunos, no creo que con el paso del tiempo haya más que recordar, o mucho que agregar. Mi carácter de producto de una época, testigo —constante— o protagonista —esporádico— de acontecimientos atractivos o enigmáticos tiene un ciclo; concluyo este relato describiendo cómo ese ciclo se ha cerrado.

El libro encierra una estructura y una lógica. La primera se caracteriza por el intento recurrente de romper la naturaleza inherentemente lineal de un texto de este tipo. Hasta donde pude, traté de interrumpir la narrativa cronológica con saltos intermitentes hacia adelante, y regresos concomitantes a la secuencia ordinaria de los hechos. Conforme avanzo en el tiempo, se van espaciando los *Fast forward* y *Rewind*, y la continuidad común y corriente se comienza a imponer.

La lógica del texto consiste en aligerarlo en la medida de lo posible, y a la vez fundamentar o comprobar con imágenes, citas, testimonios y documentos cada una de las afirmaciones presentadas. En la mayoría de los casos resumí o parafraseé los escritos propios o ajenos; el texto completo puede consultarse a través de las ligas ubicadas al final. En la versión electrónica del libro, esto se puede hacer con mayor facilidad.

Los agradecimientos son múltiples y de dos órdenes. Primero, quienes aportaron datos, recuerdos, explicaciones y chismes de familia: mi tía Rosita Castañeda, su hija Claudia y su yerno Jacobo; Andrés mi hermano y Marina mi hermana; mi exprimo político Mauricio Toussaint, mis primos Ran y Benny, y mi prima Ritti; Eduardo Sánchez Camacho o Lalo, a quien conocí en 1965; Joel Ortega, desde 1978. En segundo término, a quienes tuvieron la paciencia o resignación de leer partes o la totalidad del manuscrito, guiándome por mares desconocidos con sus consejos, sugerencias y críticas: Rubén Aguilar, Jorge Andrés Castañeda, Marina Castañeda, Krissie Darr, Roberta Garza, María Teresa Gérard, Jorge Lomonaco, Cassio Luiselli, María Esther Ochoa, Andrea Oñate, Joel Ortega padre e hijo, Francis Pisani, Alan Riding, Manuel Rodríguez Woog, Ana Sofía Rodríguez, Andrés Rozental, Pedro Sáez, Federico San Román, Eduardo Sánchez, Mauricio Toussaint y Marcela Tovar. Finalmente, pero sólo en términos cronológicos, mi eterno agradecimiento a Ramón Córdoba, mi editor de siempre, por su trabajo de ebanistería.

Tres personas merecen una mención aparte. Deborah Holtz leyó, editó y mejoró enormemente el manuscrito, en poco tiempo y con mucho empeño, soportando siempre mis críticas a sus críticas. Alejandra Zerecero desenterró todos los papeles, documentos, historias y fuentes inimaginables, y como siempre, organizó mi vida para que pudiera escribir "con calma", si ese sustantivo se aplica a mí.

Por último, y antes que nadie, estoy en deuda con Mariana Campillo, que trabajó conmigo desde finales de los años noventa, de nuevo en la Cancillería, y ahora otra vez —demostrando una tolerancia y un aguante fuera de serie— en este libro. Hizo todo: las fotos, los archivos, los recortes de prensa, los testimonios, los documentos confidenciales, los envíos de capítulos a lectores, incorporar las sugerencias, aguantar mis obsesiones, recuerdos, impaciencias y cambios de idea. Así nos llevamos: los errores son culpa suya.

Con mi padre, en el Mediterráneo, 1962

Libro 1
El pueblo de mi madre, Kennedy, Actipan, movimiento del 68

Desacostumbro los dichos y me desagrada la tradición mexicana de recurrir a ellos como sucedáneos de un pensamiento o expresión propia y articulada. ¿Por qué entonces iniciar estas páginas con uno de nuestros proverbios más trillados? Como un elogio al fracaso, como una reivindicación de la derrota, como una reconciliación con los reveses que todos sufrimos en la vida: "No hay mal que por bien no venga". Al igual que todos los seres humanos, he padecido serias contrariedades y disfrutando incontables momentos de felicidad, éxito y placer. Algunos dirán que los segundos han sido más numerosos que los primeros, gracias a circunstancias ajenas a mi voluntad, y otros pensarán que los fracasos han tenido lugar en ámbitos de mayor trascendencia que los logros, múltiples pero secundarios. Por mi parte, arranco este esfuerzo con un par de ejemplos de malos pasos convertidos en victorias, de fiascos gestores de buena fortuna.

Ingresé al Partido Comunista Mexicano (PCM) en 1978, a los veinticinco años de edad. En 1980 tuvo lugar el 19 Congreso del PCM, caracterizado por un duro enfrentamiento entre los llamados "renovadores" y la dirección del partido, encabezada por Arnoldo Martínez Verdugo en compañía de cuadros como Gerardo Unzueta Lorenzana, "Gul", Marcos Leonel Posadas, "el Zombi", y otros personajes inolvidables. La corriente renovadora, dirigida por el historiador Enrique Semo y mi querido Joel Ortega, fue derrotada en toda la línea, y yo con ella. Horas antes de la paliza, en lo personal sufrí otro golpe que pocos detectaron, pero que resultaría decisivo para mi futuro político. En todos los PC del mundo, desde las llamadas "21 condiciones" impuestas por Lenin como el catecismo de la Tercera Internacional, nadie podía ingresar al Comité Central del partido sin una antigüedad mínima de militancia, en general de cinco años. La lógica, para organizaciones perseguidas y reprimidas a sangre y fuego, resultaba atendible.

En mi ambición insaciable, me propuse entrar al CC del PCM —los comunistas, como los canadienses, siempre se comunicaban en siglas— a pesar de no cumplir los requisitos. Primero intenté validar mis dos años en el Partido Comunista Francés, comprobables a través de carnets y otros documentos. Luego, como de todas maneras faltaba un año, maniobré para cambiar los estatutos y permitir la elección al máximo órgano directivo con tres años de membresía. Se aceptó la propuesta en la comisión de estatutos, pero fue derrotada en el pleno, en parte porque algunos avezados adversarios captaron que el ajuste llevaba dedicatoria: para mí, en un momento en que todavía se me consideraba el consentido de la dirección. Ya no me encontraba en el Polyforum Siqueiros cuando se celebró dicha votación, pero un amigo me informó del resultado por teléfono. Mi historia en el PCM llegaba a su término.

Todo esto coincidía con el interludio de mi padre en el cargo de secretario de Relaciones Exteriores y con el auge revolucionario en Centroamérica. Los sandinistas habían triunfado en Nicaragua, el FMLN parecía labrarse una victoria en El Salvador, y hasta las diezmadas guerrillas guatemaltecas mostraban cada día mayor actividad y fuerza. Mi padre me invitó a trabajar con él, sin sueldo ni cargo pero con una injerencia creciente en la relación con los centroamericanos y con Cuba. Cuando se cerraron las puertas en el PCM me dediqué casi de tiempo completo a la tarea conspirativo-diplomática del gobierno de México. Contribuí, entre otras cosas, a la Declaración Franco-Mexicana sobre El Salvador en agosto de 1981, y a la entrada de más de cuarenta mil refugiados de Guatemala a Chiapas. De haber actuado de manera diferente los delegados al 19 Congreso del PCM, otro gallo hubiera cantado; el juicio contrafactual resulta inapelable. Quizás me habría vuelto lúgubre comunista, como Gul y el Zombi Posadas, y nos hubiéramos ahorrado las consecuencias de mis aventuras, y el lector la tarea de leer este libro. Pero su autor habría perdido oportunidades únicas: influir en una mínima medida en el acontecer histórico; trabajar con mi padre; enorgullecerme treinta años más tarde de mi granito de arena a favor de pequeños países condenados por la geografía y la historia.

El siguiente contrafactual sucedió veinte años más tarde. Como muchos mexicanos, me convencí, después de las elecciones presidenciales de 1994, de que sólo con la unidad del PRD y del PAN resultaría posible vencer al PRI. Mucha gente, con mayor ahínco y participación que yo, se abocó, desde el verano del 99, a buscar la cuadratura del círculo y persuadir a Cuauhtémoc Cárdenas y a Vicente Fox de unirse en una candidatura única. Se inventaron fórmulas imaginativas —una vicepresidencia de la República— y se esgrimieron argumentos obcecados —a Cárdenas "le tocaba"—, pero el esfuerzo desembocó en un desastre: dos candidaturas condenadas, según casi todos, incluyéndome a mí, a la derrota.

Ante la consiguiente desazón colectiva y personal opté por uno de mis más manoseados antidepresivos: escribir un libro. A principios del 99 había publicado *La Herencia*, un texto sobre las sucesiones presidenciales en México basado en entrevistas con exmandatarios que, por razones de coyuntura, gozó de un cierto éxito: más de ciento cincuenta mil ejemplares vendidos en unos meses. Me propuse inventar una segunda parte —que, en efecto, nunca son buenas— al reproducir en México el esquema de los clásicos libros de campaña de Theodore White, *The Making of the President*, desde 1960 y cada cuatro años hasta entrada la década de los ochenta. Para consumar este proyecto se requería la anuencia de los candidatos. Debía disponer de un acceso ilimitado a ellos, a sus asesores, padrinos y consultores. Me reuní con Francisco Labastida, del PRI, con Fox, del PAN, y con Cárdenas, del PRD. Los dos primeros accedieron de inmediato a mi solicitud, pensando, me imagino, que sobre la marcha calcularían el acceso que convenía brindarme y qué tan serio resultaría mi compromiso de no utilizar la información obtenida sino hasta después de las elecciones y sólo en el libro propuesto. Cuauhtémoc, mi relación personal más antigua, meditó un tiempo el asunto y terminó por declinar, sin ofrecer mayores explicaciones. Supongo que temía filtraciones, o dudaba hasta qué punto me abstendría de compartir datos e impresiones con Fox, candidato con quien llevaba también varios años de amistad y con quien había empezado a colaborar, apoyo que hubiera suspendido, desde luego, al emprender la otra faena.

Sin la disposición de los tres candidatos, el proyecto era inviable y lo deposité en el basurero de las malas ideas. Pero en noviembre Fox comenzó a invitarme con mayor frecuencia a las reuniones de estrategia electoral y a círculos más estrechos de colaboradores; me involucré de lleno en su campaña. De nuevo, puse mi granito de arena para la victoria del 2 de julio. ¿Hubiera ganado Fox sin mí? Por supuesto, pero de haber aceptado Cárdenas mi propuesta, yo habría escrito otro libro, Fox habría sido electo de otra manera y con otra estrategia, yo no hubiera sido su canciller y quizás no me odiaría tanto Fidel Castro. ¿A Cárdenas le hubiera ido mejor en los comicios? Imposible saberlo, salvo que la llamada izquierda azul o "voto útil" le arrebató entre uno y dos millones de votos, y la astucia se suele atribuir a mi persona. Creo que sólo le puse Jorge al niño, por así decirlo, pero el hecho incidió en el resultado electoral. Cuauhtémoc Cárdenas habría evocado otro detestable dicho mexicano: "Nadie sabe para quién trabaja".

Con el advenimiento de la vejez, sin embargo, sí sabemos bajo qué signos de destino, suerte y voluntad recorrimos los años transcurridos. En la conciencia de esos signos consiste el punto de partida de cualquier revisión de la vida vivida. Con esa conciencia, se puede echar a andar el relato cronológico más tradicional, para interrumpirlo cada vez que la imaginación así lo provoque. O que la irreverencia exija una ruptura con los moldes clásicos de este género. Por ello, el lector no debe desconcertarse al encontrar en este periplo memorioso una serie de paréntesis denominados *fast forward* y *rewind*, sin mayor aviso que la simple anotación.

I

No nací en una ribera del Arauca vibrador, sino en el viejo hospital ABC de Mariano Escobedo, donde ahora se encuentra el Hotel Camino Real. Mis padres contrajeron matrimonio días antes del parto, ya que además de vivir juntos varios años sin sentir necesidad alguna de casarse, mi madre apenas consiguió el divorcio de su primer marido meses atrás. He allí el primer ingrediente heterodoxo de mi por lo demás ortodoxa existencia: mis padres no estaban casados cuando fui concebido; ambos lo habían estado antes —lo cual, sin ser único, sonaba excepcional a principios de los años cincuenta en México. Más que nada, mi madre era extranjera, judía y cargaba con un hijo de ocho años: una combinación algo exótica para esos tiempos.

Oma Gutman Rudnitsky llegó a México el 31 de diciembre de 1938, procedente de Nueva York y Bélgica. Se casó con su primer esposo, el padre de Andrés, mi medio hermano, al día siguiente, en la Ciudad de México, antes de partir a Monterrey; él había sido contratado por la Cervecería Cuauhtémoc como químico. Se conocieron en la Facultad de Ciencias de la Universidad de Bruselas, donde Oma terminó su doctorado en farmacología y bioquímica a los 24 años. Conocí poco a Leonya, pero siempre supuse y comprobé que se trataba de un personaje excepcional en su vitalidad e inteligencia. Mi mamá provenía de un pueblito ruso-polaco-judío a medio camino entre Minsk —en lo que ahora es Bielorrusia— y Vilnius —hoy la capital de Lituania: Vileika, cabecera municipal de la región natal del poeta nacional de Polonia, Adam Mickiewicz—. Aunque mi madre siempre nos hizo creer que sus padres apenas superaban el estatus de simples leñadores de escasos recursos, en realidad se adueñaron del aserradero local en una zona boscosa y bien comunicada. Judíos pobres y víctimas de pogromos no eran, aunque su prosperidad de nada les sirvió en junio de 1941, cuando los nazis invadieron la URSS, arrasaron el pueblo y fusilaron a los casi tres mil judíos de la comarca. Persiste la duda en la familia, aunque Marina mi hermana insiste en que la disipó con la historiadora del pueblo cuando visitó Vileika en 2010 —yo fui en 1988 y no averigüé nada—: ¿fueron nuestros abuelos exterminados por los alemanes, (versión de Marina), o por polacos o lituanos antisemitas que aprovecharon la inminente llegada de la Wehrmacht para escabecharse a cuanto paisano pudieron detectar (versión de mis primos)?

Benjamin Gutman, Neoma Gutman Rudnitsky y Sara Rudnitsky,
Vileyka, Polonia, 1935

México, según su diario, fascinó a mi madre: sus colores, sus ruidos y sabores, todos fuertes y vibrantes, los antípodas sensuales de la grisura del Báltico y de Bruselas. Como a tantos otros visitantes asilados o emigrados de Europa y los Estados Unidos, sin hablar de los refugiados españoles y latinoamericanos que conformaron durante y después de la guerra una comunidad expatriada pero patriota y enamorada del país. Del país, y de algo más: en esos años, en medio de las vicisitudes de su matrimonio con Leonid Rozental, conoció y se enredó con el poeta y antropólogo comunista haitiano Jacques Roumain, autor de *Gobernadores del rocío* y destinado a morir de modo prematuro en Puerto Príncipe en 1944. Falleció casi al mismo momento en que mi madre se enteró del fusilamiento de mis abuelos, a miles de kilómetros de distancia; ni toda su *joie de vivre* pudo neutralizar la tristeza de esa doble pérdida. Quizás le ayudó el nacimiento de su primer hijo, Andrés, en abril de 1945, en el mismo hospital ABC donde llegaría yo ocho años después. Para entonces la relación matrimonial se había deteriorado; ambos emigrantes residían en la capital y al cumplir dos años Andrés, Oma resolvió buscar otros horizontes y se marchó a Nueva York.

Allá, instalada con su hijo en el departamento de sus suegros, resolvió emplearse como intérprete en la flamante Secretaría de la ONU, ubicada en ese momento en Lake Success. Aprovechó su dominio de cuatro de los idiomas oficiales de la organización: ruso, inglés, francés y español; también hablaba alemán, polaco, yiddish y hebreo, pero el castellano constituía, al cabo de diez años en México, su primera lengua, a la cual traduciría desde las demás. Invitó una temporada a Nueva York a su hermana Mifa, casada, con un hijo y radicada desde su exilio en 1936 en Palestina, donde surgiría, en esos meses, el Estado de Israel. Desde la salida de ambas de Vileika, doce años atrás, no se habían encontrado; el duelo por la muerte de sus padres lo vivieron juntas lejos del terruño.

Según la leyenda de la familia extendida Gutman, sostenida no sólo por Marina sino también por nuestros primos hermanos Ran y Beni, al llegar Leonid a Nueva York para visitar a su hijo, a sus padres y a quien todavía era, más o menos, su esposa, no reparó en tener sus quereres con Mifa, todo a plena luz del trémulo sol de Long Beach, balneario judío, y del departamento de los abuelos en el Bronx. Esto, que sucedió en marzo de 1948, representó el preámbulo de la separación final de los dos químicos, errantes y judíos, y el punto de partida de la relación de Oma con su nueva pareja: un

mexicano apuesto, culto e inteligente, aunque todavía un tanto des-
brujulado. Jorge Castañeda Álvarez de la Rosa aún no cumplía
treinta años y ya alternaba entre París, con un primo; Nueva York,
donde vivía la mujer de quien se enamoró; y México, donde no tenía qué hacer salvo —y no era poco— ocuparse de su madre, su
hermana y su hermano menor, desamparados tras la muerte de su
padre. En septiembre de 1948 Oma viajó a París a trabajar en la
Asamblea General de la ONU, y allí, o en un tren camino a Venecia, se topó con mi padre. Aparecieron algunas fotos suyas de esos
años: alto, delgado, fumador con estilo, seductor en la pose, penetrante la mirada, pero con languidez más que intensidad. Un hombre nómada para una mujer peripatética.

Mi vida adulta, además de reproducir los patrones de mis padres, resultaría incomprensible si omitiera las peripecias paternas y
maternas antes de mi aparición en escena. Lo habitual para ellos,
su normalidad, residía en el movimiento perpetuo; en la falta de
raíces clavadas y estacionarias; en la irrefrenable búsqueda de alternativas; en la reinvención o el afán de volver a empezar siempre; y
en la extraña noción de vivir despojados de obligaciones, salvo las
más terrenales. Mi naturaleza trashumante, que me acompañará
hasta que la imposibilidad física la anule, brota de la misma propensión de mis padres a la itinerancia perenne. En ellos emanaba de un
deleite iconoclasta, en ocasiones llevado a la estridencia, pero siempre con finura y argumentos. En mí, tal vez sólo es por joder, como
el español del chiste.

Mis padres eran todo menos persignados, acartonados o conservadores —al contrario: ateos, comecuras y, en el caso de mi madre, lo más antisionista imaginable—. Lo suyo era la abrasiva
irreverencia, en ocasiones la provocación, no tanto en el discurso o
el subtexto, sino en la vida cotidiana. Trasladaban estos rasgos a la
política: ella, como una estalinista ferviente, partidaria incondicional de la URSS; él, instruido de un antiamericanismo moderado, a
pesar de sus largos años en Estados Unidos, de su perfecto inglés,
de su admiración por la cultura popular norteamericana —más que
por la literatura, la plástica o la danza: todo ello salvo el jazz le daba
pereza— y de su realismo geopolítico. La conducta de mi padre lin-
daba en lo errático. Desposó a una joven mexicana cuyo apellido o
destino jamás conocimos. Tuvo, según se dice, varias novias y poca
vocación profesional, incurriendo sin gran éxito en diversos negocios un tanto frívolos o insensatos: desde la venta de focos y radio-

transmisores hasta la descabellada idea de recuperar un enorme predio en Chiapas, cerca de Palenque, que en teoría perteneció a su padre, aunque quizás el abuelo no lo haya adquirido con demasiados escrúpulos. Cuando decidió sentar cabeza con Oma, en ese momento separada e incorporada a un trabajo en esa época glamoroso, sustantivo y bien pagado, ella no se la puso fácil. Si deseaba vivir o casarse con ella, tener hijos y construir una pareja, sería en Nueva York o no sería. A Oma se le ocurrió que Jorge entregara a mejores causas su formación jurídica, su encanto seductor y su "mundo", ya notorios, ingresando al Servicio Exterior Mexicano, aprovechando la presencia de Luis Padilla Nervo en la titularidad de la Cancillería a partir de 1952. Se habían conocido en París, durante el otoño de 1948, cuando mi papá y un colega se acercaron a la Embajada de México en Francia para echar una mano y ganar algo para complementar sus ingresos; Padilla Nervo encabezaba allí la delegación mexicana en la Asamblea. De hacerlo, fantaseaba mi madre, podría ser comisionado a la Misión de México ante la ONU en Nueva York.

Después de preparar los exámenes del Servicio Exterior Mexicano en el Hotel Papagayo de Acapulco a lo largo de un mes, aprobó el concurso en 1950 y, efectivamente, fue comisionado a Nueva York, de donde iría y vendría a lo largo de los próximos doce años. Y yo, desde agosto de 1952 en el vientre de la intérprete-traductora, disfrutaría y padecería los avatares de esas idas y vueltas, sin completar antes de los nueve años de edad un año escolar entero en una misma escuela. Pero lo bailado, desde entonces, no me lo ha quitado nadie: cada vez que me acerco al Upper West Side de Manhattan, o a Fort Lee, New Jersey o a los viejos locales del Liceo Francés, me vuelven imágenes de esas épocas, los olores y sonidos de una ciudad cuya constancia en el tiempo sólo se compara con la brevedad de su historia. Nueva York es siempre igual a sí misma, porque su eternidad comenzó ayer.

No todo se centró en Nueva York en esos años. De haber sido el caso, la vida estática y la tranquilidad de una infancia sedentaria me hubieran aportado calma externa y familiar. Al revés: desde mis primeros meses la regla fue el trajín entre México y Estados Unidos. Mis padres construyeron una casa de México en 1958 donde, en realidad, pararíamos poco: aun así llegó a marcarme más que cualquier otra morada hasta la supuesta madurez de la vida. El terreno poseía dos frentes, dando a las calles de Tigre y de Actipan, en la Colonia del Valle, a cien metros de Insurgentes y a doscientos de la iglesita de Santo Tomás, patrono del barrio de Actipan, vecino y enemigo de los barrios de San Lorenzo y Tlacoquemécatl. Ambas calles carecían de pavimento; la casa que construyó Volodia Kaspé, uno de los pocos amigos de mis padres de origen ruso —y junto a su esposa, Masha, una de las parejas más cercanas a ambos—, era la primera de la zona en contar con agua potable, jardín y teléfono. Teléfono sólo al cabo de intervalo: recuerdo acompañar a mi madre a la farmacia de la avenida José María Rico a marcar. Desde allí se divisaban los volcanes, espectaculares por la luz y el aire de la Ciudad de México. Dos cedros enormes ensombrecían el jardín, pero ofrecían una vista maravillosa desde las ventanas del segundo piso, ocupado por las recámaras de mis padres y de mis dos hermanos, Andrés, ya con nosotros, y Marina, recién nacida: la familia nuclear que sólo formamos a ratos y que, sin embargo, procuraron construir mis padres.

Cada 12 de marzo el barrio celebra la fiesta de su patrono. Juegos mecánicos, estanquillos con infinidad de productos, grandes cantidades de alcohol y, en la noche, los "castillos" o fuegos artificiales que a tantos dichos se prestan en un país adicto a los mismos: "le fue como al cohetero", "hay tiempos de echar cohetes", etc. El 8 de marzo de 1959, sin cumplir aún seis años, mi padre me sacó a la calle de Tigre ya tarde para verlos, como Aureliano Buendía paseó a su hijo para conocer el hielo. Desde aquella época me han fascinado. Conservo el recuerdo de una sensación de seguridad y calor, acurrucado en los largos brazos de mi padre, y de su obcecación por mostrarme la fiesta de Santo Tomás, la Ciudad de México, el país y el mundo. Guardo pocos instantes de contacto físico con él; éste es el primero, y el más intenso y duradero. Durante los siguientes sesenta años, volvería una y otra vez a la fiesta del pueblo de Actipan, a los castillos del día de Santo Tomás y a los amigos con quienes crecí.

Mi ancla adicional en México durante la infancia fue Chapultepec 400, el edificio de tres pisos que habitaban mi abuela y mis tíos Germán Castañeda y Javier Rondero, casado con Elsa Castañeda. La matriarca era Michita, mujer que rebasaría los noventa años, igual que su madre, y que ejercía una enorme influencia sobre sus hijos, casi siempre para bien y de vez en cuando con excesos. Largos periodos míos transcurrieron allí; durante las Asambleas Generales de la ONU, mi padre y Oma se marchaban a Nueva York, dejándome encargado con mis tíos. Javier era el más divertido aunque, como descubrí algunos años después, también el más vulnerable: padecía de una esquizofrenia, en aquella época incontrolable, que incluso lo impulsó en alguna ocasión, según mi madre, a tratar de ahorcarla en Nueva York cuando regresaban en automóvil de un fin de semana en Connecticut. Con el tiempo, la enfermedad de Javier se tornaría manejable, gracias a la sedación y la paciencia. No olvido sin embargo el misterio que envolvía las salidas nocturnas de mi padre a mediados de los sesenta y su retorno al amanecer, después de haber ambulado toda la noche con Javier entre su casa en San Ángel Inn y el Tecolote en Insurgentes Sur. Hasta finales de ese decenio los continuos periplos noctámbulos de Javier conformaban su único alivio ante los estrépitos del inconsciente que lo acosaban, y que persiguieron a su hija Elena, mi prima hermana, hasta su muerte prematura en 2011.

Elena Rondero Castañeda, Elsa Castañeda de Rondero, Carmen Álvarez de la Rosa Kraus, Carmen Kraus de Álvarez de la Rosa, Ciudad de México, 1963

Germán murió antes de tiempo, sin haber sufrido mayor persecución por los traumas del alma. El hermano menor de mi padre motivó indirectamente mi primer recuerdo sexual, sin duda inventado, pero almacenado en los resquicios del inconsciente casi desde que ocurrió: en el acto mismo, en mi imaginación o en la reconstrucción de la mente ya después. Cathy Robinson o Castañeda vive todavía en Atlanta, y quizás a ella le debo los avatares posteriores de mi actividad y desventuras sexuales. Era hija de Jean, la primera esposa de Germán, una guapa y alegre maestra norteamericana de inglés, cuyo matrimonio duraría menos de diez años. Se llevaban bien con mis padres y un fin de semana largo, en 1959, partieron juntos a Acapulco, a Pensiones, donde con frecuencia vacacionábamos todos: el sitio reservado para funcionarios públicos, en Icacos. Yo permanecí en la Ciudad de México, en manos de Cathy. No retuve los detalles, pero sé que en mi cabeza, ella, por una razón u otra, se metió a mi cama, con un osito de peluche suyo (o mío) en el que me introducía (de manera incomprensible, pero así son los sueños) y una vez allí, asilado, abrazaba y acariciaba a mi "primastra". Nada de todo esto sucedió salvo en mi fantasía, pero desde entonces me obsesioné con ella: bastante mayor que yo, bella y seductora. La volví a ver seis o siete años después, en México, y muchos años más tarde, cuando asistió a la presentación de uno de mis libros en la Universidad de Emory en Atlanta. No he sabido más de ella, salvo que despertó de manera precoz el magro erotismo que poseo, y con él mi atracción por las mujeres mayores.

Antes de iniciar un periodo más sedentario y dejar atrás los abandonos y reencuentros con mis padres, fui inscrito en primero de primaria unos meses en el Colegio Americano, del cual no conservaría casi ningún recuerdo de no ser porque alguien —supongo que mi madre— archivó mi *progress report*, o nota de calificaciones, con algunos comentarios que dicen poco y mucho del escuincle de seis años confundido y tímido que entonces era: "Jorge es un niño chiquito normal, listo y agradable, cuya prueba de ubicación indica que tendrá un buen primer año; inscribirlo en segundo sería pedirle demasiado". Deduzco que mis padres deseaban ganar tiempo para colocarme en una escuela en Nueva York, meses después, en segundo de primaria. No sé qué acontació, ni cómo era la escuela americana, salvo que a veces tomaba el transporte escolar y en otras ocasiones me llevaba el chofer de Relaciones Exteriores.

En ese México de la edad de oro abundaban los privilegios en el servicio público. El uso personal de los bienes del Estado no constituía una anormalidad o inmoralidad. Más bien era un pago disfrazado, parte de los usos y costumbres, inclusive para funcionarios de bajo rango. Mi padre ocupaba el cargo intermedio de director general de Organismos Internacionales, en una secretaría pobre —la Cancillería lo sigue siendo; no obstante, en aquella época ese cargo bastaba para disfrutar de un oficial de transporte uniformado, una secretaria, un coche y un escudo metálico, magnífico, colocado de manera prominente en el parabrisas, y que rezaba en letras doradas: Poder Ejecutivo Federal. ¡Qué *nomenklatura* soviética ni qué una chingada!

II

Pronto dejaríamos atrás esos lujos para aterrizar a mediados de 1960 en Nueva York, donde nos instalamos durante casi tres años al recibir mi padre una encomienda más elevada en la jerarquía administrativa de la Secretaría de Relaciones Exteriores (SRE). Allí obtuve parte de la estabilidad que no anhelaba, porque no la conocía, pero que necesitaba. El tiempo transcurrido entre el arribo y un nuevo éxodo fue el que me introdujo a la lectura, a la regularidad escolar, a la memoria perdurable y, sobre todo, a la política.

Los primeros libros marcaron los siguientes años. Mi papá me regaló tres, de historia resumida para niños: uno sobre la batalla de Waterloo y la derrota de Napoleón, otro sobre la Armada Invencible de Felipe Segundo y la victoria inglesa, y el último sobre el Almirante Nelson y Trafalgar. En la mesa de centro de mi departamento descansa un libro anterior: la edición argentina de *Platero y yo*, de 1957, con la siguiente anotación de mi padre: "El primer libro que Jorge Castañeda le regala a su hijito querido." Las fechas no cuadran: por muy precoz que me he creído, no puedo haber aprendido a leer a los cuatro años, ni siquiera un texto para niños de un Premio Nobel. Quizás pensó mi padre que lo leería años después; no fue el caso. Mi cuarto libro leído de verdad lo extrajo mi hermano de la biblioteca de su escuela, después de que una noche vimos juntos en la tele una película de guerra naval, también de la época napoleónica, con Gregory Peck y Virginia Mayo: *Captain Horatio Hornblower*. Este me marcó aún más: devoré el ladrillo en un par de días, y repetiría la lectura de la decena de volúmenes —de los cuales ese tomo representaba sólo un resumen— varias veces a lo largo de los siguientes veinte años. Quizás siempre fui un marino inglés frustrado...

Para alguien que nació, creció y morirá cerca de la política, no es extraño que entre mis primeros recuerdos de memoria continua figure uno de naturaleza política. Antes de alojarnos en Nueva York en el departamento de funciones de mi padre, corrieron varios meses interinos transitados en un arreglo provisional, pero amable.

Nos apostamos mis padres, Marina y yo en Fort Lee, Nueva Jersey, en "Casa de Amalia's House": un típico pochismo propio de millones de familias mexicanas que dividen su vida en ambos lados de la frontera. Amalia era poblana, de orígenes humildes y, por azares de la vida, casada con Frank Grosseborger, un ingeniero alemán a quien había conocido gracias a otro alemán, casado a su vez con otra mexicana: la Tía Chabela, es decir, Isabel Ángeles Kraus, hija del general Felipe Ángeles. Su madre, la viuda del general, falleció en Nueva York en 1919, dos semanas después del fusilamiento del militar hidalguense, sin saber de la muerte de su marido y en compañía de sus hijos y de su hermana, Carmen Kraus de Álvarez de la Rosa, conocida como Mamá Lila, la abuela de mi padre. Falleció en 1967, de noventa y siete años de edad, en la Ciudad de México. Fue la fundadora y primera directora de la Escuela Nacional Primaria Industrial para Niñas, inaugurada en 1910 por Justo Sierra con motivo del Centenario de la Independencia. Ella se casó, en teoría, con un tal Jesús Álvarez de la Rosa, pero las malas lenguas de la familia siempre sospecharon que el verdadero padre de mi abuela era quien inauguraba escuelas y nombraba a sus directores en las postrimerías del Porfiriato: Justo Sierra. Los ojos azules de Sierra, los de Michita, los de mi padre y los de mis tíos Elsa y Germán, y hasta los de mi hijo Jorge Andrés, autorizan todo tipo de especulaciones. Otras voces de la familia, más sensatas, sostienen que todo esto fue un delirante invento más de Javier Rondero, que se pintaba solo en estas faenas. Llegó a presumir un lejano parentesco con la reina Isabel I de Inglaterra.

Los tres vástagos de Felipe Ángeles —Chabela y los mellizos, Julio y Felipe— residieron por largas temporadas fuera de México, después de la ejecución del general. Felipe hijo enseñó literatura en la Universidad de Mississippi, en Jackson, falleciendo en 1975; Chabela acabó sus días en Hackensack, Nueva Jersey, donde conoció a Frank y a Amalia. Allí les presentó al primo preferido de su hermano Julio, a la sazón mi padre. Julio, quien se convirtió en mi *tío* preferido durante los dos o tres años que lo adoré antes de su muerte en México en 1968, era un dandy en el mejor sentido de la palabra: agraciado, bailarín, elegante, amante del beisbol y del *tap dance*, trilingüe y fuente de mi pasajera y frustrada tentativa por mejorar la silueta años después gracias al uso anacrónico de tirantes. Según el tío Julio, la ausencia de cinturón evitaba la presión en la cintura que contribuía a la barriga o *embonpoint,* como solía decirlo su esposa francesa.

Julio Ángeles Kraus y mi papá no sólo eran primos segundos —sus abuelas eran hermanas— sino que se habían vuelto cuates y cómplices de desidia y desmadre en París durante la posguerra. Mi abuelo murió de una embolia en 1943; terminadas las hostilidades, mi padre se marchó a Francia, dejando atrás a su familia, pero portando consigo, según otra de las leyendas de la familia, una bolsa de centenarios gracias a los cuales él y su primo pudieron parrandear un rato a las orillas del Sena. Dependiendo a quién uno le crea, los centenarios procedían de la venta de un negocio exitoso de mi padre, o de otro negocio, veinte años anterior, también exitoso pero menos escrupuloso, de mi abuelo. En todo caso bastaron para que los primos se divirtieran en París, hasta que mi padre se enamoró de mi madre. La comandante mandó parar el relajo y, medio a regañadientes, convenció al compañero de farras de Julio Ángeles de volverse gente seria.

Gracias a Julio, Jorge viejo, mi madre y los Grosseborger congeniaron. Por ello, en los trasiegos de mi vida y la de mis padres, hicimos escala por varios meses en la mansión montada sobre el Río Hudson, mientras Jorge y Oma dejaban la casita anodina de Queens donde se asentaban todos los funcionarios de la ONU, y encontraban el departamento idóneo en Manhattan. Me inscribieron en Public School #1 de Fort Lee, la única escuela pública a la que asistí en mi vida. Quienes me han reclamado no haberme formado con educación pública tienen toda la razón.

Otro recuerdo, más pantalla que los anteriores: se me grabó una ominosa llamada telefónica de mi padre, informándole a su esposa que había sido diagnosticado con diabetes apenas a los cuarenta años de edad. Me aterró la explicación más o menos descarnada que me dio mi madre de lo que dicha dolencia significaba en esa época. Mi padre padeció los estragos de la enfermedad el resto de su vida, y quienes lo rodeábamos nos sumergimos en los detalles médicos y afectivos de un hombre que amaba demasiado la existencia para cuidarse como debiera, pero que a la vez poseía una inteligencia demasiado privilegiada para no intentarlo.

Esto acontecía en 1960, año que cerró con la elección presidencial norteamericana de noviembre y ahora sí, mi primer remembranza política: la transmisión televisiva de los resultados de la contienda entre Nixon y Kennedy, lo apretado de la votación y la triste sensación de haber sido mandado a dormir sin conocer al ganador. Pude amanecer antes que nadie, de madrugada, para prender la tele, correr a la recamara de mis padres y darles la buena nueva: ganó Kennedy, ídolo de mi madre y *bête noire* de Frank, tan reaccionario como su nombre y apellido lo sugerían.

Allí arrancaría la constante presencia de Kennedy en mi vida, que perdura hasta la fecha, como seguirá hasta que se resuelva uno de los enigmas históricos decisivos de la segunda mitad del siglo veinte. Se entrelazan en mi juventud y madurez la historia real y la anécdota personal; no siempre puedo separar la proverbial paja del trigo. Yo había cumplido siete años; Kennedy tomó posesión en enero del año siguiente y enfrentó su primera crisis política e internacional en abril de 1961: la derrota norteamericana —y la victoria cubana— de Playa Girón. Vivíamos en Manhattan, en la esquina de la calle 89 y Central Park West, lo cual me obligaba a tomar el camión no escolar al Liceo Francés del otro lado del parque. Volvía a las cuatro y, como compartía cuarto con mi hermano, veíamos la televisión en la tarde hasta las noticias de las seis y media. En abril aparecieron las imágenes de Bahía de Cochinos, de Fidel Castro dirigiendo a las tropas isleñas y de Kennedy asumiendo la responsabilidad pública de un fiasco militar, diplomático y de inteligencia, cuyas secuelas persistirían durante medio siglo.

Mi recuerdo de la elección de Kennedy no constituyó el único que lo involucraba. En octubre de 1962, apenas desembarcados en Egipto, donde mi padre había sido nombrado embajador, se conjugó el efecto personal y político de esa figura emblemática y trágica de la escena mundial. Mi hermano, de diecisiete años, permaneció en la universidad en Estados Unidos. Al estallar la crisis del Caribe, recibimos una carta que hoy guardo en la memoria con mayor claridad que su propio autor, quien la ha borrado de su disco duro. Ante la supuesta e inminente guerra termonuclear entre la URSS y Estados Unidos, provocada por el envío soviético de ojivas atómicas a Cuba y la decisión de Kennedy de no permitirlo e imponerle un bloqueo naval a la isla, Andrés se despedía de nosotros, despavorido por la histeria que envolvía a EU a raíz de la crisis, recordándonos lo mucho que nos quería y cuánto sentía no sucumbir ante la hecatombe venidera junto a sus seres amados. Mis padres lo tranquilizaron por teléfono —una verdadera hazaña en las épocas del socialismo pan-árabe de Nasser— y nos calmaron a Marina y a mí en la sala kitsch del departamento de Zamalek donde nos hospedábamos. Pronto la abandonaríamos por la casa de Maadi, escogida por mi madre, pues según ella, no se desplazó hasta el fin del mundo para acabar en un "pinche departamento" obscuro en una isla inundada una y otra vez por el Nilo. (La esposa de uno de los sucesores de mi padre escribió una novela sobre la residencia, publicada en 2012.)

La crisis del Caribe no provocó ningún holocausto: sólo la victoria de Kennedy, la ulterior defenestración de Khruschev, una pataleta de Fidel y la promesa norteamericana de no invadir Cuba o derrocar a Castro, mas no de cesar de hostigarlo, aislarlo y desaparecerlo de la escena política. Un año después, el 22 de noviembre de 1963, Oma irrumpió en mi pequeña habitación para anunciarme que Kennedy había sido asesinado en Dallas. Lo lamenté como ella: cuando viajaban mis padres, mientras esperábamos durante horas las llamadas a México, veíamos mis hermanos y yo los cortos que mandaba Relaciones Exteriores a las misiones diplomáticas; el que más recordaba era el de la visita apoteósica de JFK y Jackie a México en junio de 1962. Apesadumbrado en mi infantil admiración por el personaje, acudí a la escuela —la americana de El Cairo— a entregar, junto con los otros mil alumnos, un minuto de silencio a la memoria del presidente ultimado, y a ver colocada a media asta la bandera estadounidense.

Fast Forward. 2013

Tres años después, al cumplir doce, de vuelta en México e inscrito en el Liceo Franco-Mexicano, conocí en mi salón a una joven norteamericana de no malos bigotes, de nombre Suzy Leddy —sin que ella lo supiera, uno de mis incontables fracasos seductores—. Nos acercamos sin intimar en el recreo o a la salida. Dio la casualidad que nuestras madres se frecuentaban, o por lo menos mantenían una relación social, diplomática y cordial. Mi padre estaba de vuelta en la Cancillería, ocupando el cargo de director en jefe de Asuntos Multilaterales, y Janet, la progenitora de Suzy, se casó en segundas nupcias con un funcionario de la embajada de Estados Unidos. Gozaba de un antiguo nexo con la mejor amiga de mi madre —lo fue hasta su muerte—, Juanita Syslo de García Robles, la esposa de Alfonso García Robles, en ese momento superior inmediato de mi padre. Juanita, mi madre, Janet y la esposa del embajador de Francia, Anne Vimont, solían extraer algunas botellas de vino tinto de la espléndida cava de la legación francesa, y emprendían diversos recorridos por las afueras de la Ciudad de México, volviéndose todas buenas camaradas de paseo entresemanero.

Así se enteró mi madre —y yo también— de que Janet no compartía el lecho conyugal con un simple empleado de la flamante sede diplomática de Reforma, sino con el jefe de estación de la CIA. Y no de cualquier jefe de estación: el legendario Winston Scott, comisionado en México desde el inicio de los años sesenta, convertido a tal grado en confidente del empresariado nacional y de la clase política azteca, que los testigos de su boda, celebrada en casa del magnate Pablo Deutz, fueron Adolfo López Mateos y Gustavo Díaz Ordaz, entre otros. Scott moriría en México en 1971, desatando una feroz investigación por James Angleton, el siniestro cazatopos de la CIA, quien permaneció varias semanas en el país para sellar la casa y los archivos de Scott, e impedir que sus hijos o viuda conservaran documentos o memorabilia del fallecido espía.

La razón era evidente, pero no fue divulgada sino después: el periodo de Scott en México como jefe de estación comprendió el lapso entre septiembre y noviembre de 1963, cuando Lee Harvey Oswald, el presunto asesino de Kennedy, pasó varios días en el Distrito Federal mientras esperaba una visa para Cuba. Scott operaba las cámaras de la CIA frente a la embajada cubana, en aquel tiempo ubicada en Tacubaya, y se persuadió de que Oswald sostuvo varias entrevistas dentro de la misión cubana con funcionarios de la Dirección General de Inteligencia (DGI) isleña, quienes le habrían entregado dinero e instrucciones vinculadas con el magnicidio. Si bien la Comisión Warren, encargada de investigar el asesinato, fue informada de las sospechas de Scott, se desentendió de lo esencial.

Veinte años después de la muerte de Winston Scott, uno de los hermanos de su hijastra Suzy se matriculó en mi clase en la Universidad de California, en Berkeley. Simpatizamos y me platicó de su medio hermano Michael, hijo biológico de Scott, y de sus intentos por rescatar los papeles de su padre para escribir una biografía de él. George no olvidaba la angustia producida por el allanamiento de la residencia que habitaba en Las Lomas cuando murió su padrastro; me prestó el video de la boda de Janet y Win en casa de Deutz, y me relató la historia de Angleton y de un manuscrito de Scott sobre sus años en Italia durante la Guerra Fría, luego en México, antes y después del asesinato de Kennedy. Gracias al *Freedom of Information Act*, su medio hermano Michael pudo conseguir una versión, destazada por la censura, de esa especie de autobiografía de su padre. Dicho texto sirvió de fuente crucial para el libro *Our Man in Mexico*, de Jefferson Morely, publicado en 2006; asimismo, se integró al archivo utilizado por Tim Weiner para escribir su *Legacy of Ashes: A History of the CIA*; y fue también la inspiración para Brian Latell, quien en 2012 publicaría *Castro's Secrets: Cuban Intelligence, the CIA, and the Assassination of John F. Kennedy*. Este último, junto con *A Sad and Shocking Act: The Assasination of John F. Kennedy*, de Philipp Shenon de 2013, constituye el relato más detallado y reciente de la historia que se remonta al otoño capitalino de 1963, cuando Oswald, Scott, los cubanos y Kennedy se aglutinaron en una maraña indescifrable, pero verosímil, en la Ciudad de México, que explicaría la obsesión de Scott por el vínculo cubano de Oswald, el delirio de Angleton y la angustia de la CIA. Dicha maraña puede contribuir a aclarar el empeño de Fidel Castro el 23 de noviembre, o sea al día siguiente del asesinato, y meses después, en su yate, cerca de las costas cubanas, con un investigador de la Comisión Warren, para convencer a tirios y troyanos de su presunta desolación ante el deceso de su adversario, al cual en teoría respetaba.

La CIA jamás informó a la Comisión Warren sobre sus múltiples y biliosos intentos de asesinato del líder cubano, involucrando a personajes de la Mafia de Chicago y Miami como Sam Giancana, Johnny Roselli, Santo Trafficante o a ex colegas de Castro como Rolando Cubelas. Este último se encontraba justo en el momento del asesinato negociando con las autoridades estadounidenses, en particular con el equipo del verdadero zar de la política anticastrista, Robert Kennedy, un nuevo atentado antifidelista, más descabellado que los anteriores. La agencia consideró que la incorporación a la Comisión Warren de Allen Dulles, su fundador y director hasta 1962, bastaba para asegurar que los investigadores supieran todo lo que la CIA sabía; pero no lo que la CIA callaba, o que de plano negaba: sus fallidas pero recurrentes tentativas de ejecutar a Castro.

De tal suerte que la instancia responsable de dilucidar el misterio de un delito de esa magnitud careció de un dato crucial: las muy válidas razones de Castro para actuar contra JFK de la misma manera en que los hermanos Kennedy habían procedido contra él. O, como lo formularía nada menos que Lyndon Johnson, el sucesor de Kennedy, en su sibilina exclamación revelada apenas a finales de los años noventa pero pronunciada al terminar su mandato en 1968: "Los Kennedy querían acabar con Castro, pero Castro acabó con ellos primero". Castro poseía motivos, medios y modo de mandar asesinar al presidente de Estados Unidos. O por lo menos, como lo afirma Latell, "el Caballo" supo antes de tiempo lo que ocurriría en Dallas y desistió de cualquier intento por impedirlo.

Todos los libros centrados en la estancia de Oswald en México citan sus gritos al salir de la embajada cubana en México, cuando se le negó la visa: "¡Pues van a ver, voy a matar a Kennedy!". Subrayan la relación del exmarine con Silvia Durán, una empleada mexicana en la Embajada de Cuba, que no fue interrogada por los norteamericanos hasta 1978. La exclamación jamás fue reportada por la estación de la CIA en México a sus superiores en Estados Unidos, aunque éstos tuvieron conocimiento de ella; pero es impensable que la gente de la DGI cubana no la haya transmitido a La Habana. Los cubanos ya lo conocían: de acuerdo con Latell, Oswald fue contactado por la inteligencia cubana desde 1959, en Los Ángeles, cuando buscó a personal del consulado de Cuba para "ponerse a las órdenes de la revolución", antes de marcharse a la URSS. Latell reproduce también las confesiones realizadas en 2007 por un agente de inteligencia cubano, Florentino Aspillaga —el de mayor jerarquía en cambiarse de bando, veinte años antes—, quien en 1963 se desempeñaba como encargado de la estación de escucha de Jaimanitas, a las afueras de La Habana. Desde allí monitoreaba las comunicaciones por radio de Estados Unidos y en particular de Washington. Según este informante, el día anterior al asesinato de Kennedy fue instruido a dirigir sus antenas hacia el estado de Texas, a la ciudad de Dallas, para detectar cualquier anomalía o acontecimiento extraño. Si le creemos a Aspillaga, los cubanos sabían o creían saber que algo iba a suceder en Dallas el 22 de noviembre de 1963.

Esto es lo que Win Scott intuyó esos mismos días en la Ciudad de México; lo que la CIA procuró mantener en secreto esos años; lo que el biógrafo y el hijo de Scott buscaron transparentar, y que aún no podemos confirmar o desechar. Sólo cabe especular en torno a la lógica de Castro, la proclividad de Oswald por prestarse a la manipulación, su aparente castrofilia exacerbada, y el dilema que quizás enfrentó Johnson. El nuevo presidente sí fue informado de la obsesión "kennediana" por matar a Castro; de haber tomado en serio los reportes de Scott procedentes de México, se habría visto obligado a enfrentar una disyuntiva peor que diabólica: abrir una investigación que involucrara a La Habana, sabiendo que provocaría tal estupor de la opinión pública norteamericana que resultaría imposible evitar una acción militar contra los magnicidas tropicales; o, "a lo hecho, pecho": resignarse a no descifrar el enigma de Dallas, Oswald, Jack Ruby, el segundo tirador, etc., con plena conciencia del tamaño de su complicidad —imperiosa, comprensible— con los autores de la tragedia.

¿Cómo sabemos lo que pensaba Johnson? Por dos declaraciones citadas en la biografía de Robert Caro, *The Passage of Power: The Years of Lyndon Johnson* (2012); la ya mencionada sobre los Kennedy y Castro, y otra, en pleno retiro del expresidente: "Los Kennedy operaban una jodida Murder Inc en el Caribe". Johnson le reveló a Walter Cronkite en una entrevista grabada para la cadena CBS en 1969 cómo se convenció de la participación de Oswald en una conjura internacional, pero antes de que el programa se transmitiera, el expresidente se arrepintió y pidió suprimir ese pasaje. El biógrafo de Johnson también sugiere que Robert Kennedy nunca se despojó de la sospecha de que el asesinato de su hermano fue producto de sus propias manías contra la Mafia o contra Castro: "Medio siglo después de la muerte de JFK, prevalece la especulación entre los íntimos de su hermano sobre si conocía algún dato duro que indicara que sus cruzadas contra el dictador cubano o el crimen organizado [...] habrían afectado a JFK, y si su abatimiento se vio intensificado por una sensación de responsabilidad, o incluso de culpa, por la muerte de su hermano".

Cuando publiqué una breve reseña del libro de Latell en *El País* en 2012, un lector atento envió una carta al director argumentando que los mismos hechos descritos por Latell podían ser interpretados de una manera diferente. Los cubanos le negaron la visa a Oswald porque lo hallaron medio loco; la estación de Jaimanitas reorientó sus antenas porque se esperaba que sucediera algo *políticamente* sigificativo en Texas ese día, no un atentado. Las tres versiones sobre el asesinato de Kennedy surgidas a partir de 2006 también sugieren varias tesis del lector, con la misma verosimilitud. Oswald era un maniático suelto, cuyas intenciones detectaron los cubanos de inmediato; hubieran podido evitar el homicidio, pero no lo impidieron por una muy justificada venganza. Oswald fue cilindrado por los cubanos en México, al caerles como regalo divino. Oswald actuó por cuenta de la Mafia y parte de la CIA, con el propósito de asesinar ya sea a Castro, si podía entrar a Cuba, ya sea a Kennedy si no; fabricó con gran pericia credenciales castristas para cubrir sus huellas. Si algún día se abren los archivos cubanos, en particular los cables transmitidos por la embajada en México a La Habana, sabremos algo más al respecto.

Adólfo López Mateos, Winston Scott y Gustavo Díaz Ordaz,
Ciudad de México, 1962

Hoy George Leddy vive en West Hollywood; su hermana, en París. Visité a Janet Scott un par de veces en Nueva York, en compañía de su amiga Rosa Porraz, madre de Paloma, la esposa del banquero inglés Damian Fraser. Del video de la boda de Janet se derivó una portada de Enfoque, el suplemento dominical del diario *Reforma*, en 2006, con la foto de Scott, López Mateos y Díaz Ordaz, en pleno festejo. Para esas fechas habían fallecido Janet, Juanita García Robles y mi madre, todas ellas testigos tangenciales de estos sucesos cargados de obsesión, espionaje, conspiraciones reales y febriles y parte motriz y distorsionante de mi propio arrebato cubano. Quizás la permanencia de la isla en mi mente y mi vida se remonta a esas imágenes cruzadas de Kennedy y Castro, en la cabeza hiperactiva de un niño perdido a las orillas del Hudson, o en las calles de Manhattan esperando el camión para ir a la escuela.

Rewind

III

Mi estancia en El Cairo (1962-1965) fue formativa en todos los sentidos. Allí aprendí de verdad el francés; a seguir el beisbol de las Grandes Ligas a través de la radio de las fuerzas armadas de Estados Unidos, y de un juego simulado al que le dedicaba horas en compañía de Bob Bauer, mi mejor amigo de esa época, con quien conservo una buena amistad hasta sus años como consejero jurídico de la Casa Blanca bajo Barack Obama. Allí empecé a empaparme de la cultura y del racismo norteamericanos, a padecer la escasez de bienes de consumo de Occidente y la abundancia de engendros del socialismo de Europa Oriental. Me acerqué —un poco— a la pobreza egipcia, tan descomunal antes como ahora.

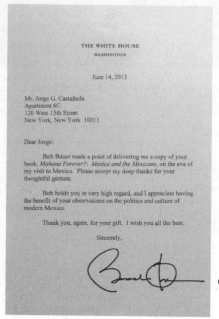

Carta de Barak Obama, 2013

Nos rodeaban los rezagos almibarados de la vida colonial. Gamal Abdel Nasser, quién derrocó al rey Farouk en 1953, nacionalizó el Canal de Suez en 1956 y fundó, con otros, el Movimiento de Países No Alineados, expulsó a muchos ricos, pero no a todos; a muchos ingleses y franceses, pero no a todos, y consintió, sin entusiasmo, hasta poco antes de la Guerra de los Seis Días en junio de 1967, a convivir con una comunidad estadounidense numerosa y diversa. Incluía a diplomáticos, médicos, egiptólogos, espías y militares, cuyos hijos asistían a la misma escuela que yo, o la misma universidad que Andrés, mi hermano, que pronto se unió a nosotros. La existencia en Maadi, como en Zamalek, salida de Durrell y el Cuarteto de Alejandría, reproducía los estereotipos coloniales en teoría superados: yo iba a la escuela, al club y a casa de mis compañeros escolares en bicicleta. En la residencia de la embajada trabajaban —salvo durante el Ramadán y el verano— múltiples empleados o *sufraguis*, cocineros, jardineros, barrenderos y demás arrimados, a quienes en ocasiones maltrataba, para luego verme regañado por mis padres. Prodigiosos jardines atendidos a la perfección rodeaban las espaciosas casas cruz-ventiladas, y las avenidas de la zona diplomática lucían limpias, lineales y arboladas: todo lo contrario a las demás arterias de la ciudad, tan caótica y polvosa como ahora. Mi escuela se ubicaba a tres cuadras de la embajada de México; en parte por eso mi madre nos instaló en el suburbio de El Cairo. Nos inscribió allí porque el gobierno egipcio obligó al Liceo Francés y al colegio inglés a impartir la mitad de la enseñanza en árabe: una comprensible rémora revanchista, aunque contraproducente, de la invasión franco-inglesa, en 1956, para recuperar el Canal de Suez. Carecía de sentido colocarnos a mi hermana Marina y a mí en un ambiente donde no entenderíamos nada y donde no aprenderíamos un idioma extraordinario pero condenado a ser olvidado por nosotros y de dudosa utilidad en México. Nos matricularon pues en el Cairo American College, o CAC; gracias a la condena norteamericana de la invasión anglo-francesa de 1956, Nasser toleraba la sobrevivencia de una escuela y una universidad de habla inglesa.

Evocar ese tiempo me provoca una reflexión extraña, a propósito de un dato —migas de información inútil que almaceno desde niño— que conocí cuarenta años más tarde, al desenterrar los orígenes de Al Qaeda y de los atentados del 11 de septiembre. Además de matar a más de tres mil inocentes y de generar una psicosis de guerra en Estados Unidos, dieron al traste con mi principal proyecto de política exterior como canciller: el acuerdo migratorio con Washington, o "la enchilada completa". La Hermandad Musulmana egipcia, fundada desde la época de Farouk en reacción contra la decadencia, la corrupción y la opulencia reales, empezó a escindirse a finales de los años cincuenta. Una facción, más moderada en la práctica aunque tal vez igual de fanática en el tipo de Islam que predicaba, conservó la mayoría; otra, minoritaria, a la que pertenecía un joven médico y estudioso islámico, propugnaba la lucha armada, el fundamentalismo del *sharía* y de la lectura al pie de la letra del Corán. Ese joven era Ayman Al-Zawahiri, segundo de Osama Bin Laden hasta su muerte en 2011, cuando lo sustituyó como jefe de lo que sobrevive de Al Qaeda. ¿El lugar de reunión de la minoría extremista en Egipto? La terraza del Club Maadi, donde mis padres jugaban tenis y yo nadaba o perdía el tiempo con mis amigos.

Jorge y Oma se ausentaban con frecuencia, por trabajo y por curiosidad intelectual. Más que turistas, eran maravillosos y asiduos viajeros. Recorrieron todo el Medio Oriente, salvo Israel; mi madre no visitó a su hermana hasta que concluyó la misión de mi padre en 1965. A mí me correspondieron algunos periplos menores: Jerusalén y Jordania con mi hermano, Grecia al cumplir 11 años con mis padres, y Luxor después, el Mar Rojo y el Mediterráneo egipcio de vacaciones con toda la familia, pero nada mucho más exótico. Los mejores momentos con mis hermanos acaecían cuando los papás desaparecían: no tanto por las travesuras —algunas aberrantes— sino por la cercanía que se daba entre nosotros. Andrés y su novia se veían obligados a ocuparse de Marina y de mí; yo pasaba más tiempo en casa de Bauer que él en la mía, lo cual me parecía perfecto, porque sus padres —agregados culturales norteamericanos— tenían acceso al *commissary*, es decir, al supermercado de productos estadounidenses reservados a los funcionarios de la embajada: el equivalente de las diplotiendas cubanas hace unos años. Me atascaba de todas las golosinas y productos chatarra de la "gastronomía" norteamericana, pero también de leche, producto vedado en nuestra casa por inexistente o contaminado.

Marina disfrutó menos esos lapsos huérfanos, expuesta como estaba a los comportamientos hostiles de sus hermanos y desprovista, a sus seis años de edad, de mis amistades y de la libertad para cultivarlas. Entre éstas figuró un niño mayor que yo, compañero de mil aventuras, que un buen día decidió soltarme un puñetazo en la cara, ofensa intolerable para alguien tan desacostumbrado como yo a la violencia física. A pesar de los mil perdones que me pidieron él y sus padres en los días subsiguientes, no volví a dirigirle la palabra. Supongo que allí se origina mi carácter tan rencoroso —azteca, decía mi exesposa— en el terreno de lo personal. En mi manual, los enemigos personales lo son para toda la vida, mientras que los pleitos políticos y las animosidades sociales duran el tiempo de su eficacia o inevitabilidad. Los padres de aquel muchacho eran unos personajes paradójicos: ella, retratista, entre otros, del niño de diez años que fui, captado en un óleo que aún conservo en mi recamara; él, como supe años después, jefe de la estación de la CIA en El Cairo.

Una de las ausencias de mi madre resultó más dolorosa para ella y sobre todo para mí. Buena parte del verano de 1964 lo ocupó en visitar su pueblo en la Unión Soviética, sola, topándose todavía con algunos conocidos de los años treinta, abrumada por el rencuentro con la aldea donde creció y donde fallecieron sus padres. Mi padecimiento fue mucho más terrenal y absurdo. Ya sea por una proclividad a infecciones de estafilococo debido a la falta de una nutrición adecuada o de higiene en general, ya sea por la entendible desatención de mi padre (sufrió varios ataques de paludismo durante esas semanas) y mi adicción a rascarme la cabeza en plena canícula cairota, me brotó un absceso en la cabeza. La irritación provocó que como buen niño ansioso e intenso me arrancara desenfrenadamente el cabello hasta parecer monje franciscano. Para cuando regresó mi madre de la URSS, me encontraba al borde de una septicemia; me trasladaron de urgencia al hospital Dar el Chifa, donde un doctor llamado Orfali, más carnicero que cirujano, me abrió el cuero cabelludo y me salvó la vida. ¿Culpa de mi mamá por dejarme al garete dos meses? ¿De mi padre por no ocuparse? ¿Del Tercer Mundo encarnado en las aterradoras condiciones alimenticias y sanitarias incluso de los enclaves diplomáticos criptocoloniales?

Oma, Mar Negro, 1964

De todo ello, pero sobre todo de lo último: el entorno económico y social del país. El Raïs, como se acostumbraba llamarle a Nasser, no era un dictadorzuelo árabe, pero tampoco un estadista dotado de una visión mundial e histórica fuera de serie. Nacionalizó el Canal; convenció a los soviéticos de construir la megapresa de Aswán; junto con Tito, Sukarno y Nehru fundó el Movimiento de los No Alineados, y expulsó a buena parte de los potentados y magnates de la corte de Farouk. Pero también demostró su incapacidad recurrente de ganarle una guerra a Israel; de mejorar el nivel de vida de su pueblo; de suprimir la represión de los opositores de cualquier estirpe y de erradicar la nueva corrupción generalizada en el seno de las élites renacientes: el ejército, su partido y la burocracia estatal. Desperdició decenas de millones de dólares construyendo fuerzas armadas que no resistieron ni una semana al embate de los blindados de Moshé Dayán, ocasionando la pérdida del Sinaí. A pesar de su secularismo encomiable, incubó la semilla del fundamentalismo islámico que acabaría con la vida de Anwar-el Sadat, su sucesor, en 1981, y cuyos representantes actuales accedieron al poder en 2012, para luego ser masacrados por un nuevo autoritarismo militar. Como tantos otros mitos de los años sesenta, el nasserismo y el proyecto pan-árabe del Raïs se derrumbaban ante el escrutinio ajeno o la mirada desideologizada de sus víctimas. El socialismo árabe, como la nieve de primavera, se derretía con el primer día de sol. Cuando murió Nasser en 1970, los egipcios lo velaron con la tristeza, el agradecimiento y el fanatismo propio de esos momentos. Seis años más tarde, cuando tuve la oportunidad de retornar a El Cairo y visitar su mausoleo en Heliópolis, comprobé que nadie lo extrañaba. En una tumba sin visitantes descansaba un hombre relegado y poco lamentado.

Los tres años de residencia al borde del Nilo me permitieron introducir un mínimo de continuidad en mi infancia, mis hábitos y mis gustos. Uno de ellos se centraba en la deliciosa pérdida del tiempo: seguir el beisbol por radio, jugar basquetbol (como llanero) en la escuela; y hablar hasta el cansancio de chavas con mis cuates: mi pasatiempo preferido. Otro, perdurable y querido, fue la lectura, costumbre adquirida en Nueva York un par de años antes y a la que me adentré de lleno sólo hasta los nueve años, por la peor de las razones, junto con la mejor: provenía de una familia de lectores, desde mi abuela hasta mi hermana, pasando, sobre todo, por mis padres. Nunca los vi sin un libro, periódico o revista a la mano; nunca los escuché dejar de hablar de libros leídos o por leer. Pero había otro motivo en mi propia pasión por la lectura. Para explicarlo se impone una pequeña desviación deportivo-cultural.

Los norteamericanos idolatran dos excesos mancomunados por sobre todos las demás: los "rankings" —de boxeo y universidades, de cocientes intelectuales, de volumen de acciones intercambiadas, de riqueza e indigencia, de intenciones electorales y de jerarquías criminales, de cinematografía y medallas olímpicas— y las estadísticas: de beisbol, de pobreza, de las bolsas de valores y de libros publicados, de número de enemigos abatidos en sus guerras —los "body counts" de McNamara en Vietnam—, de kilómetros recorridos por litro de gasolina y de calorías consumidas por los obesos o dejadas de absorber por los dietófilos. Siempre he pensado que los dos motivos por los cuales la sociedad norteamericana se niega a adoptar el futbol como deporte de gran público, es decir, de seguirlo en televisión, residen, en primer lugar, en la falta de interrupciones para permitir comerciales *ad nauseam*, pero también en la dificultad de aplicarle al futbol soccer la indagación estadística del futbol americano, y sobre todo del beisbol. Cualquiera que se haya deleitado conversando de beisbol con Carlos Slim lo puede comprobar, como lo aprendí yo desde Egipto. Las series estadísticas de bateo, fildeo y picheo son infinitas. El futbol asociación no se presta a ello: lo más que se puede tabular son los goles, el tiempo de posesión del balón, quizás los pases logrados o fallidos o para anotar goles, los tiros al arco desviados o enmarcados en la portería y le paramos de contar.

Estas obsesiones estadísticas se reproducen en cada ámbito de la vida norteamericana y, por supuesto, en una de las más esenciales: la educación. Desde cuarto o quinto de primaria los maestros catalogan a los niños por ranking, no a la francesa (primero, segundo y tercero en cada salón), sino por áreas de actividad: los mejores en deportes, en canto, en dibujo y en… lectura. ¿Cómo se cuantifica esa excelencia? Creando un método simple y muy norteamericano de comprobación de lectura y publicitando los resultados en el salón. Son los *book reports* de antaño, donde cada niño se ve obligado a leer por lo menos un libro por semana y a redactar un breve resumen del mismo. Sus resultados se exhiben en una especie de cuadro de honor o palmarés colgado en la pared. Algunos niños no cumplen con el requisito del libro hebdomadario; otros cometen trampas y algunos se vuelven stakhanovistas de la lectura: leen más libros, escriben más resúmenes y aparecen con mayor frecuencia en el primer lugar del tablero, sin ardides o, en todo caso, recurriendo sólo a pequeños subterfugios.

Mi propia obcecación por la competencia y una propensión por descubrir maneras de sobresalir sin demasiado esfuerzo me condujeron a obnubilarme, a mis recién cumplidos nueve años, con los *book reports*. Devoré libros, cortos o largos, buenos o malos, pertinentes o dedicados a temas desorbitados, no tanto por el gusto de la lectura o por el afán de aprender. Mi propósito al acudir a la biblioteca del Consejo Británico, de la propia escuela o a las escasas librerías de la ciudad, consistía en conseguir libros para resumirlos y subir en la jerarquía del tablero de lectores. Por tanto —obvio—, leía demasiado rápido y por encima; me saltaba páginas o capítulos; mi aprendizaje se concentraba más en la redacción de síntesis fieles y sencillas de los contenidos que en la calidad de la escritura, la información incluida en el texto o el goce en sí del arte de leer. Muy pronto me transformé en el primer lector de mi grado, aplaudido por los maestros, medio detestado por los demás niños por *machetero*, pero también conocido por todos. Para un alumno recién llegado no fue mal negocio, y como modo de asimilación de la práctica de la lectura tampoco resultó nocivo el ejercicio. El gusto perduró y nunca se esfumó. Como manera de leer, de asimilar conocimientos, vocabulario, ritmos y estilos literarios, el método competitivo-compulsivo dejaba mucho que desear. Le debo una capacidad de síntesis que reforzó después la educación francesa y que me ha servido; le debo también la superficialidad de muchas de mis lecturas, y de mi cultura en general: ecléctica, dispersa y proclive a la facilidad.

De esta etapa se derivó mi ya insinuada querencia, casi taurina, hacia la línea de menor resistencia (o ley del menor esfuerzo), que me han reprochado quienes se atreven a decírmelo. Por dinamismo de espíritu, información abundante y dominio de tres idiomas, pude alcanzar muchas metas. Desentrañé muchos misterios, me gané la vida y dije muchas cosas sin aplicar el empeño mental imperativo o la disciplina indispensable para cualquiera de los objetivos que me planteé de verdad. Siempre hice lo suficiente, nunca lo necesario: para sacar buenas calificaciones, hasta entrar a las mejores universidades; para escribir mejores artículos, ensayos o libros, hasta lograr mayores distinciones, reconocimientos o cargos. Quizás lo único en lo que me esforcé a fondo fue en criar a Jorge Andrés, para desgracia del pobre crío. Hasta la fecha ese hijo padece mi intrusión atrabancada en todos los ámbitos de su vida, ahora las materias que cursaba en su maestría, ahora el color de las cortinas en su primer departamento.

Con mi padre, Mahmud, mi madre, Marina, Jill y Andrés, El Cairo, 1964

Las horas de soledad en Maadi, la competencia escolar y la disposición de mis padres a surtirme de todos los libros imaginables me instauraron un hábito de lectura que conservo al día de hoy. No fue la menor de las ventajas de mi estancia en El Cairo. Aunque no aprendí a ordenar mis lecturas —a menudo apilo tres libros en mi escritorio o mesa de noche—, hoy disfruto la famosa compañía de un texto como pocas otras cosas. Mi gente más cercana a lo largo de estos años han sido lectores; con la demás, he construido barreras en ocasiones infranqueables.

Abandonamos Egipto con dolor, nostalgia y la plena conciencia de que cada miembro de la familia enterraba allí etapas irrepetibles. Mis padres jamás fueron tan felices; Andrés, una vez que se unió a nosotros en 1964, comprendió que no combinaría de nuevo las delicias de la universidad, las novias, los coches y las diversiones de los veinte años; Marina, por su edad, le sacaba menor provecho a la alteridad en ese momento, y guarda quizás un recuerdo más ambivalente. Para mí, terminaban las amistades desprovistas de rivalidades o resentimientos, la libertad de ir y venir solo y seguro, en bicicleta y en compañía de gente querida, y un coqueteo frívolo y a la vez sincero con ese exotismo adorable del mundo árabe, con la pobreza desgarradora, la desigualdad lacerante —mayor que en México; si no en los números, sin duda en impresiones— y la adyacencia con la otredad que tantos frutos me rendiría en el futuro. Desde entonces interioricé la alteridad; me acostumbré a discernirla en la calle, en el cine, en la casa —aunque sólo fuera a través de la servidumbre—, en las tiendas y sitios turísticos, y a través de la gente tan distinta que me rodeaba. Las diferencias de clase, étnicas, religiosas o políticas de México y de Estados Unidos palidecían frente a las de El Cairo; lo impresionable de un niño de diez años superaba con creces la sensibilidad, poca o mucha, de un adolescente, de un joven o de un adulto. Si de algún intersticio de mi memoria procede una apertura a la novedad o a la diferencia, se origina en Egipto.

Proviene también de la figura de mi madre. La mujer que conocí como hijo, en su lecho de muerte y en sus cartas y diarios años después de fallecer, revestía para mí un inmenso caudal de virtudes. Sus defectos, al contrario, eran mínimos, visibles para sus vástagos sólo en momentos de ira o en alguna demanda insatisfecha de afecto. La existencia la dotó de una inteligencia y una agilidad mental excepcionales, junto con un diletantismo inevitable para alguien que ejerció poco la profesión para la que se formó, viéndose obligada a encontrar formas alternativas de ganarse la vida o de llenarse de vida una y otra vez. Esa inclinación a reinventarse acompañaba su fascinación por lo desconocido, desde su viaje a México en 1938 —país exótico por excelencia en ese momento— hasta su perseverancia —aberrante— por cultivar frutales húngaros en un páramo del Estado de México por los rumbos de Tepozotlán, meses antes de morir. Poca gente amó tanto a México, tratándose de un amor por elección. Poca gente discernía, con cariño y severidad, las taras del país y de su gente, y la dificultad de remontarlas. Como mujer, era apasionada, coqueta y consciente de sí misma, hasta el exceso. Como madre, era capaz de repartir hábil y equitativamente los afectos entre sus hijos, de consentirlos con parsimonia y equilibrio según el momento y las necesidades suyas y nuestras: a Andrés, por ser el primero, el más querido y el más distinto a ella; a Marina, quien más angustia le provocó al criarla, pero también mayor cercanía, por ser mujer y por necesitarla más; a mí, por ser el más parecido a ella y que menos dificultades generaba, pero que volaba solo y contaba con la admiración paterna.

La breve descripción de mí que aparece en su diario en 1967 la pinta más a ella como madre que a mí como hijo: "Tengo un gran sentimiento de inferioridad frente a Jorge chico, la condición de Tonio Kröger nuevamente, pero ya no ante lo rubio, lo desapegado o siquiera su juventud. Es sobre todo su novedad. Lo hicimos con nuestra búsqueda intelectual; es lo que produjimos con nuestra cultura y nuestras mentes agudas y listas. En él no hay vacilación; está absolutamente seguro de lo que quiere. Nunca buscará consejo o apoyo. No lo necesita. El mundo en el que crecerá será suyo y sabe qué esperar de él. No habrá escasez; los más inteligentes se verán cuidados por una comunidad que valorará enormemente sus capacidades y aceptará su liderazgo." Siempre le fascinó el personaje de esa pequeña joya de cuento de Thomas Mann, de quien fue toda la vida una asidua lectora (en inglés o francés; su alemán sólo le permitió leerlo en el original cuando niña). La retomaría años después, cuando García Márquez nos pidió sugerencias para su discurso de Estocolmo en 1982: allí reaparece el joven artista de madre italiana y padre alemán, emblema del mestizaje europeo y de la fusión de disciplina y pasión. Con sus iconos, estas líneas hablan más de Oma que de mí; reflejan su fe ciega en el progreso, en la inteligencia, en las virtudes casi científicas del mundo por venir. Ese mundo pertenecería a los mejores, y en su visión, uno de ellos sería suyo.

Como esposa supongo que fue fiel y funcional. Más aún, la sabiduría convencional de la familia rezaba que gracias a su reciedumbre y temple, mi padre realizó una metamorfosis inesperada: de ocioso galán parisino a diplomático, académico y político con pocos pares en el México moderno. De baja estatura y de atracción física mediana, nada en su porte, salvo sus ojos cafés y verdes, según la hora del día y su estado de ánimo, siempre llenos de luz, sugería la enorme fuerza interna contenida en esa delgada mujer de cara angular que con los años se volvería igual que su silueta, rellena y circular. Su pasado garantizaba esa fortaleza interna. Perdió casi todo a los treinta años de edad —sus padres, su pueblo, su amante, su marido y, en ese momento, su país adoptivo—. Marina creyó siempre que una de las razones por las que nunca compartió con nosotros las circunstancias del fallecimiento de sus padres, los detalles de su divorcio o la verdad intelectual, financiera y religiosa de su infancia y juventud, respondía a una negación freudiana, casi de pizarrón, de un dolor indescriptible. Su antisionismo, que en ocasiones, de broma, tildaba yo de antisemitismo, se originaba tal vez en el mismo recurso: un rechazo al judaísmo de sus padres, de su hermana y de su aldea natal, que se transformó en una caricatura y una formidable barrera que permitía olvidar lo irrecordable.

Como mujer —profesionista, independiente, brava hasta lo peleonera— conquistó la admiración de sus amigas y amigos, de sus hijos y de mexicanos y extranjeros que la conocieron aunque fuera de lejos. Todo eso trajo un costo. Sostener con vehemencia, incluso con terquedad, opiniones iconoclastas o radicales en la sociedad mexicana no era recomendable; ser tan cosmopolita y sofisticada, sin poseer la sustancia detallada o estudiada que aporta matices, la orillaba en ocasiones a la estridencia. El vigor con el que defendía sus convicciones y la naturaleza de las mismas abrió el flanco, desde sus primeros días en la ONU y hasta que saliera mi padre de la Cancillería, a la acusación de trabajar como espía soviética. Los polacos, creo, trataron de reclutarla en Nueva York. Cuando mi padre acompañó al canciller Luis Padilla Nervo a la Conferencia de Caracas en 1954, donde se decidió la suerte del gobierno de Jacobo Árbenz en Guatemala, surgió una pequeña campaña de prensa en México reclamándole su matrimonio con una agente de la URSS. En El Cairo los círculos diplomáticos norteamericanos albergan sospechas de sus nexos con Moscú; a mediados de los años noventa un latinoamericanista conservador, inteligente y vinculado a los servicios en Washington me confesó que había revisado el expediente de Oma cuando mi padre era secretario y confirmó que allí figuraba la tesis de su vocación de Mata Hari. En una entrevista publicada treinta años después, Julián Nava, el entonces embajador de Estados Unidos en México, reiteró la misma acusación: "Castañeda era socialista. Conocí a su esposa. Una mujer que en nuestros archivos se describía como marxista nacida en Rusia". La sospecha era ridícula, no sólo por falsa sino por incoherente: mi madre era demasiado leal a su marido, a su patria de adopción y a su testaruda independencia para someterse jamás a la disciplina obligatoria de un órgano de inteligencia. Pero ilustraba los revuelos que causaba y los rumores que desataba por su carácter, su pasión y las vicisitudes de su vida. En sus últimos años, perdió la energía, la vivacidad y la alegría que neutralizaban su ardor; tendió hacia la soledad o el aislamiento, aunque construía nuevas amistades y descubría nuevos frentes de actividad, lectura o estudio. No sé cómo hubieran sido sus años dorados de no haber sucumbido tan joven a un cáncer fulminante.

La intensidad de mi relación con ella se manifestaba en el fervor de nuestras discusiones políticas, o las que sosteníamos sobre mi padre y mis hermanos. Como no tuve hijos biológicos mientras ella vivía, la educación y el crecimiento de éstos no fue tema; todo lo

Mis padres en Nueva York, 1960

demás, sí. Por la infinidad de puertas que me abrió mi padre, por mi ambición de ocupar su sitio y su cargo, y por muchos de los mismos defectos de carácter (no las virtudes), soy de manera irremediable su hijo. Pero Oma tal vez me marcó en un sentido mayor: no sólo me le parezco más, sino que compartí con ella, pasiones y desprecios por costumbres, actitudes y personas, como no lo hice con mi padre. A pesar de mi conducta, podía comportarse al extremo cariñosa conmigo, con su marido y sus nietas, y externar una frialdad de témpano, reflejada en su dureza aplastante y prepotencia avasalladora con los objetos de su furia o de su desdeño intelectual, con los contradictores de su pasión por el trabajo y perfeccionismo o con las víctimas de su destreza mental. No soportaba a los tontos, y los tontos abundaban en su mundo; quería a la gran mayoría de los familiares y amigos de su pareja, pero vilipendiaba sin piedad ni disimulo a las relaciones de conveniencia o imputables a la frivolidad de su marido. Adoraba al país, como casi todos los que emigran a México. Le debió a mi padre su derecho de ciudad o de entrada: haberse vuelto mexicana de cepa, haber penetrado en el espacio blindado del mexicano, a la vez hospitalario e hipócrita, y adentrarse en el país como muy pocas amigas suyas originarias de tierras lejanas pudieron lograrlo. Pero su enorme afecto por lo mexicano, patente desde los años cuarenta en su diario, no la enceguecía ante los inconmensurables rezagos de nuestra sociedad o frente a los defectos del carácter nacional, ni le impedía comprobar los vicios y deformaciones del alma mexicana. A ella le debo la capacidad de distinguir entre el folclor "apantallapendejos" de la cultura local y el verdadero talento creativo del ser mexicano. Oma perteneció a una estirpe exigua y destacada: la de los forasteros que desembarcaron en parajes mexicanos, se enamoraron del país y le agradecieron para siempre lo que éste les brindó, sin jamás perder de vista las debilidades y los retos que su patria adoptiva debía remontar, ante los cuales ella y la patria permanecieron impávidas estos años.

IV

El regreso a México de El Cairo fue traumático y prolongado. Mi padre, Andrés y yo recorrimos en coche parte de Europa: de Roma hasta Madrid, pasando por Pompeya, Barcelona, la Costa Azul y Zaragoza, mientras mi madre y Marina pudieron por fin viajar a Israel para que la tía conociera a sus sobrinos, mi hermana a sus primos, y Mifa y Oma se reencontraron. Ni los egipcios ni el estado judío le permitieron a mi madre visitar a su hermana mientras mi papá fungía como embajador. Ambos gobiernos pensaban que Oma espiaba al otro, como los norteamericanos.

Nos reunimos en Madrid, de donde volamos a Nueva York a pedirle de nuevo posada a "los Franks", quienes ahora vivían en otro pueblito de Nueva Jersey del cual salí apenas un par de veces durante el mes de nuestra estancia: para ir a un juego de beisbol de verdad en el Yankee Stadium, y visitar la Feria Mundial de Flushing Meadows de 1965. Además de recordar cómo se me volvieron a ampollar los pies, ya desangrados por las caminatas en Pompeya, retengo una rara imagen de la feria.

El pabellón mexicano, diseñado y construido por el arquitecto Pedro Ramírez Vázquez, cuyo *opus magnum*, el Museo de Antropología, venía de inaugurar en la Ciudad de México, incluía todo tipo de joyas culturales: gastronomía mexicana, los voladores de Papantla —que se convirtieron en las estrellas del evento—, algo de plástica mexicana y un artefacto cuya presencia me resultó incomprensible, tanto como a mi padre. Nos horrorizamos al comprobar que en el pabellón presumíamos un automóvil deportivo, el Renault Alpina construido en Ciudad Sahagún. Algunos recordarán el complejo industrial hidalguense, de paradójica trayectoria junto con el proyecto Borgward de la misma época: contribuyó a la industrialización del país y acabó en la quiebra. Mi padre no entendía por qué México exhibía un carro francés armado en nuestro país —armado: no fabricado— y de lujo. ¿Cómo jactarnos de algo no sólo ajeno sino, en el fondo, reprobable? ¿Cuál era la lógica de sentirnos orgullosos de un coche carísimo, pequeño e inservible en las carreteras y calles mexicanas, sólo porque lo construía una empresa paraestatal asociada con otra, en este caso, francesa?

Fast Forward. 2000

El "mito genial" de Ramírez Vázquez me perseguiría durante varios decenios, negándome el privilegio de satisfacer mis ambiciones edípicas en el sentido más estricto de la palabra. En 1966, el talentoso arquitecto terminó la Torre de Tlatelolco: la nueva sede de la Cancillería mexicana, en la Plaza de las Tres Culturas. Entre muchas otras virtudes incluía un deslumbrante despacho del secretario, en el piso 19, enorme y dotado de techos altísimos, con una vista maravillosa de la ciudad. Mi padre lo ocupó entre 1979 y 1982; con el temblor de 1985 la torre se tambaleó sin caerse —a diferencia de otras construcciones de Pani en los alrededores de Tlatelolco—. Pero empezó a ladearse, como la Torre de Pisa, menos unos cuantos siglos de inclinación. Fue evacuada por varios meses, aunque en 1988 se reinstaló de nuevo el personal. Ya había dado de sí, y bajo la administración de Fernando Solana se decidió vaciar la vieja Cancillería, salvo la planta baja y los salones de conferencias. Se edificó una sede alterna para el resto de la SRE, apodada el "triángulo", atravesando la avenida Ricardo Flores Magón. José Ángel Gurría, canciller durante la primera mitad del sexenio de Ernesto Zedillo, despachó todavía en la oficina del piso 19; a Rosario Green ya no le tocó, ni a quien la sucedió en el cargo: el que escribe. Como lo supusieron muchos camaradas —no se necesita ser Freud o Lacan para sospecharlo—, una de mis motivaciones para pedir y luchar por la cartera de Relaciones, pudiendo, según ellos, obtener cualquier responsabilidad en el gobierno de Fox —yo no estoy tan seguro—, radicaba en el deseo de ocupar el lugar de mi padre. Sólo que ese lugar… ya no existía, cuando menos físicamente hablando. En buen francés, mi Edipo se la peló.

Dicho esto, persistía un problema, si bien ya no psicoanalítico, en todo caso logístico y burocrático, cuando desembarqué en la SRE, para desconcierto de buena parte de la vieja guardia del Servicio Exterior. La Cancillería estaba regada por toda la capital: una parte, hacinada en la planta baja y el sótano de la vieja torre; otra, enfrente, desbordando el cupo del "triángulo", y una más en la Bolsa Mexicana de Valores, donde nos cobraban una fortuna de renta. Pedí pues un estudio de los costos relativos de tres opciones: reocupar Tlatelolco, enderezando la torre; derrumbarla, y construir otra allí mismo; o, de plano, abandonar la zona y erigir una nueva sede en otro barrio.

Los resultados del estudio fueron contundentes. La opción más económica y funcional consistía en construir otra Cancillería; tumbar la torre costaría una pequeña fortuna; arreglarla, un dineral incluso mayor. Se optó por una nueva sede basada en un esquema ingenioso, de *leasing* o arrendamiento financiero. Se contemplaron tres opciones: un nuevo edificio en el mismo terreno de Tlatelolco, diseñado por Enrique Norten, y que aprovechara lo utilizable de las estructuras existentes; una nueva construcción en lo que es hoy el centro comercial Antara, propuesta por Javier Sordo Madaleno; y la opción escogida: en Avenida Juárez, frente a la Alameda, con un proyecto de Ricardo Legorreta. Andrés Manuel López Obrador apoyaba el tercero, y ofreció donar el predio de ser elegida esa opción; Carlos Slim se comprometió a asegurar el financiamiento para cualquiera de los tres, aunque supuse que prefería el tercero también, ya que se había involucrado de lleno con el proyecto de renovación del Centro Histórico, justamente con López Obrador. Ubicar la nueva sede de la Cancillería cerca de allí ayudaría. Cada proyecto incluía a su propio arquitecto; yo preferí el de Norten, que también era el más económico, debido a los gastos ya sufragados en sexenios anteriores. La decisión fue llevada a Los Pinos, y Fox, con el desparpajo y la perspicacia que lo han caracterizado desde que lo conozco, me preguntó retóricamente y a solas, después de la exposición de los expertos: "¿Quién pone lana contante y sonante?" Respondí sin titubeos: "Slim." "¿Y cuál prefiere?" "No sé, pero supongo que Avenida Juárez." "¿Qué prefiere AMLO?" "También supongo que Juárez." "Pues es Juárez, o ¿qué parte no entiendes?"

Entre tanto me propuse, por ocioso, averiguar el verdadero origen de la calamidad de la torre. La respuesta de los consultores externos, de los archivos internos, del oficial mayor y de todos los interesados resultó categórica: no fue el temblor de 85, no fue la sobreocupación, no fue el subsuelo de la ciudad. La culpa radicaba en la pésima construcción original de... Ramírez Vázquez y de la firma de ingeniería que realizó las cimentaciones. Tlatelolco se ladeó no por desviaciones de la política exterior de unos u otros, no por la posible obesidad de los funcionarios que atiborraban el edificio, o por la obsesión de los burócratas de conservar toneladas de papeles inútiles, o por fenómenos naturales, sino por errores de diseño y de ingeniería. Al concluir los primeros siete pisos de los veinte del edificio, la torre comenzó a inclinarse debido al peso excesivo de materiales como el mármol y a la diversidad de suelos en la zona, antigua ribera de la laguna en épocas precoloniales. En lugar de tirarla y volver a empezar, o de suprimir los pisos adicionales, los arquitectos e ingenieros optaron por seguir adelante, reforzando la estructura con pilotes. Como diría un futuro oficial mayor: "Torre que nace torcida nunca se endereza". La responsabilidad del vicio de origen correspondía a Ramírez Vázquez; todo se disimuló hasta el 85, cuando fue preciso investigar el estado de la construcción y los antecedentes. En mi infinita inocencia pregunté: "¿Y por qué nunca se supo ni se dijo nada, ni se fincaron responsabilidades?" De nuevo, la respuesta lapidaria, ya no de Fox, pero sí del aparato de Relaciones: "Ramírez Vázquez es un icono de la arquitectura mexicana; no se puede destruir su prestigio y su obra diciendo que aquí la regó". Punto final.

Rewind

La entrada a México por Matamoros y luego Ciudad Victoria revistió un carácter épico para mí. Como mi padre gozaba del derecho de repatriación a México con un menaje de casa y un automóvil, realizamos el viaje por carretera él, mi hermano y yo. Al término de cuatro días recorriendo el sur de Estados Unidos, arribamos a la frontera y entablamos trámites de horas para que ingresaran al país el coche, las maletas y los bártulos que transportábamos como parte del menaje. Era julio, y el calor, incluso para un preadolescente acostumbrado a El Cairo, era sofocante. Mi recuerdo más marcado consiste en las curvas tremendas entre Victoria y Tamazunchale, y luego el descenso a la Huasteca Potosina, es decir, al trópico. Ya después vino el interminable acceso a la capital y la llegada a la casa de Actipan, alquilada por cinco años y que Marina y mi mamá habilitaban a toda velocidad. No me consolaba de encontrarme en México, y menos al ser inscrito en el Liceo Franco-Mexicano, recién inaugurado por De Gaulle y construido por Kaspé. Incluso para un buen alumno de la escuela norteamericana en Egipto, la educación francesa era harina de otro costal. Ahora sí había que esforzarse, y yo no estaba acostumbrado. Menos aún a permanecer una hora diaria en el carro —de nuevo, de la Secretaría de Relaciones— con mi hermana en el periférico recién estrenado, o asistir a las clases de matemáticas de primero de secundaria, con trigonometría y el principio de cálculo diferencial. Ni hablemos de los dictados en francés y de ese ejercicio infernal pero aleccionador, típico de la enseñanza gala: la llamada "explicación de texto", donde uno se ve obligado a escribir varias cuartillas a propósito de un párrafo de cinco líneas, en teoría explicando lo que "quiso decir" el autor. No me entendía con los demás: entré a medio año cuando todo el mundo ya se conocía; hablaba mal francés, "mexicano" ni se diga; y con la excepción de un anglomexicano que desaparecería después en las playas de Sinaloa, fragüé escasas amistades durante el primer par de años en la escuela de Polanco. Motivo de desolación, y gran oportunidad de hallarlas donde sí estaban: en la calle frente a mi casa.

Con Lalo y el Gota, 1973

Con Hipólito Zarate (Polo),
Isaías Moreno (el Gota), y
Eduardo Sánchez (Lalo),
Acapulco, 1967.

Con el Gota y Lalo, México, 2007

Con Lalo y el Gota, México, 2013

Durante mis dos años en Actipan frecuenté al grupo de jóvenes que me brindaron mi verdadero rito de paso a México. Allí nacieron mis más perdurables amistades —de una longevidad de casi medio siglo— y el arraigo que me ha atado al país a pesar de mis largas ausencias. Son el trazo unificador y perenne de cariño que me ha permitido ser menos exclusivo y continuo en otros ámbitos. Amigos como Lalo (Eduardo Sánchez), el Seco (Miguel Arroyo), el Gota (Isaías Moreno), mi finado compadre Polo y Rubén se transformaron en "mi país". Fueron los compañeros de las primeras novias y experiencias sexuales, las primeras borracheras y churros, los primeros viajes por la república o de mosca en los camiones de la capital, la primera cascarita en la calle y el primer partido en las ásperas canchas de la Liga Regional del Sur. Aprendí a hablar el español de la calle, a cantar boleros y tocar la guitarra, y algo de toros, al mismo tiempo que empecé a beber y alburear, aunque fuera como neófito. Conocí de primera mano la violencia de los barrios de la Ciudad de México junto a la seguridad de una urbe que a mediados de los sesenta permitía caminar, de noche y sin percances, por Insurgentes, desde Mixcoac hasta el Cine las Américas. Descubrí el resentimiento social producto de la pobreza y de la desigualdad mexicanas, a la par de la generosidad individual de la gente "humilde" —expresión chocante propia de México— al experimentarla en carne propia. Por cada amigo en el barrio acumulaba un enemigo: los incidentes de robo de enseres domésticos, relojes y ropa de la casa de Actipan y después en el Pedregal servían de recordatorio recurrente de la ambigüedad de mi vínculo con la calle. Nunca fui tan ingenuo para suponerme un chavo como los demás: ni habitante de la vecindad donde vivían los tres hijos de Sánchez, padres de mis cuates, ni un cliente más de la tiendita de la esquina. Pero reinaba un verdadero afecto y solidaridad entre los más cercanos y yo, a quienes hasta la fecha quiero y cuido. Como ellos me cuidan a mí. Nadie conoce mis secretos como ellos, y ninguno de ellos los revelará antes de que yo desaparezca. Donde mis colegas y compañeros de la madurez recorrieron un camino más ortodoxo —camaradas y novias de la escuela o de la colonia residencial que habitaban, conservando esas relaciones en la universidad, el posgrado, el primer empleo, el matrimonio y una familia propia—, yo seguí una vía distinta, a la larga menos estable y robusta, pero no desprovista de virtudes.

Durante unos meses en 1967 creé una burbuja distinta de amistades, una de ellas *barcelonette*, las otras dos de origen catalán. Compartíamos clases particulares de matemáticas —por ineptos tanto como por macheteros—. Por un tiempo nos juntamos los cuatro para ir al cine en Polanco o en las calles de Ámsterdam; después nos dirigíamos a La Vaca Negra de Masaryk con la esperanza de que alguna niña le hiciera caso a uno de los inútiles imberbes comiendo helados. A los tres los quise bien, hasta que una tarde, ya viviendo en el Pedregal, el de origen francés me invitó a su platea en el recién inaugurado Estadio Azteca, aclarándome que no podría recogerme —una desviación de trescientos metros— porque su padre no podía perder el tiempo en eso. Al igual que en El Cairo cinco años antes con el muchacho que me asestó mi primer y último puñetazo, allí concluyó la amistad; ruptura injusta y excesiva, pero sintomática: yo mismo provocaba las pérdidas deseadas. Nos reencontramos algún tiempo después en París, y luego en un espléndido restorán que abrió su familia en Polanco —El Buen Comer—, pero ya nunca recuperamos el vínculo de antes. Lo lamenté un rato, pero después comprendí que ese no era mi rumbo, ni en la ciudad ni en la vida.

Cuando abandonamos Actipan por la calle de Fuego en el Pedregal a medidados de 1967, dejé atrás también dos momentos fundacionales. El primero fue sentir la muerte como acontecimiento, lejano y a la vez apabullante, perturbador del orden preestablecido y tan irremediable como inasible. Nos aprestábamos Marina y yo, mis padres y mi abuelita a sentarnos a la cena de Nochebuena para después abrir los regalos recién traídos de Nueva York por Oma y Jorge gracias a su asistencia anual a la Asamblea General de la ONU. Al momento de acomodarnos en la mesa sonó el teléfono, y la empleada doméstica de unos de los más cercanos conocidos de mis padres le comunicó a mi mamá que el "Señor Henryk" había fallecido en su cama, solo, en su casa. Se trataba de Henryk Gall, un periodista polaco refugiado en México durante la guerra, donde había contraído matrimonio con Ruth Sonabend, una astrofísica de renombre. Ambos eran queridos por mis padres, de los pocos integrantes de la comunidad judía que frecuentaban. Por algún motivo Ruth y sus dos hijos, Olivia —ex directora del Museo León Trotsky y autora del mejor libro sobre la breve y trágica estancia del bolchevique en México— y Toni no se encontraban en casa. Así, fueron mis padres quienes se ocuparon de la burocracia y de recibir a Ruth y a los niños con la noticia. Huelga decir que nuestra Navidad concluyó temprano, y que el recuerdo de mi primer encuentro indirecto pero fulminante con la muerte de una persona de carne y hueso permaneció impreso para siempre en mi memoria. Más aún cuando, a las dos o tres semanas —o tal vez mucho después, así son las trampas de la mente— leí por casualidad —¿o por intención de mi madre?— un pequeño opúsculo del diabetólogo neoyorquino de mi papá titulado *Living with Diabetes*, que afirmaba que la mentada enfermedad no sólo era incurable sino mortal, aunque no de inmediato sino con el paso del tiempo. Nunca había sentido tal pánico como el que me provocó la asociación de ideas entre la muerte de Gall y la "inminente" muerte de mi padre, quien falleció treinta y dos años más tarde.

El segundo evento crucial ocurrió en el transcurso del otoño siguiente, cuando, como a todos los adolescentes de esa edad, me llegó la pubertad y el despertar de sensaciones y sentimientos desconocidos, inexplicables —nadie me contaba nada: mis padres eran demasiado formales, mi hermano se encontraba en Estados Unidos—, que no arrastraron ninguna consecuencia distinta a la de los demás pubertos, salvo el haber ocurrido en la casa de Actipan donde ya no volvería a vivir. ¿Por qué asocio ese recuerdo al de la muerte? Sólo lo podría saber mi analista, si acaso…

V

Casi no mantuve relación con compañeros o novias del Liceo o incluso de la universidad. Muy de vez en cuando reanudo el contacto con dos hermanas, hijas del embajador de Francia en México entre 1969 y 1972; de mi escaso tiempo en la universidad en Estados Unidos conservo tres muy buenas amistades: un güero con quien hicimos un viaje estilo *Diarios de motocicleta* —sólo que en una combi, en 1973, desde Nueva York hasta Salvador de Bahía y de regreso—, una armenia de aquella época, quien también participó en el periplo, y una judía conocida de ambos, que hoy vive en Nueva York. Con ella y con su marido he conservado una excepcional relación de complicidad y de trabajo a lo largo de cuarenta años. Todo esto es poco; mis vínculos de los años sesenta en el México de la escuela o del Pedregal son casi inexistentes.

Con los del barrio en cambio, nos reencontramos cada año en la fiesta, o cuando el azar o la necesidad lo aconsejan. Mi sensibilidad ajena a las formas mexicanas proviene de la alteridad generada por esta extraña evolución: ni del barrio, ni de la colonia opulenta. Nunca adquirí los hábitos, los usos y costumbres del mundo que me correspondía; no pertenecía a él. Como Coetzee, jamás aprendí a bailar, en mi caso porque no asistía a las fiestas de mis pares en Polanco o el Pedregal. Asimismo, en las tardeadas, quinceaños o posadas del barrio, me sentía demasiado diferente para atreverme a hacer el ridículo: casi todos allí bailaban maravilloso. Tampoco me familiaricé con la multitud de ritos de las élites mexicanas, que por nacimiento me incumbían. No me invitaban a las primeras comuniones, graduaciones y bodas de mis pares… porque no tenía pares entre esas élites. A la vez, podía permitirme el lujo de jamás concurrir al equivalente de las ceremonias en el barrio, porque era tan ajeno que no ofendía a nadie con mi ausencia.

Esta dinámica provocó y perpetuó mi tendencia previa y sobre todo ulterior de estar siempre en otra parte. En el Liceo, cuando bajaba a Actipan; en el barrio, cuando visitaba los lugares de encuentro de los francomexicanos; en el poder, cuando me asilaba en la sociedad civil; en esta última, cuando ocupé de manera directa o indirecta cargos públicos; en la academia cuando figuraba en el periodismo; en los medios cuando me envolvía la vida universitaria. Quizás no era yo quien me ubicaba siempre *ailleurs*, sino mi mente: siempre pensando en otras cosas, cuando debía estar concentrado en una. Joel Ortega, uno de los compañeros que me conoce y me quiere más, tituló esta propensión con un término más generoso de lo que merezco, pero tal vez perspicaz. Me decretó un anfibio, que pertenece simultánea, cómoda y plenamente a dos mundos, no que va y viene de uno a otro sin caber en ninguno.

Con Joel Ortega en la presentación de su libro *El último decenio de la era priista*, Ciudad de México, 2000

No me engaño sobre la facilidad que encerraba esta estrategema, inconsciente al principio, deliberada con el paso del tiempo y factible, sin falsa modestia, gracias a un cierto don de ubicuidad y de versatilidad. La artimaña permitía colocarme en un sitio de constante movimiento, en un estado de excepcionalidad recurrente, en un terreno siempre favorable que me invitaba a evitar la competencia o la rendición de cuentas conmigo mismo, con mis pares o con el entorno. Ejemplo: por lo menos a partir de 1985, cuando llevé a Miriam, mi ex esposa y a los niños a vivir un par de años a Washington. Allá hablaba y escribía con una supuesta autoridad incontestable sobre asuntos mexicanos, pero cuando me dirigía a un público lector, televidente o radiofónico mexicano, discurría sobre asuntos estadounidenses. Los norteamericanos carecían, en buena medida, de instrumentos para evaluarme como "mexicanólogo" y solía entender del asunto más que ellos; los mexicanos no disponían del aparato necesario para juzgarme como "gringólogo" y, en efecto, comprendía y conocía mejor a los estadounidenses que la inmensa mayoría de mis colegas compatriotas. Ejemplos: entre economistas hablaba de política; entre politólogos o políticos, de economía. Con la izquierda presumía mis conocimientos de la derecha; con esta última, me vanagloriaba de mi anterior pertenencia a la izquierda. Así aprovechaba mi eclecticismo; a falta de la maestría completa de una disciplina en particular, construí una familiaridad y dominio parcial de muchas en general. Casi de modo automático destacaba sin empeñar un ardor desmedido, pero rara vez competía, o me medía a mí mismo, con pares o en un ámbito donde no ocupaba de entrada una atalaya cómoda y predispuesta a mi favor. Sistema fácil y conveniente, sí; retador, no. Gracias al mismo, logré ambular por la vida sin grandes tropiezos y en ocasiones con grandes satisfacciones, pero desprovisto del juicio descarnado, riguroso y objetivo de un ambiente invariable: el *peer review* me ha sido ajeno.

Para mediados de 1967 nos mudamos a la casa del Pedregal que mis padres construyeron procurando reproducir la de Maadi, si no en los sentimientos por lo menos en el diseño. La verdad, no se parecían: la de Egipto encerraba un recibidor inmenso, con sala y biblioteca de un lado, el comedor del otro, una escalara de madera preciosa, dos pisos y un vestíbulo arriba que repartía caminos a las recámaras. La de Fuego 990 ostentaba una doble escalinata de mármol como de película hollywoodense de los años cuarenta, un enorme hall abajo, también de mármol, con sala y biblioteca de un lado, comedor del otro y terraza enfrente; arriba, las recámaras también simétricamente ubicadas. Mi madre vio frustrado su proyecto de reproducir la casa, el ambiente y la vida de Maadi, y a mi padre le dio más o menos lo mismo. El único parecido entre las dos moradas residía en la aspiración a grandeza y excentricidad de una casa europea en El Cairo y de una casa árabe en México.

A raíz del desplazamiento más al sur de la ciudad, me vi obligado a optar entre el abandono de mis ataduras del barrio o imponerme, por lo menos hasta que manejara solo —a los dieciséis años— el viaje en camión cada sábado en la tarde, con los albañiles y las empleadas domésticas que tomaban el # 58 con letrero Jardines en la esquina de Agua y Fuego. Escogí, aquí sí, la opción más difícil: aguantarme hasta que mis padres me compraran un automóvil y arreglármelas en camión. Cuando carecí de otro remedio, por salir del país a la universidad, me esforcé por proteger y prolongar el nexo el mayor tiempo posible, llegando a la exageración: llevar el barrio conmigo a Sudamérica, en lugar de resignarme al fin de una etapa en la vida.

Maniobraba cada fin de semana para guardarme en casa de uno de mis cuates del barrio para evitar el regreso muy tarde y disimularle a mis padres mis parrandas. Eso me facilitaba hacer el ridículo el domingo por la mañana en el partido de futbol de la Liga Regional del Sur, de cuyo equipo denominado Monterrey figuraba como portero, coladera y a veces mascota, por raro. Salvo Lalo y el Polo, los demás integrantes del equipo de llaneros eran, para nuestros criterios, viejos, borrachos y medio maleantes. Pero intentaban cuidarme en el área y llegaron a reconocerme el arrojo —casi siempre temerario— que mostraba en las salidas y en los tiros de esquina. Los huevos constituían mi único atributo futbolístico, y obviamente no bastaban. Pero me divertía mucho, sentía fluir en mi cuerpo y mente esa extraña pero conocida conjunción de miedo y adrenalina que años después encontré de nuevo en el buceo y el esquí, y aboné las transas, trampas y burlas socarronas de mis compañeros de equipo y adversarios a la cuenta de mi educación mexicana.

Con Lalo vivimos el 68 como se podía a los quince años. Mi roce con el movimiento fue mínimo, pero bastó para sentir su importancia en el México plácido y autocomplaciente de los sesenta. A finales de julio fuimos un día al centro, a la Prepa 1 en San Ildefonso, a realizar no sé qué trámite de Lalo para inscribirse. Fue el día del llamado "bazukazo" en la puerta del recinto preparatoriano aledaño al Zócalo, y la primera vez que miraba a soldados en las calles. Salimos disparados, temerosos y con la imagen de la fuerza bruta impresa en la (in)conciencia. El segundo contacto se produjo en la banqueta de Insurgentes Sur donde pasó la manifestación que salió de Ciudad Universitaria de septiembre de ese año. Recuerdo a mi tío Javier Rondero marchando del brazo del rector Barros Sierra, y lo sorprendente que me parecía observar a señores tan distinguidos recorriendo las avenidas en compañía de estudiantes de pelo largo o de falda corta.

A partir de septiembre comencé mi primer empleo, como edecán en el Comité Olímpico, gracias a la amistad de mi padre con Diana Salvat, la directora de relaciones públicas. Más allá de portar el saco con el emblema de la Olimpiada (México 68), bajar a comprar cigarros a la calle y ganarme el equivalente de doscientos cincuenta dólares, hice poco durante el par de meses que duró la encomienda. Las oficinas se ubicaban en Reforma, en la glorieta de la Diana, donde proliferaban otros hijos de "influyentes". Sólo algunos, al salir de trabajar a las ocho de la noche, nos dirigimos a

Tlatelolco el 2 de octubre. Xavier Olea —un futuro abogado, socio posterior de los Aguilar Zínser— y yo, de curiosos irresponsables, fuimos a averiguar qué ocurrió desde la tarde, por qué tanto rumor y chisme en la oficina y luego en el mundo. No pudimos acercarnos a la Plaza, pero atisbamos las tanquetas, los militares y los retenes en la zona. Al comprender la gravedad de los acontecimientos, nos largamos rápidamente al sur de la ciudad donde residíamos, no sin ser detenidos por un retén militar en la esquina de Altavista y Revolución, donde de nada sirvieron nuestros uniformes tan elegantes. Los rasos nos pasaron a la báscula y revisaron minuciosamente el carro de Xavier, buscando armas o líderes estudiantiles; no hallaron ni las unas ni los otros.

El movimiento del 68 me introdujo a varios misterios. En el capítulo personal, nunca entendí cómo mi padre, a quien idolatraba, podía ser parangón de integridad y convicción y simultáneamente trabajar en un gobierno encabezado por los "malos", formaba y no formaba parte de ellos. Él reprobaba la represión, la ceguera y el absolutismo de Díaz Ordaz, pero me resultaba contradictorio que se constituyera a la vez en uno de los rostros presentables de ese México tan criticable, en el exterior como ante la intelectualidad —sus pares— y ante nosotros mismos, en casa. Cuando me enteré, años después, de que el 21 de octubre envió por instrucciones superiores una carta a *The New York Times* describiendo cómo observó desde su oficina de la Cancillería los primeros disparos en la plaza, mi perplejidad creció. Transcribo la carta entera, traducida lo más literalmente posible:

"El artículo publicado en el *Times* el 4 de octubre sobre los enfrentamientos violentos entre estudiantes mexicanos y el ejército la noche del 2 de octubre da, en mi opinión, una impresión falsa de los acontecimientos. De acuerdo con el diario, 'mil soldados federales dispararon fusiles y ametralladoras contra lo que había sido una manifestación estudiantil pacífica en la plaza de un conjunto habitacional...'. No trataré de explicar o de interpretar lo que ocurrió, sino únicamente de corregir un asunto de hechos relacionado con el momento y las circunstancias en las cuales el ejército abrió fuego. Yo fui testigo de lo sucedido desde mi oficina en el piso dieciséis de la Secretaría de Relaciones Exteriores, en la orilla sur de la Plaza de las Tres Culturas, que da sobre toda la zona. El mitin efectivamente había sido pacífico. Los camiones y blindados militares aparecieron como a las 18:10 en la Avenida San Juan de Letrán, del lado poniente de la zona. Los soldados saltaron de los camiones y se desplazaron cruzando las ruinas aztecas hacia la Plaza. En ese momento una luz de bengala verde lanzada desde un helicóptero cayó sobre la zona. Inmediatamente se desató un tiroteo intenso del lado oriente de la Plaza. En mi recuerdo claro y vívido, compartido por varios colegas y asistentes, los disparos se iniciaron a partir del balcón del cuarto piso del edificio Chihuahua en el extremo oriental de la Plaza, detrás del podio del mitin. Yo no pude determinar en qué dirección se dieron los primeros balazos. Se ha informado en la prensa que fueron dirigidos contra policías de civil que intentaron llegar al balcón del edificio para capturar a los integrantes de Comité Nacional de Huelga. De ello no fui testigo. Pero sí vi claramente un elemento esencial de la escena: en cuanto comenzaron los disparos, los estudiantes se dispersaron muy rápidamente hacia los lados abiertos de la Plaza. Cuando la primera oleada de soldados arribó a la Plaza propiamente (es decir, la parte pavimentada más allá de las ruinas aztecas), quizás siete u ocho segundos después [de los sucesos] del balcón del edificio Chihuahua, la Plaza estaba totalmente vacía. Por lo tanto, es absolutamente falso que el ejército embistió y disparó contra los estudiantes en la Plaza al recibir una supuesta señal para hacerlo. Por desgracia, el artículo del *Times* sólo ha atizado la hoguera. Estoy dolorosamente consciente de que esta narración de los acontecimientos no explica algunos hechos pertinentes, ni responde a ciertos 'porqués' decisivos. No pretende justificar ni culpar a nadie. Tendrá que haber una investigación minuciosa no sólo de los acontecimientos de esa trágica noche, sino también de sus causas inmediatas y lejanas. Jorge Castañeda, Embajador de México, Director en Jefe, Secretaría de Relaciones Exteriores. México D.F., a 11 de octubre de 1968."

Redactada bajo presión de la jerarquía y de la coyuntura, la misiva representa una excepcional ilustración de cómo alguien con su integridad y talento podía ser fiel a sí mismo, leal al gobierno y a la verdad. El contenido refleja una incorrección política insufrible; por fortuna pocos se enteraron, y el paso de los años terminó corroborando buena parte de la versión descrita por mi padre. En aquel momento, sólo "los Luises" —Echeverría, secretario de Gobernación, y Gutiérrez Oropeza, jefe del Estado Mayor Presidencial (EMP)— sabían quiénes dispararon desde el balcón del edificio Chihuahua. La investigación nunca se llevó a cabo, y nadie le agradeció a mi padre dar la cara por un régimen que no debió haber sobrevivido tantos lustros después de esa noche enigmática y ensangrentada. Nunca conversé de esto con él; sólo supe de la carta hacia finales de la vida de mi madre, y antes, hubiera carecido de la madurez para comprenderlo. Después, quizás ya no valía la pena.

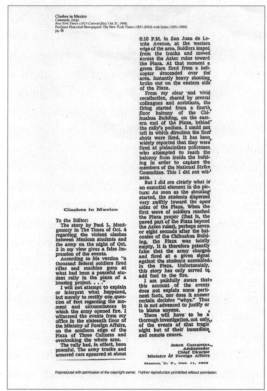

Carta al *New York Times*, 21 de octubre de 1968

Con el tiempo, el estudio y la reflexión, me surgieron varias conclusiones sobre el sistema mexicano y el 68. El "sistema" era excluyente de "las masas", del "pueblo", es decir, de la gran mayoría de los mexicanos, pero incluyente de casi todo el espectro político, intelectual e ideológico de las élites. Recuerdo una ocasión cuando, en compañía de Héctor Aguilar Camín, presentamos por enésima vez uno de nuestros libros ante un grupo de jerarcas priistas. Beatriz Paredes, presidenta del PRI, nos increpó acremente: "¡Ustedes quieren desmantelar el estado de bienestar de la revolución mexicana!" No respondimos —se trataba de llevar la fiesta en paz—, pero en el fondo pensé: ¿Cuál estado de bienestar? ¿Cuál revolución? Los subsidios agrícolas o de productos de primera necesidad, el IMSS, el ISSSTE, el FONACOT y quién sabe cuántas siglas más, o bien fueron instrumentos de manipulación clientelar, o bien el privilegio de una aristocracia obrera o burocrática. La inmensa mayoría de los habitantes del país nunca gozaron de los beneficios del supuesto estado asistencial, o los recibían como diminutas dádivas con cargo a un erario financiado con petróleo no renovable, con inflación o con deuda: lo contrario de un estado de bienestar soportado por impuestos sobre la renta o al consumo. El sistema del PRI era excluyente, como todos los regímenes políticos de América Latina de la primera mitad del siglo veinte: dictatoriales o democráticos, de izquierda y populares o de derecha y populistas, ricos o pobres, con la excepción del esquema fundado por Batle Ordoñez en Uruguay de 1904. El caso mexicano constituía sólo la expresión de una tendencia general, vuelta excepcional por los admiradores, usurpadores y beneficiarios de una revolución fallida.

El régimen de la revolución sí le entregó al país un dispositivo político donde cabían todos… los políticos. Se entiende por ello quienes se dedicaban de lleno al oficio, los técnicos necesarios para administrar al país, los intelectuales que deseaban disfrutar de sus delicias y los líderes sociales cooptados por el aparato estatal donde terminaban incrustándose. La inclusión solía mostrarse como desprovista de condiciones y en parte lo era. Nadie se veía obligado a renunciar a sus convicciones, amistades o complicidades; todas las preferencias —sexuales, musicales, artísticas, geopolíticas y personales— se adaptaban a la perfección. El PRI procreó el enorme talento para aprovechar el individualismo mexicano, lo que Manuel Rodríguez Woog denominó años más tarde el "liberal salvaje", y su corolario: la aversión al conflicto. En lo individual, personas como los tecnócratas de Hacienda y del Banco de México, diplomáticos de la SRE, estudiosos de la Universidad Nacional Autónoma de México y pintores y músicos de Bellas Artes se sentían autorizados a conservar y a manifestar —con cuidado y discreción— sus posiciones políticas; el sistema intuía que jamás las esgrimirían en forma colectiva. Presentía que debido al mexicanísimo rechazo ontológico al altercado, los desacuerdos íntimos e individuales nunca pasarían al acto público y asociativo. Fue sólo cuando se violaron las reglas del juego —por el hecho de violarlas, no por cuestionarlas: Barros Sierra en 1968; Cuauhtémoc Cárdenas en 1988; Elba Esther en 2003— que la disidencia pasó de la esfera privada y aislada a la abierta y grupal. Los incluidos por y en el sistema no se pensaban ni eran percibidos como cómplices de ese sistema; su responsabilidad se restringía al ámbito de su destreza y experiencia. Mi padre y sus colegas en Relaciones, Pemex, Hacienda, la Secretaría de Educación Pública y el INBA no eran corresponsables de la masacre de Tlatelolco o de la corrupción del aparato estatal, en esas épocas inenarrable. Coexistían —su probidad y decencia intactas— con los autores de las peores fechorías dentro del gran jarro de Tlaquepaque donde todo cabía. Me tardé en comprenderlo; pero mi ignorancia no me condujo a reclamarle a mi padre su pertenencia a un sistema que tanto él como mi madre y yo aborrecíamos. Cuando comprobé, a partir de diciembre del 2000, cómo priistas, intelectuales de izquierda, técnicos de administraciones anteriores y dirigentes sociales corporativistas sirvieron con lealtad y profesionalismo a los primeros gobiernos de alternancia democrática en la historia del país, entendí por fin que así era México, no el PRI. O que así había sido el PRI porque así era México.

Mi segunda hipótesis sobre el 68 también surgió años después, cuando escribí *La Herencia*, obra dedicada a las sucesiones presidenciales mexicanas entre 1970 y 1994. Su redacción me obligó a adentrarme en los misterios políticos del movimiento estudiantil y de los Juegos Olímpicos como antesala del "destape" de Luis Echeverría, en septiembre de 1969, "electo" en julio de 1970. Como otros, sospechaba que existía un turbio pero innegable nexo entre los acontecimientos de julio a octubre de 1968 y la sucesión del año siguiente, mas no lograba descifrar su naturaleza. Después de muchos ires y venires, y en particular de largas pláticas con Mario Moya Palencia —hoy fallecido y en aquel tiempo segundo de Echeverría en la Secretaría de Gobernación— y Jorge de la Vega Domínguez —encargado por Díaz Ordaz de negociar con los líderes estudiantiles—, y de consultar los apuntes diarios y aun secretos de Jesús Reyes Heroles —entonces director de Pemex y otro de los negociadores— gracias a la generosidad de su hijo Federico, llegué a una conclusión contraintuitiva y como la carta de mi papá políticamente incorrecta. Hasta hoy no la han desmentido revelaciones posteriores —por ejemplo, el libro de Julio Scherer basado en los archivos de Marcelino García Barragán, entonces secretario de la Defensa.

Echeverría no "armó" el movimiento del 68, como se ha sugerido, pero sí "construyó" el escenario de Tlatelolco, siguiendo una tradición política mexicana llevada a su más fina expresión en la época moderna por Manuel Camacho: crear un problema político para luego venderle a alguien la solución del mismo, cobrando caro el favor. Echeverría adivinó que el verdadero contrincante en la sucesión no era su rival en apariencia más fuerte, Emilio Martínez Manautou, secretario de la Presidencia, sino Alfonso Corona del Rosal, regente de la Ciudad de México y exmilitar hidalguense. Este último era el preferido de Díaz Ordaz por múltiples razones, pero contaba con dos pasivos difíciles de remontar: su edad y su carrera militar. Para Echeverría era indispensable desplazar del camino a Corona del Rosal, y a la vez mostrarle a Díaz Ordaz que su colaborador incondicional, su más leal subalterno, era él y sólo él. Aprovechando el apoyo sucesorio y palaciego que le brindaba Gutiérrez Oropeza —en todas las sucesiones del régimen político anterior, el militar responsable de la seguridad presidencial ha desempeñado un papel decisivo—, Echeverría diseñó y ejecutó una magna provocación en la Plaza de las Tres Culturas. Primero, convenció a Díaz Ordaz de enviar a un contingente militar a rodear la plaza, no a disparar ni a reprimir el mitin de los estudiantes. Luego, apostó a los integrantes del grupo del guante blanco en distintos balcones, escalinatas, departamentos o ventanas de la Vocacional 6, del edificio Chihuahua y de otras construcciones aledañas. Sus instrucciones, giradas por Gutiérrez Oropeza, ya que los francotiradores procedían del EMP y no del ejército regular, consistían en abrir fuego sobre la tropa conforme ingresaba a la plaza y herir o ultimar a algunos estudiantes para culpar a los militares de las ejecuciones. Por eso el primer herido, de un balazo cuya trayectoria fue de arriba hacia abajo y no horizontal, como hubiera sido el caso de proceder el proyectil desde donde se encontraban los estudiantes, fue el general José Hernández Toledo, quien marchaba a la cabeza del batallón que penetraba en la plaza. Esto explica también por qué los primeros disparos de respuesta de los soldados se dirigieron hacia arriba, donde se encontraban los miembros del batallón Olimpia, en los edificios que rodeaban Tlatelolco por los costados norte y oriente. La intención fue desatar una balacera donde morirían un indeterminado número de estudiantes y de militares para aparentar que todo respondía a una decisión presidencial desalmada y sanguinaria: aplastar por las armas al movimiento para despejar el ambiente antes de la inauguración de los Juegos Olímpicos, diez días después.

Gracias a la provocación y al desenlace trágico, pero eficaz, Echeverría resolvió varios enredos de un solo golpe. Primero, al involucrar a las fuerzas armadas en un problema de extrema gravedad, volvía inviable la candidatura presidencial de un ex militar. Segundo, al detener a los principales dirigentes estudiantiles, y al aterrorizar a los activistas y simpatizantes del movimiento, acabó con el mismo y evitó disturbios durante la Olimpiada. Por último, al responsabilizarse de la represión, al no titubear en respaldarla ni coquetear con universitarios como Martínez Manautou, le demostró a Díaz Ordaz quién era el más fiel y confiable de sus posibles sucesores. La versión de un presidente con las manos ensangrentadas, con vocación asesina y un cinismo desbordado, que le impuso a una sociedad pacífica y a un gabinete sumiso una salida violenta de una crisis incomprensible, es falsa. El responsable de la masacre de Tlatelolco, en el sentido más estricto del término, no fue Díaz Ordaz, sino Luis Echeverría, el gran ganador que se sacó el premio mayor: la Presidencia.

Mi última reflexión sobre el 68 gira en torno al término *masacre*. Desde Oriana Fallaci, la periodista y prima donna italiana postrada en los escalones de la plaza, hasta los gritos de los manifestantes cada 2 de octubre, el país ha creído que esa tarde murieron centenares de jóvenes. Aun a mediados del 2012, un escritor y estudioso de talento como Jorge Volpi aseguraba que esa tarde el ejército acribilló a trescientos muchachos. El reto reside en ponerle nombre y apellido a esas víctimas; en descubrir a los familiares, conocidos, novios y novias de esas víctimas; en llenar los "huecos" abiertos por esos muertos, como diría nueve años después Díaz Ordaz. Hasta la fecha, permanecen vacíos.

Me percaté de esta paradoja en 1993, cuando fui invitado, si recuerdo bien, por Paco Ignacio Taibo II a formar parte de una Comisión de la Verdad ciudadana para indagar sobre los sucesos de un cuarto de siglo antes. Sesionábamos en la primera librería El Juglar, en la colonia Guadalupe Inn; al pasar las semanas nos perturbó una ausencia: la denuncia de muertos o desaparecidos por familiares o amigos. No rebasábamos los veinte nombres inscritos en el memorial a la entrada de la Plaza; no llegaban más apellidos, más casos que investigar, más muertes que lamentar.

Consulté a Joel Ortega Juárez, mi experto personal en materia de movimientos sociales, en particular estudiantiles, y cuyo refinamiento e inteligencia he admirado siempre. Al término de largas pláticas preliminares nos resignamos a concluir con disgusto y realismo que no aparecían los familiares de los muertos porque... no hubo tantos muertos. Esta idea iconoclasta e incluso hereje se limitó a una mera elucubración hasta 2006, cuando la Fiscalía de Crímenes del Pasado, de cuyo Consejo consultivo Joel fue miembro de principio a fin, encabezada por Ignacio Carrillo Prieto y creada por

Fox, saldó sus deliberaciones con la misma tesis. En su afán —bien-intencionado pero fútil y quizás contraproducente— de condenar a Luis Echeverría por crímenes de lesa humanidad o genocidio, Carrillo Prieto buscó hasta por debajo de la cama a familiares de víctimas para corroborar la versión más repulsiva de los hechos. En la memoria de labores de la Fiscalía, publicada en 2008 bajo la firma del finado Eduardo Valle, "el Búho", uno de los principales líderes del 68, aparecen 68 muertos desde que arranca el movimiento el 26 de julio hasta que finaliza el 2 de octubre. Si se contabilizan los caídos hasta diciembre, el número se eleva a 89. Los seiscientos caídos de Fallaci nunca existieron; sus consecuencias, sí.

Como he argumentado en un libro publicado en 2011, el Estado mexicano consumó un gran negocio político con los caídos del 2 de octubre. De haber sucumbido varios centenares de jóvenes ante la supuesta embestida militar, el precio a pagar se hubiera acrecentado de manera considerable. Seiscientos muertos son seiscientas familias, nucleos de amistades, simpatizantes y un escándalo nacional y foráneo por lo menos diez veces superior al que se desprende de sesenta víctimas. Pero como el país y el mundo creyeron que los muertos sumaron eso, el miedo y la parálisis consiguientes partieron de esa base: un presidente y un "sistema" capaz de masacrar a seiscientos hijos propios. Salvo reivindicaciones gremiales en 1987 y de nuevo en 1999, no ha surgido de nuevo un movimiento estudiantil multifacético como el del 68 en México (el #Yosoy132 del 2012 fue político y trascendente, mas no estudiantil en cuanto a sus demandas o consignas). El Estado mexicano se ha librado de la necesidad de reprimir estudiantes, aunque esa ganancia arrastra un costo: la insuperable dificultad de reprimir cualquier otro movimiento, debido a los fantasmas del 68.

Para mí, los efectos derivados del 68 resultaron mínimos en lo inmediato, pero significativos en el mediano plazo. El Liceo cerró una semana y, por las ramificaciones del mayo 68 francés, el gobierno mexicano temió repercusiones dentro de la escuela. No hubo tal hasta un año después, cuando un grupo de ocho alumnos de segundo de prepa organizamos un conato de rebelión estudiantil (ingenua y marginal) que desató ciertas tempestades. Las demandas eran pueriles o ínfimas: democracia en los salones de clase, mayor participación estudiantil en las aulas, una denuncia de la elección fraudulenta de los Consejos de estudiantes previstos por las negociaciones posteriores a *Mai 68*, y una menor injerencia de los vigilantes administrativos en la vida del colegio. Pero debido al nerviosismo que perduraba en el seno de las dependencias más autoritarias del gobierno de Díaz Ordaz, la administración escolar y la Embajada de Francia reaccionaron de manera virulenta. Una vez identificados los firmantes del volante que repartimos furtivamente en todos los salones, y cuya autoría confesamos casi de inmediato, se convocó un Consejo de Disciplina —una suerte de tribunal— donde fuimos juzgados los ochos agitadores. Tres fueron expulsados para siempre, aunque su sentencia fue derogada; tres fuimos suspendidos una semana y denunciados en público, y dos recibieron apenas un castigo verbal.

En el juicio escogí a una "abogada" que desempeñó un papel importante en la vida de mi familia hasta su muerte, pasados los cien años de edad. Alex Payan fue mi profesora de inglés en el Liceo y después desplegó la misma tarea con Marina, mi hermana. En ambos casos, debido a nuestro manejo del idioma en comparación con el resto de los alumnos —éramos trilingües gracias a las estadías en el extranjero—, nos brindaba un trato especial, no más indiferente o laxo, sino más exigente: empujándonos a leer más, escribir mejor e informarnos con mayor profundidad. De mi hermana se convirtió en amiga cercanísima; cuando en 1984 le fue diagnosticado un cáncer terminal a mi madre, Marina halló en ella una caudalosa fuente de cariño y apoyo.

Mi defensora esgrimió argumentos más perspicaces que pertinentes, de una dudosa eficacia para la administración escolar pero útiles para mí. Relató cómo se había rozado conmigo un 12 de marzo en la fiesta de Actipan, relacionándome con un ambiente donde jamás hubiera esperado encontrar al hijo de un alto funcionario del gobierno, a esas alturas beneficiario de ingresos y prestaciones considerables. Ese ambiente y esas relaciones, según ella, explicaban mi carácter rebelde: alguien inmerso en sectores diferentes de la sociedad mexicana a aquellos desde donde emanaban los demás alumnos sería sensible a las tesis de los movimientos del 68 francés y mexicano. Su defensa de mi travesura —porque, al fin, de eso se trataba— me obsequió una doble justificación: la de mi "rebeldía" a través del nexo con Actipan y, a la inversa, la de mi semanal "baño de pueblo". No sé si alguna de dichas coartadas contenía cualquier dosis de verdad, pero ambas resultaron funcionales.

El caso es que después del episodio de rebelión liceana, mis padres me exiliaron, por así decirlo, durante un mes a Nueva York, donde mi madre aún laboraba como intérprete esporádica en Naciones Unidas. Durante ese lapso fui a visitar a mi amigo Bauer —de El Cairo— al internado elitista donde terminaba ya la prepa, y recorrí varias universidades de la llamada Ivy League para ser entrevistado con miras a mi admisión el año siguiente. En ese mes se sembró la semilla de mis magras cosechas en materia académica, aunque la decisión crucial la tomé más adelante, en abril de 1970.

Hasta el penúltimo año de preparatoria cursé la especialización de matemáticas y física en el Liceo: la ruta Revlon, como se diría a otro respecto en Relaciones Exteriores, a propósito de las embajadas más codiciadas (París, Londres, Madrid, Washington…). Existían cuatro opciones: ésa, que se llamaba *Classe Terminale C*; Economía, recién inaugurada, o *Terminale B*; Biología, *Terminale D* y Filosofía e Historia, o *Terminale A*. Me correspondía, en principio, seguir en matemáticas, ya que se trataba de la ruta más ardua, la que abría más puertas y el más cotizado de los *Baccalauréats*, *Bac* o Bachillerato. Pero exigía también el mayor denuedo y tiempo nalga en la escuela: todos los días hasta las cinco o seis de la tarde, incluyendo los sábados. Para alguien poco dotado para los números, y que había logrado cursar la opción más dura a duras penas, resultó evidente, a pocas semanas de iniciar tercero de prepa, que eso no era lo mío. De nuevo tocaba acercarse a la línea de menor resistencia. Me convencí, y persuadí a mis padres que la opción "barco" —filosofía— resultaba preferible a la rudeza innecesaria de las matemáticas. Recurrí a todos los sofismas imaginables para demostrar que mi vocación residía en la filosofía y la historia y que no me convenía la opción B. Encima, disimulé con cierto virtuosismo el verdadero motivo de mi preferencia: más tiempo para andar en el desmadre, sobre todo ya motorizado, gracias al regalo de un Renault R-10 poco después de cumplir los 16 años. No se trataba de una elección totalmente cínica, ni de segunda clase: poseía mayor vocación para esas disciplinas y terminar el *Bac* de filosofía en el sistema francés —el examen se corregía en Poitiers— antes de cumplir los diecisiete años no era cualquier cosa.

No hubo mal que por bien no viniera, y la vía filosófica me otorgó el privilegio de contar con un profesor de lujo, el mejor, junto con el de historia de esos años, que he conocido. Sus clases me confirieron la habilidad más útil y redituable de mi existencia: la de escribir de manera sucinta, rápida y fluida, sin especial talento ni lirismo, pero con facilidad. La escritura ha revestido para mí un valor incalculable, desde la universidad hasta la confección de este mismo texto, ejemplo de los alcances y límites de lo aprendido hace más de cuarenta años.

El profesor se llamaba Ramón Xirau. Filósofo e hijo de filósofo, de origen catalán, dictaba las cátedras de filosofía en el Liceo: ocho horas por semana divididas en historia de la filosofía, metafísica, lógica, sicología y estética. El salón lo llenábamos pocos: no alcanzábamos una decena. Establecí una relación personal con Xirau, quien hablaba un maravilloso francés, pero que platicaba a veces en castellano con algunos de sus alumnos. Sumadas a las horas de literatura francesa y de historia, las cuales exigían *dissertations* extensas y frecuentes, o se aprendía a escribir con velocidad y síntesis o reprobaba uno sin remedio.

Aun cuando retomé cuatro años después la filosofía en la Universidad de París, nunca aprecié el sentido profundo de la disciplina, salvo como ejercicio para aprender a pensar y a estructurar las ideas. De por sí la educación y el alma francesa son cartesianas; peor tantito el estudio francés de la filosofía: Descartes reinaba *urbi et orbi*. Pero Xirau era cosmopolita, en todas las acepciones de la palabra, y nos enfatizaba la importancia de los griegos —más Platón que Aristóteles—, de los contemporáneos de Descartes, sobre todo Spinoza, del empirismo inglés, de la Ilustración, de Hegel, Nietzsche y del existencialismo del siglo veinte. En la educación francesa autores como Montaigne, Pascal, Voltaire, Diderot y hasta Rousseau se estudian en preparatoria más como literatos que como filósofos; de allí que sobrara el tiempo para otros.

Con Xirau se machacaba, gracias a los franceses, el famoso "plan" de redacción: una estructura traslúcida de introducción, tesis, antítesis y conclusión. La idea versaba en reproducir para cada tema un machote y llenar los vacíos con las ideas o la información pertinentes, sin alterar el esqueleto. Este formato imperaba desde los escritos sencillos de primero de secundaria hasta las disertaciones de ocho horas corridas presentadas para la *Aggrégation* de filosofía del Estado francés. De allí la parábola que se narraba en la Facultad de Filosofía de la Sorbona, ya no recuerdo si a propósito de Sartre o de Althusser, de cómo uno de ellos redactó su texto en casa antes de anunciarse el tema de ese año, único y para toda Francia: selló el documento, lo presentó y fue admitido. Escribió decenas de páginas sin conocer el tema del examen pero siguiendo la estructura deseada. Nunca llegué a dominar a ese grado el arte del "plan", pero la afanosa búsqueda de la línea de menor resistencia me condujo a obtener los mejores resultados del Liceo en el *Bac* de 1970, acercándome —me faltaron .25— al promedio de 16 sobre 20 necesario para obtener la llamada *Mention Très Bien*, que autorizaba el acceso a las universidades francesas sin examen de ingreso. No recibí el viaje a Francia como premio al mejor alumno debido a los incidentes del año anterior; la excusa del Liceo fue que ya conocía Europa y mis padres podían financiar el boleto. El regalo le correspondió a Andrés Kanner, hijo de uno de los magnates de la comunidad judía de México.

De la educación gala retuve lo mejor —la escritura— y lo insufrible: la ausencia de educación deportiva y musical, de donde viene mi sordera tonal. Pero el Liceo ofrece un aprendizaje inmejorable para la lectura de la historia, de la novela, del ensayo; a esta multiplicidad de géneros le dediqué largas horas en esos años, y en estos años de principio de la vejez. El racionalismo francés despierta gustos culturales e intelectuales ortodoxos, rara vez imbuidos de curiosidad por lo desconocido o herético, y siempre enfocados a terrenos ya desbrozados. Esto embonaba con mi desabrida seriedad cultural y literaria: nunca pude leer a Salvador Elizondo, ni siquiera a Cortázar o a Bataille, pero devoré a los quince años el primer tomo de la biografía de Trotsky escrita por Deutscher. Personaje fascinante para mí desde esa primera lectura, cuyas similitudes con su cruento contrincante y verdugo sólo detecté después; igual me indignaba cuando los jóvenes comunistas mexicanos que conocí a finales de los setenta al entrar al Partido le gritaban a los "trotskos" en las manifestaciones : "¡Todavía tenemos piolets, cabrones!". En esa época leí otros dos libros que me marcaron: la biografía de Zapata, por John Womack, y *Las buenas conciencias*, de Carlos Fuentes, años antes de leer en la universidad sus dos obras mayores, *La muerte de Artemio Cruz* y *La región más transparente*, que no me surtieron el mismo efecto. Quizás las novelas que más me conmovieron entonces, por el contenido o por el momento cuando cayeron en mis manos, fueron los clásicos libros de amor y de aventuras de Hemingway, que hoy día tal vez se tornen ilegibles o ajenos para jóvenes de quince años, pero que en 1969 no lo eran. Al cumplir años mi madre me invitó a un concierto de jazz —creo que tocaban Dave Brubeck y un saxofonista afroamericano— en Bellas Artes. Antes pasamos a la librería americana en Madero, donde me regaló el *Adiós a las ar-*

mas y *Por quién doblan las campanas*, junto con otra gran novela, quizás demasiado compleja para mí entonces —o ahora—, *Look Homeward, Angel*, de Thomas —no Tom— Wolfe. Conservo los tres volúmenes en mi biblioteca, leídos sólo por mí, ya que nunca pude convencer a mi hijo de leerlos todos y Javiera, su hermana, la gran lectora de la casa, prefirió una traducción a pesar de su magnífico inglés. Hemingway es meloso, sin duda, pero el conjunto exótico de París, España, el amor, la guerra y el heroísmo antiheroico me fascinaron a esa edad. Guardé el gusto por el estilo directo, punzante, de frases cortas y palabras sencillas que parodió Woody Allen con su ingenio inigualable en *Midnight in Paris* medio siglo después: "Write True", dice Corey Stoll, como "Papa" en la película.

Xirau me introdujo a algo más que a la redacción al estilo francés, o a la dialéctica hegeliana. Aunque toda su vida sostuvo su misma postura de liberal progresista, le debo al fumador irredento y a mi profesor de historia, Alain Vieillard-Baron, el acercamiento al marxismo. Ramón no era marxista, pero entendía el marxismo y sabía explicarlo; me recomendó un compendio elaborado por un amigo griego de Octavio Paz, Kostas Papaioannu, que dirigió mi tesis de doctorado en París diez años después, hasta que se hartó de mis ofuscaciones althusserianas. La fértil lectura recomendada por Xirau no lucía demasiado original, pero para alumnos de esa edad resultaba de gran vuelo: economía política inglesa, socialismo francés, filosofía alemana; la lucha de clases; tesis-antítesis-síntesis; la historia como un proceso en constante cambio; el materialismo histórico como ciencia de la historia. Nos presentó a Marx como un conocido lejano, pero interesante, que debíamos frecuentar con reservas pero también con respeto. Que yo me haya sobrepasado después no fue responsabilidad de Xirau, ni sólo mía, aunque mi madre siempre me reclamó un espíritu talmúdico en el proceder intelectual. Son las cosas de la vida y culpa de un amigo finado, y de un personaje reverencial para mí, debido a su rigor y a su irreverencia política y teórica. Y a los discípulos que formó.

Fast Forward. 1973

Sólo encontré a Louis Althusser dos o tres veces, pero unos años después de mi llegada a París en 1973 conocí a su mejor y más paradójico producto académico: mi querido amigo, correligionario y cómplice, francés y latinoamericano, controvertido como yo (con más méritos) y congruente siempre: el *malentendu* Régis Debray.

Lo busqué en 1976 a través de Carlos Fuentes, a la sazón embajador de México en Francia, por el más mezquino de los motivos. Me encontraba en las postrimerías de la redacción de mi tesis de doctorado, en un esfuerzo al alimón con un triste y brillante personaje, y soñaba con publicarla en México (como sucedió, en 1978, bajo el sello de Siglo XXI Editores) y en Francia (lo cual no aconteció). Fuentes pensó que Debray podría ayudarme (no pudo, o no quiso). Una vez que hice migas con el amanuense de Fidel Castro, con el compañero de desgracias del Che Guevara en Bolivia (nunca el delator), con el confidente de Salvador Allende y el consejero áulico de François Mitterrand, nuestra relación trascendió con mucho la estrechez de mi primera ambición, al llegar a ser la inspiración parcial de este texto, sin aspirar a la grandeza de *Alabados sean nuestros señores*, la autobiografía que después de las *Anti-memorias* de André Malraux quisiera prohijar todo intelectual sartriano comprometido.

A Debray le decíamos en privado el "malentendido" porque siempre destilaba un sabor ajeno, distante, cándido y ambivalente a la vez, de incomprensión u olvido frente a lo acordado. A los veinticinco años de edad se convirtió en el intelectual orgánico gramsciano por excelencia, redactando —bajo encargo pero con una independencia insólita dadas las circunstancias— el verdadero manual de la revolución cubana para revolucionarios latinoamericanos, mucho más que la *Guerra de guerrillas* del Che Guevara. *¿Revolución en la revolución?*, publicado en 1965 por Casa de las Américas en Cuba y por François Maspero en París, representó un texto seminal en la teoría política latinoamericana y simultáneamente una invitación al matadero para miles de jóvenes de la región. La culpa de lo último le pertenece a Fidel Castro, quien prologó la primera edición del texto; el responsable de la genialidad errada del análisis y de la propuesta fue el propio Debray.

Su maestro Althusser le propinó un severo reclamo algunos años más tarde, en una carta publicada por el mismo Debray en *La crítica de las armas*. Allí le demostró cómo la falsedad de las tesis de los antiguos partidos comunistas latinoamericanos —esclerotizados, estalinistas y en ocasiones corruptos— no garantizaba la justeza de las tesis castro-guevaristas sobre la lucha armada conceptualizadas por Debray. Y en efecto, las posturas del ya bigotudo filósofo francés resultaron peor que equivocadas: desastrosas y nocivas, salvo años después en Centroamérica, donde tampoco se aplicaron como lo pronosticó, a mediados de la década de los sesenta.

El francés se entusiasmó por la causa de Salvador Allende en Chile con su acostumbrada convicción y vehemencia, contribuyendo con vigor a la difusión de la tesis de la "Vía pacífica al socialismo", palabras mayores en boca del teórico de la lucha armada en América Latina. Siguió abrazando causas latinas disímbolas, no todas nobles, en ocasiones acríticamente, como le sucedió con los sandinistas en Nicaragua en 1979, donde fue a observar y reportear, pero fue visto ataviado de verde olivo, y la foto y la noticia dieron la vuelta al mundo. Con hipérbole análoga, en 1995 durante una visita a Chiapas, designó al Subcomandante Marcos como el mejor escritor de América Latina y creyó haber detectado carices innovadores y móviles altruistas insospechados en la lucha zapatista.

A pesar de las inconsistencias y contradicciones, Debray o Fabricio (su nombre de guerra en Cuba y Bolivia, tomado del personaje stendhaliano de *La cartuja de Parma*) se mantuvo siempre como amigo solidario de sus amigos; de los guerrilleros guatemaltecos, a quienes respaldaba desde el Palacio del Eliseo cuando colaboró con Mitterrand en la Presidencia francesa; del difunto poeta salvadoreño Roque Dalton, sobre los detalles de cuya muerte interrogó largamente a la dirección del FMLN como condición para apoyar el proyecto de una declaración franco-mexicana sobre el FMLN. A través de la misma, los dos gobiernos reconocieron a la organización como el equivalente de una fuerza beligerante en la guerra que desoló a El Salvador por más de un decenio. Debray siguió cobijando a sus excompañeras, desde Elizabeth Burgos, la madre venezolana de su hija, hasta Carmen Castillo, la viuda del mirista chileno Miguel Enríquez y gran admiradora de los zapatistas, y los hijos de camaradas suyos caídos en desgracia, o peor aún, en las múltiples guerras latinoamericanas.

De las decenas de recuerdos que guardo de Debray sobresale el 10 de julio de 1989. Después de almorzar al lado de su casa, subimos al departamento para revisar unos papeles y nos encontramos con la noticia del fusilamiento en La Habana de Arnaldo Ochoa y Tony de la Guardia. Al primero Debray lo conoció poco y de lejos; del segundo se volvió amigo y compañero de todo tipo de peripecias desde los años sesenta. No podía creer que Fidel hubiera matado a alguien tan cercano, y al mismo tiempo sabía que eso mismo había hecho con decenas de enemigos políticos antes de ese día siniestro en la epopeya cubana. Poco tiempo después, Debray se hizo cargo de Ileana, la hija de De la Guardia, y de su marido, Jorge Masetti, hijo de un argentino abatido en las selvas de Salta en los años sesenta y amigo también del francés. Así coleccionaba los retazos y estragos de su propia historia, siempre fiel a ésta y empeñado en repetirla.

Nunca escribimos nada juntos, pero conspiramos juntos muchas veces, desde un esfuerzo disparejo en 1978 para persuadir al Partido Comunista Francés de mantener su alianza con los socialistas, hasta el 2001, cuando intentó, conmigo y en parte por mí, de convencer a Marcos y a los zapatistas de aceptar la propuesta de paz de Vicente Fox, deponiendo las supuestas armas que portaban para trasladar su lucha al espacio civil.

Hombre de risa estridente y mentón recesivo, durante sus setenta y dos años de vida ha sabido combinar la escritura, la reflexión y la acción política, involucrándose incluso tarde en el día en el rescate francés de Haití cuando el secuestro-derrocamiento de Aristide en el 2003. No se ha alejado de la buena vida, aunque vive con cierta austeridad, a partir de los años ochenta en un departamento destartalado en la Rue de l'Odéon, que en ocasiones se inunda, donde no siempre sobra la comida, el vino o siquiera el café, pero donde a todos los visitantes latinoamericanos les da la bienvenida; algunos, verdaderos amigos, recibían posada, como se la ofrecíamos en México cuando viajaba para acá. Tuvo un hijo habiendo cumplido más de sesenta años, y volvió a sus querencias nacionalistas francesas a la misma edad. Produjo un opúsculo magnífico y excesivo, como casi todo lo suyo, titulado *Elogio de las fronteras*, donde resaltaba el derecho de Francia a la diferencia, sin caer jamás, por supuesto, en la xenofobia o el racismo, pero rechazando, una vez más, la disolución europea de las divisiones fronterizas, y exaltando las virtudes de un nacionalismo ilustrado galo. Volvimos a trabajar juntos a partir del 2013 en un intento, en parte logrado, en parte quijotesco, de acercar a México y Francia en todos los ámbitos posibles, coronando así casi cuarenta años de colaboración y de amistad. Quizás el gran hombre que no conoció, pero con el que mejor se hubiera entendido, fue De Gaulle, quien abogó por él cuando se encontraba encarcelado en Camiri, Bolivia, por complicidad con la fracasada guerrilla de Guevara en los matorrales de los Andes.

Cuidó de Althusser lo más que pudo, a pesar de su cercanía con Hélène, la esposa del maestro, ahorcada por el mismo en uno de sus muchos momentos de delirio maniaco-depresivo. Una estudiante mexicana, oriunda de Sinaloa, fungió de enfermera y asistente durante los últimos años de la vida del marxista católico, y Debray conservó el contacto con ella años después de que falleciera su mentor de juventud. Ella permaneció en París un tiempo, y a finales del siglo pasado regresó a México y se perdió en las multitudes universitarias de provincia. Debray vive en París, entrado ya en su octava década, con su compañera y su hijo, recordando una vida envidiable, atormentada y fructífera.

Rewind

Con Régis Debray, Ciudad de México, 1994

Libro 2
París, los sandinistas, comunistas,
Carlos Fuentes

I

Antes de sustentar mis exámenes del fin de la preparatoria francesa, los tiempos obligaban a tomar una decisión de largas y ominosas consecuencias: a qué universidad entrar y, de ser en México, a qué facultad. El Liceo gozaba de pase automático a escuelas como el ITAM y el ingreso a la UNAM todavía resultaba sencillo para el egresado de una preparatoria de calidad. Por otra parte y, de modo excepcional para un bachiller mexicano, contaba, debido al inglés y a los recursos de mis padres, con la oportunidad de la educación superior en Estados Unidos. La opción privada mexicana no figuraba en mi horizonte, ni en el de mis papás; la de la UNAM sí, pero pecaba de varios inconvenientes; la de Estados Unidos también, pero brindaba algunas ventajas. Seguir en México, en septiembre de 1970, implicaba asistir a una universidad nacional aún sacudida y traumatizada por la represión del 68. Los líderes seguían encarcelados; algunas facultades, para todos fines prácticos, aniquiladas; la calidad de la enseñanza y el desprestigio en el mercado de trabajo de las que permanecían abiertas desaconsejaba matricularse allí. Además, intentarlo suponía saber dónde. Para desgracia de millones de postadolescentes mexicanos, nuestra educación superior le impone a pospubertos de dieciocho años emprender un camino de vida: qué estudiar, en qué trabajar, qué ser. Yo no era apto para una deliberación de esa índole, y la alternativa norteamericana me permitía por lo menos posponerla, si no es que esquivarla del todo.

Otros datos figuraban en la ecuación. Agonizaba el sexenio de Díaz Ordaz, mi padre carecía de buenas conexiones con Echeverría y su equipo, salvo Porfirio Muñoz Ledo, colega suyo en El Colegio de México, y el anticomunismo del exsecretario de Gobernación podía perjudicarlo al momento del reparto de puestos en la Cancillería. Eso, en el ritual de Tlatelolco, significaba ser enviado a cualquier rincón del mundo. Dejarme solo en la Ciudad de México durante esos años —los míos y los del país— les parecía poco juicioso a mis padres. Y la oportunidad de asistir a la Universidad de Princeton se antojaba indeclinable: muy pocos mexicanos cursaban —o cursan— sus estudios de licenciatura en el extranjero, y menos aún en la que año tras año califica entre las mejores instituciones de educación superior de Estados Unidos. Por estos motivos, de común acuerdo resolvimos que Princeton se configuraba como la mejor vía, a pesar de las contrariedades derivadas de no transitar por la universidad en México: el desarraigo, la débil o nula construcción de redes, relaciones y vínculos que sólo se forjan en esos años y cuya ausencia ya marcaba mi evolución mexicana. Seguía obsesionado con Actipan, mis amigos y el relajo; recuerdo cómo conduje un día a mi padre a Relaciones para discutir la inminente decisión universitaria, y dediqué más tiempo a pedirle permiso para realizar un viaje en carro con mis cuates a Comonfort, en Guanajuato, y luego a Guadalajara, Puerto Vallarta y San Blas, que a conversar sobre mi futuro. Por ello quizás no sentía que sacrificaba el arraigo en México al partir a Estados Unidos. Actipan me arraigaba, y la falta de amistades procedentes de la universidad en México me importaba poco: no las necesitaba. La arrogancia de la juventud, como se sabe, es infinita.

En el verano entre México y Princeton me reencontré con Europa. También me enamoré, aunque nadie más, mucho menos el objeto de mi fascinación, se enteró. Padecí el mes de julio con mis padres en Ginebra, sufriendo horriblemente porque el viaje me separó de Anne, la hija del embajador de Francia en México, compañera de aula en las clases de Xirau y mi primer amor no correspondido, ni en ese momento ni a lo largo de los siguientes tres años de insistencia. Cuando volví a México persistió su indiferencia y mi desconsuelo, y creció mi tristeza ante la inminente partida a Princeton. Dejaba atrás a mis padres, al país, a mis amigos y a mi novia fallida. La nostalgia se desahogó la víspera de mi viaje en una fenomenal borrachera de despedida en Garibaldi, con llanto, abrazos, confesiones y la conciencia del fin de una etapa. No volvería a vivir en permanencia con mis padres en el Pedregal, nunca recobraría la intensidad recurrente de la vida del barrio y nunca me haría caso Anne. Ni modo.

Mis años en la universidad norteamericana se caracterizaron ante todo por mi notoria habilidad de encontrar argucias y fórmulas para… no estar allí. Gracias a mis resultados en el *Bac* francés y a mi obtusa persistencia, las autoridades universitarias me permitieron inscribirme de arranque en segundo año. Logré cursar el tercer año en París, en *Sciences Po*, de suerte que obtuve la licenciatura de una de las mejores instituciones de educación superior en el mundo con sólo dos años presenciales: una hazaña académica y una aberración personal y educativa. Desaproveché una singular oportunidad para conocer gente, aprender cosas y vivir experiencias, todo por culpa de mi malsana obsesión por titularme con prisa y abandonar el pueblo disneylandesco de Nueva Jersey donde se ubicaba la universidad. Para entender mi amargura y urgencia por alejarme debo abrir otro túnel del tiempo, en esta ocasión sobre la educación superior y la meritocracia norteamericana y, en menor medida, la europea.

Fast Forward. 1990

Cuando volví a Princeton veinte años después como profesor con una esposa, dos niños y una nana, fui instruido, junto con Mario Vargas Llosa, sobre las prioridades de la institución. No presten demasiada atención a los alumnos de posgrado; los de licenciatura debían conformar la niña de nuestros ojos porque constituían las joyas de su corona. La idea me desconcertó: ¿cómo era posible que importaran más los mocosos de dieciocho años que los próximos tecnócratas de excelencia en la administración pública del país más poderoso y rico del mundo? Un científico chileno, provisto de la inteligencia y perspicacia que sólo poseen los oligarcas de izquierda, especialmente los exitosos, me lo explicó con precisión. Según Claudio Bunster (antes Teitelboim), Princeton, junto con las demás universidades de la Ivy League, se fondean a través de su *endowment*: el fondo patrimonial multimillonario cuyos intereses o dividendos generan el flujo de recursos que, junto con las onerosísimas colegiaturas, permiten financiar instalaciones y cuerpos profesorales únicos en el mundo. Los recursos descomunales provienen de las donaciones de exalumnos; éstos aportan cantidades exorbitantes de dinero por la naturaleza fundacional de su *Princeton experience*. Recuerdan esos cuatro años en Nassau Street como los mejores de su existencia, los más formativos, los de máxima intensidad vivencial y los que mayor recompensa merecen. Obsequiar esas sumas cuarenta o cincuenta años después, habiéndose convertido en magnates o CEOs de los principales bancos del mundo, o en integrantes del gabinete de presidentes republicanos o demócratas, significa retribuir. Y apoquinan.

Gracias a ese caudal inagotable de dólares no sólo proveen de la mejor educación posible a las próximas élites estadounidenses, sino que aseguran la homogeneidad intelectual de las mismas, dentro de una creciente heterogeneidad racial, étnica y de género. El Estado norteamericano, con "e" mayúscula, como el francés, el inglés, el japonés y el coreano, entre otros, dispone de un venero inacabable de cuadros competentes, más o menos honrados, más o menos dinásticos, educados en las mismas universidades y escuelas preparatorias por profesores intercambiables y cursando materias idénticas. La meritocracia así construida destila elitismo, pensamiento único, conservadurismo y exclusión al extremo; reviste, sin embargo, la virtud de existir, y de garantizar un contingente excelso de *hauts commis de l'Etat*. Los norteamericanos, en su infinita hipocresía funcional, prefieren desconocer la existencia misma del fenómeno y a la vez convivir cómodamente con ella; los franceses e ingleses se vanaglorian del lujo que se permiten. Pero todos se benefician de la vigencia y longevidad de su meritocracia, y se ven perjudicados por su cerrazón.

México, con la excepción de Hacienda y del Banco de México, y la parcial salvedad de la Cancillería, carece de una meritocracia pública. La idea en sí nos resulta ajena: contradice la falsa equidad emanada de la revolución y de la era priista. El principio del mérito como fuente de poder, dinero, privilegios y mando, procedentes únicamente del cargo, es casi antimexicana. El próximo director de la empresa será mi hijo; el próximo secretario de Estado será mi subalterno incondicional; el próximo entrenador de la selección será el que me aporte mayor afinidad con los poderes fácticos futbolísticos (ya empieza a cambiar). La alternancia en México se dificulta por esto: no hay servicio civil de carrera posible sin meritocracia, con todo y sus defectos, con sus perversos efectos y requisitos. Entre ellos destaca la necesidad de crear un sistema de educación superior apropiado, es decir, que no imponga sino que facilite la posposición de encrucijadas decisivas. En Estados Unidos es el *college* de cuatro años; en Francia es *khagne* e *hypokhagne*, *math sup* y *math spé*, las llamadas *classes préparatoires*. En nuestro país, la decisión que eludí a los diecisiete años es imperativa para los jóvenes. Se equivocan, dudan, y se desvanece por inviable el *triage* necesario por el Estado para volver eficaz y sostenible la educación superior pública y laica.

En circunstancias y por motivos que narraré posteriormente, crié a tres niños y organicé y financié su paso por la universidad: dos en Estados Unidos, en Berkeley y Brown, y una en la Facultad de Medicina de la UNAM. En un caso, la opción norteamericana funcionó muy bien: Jorge Andrés pospuso un tiempo —dos años y pico— su concentración en economía y relaciones internacionales, madurando gracias a ese lapso adicional y dejando atrás en parte su dubitación existencial. Conservó sus amistades mexicanas de la prepa, conoció a nuevos amigos mexicanos —y de otras nacionalidades— en Brown, y cuando retornó a México después de la licenciatura y antes del posgrado, trabajó dos años en una empresa multinacional de consultoría con sede en la capital. Lo cual le permitió renovar las viejas relaciones y establecer nuevos nexos. Con Carlos Miguel, aunque aprovechó en la India el año de intercambio que ofrece el principal campus del sistema de la Universidad de California, no le generó mayor utilidad la postergación de la disyuntiva. Se especializó en antropología con la misma vocación y el mismo entusiasmo que si hubiera optado dos años antes. Su ausencia de México durante ese tiempo, sumada al último año de preparatoria que también cursó en Estados Unidos, probablemente lo perjudicó a la larga. Terminó su doctorado en antropología en la Universidad de California, campus Merced, y posee una verdadera pasión por la excavación arqueológica, disciplina algo alejada de la antropología académica. Frecuenta aún a sus amigos mexicanos pero la distancia geográfica, cultural y profesional se ha convertido en un abismo. Carlos radica en Estados Unidos, en México sus dos maravillosos hijos, y así seguirá un tiempo.

El caso más complicado fue Javiera. De los tres siempre fue la mejor alumna, la que más leía y parecía tener más temple. Desde los quince años proclamó hasta el quinto cielo su deseo de estudiar medicina y, de ser posible, en Ciudad Universitaria; por mucho la mejor alternativa en el país. Obtuvo su International Baccalaureat en una escuela privada, presentó el examen de admisión a la UNAM en el Estadio Azteca y entró a Medicina: una hazaña. Arrancó bien, pero al año reprobó el filtro de alumna en los recién formados grupos de excelencia; le costó un enorme trabajo titularse y especializarse. Para todos los enterados e involucrados, resultó palmario el carácter contradictorio de su elección, casi adolescente: una decisión tan definitoria era prematura. Su vocación por el *oficio de la medicina* y su talento correspondiente (sobre todo en "ER") eran innegables; la disciplina y la constancia necesarias para cursar la carrera académico-burocrática de medicina no se discernían. La madre de Javiera y yo nos confiamos: si la niña insistía tanto y ofrecía tantas pruebas de capacidad para conquistar las metas elegidas, enhorabuena. A pesar de su constancia en la medicina (a estas alturas lleva quince años en eso) y su evidente talento para las situaciones de elevada adrenalina, respetarle desde chica sus decisiones no fue necesariamente la mejor opción.

La explicación de las diferentes evoluciones de los tres hermanos radica tal vez en otros elementos: temporales, afectivos, sicológicos, etc. No esgrimo estos casos como muestra representativa ni concluyente; sirven como ilustración de una tesis abstracta que considero válida, más allá de su pertinencia en mi caso concreto. Debemos modificar la estructura de la educación superior para cercenar el cordón umbilical que une las prepas a la licenciatura, y debemos posponer durante por lo menos dos años adicionales la selección de una carrera, de una profesión, de un camino en la vida. Así lo he pensado desde que intenté formular una propuesta de reforma educativa en toda la gama al lanzar mi fallida candidatura independiente a la Presidencia en 2003.

Gracias de nuevo a la proximidad permanente a la línea de menor resistencia, terminé en Princeton antes de tiempo, y dejé de sacarle provecho al tiempo. Me entregó tres regalos —como en la canción de Los Tres Diamantes—: mi encuentro con el latinoamericanismo, con la revolución cubana y con el nacionalismo exacerbado de buena parte de América Latina. Compartí cuarto con un brillante pero excéntrico puertorriqueño, a punto de titularse, que se confabulaba con un pequeño grupo de compatriotas suyos, mayores que nosotros, listos, cultos y radicales. Descubrí muchos años después, en Caracas, gracias a un primo colombiano suyo, que mi compañero apenas salió del clóset un decenio o dos más tarde, pero que en la familia, de abolengo y conservadora, siempre se susurró su preferencia sexual; yo, ni idea. Lo importante para mí estribó en su pasión latinoamericana inaplacable, en el nacionalismo extremo y exuberante de sus paisanos, despojados —según ellos— de una patria adorada, y en la militancia política de su causa —perdida, por supuesto, pero noble: la independencia de Puerto Rico—. Junto con Antonio Alatorre, profesor visitante en Princeton ese año, mi amigo me introdujo a la literatura latinoamericana; a las Declaraciones de La Habana de Fidel Castro; a la saga del Che Guevara; a la música de protesta de su isla —un cantautor talentoso, en mi pobre opinión, de nombre Roy Brown— y a la logística de la militancia: cómo organizar una marcha, un mitin, una protesta, una denuncia. Fue una educación política extraña: en la universidad más aristocrática de Estados Unidos, de la mano de jóvenes puertorriqueños oligárquicos de la isla —nada de Spanish Harlem ni de *newyoricans*—, me vi inmerso en una lucha desorbitada no sólo contra el "imperio", sino contra la voluntad de más de noventa por ciento de los habitantes del territorio que, preferían mil veces conservar su ciudadanía estadounidense que ser independientes. Como le dije a un empresario morelense procubano mucho después, al espetarme éste la consigna zapatista de "Mejor morir de pie que vivir de rodillas": "Hay quienes prefieren vivir de rodillas que morir de pie, sobre todo si la vida de rodillas es agradable, y la muerte de pie, improductiva".

Los boricuas exageraban la merma de soberanía cubana y portaban una pátina de la suya a flor de piel. A ambos países portuarios les llegó la independencia tarde y se las arrebataron temprano. Los cubanos por lo menos guardaron las formas, a partir de 1933 y de la derogación de la Enmienda Platt; los de San Juan y Mayagüez se murieron en la raya, y no les quedó más remedio que manifestar su deseo de patria y pertenencia a través de una reivindicación nimia: el mejor café crece en Puerto Rico; Rafael Hernández, el Jibarito, fue el mayor cantautor latinoamericano de la historia; Pablo Casals, hijo adoptivo, el cellista de todos los siglos; por supuesto los beisbolistas borinqueños, *all stars* perennes; y los "fríjoles" (con acento en la i) de la isla, o habichuelas: los más deliciosos de la tierra. La versión caribeña del síndrome del Jamaicón Villegas: qué lejos estoy de la playa donde he nacido.

Como irremediables fanáticos de la revolución cubana, se jactaban de su devoción por La Habana en una época cuando todavía se justificaba pasar por alto sus evidentes debilidades y admirar sinceramente sus avances verdaderos. No obstante, prevalecía en su ánimo un dejo de envidia hacia la otra isla; el régimen castrista, sobre todo en su faceta nacionalista y antiyanqui, reflejaba un casi perfecto regreso de lo sublimado. Fidel le endilgaba a los imperialistas todos los epítetos, denuncias e invectivas arrumbadas en la psique colectiva puertorriqueña, imposibles de ventilar en la plaza pública por no haber plaza ni público disponibles. Los sentimientos encontrados de mis colegas tropicales construían una imagen caricaturesca, cariñosa y crítica de la experiencia cubana; la mirada más objetiva e histórica la recibí de un profesor de Princeton, Peter Winn, cuya amistad conservo hasta hoy, y que cazaba revoluciones y reformas innovadoras en América Latina con esmero y amor. Representaba lo mejor de la academia norteamericana; activista, prolífico, culto, comprometido y a la vez productor de la distancia necesaria entre sus convicciones y sus conclusiones para que las unas no distorsionaran a las otras. Mantengo hasta la fecha en la lista de lecturas obligatorias para mis clases en la Universidad de Nueva York el texto de Winn *Americas*, ejemplo de síntesis, claridad e intuiciones brillantes.

Recuerdo cómo al final de mi primer semestre en Princeton entregué a Winn un trabajo de treinta cuartillas sobre los orígenes y las consecuencias del fracaso de la zafra de los diez millones: la absurda meta que Castro le impuso a la industria azucarera del país, procurando así saldar parte de su deuda con la URSS y consolidar un mínimo margen de maniobra frente a Moscú. La sociedad cubana en su totalidad se volcó al campo, en una versión caribeña del Gran Salto Adelante de Mao en 1959; no fallecieron millones en el intento, como en China, pero los estragos provocados por el delirio castrista de estrujar al campo dieron al traste con esa zafra, con varias por venir y con el resto de la economía, abandonada a su suerte por la obsesión monotemática del líder máximo. Mi trabajo recibió elogios de Winn, por ser a la vez crítico y afín a la revolución; mi interés por el tema me indujo a solicitar, para el verano siguiente y siguiendo los pasos de las Brigadas Venceremos, permiso para integrarme a la zafra de 1971. El embajador de Cuba en México, Joaquín Hernández Armas, respondió favorablemente a la solicitud formulada por medio de mi padre. Hubiera podido consagrarme durante un mes a aprender a utilizar un machete en los cañaverales cubanos y contribuir quizás al avance de la revolución, o a un descalabro adicional. Decidí mejor dedicar el siguiente verano a Europa, en particular a permanecer en Ginebra, donde desde abril de 1971 se habían instalado a vivir mis padres. Sabia y prudente decisión: la zafra no era lo mío.

Se confirmaron los peores temores de mi papá a propósito de la animosidad de Luis Echeverría. Se le ofreció una sola encomienda: la Misión de México ante las Naciones Unidas en Ginebra, un puesto de medio rango en la jerarquía diplomática que le había sido propuesto por José Gorostiza ocho años antes. Mi madre detestaba la grisura ginebrina y prácticamente se negó a radicar allá, por lo menos hasta que Marina terminara su año escolar en México; Jorge se desconsoló con el descarrilamiento profesional pero no ante la perspectiva personal de residir un par de años en Suiza, en una ciudad que conocía y quería bien. Me lastimó mucho la humillación paterna —vivía sus avances y retrocesos como propios; nunca le perdoné a Emilio O. Rabasa, ni siquiera cuando fui secretario, infligirle a mi padre una infinidad de ignominias burocráticas—. Pero también vislumbré el lado bueno del destierro europeo de mis padres: me permitiría pasar un año en París de intercambio entre Princeton y l'Institut d'Etudes Politiques, y refugiarme cada quincena en la lujosa residencia de funciones en Ginebra, para saciar mis ganas de comer y beber bien, y para que me lavaran la ropa.

El primer año en Princeton fue motivo de escasos momentos memorables, con la excepción de las clases dotadas de extraordinarios recursos humanos y materiales, inexistentes en la mayoría de las universidades del mundo. La proporción de alumnos por profesor; el acceso, libre y a toda hora, a los estantes de la biblioteca en aquella época; la disponibilidad obligatoria de los maestros para los estudiantes y la exigencia de estudiar como "matado" —debido a la ausencia de cualquier alternativa de entretenimiento en el pueblo— contribuían a propiciar un inédito camino al conocimiento, incluso para insensatos como yo, empeñado en denostar a la universidad, a sus autoridades y hasta a sus computadoras. Quizás el capítulo más sobresaliente de aquel año fue la historia de mi primera novia en serio, una niña franco-americana-húngara de Manhattan a quien conocí a finales de 1970 en Isla Mujeres, donde festejó el Año nuevo en compañía de su mamá. Yo era joven, pero Hélène más: sus catorce años se disimulaban detrás de una sofisticación y belleza impresionantes, y gracias a la relación de complicidad que guardaba con su madre. Ésta lucía aún más deslumbrante, sobre todo para un universitario de 1970 obnubilado por Anne Bancroft y Katherine Ross, y queriendo remedar a Dustin Hoffman a costa de hacer el ridículo. La entrega más divertida de esta novela neoyorquina, marcada por fines de semana durmiendo en la recámara de la novia con la madre muy cerca, fue cuando una noche salió huyendo del departamento el amante de la progenitora, un financiero que llegó a ser, algún tiempo después, "el hombre que salvó a Nueva York", cuando restructuró la deuda de la ciudad quebrada. El personaje, que también fungió como embajador de Bill Clinton en París, aún estaba casado con una de las mejores amigas de mi mamá, colega suya en la ONU. Cuando el marido supo que el novio de la hija de su enamorada era a su vez hijo de la compañera y colega de su esposa engañada, se aterró y salió pitando del nido amoroso en paños menores. Luego se arrepintió y marcó a la casa de Hélène, pidió hablar conmigo para disculparse y darme una explicación, y para solicitarme el cómplice y comprensible silencio sobre sus andanzas nocturnas. Accedí, no sin antes morirme de la risa cuando le conté a mi padre todo el numerito.

Rewind

II

Al concluir mi primer año en Princeton decidí que no sobreviviría ni un minuto más en el corazón del imperio y que debía, a como diera lugar, cursar mi segundo año universitario afuera. ¿Dónde? Pues donde resultaba más fácil, es decir, en París. Mis padres vivían a cuatro horas en tren, había visitado varias veces la Ciudad Luz y la idea de pasar un año en *Sciences Po* me atraía. Convencí a mi compañero de cuarto de Princeton de dedicarle un año a estudiar francés en París; me hice de varias amigovias ese verano en Ginebra antes de emprender los estudios en otoño y, sin mayores contratiempos, residí poco menos de un año en la Rue du Faubourg Saint-Antoine, cerca de la Gare de l'Est, cursando varias materias fascinantes en la universidad: desde Teoría de partidos políticos con Maurice Duverger hasta Historia de la URSS con Hélène Carrere d'Encausse. Complementaba esta última con clases de ruso en Cachan, a las afueras de París, gracias a la hija del escritor Leonid Andreyev, vieja conocida de mi madre. Todos mis intentos, o más bien los de mi madre, resultaron fútiles: a pesar de un viaje navideño a Leningrado y Moscú, de horas abocado a memorizar declinaciones y de una lectura asistida de Maiakovsky y Voznesenski, nunca rebasé el mediocre nivel de leer el alfabeto cirílico y balbucear algunas banalidades en el idioma materno de Oma. Pero la conjunción de los esfuerzos por asimilar el idioma, de la visita a la URSS y de las conferencias magistrales de la primera sovietóloga de Francia, o incluso del mundo, redundaron en un acercamiento personal e histórico con la patria adoptiva del Padrecito de los pueblos, cuya choza de nacimiento visité en Gori, Georgia, cuarenta años después. El momento de mi encuentro con la URSS marcó signo y destino: el año escolar 1971-1972 en París conservaba aún las huellas del 68 francés y un rechazo vitriólico de los estudiantes e intelectuales a lo que oliera a comunismo oficial impregnaba las discusiones de café, las manifestaciones en la calle y las columnas de los periódicos de izquierda, con la excepción, obviamente, de *L'Humanité*, el órgano oficial del Partido Comunista Francés.

Conforme transcurría el periodo universitario se tornaban más frecuentes mis viajes y estancias en Ginebra para visitar a mis padres, que transitaban por una mala racha en su vida profesional y matrimonial. La pareja comenzó a resquebrajarse desde el momento en que Jorge tuvo que marcharse a Suiza en pleno invierno y Oma permaneció con Marina en México para que concluyera su año escolar y no resultara demasiado abrupta la ruptura con su entorno afectivo, físico y social. Cierto también era que Oma no deseaba instalarse en Ginebra, aunque detectaba que no había de otra, y que Jorge se sintió abandonado por ella en un momento de relativa desgracia, aunque también adivinó que no había de otra: Marina debía seguir en México hasta el verano. Aunque después reaparecieron buenos ratos y momentos de felicidad, el matrimonio de algún modo concluyó, consumándose la separación doce años más tarde.

Aprovechaba mis visitas a Ginebra para tocar base con mis conocidas, para aprender a esquiar y, a partir de la primavera de 1972, para conversar hasta la madrugada con un personaje en ocasiones delirante y siempre fascinante, a quien le debo el retorcido camino que hallé para conservar durante los siguientes siete años un vínculo con un México, del cual me hallaba separado por miles de kilómetros y anchos abismos culturales y emotivos. Se trataba de un joven mexicano, surgido de la clase media urbana propia de la movilidad social de aquella época, y cuñado de un amigo perteneciente a mi círculo social ginebrino: una egipcia, dos hermanas brasileñas y un compatriota suyo de Santa Catarina. Una de las hermanas fue medio novia mía durante esos años, y quizás me enamoré brevemente. Dejamos de vernos durante cuatro o cinco años pero mantuvimos el contacto, que reafirmamos en 1985 cuando, ya casada y con un hijo, me encontré con ella en Washington, donde trabajaba para el Banco Mundial. Un cuarto de siglo después provocó uno de los escasos y más intensos sentimientos de culpa de mi vida: me buscó antes de venir a México en una misión del banco para formalizar una cita y almorzar en el Presidente Intercontinental de Polanco, fue objeto de un plantón drástico de mi parte y apareció muerta en su habitación al día siguiente. Viajó a México para suicidarse y, supongo, procuró despedirse de un amor juvenil antes de marcharse. Le negué esa última oportunidad, por desidia y por desorden.

En cualquier caso, toda esta gente moraba en un inmenso departamento de la Vielle Ville de Ginebra, y allí, una tarde de primavera, me crucé con el mentado mexicano que fruta vendía. De día trabajaba como albañil ilegal en diversas construcciones suizas; de noche dirigía la revolución mundial, todo ello con una simpatía natural, gracia y curiosidad intelectual deslumbrantes para mí. Gracias a Mario Núñez encontré la manera de echar algunas raíces políticas de izquierda en México durante los veranos cuando me ausentaba de París o Ginebra y me trasladaba al Distrito Federal entre 1974 y 1977. Por él conocí a activistas radicales organizados en algo extrañamente denominado La Cooperativa de Cine Marginal, así como a algunos ex colegas de Mario en el movimiento del 68. Por supuesto que ninguno de estos grupos o personajes lograron las metas políticas revolucionarias que se planteaban, pero me ofrecieron una ventana y un gafete de entrada a la militancia de extrema izquierda por lo menos veraniega. Con algunos forjé amistades que perduraron hasta que los misterios de la vida las clausuraron.

Según la propia narrativa de Mario, imposible de comprobar pero tal vez no demasiado alejada de la historia real, se encontraba en Europa exiliado, expulsado de México a finales de 1968 por su participación como representante de la Escuela de Sociología de la Facultad de Ciencias Políticas de la UNAM en el Consejo Nacional de Huelga. No era uno de los líderes históricos del movimiento estudiantil, pero sí amigo del más brillante de ellos: Marcelino Perelló, con quien se reencontró en Europa después de que ambos huyeron de México —uno a Rumania, el otro a París— merced a la ayuda de la Juventud Comunista y de benefactores comunes. Nunca fue miembro del PCM y detestaba a los "pescados", pero su izquierdismo lo indujo a la lectura de, e interlocución con, los principales ideólogos y mentores de la "ultra" europea, sobre todo la francesa e italiana. Gracias a él descubrí la existencia de una izquierda no comunista en el mundo y en México, así como de un marxismo heterodoxo e iconoclasta. Por Mario conocí también a otros personajes claves de mi vida ulterior. Chaparro, con un torso de barítono y unos ojos chispeantes aunque esquivos, contaba anécdotas de viajes, viejas, políticos y acontecimientos con tal sentido del humor y cinismo, que en varias ocasiones le aconsejé convertirse en el Lenny Bruce mexicano, idea que le parecía repulsiva.

Con Mario Núñez,
París, 1972

Fuimos amigos cercanos a lo largo de los siguientes veinticinco años, hasta que los avatares de la vida nos distanciaron un tiempo para luego volvernos a juntar en el año 2000, cuando entré a la Secretaría de Relaciones. Nos hemos seguido frecuentando en Nueva York, donde vive con su esposa y cuatro hijos, habiendo recorrido juntos, a lo largo de cuarenta años, otros mil lugares en México, Europa, Estados Unidos y Centroamérica. Como funcionario de Relaciones Exteriores —ingresó a la Cancillería por la insistencia filial ante mi padre, a quien conoció en Ginebra— residió unos años en Los Ángeles, la India, Praga y Montevideo. Durante su estancia parisina, entre 1984 y 1988, entabló una estrecha amistad con mi papá, quien siempre lo estimó y con quien disfrutaba largas y divertidas veladas. La época por la cual más lo recordaré, sin embargo, involucra nuestro tránsito rocambolesco por Nicaragua semanas después del triunfo de la revolución sandinista en julio de 1979.

Fast Forward. 1979

Dentro de las caricaturas del despotismo latinoamericano, la repugnante dinastía Somoza en la desdichada patria de Augusto César Sandino y Rubén Darío ocupará hasta el fin de la historia un sitio privilegiado. Los tres dictadores —Anastasio, Luis y Anastasio Jr.— gobernaron —es un decir— y saquearon a la pobre Nicaragua durante casi medio siglo, llegando al colmo de robar y revender los víveres y medicinas procedentes del mundo entero durante la Navidad de 1972, en ocasión de uno de los terremotos más destructivos de la era moderna en América Latina. Debido a ese comportamiento corrupto y autoritario, surgió una oposición armada a medias, revolucionaria a medias y distinta a medias que, para finales de 1978, amenazaba la existencia misma de un régimen dinástico tan infecto que motivó a nadie menos que a Cordell Hull, secretario de Estado de Roosevelt a exclamar con resignación, a propósito del fundador de la dinastía: *He may be a son of a bitch, but he is our son of a bitch.*

Este comportamiento oprobioso hundió al país en una guerra civil, librada entre la Guardia Nacional somocista y el Frente Sandinista de Liberación Nacional, que desembocó en la caída de Somoza el 19 de julio de 1979 y al ascenso al poder de los sandinistas. México desempeñó un papel importante en la guerra; Reyes Heroles —secretario de Gobernación—, Gustavo Carvajal —líder del PRI— y Santiago Roel —canciller— canalizaron recursos, retaguardias y relaciones hacia los guerrilleros y sus aliados civiles, y López Portillo los llamaba "mis muchachos" debido al afecto genuino que les portaba. A partir de mayo de ese año, con la salida de Reyes Heroles y de Roel del gabinete y la entrada de mi padre a Relaciones, el respaldo mexicano se concentró en la Cancillería, aunque el PRI y más tarde Hacienda, ocupada por David Ibarra, contribuyeron de manera significativa. Mi papá desplegó una actuación clave en la Organización de Estados Americanos en junio, para atemperar la tentación estadounidense de intervenir en Nicaragua, sin salvar a Somoza ni imponer un "somocismo sin Somoza". Cuando cayó el dictador, el gobierno de México, bajo el liderazgo de Relaciones, impulsó un programa de asistencia humanitaria, financiera, técnica y diplomática para el nuevo régimen en Managua. A mediados de agosto mi padre se desplazaría por primera vez al minúsculo y devastado país centroamericano; por supuesto, me apunté al viaje en compañía de mi hermano, el enlace entre México y el FSLN, y de Mario, mi noctámbulo compañero ginebrino.

Entre las formas concretas de ayuda que solicitaron los sandinistas figuró una solicitud más personal de Miguel D'Escoto, el flamante cura canciller de Nicaragua: que mi padre le enviara a alguien de su confianza a Managua durante unos meses para construir una nueva diplomacia sandinista, tanto en lo burocrático y jurídico como en el capítulo de política exterior propiamente dicho. Castañeda y Álvarez de la Rosa no disponía de candidatos evidentes; llevaba apenas tres meses en Tlatelolco y bastante tenía con sustituir a los neófitos impresentables de su predecesor con burócratas menos impresentables del Servicio Exterior, al que siempre ninguneó y desdeñó. Por mi parte, habiendo defendido mi tesis doctoral en París año y medio antes, no terminaba de hallarme en México; pensé que una larga estadía en Managua, por atroz que pareciera la ciudad y por adversas sus condiciones de vida, redundaría en diversos beneficios intelectuales, personales y políticos. Al aterrizar en México ingresé al Partido Comunista con la recomendación y el apoyo del "gran hermano" francés; parecía apetecible el reto de instalarme en la sede de la nueva revolución, e incluso convertirme en un enlace entre el PCM y la misma. Convencí a mi padre de que yo representaba su mejor opción para Nicaragua; persuadí al secretario general del partido, Arnoldo Martínez Verdugo, de que me delegara como su representante en Managua, y embarqué a mi amigo de andanzas europeas para acompañarme en este ejercicio entre lo exótico y lo descabellado.

Martínez Verdugo me pidió que utilizara los buenos oficios paternos con los sandinistas para liberar a un par de militantes del PCM que participaron en la guerra del lado revolucionario y que, por haber ajusticiado a unos "traidores" en el norte de Costa Rica, se encontraban presos en aquel país. Las gestiones se demoraron más de lo previsto, pero prosperaron al fin. Hoy Enrique Condés Lara y Carlos Pizarro viven su vejez con plena tranquilidad en Puebla y en Torreón, respectivamente. No me imagino qué pensaron al respecto los familiares de los "ticos" ejecutados, ni en aquel momento ni ahora.

A principios de septiembre, entonces, nos parapetamos en Nicaragua, a librar una batalla muy extraña que de pronto fue tomando forma en mi cabeza, y en menor medida en la de López Portillo, en la de mi padre y en la de David Ibarra, pero de nadie más. La sede y cuna de la revolución centroamericana oscilaba entre dos tentaciones. Podía volverse una nueva Cuba, socialista, incorporada al bloque soviético, inmersa en una unión casi incestuosa con el régimen castrista, enfrentada a Estados Unidos y a sus vecinos y comprometida con un proceso de cambio radical de relaciones de propiedad, de producción, de andamiaje político y de estructura económica. O, al contrario, podía prolongar su alianza interna con sectores de la llamada "burguesía nacional" antisomocista, cuidar la economía de mercado y la propiedad privada, sobre todo en el campo, consolidar una relación cordial, aunque no subordinada, con el gobierno de Carter en Washington, y atemperar su retórica y afinidad procubana, a pesar de los afectos y nexos personales de toda índole, de tiempo atrás, de la dirección sandinista con la isla.

Nadie razonable dudaba, en aquella coyuntura, de que lo deseable para el empobrecido y apreciado país lacustre residía en optar por la segunda vía: una ruta intermedia a la mexicana, que le autorizara ciertas reformas sociales y económicas —en una sociedad oligárquica como ésa, cualquier cambio equivaldría a una revolución— sin por ello confrontarse con Estados Unidos, con la empresa privada, con la comunidad financiera internacional y con gobiernos tan reaccionarios y represores en el resto de Centroamérica —con la excepción de Costa Rica— como el de la dinastía nicaragüense. Los propios cubanos proclamaban esta aparente verdad de perogrullo por los parajes regionales, y los mismos sandinistas parecían dar por sentado que esa era su intención. Mi misión en Managua, en caso de aceptarla, como le dirían a Tom Cruise en sus pésimos *remakes* de Misión imposible, consistía en apoyar esta segunda opción y en combatir la primera. Tanto la historia como la geopolítica del momento dibujaban los contornos de la encrucijada: la vía mexicana era preferible, a condición de que México se pusiera las pilas; pero para los más desorbitados, la vía cubana era más heroica y seductora, suponiendo que Fidel Castro se hallara dispuesto a recomendarla, o a imponerla.

La totalidad de los interesados, desde Carter hasta Mario y yo, pasando por la socialdemocracia europea, Carlos Andrés Pérez, José López Portillo, Julio Cortázar, Carlos Fuentes y Gabriel García Márquez, los corresponsales del *New York Times* y del *Washington Post* y, por supuesto, el pueblo de Nicaragua, pecamos de una ingenuidad que hoy, a la distancia, enternece. Los cubanos nunca contemplaron en serio un sendero centrista para los nicaragüenses; a los comandantes sandinistas se les hacía agua la boca sentirse pares verde olivo de Fidel y de Raúl; el empresariado local, en teoría democrático y tolerante, resultó ser más conservador y renuente a cualquier reforma de lo que la realidad política recomendaba. Por tanto, mis magros y patéticos esfuerzos se disiparon en batallas diplomáticas de alto significado simbólico, pero perdidas de antemano y, sobre todo, subsumidas en las contradicciones internas de la lucha política local.

Todo se dirimió, para mí, en el debate dentro del círculo gobernante de Managua a propósito de la Sexta Cumbre de Países No Alineados (MNOAL), celebrada en Cuba en septiembre de 1979. El MNOAL posee sus orígenes lejanos en la Conferencia de Bandung, Indonesia, en 1955, organizada por tres próceres del Tercer Mundo —Nasser, Sukarno y Nehru— que gozaban de un gran prestigio y de una pequeña independencia frente a las dos superpotencias, para entonces plenamente enfrascadas en la Guerra Fría. Seis años después Josip Broz, en Belgrado, el único líder socialista antisoviético, al lado de los mismos héroes de la descolonización, fundaría el movimiento como tal. Su objetivo consistía en agrupar a las naciones del mundo en desarrollo en un conglomerado que no perteneciera al Occidente lidereado por Estados Unidos ni al bloque socialista encabezado por la Unión Soviética. Cada tres años se celebraba una cumbre, casi siempre sin mayores consecuencias ni resonancia, pero en ocasiones con alguna implicación geopolítica interesante. Al correr el tiempo, el MNOAL fue cargándose más del lado de la URSS y oponiéndose con mayor frecuencia y vigor a Estados Unidos, sobre todo durante la guerra de Vietnam, y en torno a los sucesivos conflictos de Medio Oriente y la lucha de los palestinos por recuperar y/o conquistar un suelo patrio.

Para 1979 el movimiento había sufrido tantas metamorfosis que Cuba, un país miembro del bloque económico y político socialista, con tropas soviéticas en su territorio, llegó a presidirlo; de allí la celebración de la Sexta Cumbre en La Habana. En la liturgia antiimperialista de la izquierda latinoamericana, una de las máximas aspiraciones de un país liberado del "yugo" estadounidense —Chile con Allende, Bolivia con Juan José Torres, Panamá con Omar Torrijos—, aparejado al establecimiento de relaciones diplomáticas con Cuba, consistía en ingresar al MNOAL. Se trataba de un recurrente rito de paso de consumación de una independencia en principio trunca o nonata.

Para los intrépidos gobernantes sandinistas, la reanudación de las relaciones con Cuba, asistir a la Cumbre y participar en los debates de la misma constituía una especie de primera comunión: la presentación en sociedad de la nueva novia regional, de la fulgurante estrella de cine en el tapete rojo que deseaba ser la más bella, la que mejor y más bailaba, la que atraía todas las miradas. La manera idónea de alcanzar esa meta, ante esa taquilla, residía en elevar al máximo los decibeles de la acrimonia antiyanqui en la tribuna, en los pasillos y en los enfrentamientos intestinos del MNOAL. Poco pesaba en su ánimo la presencia en la Casa Blanca del presidente norteamericano más proclive a apoyar causas decentes en décadas, y del despliegue de una evidente ofensiva soviética en África, Asia y América Latina que culminaría con la ocupación de Afganistán a fin de año, y la consiguiente sangría y derrota de la URSS a manos de la CIA, de Osama Bin Laden y los talibanes.

Mi trabajo se concentró, por lo tanto, en explicarle a la dirección sandinista —empezando por Miguel D'Escoto, el vicepresidente Sergio Ramírez y el expatriado miembro mexicano de la comandancia, Víctor Tirado López— cuáles serían las disyuntivas que surgirían en la Cumbre y en la posterior y septembrina Asamblea General de la ONU y qué consecuencias entrañarían las distintas posturas posibles de la "Nueva Nicaragua". Mis adversarios, en esta brega absurdamente desigual, eran, por supuesto los cubanos, quienes, a pesar de todo su discurso conciliador, a la hora de los hechos insistían en alinear a los "nicas" dentro de los no alineados: con ellos y contra Tito, en menor medida contra Indira Gandhi y otros asiáticos, y contra muchos de los demás latinoamericanos, miembros u observadores, como México. En un largo memorándum dirigido a la dirección sandinista, redactado en plena canícula managüense, expuse las razones del imperativo de la neutralidad de Nicaragua en La Habana y en la ONU: no tomar partido entre los cubanos y los yugoslavos, no comprar el boleto de Arafat y de la Organización para la Liberación de Palestina ni del Polisario, sólo comprometerse con la condena al *apartheid* y, en su caso, a los acuerdos de Campo David entre Israel y Egipto, y desistir de cualquier pronunciamiento antiamericano o prosoviético, por tentador que pudiera parecer y por sonoros que se escucharan los aplausos. Para fines documentales cito un par de pasajes de dicho memorándum, que conservo, y que tal vez redacté pensando en exhibirlo algún día:

"Aunque es claro que una toma de posición de Nicaragua en contra de los acuerdos de Campo David [...] puede ser una fuente de fricción con el gobierno norteamericano, nuestra opinión es que la formulación propuesta en el Proyecto de Declaración Final [propuesto por Cuba] no es susceptible de tener repercusiones graves para la Revolución nicaragüense en Estados Unidos [...] en cambio, sobre la [poco probable] expulsión de Egipto del Movimiento de los No-Alineados [...], si se diera un intento de este tipo, lo más conveniente sería unirse a aquellos miembros [Yugoslavia, India, Indonesia, Arabia Saudita, los Emiratos y Kuwait] que tratarán de impedir la presentación formal de una moción en este sentido [...]. En caso de que se llegara a una votación sobre la expulsión [...] se recomienda la abstención previa explicación de la posición a ciertos países, como Cuba, Libia, la OLP [...] [A propósito de una resolución sobre la expulsión de Israel de la ONU] se recomienda la unidad con aquellos países como Yugoslavia y otros que podrían oponerse en los corredores a que una moción de este tipo sea presentada. En caso de no ser posible parar esta resolución, la única solución vista aquí sería la ausencia en el momento del voto o bien, recurriendo al hecho de que tanto la dirección del gobierno como la dirección del FSLN son instancias colegiales, decir que la delegación tiene que consultar y habiendo sido imposible dicha consulta, tiene forzosamente que abstenerse."

Fat chance o, en buen castellano, brincos diera...

Mi razonamiento se caracterizaba por una gran simpleza y una mayor inocencia. La revolución sandinista sólo era viable, en un país pobre y destruido, con una ayuda internacional cuantiosa que, en esa región, significaba a la larga de Estados Unidos, más allá de los coqueteos mexicanos y europeos. Carter podría cooperar con los sandinistas y brindar dicho apoyo pero, a la luz de su inminente campaña de reelección en 1980, el respaldo se materializaría si y sólo si los sandinistas cumplían con tres condiciones: 1. una auténtica neutralidad frente a la URSS y Cuba; 2. la consolidación definitiva del proyecto interno democrático y de mercado; 3. la abstinencia sandinista ante los intentos de seducción guatemaltecos y salvadoreños, exigiendo ayuda a nombre de la solidaridad revolucionaria y regional. Dejando a un lado la ética de ésta tácita imposición norteamericana, y la moderación y sensatez que exigía por parte de los sandinistas, de los cubanos y de los demás centroamericanos, el planteamiento de Carter —y el mío, el de México, Venezuela y los europeos— carecía por completo de verosimilitud. Los sandinistas realizaron su revolución en buena medida para poder mentarle a la madre a "el yanqui, enemigo de la humanidad", como reza el himno del FSLN; no existía garantía alguna de que Carter ganara ni, menos aún, de que su contrincante Ronald Reagan cumpliera el trato. Fidel Castro no pensaba aprovecharse de esa manera específica de las revoluciones centroamericanas a manera de moneda de cambio; eso lo iba a decidir él y nadie más: ni los centroamericanos, ni Carter, ni un diletante mocoso que se creía agente de influencia del gobierno de México. Mi padre, López Portillo y David Ibarra miraban a México, en ese momento montado en la ola del boom petrolero de Cantarell y de la caída del shah de Irán, como una potencia subregional en Centroamérica y el Caribe, como un contrapeso a la declinante hegemonía estadounidense, mermada por la emergencia de varios movimientos revolucionarios, y a la constante injerencia cubana, que desembocaba en el fracaso económico permanente y en un perpetuo enfrentamiento internacional. A este diseño se debieron los dos viajes de López Portillo a Managua, el Acuerdo de San José con Venezuela para el suministro subsidiado de petróleo a los países de la zona, la ayuda financiera, humanitaria y logística de Ibarra y de Hacienda a Nicaragua y el establecimiento de retaguardias estratégicas para los salvadoreños y guatemaltecos en suelo mexicano.

Mi padre con José López Portillo, Nicaragua, 1980

A ello se debió asimismo la comparecencia de mi padre en la Sexta Cumbre en La Habana, custodiado, entre otros, por mi amigo mexicano de Ginebra y Managua. Se buscaba cerrar así la pinza con los sandinistas: Ibarra y López Portillo en México, la Cancillería a título de observadores del MNOAL en Cuba —nunca fuimos miembros plenos—, y un atrevido enviado semisecreto y semiridículo en Managua: a saber, un servidor. A todos nos fue mal: a mi padre en Cuba, dentro de los límites de la hipócrita cordialidad isleña y la soberbia castrista de aquel momento; a López Portillo, que nunca pudo convencer a los comandantes de que era preferible llevar la fiesta en paz con Washington. Y desde luego a mí en Managua, donde los cubanos, encabezados por Manuel Piñeiro, el legendario Barbarroja, creador del servicio de inteligencia de Cuba, y su embajador, Julián López Díaz, del Departamento de América y del G-2, que había sido medio torturado en México en 1967, me hicieron a un lado como mosca serrana perdida en un país tropical. Octavio Paz lo entendió bien: "no es un misterio que los ojos de los dirigentes sandinistas no se dirigen hacia México sino hacia La Habana en busca de orientación y amistad. Sus inclinaciones procubanas y prosoviéticas son manifiestas. En materia internacional uno de los primeros actos del gobierno revolucionario fue votar, en la conferencia de países No Alineados (La Habana, 1979), por el regimiento del régimen impuesto en Camboya por las tropas de Vietnam. Desde entonces el bloque soviético cuenta con un voto más en los foros internacionales. Ya sé que no es fácil para ningún nicaraguense olvidar la funesta intervención de los Estados Unidos, desde hace más de un siglo, en los asuntos internos de su país: tampoco su complicidad con la dinastía de los Somoza. Pero los agravios pasados, que justifican el antiamericanismo, ¿justifican el prosovietismo? El gobierno de Managua podía haber aprovechado la amistad de México, Francia y la República Federal de Alemania, así como la simpatía de los dirigentes de la II Internacional, para explotar una vía de acción independiente que, sin entregarlos a Washington, tampoco convierta a su país en una cabeza de puente de la Unión Soviética. No lo ha hecho. ¿Deben los mexicanos seguir brindando su amistad a un régimen que prefiere como amigos a otros?"

El supuesto pacto geopolítico y local nació muerto. Mi amigo y yo permanecimos en Managua hasta diciembre. Volvimos a México con la cola entre las patas, pero felices y orgullosos de haber presenciado el arranque de un proceso revolucionario que desde entonces supimos que terminaría en farsa (Marx *dixit*) y desastre. Pero de lo bailado nadie nos despojaría: residimos seis meses en el "hoyo" —como le decían los insurgentes salvadoreños a la capital del país volcánico—, nos bañamos con agua fría, forjamos amistades diferentes y duraderas y fortalecimos nuestra propia relación, nacida en la ciudad de Rousseau y Calvino. El propósito de este largo y retorcido paréntesis estribó sólo en mostrar cómo de un encuentro azaroso en el centro de Europa nacen aventuras extrañas, remotamente relacionadas con el acontecer mexicano de esos años.

Rewind

El lector fastidiado y quisquilloso se preguntará cómo un personaje de la talla de mi padre, que comandaba la política exterior de un país de ochenta millones de habitantes con la madurez y la experiencia acumuladas a lo largo de varios lustros, toleró tales insolencias e intromisiones de un chamaco atrevido, abusado y abusivo de veintiséis años. Para responder a la pregunta —sin las sandeces de un sucesor de mi padre, que atribuyó todo a su enfermedad— es preciso conocerlo, comprenderlo y aquilatar su fascinación por la descendencia, su insólita apertura mental y su "valemadrismo" burocrático, a pesar de la disciplina institucional que siempre acató.

En 1997 publiqué lo siguiente, a los pocos días de la muerte de Jorge Castañeda y Álvarez de la Rosa: "La oración fúnebre es un género difícil para quienes se dedican a la letra escrita; lo es más todavía para un hijo ante la tumba de su padre. Por ello, antes de consignar estas líneas a la memoria implacable de la página impresa, hubiera preferido leerlas en el homenaje rendido a Jorge Castañeda en la Secretaría de Relaciones Exteriores el pasado viernes. No fue posible; en todo caso, de haberse presentado la oportunidad, éstas son las breves palabras que hubiera pronunciado. Jorge Castañeda fue un buen padre y un patriota. De lo primero damos fe sus hijos; de lo segundo he recibido incontables testimonios y reconocimientos en estos duros días de invierno; los agradezco. Con el tiempo, se ponderará con mayor meticulosidad y conciencia su aporte al intento, siempre incompleto, de dotar a México de una política exterior activa, independiente, moderna e inteligente. Corresponderá a los académicos y especialistas de estos temas separar la paja del trigo y efectuar las comparaciones pertinentes. Pero de las muchas virtudes de Jorge Castañeda hay una que me enorgullece más que otras; es la que quisiera transmitirle a su único nieto, Jorge Andrés, quien debido a la terrible enfermedad que padeció el ex canciller en los últimos años de su vida, apenas conoció a su abuelo. Mi padre fue un hombre honrado, que en casi cuarenta años de servicio público no robó un centavo. Durante una carrera que abarcó los puestos más elevados a los que puede aspirar un diplomático mexicano, no hizo un solo negocio ni abusó de ninguno de los privilegios que tuvo. Nunca buscó ni aprovechó información privilegiada, jamás indujo ni aceptó regalos u ofrecimientos indignos. En 1982, siendo Secretario de Relaciones Exteriores, vio diezmada una parte considerable de sus ahorros por las devaluaciones que devastaron la economía de millones de familias mexicanas; le tocó parejo. Pudo terminar sus días en condiciones de comodidad y dignidad, pero nada más."

Algunas personas bien y mal intencionadas me reclamaron estas frases, alegando que mi padre ostentaba muchos otros atributos encomiables más importantes y dignos de ser evocados que la honradez. Me atengo a lo escrito: su probidad rebasa en mi recuerdo todas las demás virtudes. Dicho esto, agregaría dos rasgos por los que fue más conocido: su infinita capacidad de seducción, en el mejor sentido de la palabra, y su carácter "conchudo", como le decían sus hermanos, primos y algunos amigos. Era un hombre ambicioso y disciplinado en las metas que se fijaba, capaz de desplegar inmensas dotes de encanto, humor, inteligencia y cultura —más plástica e histórica que musical o literaria— para seducir: simpatizarle a alguien, convencer a alguien, agradarle a alguien, manipular a alguien. Y a la vez podía, sin el menor titubeo, lavarse las manos de un asunto, una persona o un compromiso de cualquier tipo, si pensaba que le convenía: el epítome del desapego (de alguna parte lo heredé). La leyenda del hombre desmadroso, débil y desidioso, erigido en estadista por una esposa "de hierro," es falsa: mi padre se propuso ser canciller desde que entró al Servicio Exterior Mexicano en 1950, y hubiera alcanzado su objetivo con o sin el apoyo de su esposa de más de treinta y cinco años. Era un hombre dotado de una inteligencia excepcional, de una mente jurídica, aguda, que no toleraba tontos, ineptos o zalamerías pero al mismo tiempo se comportaba con gran tolerancia, generosidad y sentido de justicia con todos aquellos que lo frecuentaban: en el trabajo, entre sus amigos, en su familia, con sus pares. Por eso, seguramente, dejó una huella tan fuerte y humana en la Cancillería, a la que le dedicó casi cuarenta años de su vida.

Lo cierto, sin embargo, es que un hombre que perdió a su padre muy joven —a los veintidós años— y que sostuvo una cálida relación de cariño, pero también de distancia y formalidad con su madre, carecía de muchas de las simples habilidades de la vida; como todo buen niño mexicano mimado. No hacía ejercicio, no guardaba conciencia de las expresiones de su cuerpo —su siempre erguido porte, su elegancia casi natural, sus ojos de un azul claro e intenso, su complexión hecha delgada por los 1.92 metros de estatura, le brindaban una vía de escape o de autoengaño permanente—. Desestimaba las reglas de salud o de autoconciencia evidentes y generalizadas ya en los años cincuenta para personas de su nivel cultural, socioeconómico y familiar. Mi madre, en efecto, trató de imponerle, casi siempre en vano, un mínimo de orden existencial de esa índole. No lo aceptó, en parte debido al mismo tipo de pacto fáustico que firmó consigo y con su esposa, al principio; conmigo en los mejores años de su vida; y de nuevo con él mismo, en los peores, a saber el ocaso de la existencia.

Me explico. Cuando conoce a Oma, decide jugársela en un sentido muy estricto. Compra el paquete entero: la mujer extranjera, judía, mayor que él y con un hijo de tres años, exótica, por no decir herética, para su familia, sus amigos y su entorno. Acepta vivir fuera de México, trabajar en serio y concentrar su amplia gama de talentos en una actividad profesional sustantiva. Lo hace —creo, ya que no estaba ahí— porque prefirió el gozo inmenso de ese presente a las previsibles adversidades que sobrevendrían años más tarde. Le importaba el *hic et nunc*, no las consecuencias ulteriores, en un cálculo bastante frío y descarnado: cuando escala al piso 19 de la Torre de Tlatelolco, comprende que puede cumplir su encomienda con gran profesionalismo y responsabilidad, aislándose de mi madre, mi hermano y yo, o puede trabajar en complicidad con nosotros —no del todo con Andrés—, corriendo el riesgo de errores, excesos, caprichos, críticas e incluso reproches políticos de su jefe y de los servicios de inteligencia mexicanos y norteamericanos. Éstos, imbuidos por los desplantes persecutorios y anticomunistas de Miguel Nazar Haro (el entonces director de la Dirección Federal de Seguridad o DFS), alcanzaban paroxismos de delirio y paranoia, como lo muestra el reporte (o perfil dedicado a mi persona) de "Espionaje" de la Dirección Federal de Seguridad del 3 de noviembre de 1981:

"Todas estas personas [los cubanos y centroamericanos] obtienen de Jorge Castañeda [Gutman] información de todas las actividades oficiales del Secretario de Relaciones Exteriores, en virtud de que esta persona tiene gran ascendencia sobre su padre y además porque los secretarios de éste último son afines a la ideología de Castañeda Gutman. Sus nombres son Mauricio Toussaint y Miguel Marín. Estas dos personas le informan a Castañeda Gutman con todos los detalles de las actividades, reuniones, decisiones y hasta los comentarios que el Secretario de Relaciones Exteriores les hace de sus pláticas con otros Ministros e inclusive con el propio Presidente de la República. De esta forma Jorge Castañeda Gutman tiene posibilidades de participar en decisiones importantes del Gobierno Mexicano, tanto en forma directa convenciendo a su padre para que actúe conforme a su ideología e incluso presionándolo de manera indirecta y a sus espaldas para esas decisiones."

Al optar por el camino de la colaboración con mi madre y conmigo, disfrutaría de la delicia de laborar de manera casi cotidiana con la niña de sus ojos, el objeto de su adoración, el mayor motivo de su felicidad inmediata, a quien, como me espetó alguna vez uno de sus mejores amigos, "te celebraba todas tus pendejadas"; o sea, yo. Escogió así la opción del gusto y el placer inmediato, no del pago a futuro. Cuando, a partir de los sesenta años, descubre que debiera cuidar su salud y atender su diabetes con algo más que la dosis diaria de insulina, entregándose al ejercicio, cuidando su alimentación, moderando su bebida y absteniéndose de fumar, de nuevo bajo riesgo, a la postre, de pagar un monto exorbitante, vuelve a apostar por el presente gozoso, pateando para adelante la lata de los costos. ¿Qué tan adelante? Más de lo que muchos temíamos, pero menos de lo tolerable. Estoy convencido de que mi padre resolvió, con toda conciencia, vivir en pleno disfrute de los placeres sentimentales, terrenales e intelectuales del momento, sin detenerse demasiado en el precio a saldar después. En cada momento que atestigué esa apuesta compartí su elección; cuando viví la hora de liquidar su factura, dudé de su acierto y de su actitud.

Su *joie de vivre* no contenía límites, y su apertura conmigo y con mi hermana, en las buenas y en las malas, tampoco. Nos aguantó las peores travesuras y decepciones y, en efecto, nos celebró las mayores idioteces, junto con nuestros éxitos aparentes. Me brindó la oportunidad de conocer las entrañas del poder, de acercarme al corazón de las relaciones internacionales, de adquirir y procesar información a la que jamás hubiera accedido sin él. Me hacía más caso del que debía, aunque mucho menos del que algunos pensaban: desde sus colaboradores hasta los servicios cubanos, desde López Portillo hasta la CIA, desde las columnas políticas hasta los revolucionarios centroamericanos. Se lo imponía su amor paternal típicamente mexicano, su solidaridad y vocación didáctica, pero también su pasión por el presente.

Mi padre en la Ciudad de México, 1981

Igualmente se lo exigía su profundo desprecio por el pensamiento anquilosado, por el patrioterismo azteca y el conservadurismo de sus medrosos colegas del servicio exterior. Me utilizaba con frecuencia como provocador o ariete, y buscaba en mí ideas innovadoras e imaginativas que sólo brotaban de gente más joven y menos burócrata. En varias coyunturas atendía mis propuestas o consejos porque iban de la mano con las recomendaciones de mi madre: un ejemplo de enormes consecuencias fue la negativa al shah de Irán de volver a México. En otros casos, asimilaba mis ideas porque eran buenas: le hacían sentido, las peloteaba con colegas y las ponía en práctica. Y en algunos momentos, cuando la enfermedad y el consiguiente cansancio lo apesadumbraban, y cuando mi obsesiva e implacable capacidad de chingar lo agotaban, trastabillaba y se resignaba a seguir mis sugerencias por cansancio o hartazgo. Pero siempre lo arropaban su sabiduría y su sensatez, y el instinto de sobrevivencia propio de la Cancillería. En un país conservador, en un régimen conservador, en una profesión conservadora, yo era, en mucho menor medida que mi madre, su antídoto iconoclasta. Quizás hasta me inducía a ser de esa manera; no encuentro otra explicación de mi propia y tenaz irreverencia, ingenua en ocasiones. Más que hacerme caso, en innumerables ocasiones mi padre me infundía la *sensación* de hacerme caso. Siempre conservaba los hilos en la mano, nunca me permitía actuar por la libre, aunque muchos, incluyéndome a mí, retuvieran una impresión distinta. Él escogía, por sus pistolas, a qué asuntos me dejaba entrar y en cuáles no.

Así había sido mi papá toda su vida: abierto a ideas, a comportamientos y conocimientos distintos, a experiencias nuevas. Recuerdo cómo, en Navidad de 1961, mis padres discutieron y resolvieron su respuesta a la oferta de la Cancillería para su primera titularidad de adscripción: Buenos Aires o El Cairo. Además del relativo riesgo del inminente y enésimo golpe de Estado del ejército argentino —contra Arturo Frondizi, en abril del 62—, tanto mi padre como Oma tardaron poco en convenir que la placidez del Cono Sur palidecía frente a la aventura y la novedad del Medio Oriente, del mundo árabe, Nasser, el Nilo, etc. Mi mamá no le impuso Egipto a mi padre: juntos concluyeron lo mismo. De la misma manera en que solían pensar lo mismo en múltiples ámbitos, y sobre todo en el terreno político. A pesar del nacionalismo afín a su tiempo de mi padre, y el estalinismo empedernido pero atribuible a una profunda preocupación social de mi madre, en el fondo ambos eran demócratas liberales: odiaban las dictaduras, el racismo, la represión, y todo conservadurismo existencial o ideológico. Políticamente hablando, eran gente de su época y de su mundo.

Entre las virtudes de sus años de su juventud y madurez, que fue perdiendo en la vejez, figuró una espléndida generosidad conmigo y mis hermanos, que me permitió recibir la educación que ya he descrito en parte, y también convertirme, como él y mi madre, en un viajero consuetudinario. Comencé en México, adolescente: a Veracruz en ADO varias veces, al ejido de San Julián cerca de la entonces flamante TAMSA; a Acapulco, Isla Mujeres y Oaxaca en dos o tres ocasiones; a Europa de manera más austera y esporádica y, en el verano de 1972, al terminar mi año en París y antes de volver al supuesto infierno de Princeton, por primera vez a América del Sur. La primera de no menos de un centenar de visitas a una región que pocos mexicanos conocen y que, por mi cercanía, familiaridad y cariño, sé que no es lo nuestro, salvo en el folclor entrañable y la amistad duradera. Todo esto sufragado, desde luego, por la Fundación Castañeda: los boletos de avión, los de camión en Brasil, Argentina y Chile, las mochilas y los hostales, la comida y los conciertos. Jamás mis padres me regatearon un centavo para viajes, y nunca perdí una oportunidad de sablearlos con ese propósito. Esta magnanimidad descansaba por supuesto en la naturaleza relativamente holgada de las finanzas familiares a partir de la estancia en El Cairo. Sin ser magnates, gracias a los ingresos de ambos y a la generosa disposición del sistema político mexicano de antaño, mis padres disfrutaron de una existencia igual o tal vez más acomodada que la mía hoy cuando escribo, cuarenta años después. La vertiginosa movilidad social mexicana, por lo menos hasta 1982 y de nuevo a partir de 1996, no se refleja en los recursos disponibles para las cuatro generaciones que conozco: mi abuela Michi, mi padre, yo mismo y Jorge Andrés.

New York Times, 30 de noviembre de 1979

III

Partí a Río de Janeiro recién cumplidos los diecinueve años, en compañía de una amiga suiza y de un compañero inglés, integrantes del grupito ginebrino que aún conformaba mi círculo de amistades en la ribera del Lac Leman. En Brasil recorrimos la ciudad agraciada por el entorno más bello del mundo, incluyendo en sus afueras Teresópolis y Petrópolis, donde se suicidó Stefan Zweig treinta años antes; Salvador de Bahía, donde aún no se incendiaba el mercado oriental y nadie abarrotaba el Pelourinho; y Rio Grande do Sul, el estado más europeo y próspero del país, donde residía la familia de otro amigo de Ginebra, Ricardo Seittenfus. La idea era viajar juntos a Buenos Aires y luego a Chile para recabar documentos y realizar entrevistas para una tesis conjunta sobre la Unidad Popular. Como casi todos mis periplos ulteriores, éste aspiraba a una doble finalidad: conocer y divertirme, y al mismo tiempo aprender algo concreto, investigar un tema en particular, sacar algún provecho académico, intelectual o, más tarde, profesional.

El itinerario brasileño fue maravilloso y, a la vez, enigmático. Era la segunda etapa de la dictadura militar inaugurada en 1964; ya había amainado la represión más sangrienta, de los años 68 a 70 bajo Garrástazu Medici, pero faltaba mucho todavía para la apertura que se produciría sólo a finales de esa década. Los viajeros traíamos muchas direcciones y pocos recursos y, por tanto, ambulamos de casa en casa por las ciudades que visitamos, de arrimados más o menos bienvenidos, en moradas en su mayoría habitadas por colegas o familiares de estudiantes brasileños en Suiza: en otras palabras, de exiliados. Como huéspedes, resultábamos incómodos: aun si confiaban en nosotros —no era siempre el caso—, podíamos ocasionarle problemas a varios anfitriones por el mero hecho de haber recibido a extranjeros greñudos y tal vez subversivos. Proliferaba la paranoia, aunque casi siempre ganaba la hospitalidad. De allí el enigma: nuestros interlocutores agazapados nos acogían, conversaban con nosotros, nos relataban historias de la represión, de la lucha armada y de la oposición que a duras penas se construía gracias en parte al apoyo internacional y al talento y valentía de músicos como Chico Buarque, Caetano Veloso y Tom Jobim. Platicaban como si nos encontráramos en Europa: no se respiraban aires de autoritarismo, ni de tortura o de desapariciones. De vez en cuando alguno nos cancelaba una cita, o nos enviaba mensajes misteriosos casi siempre incomprensibles. Hasta allí.

Por otro lado, la dictadura brasileña se erigió —antes de Pinochet y de Videla— en el parangón de los regímenes militares latinoamericanos. Era proyanqui, feroz y represiva, censora y enemiga de la cultura en cualquiera de sus acepciones: musical, literaria, de juventud irreverente en el vestir, el fumar, el beber y el sexo. Carlos Marighela, Carlos Lamarque y los VOP secuestradores de diversos embajadores y cónsules occidentales —acontecimientos tan bien descritos en la novela de Fernando Gabeira, *O que é iso, companheiro?* y luego en la película *Four Days in September* con Alan Arkin— pertenecían a la iconografía de los héroes caídos del subcontinente, en compañía de Camilo Torres, el Che Guevara, Ricardo Masetti, etc. Pero el ministro de Hacienda de esos años, Antônio Delfim Neto, también figuraba entre los ídolos brasileños, salvo que del otro bando, como el arquitecto del milagro económico, de la fenomenal expansión de las clases medias. Nosotros, mochileros inocentes pero no ignorantes, fuimos incapaces de captar la naturaleza y la profundidad de la ambivalencia brasileña. Nuestros anfitriones no eran acosados por una dictadura benigna, ni mucho menos, pero Ipanema tampoco equivalía a un Auschwitz tropical.

Montevideo y Buenos Aires contrastaban con la contradicción y modernidad brasileñas. La capital "oriental" era, entonces como hoy, amada, vetusta, casi anacrónica, culta, gris en invierno y en ese momento todavía tapizada con pintas de los Tupamaros. En las calles se escuchaban los suspiros agónicos de la democracia más vieja de América Latina, a punto de sucumbir a la tentación autoritaria que arrastraría a los países contiguos en los meses o años venideros. Buenos Aires era igual o peor: ni la ciudad majestuosa de los años veinte, ni la metrópoli en apariencia cosmopolita y próspera de ahora, sino una urbe deslavada, poblada de gente desclasada, reflejando la mediocridad y el otoño del régimen militar que concluiría al año siguiente con el regreso de Perón. Mis buenos recuerdos de los porteños comenzarían justo ese año. Para entonces viajábamos solos Isabelle y yo, habiendo transitado de la etapa de compañeros de autobus a *friends with benefits,* que dormían juntos en los helados hostales u hoteles de mala muerte de esas ciudades. Salvo una breve semana en Grecia el verano anterior con dos integrantes del grupo ginebrino fue el primero de mis incontables peregrinajes en compañía de alguna mujer. Nunca me acostumbré a viajar solo; en todo caso con los niños o por trabajo. Adoro la soledad del vuelo de Saint-Exupéry en su versión moderna: la casi-cama y el vino ilimitado en *business* de los *long couriers* transatlánticos o transpacíficos. Pocas cosas me agradan más que el pasar solitario de las horas sin interrupciones, leyendo o escribiendo en mis refugios foráneos, construidos con esmero y constancia a lo largo de las últimas dos décadas. Vajar solo por puro placer no: ni entonces, ni nunca.

En Uruguay, 1972

En Chuquicamata, Chile, 1972

Por fin desembarcamos en Santiago, en el viejo aeropuerto de Pudahuel, donde el aterrizaje de cada vuelo constituía un acontecimiento, como la llegada de los vapores de altamar en los puertos decimonónicos: se anunciaban en los periódicos. Era literalmente el fin del mundo; Santiago no constituye una escala: es, como la canción de Jobim, *o fim do caminho*. Pero Chile estaba de moda y los visitantes desfilaban por el aeropuerto y los pequeños hoteles de la Alameda, sobre todo en los alrededores del flamante edificio donde se celebró la IV UNCTAD; se atestaban de visitantes empeñados en conocer, apoyar o criticar la "Vía chilena al socialismo", de "empanadas y vino tinto", encabezada por el "Chicho".

Nos alojamos en una casa lujosa, semiabandonada, en un barrio pudiente y remoto del norte de Santiago. El padre de Isabelle ocupaba un alto cargo ejecutivo en una de las principales farmacéuticas suizas, y en algunas capitales alguien a veces se ocupaba de nosotros. En Chile, el representante de la empresa era un "momio" terrible, que ya había empacado sus maletas para expatriarse ante la inminente llegada del comunismo y del Ejército rojo. De inmediato me percaté —no era ciencia oculta— del tremendo encono incrustado en la sociedad chilena, exhibido en discusiones con ricos, en debates con estudiantes, en las marchas en el centro de Santiago y entre los mineros del cobre en el norte del país, en Chuquicamata, la mina a cielo abierto más grande del mundo. Las fotografías de aquella estancia evocan la lección que aprendí en las calles del centro de la ciudad durante las manifestaciones de jóvenes de izquierda, de derecha y demócrata cristianos (DC), acordonadas o en ocasiones reprimidas por carabineros. Caminamos por la zona en compañía de muchachos DC, a quienes contactamos gracias a algún conocido en común. Las protestas no eran golpistas, ni ultra reaccionarias, pero sí claramente anti-allendistas; yo trataba de acercarme a los grupos de izquierda en las calles, que en ocasiones chocaban con los de la derecha, y les pedía a mis amigos DC que me acompañaran. Hasta que uno de ellos exclamó: "No te excedas: aquí hay líneas trazadas, nosotros estamos de un lado, ellos del otro. Tú estas de visita, luego te irás. Nosotros aquí seguimos". Comprendí que no se podía tener todo a la vez: convivir con los jóvenes de la DC, marchar con los de la UP y evitar como turista los manguerazos de los llamados "guanacos" de la policía. En algún momento habría que escoger.

Todavía en ese tiempo la UP y Allende controlaban la coyuntura, aunque poco después, en octubre, estallaría la huelga de camioneros que paralizaría al país durante casi un mes: el principio del fin del régimen. El mercado negro, la escasez generalizada, la inflación y los cacerolazos por lo menos verbales ya habían comenzado, y se antojaba casi inconcebible una salida ordenada y pacífica. Allende y el Partido Comunista se presentaban como los buenos de la narrativa: los más moderados y sensatos, disciplinados y trabajadores, como lo han sido la mayoría de los comunistas del mundo entero desde 1917. Pero perdían la mayoría de las batallas verdaderas ante "la calle", la izquierda del Partido Socialista encabezada por Carlos Altamirano, ante los desarrollistas estatizadores como Pedro Vuskovic. Peor aún, en ocasiones eran derrotados por la izquierda más radical, un grupo de jóvenes *gauche caviar*, agrupados en el Movimiento de la Izquierda Revolucionaria, o MIR. Los conducía Miguel Enríquez, posteriormente canonizado por su compañera Carmen Castillo en un bello y triste libro titulado *Un día de octubre en Santiago*.

Frente a la dificultad de trabajar con mi amigo brasileño, quien prefirió permanecer en Río Grande do Sul, opté por dedicar mi tesis de licenciatura en Princeton justamente al MIR. Primero, porque se trataba del grupo más ultra dentro de un proceso ultra y, segundo, porque me simpatizaban: jóvenes, irreverentes, eruditos y "riquillos", pero valientes y hasta temerarios. No pude entrevistar a los grandes dirigentes —muchos años más tarde me volví amigo tanto de Carmen Castillo como de Andrés Pascal Allende, sobrino del "Chicho"—, pero pude conversar con muchos militantes de a pie, recopilar una gran cantidad de panfletos, volantes, ensayos y entrevistas. El material me sirvió para redactar, de vuelta en Nueva Jersey, un texto demasiado extenso y por completo irrelevante, pero bien documentado y penetrante.

También pude encariñarme con un país al que me ligó, a lo largo de los siguientes cuarenta años, un matrimonio, incontables amigos, numerosas visitas de trabajo y turísticas, y una gran admiración por un pueblo que ha logrado tanto con tan poco. Conocí por primera vez en Chile la pobreza en el frío; ni en Estados Unidos ni en Europa, siquiera oriental, era tan distinguible por las calles en invierno la gente de escasos recursos, mal protegida del hielo, de la nieve y de la temperatura bajo cero. En las naciones ricas, los pobres se escondían o portaban vestimenta de materiales y cortes de clase media realizada. En Chile, veía yo entonces y sigo divisando ahora a los moradores de las callampas tomando el metro y yendo a trabajar, a estudiar y a pasear, cubiertos con chamarras o abrigos de mediocre factura y material, obscuros y sintéticos, mal cortados e ineficaces. Aquellos días invernales de Santiago me infligieron una impresión duradera de tristeza, de medianía, de una sociedad polarizada en ese momento, derrotada poco después, y deprimida ahora: un país donde a pesar de todos los éxitos, el dinero no alcanza para soportar el invierno.

Para mí, el dilema de Chile, resultaba sencillo y obvio. Los miristas acertaban en su diagnóstico de la situación, pero la salida propuesta resultaba más exótica que el propio dilema. La UP no era, como decían los chilenos, "ni chicha ni limonada", pero generaba expectativas favorables y contrarias. Sus partidarios esperaban todo de ella: el socialismo, el fin de la pobreza, la igualdad, la democracia y la soberanía plena. Sus enemigos temían todo lo que sus adeptos anhelaban: la expropiación, el paredón, la ocupación soviética. Sólo que Allende y el gobierno, sin mayoría en el Congreso y con el empresariado, la Iglesia, Estados Unidos, las fuerzas armadas, la extrema derecha e incluso la democracia cristiana en contra, se resistían a deslindarse de la calle, de los socialistas y del MIR y a dominar o eliminar a las fuerzas opuestas. Sus errores de política económica —innegables y graves— provenían de la insostenible situación política surgida en Chile a partir de la segunda mitad de 1971, después de que la UP obtuviera más del 50% del voto en las elecciones municipales. Al nacionalizarse el cobre y surgir un movimiento de masas en los cordones industriales, por la tierra en el campo, en las colonias populares y en el seno de la juventud universitaria la tentación de atender todas las demandas fue irresistible. La contradicción de fondo no oponía el gasto excesivo a la austeridad; sobrecalentar la economía o no; fortalecer la relación con la DC o no; tratar de llevar la fiesta en paz con Washington o no.

La disyuntiva principal y sempiterna de todo proceso de ese tipo era cristalina: reforma o revolución. Allende y su gente procuraban un fin revolucionario con medios reformistas: la cuadratura del círculo que muchos —el MIR, Fidel Castro, quien se eternizó un mes en Chile, o el ya mencionado Régis Debray— discernieron y le susurraron a Allende, que por supuesto lo captó desde el primer día. Pero asimilar y resolver no era lo mismo. El embrollo contenía sólo dos salidas: abandonar toda pretensión revolucionaria, como la Concertación Chilena, en los 90 compuesta por la DC y los socialistas; o adoptar medios revolucionarios para alcanzar fines análogos. En otras palabras, las armas, la represión, el autoritarismo: la dictadura del proletariado. La base social de la UP no aceptaba la primera; la oposición, la comunidad internacional y el propio Allende no podían tolerar la segunda. Todos los malabarismos —la famosa "muñeca"— del Chicho dejaban intacto este callejón sin salida.

No pretendo haber intuido todo esto en aquella estancia de tres semanas en Chile; no obstante, al releer hoy mi rudimentaria tesis, compruebo que algo presentí. Cito aquí un pasaje más perspicaz y menos estridente que otros: "Si bien es cierto que en términos marxistas la Unidad Popular ha fracasado, al cabo de dos años y medio en el poder, en su intento de crear las condiciones para una transición al socialismo, su prestigio y popularidad no se han desvanecido [...]. Muchas de las críticas del MIR al gobierno de Allende han sido válidas, y algunas de sus propuestas son correctas. Pero en la práctica avanza menos de lo que debiera [...].El Partido Comunista, una fuerza reaccionaria en Chile hoy, se mantiene en el poder sólo porque ha abandonado cualquier pretensión revolucionaria. En principio, la alianza con el ejército y eventualmente con la Democracia Cristiana debieran permitirle a Allende permanecer en La Moneda, pero no contribuirán a la revolución."

Regresé a Estados Unidos a principios de septiembre, ilusionado con las movilizaciones de la izquierda chilena, apasionado por la experiencia de atestiguar un proceso revolucionario en la calle, en las fábricas y las minas, y pesimista en cuanto al desenlace. Concluí ese primer viaje al sur del hemisferio intuyendo que se trataba de uno de muchos por venir; comencé a organizar el siguiente, en coche desde Nueva York hasta Bahía y de vuelta, al terminar la universidad, apenas desembarcando en Princeton.

Dediqué buena parte de mi último año en Nueva Jersey a tres faenas: trabajar en la campaña presidencial de George McGovern en los barrios latinos de Trenton y Elizabeth; a hacerme, ahora sí, de una novia como Dios manda, a partir de noviembre del 72: Chicago Alice, se apodaba; y a preparar un nuevo recorrido por América Latina, más ambicioso y prolongado. De las tres experiencias aprendí mucho, y en ellas dejé algunas plumas.

Algunos lectores recordarán cómo la sociedad norteamericana, ya harta hacia 1972 de siete años de guerra y más de cincuenta mil muertos en Vietnam, anhelaba una salida del Sureste asiático, bajo la forma que fuera. Para ello el Partido Demócrata escogió a un candidato a la Presidencia decente y progresista, adversario desde el principio de la Guerra de Vietnam, que sería aplastado en las urnas por Richard Nixon, presidente en funciones, y beneficiario de la posibilidad de llevar a cabo trampa y media para permanecer en el cargo, maniobras que a la postre llegaron a conocerse bajo el nombre de Watergate. La clave, para los Demócratas y para todos los partidarios del fin de la guerra, era sacar a votar a la población de origen afroamericano o latino, siempre afín a ese partido en la época moderna, y siempre renuente a votar en masa. Entonces, algunos votábamos por ellos: en todas partes se cuecen habas.

Los estrategas de la campaña demócrata despachaban a los jóvenes entusiastas como yo a los barrios más humildes de las ciudades industriales de New Jersey a "peinar" la zona casa por casa, para convencer a los latinos (en aquella época sobre todo puertorriqueños) y afroamericanos de que solicitaran por correo boletas de voto en ausencia (nosotros les llenábamos los formularios correspondientes). Volvíamos un par de semanas después, para verificar que hubieran llegado las boletas y "ayudar" a que las marcaran y las enviaran "correctamente". Me impactaron dos fenómenos: la pobreza y la exclusión de grandes núcleos de gente todavía en aquella era, y la omnipresencia de los hermanos Kennedy en las viviendas de los hispanos y negros más pobres: fotos, emblemas, pinturas, lo que fuera. Ambos simbolizaron algo muy profundo para los norteamericanos más desprotegidos, y ambos murieron a tiempo para no decepcionar a sus admiradores.

Hacia finales de 1972, pasadas las elecciones, conocí a la primera mujer graduada de Princeton, una norteamericana de origen armenio nacida y crecida en esa gran ciudad plana y agresiva de rompe y rasga que es Chicago. De baja estatura, ojos y cuerpo levantino, Alice era, como tantas otras amigas mías en esos años, mayor que yo y más vivida. Sin exagerar, como algunas, comulgaba con las ideas y las actitudes de las mujeres norteamericanas de esa época, ambiciosas y beneficiarias de oportunidades notables. No era feminista *per se,* pero sus preferencias en todos los ámbitos, desde la lectura hasta la cama, revestían una jerarquía distinta (salvo para mujeres emblemáticas de los decenios previos, como mi madre): le importaba más que se discutiera de política, de historia o de *useless data* entre iguales a que un novio le abriera la puerta del coche o le mandara flores. Como en todo arranque de una tendencia histórica, ella y sus pares recurrían a extremismos en ocasiones exasperantes, pero sus lecciones y su momento fueron invaluables para mí. La minúscula dosis de antimachismo que de vez en cuando destilo proviene con toda seguridad de la modernidad, el cariño y la personalidad de Chicago Alice.

Disfrutamos largos ratos juntos en Princeton, aunque se había recibido un año antes que yo, luego en Ginebra y París en Navidad y Año Nuevo, y de vuelta en Princeton en la primavera, organizando una excursión demencial, en 1973, al terminar mi licenciatura en Princeton: partir de Nueva Jersey y llegar hasta Río de Janeiro en una combi acondicionada mi novia y yo, dos amigos de Estados Unidos, y mis dos cuates del barrio, Lalo y el Gota. La logística era infernal: además de pasaportes y visas para todos, los países latinoamericanos exigían para desplazamientos de esta naturaleza, en una extraña prenda de unidad, una especie de pasaporte vehicular, por el que el dueño se comprometía a no vender o abandonar el vehículo dentro de tal o cual país. Para asegurarlo, se depositaba una fianza elevada en un banco de Estados Unidos. Mis padres volvieron a apoquinar, y yo, por lo menos en ese tiempo, volví a cumplir: la combi regresó entera a Washington, aunque ya desahuciada. Fue mi primer intento organizativo, recién cumplidos los veinte años, y creo que resultó exitoso, a pesar de los infortunios inevitables. Desde entonces, y hasta mis viajes de placer o giras de presentación de libros en el segundo decenio del siglo veintiuno, me seduce el reto logístico, de agenda y administrativo, involucrado en cualquier esfuerzo de esa índole. Junto con otros ejemplos, ese primer intento hubiera sido imposible sin el apoyo de mis padres y de Andrés mi hermano, que radicaba en Washington en esa época, comisionado por la Cancillería, a la misión de México ante la Organización de Estados Americanos.

Mis padres y todos mis tíos (salvo Rosita) ya fallecidos, sólo Andrés, ocho años mayor que yo, ha estado presente en mi vida desde que nací. Siendo muy diferentes, se trata de mi relación personal más larga y estrecha, incluyendo a Marina, con quien siempre he tenido más en común, pero con quien demasiados agravios mutuos han matizado los lazos. Mi primera remembranza de Andrés data de la casita de Parkway Village, en el barrio neoyorquino de Queens, donde los empleados de la ONU (como mi madre) ocupaban pequeñas pero dignas viviendas subsidiadas y donde nos acomodamos todos los miembros de la familia, incluyendo a mi hermana de apenas dos o tres años de edad y su (mi) nana mexicana. Una noche Oma volvió temprano del trabajo con mi padre para no perderse un gran acontecimiento: el programa de televisión de Perry Como y Irene Dunne se dedicaba esa noche a los niños de las Naciones Unidas, y Andrés, vestido de charro, con todo y sombrero, salió cantando *Getting to Know You*, junto con africanos, indios, escandinavos y chinos. Yo estaba orgullosísimo, en la inconciencia completa del carácter medio absurdo de la escena: un niño judío de apellido Rozental, vestido de charro mexicano, cantando en inglés con los recién descolonizados del resto del Tercer Mundo.

Con Andrés Rozental, Estados Unidos, 1959

Desde que recuerdo, el reencuentro con Andrés después de sus ausencias motivadas por múltiples y cambiantes factores constituía una fuente de júbilo: en un hotel de Viena, a los diez años, cuando entré corriendo a su cuarto y salté a sus brazos al cabo de un año de separación, o las veces que lo visitaba en Filadelfia, donde estudiaba, o después en Washington antes de su matrimonio, y ya más viejos y sabios, en los escasos viajes que hemos realizado solos. Fue él quien me explicó en París, a los nueve años, cómo nacen los niños, y quien también me apoyó durante mi tiempo en la Secretaría de Relaciones con consejos, recomendaciones de personal y tareas delicadas. Cuando tomé posesión en la Cancillería, ambos lloramos recordando a Oma y lo feliz y orgullosa que hubiera estado, no sólo por la suerte de sus hijos, sino por la manera de compartirla y vivirla juntos. Como todos los hermanos mayores cercanos, conoce mis defectos mejor que nadie, y en ocasiones minimiza mis virtudes o talentos; yo en cambio, desde chico, exageraba sus incontables fortalezas y pasaba por alto las debilidades que todos tenemos. En ese equilibrio llegamos a la vejez de la mano, con largas historias vividas y no siempre contadas, con agradecimientos inconfesos y agravios disimulados durante más de sesenta años de risas, chismes y afectos compartidos.

Andrés me auxilió de varias maneras para mi viaje a Sudamérica. Una complicación consistía en contener los costos al máximo, por una razón evidente para mí, mas no para mis amigos pudientes. Los menos afortunados, es decir, los mexicanos, carecían de recursos, y a mí no me alcanzaba para subsidiarlos. De allí mi malévola astucia: dormir en la combi, cocinar nosotros, escatimar en todos los lujos y distracciones, imponiéndoles a Alice, Robin y Peter un nivel de gasto y comodidad muy por debajo de los que sus chequeras autorizaban; e inducirlos a contribuir, con menor o mayor conocimiento de causa, a subvencionar a los argonautas mexicanos. Peter era el medio hermano de Andrés, hijo del mismo padre y un coetáneo mío animoso, con un gran sentido del humor, en ocasiones un poco ingenuo; Robin concluyó sus estudios en Princeton conmigo: un güero WASP desenfadado, bien parecido. Residió en México durante un año aprendiendo español y estudiando historia en El Colegio de México, dotado de esa descomunal autoconfianza de muchos norteamericanos de cuna dorada. Nada era imposible, peligroso o indebido, porque todo era factible, seguro y permitido (para él).

Carece de sentido relatar los pormenores del viaje, que al final no fue sino el equivalente, algo más desorbitado, a los retos que se plantean los jóvenes mochileros hoy. Guardo las impresiones, más que la cronología: Managua devastada por el terremoto de la Navidad anterior; Panamá, un bullicio de transas, gangas y vicios; Cali, donde abundaban las mujeres más bellas que había contemplado; Cuenca, una ciudad colonial remota y escondida, a siglos de la globalización bananera de Guayaquil. Recuerdo las experiencias: subir al punto ferroviario más alto del mundo, en las afueras de Lima; casi voltearnos en el altiplano peruano-boliviano donde permanecimos varios días, muertos de frío en Puno, esperando que repararan el carro; después de la majestuosidad de Machu Picchu y la belleza de Cuzco, entrar a Bolivia por el Titicaca y bajar del Alto a La Paz, donde las heladas sumadas al soroche nos afligieron durante varios días; y casi al final, llegar al norte de la Argentina y después a Córdoba, igual que volver a Europa o a México (que comparado con las comarcas recorridas irrumpía ya en el Primer Mundo); entrar a Buenos Aires por carretera de doce carriles, y alojarnos, por fin, en una morada decente (el departamento suntuoso de unos parientes armenios de Alice en Palermo); bañarnos con agua caliente y dormir en sábanas de verdad, y además limpias, constituyó todo un redescubrimiento y privilegio. Como lo fue Iguazú, de donde nos dirigimos, como el año anterior, a la casa de los padres de Ricardo Seittenfus, en Arroio do Tigre.

El Huancar y los compañeros de viaje, Perú, 1973

Los argonautas y la combi, 1973

Por fin, Río y Salvador de Bahia otra vez, hasta emprender el regreso, ya sin los norteamericanos y sin tiempo, pero orgullosos de haber sobrevivido por lo menos a la mitad del periplo. Retengo instantes de peligro, o absurdos: cuando casi nos asfixiamos en un camión de carga en Colombia, atrapados bajo la lona donde se filtraba el escape; de un chofer que con gran amabilidad nos ofreció un aventón y luego nos robó el pasaporte; el pleito con Lalo y el Gota en Cuzco, a quienes abandoné en la escalinata de la Plaza de Armas, para después arrepentirme y volver por ellos, empeñados en comer menos para poder llevar más regalos a México; cómo nos detuvieron en Florianópolis, en el sur de Brasil, por pasarnos de lanzas y venderle a unos policías disfrazados de hippies unos Tylenol disfrazados de anfetaminas; los días interminables en el muelle de Buenaventura, el puerto más feo de Colombia y del mundo, esperando un carguero que nos trasladara a Panamá con todo y combi, escuchando las mismas canciones de Julio Iglesias, viendo a las mismas putas traficando sus magros atractivos, y sufriendo con las mismas noticias, día tras día, del golpe de Estado en Chile, país que no habíamos visitado porque temíamos, justamente, un golpe de Estado; ser de nuevo detenidos, ahora en la frontera entre Honduras y El Salvador, por haber escondido al Gota debajo de unas mantas para no pagar la elevadísima cuota de entrada y dormir (a medias) en un calabozo donde los mosquitos atrabiliarios atravesaban nuestros jeans para chupar una cantidad de sangre cuyo caudal se evidenciaba cuando lográbamos aplastar a uno que otro contra el vidrio de la exigua ventana carcelaria; el regreso triunfal a México, donde nadie me esperaba pero pude descansar unos días antes de seguir con un fotógrafo francés al que recogimos en Nicaragua y que me acompañó, sin que él supiera manejar, hasta Washington, no sin que antes visitáramos el Cañón del Colorado y a mi amigo mexicano de Ginebra, Nicaragua y París en Los Ángeles. En síntesis, un viaje espectacular, a matacaballo como todo lo que hago, bien organizado y mal aprovechado, donde perduraron las amistades y se sublimaron los resentimientos. A Lalo y al Gota, como he contado, los frecuento a menudo; con Alice nos escribimos de vez en cuando; a Robin lo sigo viendo en Washington, cuando voy, o en Nueva York cuando coincidimos. Peter falleció en 1993, de un conjunto de padecimientos que rebasaron la capacidad de los excelentes médicos que lo atendieron en la Ciudad de México. Conservo las fotos, junto con la nostalgia correspondiente y la satisfacción de haber realizado una pequeña hazaña: armar una aventura descabellada pero divertida, sin percances ni vergüenzas.

Gracias a ese recorrido adquirí la nítida pecepción de que México y América Latina conformaban dos mundos distintos con pequeñas válvulas de interconexión, que sólo se entreabrían de manera efímera y esporádica. La distancia con los países más pobres parecía abismal: nos hallábamos a años luz de ellos, tanto o más que los norteamericanos de nosotros. Con Argentina y Brasil (en teoría opulentos), la brecha étnica y cultural nos aparta con ferocidad, más allá de las vivencias y los lugares comunes del futbol *verde-amarela* (Brasil/Guadalajara en 1970), de los argentinos que empezaban entonces a exiliarse en México (tarareando boleros mexicanos o añorando algunas películas de Libertad Lamarque filmadas en México). Me extrañaba cómo los sudamericanos nos recibían con hospitalidad y entusiasmo, y al mismo tiempo develaban una ligera dosis de burla o sarcasmo frente al estereotipo mexicano, tan falso y cierto como todos los estereotipos: el machismo, el sombrero, la mirada esquiva y el fatalismo servil ante la vida y el poder, la desidia en el trabajo y la infinita capacidad de organizar una fiesta a la menor provocación. Después conjeturé que, tratándose de las naciones latinoamericanas más ricas, o las que se consideraban tales (como Chile), el secreto se escondía en el desprecio por el mestizaje de parte de sociedades donde no emergió nunca (Argentina, Uruguay), o donde revistió un cariz tan excluyente (la distancia entre el mulato o el negro brasileño y la de cepa italiana, alemana, portuguesa o judía), o tan sublimado (en Chile, donde los blancos borraron a los mapuches de un plumazo) que se sentían tan diferentes de nosotros… porque lo eran. Al final, como lo he pensado desde aquel momento, México es el único país social y culturalmente mestizo de América, aunque sociedades como la colombiana, la peruana, la ecuatoriana y quizás la venezolana puedan retratarse así étnicamente. El vigor y la omnipresencia de la cultura mexicana generaba un gran cariño en la región; el mestizo mexicano, dentro de sociedades donde el contacto con él se limitaba a las élites de ascendencia europea, provocaba mofa y escarnio. No fue la última razón catalizadora que me condujo a reflexionar sobre las ambigüedades de la ubicación de México en el mundo, y a convencerme, con el tiempo, de que todo nos empujaba a colocarnos en el sur de América del Norte, en lugar del norte de América del Sur.

IV

Por lo pronto, al finiquitar los asuntos del viaje (vender la combi, recuperar la fianza y mi salud física, mental e higiénica), la preocupación por los temas latinoamericanos se suspendió al iniciar mi instalación en París y mis estudios de doctorado. La decisión de cursarlos en Francia y no en Estados Unidos desconcertó a mis padres y me conflictuó a mí, al tiempo que fue crucial: un buen trecho de mi vida adulta se vería determinado por la opción francesa versus la norteamericana, no sé si para bien o para mal. Mi única alternativa, sin duda atrayente, era un doctorado de historia económica en la Universidad de Yale, beneficiándome de una generosa beca de colegiatura y manutención, así como de la invitación a impartir clases de licenciatura. Pero la perspectiva de residir por lo menos tres años más en otro pequeño pueblo de Nueva Inglaterra me abrumó. Lo que es la vida: mi compañero de casa en esa universidad quizás hubiera sido Carlos Dahlman, un amigo colombiano de Robin y mío en Princeton, que también ingresó a Yale ese año; terminó por compartir un departamento con Ernesto Zedillo.

La opción parisina me sedujo por varias razones, la mayor, los embrujos de la ciudad y del país, y un proceso académico más flexible y solitario. El costo resultaba accesible para mis padres, ya que la educación superior aún se otorgaba gratis a franceses y a extranjeros. Elegí la salida fácil desde el punto de vista escolar, pero más retadora en términos de vida. Debería acostumbrarme al contraste entre la experiencia universitaria europea, sobre todo urbana, y la norteamericana, más bien suburbana, a saber: la ausencia del campus y de su concomitante estructura arropadora. En Europa, cada quien se rasca con sus propias uñas en materia de vivienda, alimentación, transporte y de lo que hoy llamamos redes sociales. Representaba un desafío mucho más temerario, y a la vez natural. Desde por lo menos seis años atrás, cuando terminé el Liceo en México, me consideraba un joven de izquierda, ubicación ideológica que se agudizó antes de mi larga permanencia en París, y que se consolidó para siempre durante esa estancia. La pregunta que me hago hoy, y que el lector cínico o incrédulo puede formularse también, es obvia: ¿a que se debió la elección de un camino dispar, que perduró tanto, y que resultaría adverso hasta mucho después?

No lamento esa elección, aunque años más tarde comprendí que me alejaba nuevamente del "destino natural" que me correspondía como progenitura de las élites mexicanas: el posgrado en una gran universidad norteamericana, donde se consolidan los contactos y los conectes que sobreviven hasta la vejez. En lugar de pertenecer al grupo de becarios del Banco de México, Hacienda y Conacyt en Estados Unidos (muchos de los cuales se volvieron queridos amigos), casi todos procedentes del ITAM, del Colmex y algunos de la UNAM, yo conocí en París a la red de Satanás, como se le solía llamar a Guillermo Rousset Banda. Lo divisé sólo de lejos en un par de ocasiones, pero figuraba en el centro del pelotón de mexicanos del que me rodeé al principio en París.

Rousset profesó el comunismo de joven, y junto con José Revueltas encabezó el Comité del Distrito Federal del PCM, disuelto por la dirección del partido a principios de los años sesenta. Fue traductor de Pound y dependiente de la Librería Porrúa del centro de la Ciudad de México, donde deslumbraba a los clientes por conocer como nadie la ubicación exacta de cada ejemplar, la fecha precisa de publicación de cada edición, la mejor traducción al castellano de Faulkner, Joyce o Thomas Mann. Alcanzó a convertirse en un poeta y escritor con luz propia: recibió una mención honorífica del Premio Xavier Villaurrutia en 1978. Al salir del PCM, fundó la Liga Comunista Espartaco-Partido Mexicano del Proletariado, un grupo marginal y prochino ubicado a la izquierda del Partido Comunista y cuyas células subsistían en los linderos de Ciudad Universitaria y de la izquierda intelectual del país. Se exilió en París, con un muerto y muchos enemigos a cuestas: adversarios políticos o rivales ante sus compañeras sentimentales en México, cuyo odio cultivaba y reciprocaba en un patrón recurrente de su existencia. En París persistió en su empeño por edificar una alternativa radical al comunismo mexicano, a la URSS y a los partidos estalinistas europeos, y también en su dogmatismo teórico y rigidez política. Perseveró asimismo en sus desventuras amorosas: acabó por huir a Colombia, después de asesinar a un excombatiente del ejército israelí que se atrevió a increparlo por un amorío con su prima francesa. De todo ello me percaté porque mis amigos, al enterarse de la muerte del joven Shalom y de la subsiguiente huida de Satanás, se repartieron los escasos bienes del soldado: unos sus zapatos, otro su abrigo, con el cual soportaría en óptimas condiciones el invierno de 1973.

Al desembarcar en París, me refugié en la buhardilla del personaje que se apropió del abrigo perteneciente al occiso, y que se convertiría en una figura central de los siguientes treinta y cinco

años: un *triste sire*, como le decía mi madre, una rara fusión franco-
mexicana y melancólica de Leslie Howard en papeles de Somerset
Maugham (le decían el Güero, igual que a mí) y de los holgazanes
nacionales retratados por Abel Quezada y Cantinflas. Enrique Hett
ejercería una inmensa influencia intelectual y política sobre mí. No
necesariamente para bien. Nunca conocí un ser humano más inteligente, o tan disfuncional para los afectos y la sociabilidad; ni siquiera yo mismo. Mirando hacia atrás, fue mi retrato de Dorian
Gray en cuanto a su talento y sus taras: ante todo una aversión al
trabajo desconocida incluso para el auténtico *connaisseur* de huevo-
nes que llegué a ser. Alsacio-jaliciense, hijo por su madre de una de
las familias francófonas de mayor abolengo en México y de un ingeniero textil que llegó a los Altos de Jalisco en los años veinte, abandonó México a principios de los sesenta para cumplir el servicio
militar en Francia y no perder la nacionalidad de su padre, y para
huir de un ambiente cultural y político que lo asfixiaba: el de la clase
media emergente del milagro mexicano. Pequeño, delgado debido
al ejercicio y al yoga que practicaba, y a lo poco que comía, algo jo-
robado, con ojos azules, límpidos y cariñosos, que su ironía desmen-
tía, disimulaba una timidez y una violencia de carácter que no se
asocian siempre en una misma personalidad. Fumaba peor que cha-
cuaco; murió a los 70 años de las complicaciones de enfisema.

Entre 1973 y 2005 fue mi amigo más cercano, aunque nuestros intercambios fueran esporádicos. Siempre se vieron marcados
por el dinero: como Enrique aborrecía el trabajo y dejó transcurrir
demasiado tiempo sin profesión o título universitario, lo aplastaba
una miseria perpetua: sólo conseguía empleos mal pagados de indocumentado que lo agotaban y le impedían estudiar y preparar los
exámenes que pusieran término a sus estudios. Vendía sándwiches
en los trenes, lo contrataban de portero de noche o velador, de guía
de turistas, de traductor, y a partir de 1981, gracias a otra intervención paterna, de funcionario menor de la Embajada de México en
París. Salvo el par de años que ocupé la titularidad de la Cancillería
y lo designé ministro consejero, fue siempre empleado local o auxi-
liar, volviéndose sin embargo un colaborador indispensable de una
larga lista de embajadores. Analizaba la política francesa, platicaba
con ellos de todo y de nada, los mareaba con su inteligencia y los abru-
maba en ocasiones con la nube negra que portaba como un halo.

Nuestras interminables conversaciones se concentraban en
tres tópicos esenciales: la política francesa, la política mexicana y las

mujeres. Aunque Enrique nunca hizo política, poseía la visión más racional, analítica y desalmada de la misma que he conocido (quizás José Córdoba Montoya, con quien hablo del tema desde 1981, se le parecía en este aspecto, además de Salvador Samayoa, el intelectual del Frente Farabundo Martí de Liberación Nacional o FMLN salvadoreño). Entendía bien la "grilla" mexicana. Extendía su mirada fría, cínica e incisiva al género femenino, detectando —o inventando— inclinaciones, disposiciones, rechazos, caminos que llevaban a Roma o a ningún lado. Nuestras elucubraciones —sexistas, en ocasiones vulgares, siempre indiscriminadas— rara vez nos conducían al acto consumado, pero no por infructuosas resultaban menos interesantes o educativas (para mí, por lo menos). Era un gran lector de Freud y de la literatura francesa, desde *Les Liaisons Dangereuses* hasta Proust, Sartre y Bataille; mi educación sentimental provenía del barrio de Actipan y del campus de Princeton. La disparidad no podía ser más patente. Admirador de Paz y del joven Fuentes, como de Borges y de Cortázar, se negó a leer una sola página de García Márquez o de Vargas Llosa, sin aducir argumentación alguna. Quizás admiraba a Fuentes por la combinación notable de mexicanidad y escritura cosmopolita que esgrimía, a Borges y a Paz por ser los escritores latinoamericanos más universales y ajenos al boom del realismo mágico, y justamente renegaba de los demás (salvo de Carpentier y Onetti) por su pertenencia a ese fenómeno literario y cultural, despreciable a sus ojos.

Con Enrique Hett y Veronique, París, 1999

Escribía de modo errático y desorganizado, y esa deficiencia se ajustaba a la perfección con mi disciplina y celeridad redactora. De lo mucho que trabajamos en mancuerna esos años, las ideas fueron suyas, la expresión escrita mía; en las últimas etapas de nuestra colaboración, los papeles se invirtieron: yo esbozaba ideas y Enrique las transformaba en frases y párrafos. No sé cual de las faenas mancomunadas entregó mejores resultados.

En parte gracias al Güero, los siguientes cinco años en París se convirtieron en el mejor estadio de mi existencia. He vivido momentos más intensos, felices o trascendentes —el nacimiento de mi hijo, el par de veces cuando me enamoré, la aceptación de mi primer manuscrito en Siglo XXI Editores, el nombramiento de mi padre y luego el mío como secretarios de Relaciones Exteriores—, pero nunca volví a disfrutar nada igual a la diversidad, la diversión, el aprendizaje y la plenitud de ese lustro parisino. Los compañeros, los profesores, los acontecimientos, los viajes, las novias, la independencia y las interminables discusiones en los cafés, los salones de clases o las salas políticas me regalaron una experiencia y un goce de la vida irrepetibles. Ser estudiante en París a esa edad constituye un privilegio excepcional. Sin fatigar el estribillo de Hemingway, la ciudad era una fiesta, movible e indeleble.

Durante ese tiempo se me entrelazaron cuatro grandes torrentes de maduración que no hubieran surgido en otra latitud: observar e involucrarme en la política real, a la par de un vínculo directo con la formación académica; el estudio y la escritura de un texto; el trabajo profesional—en el mercado, no de aviador— para ganarme la vida; y la vida en pareja.

Pronto concluí que a pesar de mi pereza, matricularme sólo en la École Pratique des Hautes Études resultaría frívolo. Enrique me convenció de que me inscribiera en la Facultad de Filosofía de la Universidad de París-1 Panthéon-Sorbonne, donde se había inscrito él escaso tiempo atrás. Ésta fungía como cuna y semillero de la escuela althusseriana de pensamiento, primero, y de marxismo, segundo. Se convirtió también en uno de los escasos parapetos de la Unión de Estudiantes Comunistas (UEC), en vista de la debacle estalinista del 68 francés. De tal modo que en la universidad se juntaron para mí el hambre con las ganas de comer: podía cursar las clases de filosofía dictadas por discípulos de Althusser, y seguir de cerca la larga y retorcida marcha de la izquierda francesa al poder.

Después de la tragedia en Chile, varios países europeos abrazaron la causa de un cambio viable y radical de organización económica y social por la vía electoral. En Italia, el *compromesso storico* propuesto por Enrico Berlinguer, secretario general del Partido Comunista Italiano (PCI), se inspiró en las enseñanzas de la derrota chilena; su piedra de toque se resumía en una alianza entre el PCI y la Democracia Cristiana, proyecto cuyo fracaso en Chile provocó la debacle allendista. A Berlinguer no le alcanzaron la suerte, el tiempo o la salud. La ejecución de Aldo Moro por las Brigadas Rojas, su propia muerte y la virtual desaparición de la DC a mediados de los ochenta se conjugaron para derrumbar su diseño. La vía italiana al socialismo no prosperaría.

La francesa experimentó una fortuna más compleja y ambigua a partir de los años setenta. François Mitterrand, héroe de la resistencia, candidato vencido por De Gaulle en la elección presidencial de 1965 pero que obligó al padre de la patria moderna a una segunda vuelta, refundó el Partido Socialista. Le imprimió un doble sello: hacia la izquierda, a través de la ruptura con el pasado corrupto y cómplice de las guerras coloniales, anclando su futuro a una alianza con el Partido Comunista Francés (PCF); y hacia la derecha, al adherirse la economía de mercado, la construcción europea y la pertenencia francesa a la Alianza atlántica. Su longevidad al frente del partido provino en buena parte de su deslumbrante manejo florentino de la relación con el PCF, que echó a andar su propio proceso de *aggiornamento* en 1972.

A diferencia de sus organizaciones hermanas en Italia o en España, el PCF jamás cercenó el cordón umbilical con Moscú. Mantuvo su defensa incondicional de la URSS hasta 1989, cuando dejó de haber algo que defender. Georges Marchais, flamante secretario general, desplegó desde 1972 un esfuerzo auténtico para responder al desastre chileno (sin admitirlo de manera explícita): con posiciones radicales se cambia una sociedad, pero no se ganan elecciones. Para esto último, no hay más remedio que atemperar las aspiraciones transformacionales. Desde 1965 y la reelección de De Gaulle, y sobre todo a partir del movimiento de mayo de 1968, entendió que sin una alianza con los socialistas, la mayoría electoral era inalcanzable. Por otra parte, si no incidía en el destino de los franceses, persistiría su sangría en las urnas y su pérdida de influencia en el seno del estudiantado. De allí el llamado a un programa común con los socialistas y la creación de la *Union de la Gauche* en 1973. Perdió la izquierda esa vez; volvería a ser derrotada en 1974 y 1978. Triunfaría, con una alianza deslavada, en 1981, gracias a la tercera candidatura presidencial de Mitterrand. Yo volví a México en la segunda mitad de 1978, pero me mantuve atento al proceso entero hasta la victoria del 81, la primera vez en mi vida que mi gallo ganaba una contienda. No habría muchas más.

El seguimiento puntual de cada escrutinio —municipal, regional, legislativo y presidencial—, así como la obsesiva atención que le prestaba a los debates en la televisión y la radio, a las encuestas y a las discusiones internas se convirtieron en un superlativo noviciado en campañas electorales. No sólo por la excelencia de los protagonistas, sino por la sustancia que secretaban sus diálogos programáticos y enfrentamientos ideológicos y políticos. No sé si me sirvió lo que asimilé en esta escuela, pero fue una escuela fantástica.

Mi fascinación por la política electoral y mediática nunca desembocó en una candidatura propia con todas las de la ley. Pero en el 2012 me saqué un premio de consolación —ser comentarista televisivo de dos elecciones, en dos países distintos, simultáneamente: de Peña Nieto en México y de Obama en Estados Unidos, ambas con Televisa y NBC/Telemundo—. Me conformé con saciar mi deseo de participación en el espectáculo electoral de la televisión analizando las victorias y derrotas de otros. Ni modo.

En 1977 el PCF lanzó una ofensiva vitriólica contra Mitterrand y los socialistas. La embestida, de típico corte estalinista, se basaba en una exigencia absurda: renegociar su programa común para radicalizar su programa común. Al paso de los días y las semanas, resultó patente que los comunistas habían resuelto romper la alianza, u obligar a Mitterrand a ceder ante ellos… y desacreditarse ante los votantes centristas. El viraje del partido desató una feroz discusión interna, que se celebraba en cada instancia de la organización y me atrajo tanto que decidí ingresar al Partido Comunista a principios de 1977. La decisión me costó, ya que no ignoraba sus consecuencias, desde dificultades severas para conseguir una visa de entrada a Estados Unidos, hasta el daño que podría infligirle a mi padre en el naciente sexenio de López Portillo, de cuyo círculo dirigente había sido apartado.

Me integré a las reuniones semanales de célula en la Rue du Vieux Colombier, a las que acudían profesionistas del barrio: un arquitecto, un biólogo, unos abogados y las actrices Marina Vlady y Françoise Arnoult, ambas en el otoño de sus carreras pero no de su belleza. Al poco tiempo me eligieron secretario de la célula y luego miembro del Comité Seccional, todo ello sin que externara a los cuadros medios mi desacuerdo con la dirección. Conquisté su confianza. Me relataban, por ejemplo, cómo en los barrios obreros de la capital y sus afueras, en cada elección los militantes rellenaban urnas e inflaban los padrones electorales para mejorar las cifras nacionales del PC. Siempre se aprende algo.

Mis colegas disidentes en la célula y yo nos reuníamos con camaradas de la UEC de la Sorbona, para revertir la ofensiva de Marchais contra la unidad de la izquierda. ¡Qué ilusos! La dirección prefirió el suicidio electoral, acompañado de una presunta aura de pureza ideológica, a una victoria impura pero factible. Mitterrand, a quien Marchais reprochaba un secreto anhelo de desfondar al PCF, realizó justamente esa hazaña, gracias a la astucia y la realidad del voto útil. "Dios", como varios críticos y aliados apodaron a Mitterrand algunos años después, se limitó a ofrecerle algunos cargos ministeriales de segunda al partido; éste no tuvo más remedio que apechugar. Asimiló la posición socialista favorable a la instalación de los misiles Pershing en Alemania Occidental, contra la voluntad de la URSS, y salió del gobierno en 1987, antes de la reelección de Mitterrand, quien le arrebató sus electores y lo enterró para siempre como fuerza política.

Nosotros, los disidentes prosocialistas, nos desesperamos. Seguimos reuniéndonos, pero en convivios sociales. Recordábamos los textos colectivos que publicamos (de allí mi predilección por los desplegados: el primero que firmé, como Georges Castanda, apareció en Le Monde el 17 de mayo de 1978). Conservé el contacto con algunos de los colegas de la célula; una falleció poco después; otra se perdió; con Alain Prochiantz, ahora investigador de biogenética del Collège de France, y Richard Pottecher, un próspero empresario, guardé la amistad hasta la fecha, aunque nos dejamos de frecuentar debido a los imperativos de la distancia, del paso del tiempo y de la divergencia de intereses.

Además de la "grilla" aprendí a reflexionar de una cierta manera. Conocí a toda la fauna de discípulos del venerable sabio o "caïman" de la École Normale Supérieure: Louis Althusser, mentor directo o indirecto de multitudes de marxistas wannabe del mundo, y sobre todo de América Latina. En algunos casos, como el de Etienne Balibar, me volví amigo de mis mayores. Jamás adiviné cómo la inteligencia, la dureza y el dogmatismo de Althusser iban de la mano con la locura que lo conduciría a ahorcar a su mujer y morir en el asilo de La Verrière en 1990 —pero sigo convencido de que fue un extraordinario *maître à penser*—. Primero, por los peores motivos: la desmedida influencia de su discípula chilena Martha Harnecker, esposa del súper espía cubano Manuel Piñeiro, sobre millones de estudiantes latinoamericanos, en beneficio de miles de accionistas de la Editorial Siglo XXI. Su obra *Los conceptos elementales del materialismo histórico* (1969) se convirtió en el libro *non fiction* más vendido en la historia de América Latina, por lo menos hasta finales de los años ochenta, cuando tal vez fuera rebasado por *Las venas abiertas de América Latina*, el tristemente célebre texto miserabilista de Eduardo Galeano. Pero, segundo, por las mejores razones: Althusser nos enseñó a pensar con rigor, valentía política y claridad a quienes buscábamos ser a la vez marxistas, disidentes de la ortodoxia comunista y aspirantes a una visión cosmopolita del mundo, de la lucha de clases y de la vida.

Su batallón de discípulos pontificaba en la Facultad de Filosofía. Conformaban un gran elenco de profesores: epistemólogos ilustrados, espinozistas empedernidos, críticos vehementes de la "ciencia" estalinista, maoístas y comunistas. A partir de 1975, Althusser, el enemigo rabioso de cualquier interpretación humanista de la obra del Marx maduro, se volcó a la actividad política. Dedicó su prodigioso talento de síntesis, de escritura depurada y de análisis político a la lucha interna en el PC. Se transformó en la voz teórica de la disidencia de "izquierda" y crítica de la URSS. La primera incursión política pública de Althusser se concretizó en una defensa en apariencia *contranatura* del concepto de "dictadura del proletariado". En el 22 Congreso del PCF, como prenda de su conversión al "eurocomunismo", la dirección propuso suprimir toda referencia a la dictadura del proletariado en los documentos partidistas. Según Althusser, el término de Marx y Lenin, por desafortunado que pareciera, poseía una connotación teórica clave, al delimitar el tramo entre la democracia representativa, la economía de mercado y lo que después se llamaría la globalización, y el fin de la historia configurada por el advenimiento de la sociedad sin clases. Althusser y los suyos perdieron esa batalla sin pertinencia para la Francia y Europa de hoy. A menos, por supuesto, que se mire esa coyuntura con un cristal distinto. ¿Qué hubiera sucedido con la Unión de la Izquierda en Francia, primer y último país "rico" en intentar un transformación radical de su sociedad, de haber descansado sobre bases más sólidas?

A los compañeros del primer trecho de mi vida parisina y a aquellos de momentos ulteriores nos unía la pasión por la política francesa, pero también la devoción por la quintaesencia del esfuerzo althusseriano: dotar al marxismo de un carácter científico. A menos de aceptar la interpretación estalinista clásica, esto obligaba a edificar una "ciencia de la historia": el "materialismo histórico" de Marx. De allí la búsqueda constante por mis profesores —y por sus alumnos— de materiales de construcción dentro de la historia de las ciencias —las matemáticas, la biología genética, la física, la astronomía— y en la obra de los "nuevos" historiadores, cuyos orígenes se remontaban a la escuela de los *Annales* de la preguerra. Los estudiantes urdíamos en los textos históricos de antimarxistas virulentos para desenterrar las piedras preciosas de la "ciencia de la historia": la de la locura, la sexualidad o la medicina de Foucault; la del Mediterráneo de Braudel; la de la moneda de Vilar; la de la semiótica de Barthes, de la lingüística, desde Saussure hasta los lacanianos. Esto sucedía a veces con una robusta comprensión del esfuerzo emprendido, y en ocasiones con un grado de ignorancia o fanfarronería que hoy me apena. La caza de la ciencia de la historia me obsesionó menos a mí que a mis colegas; preferí descubrir ejemplos concretos del trabajo "científico" de grandes historiadores, que una "teoría de la práctica teórica". En consecuencia, por una vez con humildad, me propuse una meta académica a medio camino entre la mitomanía y la modestia —"invertir" la "práctica teórica" althusseriana en un objeto de estudio a mi alcance: la historia económica de América Latina.

V

El segundo afluente: trabajar para vivir. No todo fue política y filosofía en esos años. Tampoco podía ser tan *nerd*. Casi desde mi llegada comencé a agenciarme una profesión provisional y providencial, que me garantizaría un ingreso decente durante los siguientes siete años, ofreciéndome la oportunidad de aminorar la carga para mis padres y de contar con un "guardadito" mensual destinado a los placeres de la vida. Realicé mis pininos de intérprete-traductor en México, durante el verano de 1974, en un par de conferencias del Centro Médico, en compañía, por cierto, de Lilia Rossbach, que se emparejaría a la postre con José María Pérez Gay. Lo acompañaría con un cariño y devoción ejemplares a Portugal como embajador cuando Fox allí lo designó por sugerencia mía, en su apoyo leal y duradero a Andrés Manuel López Obrador, y en su fatídica enfermedad y muerte. Con ese mínimo entrenamiento, me atreví, al volver a Europa en el otoño de 1974, a presentar la prueba de traducción simultánea en el Palais des Nations de Ginebra. Pagaba muy bien: en aquella época, hasta doscientos cincuenta dólares diarios. Como freelance, si me organizaba, podía ser contratado una semana al mes. Con suerte, acudiría a conferencias en sedes lejanas y exóticas, o cercanas y prácticas. Mis credenciales para ingresar a la profesión —cartelizada y restringida— provenían de los idiomas (la fluidez de mi castellano y de mi inglés aseguraba la calidad de mi traducción a ambos idiomas; mi francés bastaba para traducir del mismo al español y al inglés), de los contactos de mi madre y de mi conocimiento suficiente del contenido de una porción de los eventos donde serían requeridos mis servicios.

En efecto, tratárase de reuniones de la ONU en Ginebra, de la UNESCO o, más tarde, de la Conferencia Norte-Sur, en París, o del sector privado en varios países de Europa, los mejores intérpretes se caracterizaban por su dominio de los idiomas y una vigorosa agilidad mental, pero asimismo por una familiaridad superficial con el contenido de lo que escuchaban en una lengua y regurgitaban en otra. Conocer con detalle e interesarse al extremo por la materia traducida rara vez generaba la pericia deseable en las cabinas de traducción simultánea; se retrasaba uno y perdía el hilo. Yo reunía estos requisitos, empezando por el de la superficialidad; aprobé el examen de la ONU, pronto ingresé al sindicato (la Asociación Internacional de Intérpretes de Conferencia o AIIC), y empecé a ser contratado por días, semanas y hasta un mes entero de trabajo, con emolumentos extraordinarios para un joven de veintiún años. Gracias a esta suerte, me adueñé de una sensación de independencia. Hasta 1981, cuando colgué mis audífonos después de la Cumbre Norte-Sur de Cancún, promedié cuatro o cinco días de trabajo al mes, estudiando, escribiendo, leyendo, viajando o descansando el resto del tiempo. Asistí a conferencias en Kinshasa (como se llamaba en aquel tiempo la capital de Zaire, hoy República del Congo), a Nairobi, Tenerife, Venecia, Montecarlo, entre muchos otros parajes más o menos seductores. Imité así los pasos de mi madre, que abandonó la profesión a mediados de los años sesenta, y de Andrés mi hermano, que tradujo al inglés y al español durante los Juegos Olímpicos en México. Marina, mi hermana, repetiría los míos hasta 1995, apoyando sus ingresos de terapeuta y escritora con esta magnánima herencia de Oma.

Tercer torrente: la vida en pareja. En el transcurso de las pruebas de reclutamiento de la ONU conocí a una aspirante a intérprete de tiempo completo, de origen chileno, que por extrañas razones hablaba ruso, castellano, inglés y francés. Dotada de una gran simpatía y un cuerpazo, así como de una paciencia infinita, tenía un hechizo singular: esquiaba maravillosamente bien. Durante el año que salí con ella, residiendo en París pero visitando con frecuencia a mis padres en Ginebra, donde ella pronto consiguió trabajo, aprendí a sostener sin sobresaltos una relación erótica y sentimental constante... y a esquiar. No me volví experto en ninguno de los dos menesteres, pero llegué a dominarlos lo suficiente para disfrutar ambos hasta hoy, sin considerarlos simétricos pero tampoco cayendo en la hipóstasis del primero (para mi desgracia, piensan algunos seres cercanos). Mi amiga esquiadora y yo nos escapábamos los fines de semana con mi hermano y su esposa el tiempo que se alojaron en casa de mis padres mientras Andrés colaboraba con mi papá en la Conferencia de la ONU sobre Derecho del Mar. Emprendíamos el camino de las pistas con mi madre, cuando se aburría y se resignaba a acompañar a contrapelo a sus hijos con sus respectivas parejas; o, las más de las veces, nos largábamos solos. Nos adentrábamos en el fascinante imperio de los sentidos en la nieve, el sauna, la cama caliente y la ventana abierta, en una palabra, el paraíso finsemanal, recién arribado yo a la mayoría de edad.

Con Melanie nunca cohabité, ni me asenté seriamente en París el primer año de mi estancia. Tanto por la astringencia de los arreglos de alojamiento en la Rue d'Alésia y luego Antoine Dubois, como por la comodidad de la residencia diplomática de mis padres en Suiza, y después por mi empleo esporádico como intérprete itinerante, no fue sino hasta principios de 1975 cuando por fin me volví parisino de verdad. Hasta entonces también me granjeé otra novia, con quien conviviría tres años, y que satisfacía la mayoría de las condiciones *sine qua non*: era más grande que yo, guapa, hablaba tres idiomas y... sabía esquiar (no tan bien como la anterior, pero sus ojos entre azul y morados, *pervenche* o malva, como decía Oma, compensaban su debilidad alpina). Con Carmen recorrí la *Douce France, doux pays de mon enfance* (*dixit* Trenet); alquilamos un pequeño departamento en la Rue Dauphine donde cohabitamos dos años. Toleraba mi parsimonia de tacto y cariño; toleraba que siguiera tirado en la cama mientras ella se levantaba temprano para ir a trabajar a la UNESCO. Al ser más francesa que otra cosa, y cinco años mayor que yo, me introdujo a un mundo femenino desconocido: el del maquillaje, los tacones, las uñas largas y las faldas cortas, la elegancia y la sexualidad sin tabúes ni inhibiciones. Me enseñó a recibir, a pedir, y hasta donde eso se aprende y aprendí, a coger. Mi egoísmo indómito me indujo a un engaño tácito, ya que Carmen y yo adivinábamos que al terminar el doctorado y acabar de estar, retornaría a México sin ella. No obstante, fingimos durante tres años que el desenlace romántico se mantendría en suspenso. Comencé a crecer con Carmen, y aunque dejó inconclusa la tarea, no fue por falta de empeño o vocación. Me imprimió escasas huellas imborrables, pero figura de modo prominente en mi recuerdo de un tiempo embrujado. En su agilidad mental, solidaridad conmigo e interminable y fiel entrega a Feli, su abuela adoptiva, la virtual viuda de Juan Negrín, el último presidente de gobierno de la republica española, Carmen demostraba ser una mujer que brillaba con luz propia.

Último río: la obra. Carmen me ofreció la paz mental y emocional necesarias para trabajar durante casi tres años, desde el otoño del 74 hasta el verano del 77, en lo que en distintas versiones fungiría como mi tesis de maestría en L'Ecole Pratique, de doctorado en el Instituto de Historia Económica de la Sorbona, y como mi primer libro. En su expresión más sintética, consistió en un esfuerzo alambicado y mal expuesto, pero no mal defendido, por deconstruir y rebatir la llamada teoría de la dependencia, quizás la primera y única contribución latinoamericana al pensamiento económico, sociológico y político internacional. Dicha teoría encerraba la gran ventaja de ser original, autóctona y "vendible" al gran público, y el defecto de ser falsa y contraproducente. Me resultaba odiosa por nacionalista, plañidera y propensa a victimizar a unos y estigmatizar a otros. Desde su óptica, todas las tragedias de América Latina se originaban en los siglos de explotación por malévolas fuerzas foráneas, perennes en su esencia, variables en su envoltura —españoles y portugueses, ingleses y franceses, y en la época moderna, norteamericanos—. Con mi amigo, colega y mentor franco-mexicano, cuando no jugábamos *flipper* (las máquinas de juego de paletas laterales y bolas de acero inoxidable que pululaban en los cafés de Francia en aquellos años, y que los estadounidenses llamaban *pinball machines*, como en la rock-ópera Tommy de The Who) o barríamos mujeres y disecábamos sus atributos, defectos y muy hipotéticas disposiciones a hacernos caso, escribíamos, leíamos y discutíamos diario sobre la mejor manera de despedazar a los autores dependentistas. Lo hacíamos por razones políticas, teóricas e ideológicas, en ese orden.

Las motivaciones políticas constituyeron el acicate que nos motivó; la política, como decía el presidente Mao, debe figurar en el puesto de mando. En México y en toda América Latina, a comienzos de los años setenta, reinaban varias máximas en la izquierda. Partiendo de las tesis cubanas de la década anterior, se denunciaba la falsedad y vileza del vetusto argumento comunista según el cual la única revolución a la orden del día era de índole "nacional-democrática". Ésta debía consumarse en alianza con la llamada burguesía nacional, antagónica al "imperialismo", y susceptible de aliarse con los trabajadores, campesinos, clases medias, estudiantes e intelectuales para edificar por fin en América Latina una democracia "burguesa" —con elecciones, reforma agraria, soberanía plena, un estado fuerte y políticas sociales dignas del nombre, y nada más—. Algún día dicha revolución a medias abriría la puerta a otra, esa sí de verdad, la socialista, que con el tiempo eliminaría a las clases sociales y al Estado, a la propia burguesía y a la presencia del imperialismo. Entretanto, era preciso guardar paciencia, luchar por metas intermedias y apoyar los intentos democrático-burgueses de sectores nacionalistas. Desde 1960, los cubanos, y en particular el Che Guevara y Fidel Castro, a través de Régis Debray, repudiaron ese galimatías por reformista, miedoso y equivocado.

Políticamente hablando, los cubanos tenían razón. El antiguo discurso de los partidos comunistas sobre la burguesía nacional y la revolución por etapas constituía una coartada para la cobardía. Los cubanos demostraron, a un costo enorme, que se podía transitar de un pasado oligárquico, neocolonial, autoritario (la Cuba de Batista) a un estado revolucionario, socialista, soberano y provisto de una democracia "popular" (la Cuba de Castro). La obsoleta teoría de los "pescados" (México) o "mamertos" (Colombia) fue desmentida y desenmascarada por la revolución cubana. Esa teoría sólo encubría la vocación claudicante de los burócratas estalinistas, en contraste con la vitalidad radical e iconoclasta de los guerrilleros de la Sierra Maestra, o de las selvas bolivianas, colombianas, venezolanas y guatemaltecas. Los cubanos cerraban la pinza gracias a las brillantes piruetas de mi amigo Debray. Amalgamaban dos pecados en su crítica: la traición de los partidos estalinistas en cuanto a la estrategia —revolución versus reforma— y su amilanada perfidia en cuanto a la táctica: vía armada versus vía pacífica. Los atrofiados comunistas se equivocaban en los dos registros y cojeaban de la misma pata amilanada en ambos: el de los objetivos estratégicos y el de los instrumentos tácticos para lograrlos.

Mi coautor y yo nos concentramos en una siguiente trampa, ya no tanto de los cubanos, sino de sus discípulos en América Latina: la teoría. Esta era nuestra segunda motivación. La respuesta teórica de los dependentistas a las falacias políticas comunistas incurría en iguales o peores errores. Por romper con los comunistas y al mismo tiempo con lo que se llamó la escuela cepalina (de la CEPAL: Comisión Económica para América Latina de la ONU) de desarrollo económico, embalaje teórico de la industrialización vía sustitución de importaciones (ISI) —en México, el desarrollo estabilizador—, los dependentistas se equivocaban de cabo a rabo. Esta doctrina, fundada por el primer director de la CEPAL, el argentino Raúl Prebisch, sostenía que los llamados países "periféricos" (o pobres) padecían una tendencia negativa permanente de sus términos de intercambio con los países "centrales" (o ricos). Los precios de sus productos primarios tendían a la baja, mientras que los de las manufacturas que compraban subían. Sólo podrían prosperar —"desarrollarse"— si se industrializaban para invertir la tendencia a través de un camino único: sustituir las importaciones, establecer mecanismos de protección para industrias nacientes y de intervención estatal en sectores cruciales de la economía, y subsidiar el consumo popular para comprimir los salarios urbanos e industriales. El enfoque cepalino se convirtió en el discurso dominante de las políticas públicas en América Latina desde finales de los años cuarenta. Guió y engatusó la acción gubernamental de regímenes que los dependentistas, los cubanos y sus acólitos en toda la región con gran fervor deseaban derrocar. Los esfuerzos cepalinos fracasaron, a ojos de la izquierda "real". No "desarrollaron" sus países, no mejoraron el nivel de vida de sus pueblos, no consolidaron su soberanía, no impidieron la represión de indígenas, campesinos, obreros y estudiantes. Y no lo hicieron porque, a ojos de los dependentistas, no *podían* hacerlo: la modernización vía ISI era imposible.

Debido al doble desafío de una ruptura simultánea con el comunismo latinoamericano y con el cepalismo falsamente modernizador, los adeptos del dependentismo se vieron obligados a una maroma teórica impuesta por una exigencia política. Para deslindarse de los estalinistas, colocaron a la revolución socialista en la agenda del día, sin etapas intermedias; para distanciarse de los cepalinos, censuraron el fracaso de los gobiernos vigentes, y procuraron demostrar que ese camino no conducía a ninguna parte. De allí, la única respuesta conceptual posible consistía en negar la existencia de una élite modernizadora empeñada en la industrialización (contra Prebisch), y de una burguesía nacional capaz de realizar las clásicas tareas de la misma: independencia, democracia, desarrollo, bienestar mínimo (contra los PC). El *único* enemigo de la revolución —no el enemigo *principal*— tenía nombre y apellido: el imperialismo yanqui y sus testaferros locales, que no conformaban ni una clase revolucionaria ni una élite modernizadora. No había más que dos sopas: el "pueblo" o el imperialismo, ambos homogéneos, enfrentados a muerte, el uno siempre pobre y noble, el otro siempre poderoso y mezquino. El *statu quo* no podía ser revocado ni por reformas, ni por elecciones, ni por negociaciones internacionales. Era ancestral, procedente de la conquista y de la subsiguiente división internacional del trabajo: unos países producirían materias primas, otros bienes manufacturados. Sólo se podía salir de la espiral reventándola, como lo hizo Cuba de 1959 en adelante.

Nosotros discrepábamos de esta visión. Intuíamos que la falsa y perversa expulsión teórica por estos países de sus élites empresariales locales, de obreros industriales, campesinos y jornaleros, de amplias capas medias y estudiantes, derivaba en una falsa y perversa bipolaridad "pueblo-imperialismo". A pesar de las intenciones de los dependentistas, dicha bipolaridad generaba condiciones ideológicas que privilegiaban cualquier enfoque antiimperialista de corte externo por encima de cualquier postura progresista interna. Todo pleito con Estados Unidos, toda nacionalización de industrias estratégicas o extractivas en manos de extranjeros, cualquier conflicto internacional que oponía a "los" pueblos a "el" imperialismo —i.e.: las Malvinas, Palestina, Puerto Rico, el Polisario, Irán, Vietnam, Camboya…— se adornaba *ipso facto* de visos revolucionarios, heroicos y maniqueos. Algunos, como Vietnam, los merecían; otros, como Palestina, a medias; y otros más, como la reivindicación de las Malvinas, se antojaban absurdos. Los dos güeritos parisinos, trabajando al alimón en el Barrio Latino, dedujimos que la teoría de la dependencia equivalía a una aviesa estafa política, teórica e ideológica, destinada a encubrir con una manta conceptual equivocada el clásico nacionalismo latinoamericano, la defensa de los "Estados fuertes" de la región nacidos en los años treinta y cuarenta, y los intereses de política exterior de La Habana.

Los aspirantes a teóricos marxistas de la Rive Gauche compartíamos la certeza que un diagnóstico errado o un equivocado "análisis concreto de la situación concreta" (Lenin) imponía estrategias y tácticas políticas también erróneas. La visión dependentista latinoamericana y su vertiente mexicana (menos conocida, pero más perniciosa por más influyente: algunos autores menores y varios funcionarios mayores en el gobierno de Echeverría), distorsionaba la realidad de la región, así como los trascendentes cambios transcurridos del Bravo a Ushuaia después de la Segunda Guerra. La idea de un páramo económico y social, poblado de campesinos y paracaidistas urbanos hundidos en la más profunda miseria, de falsos empresarios prestanombres, simples agentes o correas de transmisión de las transnacionales, de ejércitos sometidos al Pentágono o la CIA, de obreros hacinados en ciudades perdidas, ranchos, favelas o callampas, de multitudes empobrecidas prestas a alzarse y emprender el asalto al Palacio de Invierno, no correspondía a esa realidad. Ni siquiera se podía corroborar con hechos la despiadada maldad atribuida por la teoría de la dependencia al imperialismo: éste, como todo proceso contradictorio, genera consecuencias distintas, en ocasiones opuestas. Despojaba a campesinos de sus tierras, a naciones de sus recursos naturales, a etnias de su identidad y a naciones completas de su independencia, pero también sembraba capitalismo, transformaba relaciones sociales, modernizaba élites, disciplinaba mano de obra, generaba la metamorfosis de pequeños agricultores empobrecidos en mineros, petroleros, ferrocarrileros, electricistas, obreros textiles y automotrices. En una palabra, modernizaba a sangre y fuego, de acuerdo con la magnífica descripción de Marx de la irrupción del capitalismo en el campo inglés. O se era marxista o no, decíamos nosotros, en nuestra pretenciosa y racionalista aversión a cualquier intento de aprehender lo real que descansara en sentimientos y no en el intelecto. La dependencia, a nuestros ojos, nació del reflejo humanista del joven Marx, de un marxismo lírico, más que riguroso y materialista. Respondía a lo que se denominaría la inteligencia emocional, a la apelación al corazón y no a la razón, a las impresiones y anécdotas —auténticas, pero insuficientes— más que a datos duros. Nuestras tesis se vieron condenadas a un largo olvido, hasta ser reivindicadas treinta años más tarde por la aparición de los "mercados emergentes" y por la explosiva expansión de las clases medias latinoamericanas.

No ignorábamos el origen de la visión simplista ni rechazábamos su validez para un puñado de países peor tratados por la historia que otros. Correspondía en parte a la realidad cubana en la víspera de la revolución; volvería a adecuarse a las situaciones nicaragüense, salvadoreña y quizás boliviana en años ulteriores. Nada más: la reseña dependentista permanecía ajena a cualquier relato veraz de lo que acontecía en importantes focos regionales de industrialización, en países como Brasil, México y Argentina, o en algunas sociedades diminutas y más prósperas, como Chile, Uruguay y Costa Rica. Al desvanecer a los sectores modernos, industriales y boyantes de estos países, los adeptos del dependentismo podían concluir que el alzamiento era inminente, que el único enemigo del advenimiento del socialismo era Estados Unidos. El cambio "verdadero" se traducía de manera imperativa en la ruptura con el sistema económico internacional y el acceso a otras relaciones financieras, comerciales y tecnológicas, ubicadas en el campo socialista. Estos errores de diagnóstico prolongaban la hilera inagotable de derrotas posteriores a la victoria cubana.

Nuestros móviles no se limitaban a consideraciones abstractas. Respondían a factores personales y sociales, propios de países como México, por la vecindad con Estados Unidos, y Centroamérica. Me refiero a mi *bête noire* de toda la vida: el nacionalismo, ramplón o de cualquier estirpe. La teoría de la dependencia destilaba nacionalismo por los poros. Aterrizaba en un llamado inextricable al fortalecimiento del sentimiento nacional frente a un mundo siempre pernicioso y pérfido. Supuraba sentimientos contrarios a cualquier vestigio de extranjería, lindando en la xenofobia. En ningún país de América Latina, ni siquiera en Cuba o Nicaragua después, soplaban esos vientos como en México. Mi antidependentismo teórico y mi antirreformismo político hallan su certificado de origen en mi rechazo a peor: en mi incompatibilidad con el nacionalismo mexicano en su vertiente posterior a los años veinte: el nacionalismo revolucionario. Conocí en esos días de estudio y relajo parisino a la expresión más refinada y generosa de esa extraña mezcla cromosómica mexicana. Llegué a querer al personaje durante treinta y cinco años, pero nunca me convencí de ese capítulo de su obra, de su vida o de su pensamiento. Me refiero, por supuesto, a Carlos Fuentes.

Fast Forward

Mi primer encuentro con Fuentes ocurrió a principios de 1976, siendo él embajador de México en Francia. Mi papá y Fuentes se habían vuelto amigos veinte años antes, trabajando ambos en la Secretaría de Relaciones en México, ubicada frente al viejo Caballito, antes de que siquiera hubieran trazado Reforma Norte. Mi padre era en realidad más cercano al de Fuentes, Rafael, embajador y miembro también del Servicio Exterior; el caso es que Fuentes invitó a mis padres a almorzar a la residencia y yo me colé, para conocer al gran escritor y al controvertido (para muchos de mi generación) defensor y representante de Luis Echeverría. Me comporté con la insolencia de siempre, interpelando a Fuentes sobre los innumerables defectos, errores y fechorías del régimen al que pertenecía. Con la amplitud de miras que a su vez siempre lo distinguió de otras divas, aguantó vara y a la vez me tomó más o menos en serio, transformando un reclamo juvenil en una discusión sustantiva. Creo que le simpaticé, y me instó a pedirle cita de tiempo en tiempo en su oficina para conversar. Durante todo ese año lo fastidié a menudo, topándome con él en la Conferencia Norte-Sur de la Avenue Kléber, a la cual acudía como el jefe de la delegación mexicana y donde yo traducía bien que mal lo que Fuentes y sus colegas opinaban. Cuando renunció a su encomienda diplomática en 1977, ante todo debido a la designación de Díaz Ordaz como homólogo suyo en Madrid, pero también a raíz de la creciente distancia entre López Portillo y Echeverría, intenté describir el contexto de su decisión en un largo artículo que apareció bajo seudónimo en el número de octubre de 1977 de *Le Monde Diplomatique*, mi primer escrito publicado: "El nombramiento de Díaz Ordaz provocó mucha agitación en México, incluyendo la renuncia estrepitosa del embajador de México en París, el escritor Carlos Fuentes. Según la revista mexicana *Proceso*, el ejemplar de *Le Monde* dando esa noticia fue decomisado en el aeropuerto de la Ciudad de México."

Lo vi muchas veces a lo largo de los años subsiguientes, cuando mi padre ocupó el cargo de canciller, ya que Fuentes, a pesar de su magro cariño por López Portillo, apoyó a mi papá en sus diversas iniciativas diplomáticas. Participaba en todas las veladas —con frecuencia en compañía de García Márquez— que organizaban mis padres con mexicanos, franceses, españoles y norteamericanos en Tlatelolco y sobre todo en la casa de Fuego. En París en 1981, cuando fue invitado a la toma de posesión de Mitterrand; en Cancún durante la Cumbre Norte-Sur, también en 1981, así como en Nueva York; pude conocer, escuchar y admirar a Fuentes hasta en la sopa. A diferencia de mi relación con García Márquez, con quien me ilusioné pensando que la asiduidad e intensidad de nuestros intercambios provenían de la gracia que le causaba y no de mi situación familiar y política, con Fuentes siempre admití que algo de la relación radicaba en la amistad con mi padre (y en menor medida por Oma, a quien quería mucho). Con el paso del tiempo, si el vínculo se mantenía, se emparejaría la amistad, y hasta el afecto. Así sucedió. A partir de mediados de los años ochenta seguí frecuentando a Fuentes, en algunas ocasiones con mi padre en París (mi madre había fallecido), o por cuenta propia. Fue generoso conmigo en mis escritos, proyectos político-culturales y malabarismos personales; gocé del privilegio de participar con él en algunos eventos singulares de mi vida. También pude atestiguar su legendario desapego o frialdad con los asuntos que prefería borrar de su vida. Miriam, mi exesposa, recuerda con nitidez cómo había convenido en desayunar con él y Silvia Lemus en el recién reinaugurado Hotel Carrera de Santiago el 5 de diciembre de 1993. Esa mañana del verano chileno apareció la noticia del suicidio de Rita Macedo, la gran actriz mexicana, primera esposa de Fuentes y madre de su hija Cecilia. Miriam supuso que partiría en el primer avión a México para acompañar a su hija; se comunicó con Fuentes, quien sin parpadeo telefónico alguno le confirmó el encuentro, en el que departió con el encanto, la cultura y la chispa de siempre. *Rara avis.*

Obviamente no suscribía la teoría de la dependencia, ni le interesaba en lo más mínimo saber de qué iba; aunque calló sus desacuerdos con el castrismo —sobre todo por su cariño a García Márquez—, sentenció a finales de los años setenta que jamás viajaría a Cuba mientras no mandaran al paredón a Roberto Fernández Retamar (director sempiterno de Casa de las Américas). No lo hizo. Tampoco se puede afirmar que Fuentes haya sido priista, aunque colaboró con varios gobiernos de dicho linaje. Incluso en múltiples ocasiones esgrimió críticas severas a los regímenes de la revolución, empezando desde luego por la actuación de Díaz Ordaz en 68, pero sin limitarse a ese único episodio; véase el juicio draconiano que le espetó a Enrique Peña Nieto pocos meses antes de su triste deceso, a raíz de la desafortunada intervención del candidato del PRI en la

Feria del Libro de Guadalajara en 2011. Me atrevo a pensar sin embargo que sí se puede etiquetar a Fuentes como un nacionalista revolucionario sincero y bien intencionado, el mejor de la especie, pero de la especie al fin.

Admiraba a Lázaro Cárdenas más que a cualquier otro presidente mexicano, pero ofrecía igualmente como ejemplo de un buen gabinete al de Alemán o de Ávila Camacho; solía erigirse como gran defensor de la política exterior mexicana basada en la no intervención y la "dignidad" frente a Estados Unidos; a pesar de su pasión por la literatura norteamericana y la cultura estadounidense en general. Durante el último decenio de su vida se obsesionó con las guerras de Bush en Irak y Afganistán, al grado de caer en varios de sus escritos periodísticos o conferencias en el insulto personal. Para Fuentes, la suma de los logros de la revolución mexicana y del nacionalismo revolucionario de ella emanada esbozaba una receta de lo necesario para construir un país. Creía en el Estado mexicano, en Pemex, en el laicismo estatal, educativo y político, y en el gran aparato cultural del sistema (que sobrevivió y prosperó con la alternancia). Prefería la democracia electoral y participó en múltiples iniciativas ciudadanas a finales de la década de los ochenta y en los años noventa para edificar un sistema de elecciones transparente, libre y equitativo en México, mas no le otorgaba prioridad al tema. Le asignaba mayor valor a la permanencia de la nación mexicana que a los detalles de cómo debía gobernarse.

Representaba la expresión más fina y completa de la síntesis de ser de izquierda, progresista y demócrata, y a la vez convivir con "el sistema", descubriendo siempre alguna manifestación del nacionalismo o de la revolución que neutralizaba o compensaba por las fallas o francos horrores del presidente de turno. Nunca faltaba un antecedente, un ejemplo o una excepción en el pasado cercano, o en el peor de los casos remoto, que reivindicara al régimen (salvo en el caso de Díaz Ordaz). Justamente por eso no me convencía (lo digo en el sentido figurado: Fuentes era todo menos un proselitista). La mejor defensa de los gobiernos priistas de esa época, que pretendíamos combatir política y teóricamente, radicaba en el nacionalismo revolucionario, recuperado, al estilo Fuentes pero sin su sofisticación: la versión mexicana de la teoría de la dependencia. Si la defensa de la nación mexicana importaba por encima de todo, más allá de quién la defendía, por qué y cómo, y de quién la agredía, por qué y cómo, entonces todo se valía (aunque Fuentes no pregonaba eso): desde la represión de portadores de "ideologías contrarias a nuestra idiosincrasia", hasta el "fraude patriótico", incluyendo el respaldo incondicional a la soberanía.

Entre las deudas con Fuentes figura mi relación con Carlos Salinas a partir de 1993 aunque traté al personaje con anterioridad. Una vez aprobado el Tratado de Libre Comercio en noviembre de 1993, publiqué un artículo en *Proceso* reconociendo que quienes nos opusimos al acuerdo tal y como se había negociado perdimos, y que carecía de sentido enfrascarse en una batalla concluida. A partir de ese momento resultaba preferible y más eficaz luchar por mejorar y modificar el TLC en lugar de procurar, en vano, su derogación. A raíz de esa nota, y del efímero momento triunfal de Salinas —duró del 17 de noviembre de 1993 al 31 de diciembre al estallar el alzamiento en Chiapas— éste le sugirió a Fuentes que convocara una comida de los tres en su casa de San Jerónimo. El almuerzo se celebró un par de días antes de Navidad y durante ocho horas de aperitivos, mesa, sobremesa, café y entre siete y diez botellas de vino blanco (el Chablis que acostumbraba Fuentes: no bebía vino tinto) hablamos de todo —de Colosio, recién destapado; del Tratado con Estados Unidos y Canadá; de las elecciones el año siguiente— y de nada, relajados, Fuentes como el espléndido anfitrión que fue toda su vida. Entre otros temas que resolvimos, o que Salinas buscó darnos la impresión de haber aceptado a raíz del encuentro, fue permitir la presencia de observadores internacionales en los próximos comicios, ingrediente democrático que contribuyó a distender los ánimos más adelante. Como resultado de la tertulia me buscó una amiga común de Colosio y mía para almorzar juntos en enero; repetimos la experiencia a principios de marzo, dos semanas antes del asesinato del candidato del PRI. Asimismo, a partir de la iniciativa de Fuentes, la distensión con Salinas me permitió crear, junto con Demetrio Sodi, en abril, el llamado Grupo San Ángel, que contó con el beneplácito incómodo pero indispensable de la Presidencia, sobre todo para alcanzar la insólita cobertura mediática que recibió.

En un par de ocasiones adicionales, disfruté largos ratos con Fuentes y Salinas, una vez en Nueva York, el año siguiente, en compañía también de García Márquez, de Ángeles Mastretta y Héctor Aguilar Camín, de donde salimos arrastrándonos este último y yo, habiéndonos despachado entre todos varios botellas de La Grande Dame. Otra vez, nos reunimos en Londres con Roberto Mangabeira Unger, amigo norteamericano-brasileño de Salinas y mío y profesor de derecho en Harvard, con quien convoqué a un grupo de políticos e intelectuales latinoamericanos a finales de los años noventa. En buena medida, mi difícil y retorcido vínculo con el expresidente se debe a los buenos oficios de Fuentes; además de los memorables momentos que vivimos los tres, el empujón de Fuentes sembró la confianza suficiente en Salinas para permitirme entrevistarlo dentro de la serie con ex mandatarios que formó el núcleo de *La Herencia*.

Con Carlos Salinas de
Gortari y Carlos Fuentes,
Ciudad de México, 1993

Vi menos a Fuentes en el ocaso de su vida. A través de amistades nos manteníamos informados sobre nuestros itinerarios públicos y privados. Cuando murió en 2012 deploré no haber sabido esquivar las pequeñas piedras en el camino que nos colocaron. Me arrepentí de no haber intentado convencerlo de escribir el supremo libro que faltó, en lugar de tomos de mediano vuelo que publicaba como si el mundo se fuera a acabar. Ese libro, del que conversé en repetidas ocasiones con amigos comunes, relataba la historia real de sus hijos con Silvia Lemus, Carlos y Natasha, y sus trágicas vidas y muertes. No creo que hubiera podido escribir algo diferente a la altura de sus magnas obras después del inmenso dolor de esa doble pérdida; estoy seguro de que de esa herida hubiera nacido un bello texto de enorme repercusión para todos sus lectores, pero en particular para aquellos que han sufrido tragedias similares. Lamento no haber leído ese libro; me congratulo de la amistad del Fuentes literario y latinoamericano. ¿Político también? Sí. ¿Dependentista? No. ¿Priista? Tampoco. ¿Fuentes nacionalista-revolucionario? Desde luego que sí, el mejor de la familia, y quien me acercó a esa peculiar y potente visión del país y del mundo. Cuando en 2014 pude organizar la edificación de un memorial de Vicente Rojo en su honor, consiguiendo los permisos, los recursos, y la inauguración de los "Arcos de Ixca Cienfuegos" en Ejército Nacional por los presidentes de México y Francia, sentí que saldaba mi deuda con él y me despedía de un verdadero mentor.

Rewind

VI

Hacia mediados de 1977, mi compinche Enrique y yo escribimos un mediano librito, mi primer engendro como escritor. El documento cumplió múltiples propósitos para mí; en una traducción libre al francés lo presenté como mi tesis de doctorado de Trosième Cycle en París-1, bajo la dirección del director del Instituto de Historia Económica, Pierre Vilar. Más allá del entramado crítico del texto, la premisa central descansaba en un *a priori* político: los países latinoamericanos se asimilaban cada vez más, en lo esencial de sus relaciones sociales de producción, a los países ricos; sus burguesías o élites se asemejaban a las de Nueva York o París; sus obreros, igual; sus clases medias también, aunque menos nutridas; y sus campesinos o bien ya se habían instalado en las sociedades desarrolladas —Los Ángeles— o pronto desaparecerían de los parajes latinoamericanos para refugiarse en los tugurios metropolitanos de sus propios países. Perduraban indudables déficits democráticos; en ciertos casos, seguían pendientes tareas nacionales innegables: Panamá, Nicaragua, República Dominicana; y los niveles de pobreza en Bolivia, Haití, Honduras, de nuevo Nicaragua y vastas regiones de Brasil y México desfiguraban cualquier equivalencia plana y fácil entre la región en su conjunto y el Primer Mundo. La tendencia, sin embargo, parecía palmaria e inevitable; para adelantarse a los acontecimientos convenía exagerar incluso los rasgos abstractos de la evolución con tal de evitar un error teórico y político garrafal.

Después de trabajar en el texto durante un tiempo con mi primer asesor de tesis, Kostas Papaoiannou, un buen día descubrió que el proyecto se apartaba de lo que creía. Lívido, renunció como asesor de tesis, obligándome a encontrar a otro con buena parte del camino ya andado. Vilar, autor del clásico *Oro y moneda en la historia* me acogió; logré la lectura y aceptación de dos sinodales adicionales, y en enero de 1978, durante una de las escasas mañanas nevadas que colmaban de belleza las calles aledañas al Sena, la defendí y fui aprobado. Antes, a principios de 1977, gracias a la intervención de Javier Rondero, uno de los padrinos de la Editorial Siglo XXI Editores —fundada por Arnaldo Orfila después de su despido por Díaz Ordaz del Fondo de Cultura Económica por la publicación de *Los hijos de Sánchez* de Lewis— fue contratado el manuscrito. Apareció bajo el horrible título de *El economismo dependentista* en enero de 1978.

En retrospectiva, sí se produjo la convergencia de los países "pobres" con los "ricos", no tanto en términos de PIB per cápita (aunque en algunos casos ha comenzado a suceder, a través de la magia del PPP, o paridad de poder de compra), pero ante todo en materia de estructura social, régimen político, tipo de economía y comportamiento de las clases medias. Los eufemismos o acrónimos tan de moda en tiempos recientes (BRICS, mercados y países "emergentes") sugieren lo que argumentábamos entonces. No existía una revolución intermedia entre el presente y el futuro lejano, ni rígidos impedimentos estructurales que obstaculizaran la susodicha convergencia. La única revolución a la orden del día, si la había, era la de verdad: socialista, proletaria, etc.; la única barrera —franqueable, por supuesto— era el tiempo. Nadie previó el derrumbe del bloque socialista diez años después, aparejado al eclipse de la idea misma de revolución o socialismo del imaginario social en México, en América Latina o en el mundo. Vaticinamos con acierto que dentro de un periodo breve en la perspectiva histórica —veinte a treinta años—, buena parte de los países de la región se convertirían en entes "normales": sólo distintos desde un punto de vista cuantitativo a sus pares en otras regiones, no estructural o cualitativamente. La "dependencia" no desaparecería, porque nunca había aparecido: ninguna ley de hierro determinaba el destino de naciones incorporadas a la globalización igual que otras.

Donde erramos quizás fue en sobreestimar la viabilidad y pujanza del capitalismo local (o de la empresa privada nacional) en algunos países que por su ubicación, su historia o sus divisiones culturales, se presentaban como aptos para el surgimiento y sobrevivencia de una economía de mercado, mas no de un empresariado propio. Que en todos los países latinoamericanos —hasta en Cuba— el capitalismo se encuentra vivito y coleando, no hay duda posible. Que en cada país haya nacido y subsista una clase empresarial autóctona, que conduzca y domine ese capitalismo, es harina de otro costal. El caso emblemático es el mexicano.

Fast Forward. 2012

Es innegable la vigencia y el vigor en México de una economía de mercado que impone sus fueros en todo el país. Impera desde las maquiladoras en el norte hasta las plantaciones de café y plátano en Chiapas, desde la exportación de automóviles en el Bajío hasta la producción de estupefacientes ilícitos en los puertos del Pacífico, las sierras de Oaxaca y el triángulo dorado del Noroeste. La vitalidad del capitalismo mexicano se comprueba de manera categórica por el nacimiento en nuestro país del capitalista más exitoso del mundo, por ser el más rico: Carlos Slim, y en igual medida por los grandes conglomerados mexicanos globalizados y altamente competitivos, como Cemex, Bimbo, Televisa, Mexichem, etc. Visto así, el ejemplo azteca no es diferente a cualquier otro, y la falsedad de la teoría de la dependencia es tan patente en este caso como en los demás.

El problema surge de las constantes dificultades del capitalismo en México de generar una extensa y longeva *clase* capitalista que florezca en el intersticio de dos avasalladores rivales: el Estado mexicano y el capital norteamericano. Cada vez que con grandes sacrificios y de las cenizas de una nueva crisis se asoma un nuevo embrión de empresariado local, rápidamente se enfrenta a las dos resistencias mencionadas; se desvanece en medio de una nueva hecatombe de negocios y empresas familiares. El ejemplo más conocido es el de la banca. Detentora de una patente de corso equivalente a un monopolio nacional entre los años 30 y 1982, periodo durante el cual el único banco extranjero y ante todo simbólico era Citi, se extinguió con la nacionalización de 1982. Cuando apenas resucitaba otra banca, a través de la privatización de la anterior, y su adquisición por una "nueva generación de banqueros", exclusivamente mexicana, se estrelló en la crisis de 1994-95 y sobrevivió (a medias) gracias al rescate estatal conocido como Fobaproa. Éste evitó la quiebra, pero no la venta masiva de todos los activos bancarios restantes a… bancos extranjeros, entre 1997 y 2003. Banamex, Bancomer, Serfin, Somex, Comermex y muchos más fueron devorados por consorcios financieros internacionales, al grado de que para 2010 sólo continuaban en manos mexicanas dos bancos presentes en todo el territorio nacional: Banorte e Inbursa. El segundo no deja de ser una simple filial financiera del Grupo Carso, y no una institución *stand alone*; con el tiempo Banco Azteca tal vez se convierta en algo más que la ventanilla de préstamos de Elektra. Pero es igualmente factible que con la muerte de Roberto González en 2012, Banorte sea algún día comprado por un banco foráneo.

Múltiples críticos han externado su preocupación ante esta "extranjerización" del sector bancario mexicano: entre otros Carlos Salinas y Guillermo Ortiz, ex secretario de Hacienda y ex gobernador del banco central. No carecen de razón, aunque nunca fue evidente cómo evitar el desenlace actual. Cuando BBVA se adueñó de Bancomer en el 2000, la alternativa consistía en la imposición gubernamental de la compra por Banamex, una medida "nacionalista" pero altamente monopólica al concentrar en un solo grupo casi la mitad de los activos del sistema bancario mexicano. En efecto, una de las principales barreras de entrada al mercado bancario mexicano proviene de la exigüidad del mismo. México es un país donde la intermediación financiera como proporción del PIB es inferior a la de muchos países latinoamericanos. ¿Puede existir un capitalismo nacional sin banca nacional? Llevada a ese extremo, la pregunta se antoja desgarradora.

No se trata sólo de la banca. En épocas recientes, varias de las grandes y más viejas y exitosas empresas mexicanas han sido vendidas por sus dueños —casi siempre familias prósperas— a firmas multinacionales. En muchas ocasiones ha salido ganando el consumidor mexicano: viene a la mente el caso de Walmart, que se apoderó de la totalidad de la cadena Aurrerá en 1997, transformándose a partir de 2005 en el mayor empleador privado del país, y pronto se consolidará como el primer proveedor de empleos en México a secas. A esa operación gigante debemos agregar, durante los primeros años de este siglo, la enajenación del sector cervecero de Femsa (Cuauhtémoc y ex Moctezuma), de Modelo (Corona), y en forma indirecta de Vitro. En todas esas ventas, los propietarios mexicanos realizaron excelentes negocios, mas se puede tratar de un típico caso de dilema del prisionero y acción colectiva: lo que le conviene a cada uno no beneficia siempre a la colectividad. Sobre todo si atendemos a lo que me confesó alguna vez un magnate de Monterrey, moderno y sincero: "Mi obligación con los accionistas es hacer que la empresa sobreviva y crezca, y para ello es imperativo internacionalizarnos y diversificar nuestro riesgo. Necesito invertir más fuera de México que dentro, para que no dependamos sólo del mercado, las leyes y la política económica mexicanas."

Como proporción del PIB, la capitalización de mercado de la Bolsa Mexicana de Valores en 2012 era la menor de todas las bolsas significativas del mundo: 43% contra 85% de Nueva York, 111% de Santiago de Chile, 64% de la India, 98% de Corea, 56% de Tokio. La mitad de la Bolsa Mexicana son acciones de Carlos Slim: América Móvil, Grupo Carso, Luismin, etc. Con un producto interno del 75% del brasileño, hay tres veces menos empresas de México en la Bolsa de Nueva York (a través de ADRs) que brasileñas.

Viene a colación un pequeño altercado entre Carlos Marín, Héctor Aguilar Camín y yo, por una parte, y Carlos Slim, en el comedor de sus oficinas de Inbursa, hace unos años. Aguilar y yo habíamos escrito un ensayo de corte antimonopólico, que Slim, como acostumbra, quiso discutir con nosotros al término de una lectura minuciosa. Los ánimos se caldearon a propósito de nuestra sugerencia de partir a los grandes monopolios del país, o en todo caso de introducir más competencia en una serie de mercados, ante lo cual Slim nos preguntó-objetó: "¿De veras quieren que venda Telmex?" En el acto, los tres respondimos afirmativamente (Ángeles Mastretta, más prudente, guardó silencio), provocando que el ingeniero, furioso, se levantara de la mesa y partiera, no sin antes señalar que el único comprador posible sería ATT o un equivalente y que no éramos más que unos viles vendepatrias. En esto último quizás exageraba, pero en lo primero tal vez le asistía la razón; él mismo, en 2014, anunciaría la inminente venta de buena parte de los activos de América Móvil a raíz de la reforma de telecomunicaciones. Es posible que con la excepción de un puñado de magnates geniales, o suertudos o protegidos, en México resulte muy difícil contar con un empresariado que domine de modo duradero el paisaje económico del país. Cabe en la fatalidad que arrinconados por Estados Unidos y el Estado, los empresarios en México se vean condenados a vivir, morir y renacer en oleadas sucesivas, sin jamás desaparecer pero desprovistos de la "voluntad de poder" para superar la siguiente crisis u oferta.

Rewind

Estas reflexiones y dudas no me robaban el sueño durante los meses finales de mi estancia parisina, cuando ya no enfrentaba ninguna obligación y me dedicaba a pasear y preparar la salida. Nunca la cuestioné: aunque habían transcurrido ocho años sin vivir de tiempo completo en México, ansiaba más que nunca volver e instalarme. No me imaginaba cuan difícil resultaría el retorno, ni el acerbo muro de adversidad que el país erige frente a quienes se atreven a regresar, habiendo cometido el acto de lesa fidelidad de partir. El país era mi familia, mis amigos, mis recuerdos y mi futuro; de alguna manera, lo veía de la misma manera que mis padres: patria por adopción u opción, no por accidente natal. Tanto Oma como Jorge vivieron años fuera de México y ambos poseyeron el privilegio de escoger; yo, también. Por mil razones escogimos radicar la mayor parte del tiempo y de nuestras vidas en un país extraño y maravilloso, indescifrable y frustrante, agobiado y vital, todo ello al mismo tiempo.

Dejé París en julio de 1978; nunca volvería a vivir allí, aunque regresaría decenas de veces a lo largo de los siguientes treinta y cinco años. Me fui sin tristeza pero he vivido toda la vida añorando esos tiempos, más que por una ciudad que dejaba atrás, con *saudade* por una etapa que concluía. Como concluye esta etapa, en este relato.

Libro 3
Regreso a México, comunistas (bis),
Miriam y Gabo, Centroamérica, Cuba

JORGE CASTAÑEDA GUTMAN.

Hijo del Licenciado JORGE CASTAÑEDA Y ALVAREZ - DE LA ROSA, Secretario d e Relaciones Exteriores y de la Sra. NEOMA GUTMAN DE CASTAÑEDA.

De ideología marxista-leninista.

Desde el año de 1979 identificado plenamente --- como miembro del Partido Comunista Mexicano y el 29 de noviembre de 1980 fue electo como integrante del Comité Regional del D.F. de ese Partido.

A partir de la designación como Secretario de Relaciones Exteriores de su padre, el 19 de mayo de 1979, ha sido considerado como un factor de importante influencia -- en las actividades de esta Dependencia en su relación con Cuba y con agrupaciones opositoras a Gobiernos establecidos que sostienen relación con ese país.

Esta afirmación tiene como base la absoluta relación que JORGE CASTAÑEDA GUTMAN ha sostenido desde 1979 con destacados miembros de la Dirección General de Inteligencia (DGI) del Partido Comunista Cubano a través de JORGE LUIS - JOA CAMPOS, quien hasta hace tres meses fungió como Jefe -- del Departamento de Las Américas (Sección México), encubierto como "Asesor Político" de la Embajada de Cuba en nuestro país. Actualmente sostiene la misma relación con ARMANDO -- CUENCA, quien ocupa el lugar de JOA.

Durante 1979 JORGE LUIS JOA CAMPOS reclutó para - los intereses de su país a esta persona aprovechando su --- ideología política y después de haberlo puesto a prueba durante varios meses en los que le solicitó favores de menor importancia como la expedición de pasaportes y visas; intervención para solucionar problemas de asilados políticos y ayuda dentro de la competencia de la Secretaría de Relaciones Exteriores para salvadoreños, guatemaltecos y chilenos que en sus países de origen son miembros de grupos subversivos y que en forma clandestina intentan derrocar a sus -- respectivos gobiernos.

I

Volví a México al finalizar el verano de 1978, poco después del Mundial de Argentina, de nuestras derrotas estrepitosas y de la explosión de euforia popular porteña por la victoria de los blanquiazules, a pesar de la dictadura, la guerra sucia y el inevitable rédito que los generales extrajeron del éxito. Desembarqué en la capital sin trabajo, mujer o casa. Ciertamente tenía muchos amigos (como en la canción de Leonard Cohen) y forma de suplir esas carencias: la morada de mis padres, donde vivían de nuevo desde 1976; conocidas o novias en potencia que me visitaban; y la esperanza de conseguir pronto un empleo académico. No tenía límite mi ingenuidad ante los retorcidos ritos mexicanos. Pensé que gracias a la amistad de mis padres con Víctor Urquidi, a la sazón presidente de El Colegio de México, a la palanca de mi padre como miembro de la Junta de Gobierno de dicha institución, y a mis propias y múltiples conversaciones con Urquidi y otros funcionarios y académicos de la escuela, la aceptación de mi solicitud de ingreso como investigador al Centro de Estudios Sociológicos sería pan comido. Para nada.

En parte porque Urquidi me hizo la mexicanada clásica: no podía intervenir a favor del hijo de sus amigos ya que se trataba de... el hijo de sus amigos. Peor aún: permitió que el "jurado" me linchara, sin advertirme que mejor desistiera de mi intento desmedido en vista del fracaso de antemano asegurado. Los colegas vieron con suspicacia mi proyecto de investigación, que sin duda padecía de innumerables defectos sustantivos y uno en particular: presumía de innovador. No resultaba recomendable vanagloriarse de ello frente a personas que llevaban años trabajando sobre temas análogos. El hecho es que me mandaron al diablo, y sufrí así mi primer revés incuestionable en el juego del poder mexicano. Seguirían muchos más, algunos de trascendencia y dolor superiores, otros igual de evitables como este, y achacables, como este, a la arrogancia que nublaba una vista por lo general precisa.

De nuevo no hubo mal que por bien no viniera. Aunque me atraía el elitismo —en aquella época aún meritocrático y competitivo— de la institución fundada por los refugiados españoles y me aterraba la Universidad Nacional, por sus dimensiones y merecida fama de antiintelectualismo y antielitismo populista, me sirvieron mucho mis siguientes veinticinco años de profesor de tiempo completo en Ciudad Universitaria. Gracias a Jorge Carpizo, en ese momento Coordinador de Humanidades, a mi cercanía con el Partido Comunista Mexicano y las gestiones de un amigo común mío y de la directora de la Facultad de Economía, pude lograr, primero, un nombramiento interino en la Coordinación, luego una plaza provisional en la División de Estudios Superiores de Economía y, tres años después, mi plaza definitiva de tiempo completo (nivel A, luego B). En 1982, por varias razones, entre otras mis pugnas con el sector hegemónico de la izquierda dentro de la Facultad —los llamados "búfalos", pertenecientes al ala nacionalista-revolucionaria del PCM— preferí trasladarme a otro posgrado. Me desplacé a la Facultad de Ciencias Políticas y Sociales, a la que pertenecí, con o sin licencia, hasta mi jubilación en 2009.

Antes de la debacle devaluatoria (y de toda índole) de agosto de 1982, los sueldos en la UNAM eran decorosos: unos dos mil dólares al mes, que complementaba con mis honorarios como intérprete esporádico y, a partir de finales de 1978, con las pequeñas sumas que me entregaba la revista *Proceso* en compensación por mis artículos igualmente esporádicos, pero llamativos. De modo que entre una cosa y otra empecé a ganarme la vida, sin lujos pero con la seguridad que me brindaba el respaldo familiar. Cada vez que necesitaba apoyo, allí lo encontraba: en el abrazo financiero paterno o en el regazo solidario materno. Lo cual me permitió alquilar una casita *faux*-colonial preciosa, en Coyoacán, comprar un coche e invitar a prospectos de novias a la playa o a cenar. Todo esto, por supuesto, no era lo esencial: eso yacía en mis aventuras de militante entusiasta y ambicioso en el recién legalizado Partido Comunista Mexicano, el primero en surgir después del triunfo de la revolución soviética, fundado por tres extranjeros en 1919 (Manabendra Nath Roy, legendario agente indio del Komintern; Mikhail Borodin, personaje de *La condición humana* de Malraux; y Edgar Woog). Un partido pequeño, aislado, valiente y esclerotizado, pero hegemónico en el seno de la izquierda mexicana.

Me organicé desde París para tejer vínculos oficiales y personales con su dirección. De casualidad, forjé una buena relación con el antropólogo Roger Bartra, varios años mayor que yo, que realizaba un posdoctorado en Francia y además fungía como una especie de embajador del comunismo mexicano ante el partido francés en esos años. Era uno de los pocos intelectuales del Comité Central. Asistíamos juntos a algunas conferencias; acudió un par de veces a las reuniones de célula y a cenas con los directivos del PCF de París; frecuentábamos los mismo restoranes; le interesó mi trabajo sobre la teoría de la dependencia (que también despreciaba); y cuando partí a México, con generosidad envió una "carta de recomendación" a la dirigencia mexicana. Sugería que me recibiera el secretario general, para que le informara de los acontecimientos más recientes sobre los éxitos y desventuras del eurocomunismo. Así me apersoné en las oficinas del PCM, donde casi clandestinamente solicité una cita con Arnoldo Martínez Verdugo; a pesar de múltiples divergencias, agudos conflictos y un distanciamiento ulterior previsible, llegué a tenerle un auténtico afecto a Arnoldo y aprendí mucho de él. Reflejaba lo mejor y lo peor de aquella izquierda mexicana: su dedicación a la causa, su austeridad personal, su apertura intelectual y por supuesto también sus miras limitadas, su introversión burocrática y su provincianismo. Poco después se llevó a cabo la reunión con Arnoldo y dos o tres dirigentes más, entre ellos, si recuerdo bien, Gilberto Rincón Gallardo, Pablo Gómez, Rodolfo Echeverría "El Chicali" y Enrique Semo, el otro distinguido intelectual integrante del CC. Creo que salió bien el encuentro, porque a partir de allí me gané la confianza y afinidad de Martínez Verdugo, el resentimiento y la rivalidad de Gómez, y una larga amistad con Semo y Chicali, que al igual que en el caso de Bartra y con los altibajos propios de toda relación entre pares, perdura hasta la segunda década del siglo veintiuno. Con Gilberto Rincón surgió la oportunidad de trabajar juntos en el sexenio de Fox en torno a la ley contra la discriminación, de apoyarlo con las instituciones médicas del Estado y de hablar en uno de los eventos evocatorios de su vida cuando murió, por invitación de su viuda.

Tres ámbitos de mi supuesta pericia atrajeron la atención de los dirigentes del PCM, que se hallaba inmerso en un delicado y difícil proceso de tránsito a la legalidad y al reformismo electoral, obligado por su salida del clóset. Primero, la logística de participar en comicios, tarea ajena a los comunistas mexicanos y a la vez inminente: cómo contar los votos, cuidar las casillas, proyectar resultados y determinar lo más temprano posible si en las elecciones de julio de 1979 —las primeras donde participaba de modo abierto desde los años cuarenta— lograba su registro definitivo. No pretendía ser un experto, pero lo poco que aprendí en París rebasaba con mucho la experiencia de militantes acostumbrados a la pelea callejera, a repartir *Oposición*, el órgano oficial del partido, a las luchas universitarias o agrarias, a resistir la represión o la cárcel del gobierno, o al pleito burocrático interno. Al grado de que bajo el mando de Bartra fui designado responsable del centro de cómputo electoral de la organización. Gracias a la aplicación artesanal de las mañas adquiridas en Francia, pude ofrecerle a la dirección la buena nueva con cierta premura: se alcanzó el registro.

La segunda ventaja comparativa interesante para el secretariado brotaba de mis magros —pero cosmopolitas— conocimientos del contexto internacional donde se desenvolvía el PCM. Georges Marchais, el líder francés, había viajado a México en 1977; Santiago Carrillo, el español, lo haría en 1979. Martínez Verdugo tomó distancia con Moscú cuando la invasión soviética de Checoslovaquia en 1968, y lo volvió a hacer en enero de 1980, frente a la invasión de Afganistán. Arnoldo procuraba así cuadrar varios círculos a la vez: alejarse de la URSS sin enajenar a La Habana; solidarizarse con las luchas revolucionarios en Centroamérica, en pleno auge, sin erigirse como enemigo de Estados Unidos; identificarse con el eurocomunismo sin perder las raíces latinoamericanas. Para cada una de estas faenas —a la postre irrealizables— aparecía yo como un activo valioso, utilizable de lejos, de quien se podían aprovechar contactos y perspectivas sin ceder poder alguno. Cuando en mayo de 1979 José López Portillo nombró a mi padre secretario de Relaciones Exteriores, este atractivo se convirtió en sortilegio.

La actualización del PCM no se circunscribía, ni mucho menos, al ámbito del movimiento comunista internacional. Martínez Verdugo intuía la extrema debilidad del partido ante los retos de su aparición en la palestra política pública y electoral. Debates como aquellos sostenidos en Europa u otros más locales —y en ocasiones aldeanos, por ejemplo el "carácter de la revolución mexicana"— mostraban cómo el comunismo mexicano carecía de cualquier definición teórica funcional y "vendible" a la opinión pública. ¿Qué era México? ¿Un país pobre, agrario, semicolonial, oprimido y dominado por Estados Unidos y un sistema político autoritario? ¿O un país capitalista urbano, moderno, industrial, con una clase media creciente, a pesar de vastos islotes de pobreza, de cacicazgos semifeudales en el campo, de un empresariado con frecuencia sometido a empresas multinacionales y falto de compromiso con el país que los enriqueció? ¿Qué pensaban los comunistas del papel de iglesia, del aborto, de la sexualidad, de los derechos de la juventud, del ejido, del corporativismo obrero? ¿Qué cambio se encontraba a la orden del día en México: la revolución socialista o el tránsito a un régimen democrático, nacionalista y progresista, pero en una economía de mercado? ¿Cuál era el modelo a seguir: Cuba, China, la URSS, la socialdemocracia europea o ninguno? A este conjunto de interrogantes, el PCM sólo balbuceaba respuestas anacrónicas —por ejemplo sobre derechos humanos—, mal adaptadas a su nueva ubicación y a los cambios acontecidos en México en esos años. Éstos nacieron de tres factores decisivos: la devaluación y debacle del régimen de Luis Echeverría en 1976; el descubrimiento y la explotación de uno de los yacimientos petroleros más generosos de la historia —Cantarell—; y la llamada reforma política ordenada por López Portillo y ejecutada por Reyes Heroles.

Para todos estos desafíos, Arnoldo presintió que el papel de sus intelectuales "orgánicos", ante todo Bartra y Semo, podía resultar decisivo. La clave para los dirigentes residía en hallar una poción mágica que le permitiera a la jerarquía sacarle provecho a la obra y prestigio de gente como los ya mencionados, o a la imaginación e irreverencia como las mías, sin entregarles poder alguno.

Mi primera incursión en los debates citados no ocurrió por encargo de la dirección, ni siquiera con su anuencia, pero prefiguró a la vez la utilidad de mi aportación, así como las incomodidades que arrastraba. Más que nada, revistió la virtud de ser pública y de gozar de cierta difusión, a la que los comunistas mexicanos no estaban acostumbrados. Gracias al surgimiento de dos publicaciones independientes y en buena medida inclinadas hacia la izquierda —y provistas de una buena dosis de financiamiento oficial, tanto directo como tangencial—, los bizantinos pleitos comunistas se dirimían de alguna manera en la plaza pública. *Proceso* primero, y el *Unomásuno* después, cumplieron funciones mucho más trascendentes que servir como meras cajas de resonancia de la lucha intestina partidista. No obstante, allí escribían los críticos del PCM así como sus compañeros de camino, sus miembros y sus feroces adversarios, con gran libertad y pequeña influencia. Mi magra pero ruidosa contribución al debate radicó en una polémica sobre el petróleo, con Heberto Castillo y sus seguidores, en *Proceso*.

Desde finales del sexenio de Echeverría, Pemex inició la extracción de crudo en los campos prodigiosos de Chiapas-Tabasco, y ante todo, bajo López Portillo y a partir de 1978, de Cantarell en Campeche (descubierto por un pescador en 1971 y cuyo primer pozo, Chac, comenzó a producir después). Para el primer año del régimen, México volvió a ser un exportador neto de crudo; cuando Pemex logró avalar sus reservas por empresas consultoras internacionales, la paraestatal y el país volvieron al mercado de créditos externos amplísimos a bajas tasas de interés (aunque flotantes). Unos analistas, encabezados por Heberto Castillo, ingeniero de profesión, nacionalista por vocación y disidente por historia personal, sostenían que a pesar de los anuncios bombásticos de Jorge Díaz Serrano, director de Pemex, y del propio López Portillo, ni había tanto petróleo, ni cambiaría la ecuación económica y social del país. Convenía más bien guardarlo o refinarlo, en lugar de sacarlo y venderlo, sobre todo a Estados Unidos. Otros decíamos lo contrario.

Argumentábamos que los deslumbrantes descubrimientos de mediados de los setenta le proporcionarían un formidable balón de oxígeno al "sistema"; por averiado que estuviera, gracias a recursos fiscales enormes, atendería una gran cantidad de demandas sociales y de infraestructura. Saldría de la "crisis" iniciada en agosto de 1976 por la devaluación del peso y, que por lo menos en la retórica de la izquierda, persistía. Por eso escribí: "Pensar que el petróleo eliminará los efectos de la crisis a favor de las clases populares es una aberración teórica y política; pero suponer que no resolverá ninguno de los problemas, y que incluso los agravará, lo es también".

Luego alegábamos que mantener el crudo bajo tierra, o procesarlo en México dizque para agregarle valor nacional, representaba la peor idiotez del mundo. Convenía exportar todo lo posible, lo más rápido posible, para "sembrar" los recursos correspondientes en escuelas, hospitales, carreteras, alimentos, aeropuertos, etc., sin preocuparse por el agotamiento prematuro de las reservas. Abundaban y convenía aprovechar los precios del crudo, de por sí elevados y que se dispararían a partir de enero de 1979 con la caída del shah de Irán. Cierto: la geografía nos imponía trasladar la mayor parte (hasta la fecha, casi el 90%) de nuestro aceite a Estados Unidos, pero tratándose de un *commodity* fungible, dicha concentración no implicaba mayor riesgo.

El desacuerdo reflejaba opciones de país radicalmente opuestas. Castillo, su partido y buena parte de la izquierda mexicana se negaban a admitir que al "sistema" le sobraban años de vida, y que el petróleo descubierto en el Sureste transformaría al capitalismo mexicano. Se trataba, en el fondo, de la misma discusión parisina sobre la teoría de la dependencia, con el agravante de que un factor "aleatorio" (Cantarell) vino a agudizar las divergencias. Desde antes de la publicación de mi artículo en *Proceso*, Heberto Castillo convirtió su oposición rabiosa y atolondrada a la construcción del gasoducto Cactus (en Chiapas-Reynosa) en una causa célebre. Advirtió que el tubo se transformaría en un Canal de Panamá: revestiría tal trascendencia para los norteamericanos que buscarían instalar una Zona del Canal desde el sureste mexicano hasta Texas. Esto sucedía al mismo tiempo que los gobiernos de Carter en Washington y de Torrijos en Panamá negociaban... la devolución del canal a los panameños.

La polémica atrajo cierta atención, aunque con algunas excepciones marginales, la radio y la televisión se mantendrían cerradas para este tipo de intercambios durante varios años más. El tiraje de publicaciones como *Proceso* y *Unomásuno* no rebasaba los cincuenta mil ejemplares, si bien sus lectores tomaban decisiones o influían en los círculos de poder. Se incorporaron a la discusión seguidores de Castillo, como Eduardo Valle, "el Búho", héroe del 68, que me tundió una paliza horrorosa en un auditorio retacado de seguidores suyos; Bartra y Semo, de mi lado; y varios más. El propio Castillo se vio obligado a responder, ayudándome a lograr mi cometido: colocar en el centro del debate una postura iconoclasta, sobre un tema esencial, y ubicarme en el firmamento de los "intelectuales" de izquierda, con nombre y apellido, aunque en un segundo o tercer plano. El zafarrancho sirvió quizás para mostrarle a la dirección del PCM que poco a poco surgían posturas distintas a las del rancio nacionalismo revolucionario, y que personas como yo podíamos elaborarlas y defenderlas en el ágora.

Ambos bandos tuvimos razón y nos equivocamos. Los "marxistas guadalupanos", como los apodé, le atinaron al vaticinar que el gobierno de López Portillo le heredaría al siguiente un monumental tiradero fiscal, comercial y financiero, y que una gran porción de los dineros incalculables generados por la bonanza de Pemex desaparecería. Asimismo, se cumplió su profecía sobre la imposibilidad de financiar la expansión de Pemex, del Estado y del país con crédito externo, aun garantizado por las reservas de crudo. Pero las razones de sus aciertos no eran las que pensaron: fue la política monetaria de Estados Unidos lo que motivó el apretón monetario brutal de esa época, disparando las tasas de interés internacionales, y por tanto la factura crediticia mexicana. Aunada a un ligera, pero alarmante, caída del precio mundial del crudo en 1981, la situación financiera externa del país se tornó insostenible en abril de 1982, y de nuevo en agosto de ese mismo año. Se agravó el desbalance por el fenómeno del *Dutch disease*, término utilizado de modo genérico a raíz de los estragos provocados por el influjo masivo de divisas a Holanda gracias al descubrimiento de un campo inmenso de gas natural en 1959, el equivalente de Cantarell. El desajuste se exacerbó por factores políticos: la negativa de López Portillo a devaluar la moneda antes de la elección presidencial de 1982. La sobrevaluación del peso, producto de las vicisitudes del peculiar sistema sucesorio mexicano, fue la gota que derramó un vaso lleno, de donde aún no rebalsaba el agua. Nada de esto era inevitable, ni echaba raíces ontológicas en el ser del sistema mexicano.

Por mi parte, sin duda erré al afirmar que "Para lograr un déficit en la balanza comercial en 1982 [...] no hay secretario de Hacienda, por malinchista o incompetente que sea, capaz de lograr semejante hazaña." David Ibarra fue uno de los "más competentes y menos malinchistas" encargados de las finanzas nacionales en tiempos recientes. Pero por factores ajenos a su control, y otros de su incumbencia directa, sí se le desplomaron las cuentas externas. Como los venezolanos en el 2013, los mexicanos comprobamos que ante el despilfarro, la necedad política y la necesidad social, no hay petróleo ni precio del crudo que aguanten. Asimismo, cometí el error de pensar que el extraordinario balón de oxígeno citado desataría un proceso virtuoso de expansión, profundización y dinamización del empresariado nacional. Al contrario: el círculo vicioso desembocó en la expropiación de la banca y la desaparición definitiva de toda una camada de banqueros. Donde di en el blanco fue en prever que los yacimientos en las aguas someras de la sonda de Campeche refaccionarían las arcas del Estado mexicano, si no hasta la eternidad, por lo menos durante casi medio siglo. Muchos mexicanos viven (o hemos vivido) del erario, y el erario ha vivido de Cantarell desde 1977. Algunos piensan, no sin fundamento, que esa muleta le ha infligido un daño incalculable al país; tal vez, pero permitió la sobrevivencia del sistema, en la acepción más amplia del término, por un lapso muy superior al que se esperaba, y al que merecía.

En todo caso, durante un largo periodo, desde la primavera de 1979 hasta el 19 Congreso del PCM, en marzo de 1981, participé en el intento de actualización del comunismo mexicano. Incidí en la redacción de los documentos preparatorios del cónclave venidero y en la discusión de los mismos, al lado de Bartra, Semo y otros intelectuales. Junto con una serie de cuadros como Joel Ortega, me metí de lleno en la lucha entre los "renos" (renovadores) y los "dinos" (dinosaurios), figurando entre los dirigentes de una querella intestina donde fuimos derrotados, pero que me encantó y me aportó un aprendizaje fantástico.

Reunión del Partido Comunista Mexicano, Ciudad de México, 1981

La discusión organizada por la dirección, previa a la lucha interna pero que sembró la semilla de la misma, se enfocó en varias tesis, que variaban desde lo excesivo (por responsabilidad mía, sobre libertad sexual, reproductiva y de género, por ejemplo) hasta lo más simple, en apariencia: si México era un país capitalista o no, y si el partido debía considerarse como heredero legítimo de la revolución mexicana. Martínez Verdugo, como buen secretario general, se mantuvo el mayor tiempo posible en el centro, dándonos a veces razón a quienes pujábamos por más apertura, tanto en la organización interna (permitiendo corrientes dentro del partido, una tesis herética para la tradición leninista) como en la definición programática. En ocasiones también nos repartía cachetadas.

Desde mediados de 1979, cuando se escribieron las tesis iniciales del 19 Congreso, hasta el mismo, fui considerado, con resignación y resentimiento, como una de las estrellas ascendentes del partido. Mi irrupción fue descrita así por Mario Rivera, un mal poeta pero buen humorista: "Llegó de Francia Jorgito, el hijo del canciller; 'la dependencia es un mito', nos dijo y citó a Althusser. Continuó su intervención y afirmó, ¡yo soy realista!: vivimos en la expansión; México es imperialista. Dos razones nos ofrece que son como dos aceros: que la deuda externa crece y que exportamos braceros. Revisando, confundido, la tesis número dos, me encontré con que el Partido habla con la misma voz. No sé si fue distracción o por malos entendidos si a los de la Comisión Jorge los cogió dormidos."

Era sabido y comentado en el seno del partido que me había transformado en un semiconsejero áulico de Martínez Verdugo (entre muchos otros), con acceso a la dirección del partido, a los medios (ya escribía con regularidad en *Proceso* y redactaba editoriales en *Unomásuno*) y a ciertos sectores del gobierno (gracias a la posición de mi padre). Me tropecé otra vez con las mañas y vericuetos de la política mexicana. Arnoldo me aventó a la hoguera, instándome a defender una tesis tras otra, todas condenadas al rechazo, sin meter las manos por ninguna, y mucho menos por mí. Sufrí uno y otro revés ignominioso, apoyado por un pequeño grupo de partidiarios, que con razón se desesperaron ante mi obcecación en seguir pugnando por posturas inviables. Con gran cinismo, entre la reunión donde fui vapuleado y aquella cuando se consagró mi hundimiento, Arnoldo me invitó a almorzar solo y ostensiblemente a un pequeño restorán cercano al sitio de la junta, para que todos apreciaran cómo me estimaba, me utilizaba y me apartaba. En ese almuerzo, Martínez Verdugo compartió conmigo sus experiencias y fobias a propósito de los operadores cubanos del Departamento de América comandado por Manuel Piñeiro, o Barbarroja. En ese momento los "cubiches" pululaban en México, en vísperas de la visita de López Portillo a La Habana, la primera en grande de un mandatario mexicano. El secretario general me explicó el *modus operandi* de estos personajes, capitaneados en México en aquel momento por "el Chino" Joa: sus ardides y pillerías. Me alentó a cuidarme de ellos: eran como la humedad, se colaban por todas partes. Al desviar la conversación hacia Cuba, Arnoldo me anunciaba al estilo mexicano y comunista que no podía apoyarme en la discusión interna, más allá de lo que había hecho.

Que no era poco: se aprobaron múltiples puntos resolutivos, tesis sustantivas y definiciones difíciles de imaginar escasos años antes. El viraje hacia la democracia, la arena electoral, las libertades, el carácter socialista de la revolución, la crítica a la herencia de la revolución mexicana, se iniciaron antes, pero ahora el partido fue mucho más lejos. La ruptura con el pasado, con la lucha armada, con la URSS era cada vez más patente, y se traduciría en la campaña presidencial, por lo menos en su retórica.

Al final, como era de esperarse, Arnoldo se inclinó por los "dinos", al conformar la dirección encargada de poner en práctica la nueva "línea". En eso se centró la controversia, y nuestra predecible derrota. Recuerdo un almuerzo con Joel Ortega y Martínez Verdugo, en el restorán El Jardín del Edén en Churubusco, donde le propusimos que sometiera al Congreso en puertas a una dirección acorde con las tesis de renovación, afín a los nuevos aires, aliada de las nuevas ideas: o sea, nosotros. Nos mandó derechito a la chingada, sosteniendo, como Lenin, que "los cuadros del partido eran como la niña de sus ojos": merecían todo el cuidado y respeto del mundo. En respuesta publiqué una serie de siete artículos en el *Unomásuno*, bajo el título rimbombante de "Lo que debe cambiar en el PCM", pretencioso y evocador del contenido y el estilo de algunos textos de Althusser. Critiqué la timidez de los cambios internos y, sobre todo, el rechazo "al principio de asociación entre dirección y línea política [...] El aparato y la dirección [del PCM] están dispuestos a aceptar cambios en la línea, pero a condición de que no cambie lo esencial, es decir la facultad de poder que tienen esas fuerzas de aplicar o no esa línea. En una palabra, que no cambie la dirección ni el aparato."

Ni la dirección ni el aparato me perdonaron la insolencia. En la historia oficial del partido, dichos artículos fueron descritos como "la primera exposición amplia de las posiciones de la corriente de la que, junto con [Enrique] Semo y Joel Ortega, [Castañeda] era uno de los teóricos [...]. Tales ideas, que eran ya viejas cuando fueron expuestas, expresaban una concepción monolítica del partido y se pretendía convertirlas en el centro de los debates; se buscaba atraer la atención hacia ellas, y transformarlas en una plataforma para alinear a todos los descontentos con la dirección. Este propósito fue alcanzado, pero sólo parcialmente, en el Congreso del Partido en el

Valle de México, que tendría lugar un mes después de la aparición del artículo de Castañeda".

De aliado del máximo jerarca del PCM pasé a ser un paria del secretariado, no sin antes haber inyectado una buena dosis de controversia en la evolución del partido y de la izquierda, y participar en una batalla interna que arrancó con la publicación de un desplegado (anatema para el aparato del partido), un día antes del Congreso del Comité del Partido en el Distrito Federal, y en el que arrasamos los "renos". Por cierto, mi elección al Comité significó el registro inicial de mi seguimiento por la DFS: en sus documentos, que me fueron entregados por el Archivo General de la Nación en 2009, el primero, consigna que "En el PCM se dice que Jorge Castañeda, miembro electo del Comité Regional del Distrito Federal es hijo del Lic Jorge Castañeda, Secretario de la Secretaría de Relaciones Exteriores [sic]".

En el desplegado de marras se planteaba una ruptura con la dirección. Se denunciaba que el PCM se orientaba hacia: "Un partido de opinión y no de acción; a la constitución de un partido de capas medias emergentes y no de un partido fundamentalmente obrero; hacia un partido de ciudadanos y no de clase; a la inserción en corrientes de opinión que se limitan a luchar por la modernización y democratización del capitalismo mexicano y no a la constitución de una fuerza social independiente y revolucionaria." Insisto: yo mismo podría suscribir hoy los preceptos entonces denunciados, aunque en aquel momento la crítica me pareció válida. Gracias al desplegado y a nuestra hegemonía en el Comité del DF alcanzamos una mayoría de los delegados capitalinos enviados al Congreso Nacional. Logramos mi propia sorpresiva elección; nuestros adversarios no comprendían cómo un pequeñoburgués advenedizo podía conquistar una de las distinciones más codiciadas en el palmarés comunista. Me sentía en los cuernos de la luna: la historia "oficial" citada se refiere al grupo de los renovadores triunfantes como "la corriente encabezada por Semo, Ortega y Castañeda".

Mi suerte y la de mis compañeros y mentores estaba sin embargo echada. Seguimos acumulando triunfos hasta el primer día del Congreso, cuando fui electo vocero oficial y unitario del cónclave. De allí en adelante se sucedieron innumerables infortunios. Perdimos en la comisión de candidaturas; nos vencieron en la de estatutos y programa; y en la plenaria, celebrada en el Polyforum Siqueiros, fuimos barridos. La dirección, la burocracia, el estalinismo y el apego al pasado nos reventaron en toda la línea, con los consabidos métodos propios de las pugnas internas de los partidos comunistas desde 1919. Mi aventura en las filas comunistas concluyó allí, con esa aplastante derrota, en compañía de camaradas apreciados, convencidos de nuestra razón y marginados, a partir de entonces, de la actividad partidaria. En mi caso, para bien.

La izquierda mexicana no ha podido destetarse de Cuba; no ha roto por completo con la idea de "combinar todas las formas de lucha" ni en México ni en otros países (ver su persistente apoyo a las FARC en Colombia) y no ha encontrado la manera de *aggiornare* su postura frente a Estados Unidos, oscilando entre un nacionalismo trasnochado y un pragmatismo sin brújula. En ese sentido, mis esfuerzos de aquella época, como los de muchos otros a lo largo de los treinta y cinco años transcurridos, fueron en vano. No obstante, en aquel momento, el hecho de coadyuvar a un debate en curso dentro del PCM, que constituía el polo crucial de la izquierda, sobre temas torales tanto en México como en el resto del mundo, me resultó ilustrativo y gratificante, y por lo menos en parte, útil para mis colegas. Nuestro fracaso explica en parte una paradoja mexicana: en los albores del nuevo siglo, la izquierda ha gobernado de manera democrática en El Salvador, Chile, Uruguay y Brasil. Si ampliamos la definición de "democrática", la tesis abarca Nicaragua, Bolivia, Perú, Ecuador y hasta Venezuela. Ninguna de estas sociedades cumple más que México con los requisitos necesarios para la victoria de movimientos, partidos o personalidades progresistas. Y sin embargo, a pesar de tres casi triunfos (1988, 2006 y 2012), no se ha consumado la victoria que muchos han esperado —o temido— durante décadas desde 1968. Esta retahíla de reveses no se origina en el carácter nonato del debate de hace tres decenios y medio, pero como el único sitio donde podía darse era el PCM —el resto de la izquierda se desinteresaba—, incidir en él, aun para perder calamitosamente, revestía interés. Me pregunto donde se ubicaría la izquierda de hoy si la de ayer hubiera tomado el toro por los cuernos, entendiendo que, a la larga, los asuntos externos, ideológicos, geopolíticos y culturales resultarían centrales dentro de un México en la víspera de una apertura al mundo abrupta pero inevitable.

Nada resume mejor la naturaleza de dicha aventura que la memorable metáfora futbolística acuñada por Joel Ortega: "Pasó el balón pero no el jugador". Con la excepción de mis tres años trabajando con Vicente Fox, he allí resumida la historia de mis incursiones en la política mexicana, incluyendo la que probablemente será el intento crepuscular: al lado de Héctor Aguilar Camín en la pre-campaña, campaña e interregno presidenciales, entre 2010 y finales de 2012.

II

Fast Forward

A partir del final del sexenio de Fox, me propuse centrar mi estrecha contribución a la política mexicana en el debate de ideas, reconociendo que las probabilidades de ingresar al gobierno de Felipe Calderón eran nulas. Publiqué en *Reforma* un largo ensayo sobre la posible definición antimonopólica del régimen que arrancaba en pocos días, recurriendo a tesis y argumentos sostenidos por fuentes tan variadas como *The Economist* y López Obrador, el Banco Mundial y Santiago Levy del BID. Busqué ampliar la idea de monopolios, rebasando la definición jurídica o económica, a partir de una premisa toral. El gran drama de México, la razón de nuestro estancamiento, el reto de nuestro futuro, residía en la ancestral concentración de poder en el país: poder económico, financiero, comercial, sindical, político, electoral e incluso intelectual. Para reventar los grilletes que México arrastraba y liberar el enorme potencial que el país encerraba, era indispensable una vigorosa acción antimonopólica en todos los frentes: telecomunicaciones y cemento, pan y tortillas, partidos políticos y sindicatos, bancos y tiendas departamentales. Los artículos pasaron más o menos desapercibidos, como casi todo lo publicado en los periódicos mexicanos, aunque contribuyeron a darle una coherencia global a múltiples planteamientos de esta misma naturaleza.

Dos años después, con Manuel Rodríguez, un querido colega y compañero de mil escaramuzas (no llegan a batallas), retomamos la sustancia de esos apuntes iniciales y publicamos un breve panfleto con el Fondo de Cultura Económica bajo el título *¿Y México por qué no?* Reiteramos varias de las medidas concretas sugeridas en los artículos mencionados y ampliamos el terreno abarcado. Hablamos de la tercera cadena de televisión, nacional y abierta; de la partición de Telmex-Telcel; del fortalecimiento de los órganos reguladores de competencia: "darle dientes a la COFECO"; de inversión extranjera en sectores restringidos, desde Pemex y CFE hasta telecomunicaciones y otros sectores de bienes no comerciables; de suprimir el monopolio sindical santificado en los procedimientos legales de toma de nota, cláusula de exclusión y retención obligatoria de cuotas, ante todo en el sector público. Insistimos, como lo venía haciendo desde 2004, en suprimir el monopolio partidista de la representación electoral a través de las candidaturas independientes, e incluso desafiamos a la comentocracia o *intelligentsia* del país, al señalar que en los hechos, ésta detentaba un virtual monopolio de la palabra dicha y escrita, así como del acceso a distintas tribunas y foros, debido a la falta de una meritocracia académica o intelectual en México. El libro logró una mayor repercusión que el ensayo anterior. También despertó un cierto eco en sectores empresariales, no siempre positivo: una pequeña consultora creada por Rodríguez y yo un par de años antes con otros conocidos perdió un semijugoso contrato con Cemex; Lorenzo Zambrano, quien siempre me honró con una gran solidaridad y generosidad, se molestó por la mención de su firma como monopolio cementero.

Para entonces, el tema antimonopólico comenzaba a calar en la clase política mexicana, dentro de la comentocracia, en los organismos internacionales preocupados por México, e incluso penetraba en el seno del empresariado, que por supuesto veía con buenos ojos cualquier ímpetu de esta índole contra otras empresas o sectores, mientras no afectara a las propias: hágase el *anti trust* en los bueyes de mi compadre. Gracias a estos y otros esfuerzos, empezó a cundir la idea de que el país merecía una sucesión presidencial en el 2012 provista de un mínimo carácter programático, ausente tanto en el 2000 como en el 2006. Esa sensación nos condujo, a Rodríguez y a mí, a publicar otro ensayo, en la estela de las elecciones legislativas del 2009, para el suplemento dominical de *Reforma*, que partía de las tesis y sugerencias del libro, subrayando ahora el aspecto propositivo del texto. Lo dividimos en varios capítulos basados en agendas específicas: la antimonopólica (con la acepción citada); la de protección social (la tesis de Levy de una red universal correspondiente); la de cambios institucionales (las reformas políticas que Calderón propondría poco después) y de seguridad interna. Ese ensayo despertó un interés mayor y me encaminó a una nueva etapa.

En efecto, el contexto nos animó a Aguilar Camín y a mí a poner por escrito nuestras innumerables coincidencias de todo tipo, emanadas de innumerables almuerzos, iniciados a finales de los años ochenta. A lo largo de estos veinticinco años, junto con Enrique

Hett, con Héctor ha sido el encuentro más duradero, productivo, fructífero y sobre todo, placentero. En libros, programas de televisión, conferencias, presentaciones y viajes de trabajo, hemos construido una convergencia de posiciones, estilo excepcional, y una amistad fuera de serie. El intento de entonces arrojó un primer ensayo publicado en la revista *Nexos*, en noviembre del 2010, titulado "Un futuro para México", donde partiendo del opúsculo redactado con Manuel Rodríguez proponíamos un esbozo de cambio mexicano, ambicioso y a la vez realista, para el futuro inmediato y a mediano plazo, y sobre todo en el sexenio siguiente.

Con Héctor Aguilar Camín, Ciudad de México, 2011

El fuerte impacto de ese ensayo nos incitó a Héctor y a mí a publicarlo, con mínimas revisiones, como breve libro de bolsillo. Resolvimos también, gracias a mi obcecación y a las ganas de Aguilar Camín de salir de un cierto letargo político, a lanzarnos a una campaña de promoción del libro por todo el país. Durante el primer semestre de 2011 recorrimos buena parte de las capitales o principales ciudades de los estados, con el mismo esquema: eventos en universidades y ante empresarios pequeños y medianos; comida o cena con el gobernador, los grandes empresarios y académicos; reunión con la sección sindical del SNTE; encuentros con creadores y medios de prensa locales. Además de pasarla de maravilla y de aprender mucho, le inyectamos al programa propuesto una gran difusión y aceptación por una amplia gama de actores entre diversos sectores de la República. Aunque nos dirigimos más bien al llamado interior del país, realizamos varios foros en la Ciudad de México: unos de presentación a la antigua, otros más abocados a la campaña presidencial en ciernes. Convencimos a Pancho González y a Ciro Gómez Leyva de Milenio Televisión de que nos permitieran transmitir seis emisiones de diálogo con quienes en ese momento se perfilaban como probables candidatos a la Presidencia: por el PAN, Santiago Creel y Ernesto Cordero; por el PRD, Carlos Navarrete y Marcelo Ebrard; y por el PRI, Manlio Fabio Beltrones y Enrique Peña Nieto. Buscamos repetidamente a López Obrador, sin suerte; dejamos a Josefina Vázquez Mota para una segunda tanda que no se materializó; confrontamos a los participantes con nuestras propuestas específicas. Les arrancamos definiciones precisas. En particular, logramos intercambiar con Peña Nieto ideas sobre nuestras tesis y coincidencias sobre numerosos puntos. Así se inició un largo y afortunado proceso, siguiendo el apotegma ya citado: "Pasó el balón pero no el jugador".

Al describir la naturaleza nociva de los monopolios, procuramos demostrar —de modo sucinto y esquemático— cómo el sindical en general y el educativo en particular cargaban una responsabilidad importante en el escuálido nivel de educación de los niños mexicanos. El hecho de que hubiera un solo sindicato; que todos los maestros se vieran obligados a formar parte del mismo; que al ser excluido del sindicato un maestro *ipso facto* perdía su empleo; que la Secretaría de Hacienda retuviera las aportaciones sindicales del magisterio y las entregara, al son de diez millones de dólares mensuales, al Comité Ejecutivo; todo ello contribuía —y lo sigue haciendo— al patético rendimiento de los escolares mexicanos en pruebas internacionales como PISA. Fincamos una conexión causal entre monopolio sindical y calidad educativa y propusimos tres remedios (exageraríamos si los llamáramos soluciones): uno, el principal, aportado por Aguilar Camín e inspirado en el trabajo de varios colaboradores de *Nexos* desde principios de los años noventa, y dos de confección *castañedista*, fusiladas a otros países y otros pensadores.

La de Aguilar consistía en el recurso de moda, en vías de adopción en varios países, no sin resistencias laborales, objeciones sustantivas de peso y defensas incondicionales de usos y costumbres: la evaluación de los maestros a través de pruebas impuestas a ellos mismos, a sus alumnos y a las escuelas donde laboran. No ignorábamos que a lo largo de varios sexenios se había avanzado en la evaluación: carrera magisterial, pruebas ENLACE, reclutamiento de nuevos maestros por concurso, etc. Al igual que en muchas otras latitudes, sin embargo, el acento recaía en los premios o alicientes, o cuando mucho en procesos remediales, y casi nunca en implicaciones negativas, a saber la pérdida del empleo. Fue lo que denominamos, junto con los verdaderos especialistas, evaluación con consecuencias. Se trataba de cerrar escuelas que no funcionaban, de jubilar, rotar, desplazar o despedir a maestros que no enseñaban, de reprobar a niños que no aprendían, de remover a directores de escuela ineptos y de indexar parcialmente los salarios a los resultados de la evaluación (no sólo mediante premios o bonos). Aquilatamos las posibles contradicciones perversas del esquema (maestros que enseñan para que los niños salgan mejor en las pruebas, no para que aprendan), desigualdad de circunstancias y orígenes de los niños y de los maestros; tentación y riesgo de la "evaluacionitis"; necesidad de evaluar mediante pruebas escritas u orales, e inspecciones en el aula, por medio de videos y jurados imparciales. Pero no cedimos en un punto: debía haber consecuencias por una mala evaluación recurrente.

En segundo lugar, le insuflamos una trascendencia fundamental a la primaria de tiempo completo. Había insistido en esta reforma desde el libro que publiqué en mi efímera y fallida candidatura independiente en 2004, *Somos muchos: Ideas para el porvenir*. Sin entrar en detalle, concluimos en la imposibilidad para los niños mexicanos de aprender en cuatro horas y media —en la primaria pública— lo que alumnos chilenos, coreanos, franceses o norteamericanos asimilaban en seis u ocho horas, incluyendo deportes, educación artística, computación, etc. Recogimos la experiencia de Benjamín González Roaro en el Distrito Federal entre 1994 y 2000 como subsecretario de Educación, y de los efectos virtuosos de mantener a los niños en la escuela hasta las cuatro de la tarde para su alimentación (desayunar y almorzar en la escuela), su seguridad (mayor en la escuela que en la calle), y para la tranquilidad de las madres de familia, expuestas a la angustia permanente, y a la necesidad de recortar o interrumpir su trabajo para rescatar a sus hijos a la una del colegio. Reconocimos que los contratiempos económicos, pedagógicos y logísticos implícitos en esta medida resultaban complejos, que tomaría tiempo, pero que en el país surgían circunstancias venturosas para ella: la caída en la matrícula nacional de primaria, la reducción del número de maestros con doble turno, la creciente conectividad de los planteles (que permitían ocupar las horas adicionales con educación *on line*) y la conciencia que, de no darse esta mutación, no habría progreso educativo.

La tercera propuesta iba de la mano con la jornada completa: entregarle una computadora diseñada para niños a cada alumno de primaria en México —catorce millones, dependiendo del año—, para llevarla y traerla a su casa, hacer las tareas, comunicarse con sus compañeros, jugar con sus hermanos, e incluso para digitalizar el libro de texto obligatorio y no vernos obligados a imprimir más de doscientos millones de ejemplares al año. Ni a deformar las columnas vertebrales de niños desnutridos, caminando varios kilómetros al día con una mochila de peso excesivo para su edad.

En 2008 había sido invitado al Consejo de Administración de la organización *not-for-profit* de Nicholas Negroponte, One Laptop per Child. Durante un par de años me esforcé por convencer a varios gobiernos latinoamericanos, a las autoridades federales mexicanas y a varias administraciones estatales de las infinitas virtudes de la idea generada por el Media Lab del Massachusetts Institute of Technology (MIT). Visité las instalaciones, me reuní en numerosas ocasiones con Negroponte y su equipo (conocía bien a su hermano, John, desde su estancia en México como embajador de Estados Unidos durante el sexenio de Salinas); absorbí sus tesis sobre saturación, igualdad, software *open source*, diseño especial de software y hardware para niños, entrega gratuita y propiedad infantil para escuela y casa, posible conectividad de corto alcance a partir de la propia computadora XO, y la necesidad de reducir costos al máximo, acercándose a la cifra mágica de cien dólares por unidad. Varios amigos y yo conversamos con fundaciones mexicanas y con gobernadores de diversos estados, delegados del Distrito Federal y ciertos empresarios, entre ellos Carlos Slim. Así resumí mi colaboración con OLPC en una columna de *Reforma*, en agosto de 2008: "Es filantropía, no negocio: se paga lo necesario para producir y colocar una XO en manos de cada niño y profesor, sin utilidad alguna. Se pagan sólo los costos para que el proyecto siga funcionando. Los promotores de manera totalmente *pro bono* [...] no percibimos remuneración, comisión o *success fee* alguno (más aún, nos cuesta). No tendría nada de malo cabildear este proyecto, pero no es el caso."

Slim financió parte del esquema original de Negroponte en MIT, y decidió donar cien mil computadoras a varios estados. De haberse entusiasmado en ese momento con el diseño, su apoyo se hubiera tornado invaluable y quizás decisivo. Pero procedió con mucha parsimonia, obsequiando cincuenta mil aparatos verdes XO para primaria y cincuenta mil Classmate azules, de la empresa Intel y provistas del sistema operativo Windows de Microsoft, para secundaria. Lo hizo sin la parafernalia que, por lo menos en la intención original de Negroponte, debía acompañar la entrega de las maquinas: formación de maestros, software para niños, conectividad, etc. Tal vez una de las razones de haber incluido a Intel en el paquete fue su antigua relación tanto con el dueño y fundador de Intel como con Bill Gates. Los de XO guardábamos temor y resquemor al Classmate. En el artículo citado advertí: "Existe otra máquina fabricada por la megaempresa Intel que 'compite' con la XO. En varios países, gracias a las prácticas y mañas propias de las empresas, a diferencia de las *non profit* como OLPC, ha podido ganarle espacios al proyecto de Negroponte."

Sea como fuere, con Negroponte decidimos desplegar un último esfuerzo para convencer al ingeniero de la idoneidad de la XO y de las asombrosas consecuencias que revestiría para la educación en México, si el país —empresariado y gobierno, maestros y padres de familia— la adoptaran. Agendamos una junta de trabajo seguida por un almuerzo con Slim y varios de sus hijos, su yerno Arturo Elías y su equipo de educación: Javier Elguea y Cecilia Soto. Por OLPC participamos Negroponte, Manuel Rodríguez Woog, Karla Gómez, la responsable del equipo en México, y yo. El encuentro fue desastroso. Slim contradijo todos los argumentos de Negroponte, lo interrumpió sin cesar, insistió en nociones ingeniosas y a la vez ingenuas (la computadora del futuro para niños sería un celular con capacidad de proyectar teclado y pantalla en una pared) y rechazó por completo cualquier participación adicional. Negroponte, que no canta mal las rancheras en materia de prepotencia, fue exasperándose a la par de Slim hasta el momento, confuso en la realidad y en mi memoria, cuando alguien se atrevió a criticar a Bill Clinton por sus prácticas filantrópicas, en ocasiones hipócritas. Slim no se contuvo, empezó a gritarle, y de repente se levantó de la mesa y se refugió en otra oficina, no sin antes espetarnos una amable invitación: "Allí hay de comer para los que tengan hambre". Elías se lanzó tras de él y lo atemperó, invitándonos al comedor en su museo particular en INBURSA. Nos escudamos todos en *small talk* hasta que concluyera la catastrófica reunión.

Con Luis Videgaray, Héctor Aguilar Camín, Cassio Luiselli,
Aurelio Nuño, Uruguay, 2011

Cinco años después, el recién instalado presidente Enrique Peña Nieto realizó una extraña visita, la primera de su mandato, a Montevideo. ¿A qué fue Peña Nieto a Uruguay el 25 de enero del 2013, ni siquiera dos meses después de su toma de posesión? A conocer de cerca el proyecto CEIBAL, de Negroponte, impulsado por los presidentes del Frente Amplio (de izquierda) Tabaré Vázquez y José Mujica, de entrega de una laptop XO a todos y cada uno de los alumnos de primaria en el país. Viajó a Montevideo porque un año y medio antes, Luis Videgaray y Aurelio Nuño, dos de sus principales asesores en aquel tiempo, y posteriormente, su secretario de Hacienda y su jefe de la Oficina de la Presidencia, también acudieron a una reunión en Montevideo, que aprovecharon para conversar con el director de CEIBAL, en compañía del entonces embajador de México en Uruguay, mi adorado amigo Cassio Luiselli, y para recorrer los salones de clase de una primaria equipada con XO. Así twitteó Videgaray su visita a la escuela: "En Uruguay con @Jorge-GCastaneda y @arios_piter conociendo el Plan Ceibal, que da a cada niño una laptop." ¿Por qué los principales colaboradores del futuro presidente dedicaron su escaso y valioso tiempo a dicho menester? En primer lugar, obviamente, debido a su interés por otras experiencias, en aprender de otros países, y a raíz de su apertura de espíritu. Pero también porque yo los invité, los llevé y los convencí de las bondades del proyecto OLPC, y gracias a ese empeño y ese éxito, incluyeron el esquema en las promesas de campaña de Peña Nieto y en los compromisos del Pacto por México. Al finalizar el sexenio de Peña, todos los niños mexicanos inscritos en quinto y sexto año de primaria contarían con una computadora, con software destinado específicamente a personas de esa edad, que llevarían y traerían a su casa, donde cargarían, al mínimo peso, los libros de texto gratuitos.

Estas ideas se reflejaron en la reforma educativa de Peña Nieto, no sin bemoles. Las computadoras escogidas y repartidas no fueron las que prefería, ni en mi opinión, las mejores; acabaron por ser tablets, un juguete o gadget más que un instrumento para aprender. Limitarse a sólo quinto y sexto años fue un error importante; si las restricciones presupuestales así lo imponían, mejor optar por primer y segundo años de primaria. La escuela de tiempo completo o es de seis horas o es de ocho; no son intercambiables los dos horarios. La evaluación no es una panacea; solo mitiga deficiencias; incluirla en el artículo tercero de la constitución suena algo ridículo a estas alturas. Encarcelar a Elba Esther Gordillo merced a una evidente y revulsiva justicia política no equivale a transformar al SNTE, ni garantiza el apoyo del mismo a una reforma educativa. No obstante, *peccata minuta*.

Así, tres de las principales promesas y, en su caso, realizaciones educativas de Peña Nieto, emanaron directamente del esfuerzo de Aguilar Camín y mío. Sólo que ni él —que no lo buscaba— ni yo —que sí aspiraba a ello— fuimos responsabilizados de la ejecución de reformas diseñadas y propuestas por nosotros. La ventaja: si fracasaran, fue culpa de quienes las (mal)pusieron en práctica. El infortunio: la tristeza y frustración de no hacerme cargo del tránsito de la teoría a la práctica, de la idea al acto. Pasó el balón, pero no el jugador. Aconteció lo mismo con las candidaturas independientes. Hoy son legales en México, gracias en parte al esfuerzo desplegado por mis colegas y yo, entre 2003 y 2012. No me corresponderá aprovechar los apetecibles frutos de mi empeño.

Rewind

III

El 19 Congreso del Partido Comunista Mexicano fue mi canto de cisne en la política de izquierda en México, o por lo menos la partidista. Renuncié a cualquier aspiración dentro del PC, consciente de mi carácter de hereje en una organización en última instancia religiosa: no me quedaba de otra. Los dirigentes del Frente Farabundo Martí de Liberación Nacional (FMLN) de El Salvador, con quienes había anudado un nexo intrincado, le comunicaron a la dirección del partido que, a solicitud suya, concentraría mi trabajo político de izquierda en el apoyo a la insurgencia salvadoreña:

"Co. Gilberto Rincón Gallardo. Srio. Gral. del Comité Regional del D.F. Partido Comunista Mexicano. Presente. Estimado Compañero: Por medio de la presente me permito agradecer a ud. y al Partido Comunista Mexicano la colaboración que el compañero Jorge Castañeda ha brindado a la Comisión Político-Diplomática del FMLN-FDR de El Salvador. Desde que se constituyó nuestra CPD en Enero de 1981 con funciones de atender al más alto nivel las relaciones FMLN-FDR con gobiernos y fuerzas políticas, el compañero Castañeda ha estado en contacto con nosotros, manifestando en todo momento un especial celo en la colaboración bilateral del PCM con el FMLN-FDR. A partir de mayo convenimos por mutuo acuerdo la realización de Misiones especiales conducentes a la concreción de un proyecto diplomático de alta prioridad para nuestra lucha. A estas alturas, puedo informarle con gran satisfacción revolucionaria que esas misiones han obtenido importantes frutos y que podrán materializarse en hechos políticos de mucha significación para nuestra lucha. Así mismo deseo agradecer a ud. y al PCM por la estricta confidencialidad que el compañero Castañeda ha guardado en relación con las misiones especiales en las que ha participado. Fraternalmente. Revolución o Muerte: Venceremos! Srio. Gral. de la CPD del FMLN-FDR. Salvador Samayoa."

Me atreví a lanzarme a ese vacío gracias a mis andanzas en los vericuetos bizantinos de la política centroamericana, y a mi estancia en Nicaragua. En realidad, a partir de finales de 1979 me dediqué a apoyar a mi padre en la Secretaría de Relaciones Exteriores, sin cargo ni compensación alguna. Mi primera injerencia en la compleja telaraña de las redes internacionales de México, después de mi deslavada aventura en Managua, tuvo lugar a propósito de la presencia-ausencia del shah de Irán en México, en noviembre de

1979, en la coyuntura más o menos fielmente descrita en la película *Argo*, ganadora del Oscar de mejor película en 2013: el secuestro de los rehenes norteamericanos en Teherán.

Mohamed Reza Pahlevi fue derrocado en enero de 1979 por una "revolución" democrática, shiita, religiosa y fanática —todo a la vez— encabezada por el ayatollah Ruhollah Khomeini. Al huir el Rey de Reyes de su país, primero se dirigió a Egipto, luego a Marruecos, después a las Bahamas, y por fin, el 10 de junio de ese año, a México. La negociación para admitirlo en nuestro país fue larga y accidentada, conducida del lado norteamericano por Henry Kissinger y David Rockefeller, conocidos personales y políticos del shah, y en México por un tal Gerardo Hemken, colaborador de López Portillo en Los Pinos. Nunca se publicitó la naturaleza del *quid pro quo* relativo a la expedición de su visa; sabemos que las autoridades mexicanas se comprometieron a no esquilmar a la antigua familia del Trono del Pavoreal, como lo hizo el gobierno de Nassau, al son de veinticinco mil dólares diarios. Por su parte, el shah y varios socios suyos asumieron el compromiso de realizar cuantiosas inversiones en México, más allá de sus residencias de Acapulco y Cuernavaca, al grado de que su representante se quejó con los colaboradores del presidente norteamericano Jimmy Carter: "Cada vez que volteábamos en México, López Portillo me fastidiaba con que trajera algún amigo a ver al Shah, para convencerlo de que invirtiera en algún negocio".

Todo sucedió con tersura y tranquilidad, salvo un par de piedritas en el camino, al inicio imperceptibles, pero que luego modificarían el curso de la historia mundial. Por un lado, Reza Pahlevi padecía desde tiempo atrás un cáncer linfático severo, del cual nadie, ni siquiera Carter, se percató; por otro lado, entre el momento en que López Portillo accede a las peticiones de Kissinger, Rockefeller y el propio Carter, y cuando arriba el shah a México, cambió de canciller. Sustituyó a Santiago Roel con mi padre el 19 de mayo, veintidós días antes de la llegada del séquito iraní.

A principios de octubre de 1979, iniciada ya la contienda presidencial estadounidense del año siguiente, con un Carter asediado desde la izquierda por Edward Kennedy y desde la derecha por Ronald Reagan, el shah le comunicó a los norteamericanos que se encontraba enfermo. Requería de un tratamiento especial, según él, inaccesible en México. Solicitó permiso para trasladarse a Nueva York y ser atendido allí por males diversos (aún no se divulgaba el carácter preciso de su dolencia). El 22 de octubre aterrizó en Nueva York; al día siguiente se produjo una multitudinaria manifestación de protesta frente a la Embajada de Estados Unidos en Teherán. El 4 de noviembre la sede diplomática fue avasallada y los sesenta y seis funcionarios allí presentes fueron tomados como rehenes. Comenzaba la crisis de Irán: destruiría la Presidencia de Carter y sus aspiraciones reeleccionistas, dando lugar al triunfo aplastante de Reagan en noviembre de 1980.

Para negociar la liberación de los rehenes y visto el cuidado sencillo requerido por Reza Pahlevi, Carter lo instó a abandonar Estados Unidos y volver a México. El shah se aprestó a acatar la instrucción; pero el gobierno de México, en voz de mi padre, anunció el 28 de noviembre, en una conferencia de prensa tumultuosa consignada a ocho columnas por *The New York Times*, que no era bienvenido, puesto que su retorno "sería contrario a los intereses vitales de México". La gente de Carter se enfureció, se movieron como locos, y al cabo de varios días persuadieron a Omar Torrijos, líder espiritual, militar y político de Panamá, de acogerlo. Permanecería en la isla de Contadora un par de meses, hasta que se desplazara de nuevo a Egipto y falleciera en julio de 1980.

Subsisten numerosas dudas sobre el verdadero desarrollo de los acontecimientos. Tres médicos mexicanos publicaron en 2005 un artículo en la revista *Cirujano General* del Hospital ABC de México, donde relatan cómo la decisión de no tratar al shah en México provino de colaboradores de Carter quienes, al enterarse de la supuesta inexistencia de un dispositivo de CAT-Scan en el ABC en México, donde sería internado Reza Pahlevi, lo trasladaron a Nueva York. Se equivocaron: ni era necesaria una tomografía, y existían varios aparatos en México. Una vez instalado el shah en Nueva York, se le informó a Carter de la terrible gravedad del padecimiento de Reza Pahlevi. Gary Sick, el encargado de Irán en el Consejo de Seguridad Nacional de la Casa Blanca concluyó: "Surgió una gran discusión sobre si el Shah hubiera podido ser tratado en México en lugar de Estados Unidos. Retrospectivamente, no hay duda de que sí, aunque toda la pericia y equipo técnico no necesariamente se encontraban reunidos en una única instalación en México."

Para los nuevos inquilinos de la Cancillería mexicana, que le guardaban escasa simpatía y poco respeto al equipo anterior, las negociaciones con Kissinger, Rockefeller, Hemken y otros carecían de validez duradera. Entre abril y noviembre la situación en Irán y entre ese país y Estados Unidos se había trastocado: *Pacta sunt servanda rebus sic stantibus.* Los revolucionarios seculares o anteriores líderes de oposición moderados fueron desplazados por los partidarios de Khomeini; la embajada norteamericana y los rehenes cayeron en manos de los radicales; México recibió amenazas de bomba en nuestras embajadas y consulados; a principios de noviembre, mi padre cerró nuestra sede en Teherán y retiró a todo el personal; y Hugo B. Margáin, embajador en Washington, asumió una flamígera oposición al retorno del shah a México, como consta en sus cables cifrados. Según Margáin, Estados Unidos sería capaz de exigirnos la extradición de Reza Pahlevi a Irán a cambio de liberar a los rehenes, y nos presionaría en cualquiera de nuestras fronteras con incidentes para obligarnos a ello. Además, muy pronto se precipitarían investigaciones sobre los horrores del régimen imperial.

En su resumen de acuerdo presidencial del 15 de noviembre, mi padre registró que López Portillo mantenía su decisión de permitir el retorno. Éste, en su diario, anota el 19 de noviembre: "Estoy ahora con el problema de decidir si vuelvo a admitir al Shah o no. Castañeda se opone con el argumento de que nos van a crear problemas con los iraníes fanatizados y nos podrían tomar una embajada o capturar un avión".

Nadie sabía por qué mi padre, quien todavía el 14 de noviembre, durante un viaje a Brasil, afirmó que "México estaba dispuesto a recibir al shah en caso de que así lo solicitara", cambió de opinión. La clave reside en esa visita a Brasilia, con una escala logística en Panamá, y otra, de índole turística y apasionante, en Manaus. El viaje incluyó, además de una nutrida delegación mexicana y de un paseo por el fabuloso *Encontro das aguas*, a mi madre, a Miriam, que ya era mi pareja, y a mí. Durante casi cinco días, Oma y yo conversamos largo y tendido con mi padre sobre el shah, y consumamos su creciente inclinación hacia la decisión negativa. Para convencerlo de que no debía permitirse el regreso del shah a México, recurrimos a todos los argumentos habidos y por haber: desde el derecho de asilo hasta los crímenes de lesa humanidad y los juicios de Nuremberg, pasando por el papel de Kissinger, las informaciones procedentes de Teherán sobre las fechorías de la familia Pahlevi, y los peligros para México. Incluso encontramos la manera de disociar el rechazo de dos ejemplos supuestamente análogos: el asilo otorgado por Lázaro Cárdenas a Trotsky en 1939 y por Ávila Camacho al rey Carol de Rumania en 1941, sin hablar de los miles de refugiados españoles, de Europa del Este y de Alemania, y de Centro y Sudamérica que arribaron a costas o fronteras mexicanos en años subsiguientes. Mi madre y yo alegábamos que nunca se detectó peligro alguno para México en esos casos, aun tratándose del enemigo feroz de un régimen amistoso en el caso de Trotsky, y de un corrupto consuetudinario en el del rumano. Insistimos en que igual los rehenes ya se hallaban bajo la férula de las turbas de Khomeini, en que impedir la vuelta del shah no obstruiría las negociaciones entre Washington y Teherán, en que Carter le conseguiría otro refugio, y en que si se trataba de un asunto de palabra de honor, cualquier compromiso fue con el shah, no con Carter. Todas estas eruditas cavilaciones conservan su validez y pertinencia hoy.

El problema provino de la neblina diplomática: lo que no vimos. Al aterrizar en México el 20 de noviembre, mi padre estaba convencido; en su acuerdo con López Portillo del 26 de ese mes, amarró el visto bueno de su jefe. Convocó a conferencia de prensa el 28 en la tarde, para anunciar lo que todos convenimos: no volvería el atribulado shah a México.

Los norteamericanos se indignaron. La reflexión de Carter fue categórica, aunque en parte falsa: "A las 1830 me dieron la noticia increíble de que los mexicanos habían cambiado diametralmente de opinión durante el día y que ya no aceptarían al Shah en su país. López Portillo no es un hombre de palabra [...]. Brezinski [Asesor de Seguridad Nacional], Vance [secretario de Estado] y yo, no entendíamos. Me indigné. Los mexicanos ya no tenían personal diplomático en Irán, y no necesitaban petróleo iraní. Nos habían dado todas las seguridades de que el Shah sería bienvenido. No nos avisaron de su cambio de parecer; aparentemente, al último minuto, el Presidente de México cambió de opinión." Según Hamilton Jordan, jefe de la Oficina de la Casa Blanca, se expresó con mayor virulencia: "López Portillo es un mentiroso [...]. Nos engañaron, y la única razón es que quieren crear problemas." Vance moderó un poco los epítetos, pero el tenor era el mismo: "El 19 de octubre [... nos] informaron que López Portillo le había dicho al Shah que podría volver a México después de su tratamiento médico. Pedimos confirmación el 21. La recibimos de nuestro Encargado de negocios al día siguiente [...]. Nos desconcertó la decisión mexicana de no renovar la visa. La razón de López Portillo de renegar de las garantías citadas es materia de especulación. Parece probable que al comprobar la repentina y aguda confrontación entre Estados Unidos e Irán, México decidió que la situación había cambiado tanto que ya no honraría su promesa al Shah, ni sus compromisos con nosotros."

López Portillo modificó su actitud porque cambió el contexto y evolucionó la postura de su canciller; esta última mudó, para empezar, porque se produjo un relevo en la SRE entre abril y noviembre, y porque el nuevo canciller matizó su enfoque en función de los acontecimientos y de los argumentos de colaboradores cercanos como Margáin. Y de su familia más estrecha, cuya influencia era innegable y pudo ejercerse con cierta holgura. Para cuando mi padre le lleva la propuesta del "no" a JLP en su acuerdo presidencial del 26 de noviembre, no le costó trabajo persuadir al presidente, que con cada día transcurrido tendía hacia la misma definición. Su nacionalismo mexicano ortodoxo, en mi opinión de hoy patriotero y ramplón, pero respetable y compartido por muchos, incidió. Si el shah no confiaba en los médicos mexicanos ¿para qué demonios debíamos pagar los platos rotos de los norteamericanos, que ni siquiera nos lo iban a agradecer?

¿Tuvimos razón López Portillo, mi padre, Oma y yo? La gente de Carter sostiene que si bien el cambio de opinión mexicano no generó la crisis de los rehenes, la agudizó cuando todavía era factible liberar a los funcionarios diplomáticos en Teherán. El par de semanas adicionales durante las cuales debió permanecer el shah en Nueva York complicó la negociación con las autoridades iraníes; durante ese ínterin se fortalecieron los radicales, se esfumaron los moderados, y "la calle" y Khomeini tomaron el mando. Jordan es franco y directo; según él, Carter habría deducido que "La negativa de México de permitir el retorno del Shah ha dificultado su recibimiento por otros países, que han de pensar: Si México tiene miedo de aceptarlo ¿por qué lo acogeríamos nosotros?" Según los colaboradores de Carter, la crisis de los rehenes se eternizó hasta principios de 1981 debido a la resolución mexicana. Acabó con la Presidencia de Carter y aseguró el advenimiento de Ronald Reagan y las consiguientes consecuencias. Lo segundo es indiscutible; lo primero cuestionable, pero no desorbitado. En la opinión del ya citado Sick: "El Secretario Vance había preparado una ruta crítica donde el Consejo de Seguridad de la ONU adoptaría una resolución que le diera un papel protagónico al Secretario General Waldheim, Irán celebraría su referéndum constitucional, y el Shah abandonaría Estados Unidos [...]. La 'bomba' mexicana estalló justo en el momento cuando el Shah ya podía viajar, y cuando el canciller iraní moderado Bani-Sadr, favorable a la liberación de los rehenes, fue susti-tuído [...]. Todo ello destruyó la ruta crítica de Vance." Nadie se preocupó por las implicaciones electorales estadounidenses de las decisiones mexicanas.

Con pleno conocimiento de causa, ¿hubiéramos mi madre y yo, por lo menos, y mi padre también, insistido en torpedear el re-greso del shah a México? De prever las consecuencias políticas in-ternas en Estados Unidos del nuevo destierro forzado de Pahlevi, ¿habríamos procedido de la misma manera? ¿La pésima química entre Carter y López Portillo coadyuvó a la catástrofe? A cambio de ratificar la infatuación nacionalista del *establishment* mexicano y de evitar tomas de embajadas, consulados, aeronaves u otros activos mexicanos, contribuimos a la llegada de Reagan a la Casa Blanca, y por consiguiente al tumultuoso recrudecimiento de la Guerra Fría, a la intervención clandestina o descarada en Centroamérica y, en última instancia, a la caída de la Unión Soviética y del bloque so-cialista. Impertérrito, cumplí con mi papel de hijo de ambos proge-nitores y con mis convicciones ideológicas, políticas y personales del momento, pero no necesariamente con los intereses del país, o del mundo, en una de las escasas ocasiones cuando podíamos incidir en ellos. Tal vez la regamos.

Ni la prensa mexicana ni los servicios de seguridad del Estado (en aquella época, la infame Dirección Federal de Seguridad, o DFS, encabezada por Miguel Nazar Haro) registraron cualquier injeren-cia de mi parte, o de mi madre, en las tortuosas tribulaciones del shah en México. La primera referencia impresa a mi pertenencia al Partido Comunista Mexicano y a mi relación filial con el nuevo canciller aparece en una columna de *Excélsior* en julio de 1979 a propósito de mi papel como "Jefe del Centro de Computación del PCM"; nada que ver con la política exterior. Los informes iniciales —y ridículos— de la DFS surgen en 1980, tratándose de mi pre-sencia (ficticia) en vuelos a la URSS, o a La Habana (a partir de ju-lio de 1980). Todos los demás informes de la DFS donde soy mencionado se originan en el seguimiento (la palabra espionaje es inadecuada, en vista de la patética ineptitud de los esbirros de Na-zar Haro) a las actividades del PC, sobre todo en la Universidad, y en menor medida en los diversos festejos del partido o de solidari-dad con tal o cual país de América Latina. Las citas de prensa o de seguimiento de mi padre tampoco me mencionan hasta mediados de 1980. En el tambache de documentos que obtuve del Departamento de Estado en Washington a raíz de una solicitud de Freedom of Information Act o FOIA (Estados Unidos no proporciona informes o cables de la CIA o de otras instancias de inteligencia), los relatos de mis actividades o escritos comienzan en 1984. De tal suerte que, a diferencia de los nexos del gobierno de México con las insurgencias centroamericanas a partir de 1981, mis actividades, conspiraciones o travesuras permanecieron en el anonimato tratándose de Irán. Mejor. De haber sabido los norteamericanos de mi involucramiento, dudo que hubieran sido tan hospitalarios conmigo después.

IV

Además de embriagarme con los delirios descritos —en el PCM, en la política exterior de México, en la revolución sandinista, y en las causas revolucionarias en El Salvador y Guatemala— conocí en esa época a dos personas de gran relieve personal: Miriam, mi exesposa, que ejerció una influencia crucial sobre mí a lo largo de nuestros veintidós años de pareja, y García Márquez, de quien pensé haber sido amigo sin haberlo sido nunca, pero que desempeñó un papel central en mi vida hasta bien entrado el siglo XXI. No hay comparación entre la importancia de ambas figuras, salvo por la coincidencia en el tiempo, por la cercanía de Miriam con los Gabos desde entonces y hasta la fecha, y por la simultaneidad de la ruptura con ambos en 2001. Miriam fue trascendente para mí; García Márquez, para el mundo.

Por eso conviene comenzar con ella. Nos conocimos al poco tiempo de mi llegada a México: una primera vez por casualidad en la casa donde vivía aún con su exmarido, padre de su hijo Carlos Miguel, padrastro cercano de su hija, Javiera, y amigo de Mario Núñez, el personaje especial con quien viajé a Nicaragua y del que tanto aprendí en Europa; y una segunda ocasión, meses más tarde, ya separada ella, en una comida organizada en parte para juntarnos, en la maravillosa morada de Yuriria Iturriaga al comienzo de la subida a San Jerónimo. Miriam y ella eran compañeras de clase en Flacso, donde cursaban una maestría de ciencias políticas, envueltas en la retórica, la sabiduría y la experiencia de numerosos estudiantes y profesores exiliados de las guerras sucias del Cono Sur. Miriam llegó a México de Chile, vía Caracas, un par de años antes, con sus dos hijos y sus padres por fin reunidos con la familia entera. Su papá,

Carlos Morales, fue presidente del viejo Partido Radical chileno durante la Unidad Popular; la dictadura de Pinochet lo desterró-encarceló durante dos años en la Isla Dawson, al fin del mundo. Gracias a las gestiones de Carlos Andrés Pérez y de Felipe González, el uno en el gobierno y el otro todavía en la oposición en sus respectivos países, fue liberado con otro grupo de presos y se instaló, con su hija, sus nietos y su esposa, en México. Allí moriría en 1988.

Miriam también provenía de una experiencia política intensa, más extremista y menos razonable que la de su padre, en las filas del Movimiento de la Izquierda Revolucionaria o MIR. Salvo por unos meses al final de la Presidencia de Allende, cuando fue nombrada la interventora (o gerente) más joven de Chile de una fábrica expropiada, su militancia se situaba en la base: células de activistas, manifestaciones, algunas peleas callejeras y un mes en un campo de presunto entrenamiento militar en Cuba. Digo presunto porque según ella misma, su tránsito por Punto Cero fue más bien de índole turística que estrictamente guerrillera o ideológica, aunque la marcó por un rato. De acuerdo con la entrevista que le hizo el semanario *Chile Hoy,* dirigido por Marta Harnecker, a principios de 1973 fue nombraba interventora de la fábrica Max Well de radios y tocadiscos, con algo más de cien empleados, a petición de los trabajadores: "No es usual, es verdad [...]. El Ministerio del Trabajo elige interventores a funcionarios de su Ministerio o de CORFO, y esa fue una de las grandes dificultades que tuvimos, ya que nos objetaron [...]. Sí, objetaron la decisión de los trabajadores de elegirme a mí [... Se arregló] por la presión de los obreros. Ellos se mantuvieron firmes aduciendo que yo estaba lo suficientemente interiorizada de los problemas de la empresa y que contaba con su confianza [...]. Los trabajadores me pidieron y con ellos hago todo. Discutimos y aprendemos juntos, y tengo la certeza de poderles cumplir. Mis intereses apuntan a lo mismo, aquí todos luchamos por el socialismo."

La entrevista y la estancia en Cuba vienen a colación en vista de su extraña mezcla de radicalismo ideológico y personal, y de sensatez política notable, combinación que a la par de su *joie de vivre,* su silueta arqueada y ondulante (a pesar de su diminuta estatura), su madurez y cultura, me embrujaron. A los pocos días de encontrarnos, prácticamente empezamos a vivir juntos, como "amantes", diría la DFS en su informe del 22 de agosto de 1981, por más de dos décadas. Un amigo cercano fungió en ese tiempo como secretario particular del legendario Fernando Gutiérrez Barrios, encargado de la DFS y de seguridad del Estado, amigo de los hermanos Castro de La Habana y de los "primos" de Langley, Virginia, gobernador de Veracruz, secretario de Gobernación y posterior víctima de un secuestro. Compartió conmigo mucho tiempo después su impresión de cómo el pasado extremista de Miriam lo condujo a iniciar su vigilancia del entonces "hijo del canciller".

Es tres años mayor que yo; si a esa diferencia le sumamos, en aquel momento, la inescapable maduración emocional muy superior de las mujeres en general y de Miriam en particular, así como mi propia inmadurez, se entienden mejor las razones de su fuerte ascendencia sobre mí en muchos ámbitos de la vida, política, personal y familiar. No leíamos lo mismo, pero ella siempre escudriñaba mis textos, detectando contradicciones o afortunados giros; nos gustaban las mismas películas y cháchuras o arte para la casa; sus amigos y amigas se convirtieron en los míos, y sobrevivieron al divorcio; mis amigos quizás llegaron a quererla más que a mí, o a considerarla más simpática: magra hazaña. Con ella atravesamos momentos de inenarrable tristeza: la muerte de sus padres, la de los míos, las dificultades de criar hijos de alguna manera atormentados, los recurrentes reveses sufridos por causas torales; y de infinita felicidad: el nacimiento de Jorge Andrés, los viajes juntos, los éxitos o triunfos de nuestros esfuerzos conjuntos, las largas amistades forjadas en común. Un intercambio justo y fructífero: ella me entregó una experiencia de vida y de sensibilidad; yo le di, al igual que Jorge padre a Oma, la asimilación plena en un país del que se apropió, y que no suele admitir a forasteros más que a contrapelo y a medias.

Mi madre se encargó de subrayar lo evidente, y de refregárselo a Miriam, para que comprendiera a su hijo: repetía la secuencia de mi padre al emparejarme con una mujer mayor y extranjera, con dos críos y un pasado turbulento. Sólo faltaba que fuera judía. Con los eufemismos producto de una accidentada pero casi completa tropicalización, Oma insinuó que un día surgiría un desafío adicional, quizás insuperable. Aun los hombres mexicanos con la vida arreglada, demasiado seguros de sí mismos e irresistiblemente atraídos por mujeres excepcionales, provistas de una vigorosa personalidad y un agudo sentido de contradicción e independencia, a la larga acababan por cansarse y optaban por soluciones de facilidad. Intuyó también que la fatiga mutua y la inercia procrearían una comprensible tentación de desidia conyugal, producto de la comodidad, la rutina, los niños y el estatus social. Le sucedió a mi madre y a mi exesposa, por razones similares: dedicaron toda su fuerza interna y su prodigiosa capacidad de seducción a sus hijos y a su compañero, para fortuna del mismo en el corto plazo y para desgracia de ambos a la larga.

Mi madre compartió con Miriam su escepticismo y la convicción de que esos arreglos arrastran dolor y adversidad, y suelen acabar mal. Durante un prolongado periodo, erró en su cuestionamiento. Los motivos del fin de la relación no se hallaron ni en los niños, la extranjería o la mayor edad de Miriam. Esa es otra historia. Las incontables virtudes de Miriam se consignarían con su desempeño como funcionaria pública, agente social y persona pensante muchos años después de nuestra separación; su paciencia conmigo se vio compensada no por el amor que le tuve sino por mi cariño duradero por sus hijos. Como especuló, con gran conocimiento de causa e inteligencia en alguna ocasión Adolfo Aguilar Zínser, lo tuve porque eran de Miriam. Pero también porque los crié yo. Con sus encantos y defectos, son míos. Hoy con Miriam hemos reconstruido parte de la complicidad de antes, no solo a propósito de los niños que nos traen a ambos la misma felicidad y los mismos dolores de cabeza, sino de la vida en general. Seguimos hablando bien entre nosotros sobre algunos, y mal sobre otros (no pocos). Contamos con nosotros para las adversidades y nos congratulamos de los pequeños triunfos de cada uno. Como corresponde a quienes compartimos los momentos esenciales de la vida.

Quizás la mejor expresión de la vitalidad y portento de Miriam parte de su aptitud para conservar, ya separada, las amistades que tejimos al alimón durante nuestros años de pareja. Incluso, como sugerí, con personas de las cuales yo me distancié, por buenos o malos motivos. Aunque siempre sostuvo que a los grandes escritores había que leerlos y no conocerlos de cerca (versión mexicanizada del aforismo de Bismarck sobre las leyes y las salchichas), el caso más notorio de su talento de atracción fue el de García Márquez, a quien conocí en octubre de 1978, en compañía de Roger Bartra, gracias a una gestión de Arnoldo Martínez Verdugo.

Antes de volver a México de París, Bartra y yo ideamos un proyecto gracioso y premonitor, aunque desfasado en el tiempo. Se trataba de inventar una versión mexicana de *quick books* norteamericanos, muy de moda también en Francia en esos años, que permitían intervenciones ágiles, breves y oportunas en efímeras coyunturas políticas, culturales, científicas o históricas. El propósito era editar pequeños opúsculos, con uno o dos meses de gestación, baratos y accesibles en su factura; los libros tardaban entonces nueve meses entre la aprobación de un manuscrito y la colocación en librería. Al instalarnos de nuevo en México, Bartra y yo visitamos a Arnaldo Orfila en las oficinas de Siglo XXI Editores en Cerro del Agua, para presentarle el esquema y proponerle que lo incluyera en su catálogo de publicaciones. Asintió, y nos sugirió que buscáramos a autores acostumbrados a escribir por lo menos ocasionalmente textos cortos y rápidos; empezamos a auscultar a las figuras políticas e intelectuales a nuestro alcance, y Arnoldo nos mandó con García Márquez. Allí caí, a la sala de la casa de Fuego en el Pedregal (esa vez no en el estudio de la parte posterior del jardín), en la primera de más de cien visitas a lo largo del siguiente cuarto de siglo.

Con Gabo, Ciudad de México, 1982

Además de escuchar con interés y bonhomía nuestras mal hilvanadas ideas, el escritor en castellano ya entonces más vendido en el mundo —el Premio Nobel lo consagraría cuatro años después— me dio la impresión de haberme tomado cariño, tal vez por la combinación de juventud y desfachatez que esgrimía. Comencé a visitarlo con frecuencia; platicábamos de innumerables asuntos: las actividades del M-19 en Colombia, un grupo guerrillero a la vez procubano y archinacionalista, por quien Gabo guardaba empatía; el auge del movimiento sandinista en Nicaragua; o Faulkner y Hemingway, sus autores norteamericanos preferidos. Cuando, meses más tarde, mi padre arribó a la Torre de Tlatelolco, poseía yo válidos motivos para pensar que me hallaba en pleno proceso de construcción de un nexo propio con García Márquez, y al mismo tiempo que a mis padres y a Gabo y a Mercedes les resultaría interesante y útil hacerse amigos. Las dos hipótesis parecieron confirmarse: mi amistad con el novelista se fortalecía, y la de Oma y Jorge con la pareja colombiana se forjaba al calor de los temas recurrentes y candentes de la actualidad.

Con Gabriel García Márquez y Miriam Morales, Ciudad de México, 1984

Poco a poco desfilaron por nuestros encuentros personajes notables que se transformaron en amigos comunes: Alan Riding y Marlise Simons, corresponsales del *New York Times* y del *Washington Post* en México y Centroamérica; Eric Nepomuceno, enviado por la revista brasileña *Veja*; el grupo de operadores cubanos de Manuel Piñeiro, entre otros Jorge Luis "el Chino" Joa y Fernando Ravelo, exembajador de Cuba en Bogotá; Julio Scherer, director de *Proceso*, donde García Márquez publicaba una columna semanal, y antiguo amigo de mis padres; Rolando Morán, fundador y jefe del Ejército Guerrillero de los Pobres de Guatemala, conocido del Gabo de tiempo atrás, y por supuesto, Carlos Fuentes.

Intimamos los García Márquez, Miriam y yo, a partir de 1979, por todo tipo de razones: el cruce de intereses y afinidad política (por ejemplo el secuestro de treinta embajadores en Colombia, incluyendo al de México, por el M-19, cuyo líder en ese momento, Jaime Bateman, era amigo de Gabo), conspirativos (el caso de Jaime Guillot Lara, acusado por los norteamericanos y los colombianos de ser traficante de armas y de droga, pero en realidad agente cubano asilado en México), de simpatía pura (ambos, cuando quieren y se sienten en confianza y despojado él de su timidez natural, pueden ser extraordinariamente seductores), de literatura (Miriam era, según él, una estupenda lectora, y yo siempre había leído algo que otros no), de chisme (despotricábamos contra una infinidad de personajes banales o sobresalientes) y de interés burocrático (desde visas para terceros hasta recomendaciones —innecesarias— para la admisión de su hijo Rodrigo a Harvard o la naturalización del mismo, la penúltima que otorgó mi padre, el 5 de noviembre de 1982).

Con Marina Castañeda y Gabo, Cancún, 1981

A principios de 1980 lo puse en contacto con los dirigentes del FMLN salvadoreño; se reunieron en la pequeña casa que conservaba Miriam en la calle de Hornos en Coyoacán. Conspiramos juntos en varios frentes adicionales esos años: ayudando a los sandinistas, a los salvadoreños, a los guatemaltecos —incluyendo a Gaspar Ilóm, nombre de guerra de Rodrigo Asturias, hijo de Miguel

Ángel, uno de los Nobel latinoamericanos predecesores de García Márquez. Durante el último año de la gestión de mi padre en Relaciones, los nexos y las intrigas se intensificaron. Fuentes y García Márquez fueron invitados como testigos a la Cumbre Norte-Sur de Cancún: me encargaron atenderlos allí. Gabo ayudó a convencer al recién electo gobierno de Mitterrand en Francia de apoyar y luego consumar la idea de una declaración conjunta, franco-mexicana, sobre la guerra civil en El Salvador (aunque a García Márquez no siempre le simpatizaba el multicitado Régis Debray, todavía en aquella época se frecuentaban y se respetaban; más tarde se produciría un ligero distanciamiento por las críticas cada vez más estruendosas del francés a Castro). En la primavera de 1982, cuando a la vez se desplomaban la economía mexicana, el régimen de López Portillo y la paz en Centroamérica, García Márquez siguió respaldando las gestiones mediadoras de México con Nicaragua y Cuba. Ya lo había hecho antes, en torno a una reunión, en aquel momento secreta, entre Carlos Rafael Rodríguez, vicepresidente de Cuba encargado de política exterior, y Alexander Haig, primer secretario de Estado de Ronald Reagan, en la casa de mis padres en el Pedregal. A esa reunión sucedió una visita de Vernon Walters a La Habana, y un discurso de López Portillo en Managua, bien armado y mal recibido en Washington, proponiendo un plan de paz para toda la región.

El encuentro secreto se produjo a raíz de una sugerencia de López Portillo a Reagan en la Cumbre de Cancún, en noviembre, motivada por una recomendación de mi padre a su jefe, a partir de una ocurrencia mía. Nadie creía en la iniciativa, pero yo aún no comprendía cuán falsa resultaba en los hechos la tesis según la cual México podía fungir como un mediador eficaz entre Estados Unidos y Cuba. Ambos personajes arribaron por separado a la casa de la calle de Fuego en la tarde, precedidos por sus subalternos encargados de cerciorarse de la conservación del sigilo y de la vigencia de normas de seguridad adecuadas. Mi padre recibió a los dos en la sala, los presentó, les deseó buena suerte y los abandonó para que conversaran solos. A la mañana siguiente desayunó con nosotros Carlos Rafael Rodríguez, de quien recibimos mi padre y yo una versión detallada de la conversación, cordial y sustantiva, y a la vez intrascendente. Quizás el único recuerdo detallado que conservo se refirió a la acusación de Haig sobre la presencia de pilotos cubanos conduciendo MIGs soviéticos en los cielos del Golfo de Omán, cargo rechazado por Rodríguez hasta que Haig confesó que Washington poseía grabaciones de los intercambios entre ellos, en un castellano inconfundiblemente isleño. El secreto se conservó tan bien que la reunión sólo fue descubierta en 1982. En materia de adrenalina y suspenso, fue fascinante; en términos de resultados, inocua.

Gabo y la Mac, Ciudad de México, 1984

Decía que el discurso de López Portillo resultó bien armado, porque además de mis otras "gracias", en esos tiempos me dio por volverme "negro" o *ghostwriter* de varios personajes, entre otros, justamente, López Portillo y García Márquez. Me adentré en este ejercicio elaborándole textos a mi padre y lo disfrutaba: la incidencia por interpósita persona. El discurso presidencial de Managua fue una idea desarrollada por mi padre y por mí, plasmada en un texto corregido por el presidente, en su opinión mejorado, y en la mía menoscabado. A su vez, García Márquez me ofreció el insólito privilegio de confeccionarle una notas para sus palabras de agradecimiento al recibir el Águila Azteca en septiembre de 1982 y para su discurso del Nobel en Estocolmo, dos meses después. Tanto el título —un poco obvio: "La soledad de América Latina"— como la evocación de Toño Kröger, el joven mestizo de madre latina y padre germano, fueron de mi autoría, aunque la figura de Kröger provenía de la memoria de mi madre: las interminables novelas y los cuentos cortos de Thomas Mann figuraban entre sus lecturas preferidas. Las estadísticas a la mitad del texto relativas a los muertos, desaparecidos, desplazados y desterrados de América Latina, así como su ilustración con criterios europeos, provino de mi pluma. Era lógico que lo asistiera de esa manera; le solicitaba apoyos semejantes a muchos otros. Nuestra cercanía en ese tiempo era tal que la fiesta "oficial" para celebrar su premio tuvo lugar en la pequeña casa de la calle de Fresnos que ocupábamos Miriam y yo. El discurso de Estocolmo encerró un esfuerzo de familia: la traducción al inglés, publicada en *The New York Times* un par de meses más tarde, aparece con la firma de Marina mi hermana, y así se siguió publicando en todas las recopilaciones de la obra no literaria de García Márquez.

Después de grandes esfuerzos correctivos en materia económica, mi gobierno decidió atacar el mal por su raíz y extirparlo de una buena vez. Era obvio que existía una inconsistencia entre las políticas internas de desarrollo y una estructura financiera internacional errática y restrictiva.

Era irreconciliable una política de crecimiento razonable con una libertad especulativa de cambios. Por eso establecimos el control de divisas.

Dicho control sólo puede funcionar, dada nuestra frontera de tres mil kilómetros con Estados Unidos, mediante un sistema bancario que siga las políticas de su país y de su gobierno, y no de sus propios intereses especulativos y los vaivenes del caos financiero internacional. Por eso nacionalizamos la banca.

Hemos sido un ejemplo vivo de lo que ocurre cuando esa masa enorme, volátil y especulativa de capital recorre el mundo en busca de altas tasas de interés, paraísos fiscales y supuesta estabilidad política y cambiaria. Descapitalizan a países enteros y causan estragos en su camino. El mundo debe ser capaz de controlarlos. Es inconcebible que no podamos hallar la fórmula que, sin coartar tránsitos y flujos necesarios, permita regular un fenómeno que daña a todos.

Se hace imprescindible que el nuevo orden económico internacional establezca un vínculo entre el refinanciamiento del desarrollo de los países en desarrollo que sufren fuga de capital, y los capitales que se fugaron. Siquiera migajas de su propio pan. [...]

Notas del discurso de José López Portillo ante la ONU, 1982

Dedicatoria de Gabo a Marina.

Concluido el gobierno de López Portillo, la relación con los García Márquez se mantuvo inicialmente intacta, volviéndonos Miriam y yo *habitués* de los almuerzos dominicales en el Pedregal. En uno de ellos, a mediados de 1984, le instalé en la pequeña oficina del segundo piso de su casa su primera Macintosh, de las grandes, cuadradas y dizque portátiles; hasta donde sé, siguió escribiendo en los aparatos de Steve Jobs toda la vida. Salíamos con ellos y los Fuentes, en ocasiones también con Carlos Monsiváis, a cenar o de parranda; nos encontrábamos en París a veces, donde lo exasperaba con insistentes pedidos de auxilio para mis descabellados proyectos, y nos congregábamos en México para conocer a personalidades nuevas, por ejemplo, a Norberto Fuentes, en 1984. Desde entonces he sido amigo del historiador y exconspirador cubano ahora radicado en Miami, acusado por Fidel Castro de haber participado en las fechorías del colega de Debray, Tony de la Guardia, fusilado en 1989. La descripción que hizo Fuentes de la Cuba de los cincuenta en su clásico *Hemingway en Cuba* y su relato en la *Autobiografía de Fidel Castro* de cómo García Márquez se lavó las manos de la suerte —y muerte— de De la Guardia, aun frente a la súplica de su hija, casi ahijada, en su casa de El Laguito en La Habana, no sólo revela la frialdad del novelista, sino también la primacía del interés sobre cualquier afecto, por largo, intenso y genuino que haya sido.

En efecto, esto acontecía bajo el signo ominoso de un doble mal entendido. El colombiano me guardaba un verdadero cariño, subordinado siempre a su interés político y social del momento. En mi inocencia juvenil y prepotente, no me percaté de ello sino mucho después. Me persuadí de que el afecto innegable del novelista equivalía a una amistad a toda prueba, *for all seasons*, donde los intereses eran pasajeros y la estima, permanente. Conmigo, García Márquez fue a la vez generoso al extremo, interesado, y mezquino. Lo primero por simpatía real: le caía bien, solía decir que el único parangón de mi rapidez para pensar, escribir y actuar yacía en mi propensión fatal a ser "enfático" y reiterativo. Mercedes repetía una y otra vez cómo mi madre, ya agonizando, le rogó que cuidaran a su "güerito", e innumerables visitantes, conocidos o socios de trabajo de García Márquez conocían su debilidad por mí y por Miriam, y de cómo pocos podían convencerlo de algo como yo.

Al mismo tiempo —y de allí el malentendido—, los Gabos nunca desearon publicitar su cercanía conmigo en el círculo de sus otras amistades; les caía en gracia aparte, y cuando me necesitaban para algo. A diferencia de Fuentes, que fue siempre un hombre más interesado que García Márquez, pero del que llegué a ser, como dije, amigo por mis padres, sin ambages ni simulaciones, el Gabo me ubicaba perfectamente en su jerarquía de sentimientos y de beneficios. En marzo de 1988, al cumplir sesenta años, Mercedes organizó una gran fiesta en su casa donde invitó a sus sesenta amistades más cercanas en México. Miriam y yo nos enteramos y nos sentimos por los periódicos. Aunque se trataba de un incidente menor, decidí suspender una relación que carecía de lógica para mí, hasta que, de casualidad, en diciembre de ese año, al acudir Fidel Castro a la toma de posesión de Carlos Salinas, me crucé con García Márquez en la Embajada de Cuba. Se quejó de mi silencio, le reclamé su mala educación o desapego —no sabía cuál era peor, le dije— y al pedirme que fuera explícito, lo fui. Respondió con disciplina que no habíamos figurado entre sus sesenta mejores amigos de México porque... se le había olvidado a Mercedes, y punto. No le creí una palabra, pero hice las paces y pasé el asunto a pérdidas, a sabiendas de que no convenía esperar mucho de tal nexo, salvo para disfrutar el ingenio, el encanto, la cultura y la sensibilidad literaria y política de un personaje... aparte. Me propuse sacarle el mayor provecho posible a un vínculo ya desprovisto de afecto, pero no de utilidad. Le pedí que apadrinara con un párrafo las diversas ediciones de mi *Utopía desarmada*. Aceptó, en parte porque compartíamos al mismo editor en Knopf —Ash Green—, en parte porque jodía yo mucho (cuando me regaló las pruebas finas corregidas a mano de su *Crónica de una muerte anunciada*, en 1981, me las dedicó así: "Para el Güero ¡para que ya no joda!"), porque había escuchado que se trataba de un texto importante, y lo hizo con mayor o menor consciencia de la inclusión de largos pasajes que a los cubanos les provocarían urticaria. El comentario rezaba así (le redacté varios borradores a García Márquez): "Esta es la historia —bien pensada y bien contada— del auge y las desventuras de la izquierda en América Latina, víctima de los voluntarismos propios y los dogmas ajenos. Y es también una propuesta —polémica pero menos ilusoria— para sobrevivir al naufragio aunque se pierdan los muebles." Fue gracias a la intervención de García Márquez que su editor en París —Grasset, dirigida por Jean Claude Fasquelle— publicó una traducción al francés, que de otro modo no hubiera existido. La historia y las perspectivas de la izquierda en América Latina no constituían un tema álgido del debate intelectual galo en 1995-96.

Notas para Gabo para el
texto de contraportada
de *La utopía desarmada*.

Jorge G. Castañeda (Cuidad de México, 1953) es profesor de la Facultad de Ciencias Políticas y Sociales de la Universidad Nacional Autónoma de México. Es editorialista de *Proceso*, del diario *Los Angeles Times* y de la revista *Newsweek International*. Sus artículos han sido reunidos en: *México, el futuro en juego* (JM, 1987), y *La casa por la ventana* (Cal y Arena, 1992) y es también autor, junto con Robert A. Pastor, del libro *Límites en la amistad. México y los Estados Unidos* (JM, 1989).

Esta es la historia –bien pensada y bien contada– del auge y las desventuras de la izquierda en América Latina, víctima de los voluntarismos propios y los dogmas ajenos. Y es también una propuesta –polémica pero menos ilusoria– para sobrevivir al naufragio aunque se pierdan los muebles.

GABRIEL GARCÍA MÁRQUEZ

La importancia y oportunidad de este libro son indiscutibles. Sus páginas están colmadas de información. Los argumentos son diáfanos y bien documentados. Pero lo más importante es que se trata de un libro que voltea de cabeza los estereotipos, importuna la pereza mental y pone al lugar común en entredicho.

The New York Times Book Review NICOLAS SHUMWAY

¿Qué es la izquierda latinoamericana? Entre otras cosas, un conjunto de hazañas, errores, poderes renovados de movilización, reflejos condicionados del dogmatismo, registro de la injusticia social, sectarismo institucional, logros históricos, prácticas totalitarias, generosidad y autofagia. Jorge Castañeda se acerca al fenómeno y traza un panorama coherente, esperanzado y crítico de la situación actual de la izquierda, de sus reservas utópicas, de sus limitaciones orgánicas, de su fuerza y de la inutilidad de concebir a Latinoamérica como si la izquierda no existiese y no fuese a persistir.

CARLOS MONSIVÁIS

Cicatrizaron las heridas. Trece años más tarde, surgió otro diferendo, ya no personal sino político, directamente ligado a las lealtades de García Márquez con La Habana, a las que nunca pedí que renunciara, pero tampoco acepté que operaran públicamente en mi contra. Volveremos sobre ese pleito, más significativo pero menos doloroso, porque llovía sobre mojado.

V

A partir de mi regreso de la demencial estancia en Managua y de la saga del shah de Irán, concentré cada vez más tiempo y energía a acompañar a mi padre en la Cancillería. Prescindí de oficina, de aparato —usaba los de mi padre: parte de los pertrechos faraónicos de un secretario de Estado de entonces— y de emolumentos, salvo el último año, cuando resultó más expedito y transparente recibir dos mil dólares al mes para cubrir gastos de viaje, teléfono, representación y otras necesidades, que meter recibos no siempre fáciles de justificar. Me aboqué a tres frentes —el salvadoreño, el guatemalteco y en menor medida el cubano—, no sin antes saldar cuentas con los sandinistas a través de un librito, publicado por una editorial nonata de Carlos Payán, director del *Unomásuno,* cuya amistad disfruté durante muchos años.

El texto, titulado *Nicaragua: Contradicciones en la revolución* (1980), procuraba mostrar, con el tacto que siempre me ha caracterizado, cómo el Frente Sandinista, conforme avanzaba en la consolidación del régimen emanado de la insurgencia antisomocista, enfrentaba un cúmulo creciente de paradojas. Evité ataques directos o críticas explícitas, pero no callé mi confusión o desacuerdo con partes importantes del ensamblaje nicaraguense. En mi potenciada megalomanía, supuse que los miembros de la Comandancia se arrebatarían mi libro y lo discutirían *ad nauseam.* Obvio, nadie me hizo el menor caso, pero dejé constancia de un hiato entre lo que el FSLN decía y lo que hacía; entre lo que yo pensaba y lo que ellos confabulaban; y preparaba el terreno para reproches más agudos en el futuro. El libro, breve y legible, se ceñía demasiado a la coyuntura y se dirigía a un público lector hiperenterado: casi íntimo. El lenguaje, los temas, la trama argumentativa, las polémicas: todo se ubicaba *dentro* de la izquierda, un trabajo quizás atractivo para los iniciados, pero no para el común de los mortales.

Mediante este esfuerzo pude detectar las contradicciones perceptibles del sandinismo. Hacían de Carter y de Estados Unidos, a dos años todavía de la toma de posesión de Reagan, el enemigo principal de la "humanidad" y de su revolución, aunque recibían más apoyo de Washington que de cualquier otro donante: "Frente a un imperialismo actualizado, el antiimperialismo de antes puede resultar inoperante […] suena cada vez más a consigna, y sólo a consigna." Buscaban fortalecer sus alianzas con la llamada "burguesía antisomocista", pero extendían al máximo las embestidas contra los intereses y los familiares de Somoza, rebasando el núcleo duro del desterrado dictador. El FSLN se ostentaba como una organización revolucionaria, pero asumió a pie juntillas la tediosa teoría de la dependencia como andamiaje ideológico de cabecera, reduciendo a la burguesía con la que se quería aliar a una burguesía "consular". ¿Para que aliarse con comparsas o títeres? Afirmaba yo: "El dependentismo del Frente […] se topa con una realidad que difícilmente encaja en los esquemas de la teoría de la dependencia. La independencia económica de Nicaragua, meta primordial de la revolución es, o bien un hecho, o bien algo imposible por ahora." Subrayaba también los nacientes rasgos autoritarios de los comandantes, en apariencia sólo accidentales y cuasicómicos, como lo ilustra la siguiente reseña por el diario oficial *Barricada* de un acto del presidente Daniel Ortega en 1979: "Demostrando un hondo nacionalismo y un deseo de participación revolucionaria en los bienes de la nueva Nicaragua, los hermanos mineros, después de leído el decreto [de ley expropiando las minas de oro], reclamaron al comandante Daniel Ortega por qué no se les incluía dentro de la representatividad administrativa […]. Ortega les respondió que efectivamente en la ley se había pasado por alto a los trabajadores de las minas y les aclaró y garantizó en el acto que tendrían una plena participación dentro de la Corporación de Minas."

El libro suscitó escaso interés en México, salvo algunos comentarios aislados como el de Adolfo Gilly en *Unomásuno*: "Lo que Jorge G. Castañeda plantea en torno a la experiencia nicaragüense, con abundancia de datos y cifras de la economía, es una discusión teórica con obvias implicaciones cercanas sobre la práctica de los revolucionarios marxistas latinoamericanos." Algunos comentaristas mexicanos, y centroamericanos o europeos, le prestaron algo de atención; el guatemalteco José Manuel Fortuny (en la revista *Nexos*) y Carlos Ramírez en *Proceso*: "Esto [ciertas fallas] es algo menor si se compara con los aportes que ofrece Castañeda en un ensayo con frecuencia brillante y rico en precisiones a partir de un marxismo no dogmatizado" (Fortuny). "Jorge G. Castañeda acaba de publicar un apretado ensayo sobre la victoria y el gobierno sandinista: Castañeda realiza una brillante radiografía de Nicaragua y escapa de la visión triunfalista. El rigor y la amplitud sobresalen en el trabajo de Castañeda" (Ramírez). Como en otros momentos, me adelanté a los acontecimientos; casi siempre, por prisa. Buena parte del análisis y de los presagios implícitos en el texto se corroboraron a la postre, pero para entonces nadie recordaba quién los había vaticinado. Cometí además un severo error de previsión al no contemplar la probabilidad y la gravedad de una victoria de Ronald Reagan en las elecciones norteamericanas de 1980. No pensé que podía ganar, ni que su triunfo entrañaría consecuencias tan dramáticas para Nicaragua y Centroamérica entera. Por otra parte, ni los sandinistas, mediante sus provocaciones y su antiamericanismo irrefrenable, ni los cubanos con sus maniobras desorbitadas como el Mariel (un éxodo marítimo de más de cien mil criminales, locos y presos políticos a través del estrecho de Florida), procuraron evitar el desastroso desenlace de la presidencia de Carter.

Volví a Nicaragua en 1980, enviado por Naciones Unidas para asesorar al gobierno. Durante el siguiente decenio visitaría la extraña anticiudad de Managua unas cinco o seis veces. Lo haría con amigos —Bob Pastor, Federico Reyes Heroles, Salvador Samayoa, Cassio Luiselli— o solo, siempre aprovechando mi estadía para reunirme con un querido y finado mentor Víctor Romeo, "el Guajiro", corsario franco-chileno-cubano, compañero de Miriam en el MIR, instructor militar y constructor de la Policía de la capital nicaragüense, y fuente inagotable de anécdotas, sabiduría e intuiciones sobre la izquierda latinoamericana. La única instrucción militar que recibí en mi vida —salvo cuando frecuentaba el Campo de Tiro del Estado Mayor Presidencial en Constituyentes; mi par de horas en Punto Cero en las afueras de La Habana es obra de fantasía y filtración— me la brindó Víctor. Con él aprendí a desarmar y rearmar escuadras 9 milímetros y .45, Uzis, Galiles y AK-47; a disparar con algo de precisión; y las famosas caídas: tirarse al suelo con un fusil de asalto sin romperse un hueso o pegarse un balazo. Romeo falleció de cáncer en París a finales de los años noventa; no alcancé a abrazarlo antes de su repentina y prematura muerte.

Mi irresistible fascinación por Nicaragua —y mi consiguiente involucramiento con las insurgencias salvadoreñas y guatemaltecas— revestía una triple carátula: la de las armas, la de la revolución y la de la conspiración-inteligencia-negociación internacional, vista más como un juego de espejos que como una tarea diplomática. La idea misma de la lucha armada me encandilaba; el concepto de revolución seguía fungiendo como norte en mi brújula inmadura; construir redes de complicidades, información, traiciones y lealtades me obnubilaba. Mi directorio se ampliaba a un ritmo vertiginoso y sigue abarcando una inagotable cantidad de conocidos en incontables países. Lo debo a esa etapa, cuando lo esencial para mí radicaba en los neuroconectores sociales, o sinapsis políticas, y no tanto en los resultados.

El contexto nacional y regional se prestaba. Todos conspiraban contra unos y a favor de todos. Las insurgencias centroamericanas —victoriosas como en Nicaragua, potentes como en El Salvador o debilitadas como en Guatemala— contaban con aliados en Cuba, Venezuela, Europa occidental, Estados Unidos —buena parte del financiamiento del FMLN provenía de la solidaridad norteamericana— y en México. Las dictaduras o los regímenes militares centroamericanos también disponían de respaldos generosos en América del Sur —recuérdese la presencia de militares argentinos en Honduras—, en México, los Tecos de la UAG y en Estados Unidos, sobre todo en el poder Ejecutivo. A pesar de la confrontación sangrienta y de la aguda contrariedad que enfrentaba a todos estos bandos, la guerra parecía en ocasiones un pleito de familia, donde adversarios se comunicaban de manera indirecta o dialogaban frente a frente. Este entorno sirve tal vez para explicar(me) algunas de las paradojas de mi vida entonces y más adelante. Del recuerdo de ello, que constituyó mi primera inmersión en la política de poder real (junto con la lucha intestina en el PCM), me brinca una conclusión: me fascinaba más el proceso que el fin, el camino que el destino, el viaje que la llegada. En el resto de la existencia quizás sentí o preferí lo contrario, pero no en este ámbito: las relaciones, las carambolas, la combinación de la táctica y la estrategia me atraen y me jalan más que otras aristas de la propia política. Claro: con una meta definida de antemano —ya sea la renovación del PCM, la revolución en Centroamérica o, años después, sacar al PRI de Los Pinos—. Esta predisposición funciona a la maravilla para tejer redes y construir complots discretos o encabezados por otros, pero contradice los principios básicos de la militancia partidista, por ejemplo, o de la lucha propia o de aliados por el poder. Aunada a la seducción de las ideas, la propensión a dibujar círculos concéntricos se plasmó a la perfección en el episodio del comunicado franco-mexicano sobre El Salvador: una buena idea —asociar a México y Francia en apoyo a una causa justa contra enemigos atroces— que se conjugó con mis vínculos filiales en la casa paterna, mis lazos amistosos en Centroamérica y en Francia, y con mi afán de protagonismo público. Si además el resultado encerraba virtudes intrínsecas, enhorabuena; de lo contrario, no importaba: lo esencial era el ejercicio como tal.

Este último se circunscribía a la diminuta región ya mencionada. A partir de mis críticas a la teoría de la dependencia, al estalinismo en todas sus vertientes —comunista, soviética, o isleño-tropical— y al nacionalismo revolucionario mexicano, excluía del universo de candidatos a la revolución radical y armada a países como México, Brasil y Argentina. Era evidente la imposibilidad y el carácter indeseable e innecesario de esas estrategias en sociedades así. Pero la evolución de mis ideas ante naciones más avanzadas y más abiertas no abarcaba a los pequeños y desdichados países de la "dulce cintura de América" (Neruda). Para ellos, debido a su pobreza, tradición autoritaria violenta, ausencia de cauces de cambio democrático pacífico y —ahí sí— presencia aplastante de Estados Unidos, no vislumbraba alternativa alguna a la revolución extrema como meta, y a la lucha armada como estrategia. Me alejaba de mi radicalismo mexicano, brasileño, argentino o chileno, aunque lo conservaba intacto en lo tocante a las sociedades del istmo. Además, en la medida en que los cubanos procuraron convertir las insurgencias salvadoreña y guatemalteca en moneda de cambio para su hipotética negociación con Estados Unidos, buscando imponerles una moderación *contra natura* y su rendición virtual, yo, en mis sueños geopolíticos, me proponía contrarrestar esa deriva orillando al gobierno de México a favorecer posturas más radicales. Con el tiempo y al divisarse en el horizonte el derrumbe de la Unión Soviética, el fracaso sandinista y el descenso de la revolución cubana en un marasmo casi perpetuo de marginación, miseria y depresión colectiva, me percaté de lo absurdo de mi sofisma. Ese radicalismo no le servía a nadie, y esas tácticas, estrategias y objetivos, tampoco.

Comencé a codearme con los salvadoreños a partir de 1980, gracias a un personaje raro, que desempeñaría un papel interesante durante mi propia gestión en la Cancillería. Al ser designado mi padre en Tlatelolco, uno de los primeros colaboradores de su predecesor en ser despedido fue el jefe de Prensa, un tal Feliciano o Chano

Guerra, figura de antología de la picaresca comunicacional mexicana. Muy pronto mi hermano Andrés logró convencer a su nuevo patrón de escoger en sustitución del interfecto a un funcionario joven y valiente, encargado de negocios en la Embajada de México en Managua, donde alojó, protegió y ayudó en ocasiones con descaro a buena parte de lo que sería el gobierno revolucionario de Nicaragua. Se llamaba Gustavo Iruegas. Era miembro del Servicio Exterior desde los años sesenta, e hizo sus pininos como diplomático en Cuba, donde contrajo matrimonio con su segunda esposa y quizás forjó nexos más allá de la camaradería con algunos funcionarios. Luego perteneció a la Misión mexicana ante la OEA, donde coincidió con mi hermano y congeniaron. Iruegas disponía de cierta experiencia con los medios (había sido discípulo y yerno del periodista José Natividad Rosales); mi padre valoró la sugerencia de Andrés y yo recibí la noticia de su nombramiento con gusto.

Durante el primer año de la gerencia de mi padre en la Secretaría, Iruegas desplegó una labor correcta a secas en materia de prensa, pero mucho más eficaz como enlace con los sandinistas, y a partir de 1980, con los salvadoreños, esto es el Frente Farabundo Martí, compuesto por cinco grupos de fuerza y habilidad diversa. En su trabajo como director de Comunicación de la Cancillería entabló amistad con Carmen Lira, en aquella época reportera hiperactiva del *Unomásuno*, quien también se acercó a los centroamericanos. Entre Iruegas y Lira, ambos conscientes del grado en que mi padre me escuchaba en esos menesteres, me presentaron a los dirigentes de la insurgencia salvadoreña, obligada a recurrir a la lucha armada y a la clandestinidad después de un golpe de Estado en 1979. A propósito de Iruegas, la DFS reportó que "casi nunca informaba nada de lo que acontecía a dicho país [El Salvador] donde estaba adscrito a la Dirección General de la Secretaría de Relaciones Exteriores, sino que únicamente informaba directamente al licenciado Jorge Castañeda y Álvarez de la Rosa, secretario del ramo o a sus secretarios Mauricio Toussein [sic] y Jorge Marín [sic] y también a Jorge Castañeda Gutman, hijo del secretario".

En 1980, se formó el Frente Democrático Revolucionario (FDR) —encabezado por un empresario y Guillermo Ungo, un dirigente socialdemócrata— y una Comisión Político-Diplomática (CPD), compuesta por cuadros directivos de las organizaciones guerrilleras, y una Comandancia General del FMLN (CG). Esta última fue prohijada en La Habana por Fidel Castro, quien condicionó el apoyo logístico y la asesoría militar de Cuba, Vietnam, la URSS y Nicaragua a la incipiente insurgencia a la unidad de sus componentes (como sucedió antes con los sandinistas).

La CPD, gracias a sus múltiples contactos en México —en los medios, la academia, el PRI, la izquierda y la embajada de Cuba—, se instaló en el Distrito Federal. De inmediato solicitó a Iruegas (y a Lira) que la relacionaran con el gobierno de López Portillo, es decir, con la Cancillería, es decir, conmigo, para empezar desde abajo. Fue en ese momento cuando conocí a Ana Guadalupe Martínez (María) y Joaquín Villalobos (Atilio) del Ejército Revolucionario del Pueblo o ERP, una de las cinco organizaciones del FMLN; a Salvador Samayoa, Facundo Guardado y Rubén Aguilar Valenzuela (encargado de prensa, como lo sería veinte años más tarde de Vicente Fox), de otra de las cinco. En diversos grados, y de modo intermitente, he conservado la amistad con todos ellos.

Material fotográfico del seguimiento de la DFS.
En esta imagen con Miriam y Salvador Samayoa, Ciudad de México, 1981

Los "guanacos" anhelaban ante todo un par de aportes mexicanos. El primero consistía en un espaldarazo diplomático que les permitiera ostentarse ante el resto del mundo (Europa Occidental, la Internacional Socialista, el Congreso norteamericano) como una oposición democrática, pacífica e independiente, orillada a la lucha armada, a la solidaridad del campo socialista y a ciertos métodos militares debido a la represión del ejército. El mejor garante de su "no alineamiento" residía, a sus ojos —con razón— en el apadrinamiento mexicano. En segundo lugar, se proponían utilizar el territorio mexicano, y la capital en particular, como retaguardia mediática, logística y conspirativa. Las dos ambiciones se complementaban y en ocasiones se confundían pero constituían frentes separados. Los "fierreros", es decir, los responsables del tráfico de armas, de juntar fondos, de forjar alianzas inalcanzables en La Habana o Nicaragua, laboraban por un lado; los "intelectuales" o políticos se desempeñaban en otro terreno. Yo trataba con ambos, pero en mayor medida con los segundos. De allí que mi lazo principal se tejiera con Salvador Samayoa, exdiscípulo de los jesuitas de la Universidad Centroamericana, exministro de Educación y miembro de la jefatura de la organización más radical y menos procubana del FMLN.

Durante lo que restó del sexenio de López Portillo, trabajé de cerca con mi padre, con el FMLN vía Samayoa, y con la CPD. Nos reunimos en repetidas ocasiones con Samayoa, Ungo, Ana Guadalupe y otros, a veces entre nosotros, de vez en cuando en presencia de algunos de los colaboradores de mi padre (su secretario privado, Mauricio Toussaint, mi primo político; su secretario particular, Miguel Marín; Iruegas, antes de que fuera nombrado encargado de negocios en San Salvador) o bien sólo conmigo. A inicios de 1981, días después de la toma de posesión de Reagan en Washington y de la fallida "ofensiva final" del FMLN en San Salvador, mi papá buscó mediar entre el FMLN y el flamante gobierno de Estados Unidos a través de Richard Allen, asesor de Seguridad del nuevo presidente. Se intentó organizar una reunión privada de los insurgentes con los asesores de Allen, que fue vetada por el recién nombrado secretario de Estado, Alexander Haig: un esfuerzo fútil pero aleccionador para el futuro. En las palabras de Salvador Sánchez Cerén (alias Leonel González), quien fuera jefe del FPL hasta los acuerdos de paz de 1992, luego máximo dirigente del FMLN, exvicepresidente de El Salvador, exministro de Educación y hoy presidente de la República: "se estaba trabajando por impulsar un primer contacto directo con Estados Unidos y quien estaba intermediando era el gobierno de México a través del intelectual y posteriormente ministro de exteriores Jorge Castañeda, que contaba con la cobertura de la Cancillería mexicana y sus buenos oficios. Ronald Reagan había ganado las elecciones y los primeros contactos entre México y el Departamento de Estado no dieron buenos resultados".

El meollo del pensamiento de mi padre fue siempre el mismo: buscar una negociación entre el FMLN y el gobierno salvadoreño (se reunió en secreto con el canciller Fidel Chávez Mena en Cancún), y para ello fortalecer al máximo a la guerrilla y así equilibrar la correlación de fuerzas con el gobierno militar y disminuir la influencia de La Habana. Así lo informaron Samayoa y Fermán Cienfuegos, jefe de una de las organizaciones, a la Comandancia General del FMLN en un memorándum confidencial descubierto en el archivo secreto del FMLN, conservado en San Salvador, y al que tuve acceso gracias a las gestiones de Andrea Oñate, estudiante de doctorado de la Universidad de Princeton, y a la buena voluntad de Joaquín Villalobos: "El canciller considera que nuestra mejor carta es la fuerza militar; que en ella radica la posibilidad de un diálogo y/o de una negociación favorable. Manifiesta que no es conveniente suspender el accionar militar y —más aún— que sería conveniente llegar a esta primera reunión con alguna victoria militar resonante."

En las dos ocasiones cuando acompañé a mi padre a Cuba y presencié sus extensas y tormentosas conversaciones con Fidel Castro, el tema de El Salvador ocupó un sitio primordial. Entre tanto, López Portillo, por una vez taciturno, no parpadeaba ante mis contactos y mi papel en la intriga centroamericana; cuando Gutiérrez Barrios le transmitía quejas de los norteamericanos, respondía sin titubear que su canciller sabía lo que hacía y con quién lo hacía. Despreciaba e ignoraba los aberrantes informes de la DFS, que en su turbación de la Guerra Fría me acusaban de tratar a mi padre de manera "altanera, exigente, insistente y denigrante" (según el informe de "Espionaje" de la DFS de noviembre de 1981, citado muchas páginas antes).

Además de asistir al FMLN-FDR en las formas descritas, secundé los fugaces intentos de la organización de Samayoa para recolectar fondos en México —en vano— y de utilizar determinados mecanismos para pasar armas de Estados Unidos a Centroamérica vía México. Presenté a Samayoa y a Facundo Guardado, el responsable logístico de las FPL, con Jorge Díaz Serrano, después de su salida de Pemex en julio de 1981, y con Bernardo Quintana padre, presidente y fundador de la ICA, empresa con importantes intereses en Centroamérica. Asimismo, ayudé a la coalición salvadoreña en su conjunto para defender su causa en Estados Unidos, logrando que Guillermo Ungo compareciera en el programa estelar de NBC, el famoso *Meet the Press*, gracias a la ayuda de mi amigo Robin Lloyd, el compañero de Princeton y del viaje en combi por América Latina. Mi mayor contribución fue la llamada Declaración Franco-Mexicana sobre la Guerra en El Salvador, emitida el 27 de agosto de 1981 en París y en México.

Así describió Samayoa los sucesos en un libro publicado veinte años después: "En agosto de 1981 se produjo la histórica y polémica Declaración Franco Mexicana. La idea original fue elaborada, con gran sentido de oportunidad, por el hijo del canciller de México, Jorge Castañeda, que en ese tiempo gozaba de amplia movilidad en los despachos de Tlatelolco. La idea fue consultada en primera instancia por teléfono, de manera informal, con el asesor político de Mitterrand, Régis Debray. Posteriormente fue consultada con los representantes del FDR y del FMLN, Guillermo Ungo y Salvador Samayoa, con quienes Castañeda tenía especiales vínculos de amistad y afinidad política […]. Con el terreno ablandado, la SRE envió a París al embajador Porfirio Muñoz Ledo para que negociara oficialmente los términos de la declaración con la contraparte francesa. Aprovechando el periodo de vacaciones, el propio secretario Castañeda estuvo disponible en Suiza para las consultas pertinentes, al tiempo que su hijo acompañaba a Muñoz Ledo como exponente informal y oficioso del planteamiento mexicano."

Los acontecimientos se desarrollaron de manera más complicada, pero la esencia corresponde a la descripción del exdirigente salvadoreño (se ha vuelto académico, comentócrata y perenne preferido de las élites del país para ser presidente de la república). Es probable que la semilla haya sido sembrada por los cubanos, vía Iruegas; me la presentó desde marzo o abril de 1981, en una envoltura diferente. Se trataba, en su primera versión, de un reconocimiento, sólo por México, del FMLN como una fuerza "beligerante", a partir de la declaratoria de un estado de "beligerancia" en El Salvador. La noción no era ajena al derecho internacional, aunque revestía características rebuscadas, por no decir retorcidas. Provenía de apartados en desuso del derecho internacional de la guerra del siglo XIX, inadecuados incluso para situaciones como las de la OLP en Palestina o del Frente Polisario en el Sahara occidental. Éstas se caracterizaban por la existencia de un ente político-militar con presencia territorial, armas, recursos y proyección internacional, sin conformar el estatuto de un Estado hecho y derecho. Nadie recurrió a la fórmula desde antes de la Segunda Guerra, y mi padre nos corrió de inmediato de su despacho cuando Iruegas y yo le susurramos semejante despropósito: pura palabrería insufrible, dijo.

Las cosas evolucionaron. El propio Samayoa relata cómo México, que buscó embaucar a Venezuela en la pugna por una solución negociada en El Salvador, se encontró aislado y cabizbajo ante el fracaso de la ofensiva insurgente de enero 1981, ante la agresividad del nuevo equipo en Washington y ante el pavor a Ronald Reagan por parte de sus posibles socios latinoamericanos. De repente, en mayo del mismo año, se produce en Francia el inesperado triunfo de François Mitterrand, cuyo principal "intelectual orgánico" era Régis Debray, que aún abrigaba una debilidad por todo lo que sabía, olía, o sonaba a América Latina. Al día siguiente de la victoria de Mitterrand busqué a Debray en París; sugerí que los dos países actuaran juntos en Centroamérica y sobre todo en El Salvador, y compartí con él la idea de algún tipo de reconocimiento bilateral del FMLN, con la plena aprobación previa de mi padre. Las negociaciones arrancaron a mediados de julio en París, donde nos congregamos los salvadoreños, Debray, Porfirio, que aportó buenas ideas, y yo de metiche. Al final, mi padre y Claude Cheysson, el canciller francés, le impusieron los últimos toques al texto redactado en esencia por Samayoa, Debray y yo, y convencieron a sus respectivos presidentes a lanzarse al vacío. En la versión siempre imprecisa, incompleta y exagerada de la DFS: "Desde principios de agosto de 1981 Castañeda Gutman y Salvador Samayoa tuvieron la idea que el gobierno mexicano hiciera una declaración de reconocimiento al FDR y al FMLN. Redactaron el texto, viajaron a Francia, dialogaron con el asesor en asuntos latinoamericanos del gobierno francés de nombre Régis Debray y discutieron sobre una 'tibia' declaración que propuso Francia, y Castañeda Gutman se encargó de convencer a su padre [...] para que este presionara al gobierno de Francia y la declaración se llevo a cabo [sic]."

Faltaría agregar a esta abigarrada explicación algunos detalles en torno al contenido y calendario de la declaración, así como la chacota anecdótica, que nunca falta tratándose de Muñoz Ledo. Una mañana, en plena canícula parisina, salimos Samayoa, Ungo y yo a caminar por Saint-Germain (el gobierno galo nos hospedó en un pequeño hotel del barrio) y al regresar, entrevimos por el vidrio de la entrada a Porfirio, inmerso en una acalorada discusión. Gesticulaba, meneaba de lado a lado la cabeza, no lo escuchamos pero se expresaba con vehemencia, a decir de sus ademanes y del movimiento de sus labios y su boca. Temimos que hubiera recibido la visita de algún alto funcionario francés renuente a aceptar nuestros planteamientos. Decidimos entrar al hotel para hacer las paces en la medida de lo posible, hasta que nos detuvimos, boquiabiertos ante el espectáculo atestiguado: Porfirio pronunciando un discurso incendiario… frente a un espejo. Nos retiramos con discreción para carcajearnos a la distancia ante las peculiares costumbres de nuestro compañero.

La Declaración hubiera podido emitirse con menor filo. En varios instantes los salvadoreños dudaron de la conveniencia de un reconocimiento —político, aunque no jurídico—, pese a que allí yacía el germen original de la idea. Temían que enajenaría a tal grado al gobierno de su país que imposibilitaría cualquier negociación. Porfirio y los franceses, por su parte, preferían bajar el perfil y la aureola del texto, en parte por prudencia ante Estados Unidos. Hasta la Francia socialista le guardaba cierto respeto-temor a Reagan y a Haig, y Centroamérica figuraba lejos de sus preocupaciones decisivas.

Logré persuadir a mi padre, a Samayoa y a Debray de que la moderación resultaría estéril. Ni Washington ni San Salvador acogerían con agrado un llamado más a la negociación. Además, el objetivo del esfuerzo consistía en reforzar al FMLN para inclinar la correlación de fuerzas y obligar a un acuerdo ulterior, en condiciones menos disparejas (como sucedió a partir de 1989, culminando con los acuerdos de paz de Chapultepec de 1992). Cuando a la postre Estados Unidos coaligó a toda la región en contra nuestra, denunciando el abierto "intervencionismo" franco-mexicano, casi invocando la Doctrina Monroe contra la injerencia de una potencia extrarregional, algunos concluyeron que fuimos demasiado lejos. París y México desistieron de convocar a una reunión del Consejo de Seguridad de la ONU para debatir el tema, o de propiciar adhesiones en otras latitudes. A la luz de los resultados ulteriores, y del rechazo completo a cualquier apertura por parte de los adversarios del FMLN, dudo que la tibieza hubiera diluido la antipatía norteamericana. Y, *contrario sensu,* la claridad rindió frutos. Así describió Alan Riding la trascendencia del acto en la primera plana de *The New York Times*: "Rebeldes salvadoreños obtienen nuevo apoyo: México y Francia reconocen a la guerrilla que combate a la Junta. México y Francia reconocieron hoy a la oposición guerrillera en El Salvador como una fuerza política representativa. La declaración conjunta entregada esta mañana al presidente del Consejo de Seguridad contradice la política de la administración Reagan […]. Estados Unidos no fue nombrado en la declaración." Jesús Ceberio, corresponsal de *El País* en México, anunció así la noticia, también en primera plana: "Los Gobiernos de México y Francia han reconocido, por medio de una declaración conjunta de sus ministros de Asuntos Exteriores, Jorge Castañeda y Claude Cheysson, que la guerrilla salvadoreña representa a un sector de la población y que, por tanto, le asiste el derecho a participar en una solución política de la guerra civil que vive esta nación centroamericana […] la declaración supone un avance cualitativo en el reconocimiento internacional de la fuerzas guerrilleras […] la declaración franco-mexicana constituye, por encima de todo un rechazo del proyecto norteamericano […]. Tras el rechazo de toda negociación por parte de la Junta salvadoreña, es este el primer triunfo diplomático internacional de las fuerzas guerrilleras." Eric Nepomuceno escribió en el semanario *Veja* de Brasil: "El Salvador: La Ayuda de fuera. Francia y México dan apoyo oficial a la guerrilla. Precisamente cuando su tercera ofensiva militar de este año contra la junta gubernamental de El Salvador parecía naufragar, los guerrilleros del FMLN obtuvieron la semana pasada una victoria considerable en el frente político y diplomático: fueron oficialmente citados por Francia y México como 'fuerza política representativa' con derecho a negociar una solución para el actual conflicto salvadoreño." Riding, Ceberio y Nepomuceno eran cercanos amigos míos, y lo siguen siendo. No escribieron sus notas a raíz de esa amistad, pero sí obtuvieron la información, el contexto y el chisme antes que otros y con mayor profundidad. Quizás a ello se deba la magnífica cobertura que recibió ese *beau geste* franco-mexicano en el mundo entero.

Un segunda aportación mía —de menor incidencia— partía de una tesis obvia pero de difícil realización. Parecía recomendable que la guerrilla desdoblara un ataque u ofensiva efímera pero llamativa, semanas o días antes o después de la fecha prevista para el anuncio franco-mexicano. Le conferiría peso y seriedad a la misma —se hablaba de una fuerza política representativa— y fortalecería las posibilidades de una negociación, mostrando en los hechos la aptitud de la insurgencia de operar en varios frentes simultáneos. No sé hasta que punto este factor incidió en el *timing* de una de las operaciones militares más espectaculares de la facción del FMLN a la que pertenecía Samayoa (las FPL): volaron el llamado Puente de Oro en su país, una construcción emblemática y crucial para las comunicaciones de la desvencijada nación centroamericana, cinco semanas después de la Declaración Franco-Mexicana. El destello del golpe develó una capacidad de fuego, de concentración de fuerzas, de sorpresa y de infiltración del territorio enemigo sobresalientes para un ejército revolucionario con menos de dos años de vida.

La Declaración Franco-Mexicana fue motivo de inmensa satisfacción personal. Primero, porque tuvo lugar; segundo, porque trabajé al lado de mi padre en una diligencia trascendente de verdad; tercero, porque se debió en buena medida a mi perseverancia y talento para tejer redes de contactos y complicidades; y último, porque comprobé la indescriptible importancia de construir desde el poder (prestado por mi padre, sin duda, pero poder al fin). Hacer algo; legar algo: el sentimiento de realización que me invadió justificó todas las frustraciones, los viajes interminables, las pequeñas traiciones y las abolladuras posteriores. Fue mi primer gran momento político, y lo gocé.

Veinte años más tarde, en Madrid, acompañado de Samayoa y de un camarada chileno de cien aventuras, el entonces senador Carlos Ominami, participé en un foro para conmemorar la Declaración, y pronuncié unas palabras que algunos consideraron provocadoras. Recordé cómo mi padre, que conquistó una gran autoridad como adalid del derecho internacional, y en particular de los principios de no intervención y autodeterminación de los pueblos, jamás los convirtió en dogmas. En la Declaración Franco-Mexicana, con independencia de lo que sostuvo en su momento para defenderse de los ataques de los demás países de América Latina, de Washington y de la derecha mexicana, se plasmaba un ejemplo de otro principio político, ético y diplomático: en ocasiones existe un bien superior a apotegmas abstractos, a la soberanía o a la tradición de cada país. Ese bien superior, en el caso de Francia y México, era la paz en Centroamérica, la defensa de la posibilidad del cambio social en El Salvador, y el fin a las violaciones masivas de los derechos humanos en la región. Si la Declaración no era intervencionista, en todo caso resultaba injerencista, en el estilo de lo que se llamaría la responsabilidad de proteger, la intervención humanitaria o la jurisdicción universal. De la misma manera que mi padre aseguró la firma, y en muchos casos la ratificación por México, de múltiples instrumentos internacionales o regionales de protección a los derechos humanos, por considerar que la invocación de la soberanía contra esos tratados o convenciones constituía un pretexto para la represión interna, juzgó que la Declaración Franco-Mexicano representó una especie de intervención de las buenas, como las hubo antes y las habría después. A muchos de mis colaboradores en la Cancillería de 2001 les disgustó mi comentario en Madrid, si no es que les horrorizó mi interpretación de la historia, pero no podían entrometerse en un asunto de familia.

VI

Con los guatemaltecos la situación fue distinta. Desde el triunfo sandinista hasta mediados de 1981, las diversas organizaciones surgidas de múltiples luchas obreras, estudiantiles, campesinas e indígenas se beneficiaron del fulgor insurgente en el área. Reclutaron en masa, ante todo en el seno de la mayoría indígena de Guatemala; consiguieron armas del exterior, a través de México y con fondos procedentes de secuestros y de solidaridad; y comenzaron a construir las conexiones internacionales necesarias para su cometido. Concentraron sus actividades afuera en la denuncia de la represión —la quema de la Embajada de España, por ejemplo, de donde surgió la figura de Rigoberta Menchú— y en el carácter indígena de su lucha, a diferencia de Nicaragua y El Salvador. La verdadera diferencia estribó sin embargo en una oculta debilidad de los grupos más nutridos: el Ejército Guerrillero del Pueblo (EGP), comandado por Rolando Morán, y la Organización Revolucionaria del Pueblo Armado (ORPA), dirigida por Gaspar Ilóm o Rodrigo Asturias. También se originaba en la vigencia de un ejército ciertamente sanguinario y cínico, pero auténtico, estructurado para —y acostumbrado a— una guerra contrainsurgente en serio. La fragilidad insurgente provenía de la incapacidad de los grupos unificados en la llamada Unidad Nacional Revolucionaria Guatemalteca o UNRG de defender con las armas a sus adeptos entusiastas pero vulnerables a la represión en sus empobrecidas y desamparadas aldeas. De haber perdurado la ola insurgente en Centroamérica, la cresta hubiera llegado a Guatemala; las armas "nicas" y salvadoreñas y la asesoría cubana, también; y las hordas de kaibiles y demás esbirros militares del país no se habrían atrevido a desatar una furia genocida de tierra quemada como lo hicieron a partir de abril de 1981. Con la llegada de Reagan a la Casa Blanca la marea retrocedió y los "malos" se envalentonaron.

En ese contexto se produjo mi acercamiento con los revolucionarios "chapines", provistos de menguadas perspectivas de victoria, pero para quienes cualquier pequeña ayuda valía oro. Puse un minúsculo granito dorado en la báscula; incluso en mi persistente ingenuidad y careciendo por completo de cualquier valentía física me mostré dispuesto a incorporarme a las filas rebeldes. No conservo copia de la carta enviada a Rolando Morán proponiéndole mi colaboración, pero sí perdura en mis archivos su respuesta, con fecha del 7 de abril de 1982: "Que aceptes una invitación para venir a vernos, tan pronto como sea posible. Esto significa, en el curso del mes de abril, o quizá mayo, si se presta para ti y tus quehaceres. Sobre la base de tu respuesta haríamos los preparativos para que todo el viaje se hiciera sin molestias. Nos encargaríamos de recogerte en un lugar cercano, se te conduciría a donde selectos amigos te recogerían, y te acompañarían a un lugar a donde acudiríamos a esperarte para conversar unos días. Si el tiempo y otras cosas lo permitieran, podrías visitar algunas partes cercanas y totalmente seguras en la finca. Incluso podemos garantizar tu seguridad, de entrada y de salida. Por equipo no debes molestarte demasiado. Un par de mudadas de faena y una para las pantallas, cuando entres y salgas; un par de zapatos de excursión y unas buenas botas para caminar, y un sleeping liviano. Calcúlale unos dos días de caminata a paso moderado, con sus descansos. La última vez que te vi estabas en muy buenas condiciones físicas, por lo que creo que no sería nada del otro mundo para ti. Y lo que sí te puedo ofrecer, es que conocerías muchas cosas nuevas, y fundamentalmente, tendríamos oportunidad de conversar largo y tendido."

Acepté la invitación, y a finales de octubre volé a Chiapas azotado por palpitaciones, esperando que los insurgentes me adentrarían a la selva guatemalteca, en completa clandestinidad, donde me vería obligado a permanecer varios días en uno de los destartalados campamentos guerrilleros tan lírica y melancólicamente descritos por Mario Payeras (o Benedicto), en *Días de la selva*. Nada de eso sucedió. Un amigo de tiempo atrás, gente de teatro, exjesuita, corredor de armas para el EGP, apodado "el Chamaco", me esperó en el aeropuerto de Tuxtla Gutiérrez. Allí me entregó a una pareja de extranjeros de cierta edad que me trasladaron a Comitán. En una casona colonial inmensa donde se recluyó meses atrás, me dio la bienvenida Rolando Morán. Pude respirar tranquilo y dormir sin sobresaltos; creo que nunca antes, y pocas veces después, me sentí tan aprehensivo ante el futuro inmediato.

En los primeros meses de 1981 el ejército guatemalteco lanzó una ofensiva patibularia contra las poblaciones indígenas del Quiché y de Huehuetenango afines al EGP y a ORPA, un año antes del holocausto desatado por Efraín Ríos Montt, condenado por tribunales de Guatemala treinta años después. Las organizaciones revolucionarias, exangües, irresponsables y poco previsoras, se vieron arrinconadas e incapaces de proteger a su gente. Hallaron, sin embargo, una solución alternativa e ingeniosa: desplazar a miles de personas (llegarían a ser hasta cuarenta y cinco mil) a México, en la zona del llamado vértice en los confines de Chiapas, desde Margaritas y Trinitaria hasta Marqués de Comillas. En abril de ese año ingresó a México el primer contingente, compuesto por casi tres mil personas, la mayoría mujeres y niños. El ejército mexicano, tal vez más identificado con los militares guatemaltecos que con Tlatelolco, impuso la primera expulsión de esa desdichada muchedumbre en la última semana de mayo. Se desparramaba el incendio en la frontera, ya que la mecha ardía en varios puntos: la dictadura guatemalteca mataba a más gente, los sobrevivientes huían cada vez y en mayor escala a México, y la Secretaría de la Defensa Nacional, encabezada por Félix Galván López, realizaba deportaciones a mansalva. La política centroamericana de México, y buena parte de la tradición nacional de asilo a extranjeros en desgracia, podía verse echada por la borda debido a las acciones "por la libre" de las autoridades castrenses mexicanas, respaldadas por el secretario de Gobernación.

En abril de ese año, durante una visita de mi padre a Cuba para informarle a Fidel Castro que no sería invitado a la Cumbre Norte-Sur por celebrarse en Cancún (ante lo cual Castro enfureció, con pantomima, gritos y sombrerazos), el canciller, en compañía de Toussaint, Marín y mía, se reunió con tres de los cuatro comandantes de Guatemala (Morán, Gaspar y Pablo Monsanto), todos ellos a salvo en la isla. En dicho encuentro, los guerrilleros notificaron al gobierno de México del inminente ingreso de miles de refugiados adicionales a Chiapas; pidieron comprensión y compasión, y manifestaron su esperanza de que no habría *refoulement*, ya que la estancia de sus huestes despavoridas duraría poco. En realidad persistiría hasta mediados de los años noventa; muchos de los cuarenta y cinco mil refugiados guatemaltecos —según la tabulación oficial— nunca retornaron a su país. Algunos se naturalizarían gracias a la atención ejemplar de la Comisión Mexicana de Ayuda a Refugiados, que por cierto dirigió Miriam, mi exesposa, durante el sexenio de Fox.

De vuelta a México, mi papá trató el asunto con López Portillo, buscando cómo sacudirse de las imposiciones de SEDENA y Gobernación, ubicadas en las antípodas de la posición de la Cancillería. Se convocó una reunión de los secretarios de Gobernación, Defensa, Relaciones y funcionarios de Presidencia para destrabar los desacuerdos entre ellos. Mi padre recurrió a una de las pocas estratagemas —ciertamente oblicuas— con los que cuenta un canciller: invocar la mala imagen que una medida determinada (en este caso las deportaciones) puede provocar en "el exterior". El recurso era especialmente apto y eficaz en ese momento, ya que se avecinaba la citada Cumbre Norte-Sur, evento al que López Portillo le asignaba gran relevancia como supuesto sello con broche de oro de su gestión. Ahora bien, la mejor arma para evidenciar de manera palmaria el deterioro de la imagen del país en los medios mundiales estriba siempre en... la publicación de artículos en esos medios mundiales. Para no errarle, mi padre me encomendó una tarea sencilla: sembrar notas en varios periódicos extranjeros mencionando el tema y criticando al gobierno de México por enviar a una muerte segura a miles de mujeres y niños guatemaltecos. Ya publicados, o en vías de serlo, el canciller los esgrimiría en las reuniones intersecretariales como prueba de sus dichos.

La Dirección Federal de Seguridad, en uno más de sus reportes de pacotilla, descubrió la maniobra. Pero con la misma ignorancia y el mismo sesgo ya descritos, la interpretó al revés: "Como ejemplo de lo anterior [la injerencia de Castañeda Gutman en decisiones importantes del gobierno] se cita la participación que tuvo en el reciente problema de la internación a nuestro territorio de un número elevado de guatemaltecos, que solicitaron su asilo político y autorización para trabajar en el Estado de Chiapas. CASTAÑEDA GUTMAN tuvo conocimiento con anticipación de una reunión que por la tarde se iba a llevar a cabo en la Secretaría de Gobernación con el Titular de esa Dependencia y con la asistencia del Secretario de la Defensa Nacional y la de el Ministro de Relaciones Exteriores. De manera insistente trató de convencer a su padre para que este abogara por conceder el asilo político y la regularización migratoria de los guatemaltecos y al faltarle argumentos hizo toda una maquinación que aunque no le dio resultados es importante mencionarla. Estableció contacto con su amigo FRANCIS PIZANI de nacionalidad francesa y corresponsal del periódico 'Le Monde' y en idioma francés le dictó ataques al gobierno de México en el caso de que éste regresara a su país de origen a los guatemaltecos. Posteriormente le pidió que enviara el texto a Francia a través de Telex y que le proporcionara una copia. Esa copia se la hizo llegar al Secretario de Relaciones Exteriores una hora antes de la reunión con los funcionarios citados, sin decirle que él la había dictado y ratificando que su postura le proporcionaba un argumento importante en ese evento. Se hace notar que no obstante diversas investigaciones, no se ha encontrado un contacto directo entre CASTAÑEDA GUTMAN y grupos de guatemaltecos, por lo que se desprende que actuó como en otros muchos casos, siguiendo las directrices de los cubanos." [sic]

Los discípulos del Inspector Clouseau (o de La Pantera Rosa) en la DFS no detectaron que ya había forjado nexos intensos y de confianza con los guatemaltecos, y que mi padre también se había reunido con ellos en Cuba. En efecto, Pisani (con S, no con Z, y corrector, entre otros, de este texto) envió un artículo a su diario en París; en efecto mi padre utilizó el Telex con el reportaje como soporte para su discusión; pero la artimaña partió de una instrucción de Castañeda y Álvarez de la Rosa a Castañeda Gutman. Tan prosperó que cesaron las deportaciones y se multiplicaron las entradas de guatemaltecos a México. Comparto y reivindico con mi padre el orgullo de haber contribuido a salvar miles de vidas, gracias a maquinaciones como ésta. A mucha honra.

He recurrido con relativa prodigalidad a los documentos de la DFS no porque constituyan ejemplos impolutos de precisión o veracidad; fungen como curiosa corroboración de hechos aislados, aunque nunca de interpretación o análisis. La carcomida institución y sus cenáculos de guerreros anticomunistas no acertaban nunca en sus esfuerzos inquisitivos cuando de *entender* se trataba. Sólo sabían tomar fotos, reportar chismes y, en su caso torturar y asesinar. Por fortuna, la Dirección desapareció en 1985.

Detrás de los informes de la DFS, tanto sobre mí como a propósito de mi padre, subyacía una premisa básica: yo había sido reclutado por los cubanos, actuaba bajo instrucciones suyas, en contra de la voluntad de mi padre, de López Portillo e incluso de Estados Unidos. Más aún, a ellos los "espiaba" y manipulaba, siendo a mi vez tripulado por los cubanos. Para comprender el fanatismo y la paranoia crepuscular de la DFS, conviene recordar que Fernando Gutiérrez Barrios dejó su jefatura en 1976, y por su cargo desfilaron más adelante varios personajes de dudosa integridad: Javier García

Paniagua (1977-1978), José Antonio Zorrilla (1982-1985), y sobre todo, Miguel Nazar Haro (1978-1982), que firma la mayoría de los papeles de la DFS donde aparecemos mencionados mi padre y yo. Como algunos recordarán, este último individuo fue acusado en 2003 y aprehendido en Monterrey en 2004 por secuestros y desapariciones durante la Guerra Sucia mexicana de los años setenta. Fue absuelto gracias a tecnicismos y deficiencias en la documentación de la Fiscalía Especial para Movimientos Sociales y Políticos del Pasado y falleció en 2010. Antes, en 1982, la policía de San Diego lo detuvo en acato a una orden de aprehensión expedida por un gran jurado que lo acusaba de participar en una red de robo de automóviles. Las autoridades federales norteamericanos lo liberaron casi de inmediato, arguyendo que se trataba de un "activo" (*asset*, en inglés) de alto valor para la CIA: "El fiscal William Kennedy afirmó que funcionarios de la CIA le dijeron que Nazar Haro era su fuente más importante en México y Centroamérica [...]. La CIA sostuvo con éxito que la importancia de la información obtenida de la policía secreta mexicana era más importante que sus delitos dentro de Estados Unidos." Nazar formaba parte de una caterva de cruzados mexicanos de la Guerra Fría, imbuido de un anticomunismo exacerbado, que percibían a mi padre, y a mí en mayor medida, como partidarios de los "malos" (la izquierda, los estudiantes greñudos y revoltosos, los comunistas, La Habana y Moscú) y adversarios de los "buenos" (el aparato de seguridad mexicano, el gobierno de México, es decir el presidente, y la CIA). No entendían cómo mi padre podía recurrir a su hijo para realizar las diversas faenas aquí descritas.

Por su parte, los agentes de inteligencia cubanos comisionados en México, citados por la DFS, pensaban por un lado con ingenuidad y franqueza que me manipulaban, como me advirtió oportunamente Arnoldo Martínez Verdugo, y por el otro, justificaban su trabajo, sus gastos y sus andanzas en México por haber "conseguido" una presa de lujo: no sólo el hijo del canciller, de cuya "conquista" se vanagloriaban, sino además un hijo provisto de una total ascendencia sobre su padre. Es una versión isleña de la hilarante historia contada por John Le Carré en *The Taylor from Panama* (*El sastre de Panamá*), donde un agente inglés caído en desgracia inventa a un informante fabuloso (el sastre), colocado de modo insólito en las intrigas de la ampliación del Canal. Reviste un pequeño defecto: no es un informante ni espía, sino sólo… un sastre chismoso, imaginativo y estafador. El agente presenta cuentas y recibos; solicita exorbitantes fondos para gastos y honorarios a sus superiores; el sastre fabrica leyendas fantasiosas como si conformaran informaciones reales y valiosas. Al final, los controladores en Londres descubren el ardid, el agente se fuga con el dinero y el sastre se queda en Panamá observando la invasión norteamericana de 1989. Salvo por el desenlace exagerado, se trata de la saga de todos los servicios de inteligencia. Además de reclutar a agentes, sacarles la sopa y pagarles bien, inventan reclutas y se quedan con los recursos en principio destinados para ellos. Eso, exactamente, fue lo que hicieron los cubanos conmigo. Transmitían a La Habana información originada según ellos por su vínculo con el hijo del canciller y con los colaboradores de mi padre, justificando así sus sueldos y parrandas. Cuando la isla exigía cuentas, con desenfado ostentaban su relación conmigo (que era real), mi relación con mi padre (que era real), y mi respaldo a los centroamericanos (que era real). Lo irreal residía en la tesis de fondo —categóricamente falsa y totalmente inverosímil: que yo espiara a mi padre, que él no se diera cuenta, ni tampoco se percataran sus colaboradores, mis hermanos o mi madre.

El único servicio que sí les brindé a los cubanos involucra a un personaje al que me referí en *La utopía desarmada*: Jaime Guillot Lara, un colombiano perteneciente al movimiento armado M-19, y cuya historia completa no conté, ni ha sido contada. En diciembre de 1981 fue detenido por la seguridad mexicana para fines de extradición a Estados Unidos. Los norteamericanos lo acusaban de enviar barcos cargados de cocaína de Colombia a Estados Unidos, vía Cuba, y de devolverlos repletos de armas y parque suministrados por el gobierno cubano para el M-19. Sólo existía una manera de realizar esta compleja tarea: con la intrépida cooperación de La Habana. Una vez arrestado Guillot, el gobierno de Colombia interpuso su propia solicitud de extradición; si México prefería no extraditar a Estados Unidos a un colombiano sin delito alguno en México, quizás accedería a una petición de su país de origen. Los cubanos, aterrados por el espectáculo que la administración Reagan escenificaría con Guillot en un juzgado estadunidense —ya se había convocado a un gran jurado en Miami— desplegaron un operativo diplomático-conspirativo de gran envergadura con dos propósitos: o bien que Guillot permaneciera en la cárcel en México, donde su amigo Gutiérrez Barrios podría apartarlo de los norteamericanos y asegurar su silencio; o que fuera deportado a un tercer país, de preferencia "aliado" de Cuba, de donde los agentes de La Habana podrían trasladarlo a la isla o neutralizarlo.

En septiembre de 1982, en plena debacle financiera mexicana, la Secretaría de Relaciones Exteriores rechazó ambas solicitudes de extradición; sin su completo consentimiento, la seguridad mexicana deportó a Guillot a España en un vuelo nocturno de Iberia. Ambuló por Europa un tiempo, hasta que decidió de manera más o menos voluntaria establecerse en Cuba, donde falleció de un "infarto" en 1991, dos años después de las ejecuciones de Tony de la Guardia y Arnaldo Ochoa, acusados, entre otras cosas, de involucrarse en el envío de cocaína colombiana a Estados Unidos por la ruta cubana. Para Washington, la "pérdida" de Guillot constituyó un revés ignoto, que incluso mereció ser lamentado en público. Para los cubanos, su "huida" a España representó una victoria innegable, más trascendente por lo que evitó que por sus méritos intrínsecos. Victoria originada en parte por el marcaje personal que ejercieron los cubanos conmigo, el que yo le infligí a mi padre, la injerencia comprensible de García Márquez, y la intervención del fastuoso aparato cubano-latinoamericano residente en —o de paso por— México: sandinistas, chilenos, colombianos, dominicanos.

Los isleños se instalaron en la capital, operando desde un atiborrado departamento ubicado en la calle de Gelati. Allí despachaban el encargado de inteligencia anterior, Jorge Luis (el Chino) Joa, el que le siguió, Armando (el Ciego) Cuenca, el que lo sustituiría, Fernando (el Cojo) Comas o Salchicha (expulsado de México por el gobierno de De la Madrid en 1984), y Jorge Masetti (autor de *Un corsario de la revolución*), todos comandados por el anterior embajador de Cuba en Bogotá, de donde fue declarado *persona non grata*, y para entonces segundo de Manuel Piñeiro en el Departamento de América. Según la DFS: "JORGE LUIS JOA CAMPOS, Consejero Político de la Embajada de Cuba en México y miembro de la Dirección General de Inteligencia (DGI) de su país, le ha estado insistiendo a JORGE CASTANEDA GUTMAN, hijo del Secretario de Relaciones Exteriores, para que le pregunte a su padre sobre la situación que guarda el asunto de JAIME GUILLOT LARA, de nacionalidad colombiana, que se encuentra detenido en la Estación de Servicios Migratorios. JAIME GUILLOT Lara, fue detenido y consignado por la PGR por el uso y portación de documentos oficiales mexicanos falsos. JAIME GUILLOT LARA, es reclamado por el Gobierno de su país ya que es traficante de drogas y miembro del principal grupo guerrillero de Colombia, autodenominado 'Movimiento 19 de abril' (M-19), al que ha surtido de armamento, GUILLOT LARA, también tiene gran importancia para el Gobierno cubano, ya que Diplomáticos de ese país han mantenido relaciones con GUILLOT LARA y le proporcionaron dinero."

Así como no he subestimado la dimensión de mi impacto en los demás asuntos radicados en esos años, dudo que mi intervención en el episodio Guillot haya sido decisiva. El factor Gutiérrez Barrios, el nexo personal entre López Portillo y Castro, la insistencia de Carlos Rafael Rodríguez ante mi padre (se convirtieron en buenos amigos y fallecieron el mismo día, el 12 de diciembre de 1997) sobraban para ahorrarle al gobierno de La Habana una trifulca bochornosa en los tribunales de Florida. Así lo narró Jorge Masetti en su libro *El furor y el delirio*, sin mencionar a ninguno de los Castañeda pero reconociendo el papel de la Cancillería en el rescate de Guillot. Reconozco en este caso, y sólo en este caso, mi sostén a los isleños en un lance desprovisto del sello previo de aprobación de mi padre. Y que no necesariamente correspondía al interés mexicano tal y como lo interpretábamos él o yo.

Fast Forward

En mi trato con los cubanos siempre prevaleció la diversión, el relajo y la conspiración de todos contra todos. Gocé del privilegio de la amistad y de la consiguiente pachanga con los de La Habana, los de Miami, los de ambas laderas del estrecho de Florida, durante más de treinta años. La aventura del campo de tiro de Punto Cero en las afueras de la capital cubana ilustra este cariz de mis guerritas tropicales del Caribe.

Pocas semanas después de que mi padre ocupara el cargo de secretario, su primer jefe de ayudantes, un tal capitán Sánchez Vázquez, invitó al canciller, a Andrés mi hermano, a Mauricio Toussaint y a mí a distraernos durante unas horas en el campo de tiro del Estado Mayor Presidencial (EMP), ubicado en la Avenida Constituyentes. Acudimos encantados; nos atendió un teniente coronel Castañeda, responsable del stand e instructor excelso. Por cierto, cuando llevé a mi hijo al campo de tiro siendo yo secretario, invitados por el general Jesús Castillo, futuro jefe del Estado Mayor de Felipe Calderón, pregunté por ese afamado profesor; nadie logró darme una pista para encontrarlo. El caso es que repetimos el paseo dominical en varias ocasiones, y Mauricio y yo comenzamos a presentarnos con mayor frecuencia, para aprender a disparar no sólo con escuadras de nueve milímetros o de calibre .45, sino también con Skorpios, Uzis y otras armas cortas de alto poder. Durante mi estancia en Nicaragua, como ya he narrado, seguí practicando tiro, bajo la vigilancia menos benévola pero igualmente calificada del "Guajiro". En ocasión del primer viaje oficial de mi padre a Cuba, donde lo acompañamos, entre otros, Mauricio y yo, decidimos pernoctar unos días adicionales en la isla. Además de visitar Varadero y de recorrer bien La Habana (era mi primera visita a Cuba), comentamos con nuestros anfitriones —gente a la vez del MINREX y del Departamento de América— que solíamos ir a disparar en las instalaciones del EMP en México. Los cubanos de inmediato nos invitaron al equivalente —en rústico y clandestino—, a unos veinte kilómetros de la capital. No cargábamos atuendo en nuestras maletas para ese género de actividades: los pantalones claros, mocasines y guayaberas de rigor, y nada más. Como siempre, los "cubiches" resolvieron todo. Al arribar al campo de tiro nos prestaron unos overoles verde olivo amplios para colocárnoslos encima de la ropa de ciudad. Mauricio y yo nos divertimos como enanos, disparando decenas de peines o cargadores de Kalashnikovs o AK-47 soviéticos: los juguetes preferidos por nuestros narcos (que sin duda desconocen el origen del nombre), conocidos en México como "cuernos de chivo". El nombre proviene del término *avtomat* (automático en ruso) y del apellido de Mikhail Kalashnikov, el creador del fusil de asalto, y del año cuando se produjo el primero: 1947. Procurábamos atinarle a dianas situadas a cien, doscientos y hasta quinientos metros; nos explicaban como nunca escucha uno el balazo que lo mata, ya que la bala va más rápido que el sonido; y nos tomamos un montón de fotos, con la cámara de uno de los cubanos.

Veintiún años más tarde, siendo yo canciller en plena crisis con Castro y Cuba, a propósito de su asistencia a una conferencia de la ONU en Monterrey y del voto de México en la ONU sobre la violación de los derechos humanos en la isla, una de dichas imágenes apareció en primera plana del periódico *Reforma*, donde escribí entre 1994 y 2000, y donde publico de nuevo desde 2003. En la foto de marras, salimos Toussaint y yo pecho tierra, vestidos de verde olivo, tirando al blanco con Kalashnikovs, escuadras y otras armas. Mucha gente creyó —y los cubanos así lo insinuaron en *Granma* el día anterior— que la foto demostraba cómo solicité y

En el campo de tiro, Cuba, 1980

Primera plana del diario *Reforma* del 27 de marzo de 2002

recibí entrenamiento militar en Cuba, "en mis años mozos"; algunos dementes difundieron con estulticia la versión de mi increíble participación en el Movimiento 26 de julio en la Sierra Maestra, recién cumplidos cinco años de edad. Lo que no sabían los inocentes o malpensados era que preferí adelantarme, consciente de que los cubanos conservaban una copia de las fotos, y que en el pleito conmigo utilizarían todos las herramientas a su alcance para desacreditarme y forzar mi renuncia. Después de conversarlo con Toussaint y mis colaboradores más cercanos en Tlatelolco, decidí filtrar la foto a través de *Reforma*, asegurándome de que se discerniera con nitidez una prueba del carácter recreativo del ejercicio. Como se aprecia en esas fotos, Toussaint y yo portamos mocasines de ciudad, difícilmente adecuados para un entrenamiento militar de alta o baja intensidad. Los cubanos desistieron de cualquier intento posterior de golpearme por esa vía, y los observadores nacionales o extranjeros interesados por indagar qué había acontecido se mostraron satisfechos con los elementos aportados. No se resolvió la crisis con Cuba, debido a los factores que expondremos más adelante; más aún, un año después de mi salida de la Cancillería, el enfrentamiento se agravó, ya no con motivo de los derechos humanos o la visita de Fidel Castro, sino por la abierta injerencia cubana en la política interna mexicana. Pero gracias a mi foto salí bien librado, y con eso me di por bien servido.

Rewind

Con mi padre y Mauricio Toussaint en Cuba, 1980

Libro 4
La muerte de Oma, Adolfo Aguilar, el fraude
de 1988, Salinas y Cárdenas

Con mi madre en Gstaad, 1972

I

El sexenio de López Portillo derivó en una hecatombe patrimonial, política y personal por todos recordada; pero mi padre, salvo en sus ahorros, resultó ileso. Se marchó a Francia como embajador; para todo fin práctico cerró el capítulo de su matrimonio con Oma, e intentó auxiliarme en mi relativo desamparo, recurriendo a su amigo Mario Ramón Beteta, nombrado director de Pemex por Miguel de la Madrid, para ocupar una posición decorosa en la paraestatal. La tentativa desembocó en un desastre, del cual sólo conservo la amistad de un colega y la enemistad de dos. Se trató de una desaventurada pretensión de volverme burócrata, de cuya repetición desistiría el resto de mi vida. Más que un esfuerzo serio de reencarrilarme en la vida, reflejaba una cierta desesperación ante la ausencia de perspectivas. Las puertas de la militancia en el seno de la izquierda mexicana se me cerraron; la opción centroamericana carecía de sentido; coqueteé, sin fundamento alguno, con la descabellada idea de la elección de mi padre como secretario general de la ONU, para colaborar de nuevo con él (aunque López Portillo le pidió a Reagan el voto para su canciller, lo hizo para desactivar las ansias de Porfirio Muñoz Ledo más que para alentar una candidatura inviable; igual Washington lo negó). Inventé un proyecto genial y aberrante de un semanario latinoamericano, al que le consagré tiempo y esfuerzo propios y recursos ajenos, y cuyo fracaso estrepitoso se justificó por completo. Mi activismo académico, periodístico y personal se estancó. En pocas palabras, no sabía qué hacer. Navegaría los siguientes dos años sin brújula, frustrado y desconcertado, incapaz de despejar un rumbo profesional o político. No escribí gran cosa, con la excepción de mis columnas de *Proceso* (en general mediocres, con algunos destellos): ni un libro, ni un buen ensayo. Padecí múltiples pleitos y desencantos con gente que consideraba cercana, y que a las primeras de cambio me dio la espalda, con toda razón: ya no era el hijo del canciller. De cierta manera, me salvó la enfermedad terminal y subsiguiente muerte de mi madre, gracias a la terrible tristeza que me provocó. Me dediqué a Oma por completo durante el año entero de su agonía, y a pesar del dolor inenarrable de cualquier hijo ante la paulatina desaparición de la madre que conoció, emergí fortalecido del mayor infortunio que he enfrentado al día de hoy. Hasta en su muerte, mi madre fue mi ángel de la guarda, fuente de mi ventura.

A finales de 1983, viviendo sola en el Pedregal y habiendo regresado de un último viaje a la URSS, durante el cual conoció a un último novio-amigo-cartero, comenzó a sentir pasmos agudos en la parte superior del abdomen. Solicitó una cita a Teodoro Césarman, cardiólogo, amigo y médico de cabecera de toda la familia, quien la instó a viajar a Nueva York y hacerse una biopsia de aguja delgada, para confirmar o descartar un tumor en el páncreas. Mi madre, demasiado fría e inteligente para contarse cuentos, aquilató de inmediato la gravedad de su padecimiento; voló a Nueva York y confirmó sus peores sospechas, que eran también las mías. La acompañé al aeropuerto y hasta la puerta del avión —perduraban los privilegios de la época de canciller de mi padre—, sabiendo que no volvería a verla sino con los días contados. Organicé que mi padre y mi hermana, ambos en París, y mi hermano, en Estocolmo como embajador de México, realizaran una escala en Nueva York camino a sus vacaciones navideñas en el Distrito Federal, y visité a Césarman en su consultorio, donde corroboró mi trágica premonición. Conmigo suprimió los eufemismos: mi madre sufría de un cáncer pancreático avanzado y le restaban diez meses de vida. No había nada que hacer.

La depresión que la azotó, y la pena para todos nosotros, fue indescriptible. Antes de enfermar, Oma conservaba su notable salud y energía: era una mujer aún joven, vivaz y vigorosa. El año anterior a su diagnóstico sufrió desconsolados momentos de extrema soledad, pero nadie esperaba un desenlace parecido. La ausencia de remedio alguno; la perspectiva de dolores intolerables; la certeza de un final próximo e inexorable: todo ello confluyó en un mar de llanto, congoja, reclamos y decaídas. Por no dejar, trasladamos a mi madre a Memphis, con la esperanza de hallar un tratamiento experimental que no funcionó entonces ni ulteriormente: el cáncer de páncreas sobrevive como el mal incurable por excelencia (ver el caso de Steve Jobs). Oma nunca se recuperó de la cirugía o de la melancolía, y falleció a principios de noviembre de 1984, semanas antes de cumplir setenta años.

Inventé de todo para vencer la desdicha impuesta por el azar y la medicina, desde escribir las primeras veinte páginas de una novela que nunca retomé, hasta pasear a mi madre por el mundo, con una enfermera a cuestas, para solazarla. Marina regresó de Francia, donde escribía y estudiaba música, para ocuparse de Oma; lo hizo con infinita sensibilidad y devoción, hasta que se enfermó y no pudo seguir adelante. Mi padre realizó un par de visitas a México, mi hermano igual. De suerte que salvo al final, y durante interludios breves y espaciados, quien terminó por encargarse más que otros del declive materno fui yo, con la invaluable ayuda de Alfonso Millán, un personaje memorable, que falleció también de cáncer algunos años después. El psicoanalista frommiano y desenfrenado gozador de la vida consoló a mi madre, le enseñó a resignarse con alguna serenidad a la muerte, y le ayudó a morir cuando llegó el momento. Conservo una deuda impagable con Millán; lamenté su prematuro deceso.

Más allá de la pesadumbre siempre implícita en este rito de paso, agravada por la desgarradora conciencia del plazo y el fin, tomé bien la curva, como me dijo mi amigo Enrique. Entregarme por completo al cuidado y consuelo de mi madre me permitió comprender el valor del apoyo y del acompañamiento de seres queridos y abatidos; me liberó de cualquier culpa remanente de episodios anteriores y me permitió salir fortalecido de una prueba que todos, por definición, sufrimos y superamos, pero con mayor o menor tranquilidad y entereza.

Cuando finalizó el calvario, dejé de fumar. Miriam y yo "encargamos" a quien sería Jorge Andrés, busqué trabajo por un par de años en Washington, y comencé a escribir ensayos y editoriales en Estados Unidos. Le di vuelta a la página y arranqué un estadio nuevo en la vida, pletórico de felicidad, logros y afectos; los tres mejores ingredientes de la receta de vivir, que me han acompañado desde entonces. Sólo me restó deplorar que Oma no comprobara cómo de la adversidad y del suplicio afectivo extraje la fuerza necesaria para sobreponerme a su desaparición y reinventarme emocional, profesional y políticamente.

II

La estancia en Washington arrancó mal. Poco tiempo antes de partir de México, la madre de Miriam falleció de un tumor cerebral, al cabo de una breve pero espantosa agonía. Sobrevino después el temblor de la Ciudad de México en septiembre, y la conjunción de ambos golpes dio al traste con los planes trazados: que viajara yo a la capital del "imperio" con Javiera y Carlos Miguel, mientras Miriam aguardaba el parto en México con sus padres. Decidimos que el mal menor consistía en reunirnos en Washington, y que el nacimiento tuviera lugar allí, con las múltiples complicaciones y ventajas que eso arrastrara. Con los años, los cambios constitucionales mexicanos y el paulatino e incompleto desvanecimiento de los fobias nacionales, a Jorge Andrés le convino la desgracia acontecida antes de su llegada. Usa, abusa y disfruta de ambas nacionalidades como millones de mexicanos más, y en el mundo del siglo veintiuno los beneficios de la dualidad rebasan con creces sus intrínsecos inconvenientes. Al cuatrapearse los planes tan bien ideados, otros compromisos y obligaciones también se tornaron imposibles de atender, entre ellos, asistir al matrimonio de mi padre en París, a mediados de septiembre de ese año, un acontecimiento necesario para él, prematuro para mí (el calificativo no es juicio: ninguno vale en estos asuntos) y anunciador para Marina, Andrés y yo de lo que sobrevendría en años subsiguientes en la familia. Cada quien cargó con su parte de responsabilidad en la traginovela por venir.

Empecé a trabajar desde septiembre en el Carnegie Endowment for International Peace, un típico *think tank* norteamericano, fundado a inicios del siglo veinte por el magnate acerero del mismo nombre, y que por cierto financió el primer libro de mi padre, *México y las Naciones Unidas*, a finales de los años cincuenta. Las razones de mi contratación nunca me parecieron del todo claras, pero se justificaron para la institución al suscitarse dos debates sustantivos en la sede de los poderes estadounidenses. El primero, el más trascendente, involucraba el resurgimiento de la Guerra Fría en Centroamérica y el conflicto entre la administración Reagan y un amplio grupo de legisladores demócratas. Reagan resolvió desde su arribo a la Casa Blanca retar al bloque socialista mundial, compuesto, en su mente paranoica mas no del todo equivocada, por la Unión Soviética, Cuba, la Nicaragua sandinista y las insurgencias salvadoreña y guatemalteca. Un grupo compacto pero influyente de congresistas liberales —en la acepción norteamericana del término— se opuso al epítome de agresión ilegal e inmoral de Estados Unidos a pequeños países indefensos e inofensivos. En particular, procuraron suspender la asistencia militar a la llamada "contra" nicaragüense, ubicada en Honduras y en el norte de Nicaragua, y a la dictadura militar salvadoreña. Esa trifulca política, que derivaría en el escándalo "Irán-Contras" un par de años más tarde, involucró a varios países latinoamericanos, entre ellos México, que remplazó la postura proactiva e injerencista de la época de mi padre y de López Portillo con una más retraída y antiintervencionista de Miguel de la Madrid y el Grupo Contadora. Junto con Venezuela, Panamá y Colombia, la Cancillería mexicana pugnó por un fin a la guerra encubierta en Nicaragua, tanto para evitar una intervención abierta y directa de Estados Unidos como para "salvar" al régimen sandinista, aunque ello implicara sacrificar a la insurgencia en El Salvador. Contadora, la izquierda estadounidense, los demócratas y la social-democracia europea se aglutinaron en una abigarrada alianza antireaganiana. Entre sus múltiples voceros figuraban los supuestos especialistas de los *think tanks* progresistas de Washington, yo incluido.

Discrepaba en la intimidad de la nueva definición mexicana, en parte por ardor personal —siempre me ha disgustado que las ideas propias y de mis allegados sean abandonadas— en parte, por considerarlas equivocadas —creo que acerté en lo segundo—, pero las defendía en la palestra. Me costaba insistir en el respaldo diplomático a la insurgencia en El Salvador, ya que un par de años antes tomé distancia de la misma, y en lo personal de Salvador Samayoa, mi compañero de "complós" exitosos. En abril de 1983 apareció asesinada en Managua —bajo condiciones atroces— la segunda de a bordo de las FPL, la organización más poderosa de la guerrilla salvadoreña, y la menos anuente a ratificar los diversos *diktats* cubanos de negociar o combatir, ceder o estirar al máximo la cuerda. Los acontecimientos se precipitaron: el dirigente de la organización, Salvador Cayetano Carpio, regresó de manera intempestiva de Libia, acudió al funeral de su colaboradora y un par de días después fue hallado muerto de dos balazos ("nomás uno era de muerte") en su escondite nicaragüense. El gobierno sandinista, con anuencia cubana, informó que habían sido detenidos los autores materiales e intelectuales del homicidio, y que se trataba de colaboradores cercanos y simpatizantes del comandante salvadoreño. El desaguisado se insertaba en un retorcido contexto de afinidad y rechazo a la injerencia cubana en los asuntos insurgentes, de debate sobre la idoneidad de la negociación inmediata o de la lucha eterna. Mis simpatías se inclinaban a favor de las propuestas radicales de Carpio, por contrariar a los isleños, y porque la moderación en condiciones de debilidad se me antojaba contraproducente. El hecho es que cuando se divulgó la versión oficial de la muerte de Carpio (se pegó un tiro por razones desconocidas) no la creí ni la acepté. Le exigí a Samayoa y a otros una explicación que jamás recibí, pero pude compartir mi asombro y escepticismo con dos extraños compañeros de camino de ese momento: Rubén Aguilar y Mario Renato Menéndez, el periodista yucateco fundador, director y dueño de *Por Esto!* y responsable de los infinitos dolores de cabeza que la publicación ha provocado en innumerables círculos mexicanos y centroamericanos desde los años sesenta. Ambos mantenían un estrecho nexo con los rebeldes salvadoreños en general y con las FPL en particular (Aguilar fundó y dirigió su órgano de prensa Salpress). Ninguno de ellos se tragó la historia oficial.

Conversé con Rubén de manera extensa. Me mostró el comunicado que las FPL querían publicar en varios periódicos del mundo. Le dije que su contenido era visceral e ideológico. Él coincidía y decidió no publicarlo en México. En ese momento presentó su renuncia a las FPL. Allí se inició su alejamiento de los "guanacos". Meses más tarde, la revista *Por Esto!* publicó dos cartas escritas por Carpio de su puño y letra, con una interpretación póstuma de la tragedia. Durante una extraña plática con Menéndez, en su departamento a espaldas del Monumento a la Revolución, gracias a los buenos oficios de Joel Ortega, en compañía de su esposa y de una mujer delgada, atractiva, desconocida para mí salvo en lo tocante a su origen cubano —ese acento no se pierde—, acopié elementos adicionales. Escuché los pormenores de una aclaración más completa, que se podía resumir así: el viejo excomunista salvadoreño mandó asesinar a su segunda, con instrucciones de que pareciera un crimen pasional, convencido que ella se había vuelto por completo partidaria de las tesis cubanas y sandinistas sobre la necesidad de negociar a como diera lugar. Los isleños asistieron a los "nicas" en sus investigaciones y descubrieron la trama, confrontaron a Carpio y le ofrecieron una de dos: o se sometía a un juicio público en el cual sería condenado a cadena perpetua, asestándole al FMLN en su conjunto un daño quizás irreparable, o se quitaba la vida, sin ofrecer —ni ser objeto de— mayores explicaciones.

Carpio escogió la segunda opción, pero antes redactó su versión y se cercioró de que llegara a buenas manos: las de Menéndez. Me repugnó la actuación cubana, sobre todo cuando fue seguida del habitual y carroñero procedimiento estalinista de denigrar al muerto. Lo único que no entendía fue como Menéndez, amigo entre amigos de los cubanos, podía divulgar las cartas y narrar todo de esa manera, en presencia de la mujer ya mencionada, que era nada menos que Emma Castro, hermana menor de Fidel radicada en México desde principios de los cincuenta, y hasta la fecha una especie de embajadora leal y oficiosa del comandante. Ante este panorama, me resultaba imposible mantener la misma actitud frente a los salvadoreños; el tiempo me tranquilizó, y sin volver a congraciarme con los cubanos, opté por hacer las paces con los insurgentes y con Samayoa, a sabiendas de que sus pleitos fratricidas eran recurrentes y sangrientos. Muchos lo adivinaron antes que yo.

Mi trabajo en Washington consistía en hacer lo que desde entonces hago mejor: aparecer en los medios, opinando sobre todos los asuntos habidos y por haber. El Carnegie disponía de un sistema interno para recopilar y contabilizar las intervenciones mediáticas: entrevistas o comentarios en radio y televisión, citas en periódicos o revistas y artículos editoriales publicados en los principales medios de Estados Unidos. Se parecía al ranking de lecturas de mi escuelita de El Cairo: quién leía más, hablaba más, salía más en la televisión. Para eso me pintaba solo. Aunque en teoría se dedicaba uno a investigar los temas de especialización de cada asociado, en realidad nos abocábamos a sacudir a la prensa o a impartir conferencias en distintas ciudades e instituciones académicas del país. Competíamos con los centros de reflexión o cabildeo conservadores, como el American Enterprise Institute o el Center for Strategic International Studies, y entre nosotros, en una contienda feroz: ganaba quien aparecía con mayor frecuencia y despliegue. Si bien las voces locales dominaban la discusión —a final de cuentas de naturaleza política e interna, no diplomática ni externa—, me convertí en uno de los portavoces extranjeros más solicitados para esos menesteres. Compartía con lectores, televidentes y estudiantes mis puntos de vista dizque doctos y autorizados sobre el acontecer en Centroamérica, del resto de América Latina, y a partir del temblor de 1985, de México. He allí el segundo debate sustantivo en el cual me sumergí durante mi estancia.

En efecto, a partir del cataclismo económico y financiero de 1982, con su nacionalización de la banca y fuga interminable de capitales, y de las recurrentes calamidades sucedidas durante los primeros años del gobierno de De la Madrid, los diversos observadores de la realidad mexicana en Washington comenzaron a crepitar de nervios. El asesinato del periodista Manuel Buendía, la ejecución del agente de la DEA Enrique Camarena, el encarcelamiento del exdirector de Pemex Jorge Díaz Serrano, las acusaciones de corrupción a López Portillo y al propio De la Madrid en Estados Unidos, los diferendos con Reagan sobre Centroamérica, y sobre todo el derrumbe económico de esos años a raíz del sobreendeudamiento anterior justificaban su inquietud. Analistas públicos, privados, económicos y políticos, o de servicios de inteligencia y de medios de comunicación, adquirieron crecientes dudas a propósito de la permanencia de la afamada estabilidad mexicana. Unos temían el contagio centroamericano; otros, la ingobernabilidad; algunos más la caída del país en manos del narco (sí, desde entonces); los alarmistas a ultranza, el asalto al poder por una izquierda inexistente. Varios legisladores y funcionarios conservadores, sobre todo un par de personajes pendencieros y a la vez perspicaces, el senador Jesse Helms y John Gavin, el embajador de Reagan en la Ciudad de México, alimentaban el rumor del colapso, inminente y en su opinión, deseable.

El gobierno de De la Madrid reveló una descomunal ineptitud para contrarrestar la pésima imagen del país y del régimen diseminada por todo Estados Unidos, y en especial dentro de los círculos de poder en Washington. Su embajador, de quien me hice amigo y respetaba en lo personal, recibió el apodo del Salmón, "porque se fue a echar la hueva a las frías aguas del Potomac". A la inversa, cualquier voz crítica, inglés-parlante, adepta para la penetración en los medios y los pasillos del poder, y dotada de un mínimo de credibilidad, casi en automático era escuchada con atención y hasta asombro. En aquel tiempo escasos mexicanos acudían a las instituciones tipo Carnegie; un cuarto de siglo después pululan los visitantes o residentes en los centros mencionados y otros, como el Woodrow Wilson Center o la Brookings Institution.

Publiqué numerosas columnas ocasionales en *The New York Times* y *The Washington Post*, cotidianos donde he seguido escribiendo desde entonces. Me volví editorialista regular de *The Los Angeles Times*, el cuarto diario más influyente del país, y alcancé a publicar un artículo quincenal. Con asiduidad me procuraban asistentes legislativos, periodistas, profesores universitarios, cabilderos y operadores de las más diversas agencias de espionaje que ambulaban por los restoranes de la calle K como Pedro por su casa. A pesar de mi edad (recién había cumplido treinta dos años) y evidente inmadurez —que solía traducirse en una insolente estridencia—, conquisté muy pronto un lugar privilegiado en la narrativa norteamericana dedicada a México. Para molestia, desprecio y en ocasiones coraje de las autoridades al sur del Río Bravo, ácratas en general, y particularmente en las páginas estadounidenses donde yo describía el país que gobernaban.

Al poco tiempo me buscó Ashbel Green, editor de Alan Riding y su clásico *Distant Neighbors* (*Vecinos distantes*). Ash era el decano de los veteranos de Alfred Knopf, quizás la editorial más prestigiada del país, y me invitó a escribir un texto sobre la relación entre México y Estados Unidos. Decidí proceder al alimón (sólo muchos años después me enteré del origen taurino de la expresión) con Bob Pastor, el consejero de Seguridad Nacional para América Latina de Carter, quien emigró durante un año a San Ángel, donde Miriam y yo le alquilamos la casa de San Carlos. El libro apareció a finales de 1988, y repercutió en varios ambientes y generó alguna controversia, tanto en México como en Estados Unidos, por el momento de su publicación y el tema tratado. Sobre todo, se transformó en mi carta de presentación en las letras norteamericanas; incluyendo *Limits to Friendship*, Knopf y The New Press me editarían siete libros a lo largo del siguiente cuarto de siglo, convirtiéndome en uno de los autores latinoamericanos de *non fiction* con más títulos publicados en Estados Unidos (junto con Eduardo Galeano, Ariel Dorfman, Fernando Henrique Cardoso y Alma Guillermoprieto).

El ejercicio de coautoría con Pastor fue el segundo de nueve textos redactados en mancuerna. Se trata de una dialéctica en ocasiones infernal, siempre fructífera, y demandante al extremo de paciencia, flexibilidad, tolerancia y cariño. He conservado y fortalecido la amistad con todos mis coautores en vida: Manuel Rodríguez Woog, Rubén Aguilar, Héctor Aguilar Camín y Marco Morales; dos más, Enrique Hett y Robert Pastor, fallecieron. Tal vez la naturaleza tan ardua de la faena teje lazos imperecederos, o susceptibles de superar cualquier episodio de tensión o divergencia. O a la inversa: uno escribe libros con colegas al intuir que el proyecto prosperará con ellos; el proceso de autoselección es garantía de continuidad y fortuna. No sé qué he disfrutado más: el trabajo mancomunado y la consiguiente cercanía personal, o hallarme ante "estas blancas páginas

—blancas como el negro porvenir ¡terrible blancura!" (*Unamuno*)—, y el infinito goce de la creación individual.

Aunque unos los plasmé en el papel antes de partir a Washington, cuatro ensayos publicados entre 1985 y 1987, marcaron en particular mi estancia y la evolución de mis ideas en esos años. El primero apareció en *Foreign Policy*, publicación que sobrevive, bien que mal, a los avatares de los impresos en la era digital; el segundo, en *Foreign Affairs*, la revista más antigua de relaciones internacionales de Estados Unidos, y todavía la más influyente. Por la competencia entre ellas —y que también subsiste— debí centrar ambos ensayos en temas distintos: el primero sobre Centroamérica y la política exterior mexicana al respecto; el segundo, de mayor impacto, titulado "Mexico on the Brink" (publicado en *Nexos* como "México en la orilla" en 1986), enunciando un programa de reformas para el país, en ruptura con varias tesis que había abrazado hasta ese momento.

Junto con un texto que sometí a *Nexos* un par de años más tarde, el ensayo de *Foreign Policy* refleja mi pensar sobre política exterior en aquella época; muestra también una innegable continuidad con las tesis que esbozaría después y buscaría poner en práctica en Tlatelolco siendo canciller. Incluye asimismo, posturas hoy anacrónicas o francamente falsas. El imperativo de la presencia en Centroamérica como piedra angular de las relaciones internacionales mexicanas, exceptuando a Estados Unidos, ha perdurado en mi visión de política exterior hasta la fecha; constituyó la premisa del llamado Plan Puebla-Panamá en el sexenio de Fox, y mi sugerencia principal al equipo de Peña Nieto antes y después de su asunción a la Presidencia. La necesidad de contrarrestar la influencia cubana en la región mediante un abierto e injerencista apoyo mexicano a gobiernos o movimientos de izquierda en la llamada Cuenca del Caribe persiste en mi mente como la óptima estrategia externa mexicana, tanto dentro como fuera del gobierno.

En *Foreign Policy* sostuve que: "Se trataba de crear una esfera de influencia en Centroamérica [...]. Por muchos años las élites centroamericanas habían estudiado leyes, medicina, ingeniería, o las artes de la guerra en México. Revolucionarios y reformadores de la región huyeron a México, para conspirar o para morir. Además de las afinidades obvias entre México y los países de la Cuenca del Caribe, teníamos sólidas bases culturales para imaginarnos una influencia duradera [aunque] era absurdo pensar que México podía competir con Estados Unidos en sus narices […]. La respuesta no era competir a nivel económico sino político. La única forma que México tenía de desplazar a los Estados Unidos en la Cuenca del Caribe era a través de la solidaridad política, lo cual sólo sería posible con la izquierda […]. Esta política se basaba exclusivamente en un interés nacional. No era por simpatía que México apoyaba a la izquierda —aunque la hubiera— ni despecho hacia los norteamericanos —a pesar de que la política exterior mexicana siempre lleva una pequeña dosis de ello— sino porque México requería que la Cuenca del Caribe estuviera en manos de la izquierda para ser una potencia regional […]. Tratamos de convencer a los insurgentes sandinistas, cubanos y salvadoreños de tomar en cuenta los intereses norteamericanos. [Pero] México quizás aún no podía ser la potencia regional capaz de conciliar la necesidad de cambio en la zona con los intereses de seguridad de Estados Unidos." No creo que mi actitud ante Centroamérica y el Caribe durante los primeros años del sexenio de Fox se distinga mucho de estos preceptos abstractos postulados en 1985. Ni que los obstáculos erigidos desde entonces ante este enfoque hayan variado o menguado. Ausente la voluntad política de colocar recursos fiscales significativos al servicio de una orientación centroamerianófila, ningún acercamiento podrá prosperar en los hechos, por intrépido que parezca en su principismo. Hoy que nos inundan y agobian los dramas de nuestros vecinos del sur, se impone una reflexión más serena sobre las omisiones del pasado y la pasividad del presente.

Asimismo, la vigorosa y pública promoción y defensa de los intereses mexicanos en Estados Unidos a través de una utilización más moderna, activa y protagónica de nuestra red de consulados en ese país se erigió en el eje central de mi gestión en la Secretaría de Relaciones entre 2000 y 2003. Fue también una de mis principales divergencias con la administración de Peña Nieto, en particular a propósito de su lechoso pasmo antiintervencionista ante las peripecias de la reforma migratoria norteamericana en 2013. En *Nexos* de febrero de 1987 argumenté que México debía reformular por completo su política hacia Estados Unidos: "La política exterior mexicana ha dejado de ser lo que fue antes: una suma aritmética de posturas principistas sin costo o consecuencia y de escasa operatividad […] la historia de nuestra relación con el resto del mundo se resume en dos intentos fracasados: diversificar nuestras relaciones políticas y económicas, para que el lazo con los Estados Unidos revista una menor importancia proporcional, y restarle a ese lazo su carácter directo, de desnuda inmediatez […]. La relación con Estados Unidos ya no es manejable en su formato habitual: el mano-a-mano entre dos interlocutores de fuerza excesivamente desigual […]. Por eso cada vez que se reúnan los responsables de ambas naciones, deben poder hablar y negociar también sobre otros temas, además de la agenda bilateral".

En vista de la dispersión de nuestras relaciones con Estados Unidos, alegaba, la única posibilidad de salir adelante en los constantes enfrentamientos implicaba contar por lo menos con la neutralidad benevolente de los norteamericanos y, en su caso, con su simpatía. Pero ellos, como todos, se expresan de manera indirecta: representantes legislativos, órganos de opinión, asociaciones cívicas, centros académicos etc. Durante muchos años, México se permitió el lujo de ignorarlo, hasta que se produjo una explosión de asuntos mexicanos en Estados Unidos y norteamericanos en México: comerciales, financieros, migratorios, turísticos, energéticos, de flujos legales y no tan legales de armas, drogas y personas y de seguridad. Por consiguiente, se imponía la necesidad de nueva política hacia Estados Unidos *en* Estados Unidos, para la cual México disponía de un arma diplomática invaluable: más de cincuenta consulados, sin mayores cortapisas para su desempeño que la mediocridad de buena parte de su personal —con admirables excepciones— y el pavor del gobierno de México de conferirles un carácter político. Las órdenes de los cónsules de no hacer olas eran redundantes: no sabían cómo hacerlas, ni tampoco se atrevían. El cónsul no debe ser un burócrata de ventanilla, sino un "miniembajador" y escudero de México en cada ciudad de Estados Unidos y dedicarse a hacer política: hablar en cada foro, responder a cada pregunta, contestar cada crítica, aceptar cada debate. Las ciudades norteamericanas son casi idénticas en su composición y funcionamiento político: uno o dos periódicos, tres a seis estaciones locales de televisión, repetidoras de las grandes cadenas nacionales, con un noticiero local, mañana, tarde y noche, y un programa político local los fines de semana, infinidad de estaciones de radio, dos o tres universidades, un Committee on Foreign Relations; la lista no es exhaustiva. El cónsul debía volverse un invitado sempiterno en estas instancias, y ser partícipe obligado de las demás instituciones locales: Cámaras de Comercio, asociaciones de banqueros, Clubes de Rotarios, y diversas barbaridades que han inventado los norteamericanos para sobrevivir el tedio de su provincia. A la larga, con trabajo y paciencia, nos ganaríamos a la "opinión local" y contaríamos con la simpatía y quizás el apoyo de sus representantes en el Congreso, y de las entidades nacionales dependientes de organismos locales. Cada vez que surgiera una "campaña contra México" o que pretendiéramos movilizar voluntades, dispondríamos de aliados en cada comunidad.

Desistimos de hacerlo entonces, y ahora de nuevo, invocando el peregrino argumento de la reciprocidad: si hacemos política en Estados Unidos, los norteamericanos nos pagarán con nuestra propia moneda y saldremos perdiendo. Sólo que la no intervención en los asuntos internos de México es un principio sagrado únicamente para algunos mexicanos; para muchos estadunidenses, la injerencia externa en su política interna, salvo en algunos casos, es una preocupación inexistente (como lo demuestra el caso de Israel). Además Estados Unidos interviene en México, hace política en México, actúa aquí como deberíamos actuar allá. Aun cuando pocos me criticaron por ello en el momento indicado, mi activismo y el de la Cancillería a propósito del tema migratorio me fueron reclamados con amargura y vehemencia después de mi salida de la Secretaría de Relaciones en 2003. Se invocaban todo tipo de argumentos: la no intervención, la molestia de los norteamericanos, el protagonismo, los pobres resultados y elevar las expectativas. Le atribuí entonces y le asigno hoy a dichos críticos el mismo valor que en 1987: nulo.

El texto de *Foreign Affairs* se convirtió en mi primer esbozo programático para México. Suscribo hasta la fecha las propuestas allí sugeridas. Planteé cuatro condiciones para que el país emergiera del desastre en el que se debatía (meses después del terremoto, y en pleno derrumbe del precio del petróleo): "México saldrá adelante de su crisis si se cumplen cuatro condiciones. Primero, la modernización económica —comercio, inversión extranjera, sector público, subsidios, tenencia de la tierra— debe ser llevada a cabo rápida y decisivamente. Segundo, debe lograrse pronto un alivio substancial y duradero en materia de deuda […]. En tercer lugar, aunque México no es una dictadura, no es el país democrático que sus habitantes desean. Una profunda democratización de sus instituciones políticas y de sus estructuras sociales es quizás la reivindicación que más mexicanos quisieran ver satisfecha. Por último, México debe volver a una política exterior activa hacia Centroamérica […]. Para empresarios y tecnócratas, la economía mexicana se ha vuelto una pesadilla debido a 40 años de proteccionismo, ineficiencia, subsidios masivos y de atraso tecnológico [...] Recortes significativos en los subsidios al consumo (transporte público y alimentos básicos) y a la industria (energía, materias primas importadas, tierra y agua) se han vuelto inevitables. Una reducción mayúscula del sector público de la economía también parece ser necesaria. Este se ha convertido en un sistema oneroso y disfrazado de asistencia social y de seguro contra el desempleo, amortiguando el impacto de las realidades económicas mediante la estatización de empresas en dificultades [...]. No existe hoy justificación para mantenerlas. El mismo argumento vale para el proteccionismo. Un complicado sistema de permisos previos de importación, de trabas burocráticas y de barreras arancelarias y no arancelarias ha mantenido a la industria aislada de la competencia internacional. [...]. El país no puede seguir subsidiando, a través de la inflación y la falta de competencia, a un sector industrial ineficiente e incapaz de generar divisas, de reducir costos y de suministrar productos aceptables. De igual manera, el sistema de tenencia de la tierra tendrá que ser revisado [...] Ha generado una factura alimenticia de importación elevadísima. Desde un punto de vista estrictamente económico, la solución consistiría en suprimir el ejido, creando así un mercado más libre de la tierra, de inversiones y de mano de obra en la agricultura".

Todo esto, conviene subrayarlo, fue escrito y publicado, en México y en Estados Unidos, *antes* del ingreso al GATT, *antes* del Tratado de Libre Comercio con Estados Unidos y Canadá, *antes* de las primeras privatizaciones de 1987 (Aeronaves) y de las reformas estructurales impulsadas a partir de ese mismo año. Más aún, adelanté este miniesquema programático, social, político, internacional y económico en un momento en que sus adeptos públicos en México se contaban con los dedos de una mano. Surgía de un modo gradual y doloroso un nuevo consenso en el seno del régimen a favor de algunas de las reformas aquí enunciadas, pero pocas aterrizaban en políticas públicas concretas. Menos aún proliferaban los libros o ensayos de gran circulación escritos por académicos o comentócratas donde se presentaban los contornos de lo que podía sustituir al viejo esquema de... industrialización vía la sustitución de importaciones. Se podrá decir que las propuestas citadas condujeron al despeñadero y a la abyección, pero no que brillaron por su ausencia en mi modesto ideario o en mi imparable imaginación.

Mi problema siempre ha sido el *timing*: me equivoco en el momento de tener razón. Suelo adelantarme a los tiempos, por prisa, ansiedad y prepotencia, creyendo que la fuerza de los hechos y los argumentos, junto con una elocuencia teórica al exponerlos, bastan para el triunfo en cualquier escaramuza política. Como además me desespera la obsesión mexicana por el respeto a las formas y la temporalidad, mi desfase con colegas, adversarios o aliados en México, en mil y un batallas, es marcado y proverbial. Lo que escribí en esos años debió haber sido publicado después, con menos vehemencia y mayor condescendencia para un público desacostumbrado a recibir lecciones de fuera, sobre todo impartidas por un joven mexicano irreverente, seguro de sí e indiferente a los ritos nacionales.

Meses después, publiqué otro ensayo en *Foreign Policy* y *Nexos,* reunido, en 1987, con los otros escritos, en un librito titulado *México: El futuro en juego.* Reafirmé las mismas tesis con mayor precisión: "Es factible lograr una alza significativa en las exportaciones mexicanas no petroleras de aquí al año 2000, pero con muchos 'si'. 1. Los mercados de los Estados Unidos y de los demás países industrializados deben permanecer abiertos. 2. Es casi imposible que el empresario mexicano actual, de corte inmediatista, acostumbrado a un mercado interno protegido y dinámico, se convierta de repente en un exportador de alto vuelo. México tendrá que crear una nueva clase empresarial exportadora […]. 3. La tortilla, el pan, el arroz, el huevo, el aceite comestible, el frijol, la leche, el transporte urbano, la gasolina, la electricidad doméstica, el gas doméstico, el agua potable, el alcantarillado, los teléfonos públicos, las tarifas aéreas internas y los dólares han sido todos subsidiados durante los últimos veinte años […]. El carácter indiscriminado de estos subsidios, el hecho de que frecuentemente favorecen a los habitantes de la capital, los hacen insostenibles […]. 4. Conforme la economía mexicana se abra a las importaciones y a la inversión extranjera, y cree el sector exportador que necesita, la integración con los Estados Unidos se acelerará. Esto probablemente sea inevitable".

III

En el plano familiar, el tiempo transcurrido en el Distrito de Columbia fue una de las etapas más placenteras. Sin obviar las adversidades previsibles: Miriam carecía de distracciones, amistades y canales de comunicación fluidos con el entorno americano, y por mucho que Javiera y Carlos Miguel adoraran a su recién llegado hermano menor —que fungía como juguete o balón de futbol—, no podían esquivar los sentimientos contradictorios inherentes a su existencia. Ocupábamos una casita de tres pisos en las afueras de la ciudad; inscribimos a los dos niños en la escuela pública que les correspondía, la primaria de Carlos Miguel, excelente, la de Javiera, una secundaria masiva y mediocre. Jorge Andrés crecía rodeado de cuarenta mil atenciones, y yo viajaba, trabajaba en la sala de la casa o iba a la oficina (la primera vez, y fuera de mi paso por la Cancillería, la única en que cumplí con un horario y asistencia imperativa). Recibimos visitas frecuentes; conocimos a colegas, vecinos y otros expatriados con los cuales creamos lazos que sobreviven a los avatares de treinta años. Carlos Miguel conserva amigos del barrio y de la escuela; Javiera terminó de aprender el magnifico inglés que le ha servido tanto; Jorge Andrés, apodado Tuti desde entonces, pasó sus dos primeros años de vida ahí.

Con Miriam, Carlos Miguel, Javiera y Jorge Andrés, Washington, D. C., 1987

Para mí, la estancia resultó fructífera y gratificante. El ambiente de contemplación reinante en Oliver Street me abrió múltiples puertas internas. Aprendí a tratar a los norteamericanos, ya no como estudiante o joven iconoclasta; a organizar mis finanzas hogareñas y profesionales con esmero y pulcritud; a aprovechar-manipular a los medios masivos de comunicación de Estados Unidos y otras naciones (en esa época comencé a enviar notas a *El País* de Madrid, a donde publico una columna mensual todavía); y a comprender la permeabilidad y su correlato: el rechazo último de la sociedad norteamericana. Todo se puede, mientras no importe demasiado; lo que importa se restringe no sólo a los ciudadanos del país, sino a una élite meritocrática y hermética. Capté una verdad mexicana: lo que se origina en Estados Unidos, todo lo bien o mal visto en Estados Unidos, pesa más en México que aquello desprovisto de esa vinculación. Recorrí incontables aglomeraciones y universidades del país, desde las destartaladas ciudades industriales del noreste hasta las desparramadas planicies del Medio Oeste y el resplandor de playas y montañas californianas. Aprecié como nunca la diversidad, riqueza y apertura de la sociedad norteamericana, y los límites de su hospitalidad y asimilación, así como su imperturbable provincianismo.

Entre los huéspedes que recibimos sobresalió la repetida visita de quien se había convertido en mi amigo más cercano, mi cómplice más confiable, mi interlocutor más querido y simpático, y mi mancuerna política y de parrandas más constante. Nos conocimos ya grandes, cada quien mayor de treinta años de edad, aunque nuestros padres se frecuentaron desde la década de los cincuenta (Oma conoció a Adolfo Aguilar y Quevedo antes que a mi padre). Nos detestábamos cordialmente hasta que dos amigos comunes, el mentado Gustavo Iruegas y el bienquerido Cassio Luiselli, nos obligaron a cenar juntos a principios de 1984, y a entendernos. El entendimiento duró treinta años. No he disfrutado tanto ninguna amistad; ha sido mi asociación política más productiva, divertida y complementaria. Lo poco o mucho que contribuí a la vida política del país hasta el 2002 hubiera sido imposible sin la compañía y el acompañamiento de Adolfo Aguilar Zínser.

Flaco, narigón, poseedor de una melena que sus hermanos y yo envidiamos, Adolfo era una ave rara en México. Primogénito de una familia de estirpe oligárquica (su bisabuelo, el Apóstol del Árbol, tiene avenida: Miguel Ángel de Quevedo), vivió siempre en condiciones precarias, o de plano como indigente o ermitaño por su propio gusto. Hijo y hermano de abogados, se negó a estudiar derecho (cursó la carrera de Relaciones Internacionales en El Colegio de México), y menos aún a integrarse al mundo de la barra. Producto de padres ultraconservadores en lo social y existencial, se transformó en una de las personas menos mojigatas y más liberales que he conocido. A la vez, aunque yo correspondía mejor al arquetipo aristocrático de las élites mexicanas, a Adolfo lo solían estimar y respetar más, y lo acogían con una prodigalidad de admiración y afecto. Amigo de innumerables colegas, rivales y aliados norteamericanos, más familiarizado que muchos con la sociedad estadounidense, destilaba un sentimiento antiyanqui decimonónico y exacerbado, impropio de alguien de su cultura y su mundo. Dotado de una creatividad política fuera de serie, y de una resistencia física descomunal, jamás adquirió la disciplina existencial y financiera indispensable para convertir su talento en una carrera política larga y consistente. Solidario y generoso, era un lobo estepario: prefería actuar solo que bien o mal acompañado, en los viajes, en el Congreso o en el gobierno. Perceptivo, sensible e ingenioso en sus chistes y puntadas, podía también dormir a comensales o audiencias con sus interminables soliloquios, incapaz de entender que de vez en cuando ciertos interlocutores suyos tenían (o pensaban tener) algo que decir. Nuestras conversaciones a lo largo de miles de comidas, viajes, tragos y aventuras versaban sobre todos los asuntos imaginables, pero, al igual que con otros compañeros de la vida, ante todo sobre política, mujeres y chismes.

Con Cassio Luiselli y Adolfo Aguilar Zínser, Akumal, 1993

En las tertulias más ociosas y entretenidas hicimos sesudos análisis de las estrategias de seducción puestas a nuestra disposición intelectual por distintos aviesos practicantes de esas artes. En particular, recuerdo cómo celebrábamos la famosa táctica atribuida (por nosotros, desde luego) a Fausto Zapata, común y permanente camarada, a quien acompañamos en su fallido intento por acceder a la gubernatura de San Luis Potosí y otras aspiraciones. Consistía en "aventársele" a todas las mujeres accesibles (en realidad, sólo era el caso de Fausto, durante los breves intervalos entre sus múltiples matrimonios), en el entendido de que si bien el porcentaje de bateo resultaría irrisorio, el costo o el daño serían nulos, ya que, según el maestro, ninguna mujer se enoja o se molesta porque alguien intente seducirla. Otra cosa es que acceda, pero eso ya es casi lo de menos. Adolfo y yo bautizamos el esquema con el apelativo de *carpet bombing*, en referencia a la técnica de bombardeo aéreo inaugurada por los nazis en Coventry, Inglaterra, y luego aplicada por los ingleses y norteamericanos en Alemania (Dresden, Leipzig, Essen, Colonia, Hamburgo) como represalia: tapizar el suelo "enemigo" sin preocuparse demasiado de la precisión o las probabilidades de acierto, ya que algo siempre queda. Nuestro cinismo no conocía límites, salvo el de reflejarse de manera exclusiva en pláticas amistosas, sin consecuencia práctica alguna. Así corroboramos el exhorto de Neruda: No hay nada tan hermoso como perder el tiempo.

Nuestra gracia consistió en complementarnos como una afortunada y burlona dupla política. El cúmulo de anécdotas dignas de ser contadas rebasa cualquier tentativa de jerarquización o taxonomía. Prefiero relatar aquellas cuya orientación o contenido podría prestarse a la descabellada idea de que nuestras travesuras, maniobras o conspiraciones revistieron alguna trascendencia para el país.

Hasta 1987, cuando regresé de Washington y Adolfo me relevó en el Carnegie, buena parte del trabajo en mancuerna lo realizábamos en torno a temas centroamericanos, materia sobre la cual habíamos discrepado. Aguilar se amafió con una de las organizaciones salvadoreñas más bien afín a Iruegas y a Carmen Lira, de quien era colega en el *Unomásuno*; para mí, junto con el Partido Comunista Salvadoreño, se trataba de la agrupación más procubana y menos atractiva. Pero en el asunto de los refugiados guatemaltecos, pronto descubrimos un punto de encuentro clave, en el que compartíamos compromisos y convicciones convergentes y contrarias al gobierno de De la Madrid. A mediados de 1984, la Secretaría de la Defensa, la Marina y Gobernación procedieron a reubicar a los pantanos de Campeche a decenas de miles de refugiados guatemaltecos, asilados en las zonas fronterizas mexicanas. Ambos alzamos la voz, con el vigor y el estrépito que nos caracterizaban, pero Adolfo con su acostumbrada y superior elocuencia, en mi caso más bien ausente. A escasos días de su protesta, fue "levantado" (en la jerga de hoy), secuestrado (en la de siempre) o detenido e interrogado (en el idioma de la represión) en plena Ciudad de México por los órganos de seguridad comandados por Manuel Bartlett y Jorge Carrillo Olea, y trasladado al Campo Militar número 1, donde permaneció incomunicado y vejado (no golpeado) durante casi cuarenta y ocho horas. Cuando lo liberaron, además del escándalo que muchos armamos, acudimos a un almuerzo de solidaridad con él varios amigos, entre ellos Adolfo Gilly y Rolando Cordera, en el sombrío restorán de La Casserole en Insurgentes Sur. Adolfo y yo seguimos luchando por los refugiados, sin consecuencias graves para mí, y con justificados temores por parte de él; poco antes de este lamentable episodio, nuestra cercanía con Pierre Jambor, el representante en México del Alto Comisionado para Refugiados de la ONU, le costó su expulsión del país. No logramos detener la reubicación, pero el clamor internacional que generamos contribuyó a mejorar las condiciones en Campeche, y nos mostró el caminito que recorreríamos con gran provecho y eficacia a lo largo de los siguientes veinte años: denunciar, gritar y patalear afuera para influir, cambiar y proponer adentro. De esa lección emanó uno de nuestros principales aportes al triunfo de Fox en el 2000.

Fast Forward (2000)

El 21 y 22 de marzo del 2000, Vicente Fox, el entonces candidato panista a la Presidencia, realizó una visita a Washington, organizada por Adolfo Aguilar Zínser y yo, tal y como lo reseñaron, entre otros medios, *Reforma*, *La Jornada* y *El Universal*. Dicho viaje se celebró diez días después de la asistencia de Fox a la toma de posesión de Ricardo Lagos en Chile. El propósito de la gira a la capital estadounidense, en nuestra opinión —compartida por los demás estrategas de la campaña, como Marta Sahagún, Pedro Cerisola y Paco Ortiz— residía en la credibilidad interna que una exitosa actividad externa le conferiría al aspirante. Fox en aquel momento se situaba todavía por debajo de Francisco Labastida en sus propias encuestas, así como en las de sus rivales y las de los periódicos, aunque empezaba a remontar. De acuerdo con los sondeos de la campaña realizados por la empresa GAUSSC, todavía en marzo Labastida le sacaba dos puntos de ventaja a Fox pero a partir de abril, es decir después del viaje a Washington y la acusación por corrupción a Óscar Espinosa, secretario de Turismo de Zedillo, el panista supera por primera vez al priista —41% vs. 37%— y ya nunca perdería esa ventaja, habiendo dejado atrás desde antes a Cuauhtémoc Cárdenas. Sus asesores pensábamos que ser considerado como un interlocutor válido fuera de México lo beneficiaría en la opinión pública nacional. Nos interesaba más que nada la repercusión en México de la visita, aunque por supuesto sabíamos que sin una agenda robusta en Washington, los ecos mexicanos dejarían mucho que desear. La prioridad consistía en impresionar a las elites mexicanas, hipersensibles a las actitudes del norte y fuentes imprescindibles de financiamiento. Así, colocamos el énfasis en la incidencia en México de los encuentros en Washington, y no tanto en los encuentros programáticos.

Adolfo y yo recurrimos a todos los contactos establecidos durante nuestras repetidos pasos por Washington. Logramos que Fox se entrevistara con Arturo Valenzuela, viejo colega nuestro y encargado de América Latina en el Consejo de Seguridad Nacional; con Thomas Pickering, el número dos de la diplomacia estadounidense, a quien llegamos vía Valenzuela; y con el general Barry McCaffrey, zar antidrogas de la administración Clinton y notorio personaje en México. Este último encuentro revistió una trascendencia especial, ya que Mcaffrey ofreció una declaración de prensa con Fox a su lado donde insinuó que podría trabajar con él si fuera electo. Por mal tiempo se canceló una reunión con Doris Meissner, comisionada de Migración y antigua vecina de Aguilar y mía en la Fundación Carnegie; lo lamentamos, ya que en el discurso de Fox el tema migratorio ocupó desde entonces un lugar destacado. Según *El Universal*, cuyo corresponsal, Pepe Carreño Figueras, congeniaba con nosotros desde mediados de los años ochenta, Fox "se pronunció por la negociación de un acuerdo migratorio que beneficie a los dos países, en la que los trabajadores tendrían garantizados sus derechos laborales y de salud en Estados Unidos y en México".

En el Congreso, Fox se reunió con David Bonior, el *whip* o líder de la bancada demócrata, a quien conocimos Adolfo y yo en la lucha de 1992-93 por un Tratado de Libre Comercio diferente al que negociaban los gobiernos de México y de Estados Unidos, y uno de los principales dirigentes de la "izquierda" del Partido Demócrata. Fox visitó a los senadores Richard Lugar y Ernest Hollings, con quien yo había tejido una estrecha relación gracias a su secretario particular, Ivan Schlager, durante el debate sobre el TLCAN; Schlager trabajaría conmigo después, desde la Cancillería.

Como parte de la estrategia, promovimos una serie de eventos típicos de Washington: una conferencia en la universidad de Georgetown, ante un auditorio abarrotado; discursos frente a varios *think tanks* reunidos (Carnegie y Brookings por un lado, American Enterprise Institute y CSIS por el otro), una entrevista en el noticiero nacional de la cadena de televisión pública (PBS), la visita obligatoria al consejo editorial de *The Washington Post*, cuyos directivos habían sido editores de varios artículos nuestros. El candidato también aprovechó estas entrevistas para adelantar algunas metas de su Presidencia. Según *El Universal*: "Fox reiteró su deseo de entrevistarse con Marcos y dijo que es posible reanudar el diálogo y no seguir la política de avestruz que ha mantenido Zedillo"; o en la entrevista con Ray Suárez del PBS Newshour: "Dentro de 5 o 10 años la frontera deberá estar abierta al libre flujo de las personas, al igual que lo está ahora para el dinero, los bienes y servicios [...]. La certificación por Estados Unidos de otros países en materia de combate al narcotráfico no funciona y hemos pedido que se elimine".

Los medios mexicanos comprendieron bien el mensaje y la lógica del viaje, así como el papel de Adolfo y mío en esa nueva etapa de la campaña. Miguel Ángel Granados Chapa comentó en *Reforma*: "No es, por supuesto, la primera vez que la campaña presidencial de Fox se extiende a territorio norteamericano. Pero el auditorio ante el que hablará es de naturaleza política, más que académica o empresarial. Por este motivo, entre otros, Fox quiso significar su viaje a Chile, donde el presidente Ricardo Lagos lo recibió ya en La Moneda y se encontró con otros presidentes latinoamericanos. Buscó dejar constancia que antes de iniciarse en la política washingtoniana eligió ligarse con los mandatarios de quienes confía en ser colega a partir de diciembre. Aquel propósito me lo cuenta Jorge G. Castañeda, que ha participado en la concertación de tales encuentros. El catedrático y autor ha asumido públicamente su vinculación con el candidato presidencial panista, nexo que hasta hace poco se admitía como amistad nacida de intereses políticos comunes, más analíticos que prácticos. Puede decirse ahora que, como el senador Adolfo Aguilar Zínser, Castañeda forma parte del "think tank" de Fox. Ambas circunstancias: el nuevo enfoque de la presencia internacional del ex gobernador de Guanajuato, y la incorporación de consejeros de esa índole, forman parte del fenómeno que ha ido convirtiendo a Fox en un aspirante presidencial con potencialidades ciertas para obtener el triunfo." David Brooks y Jim Cason de *La Jornada*, compañero y vecino de Nueva York el primero, y conocido cercano el segundo, también captaron el espíritu del viaje y el detalle de su diseño: "A decir verdad, la estrategia de los 'consejeros' de Fox, Castañeda y Aguilar Zínser, quienes planearon la visita y dieron forma al 'mensaje' del candidato, sí tuvo el resultado deseado: mostrar a un candidato de oposición como un 'interlocutor' viable y confiable ante el mundo oficial en Washington".

La visita cumplió su objetivo: presentar a Fox en México como un contendiente creíble y tomado en serio por Estados Unidos, para refrendar la viabilidad de su candidatura; fijar ciertas posturas a propósito de la relación con Estados Unidos y algunos temas candentes mexicanos. Afirmamos ante los demás miembros del equipo de campaña y frente a los medios nuestra posición como asesores centrales, demostrándole también a Fox la amplia red de relaciones que utilizaríamos en su provecho. Esto lo pudimos lograr gracias a que los norteamericanos ya anhelaban la alternancia en México; Fox constituía un retrato hablado casi ideal para consumar esa faena. A su vez, sin la insólita intuición política de Fox —que entendió a la perfección la pertinencia de las salidas de México—, todos nuestros consejos hubieran pasado de noche. Esos consejos sólo existieron por obra y gracia de nuestros pininos en Washington quince años antes.

Rewind

En 1994, Aguilar Zínser se comprometió más que yo con la campaña de Cuauhtémoc Cárdenas, pero sin el mismo fuelle que en años venideros. Al grado de que a finales de junio de 1988 acudimos ambos al cierre de campaña de Carlos Salinas en Veracruz; en el avión del Estado Mayor Presidencial puesto a disposición de Salinas por el gobierno de De la Madrid, pudimos conversar con el candidato oficial. Adolfo tenía un vínculo con el Frente Democrático Nacional y con la llamada Corriente Democrática; yo no. Su amistad con Muñoz Ledo, con Ifigenia Navarrete, con Javier Wimer y otros integrantes de la coalición cardenista le abría puertas aún cerradas para mí debido a la supuesta cercanía con el equipo de Salinas. Sin conocer a Cárdenas, comencé a simpatizar con su epopeya a partir de la gira que realizó por la Comarca Lagunera en febrero del 88, donde fui testigo de un fervor y autenticidad del apoyo de masas que nunca he vuelto a ver en México. Conforme se acercaba el día de las elecciones, tanto Adolfo como yo concluimos que éstas se habían convertido en un parteaguas de la historia moderna de México, cualquiera que fuera el desenlace. Ambos votamos por Cárdenas, pero sin formar parte de su equipo de campaña, de amigos, o de seguidores incondicionales.

Estuvimos juntos la noche del 6 de julio, primero en Gobernación, después cerca de la sede del PRI en Buenavista, y con varios amigos de café en café hasta la madrugada. Nos convencimos esa noche, como millones de mexicanos, de que algo andaba mal, y en los días, semanas y meses subsiguientes procuramos respaldar los esfuerzos de Cárdenas y de muchos más para encontrar la salida a una crisis política sin precedentes en el México posrevolucionario. Adolfo trabajaría con Cuauhtémoc hasta 1995, cuando publicó un libro inteligente y bien escrito, pero mal editado, que provocó la ira no tanto del *tlatoani* como de su entorno. Su proceso de distanciamiento del michoacano y de concomitante alineación con Fox se asemejó mucho al mío. El responsable de los primeros encuentros con el entonces fallido candidato a gobernador de Guanajuato fue Adolfo, gracias a su amistad con una paisana del de botas, Leticia Calzada, amiga a su vez de Rogelio Sada Zambrano y su esposa Cecilia. Fox solía alojarse en el departamento de esta pareja de políticos y empresarios de alcurnia regiomontana cuando visitaba la Ciudad de México a mediados de los años noventa.

Con los matices y vaivenes propios de cualquier nexo basado no sólo en el cariño y la frecuencia de los encuentros, sino en un interés común —la obsesión por poner un término al régimen priista—, Aguilar Zínser y yo formamos una mancuerna impetuosa, eficaz y disciplinada, desde el 88 hasta la victoria de Fox en el 2000. Durante ese lapso libramos un sinnúmero de batallas, pero una sobresale por encima de las demás. Falta recorrer el tramo de los comicios de 1988 para contarla, aunque su origen yace en esa coyuntura trágica y apasionante, y sus consecuencias perduran hasta el día de hoy. Me refiero a la negociación y aprobación del Tratado de Libre Comercio de América del Norte por el Congreso de Estados Unidos.

IV

Concluyeron los dos años en Washington sin las peripecias del principio y con las delicias de un ciclo bien cerrado. Jorge Andrés ya caminaba y hablaba, a mi parecer como locutor, ya que sus primeras palabras escuchadas fueron las narraciones del Mundial de 1986 y las telenovelas que veían sus diversas nanas mexicanas. Quien más disfrutó la estancia en DC fue Carlos Miguel, dominando más o menos el inglés y gozando del privilegio de trasladarse todos los días en patineta a la escuela y de jugar en la calle con los vecinos. Entre ellos destaca un nieto de Montgomery Clift, con quien conserva hasta la fecha un vínculo basado en un su pasión, incomprensible para mí, por el deporte extremo: la escalada de rocas para Carlos, el surf para Robert. Javiera socializó menos, pero aprendió más: desde entonces habla inglés como anglosajona, y adquirió un hábito de lectura semejante al mío: constante y compulsivo, desordenado y duradero. Miriam se deleitó con la aparición de Tuti como persona chica y el crecimiento de los dos grandes, pero nunca superó la contradicción de partida: por más ejercicio que hiciera, por todo lo que leyera, por mucho que estudiara inglés y recibiera innumerables visitas de *friends and family*, se aburría. Aunque jamás me lo reclamó, dudó de la sabiduría de enterrarse en un desolado suburbio de la capital norteamericana. En el verano de 1987 volvimos a México y a lo que sobrevivía del entorno familiar. El padre de Miriam, casado de nuevo y con un escaso año de vida por delante; yo, al vacío geográfico de afectos familiares, con la excepción de Marina. Mi padre permanecería un par de años más a la cabeza de la Embajada de México en París; mi hermano, *ídem* en Suecia; mi tío Germán en Londres; y mi casi hermano Adolfo remplazándome en el Carnegie Endowment en el Distrito de Columbia. El momento mexicano compensaba, al menos en parte, estas ausencias. Se avecinaba la sucesión presidencial, apasionante y cercana para mí como nunca, ya que pensaba que su desenlace repercutiría de manera directa en mi porvenir.

No tenía la menor duda sobre mi deseo de ingresar a la política; mis reticencias y escepticismo radicaban en mi capacidad de pagar los costos y asumir las cargas pertinentes. Aprendí mucho del paso por la Cancillería al lado de mi padre, y en particular que sólo la proximidad al poder permite cierto tipo de realizaciones o intervenciones concretas sobre la realidad. De mi etapa en el PCM, y luego en las incipientes luchas por la democracia, los derechos humanos y la limpieza electoral de esos años, desprendí un compromiso por estos valores, y —por qué negarlo— por el magnetismo irresistible que ejercía la política sobre mí, por lo menos como testigo y cronista, y de preferencia como actor, de reparto o al frente del escenario. Durante los siguientes doce años combinaría ambas facetas con cierta fortuna, aunque no sin tropiezos, comenzando por la campaña del 88, durante la cual recorrí parte del país acompañando a los candidatos, conversando con sus colaboradores, escribiendo sobre sus andanzas y desventuras, y acercándome a ellos lo más posible. En tres palabras, allí estuve por pragmático, por demócrata y por caliente.

Además del bosquejo programático plasmado en los ensayos citados, surgieron en esos años dos asociaciones que contribuyeron a fijar mi postura ante dicha sucesión. Se impone aquí un brevísimo paréntesis sobre el dispositivo sucesorio mexicano y mi fascinación con el mismo, al cual destiné un libro entero en 1999. Desde 1970, por el destino político y geográfico de mi padre, despertó mi curiosidad ese dispositivo, considerado como uno de los más enigmáticos, perversos, tragicómicos y shakesperianos en el mundo. Mecanismos análogos despuntaron y sobrevivieron en otras latitudes —desde el imperio romano hasta el Brasil de los militares—, pero en mi opinión el mexicano fue el más barroco y misterioso. Pude seguir la sucesión de 1981-82 —de López Portillo a De la Madrid— con alguna interioridad, gracias a mi padre, quien iría como embajador a Francia, porque no pedía la luna y porque López Portillo abogó por él, pero yo no tenía vela personal en ese entierro. En cambio, la sucesión de 1987-88 fue la primera que no incumbía a mi padre. Pero a mí sí.

Desde 1981, gracias a Francis Pisani, el antiguo corresponsal de *Le Monde* en México, conocí a un personaje francófono, francófilo, excéntrico, brillante y cínico, culto y a la vez poblado de lagunas culturales e históricas notables, provisto de un gran sentido del humor y de la faceta opaca que poseen todos los seres excepcionales. Como se sabe, José Córdoba Montoya llegó a ser el *alter ego* —Richelieu, Mazarin o Fouché— de Carlos Salinas, su operador y consejero, su segundo de abordo: el hombre *who knew the secrets*. Nos reuníamos una vez al mes a almorzar o a cenar, conversando en castellano salvo cuando yo insistía en insertar palabras, expresiones o frases galas. A través de Córdoba conocí a Salinas. Nuestra relación llegó al punto que a principios de octubre de 1987, cuando varios días antes del "destape" de Salinas —envuelto, como algunos recordarán, en la confusión de las rivalidades de Alfredo del Mazo y Sergio García Ramírez—, Córdoba me insinuó que "ese arroz ya se coció" y que el "bueno" era su jefe. Al grado de que dos días antes de la decisión, al ofrecer una conferencia en León con quienes han sido compañeros desde entonces, el constructor Jorge Videgaray y Enrique Orozco Orozco, el director del periódico *AM*, les juré, sin sombra de duda, que el candidato del PRI sería Salinas, y que lo sabía a ciencia cierta.

Material fotográfico del seguimiento de la DFS. En esta imagen
con José Córdoba, Ciudad de México, 1982

No sólo por Córdoba. Conocí a Héctor Aguilar Camín desde que Carlos Payán me encomendó escribir los editoriales institucionales del *Unomásuno* en 1981. Al término de mi arcano intercambio con Córdoba, compartí con Aguilar Camín la textualidad y el subtexto. Su conclusión fue lapidaria: "Córdoba te dijo: es Salinas". No sé si sabía, o lo intuía, o si mi cápsula informativa se lo confirmó. O tal vez su nexo con Córdoba y con Salinas le permitió saberlo antes. El hecho es que creí enterarme del destape un par de días antes que todos, lo cual en México, en esa etapa, era un privilegio ansiado por miles… de ociosos sin nada que hacer.

Escasas horas después del anuncio, conversé con Córdoba por teléfono —otro privilegio inaudito en la liturgia mexicana— por una razón de interés mutuo. *The New York Times* me encargó un editorial sobre el resultado de la sucesión, y opté por incorporar al mismo, junto con mis propias opiniones, lo que Salinas deseaba decir en lo tocante a su agenda con Estados Unidos: siempre un tema candente para un candidato recién designado, y más para él, en la medida en que la mala relación con Washington descollaba en la lista de asignaturas pendientes de quien se pensaba sería el próximo mandatario mexicano. Córdoba, con generosidad y confianza, respondió a mis preguntas: "Comenté con Carlos Salinas eso que platicamos y te agradece tu buena disposición para subrayar algunos mensajes en el editorial que escribes para el NYT. Le interesaría pudieras rescatar tres puntos: estricta continuidad en la política económica y en el cambio estructural, dentro del sector público y en la apertura comercial; en política interna, desde la SPP ha ejercido en los últimos años de extrema escasez de recursos un intenso trabajo de concertación en todos los grupos de la sociedad para conciliar austeridad y concordia. Compromiso con la mayor democratización del país [...] para evitar fracturas; firmeza de carácter garantiza control del proceso; en materia internacional, conocimiento de los fuertes problemas e interés por ellos, sobre todo los de EUA. Por ello, realismo en la relación con EUA".

El artículo apareció el 6 de octubre de 1987, y aunque nada repercute como uno desea o espera, contribuyó a generar una corriente de opinión positiva hacia Salinas en Estados Unidos. Me permitió tender un puente estrecho pero útil con él. Que no era difícil, debido a la convergencia de mis escritos en esos años y del pensamiento de Salinas, tal y como me lo transmitían Córdoba y Aguilar Camín, quien más adelante simbolizaría la venerable y envidiada (y por tanto criticada) posición de consejero del príncipe. Me brincaban las coincidencias entre el programa salinista y las tesis que expuse en *Foreign Policy* y *Foreign Affairs*; varios escritos de Aguilar Camín, y en particular su ensayo en *Nexos* en abril de 1986, titulado "El canto del futuro", me inspiraron y me alentaron, aunque no dejaba de percibir ciertas obvias contradicciones, tal y como las describí en el artículo ya mencionado para *The New York Times*: "A pesar de sus desventajas —su juventud, una base política estrecha, una imagen tecnocrática—, Salinas tiene un diseño para el futuro de México y un equipo para ponerlo en práctica [...]. Está listo para manejar el país [...]. Su compromiso con las reformas económicas no puede ser cuestionado. La verdadera pregunta es si puede ir más allá de los cambios actuales y empujar reformas políticas, so-

ciales, económicas y culturales de gran envergadura o se limita a
consolidar políticas económicas hoy en boga […]. Es preso del sistema político que lo designó […]. El reto para México consiste en
un ajuste mayúsculo de un sistema político anacrónico y una drástica redistribución de la riqueza para corregir injusticias seculares.
La siguiente Presidencia será simplemente otra etapa de otra transición dolorosa e indefinida, o la consumación de la tan postergada
modernización mexicana ."

V

Las intenciones y los planteamientos de Salinas me sedujeron
desde el destape y hasta la víspera de las elecciones del 6 de julio.
Pasé por alto, o ni siquiera vislumbré, sus defectos e insuficiencias,
quizás porque Córdoba jamás permitió que nuestro vínculo se ex-
tendiera a su jefe (conversé con el candidato dos únicas veces durante la campaña). Sí me brindó varias oportunidades de participación:
una bien utilizada, otra desaprovechada, que ilustran a la vez mi inexperiencia en la política mexicana y el alcance de mi incipiente red
de contactos en Estados Unidos.

Córdoba me pidió que le apoyara en asuntos internacionales,
una de las áreas que le encomendó Salinas. Además de unas notas
y algunos borradores de discursos, esperaba que le propusiera a alguien para ocuparse de las relaciones exteriores del aspirante, trabajando en directo con él, al margen de quien se ocuparía de esos temas
en el PRI (el sonorense Alejandro Sobarzo). Oteé tres opciones y
elegí la peor. Primero, me hubiera podido candidatear yo mismo,
con la posibilidad de ser rechazado, pero esgrimiendo así mi disposición a colaborar con un priista. De no atreverme, mi segunda carta
debía haber sido Andrés mi hermano, recién llamado a México por
Fernando Solana, con licencia del Servicio Exterior, para colaborar
con él en Banamex. Renuncié a proponerlo por un prurito absurdo,
muy mexicano, en el que incurrí en múltiples ocasiones posteriores:
¿cómo iba yo a promover a mi hermano (o a otro familiar, o a un
amigo)? ¿No se vería mal? ¿No parecería nepotismo o amiguismo?
Aprendí que la respuesta era sencilla: si los familiares o amigos no
se ayudan entre sí, ¿quién los va a ayudar? Al final sugerí a Miguel
Marín, exsecretario particular de mi padre, para luego ocupar la representación alterna de México ante Naciones Unidas, y a quien

designaría yo subsecretario de Relaciones en el 2000. Córdoba aceptó, Marín también, y no se entendieron. A Marín le faltaba la garra y la habilidad necesarias para pelear por espacios, condición *sine qua non* para desenvolverse con éxito en una campaña electoral, sobre todo del PRI a la antigua. Pronto fue desplazado por otros expertos escogidos por Córdoba; todos desempeñaron cargos más suculentos en el nuevo gobierno. Yo me quedé como el perro del hortelano: con hambre y sin torta.

Obtuve un mayor beneficio de la segunda oportunidad. En noviembre de 1987, Córdoba realizó su primera visita a Nueva York, y aunque agendó la mayoría de sus encuentros por su cuenta, solicitó mi intervención, sin pasar por la Embajada de México en Washington, para contactar a alguien del equipo de George Bush, vicepresidente de Reagan y seguro candidato a suceder a su superior en 1988. Consulté a mi editor, Ash Green, que al terminar la Segunda Guerra había sido oficial fundador de la CIA, quien se comunicó de inmediato con un excolega suyo, Donald Gregg, jefe de asesores de Bush. Éste accedió de inmediato a reunirse con Córdoba y a establecer un canal de comunicación oficioso y confidencial. Sin embargo, Salinas, ya había logrado un vínculo con Bush a través de Juan M. Steta, abogado de abolengo en México y compañero de guerra de Bush en el Pacífico. Pero Córdoba se percató de mis contactos y capacidad para manejarlos.

Durante toda la campaña conservé mi nexo con Córdoba, así como con Aguilar Camín, y mi simpatía por la gesta de Salinas. Sí me incomodaban los evidentes excesos de la maquinaria priista; cuando viajé con Carlos Monsiváis a Chihuahua —reproduciendo las clásicos rituales priistas de inclusión a distancia de los más acérrimos críticos— para atestiguar los eventos de campaña salinista en esa tierra agreste, comprobamos el ostentoso despliegue y derroche de recursos del erario: helicópteros, aviones y efectivos del Estado Mayor Presidencial al por mayor, ni siquiera disimulados, acarreados a granel, multitudes de periodistas enviados por sus medios no para cubrir sino para cobrar. Asimismo, me perturbaban los séquitos de Salinas: lo mismo Javier García Paniagua que Joaquín Gamboa Pascoe como candidato del PRI al Senado por el Distrito Federal, o Enrique Álvarez del Castillo de postulante al gobierno de Jalisco. Por cada Córdoba, Manuel Camacho o Pedro Aspe, se atravesaba un Chirinos o Gutiérrez Barrios en Veracruz, o sus homólogos en el Edomex o Morelos. No obstante, mantenía mi apego a Salinas y sobre todo a Córdoba. Hasta que desembarqué en la Comarca Lagunera, en febrero de 1988, para presenciar la explosión de la campaña de Cárdenas, de nuevo en compañía de Monsiváis. Allí surgieron mis dudas, junto con las de millones de mexicanos. Me acompañarían durante años, porque surgían de las entrañas del país, no de una persona.

Nunca presencié, antes o después, el fervor popular de esos días en Francisco I. Madero, San Pedro de las Colonias, Matamoros y Torreón. La gira se produjo en el aniversario del reparto agrario cardenista, medio siglo antes: donde Lázaro Cárdenas creó los primeros ejidos colectivos, expropió la tierra de la empresa agroindustrial americana Anderson Clayton y lanzó el mito de la renovada reforma agraria abandonada por los primeros regímenes posrevolucionarios. Acompañaban al ingeniero su madre, sus hijos mayores, algunos viejos colaboradores del gobierno de Michoacán, junto con amigos de la Laguna (como su primo político Carlos Torres), y uno que otro arrimado como Monsiváis y yo. La gente salía a raudales de los ejidos para treparse a la carretera en altos, uniéndose a los tractores y tráilers allí detenidos para saludar al hijo del Tata. Cada par de kilómetros se producía una nueva interrupción, otro mitin improvisado, otro derroche de entusiasmo, el mismo griterío de personas humildes que por primera vez en su vida acudían a un evento colectivo por voluntad propia, no por coerción o cohecho. Enseguida se sumaban al cortejo, de suerte que al entrar al siguiente pueblo de dimensiones mayores, cuando Cuauhtémoc descendía de la Suburban o del camión donde se desplazaba y emprendía su enésima caminata del día, lo hacía al frente de una columna interminable de campesinos, niños, señoras y periodistas. Para llegar al templete era preciso abrirle paso casi a golpes; recuerdo cómo al atardecer en San Pedro, anonadados, su hijo Lázaro y yo corrimos el peligro de ser aplastados por la presión de las multitudes apretujadas deseosas de acercarse al podio.

Fue la primera vez que conversé con Cárdenas, a ratos y de manera atropellada. Con Monsiváis logré entender parte de los motivos de su lucha, y también de sus contradicciones: poseía un innegable talento para resumir en frases simples y contundentes sus objetivos y los medios que pensaba emplear para alcanzarlos, pero a la vez se volvía preso de su concisión y simplicidad. No siempre distinguía entre la consigna y el concepto. Nos resultaba evidente que los sentimientos que despertó en el seno del electorado mexicano lo sorprendieron tanto a él como a todos, y que no disponía de un mapa de ruta para convertir ese respaldo inusitado en votos dentro de las urnas y en actas electorales contantes y sonantes. Esta inconsistencia lo marcaría para siempre con un sello paralizante. Me apasionaba la aventura de explorar el desempeño y la sustancia de los demás candidatos a la Presidencia, pero me conmocionaba la conexión de Cárdenas con la gente.

Me impactó la sencillez del personaje y la aparente simpatía que manifestaba por los recién convertidos a su causa, o como yo, con los adeptos potenciales. Mostraban un prejuicio favorable hacia mi persona: ocho años antes, a instancias de Oma, mi padre le propuso a doña Amalia Solórzano de Cárdenas ser embajadora de México en la URSS, cargo que declinó por querer acompañar a su hijo en su búsqueda de la gubernatura de Michoacán. Era de una cordialidad excepcional conmigo; a sus cincuenta y cuatro años exhibía una resistencia física descomunal, alimentada por la vitamina P, que lo ubicaba siempre en una situación de ventaja: de buen humor y talante, atento a la gente, accesible y en teoría poroso y dúctil ante las ideas ajenas. Creí entrever en su relación con personas como Aguilar Zínser, Adolfo Gilly, Lorenzo Meyer, una búsqueda de aprobación intelectual motivada, entre otras razones, por una inseguridad mal disimulada. Detectaría tiempo después el mismo fenómeno en Fox.

Al volver al DF, emocionado y confundido en mis certezas, busqué de inmediato a Córdoba para compartirle mi ambivalencia. Comimos en la desaparecida Tablita de Altavista, a dos cuadras de las oficinas medio secretas del equipo salinista, en la calle de Cracovia. Rechazó la trascendencia de las escenas de La Laguna, con cierta lógica. Salinas se apersonó en Torreón el día antes de Cárdenas y fue recibido a punta de patadas, rechiflas y lo que en el futbol, los toros y los mítines se sigue llamando agua de riñón. Fue uno de los peores instantes de su campaña, en parte por la repulsión de la gente, en parte por el contraste con el recibimiento ulterior a Cárdenas; por ello, y otros factores, se trataba en efecto, como insistía Córdoba, de una coyuntura atípica. Pero nada absolvía a su consejero áulico de la responsabilidad de entender y de prever. Se negó hasta la testarudez, tanto más sorprendente porque su cronista y comensal no era su enemigo, sino más bien su simpatizante.

Las justificaciones de su desprecio por los sucesos de La Laguna eran obvias e indignas de una persona de su inteligencia y formación. A ojos de Córdoba, las multitudes cardenistas no eran más que ejidatarios desharrapados objetos del clásico acarreo por priistas de pacotilla y malqueridos por Salinas; la zona no era representativa del país, debido justamente al reparto agrario del Tata; sectores priistas descontentos fomentaban, allí y en todo el país, la oposición a Salinas y alentaban a Cárdenas, por resentimiento y antagonismo ideológico, político y personal. Nada de esto era falso, pero transminaba una aberrante renuncia a confrontar verdades reportadas por fuentes *a priori* confiables... a menos de no de serlo. En ese caso, convenía hurgar hasta dónde yo había penetrado, porque la casa de un candidato es grande: ¿el vestíbulo?, ¿la sala?, ¿la cocina? (más grave), ¿la recámara? (gravísimo). Me consta que por lo menos en las conversaciones con personas externas al primer círculo, pero pertenecientes al segundo, los salinistas subestimaron el peligro encarnado en la candidatura de Cuauhtémoc. No se encontraban solos: durante otra reunión en San Ángel, en el jardín de la casona de Cracovia, cuatro meses más tarde, en la víspera de los comicios y después de mi segunda gira con Cárdenas por la Montaña de Guerrero, la Costa Grande y Acapulco, le volví a insistir al *chief of staff* de Salinas que las cosas se complicaban. Al preguntarme, a bocajarro, qué haría, respondí, con infinita inocencia, que Salinas debiera reconocerle a Cárdenas por lo menos 25% del voto. Me contestó que estaba yo loco, que jamás obtendría el michoacano semejante votación, y que no se le iba a reconocer en la mesa de negociación lo que no hubiera conquistado en las urnas. Insisto en mi doble ingenuidad: el ingeniero obtuvo un porcentaje muy superior de votos, y hasta la noche del 6 de julio, Salinas nunca mostró disposición alguna a aceptar la realidad de una elección tan cerrada.

No pude compartir con Córdoba mis impresiones del segundo hito de la hazaña cardenista, a saber el mitin en Ciudad Universitaria el 26 de mayo, por la sencilla razón de que no lo presencié. Miriam y yo nos tomamos dos semanas para atender una invitación todo menos espléndida de *Novosti*, la carcomida agencia de prensa soviética, un pilar más que se tambaleaba en la agonizante URSS de Gorbachev. Llevamos a Jorge Andrés hasta París, donde se lo encargamos a mi padre, que aún ocupaba la embajada en Avenue President Wilson, a su esposa, y a Rufina, que había trabajado en la casa del Pedregal por años. La excursión a la URSS, más allá de las peripecias de lidiar con una arrugada burocracia soviética, resultó impactante por varios motivos. El primero residió en la visita al pueblo de mi madre, entre

Minsk y Vilnius, y a las zonas aledañas, incluyendo un bosque bielo-rruso donde se produjo una masacre de judíos menor que Babi Yar, pero de dimensiones también asombrosas y donde el monumento a los muertos y la música lúgubre difundida en el camposanto con-mueve al más cínico o incrédulo. Algunos de los lugareños de Vileyka recordaban la última visita de mi madre, en 1981, y nos aclararon, como a ella, que el aserradero alguna vez propiedad de sus padres no era precisamente una choza de leñadores.

Aunque yo conocí Leningrado en Navidad de 1971, no había visitado el cementerio y los memoriales en honor del millón de ha-bitantes de la ciudad que perecieron durante el sitio de novecientos días impuesto por los alemanes entre 1941 y 1943. La solemnidad y silencio del sitio, interrumpido apenas por los movimientos más imponentes de la cuarta sinfonía de Shostakóvich, emitidos una y otra vez por las enormes bocinas a la intemperie, me causaron una impresión de reverencia y devastación.

Por último, en Moscú, debido a la mezquindad de nuestros anfitriones y la generosidad supletoria de amigos residentes en la ca-pital, pudimos comprobar la increíble medianía de la calidad de vida del pueblo ruso urbano, superior sin embargo a la de las demás re-públicas de la URSS. En claro: los soviéticos vivían muy mal en to-das las acepciones de la palabra, comparados con sus pares en los países occidentales ricos, pero incluso con relación a las clases me-dias latinoamericanas: la vivienda, la vestimenta, la alimentación, los aparatos domésticos destinados a reducir la labor hogareña, el medio ambiente y el transporte parecían inferiores a los de Occi-dente. Las prácticas atrabiliarias del estalinismo habían desapare-cido años atrás pero sus secuelas en el nivel de vida ciudadano sobrevivían.

VI

Al regresar de Rusia reanudé mis viajes pueblerinos por la re-pública, siguiendo cada campaña y conociendo a los candidatos y a sus modos. Viajé con Manuel Clouthier a Sinaloa, su tierra, y con Salinas a su cierre en Veracruz. De nuevo, me indignó el uso de los recursos del Estado: una cosa era leerlo, y otra verlo de cerca.

Fast Forward

Quizás ese fue el pecado de origen del proyecto y del personaje. Antes de acompañarlo a Veracruz, donde fue cordial y abierto conmigo, me había entrevistado con él en tres ocasiones: en la Secretaría de Programación y Presupuesto, a instancias de Córdoba, en 1984; en la casa coyoacanense de su hermana Adriana, durante el verano de 1987, en la despedida de un amigo designado cónsul de México en San Francisco; y una última vez, ya mencionada, en una gira a Chihuahua durante la campaña de 1988. El despliegue del aparato de Estado a su servicio durante el evento en Veracruz rebasaba todo lo imaginable, y a la vez dibujaba la complejidad de la personalidad y de la situación de Salinas: remolcadores en la rada del puerto, soldados a lo largo de toda la ruta del aeropuerto a la sede del mitin, y la ubicación de Salinas en todo aquello: a sus anchas, ejerciendo y gozando el poder, y a la vez rebasado por él, pensando o fingiendo que lo controlaba todo, y no siempre consciente de que el aparato lo controlaría —y al final lo devoraría—. Siempre confió más en su capacidad de maniobra y manejo que en el poderío de lo que después llamó —con cierta hipocresía— la *nomenklatura*. Y siempre le ganaron los poderes fácticos, aunque tal vez no los que temía o los que conocía. Salvo un par de conversaciones telefónicas reseñadas más adelante, cesó todo contacto directo entre nosotros hasta el memorable y ya descrito almuerzo con Carlos Fuentes a finales de 1993.

Existía un antecedente, quizás falso, pero que llegó a incorporarse a la leyenda urbana de las dos familias. Como prenda, ofrezco una fotocopia de la dedicatoria de Raúl Salinas de su relato de su calvario en Almoloya, obsequiada en el 2011, indescifrable sin la clave familiar: "Para mi muy buen amigo y casi pariente". En algún momento, Carlos me insinuó lo mismo: su madre, Margarita de Gortari, y mi padre habían sido amigos o novios en los años cuarenta. No supe nada al respecto de parte de mi padre, y mi tía Rosita no conserva recuerdo alguno. Si bien mi sistemática inhibición con Salinas comenzó mucho antes de enterarme de esta hipótesis, no descarto que con el tiempo haya contribuido a la misma.

A partir del asesinato de Colosio y el redestape de Ernesto Zedillo, empezó una nueva etapa en mi relación con Salinas, caracterizada por un doble hilo conductor, suyo y mío. Me han intimidado muchos interlocutores; algunos han impreso una huella indeleble, pero con nadie me he sentido tan inseguro de mí mismo e incapaz de transformar más de cincuenta encuentros en una mayor ascendencia frente a mi interlocutor. En un ambiente relajado con otros presentes, o frente a frente con las tensiones propias del desacuerdo, el agravio o el reclamo, con copas o sin ellas, hablando de todo y nada o con agenda, siendo presidente o en desgracia, siempre disfruté su compañía, su inteligencia, su pícara sonrisa y perspicacia, pero nunca me sentí de verdad cómodo. Al contrario: la interlocución con Salinas me inhibía, me destanteaba. En una ocasión cuando cenamos en Bruselas, mi compañero parisino Enrique y su esposa se encontraban en el mismo restorán. Me comentaron después que jamás me habían visto tan tenso y engarrotado como esa noche, y eso que entre ambos nos despachamos cuatro botellas de vino blanco. Me pregunto si mi molestia y torpeza no provenían de la impotencia de recurrir a mis artilugios: ser hombre de poder con los intelectuales, e intelectual con los hombres de poder. Con Salinas no se me daba. Al mismo tiempo, a pesar de la simpatía innegable que me manifestó en repetidas ocasiones, al grado de alentarme a salir con algunas de las amigas más cercanas de Ana Paula, su esposa, nunca acabé de creer que podía confiar en él, incluso en el ámbito de una relación política mutuamente provechosa y admirativa. Tal vez la desconfianza, además de originarse en mi inseguridad ante él, procedía de su hilo conductor: una especie de bipolaridad conmigo, desde las primeras veces que nos vimos y hasta las últimas.

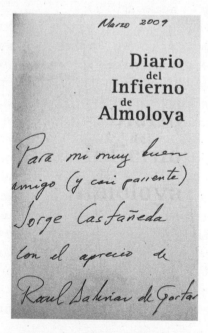

En una ocasión, al proponerle Fuentes que Miriam y yo nos uniéramos a una cena con los García Márquez, Ángeles Mastretta y Héctor Aguilar en Nueva York, durante el otoño del 95, es decir en plena debacle salinista, el expresidente objetó que le ponía "demasiados coscorrones". Finalmente accedió y pasamos un rato sumamente agradable. En otros momentos, sin deberla ni temerla, ha escrito comentarios agresivos (y en mi opinión incorrectos desde el punto de vista de los hechos) sobre mí, para luego recuperar su bonhomía y generosidad uno o dos años después. La raíz de esta disposición ciclotímica quizás se ubique en las traiciones reales que ha sufrido Salinas, en su afán por mostrarse relevante, y en un par de acontecimientos objetivos, motivo de periódicos y airados reclamos suyos.

Uno, el menos importante, es que tanto en *La Herencia* como en diversos artículos de prensa o ensayos no he tomado de manera franca y abierta su partido en el interminable conflicto que decidió librar contra Ernesto Zedillo a propósito del llamado error de noviembre o diciembre de 1994. Llegó al extremo de manifestarme su descontento porque invité antes a Zedillo que a él en mi serie de "Voces de América Latina" en la Universidad de Nueva York. Mi insípida opinión pesaría poco en un tema técnico, especializado, sobre el cual nunca surgirán consensos. Tengo la sensación de que Salinas me incluye aquí en el paquete de comentaristas renuentes a darle la razón en un terreno de trascendencia vital para él, que revistió una importancia trágica para millones de mexicanos por un tiempo y nada más.

El segundo suceso fue más grave, y objeto de un sentido reproche de Salinas. En los últimos días de la campaña, si recuerdo bien en el discurso de cierre que pronunció Fox en el estadio de León, Adolfo Aguilar, Alfonso Durazo y Joel Ortega viajamos en el avión con el candidato. Allí le sugerí a Fox que debía anunciar con toda vehemencia y solemnidad su intención de investigar a "la familia Salinas", y a proceder en consecuencia. Como solía hacerlo todavía en aquel tiempo, atendió mi propuesta, y habló fuerte y claro, con toda la resonancia que revestía el último discurso de quien ya se perfilaba como el ganador. Salinas muy pronto captó que el autor de la sugerencia, si no del fraseo, había sido yo; me compartió una protesta telefónica algunas semanas después, y una y otra vez a lo largo de los años siguientes resurgiría el reclamo, comprensible de parte de un mexicano de a pie —que Salinas no era—, mas no de un político profesional —eso sí lo era—. El caso es que siempre le concedí cierta razón al expresidente, y al mismo tiempo procuré zanjar el asunto explicando que todo se vale en un campaña; además de que el principal beneficiario de una investigación de fondo que lo exonerara sería él mismo. Enterrábamos el asunto y, uno o dos años más tarde, reaparecía. En parte por afecto, en parte por tratar de reponer todo en su lugar, y también porque en eso consistía la definición del régimen de Fox, en algún momento de 2001 y a raíz de una conversación con Salinas, le pedí a mi hermano Andrés que le comunicara de manera confidencial a las autoridades del Reino Unido, país donde radicaba Salinas, que para el gobierno de México era un expresidente libre de sospechas y de acusaciones, que merecía el trato correspondiente, y que ojalá pudiera ser resuelta de modo favorable una posible solicitud de residencia inglesa. Creo que Salinas lo agradeció, pero ello no obstó para que volviera a la carga algún tiempo después, con la misma cantaleta del discurso de León.

El juicio sobre su Presidencia lo han realizado los mexicanos y varios historiadores. De su expresidencia se ha escrito poco; ha sido objeto de menos evaluaciones —imbuidas de cierta serenidad— pero por mi parte la conozco mejor que otros. Resumo mis conclusiones. Salinas no supo reinventarse cuando su proyecto original —ser director general de la Organización Mundial de Comercio a partir de 1995, para permanecer en Ginebra o dar el salto a las Naciones Unidas o al Banco Mundial y volver a México si revivía la hipótesis de la reelección— se derrumbó por la crisis financiera, y fue sepultado por la detención de su hermano Raúl. A partir de ese momento debió haber comprendido que con gran dificultad podría ocupar algún cargo internacional de cierta envergadura. Asimismo, su actividad política en México se limitaría por fuerza a las tinieblas y a los márgenes, algo impensable para un hombre joven, saludable e inquieto. Pero en lugar de construir, por ejemplo, un parapeto filantrópico a la norteamericana o latinoamericana, prefirió dedicar su considerable energía a escribir libros —unos mejores que otros, al igual que le sucede a todos los autores— indefinidos: demasiado académicos, extensos y densos para el gran público, demasiado personales y polémicos para la academia. Indefinidos y en gran medida autojustificatorios, centrados en su desacuerdo o pleito con Zedillo. Salinas tenía todo a su alcance para abrazar una causa —nacional, regional o internacional— y consagrarse a ella como tantos otros exmandatarios colegas suyos, desde Clinton hasta Cardoso. Al final, sus dos decenios fuera de la Presidencia le han aportado mucho en términos familiares, pero poco en su empeño por reivindicar su figura. Su contribución a la sociedad mexicana se ha ubicado muy por debajo de su experiencia, talento y vitalidad. Me hubiera gustado sentirme menos inhibido y más cómodo con él, volverme más su amigo y expresarle estas ocurrencias más de frente.

Rewind

Los cierrres de campaña con Cárdenas me asombraron. El tránsito por una de las regiones más pobres del país fue fundacional para mí. En los pueblos de la Huasteca poblana, la Montaña de Guerrero y la Costa Grande, como Tixtla, Tlapa y Pinotepa Nacional, comprobé de nuevo la persistente pobreza rural, regional y extrema de la República Mexicana. La había entrevisto, de manera fugaz y lejana, en el Estado de México, en Jalisco y en Nayarit, mas no de tan cerca. Al llegar al malecón de Hornos en Acapulco, a las doce de la noche, atestigüé la explosiva expresión del "México bronco" de Reyes Heroles: decenas de miles de porteños esperando al redentor, enloquecidos por su demora y su llegada, cercando y vitoreando su arribo hasta reventar los cristales de la camioneta donde viajábamos. Así lo narré en *Proceso*: "La impresión que causa el llegar a Acapulco a las diez y media de la noche, con tres horas de retraso y un calor infernal, y ver una multitud de casi 50,000 almas, paciente, convencida y combativa, rebasa la capacidad descriptiva del que esto escribe."

La clave me la entregó, como tantas veces en la vida, Joel Ortega, con quien realicé el recorrido. Me relató un intercambio lapidario con un acapulqueño, que en la mañana seguramente le propuso a alguna norteamericana "moverle la barriga": "¿Cómo han aguantado tantas horas en este bochorno?" le preguntó; "Llevamos doscientos años esperando. Unas horas más… son lo de menos" respondió. Estoy casi seguro de que Joel inventó la réplica, pero puso el dedo en la llaga: para los mexicanos excluidos por un sistema excluyente, el "Indio de Las Lomas" (como bautizó a Cárdenas el propio Joel) simbolizaba una redención y un enaltecimiento incomparables de su identidad etérea y de su vida cotidiana.

Joel también originó, de manera involuntaria e inconsciente, uno de los episodios más vergonzosos e incómodos de mi tránsito por las filas de la izquierda mexicana. En esas y todas las giras de campaña presidencial por las que he ambulado, desde la partida se desata una competencia feroz por jerarquías. La primera: quién va en el autobús o la camioneta del candidato; la segunda: quién se sienta a su lado, o en el privado reservado para él; tercera: a quién escucha, o por lo menos a quién aparenta oír. A finales de junio del 88, pertenecía a un elenco cuya prioridad bastaba para viajar en el vehículo del "mero mero" y para aposentarme a su lado y conversar con él de tanto en tanto durante la odisea por la miseria mixteca y zapoteca. El pequeño problema yacía en la situación de Joel, mi compañero de viaje desde la madrugada en la Ciudad de México. No formaba parte del círculo estrecho, ni por abolengo ni por la precocidad de su alineamiento con Cárdenas. Varios acólitos del candidato, unos de Michoacán y otros oriundos del Cono Sur, con mala leche, envidia, y la prepotencia cuasi racista a veces patente entre los recién desembarcados del buque italiano ("Los mexicanos descienden de los aztecas, los peruanos de los incas, los argentinos de los barcos": Octavio Paz), procuraron despachar a Joel, con una serie de expresiones despectivas y odiosas, en voz alta o susurradas a mis oídos, a las "unidades" donde viajaba la prensa (alias "la perrada"). Por mi parte fui invitado a instalarme en la Suburban con aire acondicionado del ingeniero. Agradecí el gesto y decliné la invitación, hasta que, apenados los descendientes de Martín Fierro, y amonestados por mí, se resignaron a cederle un sitio a Joel en el vehículo. Allí se produjo el mismo pleito, ahora para ver quién se colocaba más cerca del candidato. Me he llegado a preguntar quienes son más racistas y "clasistas" en América Latina: los brasileños, que lo niegan contra viento y marea (desde Gilberto Freyre y *Casa Grande y Senzala*); los chilenos, que le dicen "roto" a medio mundo, empezando por los mexicanos; los argentinos, altaneros y agresivos, como Dios los hizo; o nosotros, que en el fondo renegamos de todo esto pero quizás seamos los peores.

La agotadora expedición concluyó en Acapulco. Esa noche fuimos Joel, Cuauhtémoc y yo a beber unos tequilas para terminar el día y sacar un corte de caja. Nos acompañaba Raúl Álvarez Garín, fiel de la primera hora en la epopeya cardenista, a quien le dije al bajarnos de la camioneta: "Con un par de semanas más, Cuauhtémoc ganaría". Me reviró entonces, como muchos de sus correligionarios, hasta un cuarto de siglo después: "No; ya ganó".

Pasé el 6 de julio en compañía, primero, del propio Cárdenas, a quien fuimos a visitar Monsiváis y yo; de Joel y Cassio Luiselli, con quienes recorrí casillas en diversos barrios de la ciudad; y de Adolfo Aguilar. Acudimos a Bucareli por mirones, y a las afueras del PRI, por metiches. Nadie comprendía a cabalidad lo sucedido, empezando por los propios salinistas, a quienes los acontecimientos de ese día aturdieron. Al escribir *La Herencia*, o al conversar con diversos actores de aquel drama, me formé una idea especulativa de lo sucedido. Relato a continuación un análisis de los hechos que pudiera aclarar la opacidad de marras; gracias a mi muy pequeño grano de arena, descubierto por casualidad, en 1998, cuando escribí *La Herencia* y llegué a ciertas conclusiones sobre esos días de plomo… político.

Con Carlos Monsiváis y Cuauhtémoc Cárdenas, Ciudad de México, 6 de julio de 1988

VII

La elección se comenzó a cerrar desde las últimas semanas de junio, aunque las encuestas del gobierno, del PRI y del equipo de Salinas no detectaron la magnitud del tsunami cardenista. Cuando comienzan a caer los resultados a las máquinas del PRI y sobre todo a las de la Comisión Federal Electoral (CFE), irrumpe una advertencia alarmante para el régimen. Llegan primero los números de las zonas urbanas, y en particular del Valle de México, y favorecen de modo sorprendente y avasallador a Cárdenas. Los datos finales, incluso oficiales, lo confirmarían: el michoacano le sacaba una ventaja de dos a uno a Salinas y a Manuel Clouthier en la capital, y un margen análogo en el Estado de México. De divulgarse esas cifras preliminares e inalteradas el régimen corría el riesgo de que cuajara en la opinión pública la idea de una tendencia premonitora, no una simple fotografía instantánea y distorsionada del cómputo electoral del momento, desvinculado del resultado final. Costaría un esfuerzo enorme revertir la impresión generalizada de un triunfo cardenista, aunque las estadísticas definitivas procedentes de las urnas lo desmintieran. He allí la razón, a estas alturas más o menos confirmada, por la cual el presidente De la Madrid —según sus propias memorias publicadas en el 2003, y la entrevista que me otorgó para *La Herencia* en 1998— decide, a sugerencia de Manuel Bartlett, secretario de Gobernación, presidente de la CFE y precandidato perdedor del PRI, interrumpir el flujo de números a las computadoras de los partidos, aduciendo que "Se cayó el sistema". La intención no era suspender indefinidamente el conteo de votos ni la entrega de información al país, a la oposición y al mundo, sino postergar todo unas horas, hasta que se pudiera presentar un panorama más equilibrado y a la vez creíble del proceso electoral en su conjunto. Así incluiría votaciones procedentes de zonas de fuerte influencia priista, para compensar la ola de la izquierda en el centro de la nación. Se pensaba que con el tiempo y el arribo de números de otras regiones se invertiríza la tendencia electoral y la sensación de victoria de Cárdenas y de derrota de Salinas. Así describió De la Madrid los sucesos: "A las diez y media de la noche la información que me dio Bartlett me resultó escalofriante. Me dijo: 'Lo que tengo es poco, pero señala que el Valle de México viene en contra y fuerte. No tengo datos suficientes, y no quiero dar a conocer los que tengo hasta que la información sea más representativa' [...]. El 7 de julio tuve conocimiento de cómo estaba la votación en el Valle de México. Sentí horror al enterarme del tamaño de la debacle priista en el área. Hablé con Bartlett, quien me dio información que ayudó a tranquilizarme, aunque no demasiado [...]. Durante ese día y los siguientes, Bartlett fue proporcionando, según acordamos, información que diera una perspectiva más nacional y, por tanto, una visión de ascenso del PRI."

Todo se enredó. El paso de las horas y luego los días sí corrigió la tendencia inicial, mas no lo suficiente para introducir un margen cuya amplitud bastara para modificar el sentimiento de la gente, persuadida de la victoria de Cárdenas. Cuando comenzaron a recibirse en México los datos procedentes de los estados de retaguardia estratégica del PRI, como Veracruz, Oaxaca y Chiapas, aparecieron resultados inverosímiles, por abultados, a favor de Salinas, o de plano decepcionantes. Su equipo y él, sacudidos por los acontecimientos, optaron por una solución alternativa al "libre" flujo de los datos reales, fraudulenta y menos creíble, pero provista de una mayor posibilidad de defensa y gobernabilidad ulterior, a un precio semejante al de una elección muy reñida.

El *alter ego* franco-mexicano de Salinas invitó a uno de sus colaboradores más próximos, uno de los varios "Córdobas de Córdoba" —y también un entrañable amigo mío entonces y ahora— a trasladarse a Inglaterra y entrevistarse en Cambridge con Richard Stone, premio Nobel de Economía de 1984 e inventor del Sistema de Contabilidad Nacional, utilizado hoy por todos los países y organismos internacionales del mundo. A partir de ese trabajo, y el de Wassily Leontief sobre matrices de insumo-producto, Stone diseñó el llamado método RAS, consistente en resolver "un problema de ajuste de una matriz para que concuerde con los datos nuevos de la Contabilidad Nacional [...] un medio a través del cual se logra alcanzar la convergencia de una información estadística bastante contradictoria". Permitía cuadrar la celda inferior derecha de una matriz con todas las demás, fueran decenas, miles o decenas de miles. El hipotético enviado de Córdoba entendió a la perfección de qué se trataba: determinar de antemano el resultado final y deseable de la elección presidencial, inscribir datos reales en todas las celdas de la matriz correspondientes a casillas de votación inamovibles (demasiado urbanas, o para los cuales la oposición disponía de actas, o que ya habían sido validados por el computo distrital), y llenar todos las demás celdas con datos apócrifos pero indetectables, en consonancia con el resultado final buscado. Se producirían aberraciones ineluctables —tasas de participación o márgenes de victoria priistas inéditos en muchos distritos de varios estados—, pero la cuenta cerraría bien, por lo menos en el papel. El amigo común de Córdoba y mío aceptó realizar el trabajo necesario en México, pero desistió de viajar a Inglaterra.

Según la leyenda urbana, Córdoba escogió entonces a un colaborador menos perito de lo deseable pero incondicional, para cumplir con la encomienda indicada. No me consta, pero mis informantes en Cambridge y en México me indicaron, desde 1998, que Octavio Gómez Gómez, joven financiero tapatío, quién sería nombrado después director de Banobras, fue recibido por Stone en Cambridge alrededor del 10 de julio. Volvió con la "fórmula milagrosa", y la operación fue montada a tiempo para que por lo menos una parte de los números divulgados el 13 de julio concordaron desde el punto de vista matemático, aunque su robustez política dejara mucho que desear. Durante tres o cuatro días los operadores políticos de Bartlett, y en particular Fernando Elías Calles, el subsecretario responsable de las elecciones, alimentaban a los matemáticos de Salinas con los datos más "factibles" desde una perspectiva política, y excluían de la manipulación las secciones intocables. Los segundos los ingresaban a la matriz (que comprendía más de cuatrocientas mil celdas: ocho partidos multiplicados por 54,641 casillas). Esos sí eran algoritmos…

Las computadoras se encargaban de lo demás, aunque no escasearon los desafíos técnicos. El equivalente de las hojas Excel de aquel tiempo no alcanzaba para una matriz de esas dimensiones; era necesario "particionarla" antes de "RASearla". Esa operación matemática fue resuelta por el "Córdoba de Córdoba", dividiéndola en tres secciones: las celdas intocables, aquellas donde había libertad total (casillas rurales y de la sierra) y las ambiguas. El candidato del PRI resolvió que era imperativo rebasar la cifra mágica de la mitad de los votos; primero pidió un margen de triunfo más abultado, inaccesible debido a las limitaciones impuestas por el número de celdas ya llenas. De allí su 50.48% de los sufragios emitidos, la cifra —en realidad un rango— inscrita en la celda inferior derecha de la matriz. Lo demás es historia.

¿Quién ganó? Por muchas razones me he formulado la pregunta en innumerables ocasiones a lo largo de este último cuarto de siglo, sin concluir con un veredicto propio y definitivo. Dos corrientes me arrastran en direcciones opuestas, y es probable que nunca se resuelva el enigma que las provoca. El primero consiste en la quema de las boletas del 88, un acto con un grado de cinismo rara vez visto. Nunca se esgrimió una razón dotada de un mínimo de verdad, sustento o lógica por la destrucción de la única prueba posible —aunque no segura— del desenlace de los comicios de 1988. Todas las explicaciones —el costo, el espacio, la contaminación, los riesgos para la salud, etc.— son absurdas. La mejor demostración de ello reside en la… no quema de las boletas del 2006, sino siete años después, a pesar de varios intentos iniciales por incinerarlas. La única justificación creíble de la quema de 1989 yace en el imperativo de borrar toda huella de una manipulación monumental del resultado; la única huella digna de ser tachada así es la derrota de Salinas. Bastó el tiempo para llenar las celdas de la matriz mencionada, pero no para alinear los paquetes electorales, compuestos por sobres conteniendo las boletas y el acta de la casilla con los datos finales firmada en teoría por los representantes de los partidos. De haberse abierto los paquetes, no habrían correspondido las boletas con las actas ni menos aún con las celdas del RAS.

Un margen de triunfo en los paquetes inferior al oficial no bastaba para justificar la destrucción de las boletas, avalada por el PAN, un partido entonces de oposición. Lo que sí la explica, tal vez, fue el peligro de una eventual alternancia en 1994 o 2000 que rebasaba cualquier riesgo de descubrimiento o denuncia en 1989. De haber seguido intactos los paquetes en el 2000, Fox, por ejemplo, no hubiera resistido la tentación —y la presión política y popular— de reabrirlos una vez sentado en la silla. No encuentro más explicación de la quema que la victoria cardenista.

Pero tampoco he encontrado una respuesta a una pregunta que, a diferencia de la anterior, pocos se han planteado. Dicho silencio me empuja hacia las antípodas de la conclusión previa. ¿Por qué los partidarios de Cárdenas, o los adversarios de Salinas —y abundan ambas especies— no realizaron una tarea hercúlea pero sencilla? ¿Por qué no revisaron la copia de cada acta original de las casi cincuenta y cinco mil casillas de votación para detectar anomalías, sumas erróneas, firmas apócrifas, falsificaciones burdas de votos para el PRI, viles tachaduras o borrones de votos a favor de los partidos del Frente Democrático Nacional, y muchos indicios adicionales que de manera directa o implícita comprobarían el fraude y suministrarían un indicio de su tamaño? Las cincuenta y cinco mil copias fieles de las actas originales no se incineraron, y fueron archivadas en gigantescos y carcomidos legajos depositados en el Archivo General de la Nación desde mediados de los años noventa. Pueden ser consultados con plena libertad. Cuando en 1998 procedí a un brevísima y superficial búsqueda para *La Herencia*, descubrí una mina de oro de datos y de rastros, pero también un síntoma incomprensible. A una década de las votaciones, aparecían apenas cuatro solicitudes de acceso en los registros del AGN; entre el 2000 y 2010 ¡ninguna! Le pregunté al ingeniero Cárdenas a que se debía ese desinterés por parte de sus simpatizantes; sólo adujo razones burocráticas o de resignación, del tipo "No hay recursos, se necesita mucha gente y mucho tiempo, de nada serviría." En efecto no se produciría una anulación *ex post* de los comicios, ni siquiera la bendición *a posteriori* de los incontables lamentos y denuncias de la izquierda. Pero los miles de millones de pesos del erario recibidos por el PRD desde su formación en 1989, con los centenares de aspirantes a sociólogos o científicos políticos en sus filas, bastarían para una pesquisa de esta naturaleza. A menos de que se temiera que el producto del esfuerzo desmintiera —o no corroborara— la premisa de partida: Cárdenas ganó, Salinas perdió. Creo más cada día que el propio candidato derrotado captó, en algún recinto olvidado de su inconsciente, que el famoso ejercicio de "limpiar" la elección hubiera derivado en una suma poco concluyente, o de plano contraria a sus vaticinios, intereses y convicciones anteriores. No encuentro otra explicación del pasivo desistimiento cardenista que la victoria salinista, por el margen que fuera. El PAN, por su desidia y ambivalencia, no zanjó nunca la disyuntiva.

En otras palabras, un cuarto de siglo después de los acontecimientos, no tenga la más puta idea de qué sucedió. Mi conjetura inicial —una diferencia de seis o siete puntos menos para Salinas, lo mismo de más para Cárdenas, tal y como lo publiqué en *Proceso* el 18 de julio de 1988— tal vez se aproxime más a la verdad que todas las elucubraciones por las que he transitado desde entonces; es también la opinión de expertos y protagonistas de esas y otras elecciones, como Jorge Alcocer. Salinas aventajó a su rival por una nariz, inferior a cinco puntos porcentuales, pero superior al empate técnico que ameritara una nueva elección en un país democrático.

Navegué sin GPS esas semanas, con una brújula oxidada y desbalagada. No incurrí en bandazos imperdonables, ni sufrí abolladuras permanentes, pero tampoco logré resolver una contradicción personal inscrita en mi realidad y en la del país. Por un lado, me conmovían las movilizaciones de masas a favor de la candidatura opositora y más adelante, contra el fraude; asimismo, me escaldaban de repulsión y desprecio las mentiras flagrantes de los salinistas. Por el otro, las posturas de Cárdenas me parecían inviables, y el programa modernizador de Salinas me atraía, a pesar del repugnante camino recorrido por él y su equipo con el fin de conquistar el poder indispensable para ponerlo en práctica. En *Proceso*, la víspera de la elección, sentencié que "El movimiento [de Cárdenas] no tiene programa de gobierno como tal, aunque tiene tesis —muchas insostenibles, en mi opinión— y sobre todo, ideología: la de la Revolución Mexicana, con su nacionalismo, su estatismo y populismo económicos exacerbados". Añadí en *The New York Times*, seis días después de los comicios: "La elección fue un mosaico de paradojas, la más trágica de las cuales afectó al propio Salinas. El hombre que hizo campaña por la modernización y el cambio, que tal vez pueda dirigir ambos procesos en México, en el mejor de los casos debe su elección a los dos sectores más conservadores y rezagados: el campesinado y los caciques".

Esta esquizofrenia analítica me condujo a algunos aciertos que me enorgullecen, y a varias pifias que me avergüenzan. Comprendí que si no se revertía pronto el curso de los acontecimientos, Salinas se instalaría en Los Pinos en diciembre, y una opción de izquierda tardaría años en modernizarse y transformarse en una opción atractiva y viable para el país. Intuí también que el movimiento en la calle se agotaría; sin victorias evidentes y palpables, la gente retornaría a casa. Por ello, convenía entregarle algún triunfo, por parcial y provisional que fuera: ya sea a golpes, ya sea negociando. Se supo después (en 1999, por *La Herencia*) que a instancias de Manuel Camacho, Salinas y Cárdenas se reunieron en secreto el 20 de agosto del 88 en la residencia de Manuel Aguilera, regente de la Ciudad de México; el celestino del encuentro fue Jorge Martínez Rosillo, un personaje de novela, amigo cercano tanto a Aguilera como a Cárdenas. Salinas confirmó la veracidad de esa reunión en la entrevista que me concedió para *La Herencia*, contribuyendo al éxito de un libro que no le agradó. Le propuso a Cárdenas un pacto: la Jefatura de Gobierno del Distrito Federal a cambio del reconocimiento de su triunfo. De acuerdo con la versión de Cuauhtémoc, se trató de una trampa destinada a exhibirlo como un traidor ante sus huestes. La negociación no fructificó, pero el enfrentamiento tampoco. Aunque me aproximé a Cárdenas esos días, y permanecí en su círculo estrecho hasta abril de 1993, ni yo ni nadie disponía de propuestas inteligentes dignas de traducirse en útiles consejos al príncipe. No vislumbraba ni imaginé buenas salidas; tampoco era obvio cómo construirlas.

Mi error principal consistió en titubear al denunciar el fraude en una entrevista transmitida por PBS, en su noticiero nocturno Macneil-Lehrer, el 9 de julio. Incluso di cabida a la probable victoria de Salinas, y le deseé éxito, tropiezo tal que el propio candidato del PRI se comunicó conmigo por teléfono esa misma noche para agradecerme el apoyo. Además de mi nerviosismo y la enorme presión bajo la cual todos nos hallábamos, supongo que preferí no romper en definitiva con el probable sexenio siguiente y persistir en mi calidad de interlocutor válido un tiempo adicional. Asimismo, mi ambivalencia se reflejó en el editorial ya citado que publiqué en Nueva York el 12 de julio, cuando la enormidad del fraude ya era aparente: "Cinco días de posposiciones y confusión en publicar los resultados electorales, así como la impactante y tardía fuerza de la campaña nacionalista de izquierda de Cárdenas, socavaron seriamente la credibilidad de los resultados, incluso antes de que fueran divulgados. Así, un desenlace que la misma noche de las elecciones hubiera podido parecer justo y limpio, se ha vuelto fuente de incredibilidad y de burla".

El trasfondo de esta debilidad de carácter momentánea —o estructural— se perfilaba con mayor transparencia en mi sobreestimación de la adversidad que enfrentaría Salinas durante su mandato y en subestimar su capacidad para remontar los obstáculos de origen. Creo haber acertado: el pecado original, aunado a la ambición de conservar el poder, dieron al traste con el anhelo modernizador del sexenio en ciernes. Pero en política de poco sirve tener razón a la larga: el momento lo es todo. La actitud ambivalente reflejada en mi titubeo permearía mi definición ante el régimen salinista en su conjunto y duraría todo el sexenio. No sé si mi indecisión contribuyó, de manera minúscula, a la de muchos otros mexicanos, o al revés: si yo sólo mimetizaba los sentimientos escindidos de la sociedad mexicana ante un sexenio pletórico de luces y sombras, y que concluyó como comenzó: en las tinieblas de la incertidumbre.

Libro 5
El TLC, el Grupo San Ángel, Elba,
la muerte de Jorge padre

I

Los siguientes cinco años se asemejaron a una travesía por el desierto. En muchos aspectos, placentera: se multiplicaba el número de oasis, y las tormentas de arena fueron pocas y espaciadas. Libré tres o cuatro luchas nobles, que al final perdí, pero aprendí, y disfruté sin cesar el transcurso de las mismas. Un par de trastornos ensombrecieron el panorama durante breves lapsos, pero en el fondo no alteraron la buena racha de derrotas aleccionadoras. Como buen comunista que fui, me consta que "templan el acero".

La primera derrota involucró las secuelas y contrariedades acontecidas a partir del fraude de 1988. Nunca sabremos si Cuauhtémoc Cárdenas no fue más lejos debido a un carácter siempre precavido, a su sentido del Estado, a su conocimiento de causa sobre la posible estrecha victoria de Salinas, o porque no tuvo de otra, al no alinearse los astros para una salida alternativa del dilema poselectoral. A partir de la toma de posesión de Salinas, del apoyo de Estados Unidos, de la detención de Joaquín Hernández Galicia, "La Quina", en enero de 1989, resultó patente la permanencia del PRI en el poder por lo menos durante seis años más. Así se desvaneció cualquier esperanza de un derrocamiento pacífico, de un alzamiento o de una renuncia voluntaria. Se abría entonces una interrogante: ¿cómo transformar la energía y la desesperación de las multitudes cardenistas en una fuerza política opositora y aspirante al poder? ¿Cómo lograrlo ya fuera en las elecciones estatales, o en los comicios de medio período previstos para 1991, o en los presidenciales del 94? En vista de la legislación vigente, y de los cambios introducidos por el PRI y los panistas resentidos, la opción idónea lucía inalcanzable: la posibilidad de un partido nuevo se convirtió en una tarea de Sísifo, por las innumerables asambleas distritales requeridas en presencia de notarios comprados por el gobierno, reuniendo a simpatizantes cansados y timoratos. Para mediados de 1989 se impuso una obstinada realidad: no era factible conquistar el registro de otro partido por ese camino. Asimismo, las derrotas aplastantes en las elecciones de Tabasco, Baja California y Michoacán en los meses posteriores a las movilizaciones de agosto de 1988 evidenciaron la dificultad de una estrategia maoísta de "cercar la ciudad desde el campo". El gobierno concentraba todos sus recursos en cada estado, y cuando no le bastaban, prefería perder (como en el caso de Baja California) ante el PAN. No se divisaba por ningún lado otra vía que la peor posible: aprovechar el registro del Partido Mexicano Socialista o PMS, pagando a la postre un costo exorbitante.

El PMS postuló a Heberto Castillo como candidato a la Presidencia en 1988 —una designación lógica, ya que provenía de una fusión del grupo de Heberto y del Partido Socialista Unificado Mexicano o PSUM, producto a su vez de la disolución del Partido Comunista y de la suma de algunos grupúsculos situados a su derecha—. Pero el tremendo tsunami electoral del cardenismo obligó a Castillo a declinar a regañadientes a favor de Cuauhtémoc, al final de la contienda. De tal suerte que el PMS se integró con otras agrupaciones sin mayor arraigo a la coalición del llamado Frente Democrático Nacional. Cuando se revelan vanos los esfuerzos de Cárdenas, Muñoz Ledo y otros dirigentes por obtener un nuevo registro, el PMS, ni tardo ni perezoso, ofreció el suyo: un regalo envenenado. Su directiva, en parte procedente del partido de Heberto, en parte todavía del viejo PCM, se frotaba las manos. Por fin, los votantes, siempre ausentes del viejo partido, se sumarían a los militantes —numerosos y valientes— en las ralas filas de la izquierda marxista o nacionalista radical.

Cuauhtémoc eligió el único sendero disponible: la fusión con el PMS, en principio caracterizada por un reparto muy favorable al cardenismo en materia de puestos directivos, prerrogativas, bienes raíces y parafernalia diversa. Confluirían en la nueva organización, que a partir de noviembre de 1989 portaría el retorcido nombre de Partido de la Revolución Democrática, todos los torrentes políticos del cardenismo y de la izquierda: trotskistas, líderes estudiantiles del movimiento de 1986-1987, maoístas de la Asociación Cívica Nacional Revolucionaria, nacionalistas de antiguas corrientes cercanas a la izquierda del PRI. Figuraban comunistas, por supuesto; los compañeros michoacanos de Cárdenas; y por último, políticos, e —así lo pensaba Cuauhtémoc— intelectuales diversos, como Adolfo Aguilar y yo. Todo este rodeo dio lugar a la invitación que me formuló Cárdenas en octubre de 1989 para incorporarme a su nuevo partido, en alguna posición de responsabilidad (sin especificar cuál). Invitación que decliné, por las razones que esgrimí entonces y que conservo hoy.

Después de haberlo acompañado en todas sus peripecias po-selectorales a Michoacán, Tapachula, Tijuana, Los Ángeles, Fresno, París y Torreón otra vez, le respondí a Cárdenas, de modo medio quisquilloso, que introducir a los comunistas al partido lo tornaría inviable, eternamente atomizado, ineficiente y vinculado de manera inaceptable (para mí) con Cuba y lo que restaba del bloque socialista (esto sucedía semanas antes de la caída del Muro de Berlín). Aventuré que el nuevo instituto carecería de una mínima cohesión programática, teórica y estratégica, ya que no sólo se conformaría de afluentes diversos y en algunos casos incompatibles, sino que faltaría tiempo para realizar un debate de fondo sobre los propósitos del engendro. Las elecciones de medio período se acercaban. Los tramites jurídicos y financieros de asumir el registro del PMS eran tardados y engorrosos. Todos los convidados correrían a buscar "huesos", sin preocuparse de cómo la sociedad mexicana y sus electores centristas (los millones que votaron por Cárdenas, mas no por la izquierda) acogería su matrimonio de conveniencia.

Con el tiempo me percaté (tarde, se podrá especular) de que no era hombre de partido. Las luchas intestinas, la burocracia partidista, la disciplina, la paciente labor de lenta construcción futura, no se me dan. Admitía la necesidad de partidos en México, en particular de izquierda, y sobre todo de entera lealtad a Cárdenas, en vista de las condiciones tan adversas en las que se veía obligado a edificar algo inexistente: un partido democrático de izquierda. Pero esa tarea no me correspondía a mí. Sobrecargué mi explicación con un argumento adicional, no muy convincente. Le serviría más a Cárdenas como "compañero de ruta" que como "intelectual orgánico", al ostentar mi distancia del partido, de los cargos y de los golpes bajos, manteniéndome de todas formas próximo a él y ofreciendo los consejos que se me ocurrieran y que le beneficiaran. El ex y futuro candidato reaccionó de manera previsible y sensata: con amabilidad y afecto pero en el fondo, decepcionado y molesto. No sufrió mi relación personal con él, pero sí la política. A su desconfianza de antes se sumaba otro ingrediente.

Tuve razón. Conmigo o sin mí, el PRD no cuajó, y hasta la fecha pienso que adolece del mismo pecado original, gravemente corrosivo: haber nacido con fórceps, con un programa misceláneo, y aglutinando a activistas y dirigentes demasiado dispares. Con el tiempo, perdieron peso las corrientes situadas más a la izquierda (exPCM, exACNR, ex trotskistas) y se consolidaron aquellas procedentes del PRI o de los partidos satélite del mismo, como el Frente Cardenista. Pero las divisiones se perpetuaron. Un cuarto de siglo después, la izquierda mexicana se encuentra más fragmentada, más inmersa en conflictos fratricidas, desprovista de planteamientos modernizantes y lejos de un hipotético *aggiornamento*. ¿Mi presencia hubiera contribuido a la puesta al día de la izquierda en México? Tal vez desde el interior se podía hacer algo, pero me hubiera encontrado solo, consumido por el jaloneo en torno a cargos y los recursos, sin aliados visibles (Adolfo Aguilar tampoco ingresó al PRD), y confrontado a resistencias prolijas. Éstas provenían desde los viejos estalinistas que no me perdonaban el intento de golpe en el 19 Congreso del PCM, hasta los incondicionales de La Habana que descubrieron tiempo atrás mis desavenencias con ellos (el fusilamiento de Arnaldo Ochoa y Tony de la Guardia se produjo en julio de ese año), sin olvidar a los nacionalistas-revolucionarios, enquistados en el entorno cardenista desde el principio, y que detestaban mi desdén por la ideología de la Revolución Mexicana.

Pensar que un individuo puede alterar el curso de los acontecimientos es irracional. No hubiera durado el sexenio de Salinas, sobre todo cuando se perfilaron desacuerdos importantes entre el PRD y yo en lo esencial: la definición ante el régimen y su proyecto modernizador. Pude convencer a Cárdenas, en gran parte gracias al apoyo de doña Amalia, su madre, de que no acudiera a la manifestación de apoyo a La Quina después de su arresto, pero allí gasté una buena parte de mis canicas. Cada vez se me dificultaría más arrastrar al líder hacia posiciones que apuntaran a la construcción de una izquierda reformista, democrática, globalizada, antiestatista y crítica de la URSS, de Cuba, y del bloque socialista. Recuerdo, a título de ejemplo anecdótico, cómo en 1991, al escribir *La utopía desarmada*, le pedí autorización a Cuauhtémoc para citar un comentario suyo de diciembre de 1988, a propósito de la asistencia de Fidel Castro a la toma de posesión de Salinas, la primera visita del cubano al DF desde 1956. Él me había dicho: "Ni siquiera visitó la tumba de mi padre". Respondió: "Mejor no". Y no me autorizó la cita.

Entre finales de 1989 y la víspera de la campaña presidencial iniciada en 1993, me mantuve cerca de Cárdenas en lo personal, pero ajeno a su círculo íntimo, y lejos del PRD. Esta actitud me sirvió a la larga, pero resultó perjudicial en esa etapa, ya que me aisló de posibles aliados en diversas reyertas, sin neutralizar el descontento, y luego la abierta hostilidad, del gobierno, debido a las posturas que asumí sobre el fraude electoral, las privatizaciones, el TLCAN y la revitalización del régimen autoritario de antaño. Mi proximidad al líder de la oposición, que en ciertos momentos me permitía influir en su pensamiento o actuación, no me salvaba de un pizco de antagonismo con el PRD; haberme apartado del nuevo partido y rechazar cualquier cargo en el universo cardenista no me ahorraba la sospecha y la acusación salinistas de fungir como el asesor embozado del *tlatoani* opositor. La vulnerabilidad de esta ubicación se manifestó en varios episodios; la ventaja de ver los toros desde la barrera, también. Acompañé el lento e ineluctable declive del cardenismo en esos años, del cual nunca se repuso. Sólo la irrupción de López Obrador en el 2005, y luego en los comicios de 2006, le darían vuelo un tiempo a una izquierda mexicana destinada a gobernar e incapaz de lograrlo.

En este trayecto batallé, como toda la vida, con la ambivalencia de mi albedrío: activista de causas nobles, político ambicioso, escritor en ocasiones afortunado, otras no, y académico jamás dedicado de tiempo completo a la investigación o a las aulas. En una ocasión, Francisco Javier Alejo, un perspicaz observador de la gente, me dirigió un reclamo y una acusación acompañados de un signo de admiración. A su parecer, yo utilizaba la actividad intelectual para hacer carrera política, lo cual no se valía, ni en un ámbito, ni en el otro. No le faltaba razón, pero esta esquizofrenia existencial era mucho menos consciente y deliberada de lo que Alejo asumía. El azar, mi versatilidad y capacidad de *multitasking* multiplicaban las vocaciones y los frentes, desatando un ciclo virtuoso, donde cada una de mis personalidades públicas alimentaba las otras: el mejor de los mundos posibles. En otros momentos, sucedía lo opuesto. Una contrariedad en un campo de batalla se traducía en fracasos o derrotas en otros, contaminándolos de manera innecesaria. Sólo logré salvar esta dicotomía el tiempo que me consagré por completo a la política, del 2000 al 2005. De 1988 a esa parte, la indefinición sería mi definición. Esto provocó el fastidio de distintos sectores y me confirió varias ventajas. Empiezo por las segundas, ya que lo primero exige un desarrollo ulterior.

Desde principios de los años noventa, volteé de nuevo hacia América Latina, ya no de modo exclusivo a la subregión centroamericana, sino también hacia el sur del continente. Resolví enfocar la mirada —y el trabajo— hacia un tema que me fascinó desde mi tiempo en París, durante mi rápido tránsito por el Partido Comunista Mexicano y mientras me inmiscuía en las tenebrosas insurgencias de la Cuenca del Caribe: el pasado, presente y futuro de la izquierda en Latinoamérica. Acometí dos recorridos paralelos y complementarios, no siempre desprovistos de tensión entre ellos: el intelectual, analítico y propositivo, y de manera simultánea, el político, basado como siempre, en construir relaciones nuevas a partir de nexos anteriores. Por un lado, inicié una labor de investigación, viajes, reflexión y entrevistas que se materializaría en un libro publicado a principios de 1993, en Estados Unidos y en México, para luego aparecer en toda América Latina, en España y en Francia: *La utopía desarmada: Intrigas, dilemas y promesas de la izquierda en América Latina*. Por otro lado, comencé a convocar encuentros de políticos e intelectuales latinoamericanos, primero solo, después en compañía de Roberto Mangabeira Unger, el profesor brasileño de derecho en Harvard, y después con el entonces senador chileno Carlos Ominami y el excanciller argentino Dante Caputo. Retomamos el proyecto en los años 2011-2013 el mismo Ominami y Héctor Aguilar Camín.

Ambas vertientes del ejercicio partían de una premisa. La caída del Muro de Berlín, el fin del bloque socialista y el derrumbe inminente de la Unión Soviética le ofrecían a la izquierda en la región una oportunidad extraordinaria. Algunos integrantes de las filas de la izquierda lamentaban los sucesos en Europa Oriental y la URSS; yo los miraba con un dejo de satisfacción personal —ya sin el dique del estalinismo de mi madre, mi propio antisovietismo se desbocaba— y mucha frialdad. Por fin, la izquierda latinoamericana contaría con la posibilidad de no ser más una amenaza real o imaginaria para Estados Unidos, ni de incorporar a su programa, en los hechos, como en Cuba, Chile y Nicaragua, el alineamiento con Moscú contra Washington. Moscú, como concepto y poder fáctico, había cesado de existir. A lo largo de 1990 dicté una serie de conferencias y publiqué un buen número de artículos periodísticos y de ensayos exponiendo estos puntos de vista, que me ganaron la enemistad o el desprecio de algunos miembros de la dichosa izquierda —sobre todo aquellos más cercanos a La Habana— pero también un buen número de adeptos en América Latina, quienes vislumbraban en mis tesis, expresadas también por otros, una esperanza y la apertura de una vía venturosa al poder.

Digo que los acólitos de Fidel se ofendieron con algunas de estas reflexiones, no sin razón. Nadie padeció tanto la desaparición del bloque socialista como la Isla. Significó el fin del subsidio, el inicio del llamado "período especial", es decir de la enésima etapa de privaciones y sufrimientos del pueblo cubano (incluyendo el hambre y la prostitución generalizada entre las mujeres de 15 a 40 años), a cambio de una supuesta dignidad y la mayor gloria de Castro. Por tanto, cualquiera que festejara el fin de la Guerra Fría, y, peor aún, que lo hiciera invocando la conveniencia para la izquierda, incurría en una traición imperdonable. Cuando, para colmo de colmos, publiqué en noviembre de 1991, bajo el título hemingwayano de *The Old Man and the Island* en *Newsweek* y *El País* —y una versión abreviada en *Proceso*— que la consecuencia lógica de los cambios en la ex-URSS y Europa Oriental debiera estribar en un cambio equivalente en Cuba y el retiro de Fidel, me convertí en hereje, ahora de la inquisición tropical. Erré en el vaticinio, no en las consecuencias: "Castro está corriendo contra el reloj. Se queda sin tiempo en un mundo donde el socialismo ha caído por la borda, y donde cualquier forma de confrontación, e incluso desacuerdo con Estados Unidos, es visto como algo quijotesco, torpe e innecesario […]. Si su retiro del poder puede preservar los avances admirables de la Revolución, conservarlos será más importante que salvar a Fidel Castro. El momento histórico que Fidel inició en la Sierra Maestra ahora exige su paso a la historia."

Sólo me protegía la exigua trascendencia de mis pronunciamientos en ese momento. Con la excepción de los monitores en la isla, y de sus partidarios en algunos grupos de la izquierda radical, pocos se enteraron de mi sacrilegio. Todavía en julio de 1992, el FMLN me invitó a la ceremonia de firma de los acuerdos de paz de El Salvador en Chapultepec. Accedieron a entrevistas para mi libro la gran mayoría de los dirigentes e intelectuales izquierdistas del continente, desde Lula hasta Rolando Morán, desde García Márquez hasta Cuauhtémoc Cárdenas. La única excepción fueron los cubanos. Ni siquiera Manuel Piñeiro se dignó a recibirme, a sabiendas de que mi libro sería publicado con gran difusión, y que incluiría un boceto biográfico del tenebroso "Ministro de la Revolución", quizás el único. Se molestarían también después por lo que llamaron el carácter diabólicamente "delator" del libro, ya que revelaba supuestos "secretos" a los que accedí en su opinión gracias a ellos y a su vínculo con mi padre. De nuevo, la confusión: no puede haber traición cuando no hay pacto de sangre o de lealtad, y en mi caso con los cubanos, nunca hubo ni lo uno ni lo otro. Ellos compartieron los supuestos secretos conmigo porque les convenía; yo los aproveché, de la misma manera.

Dividí el libro en dos grandes apartados. En una primera sección, procuré trazar la historia de la izquierda latinoamericana, partiendo de obras clásicas, de documentos y de chismes aprendidos durante mis prolongados años de vida en su seno. A partir de ese recuento, transitaba a un análisis y descripción de la izquierda del presente (es decir, de 1992), centrado en sus perspectivas y novedades, desde los nuevos partidos (el PT en Brasil, el PRD en México) hasta las nuevas bases (los movimientos sociales innovadores en la región: mujeres, pobladores, ecologistas, comunidades eclesiásticas de base, etc.) y el nuevo contexto regional e internacional (otra vez: el fin de la Guerra Fría), para concluir con algunas propuestas programáticas y de "conducta". Reflexioné que no se podía prescindir de éstas para aprovechar las posibilidades entreabiertas por la democratización del hemisferio (con la excepción de Cuba y Haití y en parte México, todos sus países contaban con gobiernos electos de manera democrática), por la creciente neutralidad de Estados Unidos (aceptó de buena gana los Acuerdos de Paz salvadoreños), y por el principio del fin de la crisis de la deuda de los años ochenta. Presenté el libro en incontables recintos, desde el Council of the Americas en Nueva York, en compañía de Carlos Fuentes y de Alan Riding, hasta una feria del libro en Córdoba, Argentina, donde fui abucheado por peronistas iracundos, indignados por el relato de algunos secuestros efectuados por los Montoneros en los años setenta.

Mis detractores se irritaban por las premisas básicas del texto. Con el colapso del socialismo y la democratización de América Latina, y en vista de los acuerdos de paz en El Salvador y Guatemala, se cerraron dos ciclos en la región: el de la lucha armada y el de la revolución. Subsistían algunos rezagos, como las FARC en Colombia y uno que otro grupo trasnochado en Perú, pero en un hemisferio donde el poder se buscaba, se conquistaba y se perdía ahora en las urnas, recurrir a otros métodos carecía de sentido e imposibilitaba la captación de votos. Insistí, en una larga enumeración de actualizaciones indispensables para la izquierda, en su renuncia inequívoca a la lucha armada, tanto en su propio país como en otros, mientras rigieran instituciones democráticas. El corolario: tampoco habría ya revoluciones, porque la etapa de las mismas en el imaginario colectivo regional e internacional había terminado. Era impensable una transformación completa de la sociedad, de la economía, de la política y de la inserción en el mundo sin el referente del socialismo, condenado al basurero de la historia por sus propios beneficiarios. Por ende, la izquierda latinoamericana debía modernizarse al abrazar el reformismo —dentro de la vieja dupla reforma o revolución— y aceptar que su razón de ser yacía en volver tolerable el funcionamiento de un sistema inamovible. En otras palabras, volver cierto el insulto de Andrés Manuel López Obrador, el líder perenne de la izquierda mexicana desde 2000, a Felipe González, el exjefe de gobierno socialista español: "Eres un vil reformista", según el relato que me hizo el andaluz. En todo caso, para mí, eso debía ser la izquierda latinoamericana.

Para cumplir con ese cometido, era menester consumar una serie de metamorfosis importantes. Primero, modernizar el nacionalismo, al adoptar criterios de cesión voluntaria de soberanía y construir un orden jurídico regional o mundial injerencista, que favoreciera a los países más débiles. Segundo, ceñirse al mercado, ya no por resignación, sino porque además de constituir la única política económica posible, y de ser una condición necesaria para evitar los desequilibrios económicos tan lastimosos para la izquierda en el pasado, se trataba del instrumento más poderoso imaginable de creación y de distribución de riqueza, a condición de imponerle un sello democratizador a las políticas públicas. Y tercero, asimilar el imperativo democrático en casa y afuera, admitiendo que si sólo se vale llegar al poder por las urnas, sólo tiene sentido tomar al poder para ejercerlo en democracia, respetando y ampliando las libertades. La tolerancia de prácticas contrarias a este espíritu socavaría el compromiso con esa democracia. Remataba anunciando que de no reanudarse la Guerra Fría, de mantenerse las instituciones democráticas construidas a duras penas durante los años ochenta y a comienzos de la década siguiente, muy pronto partidos, movimientos y líderes de esta nueva izquierda comenzarían a ganar elecciones y a gobernar en sus respectivos países. Pero conservarían el poder conquistado a condición de permanecer fieles a estos cánones, una vez instalados en las múltiples y multicolores sillas presidenciales del área. Poco tiempo después, a partir de 1998, así comenzó a suceder.

Mis críticos se deleitaron con una aparente demonstración contrafactual, surgida escasas semanas después de la aparición del libro. El 31 de diciembre, en los Altos de Chiapas, estalló un alzamiento popular encabezado por el llamado Ejército Zapatista de Liberación Nacional, cuyo dirigente, el subcomandante Marcos, proclamó de inmediato la naturaleza armada y revolucionaria de su gesta. Qué mejor respuesta a un texto donde se exaltaba el fin de las utopías en general, y de la utopía armada en particular, que la "rebelión de las Cañadas". Sólo que el "ejército" no era ejército, la revuelta no era revolucionaria, su impacto mediático era inmenso, pero su significado histórico, nulo. Justamente Marcos mostró, al renunciar a empuñar de nuevo las patéticas armas en su poder, y al abandonar su programa dizque revolucionario, sustituyéndolo por una sensata y modesta plataforma indigenista, que ni siquiera con la simpatía del mundo entero se podía levantar un movimiento revolucionario y militar incluso en un país semidemocrático. Peor aún: cualquier vínculo con ese movimiento destruía las aspiraciones electorales del resto de la izquierda. Cuando Cuauhtémoc Cárdenas osó, en parte por decente, en parte por ingenuo, visitar a Marcos y tomarse la foto con el de la pipa y las cananas, el gobierno de Salinas se aseguró de que todos los postes de luz de la región —y todas las pantallas de televisión del país— se tapizaran con la imagen. Mucho le costó al ingeniero endosar "la combinación de todas las formas de lucha".

Desde el año anterior a la publicación de *La utopía* comencé a aprovechar los numerosos desplazamientos y las diversas entrevistas necesarias para su elaboración con el objetivo de construir contactos y redes con los protagonistas y pensadores de la izquierda latinoamericana. A finales de 1992 utilicé las inmensas facilidades que me brindaba la Universidad de Princeton, mi vieja *alma mater* donde fui invitado a dar clases, para organizar una conferencia con algunos de esos líderes. Por muchas razones, a pesar de mi aún modesto poder de convocatoria, fue posible congregar a varios de los vigentes y futuros dirigentes de la izquierda latinoamericana. El porvenir de algunos se ubicaba adelante; otros desaparecerían de la escena política; y un puñado figuraría en el centro del activismo de izquierda en varios países hasta bien entrado el siglo veintiuno. Contamos con la suerte de que Mario Vargas Llosa también ocupaba un cargo de profesor visitante en Princeton ese año. Además de asistir a las reuniones, almuerzos y cenas, escribió una nota para *El País*, donde captó la esencia del cónclave: "Después de lo ocurrido en estos últimos años en el mundo, y en el propio continente, ¿sigue la izquierda en América Latina inmovilizada en la ideología, los dogmas y estereotipos del pasado o comienza a ser moderna? Para averiguarlo, asistí a la conferencia que acaba de celebrarse en la Universidad de Princeton, organizada por Jorge Castañeda, en la que participaron dos ex dirigentes guerrilleros, el colombiano Antonio Navarro Wolff (del M-19) y el salvadoreño Rubén Zamora (de Convergencia Democrática), Luis Inacio Lula da Silva, del Partido de Trabajadores, de Brasil, el mexicano Cuauhtémoc Cárdenas, del PRD, el secretario general del Partido Socialista de Chile, Luis Maira, y el venezolano Pablo Medina, fundador de Causa Radical, que acaba de ganar la alcaldía de Caracas. En cierta forma, que estos seis personajes estén aquí, en una de las universidades más prestigiosas del 'imperio', ya es un cambio, como lo es el que tres de ellos no tengan reparo en hablar en inglés. Todos se muestran resueltos partidarios de la democracia, de las elecciones y el pluralismo, la palabra 'revolución' no asoma en su vocabulario y todos hacen denodados esfuerzos para no hablar de Cuba y, en todo caso, para no ser identificados con ella".

Aunque jamás entablé con el novelista peruano la amistad que desarrollé con Fuentes y García Márquez, a partir de nuestra coincidencia en Princeton construimos una relación duradera, de cierta confianza y afinidad, que nos permitió realizar varias pillerías juntos. Empezamos con el pie izquierdo. Su anfitrión y el mío en Princeton, Arcadio Díaz Quiñones, nos invitó a Miriam y a mí a comer con Mario y Patricia al día siguiente de su llegada —que fue un auténtico desastre—. El departamento donde la universidad pensaba alojarlos era chico, feo, obscuro, infestado de ratas y con unos muebles del siglo dieciséis. Hacía frío, llovía, en fin, un augurio fatal para su semestre en Princeton. Ya instalados, un par de semanas después, los invitamos a cenar a la casa, donde a Carlos Miguel no se le ocurrió nada mejor que preguntarle al peruano a qué se dedicaba. Para las pulgas del arequipeño. Ya después nos frecuentamos en Princeton bajo circunstancias más amables, y descubrí en Vargas Llosa a un personaje distinto al que imaginaba y temía: mucho mejor. Como toda *prima donna*, era en ocasiones soberbio, siempre seguro de sí mismo. Pero escuchaba a sus interlocutores, conversaba con gran soltura y buen humor, se reía con entusiasmo y esgrimía una gran curiosidad por todo que lo lee, ve, oye e intuye. Sus posiciones políticas, por lo menos en esa época, pecaban de maniqueas y extremas, sobre todo en su simpatía por las tendencias más conservadoras de los conservadores anglosajones. Remansos quizás de la Guerra Fría y de su cruzada (acertada y valiente, en mi opinión) contra el régimen cubano. En su asistencia a mi clase en la escuela Woodrow Wilson, en cenas con Díaz Quiñones y con Tomás Eloy Martínez —el afamado y lamentado escritor argentino que vivía al norte de Princeton, en Highland Park, y de quien Miriam y yo nos hicimos muy amigos durante unos años— y en otras reuniones universitarias, reconocí a un novelista mucho más dispuesto que otros a reinventarse en su literatura y en su activismo político.

Vi a Vargas Llosa en varias ocasiones a lo largo del decenio de los noventa, en México y Guadalajara, en Buenos Aires donde (para su disgusto) compartimos un programa de televisión para presentar nuestros respectivos libros, y en Nueva York. La relación nunca fue estrecha, pero la simpatía y la convergencia, en mi caso por lo menos, crecientes. Al grado de que en junio del 2000, cuando Mario hizo escala en México para presentar *La Fiesta del Chivo*, a través de nuestro común editor le insistí en que cometiera un acto descarado de intromisión en la política mexicana, del tipo que siempre disfrutaba, y se reuniera en público con Fox, a un mes de las elecciones, y de algún modo lo bendijera con su apoyo. De buena gana Vargas Llosa accedió. El encuentro, en el piano bar del Hotel JW Marriott de Polanco, se transformó en un acontecimiento mediático, y contribuyó a la sensación de bola de nieve ganadora de la campaña del candidato opositor. Muchos se preguntaban: Si un intelectual de la talla de Vargas Llosa tomaba en serio a Fox y lo respaldaba, ¿no habría llegado el momento de perder el miedo y dar el paso?

Nos cruzamos en varias ocasiones durante mi tiempo en la Cancillería y en los años subsiguientes, sobre todo en Nueva York. El peruano tuvo la generosidad de participar en mi foro de "Voces de América Latina" en la Universidad de Nueva York, donde, como me lo reclamó con buen sentido del humor una vez Ernesto Zedillo, le pedía a mis amigos que dieran mis clases. Además de Fuentes, Slim, varios expresidentes latinoamericanos y muchos otros, desde Gilberto Gil hasta Ángeles Mastretta, Vargas Llosa se sometía a media hora de diálogo conmigo, seguido de preguntas de los estudiantes, no los de mi salón sino de más de un centenar de toda la universidad. No cobró un centavo (ni él ni nadie). Le ahorré a NYU las varias decenas de miles de dólares que hubieran costado esa serie de conferencias; la de Slim, como Mastercard: *Priceless*.

Con Mario Vargas Llosa y Vicente Fox, Ciudad de México, mayo del 2000

Participamos juntos en seminarios en Argentina, y uno en particular en Rosario, donde el autobús que nos transportaba del hotel al auditorio fue apedreado por partidarios del Che Guevara. El más notorio y divertido se celebró en Venezuela, memorable porque además del hostigamiento del que fue objeto Vargas Llosa, me reveló dos dimensiones atractivas y encomiables del personaje: a la conferencia en Caracas en apoyo a la oposición al régimen chavista asistieron varios latinoamericanos, incluyendo a Plinio Apuleyo, Enrique Krauze y Álvaro Vargas Llosa, hijo del escritor. Logramos romper en parte el silencio que envolvía todo evento contrario al gobierno de Chávez, y eso irritó a tal grado al finado caudillo que retó a los invitados al seminario a su programa de ¡Aló Presidente! para discutir con sus adeptos. Felices de poder conspirar juntos, nos reunimos en el hotel y convinimos en lanzarle a Chávez otro desafío: un debate abierto entre él y Vargas Llosa, en vivo, al día siguiente. El ardid funcionó en cuanto a que todos los medios del mundo lo retomaron, y durante algunas horas, el locuaz Teniente Coronel de boina roja se pasmó y, ¡oh sorpresa!, se calló. Finalmente respondió que Vargas Llosa no le llegaba ni a los talones, y que cuando ganara el Premio Nobel, ya se vería. Huelga decir que dos años después, cuando Vargas Llosa recibió el Nobel, Chávez tampoco aceptó. Después de la aventura, tensa pero exaltante, todos seguimos nuestro camino a casa, y para mi sorpresa, cuando llegué al aeropuerto de Maiquetía, divisé detrás de las puertas de vidrio a

Mario y a Patricia, solos, él ya mayor de setenta años, empujando cada uno su carrito de maletas, para tomar su vuelo, sin séquito ni seguridad, afrontando de nuevo con valentía y dignidad el riesgo de ser hostigados por el chavismo.

No pretendo ser un lector asiduo del nuevo Nobel latinoamericano, ni todo lo que he leído me ha parecido de la misma calidad literaria. Pero le debo reconocer algo: cada quincena se "moja" con sus opiniones en *El País*; recorre el mundo como joven corresponsal de guerra. Busca con tenacidad y constancia nuevas expresiones de su literatura, se reinventa y nunca rehúye un compromiso político: ni su propia elección frustrada, en 1989, ni en México con Fox, ni en Cuba desde lejos, ni en Caracas desde cerca.

II

Dos años después de la conferencia de Princeton, gracias a los buenos oficios de varios amigos comunes, conocí en Boston a Roberto Mangabeira Unger, un personaje de otra estirpe. Nacido en Brasil de una vieja familia política bahiana, muy joven partió a estudiar a Estados Unidos, se graduó de la Facultad de Derecho de Harvard y allí mismo obtuvo un nombramiento como profesor titular a una edad insólita: menos de treinta años. Como se solía susurrar en Cambridge, Massachusetts, en Estados Unidos hay una universidad (Harvard), en esta última hay una facultad (la de Derecho), y en esa augusta casona, hay unas oficinas (las de la planta baja). Allí despacha Mangabeira desde hace tres decenios. Involucrado siempre en la política brasileña (ha sido consejero de todos los candidatos, precandidatos y aspirantes a candidatos de las últimas dos décadas), también fungió como profesor y mentor de una gran cantidad de notables latinoamericanos que desfilaban por sus clases y cubículo en Harvard. Congeniamos de inmediato, él complementando mi pragmatismo y "todología" con sus conocimientos serios y profundos de derecho, política fiscal (los estudiantes lo ovacionaban al terminar su materia de derecho fiscal), yo agregando a su teoricismo y rigor dogmático un sentido práctico y organizativo. A partir de varias cenas en su casa durante la primavera de 1995, decidimos organizar una larga y continua discusión programática entre políticos y académicos de América Latina de izquierda y centro izquierda. Buscábamos construir una red de relaciones entre ellos y una convergencia de ideas afines que coadyuvaran al mismo objetivo fijado con anterioridad: modernizar y dinamizar a la izquierda de la región, para que pudiera pronto gobernar con eficacia y seriedad. Escogimos a los invitados con ese criterio. No nos fue tan mal.

Celebramos seis reuniones plenarias —en el Distrito Federal y Tepoztlán, en San José de Costa Rica, en Marbella, Chile y en Buenos Aires— y varias más, sólo del núcleo organizador, entre 1996 y 1998. En algún momento, poco después de su salida de la cárcel en 1998, sugerí que invitáramos a Hugo Chávez, pero los argentinos y chilenos se negaron a convocar a un "golpista". Elaboramos un documento sintético, potente y llamativo, que divulgamos a finales de 1997 y que surtió un gran impacto mediático en América Latina, Estados Unidos y Europa, como un texto precursor de una "nueva izquierda" latinoamericana. *The Economist* reseñó así el proyecto: "Para construir un frente electoral serio, la izquierda necesita ideas nuevas. Un intento proviene de un grupo de discusión regional organizado por Jorge Castañeda y Roberto Mangabeira Unger. En un nuevo panfleto 'Alternativa Latinoamericana', sostienen que la izquierda debe ganarse al centro, por ahora aliado a la derecha. Y cuestionan muchas tradiciones de la izquierda, aceptando al mercado como el principal instrumento de asignación de recursos, las privatizaciones y el libre comercio. Ofrecen algunas ideas nuevas. Una es la 'democratización de la economía de mercado' al alentar la creación de instituciones de crédito descentralizadas que reduzcan la brecha entre grandes empresas y pequeños negocios rezagados. Afirman que ningún país puede lograr la equidad social con un gasto público inferior al 30% del PIB, pero para lograrlo, prefieren impuestos sobre el consumo al de la renta; la regresividad se compensaría por un mayor gasto social. Sugieren una mayor utilización de los referéndum para superar la resistencia al cambio."

Nos financió el Programa de Naciones Unidas para el Desarrollo (PNUD), gracias a la solidaridad de Fernando Zumbado, su director para América Latina en aquella época, y algunas fundaciones o donantes locales en cada país. A lo largo de esos cónclaves, todos bien amenizados con gastronomía, bebida y música local, se estableció una cierta camaradería entre los participantes y una mayor aproximación a los acontecimientos y tendencias en cada país. No alcanzó a ser por completo una experiencia de Pigmalión por parte de Ominami, Caputo, Mangabeira y yo, pero algo había de eso. El documento citado por *The Economist* no fue sometido a consenso, en el sentido estricto, sino emitido por el grupo organizador, mencionando los nombres de los presentes en una lista. Socializamos una serie de tesis y debates, y atinamos al convocar a tres futuros presidentes, varios otros vicepresidentes y cancilleres, a gobernadores y a candidatos frustrados a diversos cargos en distintos momentos. El pequeño problema surgió cuando ganaron. Se olvidaron de nosotros, o en todo caso de nuestras (y sus) ideas. Esa vez, pasaron los jugadores, no el balón. Una lástima, porque las ideas eran buenas, y en su momento, innovadoras.

Durante dieciocho meses, un grupo de políticos latinoamericanos, procedentes del centro y de la izquierda del espectro ideológico se reunieron "en busca del paradigma perdido". Participaron, entre otros, Carlos "Chacho" Álvarez, Adolfo Aguilar Zínser, Leonel Brizola, Manuel Camacho, Dante Caputo, Cuauhtémoc Cárdenas, José Dirceu, Marco Aurelio García, Gabriel Gaspar, Tarso Genro, Ciro Gómez, Facundo Guardado, Graciela Fernández Meijide, Vicente Fox, David Ibarra, Ricardo Lagos, Andrés Manuel López Obrador, Luis Ignacio Lula da Silva, Carlos Ominami, Sergio Ramírez. Se trataba de superar las políticas neoliberales que extrajeron al mercado de su condición de instrumento, para elevarlo a una religión. Pero el rechazo no se limitó a humanizar el llamado neoliberalismo; procurábamos construir una democratización de la economía de mercado a través de un Estado provisto de amplios recursos, capaz de invertir en los individuos, de impulsar a la iniciativa privada, sobre todo las pequeñas y medianas empresas, y de superar el dualismo entre vanguardias y retaguardias económicas y sociales. Buscamos así provocar un choque libertario. Para conciliar un aumento en la tributación con los imperativos de ahorro e inversión, concedimos un papel importante a todos los impuestos, incluyendo al consumo, vía el IVA. Sugerimos dos impuestos directos y redistributivos: uno, sobre el consumo personal de cada ciudadano (tributando la diferencia entre la renta total y el ahorro demostrado), y otro, sobre el patrimonio, gravando herencias y donaciones. Exigíamos fiscalización y transparencia en la venta de activos estatales y denunciamos la ausencia de un marco regulatorio en la región de macroempresas privadas de carácter casi monopólico.

En materia educativa, opinamos que la misión de la escuela consistía en potenciar las posibilidades de imaginación y de vida que la sociedad es incapaz de enfrentar. Debe ser una voz de futuros, alternativa dentro del presente, y debe reconocer en el niño al traba-

Con José Dirceu, Vicente Fox, Tarso Genro, Eliana Cardoso, Lula,
Facundo Guardado y Graciela Fernández, Chile, 1997

jador de la construcción del porvenir y al ciudadano. De allí la necesidad de que ningún gobierno dispusiera de una voz preponderante en el contenido educativo. Asimismo, los derechos sociales debían desvincularse del empleo, financiándose a través del sistema tributario central, y no mediante impuestos de nómina que merman la competitividad de las empresas y agudizan la brecha entre poseedores de empleos estables y los estamentos desempleados o informales. La reorientación del apoyo del Estado para las empresas medianas y pequeñas, una legislación antimonopólica vigorosa, la defensa de accionistas minoritarios, el castigo fiscal a la cerrazón familiar de las grandes empresas, la extinción de las acciones sin derecho a voto y la publicación de los beneficios de los altos ejecutivos fueron algunas de nuestras propuestas para fomentar la competencia. También buscamos impulsar medidas que, sin afectar la libertad de expresión y la propiedad privada de los medios, aseguraran la pluralidad y el acceso, limitando la concentración de las concesiones o frecuencias, a través de la diversificación de la propiedad y de la producción, y ampliando el acceso gratuito para partidos políticos, movimientos sociales y diversos sectores de la sociedad, incluyendo minorías culturales, étnicas e ideológicas. Concluíamos el documento: "Sentamos así las bases de una política popular de alta intensidad que democratiza radicalmente la economía de mercado."

Con Cuauhtémoc Cárdenas, Pablo Medina, Arcadio Díaz Quiñonez, Antonio
Navarro, Luis Maira, Rubén Zamora, Lula, Princeton, 1993

Las propuestas formuladas en 1997 eran o bien imaginativas
en sí mismas, o bien de ruptura para una izquierda tradicional; muchas siguen ubicadas en el centro de los debates actuales de políticas
públicas. Al respecto, Carlos Fuentes opinó en un artículo: "Alternativa Latinoamericana de Jorge Castañeda y Roberto Mangabeira
Unger es una propuesta inteligente, creativa, original y atacada de
las escolásticas en boga. Merece ser conocida ampliamente. Y debería estar abierta a la firma de ciudadanos que, como yo, les damos
la razón a sus autores."

Cuando en el 2011, Heraldo Muñoz, un amigo chileno tanto
de Ominami como mío, ocupó la dirección de PNUD-AL, decidimos relanzar el proyecto con Héctor Aguilar Camín, y con una
nueva generación de políticos progresistas y algunos de la otra "temporada". Hasta el momento de escribir estas líneas, hemos realizado
siete reuniones en distintas ciudades de América Latina, otra vez
con personalidades destinadas a ocupar un sitio decisivo en la vida
política de sus respectivos países, y donde se han discutido temas
como la seguridad y el narcotráfico, la división en dos regiones y
vocaciones de América Latina, la legalización de las drogas y los
mecanismos democráticos extrainstitucionales. De esta larga marcha, que ha durado casi veinte años, conservo la satisfacción de haber participado en la preparación de un buen número de políticos

de la región antes de su acceso al poder, de conocerlos de cerca y de entablar una cierta amistad con algunos. Sublimo el arrepentimiento de no haber sabido convencerlos plenamente de las ideas que intercambiamos, y que le hubieran brindado mas brío e imaginación a sus gestiones gubernamentales. Ya hablamos, algunas páginas atrás, de la pertinencia de una de dichas reuniones —en Montevideo— para el proyecto de reforma educativa de Enrique Peña Nieto.

Los otros dos empeños afortunados durante la travesía del desierto revistieron facetas parecidas al del giro hacia el sur. Primero, publiqué los dos libros de cierto volumen y densidad que escribí después de *La utopía desarmada* y antes de sumergirme en la política. *La vida en rojo: Una biografía del Che Guevara*, y *La Herencia: Arqueología de la sucesión presidencial en México*. Forman, junto con la ya mencionada reseña de la izquierda latinoamericana, una trilogía sin vínculo directo pero provista de cierta unidad basada en la etapa durante la cual fueron escritos, y en su lógica latinoamericanista y sucesoria mexicana. Hasta ahora, los tres han sido mis libros de mayor venta y difusión internacional (*La vida en rojo* fue publicado en México, Argentina, Chile, Brasil, Francia, Italia, Alemania, Inglaterra, República Checa, China, Polonia, Turquía, Estados Unidos y Canadá). Para escribir estos libros recorrí toda América Latina (incluyendo Valle Grande y La Higuera, donde fue abatido el médico cubano-argentino), entrevistando a casi todos los personajes políticos e intelectuales de la izquierda, en lugares tan bellos como Recife y Salvador de Bahia, y tan espantosos como Managua. Viajé a Moscú, a Inglaterra y hasta a Ginebra para conversar con Ahmed Ben Bella, el primer presidente de la Argelia independiente e interlocutor del Che Guevara. Me trasladé en cuatro ocasiones a Cuba, donde a pesar de la renuncia inicial y luego el franco rechazo de las autoridades, pude entrevistar a la amante del Che y al hijo que tuvo con ella fuera de matrimonio, sustraer textos en aquel entonces inéditos, y desenterrar a personajes escondidos que desempeñaron un papel crucial en su tragedia. En cuanto a *La Herencia*, además de las cuatro largas entrevistas con expresidentes publicadas en el libro, dialogué con personajes legendarios de la política mexicana, desde Gutiérrez Barrios hasta Humberto Romero, y con un sinnúmero de operadores de los sótanos y las tuberías del sistema. Como casi todo en la vida, me deleitaba tanto el proceso o el viaje como el resultado o el destino. Así debieran escribirse siempre los libros: generando el mismo gozo la realización que el producto final.

Con los tres textos inicié una costumbre que disfruto hasta la fecha, y que he perpetuado con mis coautores más recientes, para desesperación suya y de sus cónyuges. Cada título era objeto de algún tipo de presentación pública, en cada ciudad importante de cada país. Esos eventos "literarios" me fascinan. Representan instrumentos privilegiados de aprendizaje propio, y en ocasiones para el auditorio también. Se debate, se intercambian ideas, se recibe el cariño del lector cuando pide una dedicatoria, el rechazo cuando el recinto permanece vacío, y un sentimiento de socialización.

Mis años grises durante los sexenios de Salinas y de Zedillo, aparte de permitirme por fin confeccionar libros de impacto y de éxito, me indujeron a emprender un ejercicio que subsiste hasta esta fecha, y que espero no concluya hasta que concluya todo lo demás. Después de la estupenda experiencia personal y profesional en la Fundación Carnegie en Washington, comenzaron a invitarme varias universidades norteamericanas para acudir unas semanas, meses o un año como profesor visitante. Decliné algunas y acepté otras. Pasé tres semanas en la Universidad de Texas en Austin en 1987; la estadía me dejó insatisfecho. No fue sino hasta finales de 1989, cuando arreciaba el conflicto entre el régimen mexicano y todos los partidarios o meros simpatizantes de Cárdenas, que hallé la fórmula para destinar tres o cuatro meses de cada año a impartir clases en una buena universidad de Estados Unidos, de vivir allí de manera cómoda y placentera, otoño o primavera, y de complementar mi magro sueldo de la UNAM con emolumentos muy superiores. La primera negociación transcurrió con la Universidad de California en Berkeley, quizás la máxima institución de educación superior pública del país, radicada en lo que los jóvenes y los conservadores rabiosos denominan, desde los años sesenta, la "República Popular de Berkeley". Con cierto sesgo y falta de veracidad: ni los estudiantes ni los profesores eran a principios de los noventa más radicales o revolucionarios que en otros campus. Los "revoltosos" se reducían en realidad a los llamados *forevers*, esto es, los cuarentones de entonces, sesentones de ahora, que dormían y fumaban marihuana en People's Park y ambulaban por Telegraph Avenue en un estado de relativa confusión mental.

Impartí clases en Berkeley por un semestre durante tres años seguidos. Amé el campus, la ciudad de San Francisco, las visitas de Miriam y los niños, pero también la posibilidad de encontrarme solo un tiempo. Escribía más y mejor (allí redacté buena parte de

La utopía desarmada), leía más, y rodeado de jóvenes, me divertía de otra manera. No niego que esas ausencias prolongadas incidían, de manera negativa, en el matrimonio y el vínculo con los chicos, pero no rebasó el umbral de lo reparable y reversible. Por eso, en las siguientes ocasiones cuando partí de México para residir en algún otro campus, me acompañaron los niños y su madre. Fuimos a Princeton en 1992-93 y en el otoño de 1995, y a Dartmouth College de ese mismo año, invitación gracias a lo cual visité Bretton Woods y contemplé la placa de Keynes en la puerta de su habitación, en el inmenso hotel que albergó la fundación del Banco Mundial y el Fondo Monetario Internacional. Disfruté la universidad de Princeton, me reconcilié con el pueblo y con la universidad; disfruté el período en compañía de Miriam, Tuti y Carlos Miguel, que cursó su último año de prepa en una *high school* pública del condado más próspero de Estados Unidos. De nuevo, Miriam hizo buenas amigas, pero no tenía actividades propias. Llenó los vacíos dedicando parte de su tiempo libre a la búsqueda de un pequeño departamento que intentamos adquirir en Nueva York, pagamos el enganche, realizamos todas las entrevistas necesarias en ese sistema infernal de cooperativas privativo de Manhattan, y fuimos... rechazados por ser extranjeros y/o mexicanos, perdiendo algo de dinero y mucho amor propio.

El percance sucedió a pesar de la asesoría de uno de los (re)encuentros más agradables de mi vida adulta: con mis primos de Israel, Benny y Ran, hijos de la hermana de mi madre, Mifa, que partió a Palestina en los años treinta, cuando Oma se trasladó a Bruselas y a México. No los conocía, aunque ambos, después del servicio militar en Israel —Ran en 1967, Benny en 1973— se marcharon a Estados Unidos, Benny con las manos de pianista deshechas por la voladura del blindado que conducía en el Sinaí, Ran harto de la falta de oportunidades en su país de origen. Desde entonces, cada vez que paso por o me instalo en Nueva York, nos reunimos en Yom Kippur, Rosh Hashana y Hanuka, pero sobre todo para ir juntos a los juegos de los Yankees en primavera y en otoño. Nos peleamos, como buenos judíos, a propósito de todo.

Buenos judíos, es un decir. Benny se sitúa, políticamente hablando, a la derecha de Netaniahu y del Likud, aunque no ha visitado una sinagoga desde que salió del kibbutz de Kfar Menahem donde nació. Ran y su hermana Dorit, que permaneció en Israel, son laboristas: de izquierda para criterios de Medio Oriente, cen-

Con el primo Benny Avni, en Kfar Menahem, frente a la placa de fundación
del kibbutz donde aparecen los nombres de los abuelos, Israel, 2012

tristas en el mundo. Primero muertos que rezar, observar el shabath, comer kosher o involucrarse en los ritos judíos, salvo los folclóricos. Pero me transmitieron algo que mi mamá nunca supo obsequiarme —quizás porque no quería— y que les agradezco, a pesar de todos los dilemas que me ha provocado: una pertenencia judía. Obvio, no religiosa ni ritual: mi madre, como muchas progenitoras judías en los años subsiguientes al Holocausto, se negó a circuncidarnos a Andrés (nacido todavía durante la guerra) o a mí: sólo faltaba que cremaran a sus hijos por fidelidad a una religión que no practicaba. No he pisado una sinagoga en mi vida, y haré lo posible por evitarlo. He sido siempre contrario a muchas de las políticas del Estado de Israel, y mis contactos con la comunidad judía en México han sido mínimos: políticos, o de amistad y agradecimiento, con Moisés Saba, Enrique Norten, Gabriela Césarman, Santiago Levy, Jaime Zabludovsky y Leo Zuckermann en México, Cheryl y Reid en Nueva York, y unas pocas novias, empezando por Adela Micha. Pero a través de los años y de la sabiduría y la influencia de mis primos, he entendido que a pesar de mis padres, reproduzco una cantidad de rasgos judíos inconfundibles, desde lo que mi Oma llamaba mi espíritu talmúdico hasta mi capacidad infinita de argüendeo, e incluyendo, por supuesto, lo que mi hijo considera mi tacañería descarada. Es un sentimiento extraño: nadie me podría tildar de judío por apariencia, tradición o fidelidad a una causa política o religiosa.

Y sin embargo, acepto, a través de una pésima metáfora, la cruz de mi parroquia. En buena medida, se los debo, o culpo, a mis primos.

Al terminar mi tiempo en Princeton, procuré negociar un nombramiento permanente, de medio tiempo, con alguna institución norteamericana que me acogiera, manteniendo mis clases en la UNAM con maniobras y machincuepas. Después de varios meses de estira y afloja con Berkeley, la Universidad de California del Sur en Los Ángeles y la Universidad de Nueva York (NYU), suscribí un acuerdo sublime con esta última, que dura hasta hoy que escribo y que ha sido una verdadera tabla de salvación a lo largo de los diecisiete años de su vigencia, exceptuando los tres de licencia que solicité al entrar al gobierno de Fox. Cada año, desde 1997, resido de tres a cuatro meses en Nueva York, dictando dos clases por semana en la universidad de Washington Square. Además de generosas prestaciones, me provee una ventana al mundo, a la cultura contemporánea y a la diversidad de la capital del mundo posmoderno. Mejor, imposible.

Los primeros dos años Miriam y Jorge Andrés también se trasladaron a Nueva York. Mi hijo imitaba mi calendario. Cursaba la mitad del período escolar en el Liceo Francés de Nueva York, la segunda mitad en el de México. Le chocaba la idea y la cosa; no fue muy feliz que digamos. Pero la experiencia sirvió: para vivir, ya de adolescente, fuera de México; para perfeccionar su inglés; y para ver cómo las sangronadas del Liceo de Polanco palidecían frente a las de la Calle 72. Miriam adoraba el arreglo, desde la casita en McDougal Alley, una pequeña privada construida sobre las caballerizas de las mansiones de Washington Square descritas por Henry James, hasta la gran cantidad de amigas y amigos que conoció y llegó a querer en ese tiempo. Fueron nuestros últimos años juntos, y seguramente los extraña, como me sucede a mí de vez en vez.

III

Algunos colegas sospecharon que nuestra partida a Princeton en 1992 correspondía a una especie de tregua solicitada, de manera tácita o explícita, al gobierno de Carlos Salinas, cuando su acoso alcanzó niveles inmanejables para la familia. Se equivocaron por triple partida. El atosigamiento, si bien innegable y constante, nunca se tornó intolerable; no cesó durante mi alejamiento; y sobre todo, lo que más irritaba al gobierno era justamente mi presencia en Estados Unidos. Ni Salinas ni sus colaboradores se preocupaban mayormente por mis actividades en México. Calibraban con precisión mi escasa influencia con Cárdenas en todo lo referido a la política interna. Mis escritos en *Proceso* les parecían, con algo de razón, irrelevantes. Mis dos intervenciones radiales por semana a partir de enero de 1989, producto de la apertura de Clemente Serna y José Gutiérrez Vivó, incidían en ciertas opiniones, pero aunque se dirigían a un auditorio amplio, éste se limitaba a la Ciudad de México, de por sí hostil al régimen. El encono o exasperación que provocaba yo en las filas gubernamentales se debía a mi exposición en los medios, círculos académicos y oficiosos en Estados Unidos, y en menor escala en Francia y España. De modo que si de un autoexilio se hubiese tratado, el antídoto habría sido más grave que el envenenamiento. Lo cierto era el hostigamiento oficial en mi contra. Por tanto, el lapso entre la elección del 88 y mi decisión de no ingresar al PRD, y los meses finales del sexenio de Salinas, se caracterizó por una tensión personal, familiar y profesional siempre desgastante. Fueron malos años en ese sentido, por lo menos hasta el 94.

La primera desavenencia con el gobierno brotó de los esfuerzos obcecados del cardenismo por negar la "legitimidad" de Salinas, por arrebatarle espacios políticos y electorales, por denunciar los innegables atropellos recurrentes cometidos por el régimen y por construir un programa propio. Mi participación se limitó a intervenciones puntuales en México, casi todas fallidas, y varias acciones en Estados Unidos, algunas con éxito. Al equipo gobernante le preocupaba que Cárdenas, quien había conquistado una enorme simpatía entre los mexicanos en Estados Unidos en 1988 —no siempre manifestada en votos o billetes— pudiera traducir ese caudal de apoyo en una respetabilidad e interlocución con los poderes fácticos e institucionales de las grandes ciudades norteamericanas. El círculo íntimo del presidente Salinas intuía que amigos del michoacano como Aguilar Zínser, Samuel del Villar, Lorenzo Meyer y yo podíamos prestarle una ayuda imprescindible —aunque no siempre eficaz— en ese frente de lucha. Adolfo seguía en Washington, yo conservaba mis tribunas en los medios, y del Villar mantenía una importante red de apoyos en Harvard. Recuerdo cómo en la víspera de la caída del Muro, el escritor Nathan Gardels, amigo común de Régis Debray y mío, organizó una cena para Cuauhtémoc en casa de un magnate de Hollywood (de la familia Warner) con, entre otros, Jane

Fonda y Jerry Brown, ex y presente gobernador de California. Ya no eran los mejores años de Fonda, pero me impactó tenerla enfrente, aunque Aguilar Zínser me atemperó pronto los ánimos: "Cualquier rollo que se te ocurra", me dijo, "la Fonda ya lo ha escuchado cien veces. Ni le muevas". Por cierto el mismo Gardels, doce años después, armó otro convivio en Hollywood, esta vez en honor de Fox, al que asistieron, entre otros, Marlon Brando, Warren Beatty, Annette Bening, Sylvester Stallone, Salma Hayek, el "Negro" Gonzalez Iñárritu y varios más. En ambas cenas, los huéspedes mexicanos brillaron por su opacidad, agotados sin duda por las giras.

Mi influencia con Cárdenas cada vez era menor. El mejor ejemplo se dio en el peor momento de su epopeya —y eso que hubo muchos—, es decir, en la debacle de las elecciones intermedias de julio de 1991. A pesar de una reforma electoral pactada antes con el PAN, el aparato de Estado se volcó como nunca a favor de los candidatos del PRI. El propio Salinas, en la cúspide de su popularidad, hizo campaña de manera desfachatada. El gobierno, mediante Solidaridad, repartió prebendas, despensas, promesas y realidades hasta con la cubeta, y el PRD se mostró incapaz de presentar un frente unido, moderado y consistente. La votación del cardenismo se desplomó, en lo que sí conformaron, en mi opinión de ahora y de entonces, comicios amañados y exentos de equidad en todos los sentidos de la palabra. Lo cual justificaba por completo su denuncia y rechazo. Sólo que la noche de la elección, cuando me reuní a solas con Cuauhtémoc en un Vips de Insurgentes, y le sugerí un boicot, esto es, que la rala bancada electa del PRD, procedente de elecciones espurias, no ocupara sus cargos en protesta, me respondió, cabizbajo y realista: "Si se los pido, no me hacen caso". Él a mí, tampoco.

No obstante, Salinas seguía con nerviosismo mi cercanía con Cárdenas en el exterior y emprendió una ofensiva con un propósito preciso: desacreditarme en Estados Unidos como analista, intelectual o académico independiente, lanzando acusaciones de… cardenista. Buscaba cerrarme espacios en los medios, en la academia y en los círculos de poder, no al atacarme por lo que escribía o decía, ni tampoco por radical o estridente, sino por embozar mi cardenismo *de facto* detrás de una fachada de objetividad. Para su primer intento, casi fracasado, recurrió a los malos oficios de un profesor norteamericano serio, director de su tesis de doctorado en Harvard, acomplejado y resentido con la vida, y que se prestó a una vil maniobra del gobierno. Después, se prestaría a otra, más grave: contratar a Raúl Salinas de Gortari como investigador visitante en la Universidad de California en San Diego (UCSD), gracias a donativos del profesor Carlos Hank González.

En abril de 1990, Cuauhtémoc Cárdenas publicó en *Foreign Policy* un texto sobre la situación en México, al que muchos de sus simpatizantes contribuimos. Esto era lo que el gobierno de Salinas deseaba evitar: el acceso de la oposición a tribunas de prestigio en Estados Unidos para criticar al gobierno y formular alternativas. El ensayo de Cárdenas no estremeció a la Unión Americana, pero mostró al *establishment* estadounidense a un opositor pensante, ilustrado y razonable. En respuesta, Wayne Cornelius, el citado profesor, director del Center for US-Mexican Studies en UCSD, dirigió una misiva a *The Los Angeles Times*, con una petición muy concreta, a propósito de un artículo mío publicado el 2 de abril de 1990. La cito casi *verbatim*, para transmitir el tenor del contencioso: "El artículo de Castañeda en el *Times* plantea un tema de 'identificación verdadera' que quisiera traer a su atención. Contiene varios *lifts* [plagios] de un ensayo más largo publicado en el número actual de *Foreign Policy*, supuestamente escrito por Cuauhtémoc Cárdenas. Adjunto copias de ambos textos, subrayando los pasajes virtualmente idénticos. Es casi universalmente sabido en México —pero nadie lo sabe en Estados Unidos— que Castañeda es, para todos fines prácticos, un integrante del equipo personal de Cárdenas. Le escribe discursos que pronuncia en Estados Unidos y es su *ghost writer* para artículos en medios prominentes de EU. Lo acompaña con frecuencia en sus giras, aparentando ser periodista. Sin embargo, cuando Castañeda opta por prestar su nombre a artículos suyos en los medios norteamericanos, se identifica sólo como un académico mexicano. Su estrategia es mostrarse como un 'observador' bien informado y políticamente desvinculado, que puede servir como un interlocutor experto entre México y Estados Unidos. El principio de la identificación verdadera debiera obligarles a identificar a Castañeda como vocero de Cárdenas."

Más allá de la pregunta obvia —qué le importa a un profesor universitario cómo identifica un periódico a sus colaboradores—, detrás de esta tentativa deleznable se perfilaba una campaña del gobierno, y en particular de la oficina de Comunicación Social de la Presidencia. Buscaba desprestigiar a los intelectuales mexicanos que simpatizábamos con Cárdenas, tildándonos de "intelectuales orgánicos" (un término que Carlos Salinas volvería a utilizar veinticinco años después, en relación a Sergio Aguayo, Lorenzo Meyer, Enrique Krauze y yo) o viles escribanos del ingeniero. La maniobra no prosperó. El *Times* me siguió publicando cada quincena, hasta el año 2000. Se rehusó a publicar la carta de Cornelius y lo dijo. Pero el intento trajo secuelas y traía antecedentes.

Un mes antes de la carta de Cornelius, apareció una columna en *El Universal* de Juan Bustillos, gatillero conocido de todos los gobiernos mexicanos, titulada "Juniorismo editorial", donde se anunciaba que "Cuauhtémoc pasará la vergüenza de su vida cuando los editores norteamericanos de sus espacios periodísticos descubran la verdad: que no es Cuauhtémoc quien los hace, sino un equipo de tres amanuenses, contratados expresamente para [eso]. En efecto, Jorge Castañeda Gutman, Lorenzo Meyer y Adolfo Aguilar Zínser tienen bajo su responsabilidad que el hijo del general entregue sus colaboraciones editoriales a la prensa norteamericana." Después de breves semblanzas denigrantes de nuestras personas, incluyendo un ataque a Meyer por haber ido de shopping a San Diego unos años antes, el plumífero del salinismo advertía: "Si los editores norteamericanos hicieran un análisis de contenido de los artículos de Cárdenas, encontrarían grandes y sospechosas coincidencias de estilo entre el pensamiento del dirigente del PRD y los escritos de Castañeda, Aguilar Zínser y Meyer." Con todo minuciosidad, la misma acusación de Cornelius, un mes después.

La mata siguió dando. A mediados de abril, la carta de Cornelius, como por milagro, apareció en castellano en *El Nacional* (diario oficial del gobierno) y *Excélsior* (diario oficioso del gobierno). Peor aún, a finales de mayo, en respuesta a una columna mía en *Newsweek*, deplorando las violaciones a los derechos humanos en México con motivo de la "guerra contra las drogas" de Salinas, y señalando que el gobierno de México autorizó sobrevuelos secretos de Estados Unidos en "persecución caliente" de narcoavionetas, un joven y no muy digno vocero de la Presidencia le envió la mentada carta de Cornelius al semanario neoyorquino, junto con otra misiva acusatoria. El salinismo se voló la barda: "Quizás la verdadera preocupación del Sr. Castañeda es la detención de presuntos narcotraficantes y asesinos de policías miembros de su partido político, el PRD. De hecho, que el Sr. Castañeda firme sus artículos como 'profesor' es una verdad a medias, ya que deja de lado su bien conocida lealtad política al PRD, y que fue bien documentada por el profesor Wayne Cornelius de UCSD en una carta que envió a *The Los Angeles Times* el mes pasado. Incluyo, para su lectura, una copia de esa carta, tal y como fue publicada por un diario de la ciudad de México." Omito el detalle de mis respuestas, salvo para anotar que negué los cargos.

El pobre Cornelius no tuvo más remedio que reaccionar, pero con la cola entre las patas. Reproduzco la carta que le dirigió unos después a Otto Granados, "Secretario de Prensa al Sr. Presidente de la República" (sic): "Me da mucha pena tener que comunicarme contigo por lo siguiente, pero ya no puedo guardar silencio. Ayer recibí la noticia de que una copia de una carta particular escrita por mí al *Los Angeles Times* fue enviada a los editores de *Newsweek* por el Lic. Pablo Espresate, funcionario de la Dirección General de Comunicación Social de la Presidencia [...]. Con esta utilización no autorizada de mi correspondencia personal, se agrava la situación creada por la publicación [de mi carta] en *El Nacional* y *Excelsior* —igualmente sin el permiso del autor [...]. Agregado al artículo escrito por Bustillos en *El Universal*, acusando a Castañeda y dos otros intelectuales de ser 'escritores fantasmas' de Cárdenas, todo esto señala que yo soy participante —consciente y con gusto— en una campaña que tiene por objetivo desacreditar a la oposición [...]. La divulgación de esta carta fue un acto muy imprudente, que ha dañado mi reputación profesional, la reputación del Centro de Estudios México-Estados Unidos, y mis relaciones con la comunidad académica mexicana [...]. El 'mensaje' enviado por esta táctica parece ser que el gobierno mexicano no puede competir con sus adversarios en el mercado libre de ideas, datos y argumentos, sino tiene que recurrir a intentos de mancillar una reputación." Como me escribió Adolfo Aguilar en esos días: "Creo que este señor metió la pata, o se la hicieron meter, porque le están pidiendo demasiado por lo que le pagan". Salí ganando la partida, pero no en toda la línea. Para el gobierno de Salinas, el episodio se limitaba a una minúscula escaramuza merecedora de una porción infinitesimal de sus desorbitados recursos. Para mí, generaba una tensión exacerbada y me restaba una considerable cantidad de tiempo. Creo que de eso se trataba: obligarme a una defensa a capa y espada, en una situación de ganar-ganar para el régimen. Si lograban su cometido, me silenciaban; si no, me distraían y les daba menos lata.

Este conjunto de intercambios encerraría un mínimo interés para los participantes, sin hablar de quienes lean estas líneas un

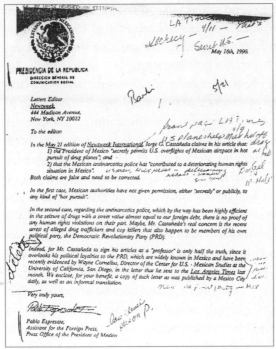

Carta de la Presidencia
de la República, 1991

cuarto de siglo después, si no fuera por lo que sucedió en junio del mismo 1990. El contexto de la microofensiva del gobierno en contra de Adolfo, Lorenzo, yo y varios más, le confiere a los hechos narrados a continuación la notoriedad que adquirieron —muy superior a lo que merecían—; marcaron un hito en mi carrera —y en la de todos los involucrados— como "intelectual público". Por primera vez adquirí un perfil propio en la opinión, en los círculos políticos, entre mis colegas e incluso dentro de las filas empresariales, distinta desde el punto de vista cualitativo a lo que me caracterizaba antes, y equivalente al nivel de reconocimiento de la mayoría de mis pares (exceptuando a Paz, Fuentes y Monsiváis, entre otros).

El 15 de junio de ese año, en la calle de San Carlos donde vivimos hasta el 2001 y donde construí un pequeño estudio, aislado del resto de la casa, se produjo un suceso incomprensible. Me acompañaba desde entonces una sucesión de jóvenes asistentes que a lo largo de casi tres décadas se han inmerso en conspiraciones, chismes, chamba de verdad e interminables exigencias de *multitasking* que nadie podría satisfacer y que todas han hecho milagros para atender. Conservo espléndidas relaciones de amistad, en ocasiones profesionales, y siempre de cariño, con todos y todas, al día de hoy.

En esa época, la niña de turno se llamaba Mariana Rodríguez (han colaborado conmigo una decena de Marianas), y el 15, al salir del trabajo a media tarde, fue interceptada por un carro ocupado por cuatro sujetos, dos de los cuales descendieron, la violentaron, y, según la declaración a la prensa que redacté menos de una hora después, "Le preguntaron si ella trabajaba con Jorge Castañeda; al responder afirmativamente, le dijeron que me comunicara que me cuidara, que esta era la primera llamada, que si le seguía, me llevaría la chingada. Entre amenazas y jaloneos, la interrogaron sobre los movimientos de mi casa y mi familia, así como sobre los detalles de su trabajo conmigo [...] uno de los individuos desenfundó una pistola y se la colocó en la sien."

Como me sentía acosado y nervioso por todos los incidentes relatados, en parte por simple miedo, recurrí al conocido más cercano a mi alcance en el aparato de seguridad del Estado, Miguel Limón, subsecretario de Gobernación y confidente de su jefe, Fernando Gutiérrez Barrios. Me tranquilizó y aconsejó que le diera un tiempo antes de volver público el episodio, para tomar cartas en el asunto. Al concluir la llamada, me dirigí a casa de Marta Lamas en Tlacopac, donde se encontraba Miriam almorzando con un grupo de amigas, entre ellas Ángeles Mastretta. Les narré el asunto con el mayor detalle posible; si recuerdo bien, llegó al poco tiempo Aguilar Camín. Conversando con todos ellos, decidí divulgar el incidente, y armar el mayor escándalo posible, no por afán publicitario, como muchos pensaron, sino por seguridad. Si lo que Miriam, Limón, Ángeles, Héctor, y unas horas después Adolfo Aguilar, creían —y yo compartía—, a saber, que me hallaba ante un intento de intimidación por niveles inferiores del Estado, alentados por el ambiente de acecho y de hostilidad transmitido por los niveles superiores, y por la ambición de "quedar bien" con sus jefes, la mejor defensa yacía en la denuncia ruidosa, dentro y fuera de México, para que el propio Estado evitara repeticiones o escaladas. Y si la amenaza provenía de más arriba, con mayor razón convenía acudir a la plaza pública, en lugar de negociar "en lo obscurito".

El caso recibió un insólita atención mediática, interna y externa, en particular después de que se produjo el connato de una segunda amenaza a Mariana, mientras manejaba hacia su casa. El propio Salinas se comunicó por teléfono conmigo para asegurarme que no era el responsable, y que garantizaba mi seguridad; envió una carta a los periódicos, aparecida sólo en *La Jornada*, donde expresaba su "pleno respeto por el trabajo intelectual y periodístico" mío. Manuel Camacho, regente de la Ciudad de México y enlace de Salinas con la comunidad intelectual opositora, intervino en el mismo sentido. No todo el gobierno reaccionó así. El *Granma* mexicano de aquella época —*El Nacional*— escribió un editorial sin firma pero redactado por su director, señalando que "Cualquiera que haya intercambiado puntos de vista con Castañeda sabe de su obsesión en hacerse pasar por víctima de supuestas prácticas oficiales intimidatorias". Insinuó que el secreto de la amenaza se podría descubrir en las luchas intestinas del PRD. Esta nueva metida de pata del salinismo le valió al diario una seria y contundente réplica de Aguilar Camín, publicada en primera plana, defendiendo mis denuncias. Pero todo ello no rebatía la conclusión de *El País*: "la imagen de Salinas ha sufrido considerablemente como consecuencia del clima de deterioro de derechos humanos apreciado en México. 'El caso Castañeda' apareció en la primera página de *The New York Times* y fue tratado ampliamente por los principales medios norteamericanos".

Artículo publicado en el *New York Times*, 1991

El gobierno designó a Ignacio Morales Lechuga, procurador de Justicia del DF, para encargarse de la investigación y encontrar a los autores materiales e intelectuales del incidente. Gracias a Adolfo Aguilar, sus hermanos Alonso y Gonzalo me representaron en todas las diligencias y me salvaron la vida... pública. Las autoridades sentaron a Mariana en las oficinas de la PGJDF para revisar fotos de posibles sospechosos, y una vez que elaboraron el retrato hablado de uno de ellos y ubicaron un parecido en su colección de fotografías, empezaron a "buscarlo" para que la joven lo identificara. Incluyeron a un sujeto, cuya detención fue filtrada a los medios; presionaron a Mariana, frente a los dos abogados, para que confirmara la identidad de su victimario. Gracias a la firmeza y al profesionalismo de los Aguilar Zínser, Mariana mantuvo sus dudas y se negó a ratificar la sospecha del gobierno. Poco después, se supo que el "sospechoso" había sido arrestado en Los Ángeles el día de la amenaza, mientras pretendía obtener una licencia de conducir. Era una coartada perfecta para él, y de haberlo reconocido como el agresor, un golpe perfecto contra mí: "el sujeto identificado por la asistente de Castañeda se hallaba en California el día mismo de los acontecimientos", dirían los diarios. Los hermanos de Adolfo me ayudaron a esquivar la celada tendida por el gobierno, y el clamor internacional persistió. Llegó a su apogeo con una carta del senador Edward Kennedy, el legislador norteamericano más conocido en México.

Nunca supe bien a bien que aconteció. Morales Lechuga, de quien me volví amigo cercano y cuya ayuda como notario fue decisiva en diversas gestiones del proceso judicial que entablé a partir de 2004 a favor de las candidaturas independientes, me insinuó que se trató quizás de un lío de amores de la asistente, no de una amenaza a mí. Imposible cerciorarnos ni entonces ni ahora, pero le creo a Mariana. Se marchó a Estado Unidos; el hostigamiento contra todos nosotros continuó, pero ya nunca alcanzó esos niveles.

El problema de fondo se desprendía de la conjunción de varios acontecimientos relacionados con derechos humanos, que se sumaron, en la pequeña comunidad que siguió las peripecias del *Caso Cornelius*, a las tentativas atribuidas al propio gobierno de procurar el silencio y el descrédito de sus detractores en Estados Unidos. En las palabras del citado artículo de primera plana de *The New York Times*, "Una campaña de intimidación y hostigamiento de los críticos del gobierno mexicano, aparentemente por parte de fuerzas de la seguridad del Estado, ha provocado una creciente crisis de derechos humanos". El rotativo enseguida enumeraba mi caso, la detención del alcalde perredista de Aguililla en Michoacán, el secuestro de Leonel Godoy, colaborador cercano de Cárdenas desde años atrás, el asesinato de Norma Corona, una activista de derechos humanos en Sinaloa, que fue encontrada muerta y torturada tres semanas antes de los otros incidentes. Para colmo de males, estos hechos coincidieron con la divulgación de un informe devastador de Americas Watch, la ONG precursora de Human Rights Watch (HRW), sobre la situación de los derechos humanos en México, titulado "Los derechos humanos en México: una política de impunidad".

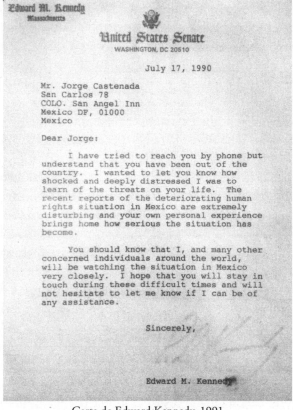

Carta de Edward Kennedy, 1991

Fast Forward (2003)

La coincidencia de mi acoso con la publicación del citado informe de Americas Watch/HRW no fue mi primer contacto con el tema de derechos humanos, pero sí el inicio de una larga y fructífera colaboración con el grupo, a cuyo Consejo Directivo pertenezco desde 2003. En esos días infaustos, la organización que dirigía Marieclaire Acosta en México, así como Amnistía Internacional, manifestaron una solidaridad y eficacia en mi defensa que me sorprendió. Me sentí cercano a ese mundo. Aquilaté la trascendencia del factor multilateral en su defensa desde que mi padre logró en 1981 la ratificación por México de múltiples instrumentos regionales e internacionales de derechos humanos, ante todo la Convención Americana de Derechos Humanos, conocida también como el Pacto de San José. Siempre pensé, en este caso como enseñanza de mi padre, que se convenció de ello ante todo por motivos de derecho internacional, que la mejor manera de "anclar" el respeto por los derechos humanos en México era envolviendo al país en un enjambre de tratados, convenciones, relatorías e inspecciones que le elevaran el costo a los poderes institucionales y fácticos de violar dichos derechos. Más tarde me inspiré en el desempeño concreto del PSOE y de Felipe González en el gobierno español, quienes buscaron, como me lo explicó varias veces el andaluz, vacunar a su país contra sus viejos demonios. Para ello recurrieron a la adhesión a la OTAN y el ingreso a la Comunidad Económica Europea en 1986, entrada sujeta a la vigencia permanente de un régimen democrático.

En el debate de 1990-1993 sobre el TLCAN, mi principal desacuerdo con el gobierno de Salinas se centró en excluir de la negociación lo que se llamaría después la "cláusula democrática y de derechos humanos", que en un acuerdo análogo y ulterior con la Unión Europea, Zedillo y Bruselas sí aceptaron; Salinas, Bush padre y Clinton, no. Para mí el tema resultaba primordial. Sabía que no existiría mejor oportunidad para abrir el sistema político mexicano en general, y para generar castigos reales por la violación de derechos humanos en particular, que vincular esas demandas a un convenio trascendental, que nunca se redujo a puros aspectos comerciales. En Estados Unidos, muchos sectores aún consideraban que cualquier condicionalidad de esa índole pecaba de ilusa, de contraproducente y de químicamente impura: mezclaba el agua y el aceite. Pero en esos mismo años fueron imponiéndose las sanciones económicas al régimen del apartheid en Sudáfrica, a Pinochet en Chile, abriendo la aceptación del nexo entre cercanía comercial y afinidad democrática y de derechos humanos.

Cuando fui designado canciller en el 2000 (y estuve a cargo de la política exterior del presidente electo Fox desde agosto de ese año), busqué poner en práctica lo que conceptualicé en años anteriores. En uno de los primeros actos de gobierno de Fox, el día de su toma de posesión, firmó un convenio con la Alta Comisionada de Derechos Humanos de la ONU para abrir una oficina en México (primer país no en guerra donde esto sucedía) y formalizar un acuerdo de trabajo. Muy pronto, invitamos a incontables relatores de la ONU, del CICR, de la OEA, y de ONGs como Amnistía y HRW a visitarnos y criticar lo criticable, proponer soluciones y presionarnos para actuar. Utilizaba esas visitas en mis luchas internas dentro del gobierno. Convencí a Fox de que perjudicaría a su gobierno y dañaría al país mantener en la cárcel a los ecologistas guerrerenses Rodolfo Montiel y Teodoro Cabrera y no liberar al general Francisco Gallardo cuando se perfilaba un fallo favorable a este último en la Corte Inter-Americana de Derechos Humanos en Costa Rica. Por ello me enfrenté, en el primer caso, al procurador general Macedo de la Concha, y en el segundo, durante un breve lapso, al secretario de la Defensa.

Al igual que mi padre, azuzaba a las ONGs y a los corresponsales extranjeros de confianza para que me aguijonearan, y pudiera yo "catafixiar" su insistencia a Los Pinos. Asimismo, envié para su ratificación al Senado catorce instrumentos regionales o internacionales de protección de derechos humanos, incluyendo algunos que se firmaron en los años sesenta y nunca fueron aprobados por el poder Legislativo. Y desde luego, le asigné una alta prioridad a la defensa de los derechos humanos en el mundo para la política exterior mexicana —entre otras cosas, nombrando a Marieclaire Acosta como subsecretaria especial para derechos humanos— como simple prenda de congruencia con lo realizado dentro del país. He allí el origen de las dificultades con Cuba. No podíamos, en mi sentir, darle la bienvenida en México a relatores de todos los colores y sabores, y rehusarnos a pedir lo mismo en otros países, empezando por la isla castrista. Así describió HRW la política de derechos humanos de Fox en el ámbito exterior: "Durante la Presidencia de Zedillo la política exterior comenzó a cambiar. México aceptó la jurisdicción de la Corte Interamericana de Derechos Humanos, extendió invitaciones a monitores internacionales, e inició las negociaciones con el ACNUDH sobre el acuerdo de cooperación que posteriormente firmaría Fox. En una cumbre en La Habana en 1999, Zedillo habló sobre la necesidad de mayor apertura democrática en Cuba: 'Hoy más que nunca, la soberanía también requiere la democracia' [...]. Durante la Presidencia de Fox el país ha alcanzado niveles de apertura y transparencia sin precedentes —al facilitar la observación internacional de sus prácticas en materia de derechos humanos y permitir al acceso a información de interés público en poder del gobierno. [...] Uno de los primeros cambios significativos en materia de políticas públicas fue el rechazo a una interpretación radical de la doctrina de la no interferencia en los asuntos internos de los estados [...]. Fox anunció la suspensión de amplias y estrictas restricciones que solían imponerse a defensores extranjeros de los derechos humanos que deseaban visitar México. Meses más tarde, en su primera aparición ante la Comisión de Derechos Humanos de la ONU, el Secretario de Relaciones Exteriores anunció un nuevo enfoque en materia de derechos humanos: México consideraría que no podría invocarse la soberanía nacional para limitar la observación internacional de los derechos humanos, ya que éstos son valores universales y absolutos [...]. Las palabras del Secretario fueron respaldadas por una serie de acciones concretas que demostraron que México se encontraba seriamente comprometido con la promoción de derechos humanos —tanto en el exterior como a nivel interno—. La administración Fox abandonó, de esta manera, la postura defensiva que caracterizó a la política exterior previa —que procuraba resguardar a México del escrutinio internacional— y la reemplazó por una política exterior proactiva que se valía del derecho internacional de los derechos humanos como un instrumento para promover cambios a nivel interno. "

Cuando renuncié a la Secretaría en 2003, una de mis primeras reuniones privadas se produjo en Nueva York, con Ken Roth y José Miguel Vivanco, director general y director para las Américas, respectivamente, de HRW. Nuestra relación desde el gobierno nos dejó buen sabor de boca. Les extrañó sobremanera tratar con una Cancillería mexicana que los percibía como aliados, no como enemigos. Se convirtieron en un dolor de muelas en lo sustantivo, pero también en aliados para mis combates intramuros. Roth y Vivanco me invitaron a ser el primer miembro latinoamericano del Consejo Directivo de HRW, que hoy ejerce un presupuesto anual de casi ochenta millones de dólares en noventa países y cumple un función ejemplar, desde el punto de vista ético y de la eficacia, en la defensa de los derechos humanos en el mundo.

Con ellos corroboré algo que presentía desde hace años. Si se mantiene una estrecha colaboración, casi incestuosa y conspirativa, con la prensa internacional, es factible construir acuerdos con gobiernos que se comprometen con los derechos humanos, y necesitan algún tipo de visto bueno, sello de aprobación o certificación virtual de su conducta. Recién electo Juan Manuel Santos a la Presidencia de Colombia, pudimos cenar a solas en Miami, donde nos reunimos en múltiples ocasiones, ya que nos conocíamos bien desde mediados de los años noventa, cuando me invitó a presentar su libro *La Tercera Vía*, en Bogotá. Dos de los grandes asuntos pendientes que le heredó su antecesor, Álvaro Uribe, al mando de Colombia, fueron la ratificación del Tratado de Libre Comercio con Estados Unidos y el negro historial del gobierno saliente en materia de derechos humanos. Ambos temas se conectaban de manera estrecha, ya que el motivo —o el pretexto— esgrimido por varios congresistas demócratas en Washington para oponerse al Tratado descansaba en la desastrosa situación de derechos humanos recibida por Santos. El presidente electo sostenía una excelente relación con José Miguel Vivanco, y se había reunido en una ocasión en Nueva York, a instancias mías, con Ken Roth. Le propusimos a Santos un *quid pro quo* mutuamente ventajoso —para él y para HRW—. Su gobierno modificaría la política de derechos humanos de su predecesor, en temas como los llamados "falsos positivos", la protección a sindicalistas y activistas de derechos humanos, el tipo de fiscal designado por el presidente; Human Rights Watch tomaría nota de ello y se manifestaría al respecto en Washington, sobre todo ante congresistas y sus asesores, para quienes estas consideraciones parecían decisivas en la definición de su voto sobre el TLC. Así sucedió. Muy pronto Vivanco comenzó a trabajar con Santos y su equipo, acordaron temas, calendario, tipo de compromisos, y durante una visita a Colombia del Consejo Directivo de HRW, en octubre de 2011, durante la cual fuimos recibidos con gran hospitalidad por Santos y su gobierno, el Congreso de Estados Unidos aprobó el convenio. Hubiera sucedido lo mismo sin HRW, y sin la postura proactiva de Vivanco y Roth, impulsada por mí, pero sucedió antes, de modo más pulcro y menos desgastante.

Gracias a la labor constante de toda la organización con los corresponsales extranjeros, se logra este tipo de salida virtuosa en cada uno de los países donde se encuentra presente. HRW los cultiva, los invita, los escucha, les provee siempre de información y, sin hacerse ilusiones sobre su seriedad, pericia o dinamismo, busca siempre mantener el contacto con ellos. A su vez, la prensa internacional utiliza a HRW, más que a Amnistía Internacional, como fuente para sus reportajes de guerras, masacres, represiones, etc., en una multitud de naciones. Comprendí, al término de casi quince años de observar esta operación, que sin saberlo con plena conciencia, y sin la metodología, los recursos y la obsesión de HRW, realizaba yo esa misma tarea con los corresponsales extranjeros en México desde los años ochenta. Muchos, sobre todo de la primera época, pasaron a ser amigos. Me encontraba siempre disponible, por teléfono o en persona, para suministrarles datos, contexto, *sound bites* o frases citables. Los invitaba a la casa de Tepoztlán con colegas mexicanos para que los conocieran; les facilitaba contactos en el gobierno o en la oposición; en una palabra, los incluía en mi red de relaciones. Lo cual irritaba en ocasiones a las autoridades mexicanas, que no comprendían por qué enviados de *Le Monde* o *El País* o *The New York Times* o *The Wall Street Journal* perdían el tiempo conmigo, pudiendo conversar con miembros del gabinete o del partido gobernante. Según Andrés mi hermano, Ernesto Zedillo lo resumió mejor que nadie, con exasperación y humor a la vez, en Londres, camino al aeropuerto: "No entiendo por qué todos los corresponsales le hacen caso a tu hermano y toman el caminito de San Carlos o de Tepoztlán."

Rewind

Me asocié con los derechos humanos gracias también a mi cercanía con la colonia expatriada de sudamericanos en México, a partir de Miriam, mi pareja. Conocí a decenas de refugiados "argenmex", uruguayos y chilenos, y para todos ellos, por motivos evidentes, la violación de los derechos humanos en sus respectivos países y la necesidad de protegerlos en sus nuevas patrias, constituía un asunto de vida o muerte. No todos fueron consistentes, por supuesto. El descaro más reprobable provino de Rigoberta Menchú, quien le entregó a Carlos Salinas su Premio Nobel de la Paz para que lo cuidara hasta que pudiera volver a Guatemala, sin preocuparse en exceso por los mexicanos víctimas, en un grado u otro, del régimen. Otro caso lamentable fue el de la senadora socialista chilena Isabel Allende, hija del presidente mártir, que en la elección de Patricio Aylwin en Chile en 1989 hizo todo lo posible para evitar cualquier presencia o muestra de afecto de los exrefugiados con líderes de izquierda como Muñoz Ledo y otros. Alegaba que los chilenos guardaban un gran agradecimiento al PRI por haberlos recibido. Olvidaba que los priistas que los acogieron en 1973 figuraban entre los opositores al PRI en 1989.

Entre las muchas lecciones que aprendí de los sudamericanos en México destaca el papel decisivo de la familia legal en coyunturas difíciles. Los perseguidos y encarcelados dependían del apoyo de sus cónyuges e hijos; a la inversa, las esposas o esposos, y los hijos o las hijas dejadas jurídica y económicamente al garete padecían un desamparo pavoroso. Por estos motivos, después de diez años juntos, Miriam y yo tomamos la difícil decisión de legalizar nuestra relación, el 30 de septiembre de 1989, con una breve ceremonia en el jardín de la casa. Con los niños presentes, incluyendo a Tuti, que no entendía cómo sus papás se casaban siendo él tan grande (con sus tres años), y bajo los auspicios de nuestros dos delegados amigos, Fausto Zapata, de Coyoacán, y Margarita González Gamio, de Miguel Hidalgo, una joven juez procedió a brindarnos el blindaje legal necesario para enfrentar algunas eventualidades. Y para asegurarme de que Miriam y los chicos no se encontrarían desprotegidos desde el punto de vista económico. Además, le garantizaba a Miriam que alguien se ocuparía de sus hijos si algo le sucediera; apenas meses antes debió operarse de la tiroides para extirpar un tumor maligno que por fortuna no revistió consecuencias posteriores, pero que en ese momento provocaba el pánico acostumbrado de la palabra cáncer, sobre todo en una pareja donde tres de los cuatro padres fallecieron por eso.

Con Carlos Miguel, Jorge Andrés, Miriam y Javiera, Ciudad de México, 1989

No fue una decisión sencilla. La continuidad —por no decir permanencia— de nuestra relación se ubicaba fuera de cualquier discusión, pero ni ella ni yo creíamos en esas instituciones, y menos aún deseábamos celebrar una boda de sociedad mexicana, o resignarnos a copiar a los demás. Sólo invitamos a las autoridades, por razones políticas, y a algunos familiares de Miriam de paso por México; no convoqué ni a mis hermanos o a mi padre, para restarle solemnidad a un acontecimiento inevitable, pero no digno de festejarse. Pienso en ocasiones que, de no haber procedido de esa forma, la relación hubiera tenido un curso distinto. Imposible saber. A partir de esa fecha, éramos los señores Castañeda, y cualquier viso de vida alternativa se desvaneció.

IV

El gobierno de Salinas se adelantó con habilidad a los acontecimientos. Al igual que otros, un año antes, me atreví a vaticinar lo que sobrevendría, en un artículo titulado "Hacia la integración", en *Proceso,* a finales de septiembre de 1989. En julio de ese año, durante los festejos del bicentenario de la Revolución Francesa, México concluyó una larga, dolorosa y satisfactoria renegociación de su deuda externa con la banca privada extranjera, que reducía las obligaciones del país al permitirle a cada acreedor optar entre una quita del principal, una reducción en la tasa de interés o el otorgamiento de nuevos créditos. No representó una solución perfecta —difícilmente ameritaba que por televisión Salinas conminara a cada mexicano a ponerse de pie y cantar el Himno nacional—, pero no era mala; al final su eficacia dependería de la benevolencia de la mezcla escogida por los acreedores, y de cuánto dinero fresco ingresara al país. Era la mejor opción para un México excluido del mercado de capitales desde 1982. En noviembre de ese mismo año se evidenció que la mayoría de los bancos eligieron las dos primeras vías —quita y reducción de tasa de interés— y sólo una minoría seleccionó la de aportar mayores recursos. En síntesis, el crédito externo cesaría de funcionar como el mecanismo primordial para canalizar ahorro externo a la economía mexicana; o se volteaba el país hacia la inversión extranjera, o carecería de los flujos foráneos necesarios para retornar al crecimiento. La inversión extranjera exigía seguridad jurídica —siempre un obstáculo en México— y garantías de continuidad en materia de política macroeconómica. Sin un "Big Bang", no existía motivo alguno por el cual México recibiera una fuerte inyección de inversión extranjera directa (IED), de por lo menos tres puntos anuales del PIB, sobre todo en vista de la apertura de Europa oriental al caer el Muro de Berlín. No es que Salinas, como lo repitió de modo incansable a innumerables interlocutores ingenuos en esos años, se haya despertado una noche en Davos y al grito de ¡Eureka! corrió en bata al cuarto de Jaime Serra, su secretario de Comercio, para ordenarle iniciar de inmediato pláticas con Washington para alcanzar un Acuerdo de Libre Comercio. Salinas y Córdoba, de manera previsora y audaz, concluyeron, como muchos otros, que sin una carambola, México no crecería. La única carambola al alcance era un Tratado de Libre Comercio con Estados Unidos.

Pocos días después de la asistencia de Salinas al Foro de Davos, Córdoba y Serra se trasladaron en sigilo a Washington para iniciar las negociaciones. Pero el 27 de marzo, por azar, o por filtración, el *Wall Street Journal* publicó la noticia. Unos días después, en mi comentario de Radio Red con José Gutiérrez Vivo, la repetí, confirmándola gracias a Carlos Puig, entonces corresponsal de *Proceso* en la capital estadounidense. Para muchos, se antojaba evidente la astringencia de recursos de la renegociación de la deuda; un acuerdo de esa naturaleza se tornaba indispensable para Salinas. De manera lógica, deseaba divulgarlo cuando estuviera preparado; para nadie era un secreto que la batalla de aprobación en Estados Unidos revestiría aristas de enorme complejidad y adversidad, un combate quizás imposible de ganar. En esa lucha, las escasas voces mexicanos opositoras con tribuna y reconocimiento en aquel país —Aguilar Zínser, Meyer, del Villar, y yo— jugarían un rol importante.

Cada uno de nosotros, y otros adversarios del acuerdo con Estados Unidos y Canadá, albergábamos razones, no siempre compartidas. Siendo menos nacionalista que Adolfo, Lorenzo y del Villar, ya no digamos Cuauhtémoc o Muñoz Ledo, mi oposición se centraba en pocos puntos. No me ubicaba en las filas de los oponentes a ultranza al TLC; más bien, me situaba en una franca oposición a *ese* TLC, negociado por *ese* gobierno, por *esos* motivos.

El convenio construido entre la primavera de 1990 y agosto de 1992 por los gobiernos de Salinas y Bush padre omitió cualquier referencia a derechos humanos, democracia, libertades individuales y demás. Fue un acuerdo centrado de modo exclusivo en lo económico y financiero. Cada vez que alguien traía a colación cualquier consideración política, se nos espetaba la cantaleta de que esos temas no pertenecen a acuerdos comerciales; insistir en ellos no sólo saboteaba las posibilidades de aprobación sino equivalía a un llamado al intervencionismo norteamericano. Que apenas siete años más tarde casi el mismo equipo de negociadores aceptara, con toda sensatez, múltiples elementos políticos en un acuerdo semejante con la Unión Europea, no causó mayor escozor en ningún ámbito. En pocas palabras, de haberse incluido cláusulas como las que México admitió con Europa, o Estados Unidos con Colombia en 2011, mi renuencia se hubiera aminorado.

El acuerdo también excluyó otros tres temas cruciales para ambos países, dos para México, uno para Estados Unidos. Tan revestían enorme importancia que permanecieron hasta 2014 en el centro de la relación bilateral. El primero: la movilidad extrafronteriza de mano de obra mexicana; el segundo: la imperiosa necesidad para México de obtener apoyo norteamericano para temas sociales (sobre todo educación) e infraestructura (carreteras y frontera); el tercero, la energía, vista desde una perspectiva de América del Norte en su conjunto, y de la creación de una zona energética común. Otras omisiones consistieron en regulaciones a favor del consumidor, antimonopólicas o sindicales (no sólo laborales), hasta algún tipo de instituciones permanentes, aunque fuesen los llamados "páneles" de solución de controversias. En un largo ensayo de coautoría con Carlos Heredia, colega tampiqueño de años y perenne figurante en las filas de la izquierda inteligente en México, sugerimos un bosquejo de lo que un acuerdo debía incluir. Su título sintetizaba nuestra tesis toral "Hacia otro TLC". Lo publicamos en *Nexos* y *World Policy Journal*: "La verdadera elección es entre el acuerdo ya negociado —de derecha, neoliberal y republicano— y un convenio de otra naturaleza, socialdemócrata, con una fuerte dosis de regulación y de planeación, inspirado en un liberalismo socialdemócrata de la nueva América del Norte [...]. La verdadera alternativa es entre un mal acuerdo y un buen acuerdo, no entre el acuerdo firmado y la autarquía [...]. Para muchos, ningún acuerdo de libre comercio con Estados Unidos es deseable. Es una posición legítima, pero distinta a la nuestra [...]. El convenio sugerido implica mayores transferencias de soberanía a entes supranacionales que el de Salinas y Bush [...]. Implica ir más lejos en la integración, construir más ámbitos supranacionales, imbricar más nuestra sociedad y nuestras instituciones con las de Estados Unidos y Canadá;

esto coadyuvaría a proteger mejor la soberanía restante [...]. La única manera de garantizar el cumplimiento de normas sociales, laborales o ambientales es vincularlas a los beneficios de la desgravación arancelaria [...]. El primer rasgo de un buen acuerdo es el financiamiento compensatorio [...] con tres propósitos: infraestructura, armonización de normas, y amortiguar costos sociales excesivos [...]. En el clima ideológico de Estados Unidos, la idea de transferir recursos de los contribuyentes estadounidenses para carreteras mexicanas parece descabellada [...]. Pero hay varias maneras de financiar la transferencia de recursos de las regiones ricas a las más pobres sin pasarle la cuenta al 'tax payer' [...]. La segunda característica es una política industrial trilateral, que no dejara al puro mercado la selección de ganadores y perdedores [...]. Tercera: una regulación y planificación más amplia, extendida al conjunto de las actividades económicas [...]. La cuarta característica es la más problemática: la movilidad laboral [...]. La quinta característica reside en la inclusión de un capítulo social de armonización hacia arriba de las normas y de los derechos laborales [...]. La sexta característica de un convenio diferente es una carta de defensa del medio ambiente y del consumidor [...]. La última inclusión estriba en un mecanismo de solución de disputas abierto a todos y que abarque todos los temas [...]. El acuerdo descrito en las páginas precedentes no es un acuerdo socialista, estatista, populista o nacionalista. Se trata de un convenio que descansa en el funcionamiento de un determinado tipo de economía de mercado, a diferencia de otro. El acuerdo de Salinas y de Bush es un convenio conservador, propio del capitalismo estadounidense; el que aquí se ha propuesto se basa en un capitalismo a la europea o a la japonesa [...]. Existe pues una alternativa viable, razonable y coherente para México: un acuerdo distinto, no la ausencia de acuerdo."

Así como priistas y perredistas combatieron buena parte de las reformas de Fox —porque provenían de Fox— y de Calderón —por igual motivo—, los críticos de Salinas rechazábamos la joya de la corona del proyecto salinista —el TLC— porque era... de Salinas. No digo que allí se erigía un parangón de estadismo, pero así es y sigue siendo la política en México y en China. A ojos del cardenismo, de adversarios de otra estirpe, de la izquierda radical o "social-demócrata" (mi caso), el pecado original de esa administración era inexpiable. Con o sin pruebas, proliferaban ya las acusaciones, los rumores y las realidades de corrupción de numerosos

funcionarios o familiares del régimen, tanto a raíz de las privatizaciones a granel como en torno a las grandes obras públicas del sexenio (la Autopista del Sol, por ejemplo). De suerte que si le iba bien
al TLC, le iba bien a un gobierno detestado por un sector minori-
tario pero no insignificante; si le iba mal al TLC, le iría mal a un
presidente que desechó, hasta finales de 1993, cualquiera de las reformas políticas que muchos anhelábamos.

Por último, los posibles motivos del Ejecutivo también gene-
raban sospechas. Nadie podía sorprenderse de que los opositores de
Salinas concentraran su encono en este punto. No había secretos.
Si el TLC salía adelante y a tiempo, no sólo se consolidaba el "sistema", sino que se abrían múltiples oportunidades, con las cuales
Salinas comenzó a coquetear desde 1992 en San Luis Potosí, y que
en principio provocaron la salida de Gutiérrez Barrios de la Secretaría de Gobernación. No existen pruebas de la ambición reeleccio-
nista de Carlos Salinas. Él mismo jamás lo reconocería; si la abrigaba,
no se la hubiera confiado a nadie; y los indicios de su deseo pueden
explicarse a cabalidad partiendo de otra interpretación. Para los opositores al salinismo, la aprobación del TLC equivalía a su reelección.
De allí el imperativo de luchar contra el tratado.

Este conjunto de factores me colocó en una situación contradictoria. Por un lado, mi resistencia ante el tratado no era total;
cierta convergencia con Salinas, basada en la cercanía anterior con
Córdoba, con el proyecto modernizador y de apertura, cobraba sentido. Por el otro, en vista de la ausencia de un debate en México
—el gobierno ni lo propició ni lo toleró—, ya sin hablar de un auténtico proceso de ratificación, el único mecanismo disponible para
que se incluyeran en el acuerdo los apartados que muchos deseábamos se hallaba en... Washington. Por motivos distintos, oponentes
estadounidenses del acuerdo procuraban sobrecargarlo para hun-
dirlo. Recurrir a ese mecanismo suscitó o sucitaría la ira del equipo
gobernante mexicano. Nada aseguraba la aceptación del TLC en el
Congreso de Estados Unidos, y nuestros argumentos fortalecían a
los enemigos de Bush, y después, de Clinton. Cada vez que cualquiera
de nosotros —se sumaron entre otros Carlos Heredia y Marieclaire
Acosta— comparecía ante un comité legislativo norteamericano o
un foro asimilable, los críticos del Norte subrayaban las afirmaciones que llevaban agua a su molino, por cierto innegables. Violación
de derechos laborales, ambientales, de género e indígenas en México; la desigualdad; la deficiente educación; la violencia: Se apoya-

ban en nuestros argumentos para robustecer sus tesis, sosteniendo que hasta nacionalistas e izquierdistas reconocían las ancestrales taras mexicanas. Los de México, por nuestra parte, aprovechábamos las tribunas, con plena conciencia del riesgo de abrirnos a la odiosa crítica del lavado en casa de la ropa sucia, y de confrontarnos a un gobierno contrario a debatir dentro de México. Así resumí en una entrevista en *Proceso* la realidad y el dilema al que nos enfrentábamos: "La necesidad imperiosa del gobierno por firmar ese tratado implicará un debate sobre todos los aspectos de la vida mexicana. Los que se oponen al acuerdo con México [en EU] no se van a limitar a argumentos económicos: van a usar todos los argumentos. Incluso quienes están a favor, dirán: sí queremos asociarnos con México, pero no con un México corrupto, antidemocrático, donde se violan los derechos humanos, engangrenado por el narcotráfico. Pero las voces críticas mexicanas no pueden callar allá las opiniones que expresan aquí. Si a mí me preguntan en EU si hay violaciones a los derechos humanos en México, tengo que decir que sí, aunque eso pueda perjudicar al gobierno o al acuerdo del libre comercio. Si me preguntan si hay fraude electoral en México, debo decir que sí, porque estoy convencido de eso. Si me preguntan si hay corrupción, diré que sí, porque la hay. En una coyuntura de gran debate nacional en EU sobre la conveniencia de asociarse con México, lo que los críticos mexicanos podamos decir sí tiene peso."

Al alterarse el cronograma de Salinas las cosas se complicaron. Su idea descansaba en cuatro premisas: las negociaciones concluirían a más tardar algunos meses antes de las elecciones presidenciales en Estados Unidos de noviembre de 1992; Bush saldría reelecto; el tratado sería ratificado por ambas cámaras del Congreso norteamericano en los primeros meses de 1993. Por ende, hacia finales de ese mismo año, la economía mexicana gozaría de un formidable viento de cola, elevando su expansión a tasas anuales de cinco o seis por ciento, brindándole al presidente, en pleno destape, un vasto margen de maniobra para resolver la sucesión a su antojo. Como suele acontecer en política, las cosas no se ajustaron a los deseos de los políticos.

La primera etapa de las negociaciones concluyó, no sin dificultades, en agosto de 1992. Se realizó una ceremonia fastuosa y prematura en San Antonio, donde los tres secretarios de comercio, en presencia de sus tres jefes, firmaron sendos documentos en teoría definitivos. Salinas se jugó a fondo por Bush en la campaña presidencial norteamericana que arrancó en septiembre, acompañándolo incluso a un partido de beisbol. Por desgracia, se le atravesó (a ambos mandatarios) un joven gobernador de Arkansas de nombre Bill Clinton, que en la contienda utilizó con gran habilidad la disputa sobre el TLC. Desde el punto de vista retórico, enfatizó sus desacuerdos con el convenio, sobre todo en el ámbito ambiental y laboral. En materia programática, se limitó a señalar que de ser electo, procedería a renegociar algunos capítulos del acuerdo. Supo congraciarse con la (menguada) facción pro libre comercio del Partido Demócrata y con el centro Republicano, sin enajenar a los sindicatos y a los supuestos o reales elementos proteccionistas dentro de su propio partido. Por diversos motivos, derrotó a Bush, y al tomar posesión en enero de 1993, anunció la reapertura de la negociación con México y Canadá, para sumarle al TLCAN dos "cartas" adicionales sobre derechos laborales y ambientales.

Salinas y su equipo acertaron al convencerse de que nada de fondo se vería afectado, pero los tiempos se les vinieron encima. Ya no era factible aprobar el tratado en 1992, o siquiera en el primer semestre de 1993, con suficiente antelación frente a la sucesión presidencial en México. La batalla en el Capitolio tampoco parecía sencilla. Clinton no convencería, salvo con grandes esfuerzos, a la bancada demócrata en el Cámara baja, que requeriría varias concesiones mexicanas. Nuestras gestiones y las del gobierno ante el Congreso estadounidense cobraron mayor relevancia, e irritaron más al gobierno. Así describió Salinas su contrariedad: "Varios mexicanos habían participado con su testimonio en el Congreso de EU. Destacaban Jorge Castañeda y Adolfo Aguilar Zínser, dos miembros de la coordinación de la campaña presidencial de Cuauhtémoc Cárdenas en 1988 [sic]. Aquel grupo se quejó ante el Congreso norteamericano de que en su país no habían tenido la oportunidad de participar en el debate. Se oponían, como nosotros, a incluir el petróleo y exigían incorporar el tema de la mano de obra y la migración. Castañeda pidió que se obligara a México a respetar su propia legislación laboral, la cual, dijo, 'se obedece pero no se cumple'. La actitud respecto al petróleo resultaba útil para la negociación; también su exigencia de incluir la migración. Dejó muy mal sabor de boca entre los nuestros la queja ante los norteamericanos, sobre la supuesta falta de oportunidades para que los mexicanos de todas las tendencias políticas pudieran hacer sus planteamientos en los foros locales. Castañeda se apuntaba ya en una postura maximalista: el tratado era todo bueno o todo malo [...]. Exigió que se presionara a EU para que condicionara la firma del TLC a la realización de elecciones democráticas en México. Marieclaire Acosta, activa organizadora cívica, exigió la inclusión de acuerdos sobre derechos humanos." Dejo al lector el juicio de si el texto con Heredia descansaba en el "todo o nada", o si la razón correspondió a Acosta, Zedillo y los europeos, cinco años más tarde, o a Salinas, cinco años antes.

Dos problemas hicieron zozobrar la calma chicha salinista en el penúltimo año del sexenio. Primero, el auge económico esperado, derivado de la entrada en vigor del TLCAN, no se produjo. Por tanto, el destape no sucedió en un entorno de triunfo de Salinas, sino justo después del voto en el Congreso de Estados Unidos (la votación en la Cámara baja fue el 17 de noviembre, la nominación de Luis Donaldo Colosio el 21 del mismo mes). Cualquier festejo por los efectos ya descontados del convenio debía esperar su aprobación definitiva. Por otra parte, era preciso evitar cualquier incidente que hiciera peligrar el proceso en Washington, tanto en materia de derechos humanos, impacto ambiental o cuestiones laborales.

De allí el aparente descuido —en realidad un monstruoso cálculo premeditado— del grupo gobernante ante las revelaciones de *Proceso* sobre la existencia de campamentos guerrilleros en Chiapas a lo largo de 1993, incluyendo descripciones de combates, heridos y muertos. El ejército desmanteló las principales bases revolucionarias —amplias y bien aprovisionadas—, pero no persiguió ni capturó a ninguno de sus ocupantes. Tampoco denunció o destruyó al grupo dirigente, que sólo se conocería el 31 de diciembre, cuando Marcos y sus compañeros indígenas irrumpieron en San Cristóbal Las Casas y en el imaginario mundial. No es creíble la tesis según la cual Salinas ignoraba la publicación del artículo, el descubrimiento del "foco guerrillero", o la existencia de los llamados zapatistas. A pesar de sus explicaciones y negativas en el primero de sus libros, e incluso la insinuación allí esgrimida, de que el alzamiento zapatista pudo haber constituido un intento por provocar una represión que "descarrilara" el TLC y la candidatura de Colosio, creo que Salinas y Córdoba concluyeron que la persecución y captura de un grupo indígena armado, con posibles heridos y muertos en combate, imposibilitaría la consumación del acuerdo en Washington, alimentando los argumentos de los adversarios del TLCAN. Prefirieron esperar; se tardaron demasiado.

Tampoco se puede confirmar otra elucubración, interesante pero indemostrable. Una supuesta prueba de que Salinas sabía de la existencia de un grupo guerrillero en Chiapas parte de un personaje extraño ya mencionado. Se llamaba Jorge Martínez Rosillo, "el Güero" o "Rayo de Sinaloa", y desempeñó un papel clave en las fallidas negociaciones de 1988. Fue amigo cercano de Cuauhtémoc Cárdenas desde niño. Según narraba, durante una visita del General a Sinaloa, Rosillo, todavía pequeño, le reclamó una parcela ejidal al Tata. Éste respondió que lo veía muy chico, pero Doña Amalia le enmendó la plana y le entregó la tierra. Se vinculó también desde joven con Manuel Aguilera —el anfitrión de la reunión secreta entre Cárdenas y Salinas en 1988, segundo de abordo en la regencia de la Ciudad de México durante todo el sexenio, y viejo viajero a Cuba—. Forjó lazos estrechos con los servicios de inteligencia cubanos desde principios de los años sesenta y luego vivió en la isla. Se enfrentó a la justicia en México: fue detenido en Chiapas, en teoría por "talamontes", pero en realidad por robarse a la hija del general Absalón Castellanos, gobernador del estado hasta 1988, y por apoyar a Cárdenas en el 88. Rosillo falleció en México en el año 2000. Un video que recibí de un amigo común, presente en el acto, muestra cómo sus cenizas fueron esparcidas en la Marina Hemingway, en las afueras de la capital de Cuba. En la filmación aparecen Aguilera, Cecilia Salinas Occelli y su compañero, Alfredo Gatica, amigo cercano de Rosillo y de sus hijos, y Ramiro Valdés, tripulante original del *Granma*, fundador del Ministerio del Interior cubano y número dos del régimen tropical hasta la fecha de escribir estas líneas. Carlos Salinas se ha referido a él con afecto, y su relación continuó hasta después del alzamiento zapatista, ya que el Güero organizó una segunda reunión secreta, entre Salinas y Cuauhtémoc Cárdenas, de nuevo en la casa de Manuel Aguilera (entonces ya regente de la capital), días después de la muerte de Colosio, confirmada por uno de los presentes. Allí Cárdenas le habría sugerido al presidente postrado que le convendría más una victoria suya que la del probable candidato del PRI (se suponía que se trataba de Zedillo), pues con él en la Presidencia la familia Salinas se arrepentiría. Tuvo razón.

Por varios motivos, Rosillo fue objeto de incontables sospechas a propósito de la rebelión de Chiapas. Cuando se dedicaba a la tala de bosques en Los Altos, su piloto era Octavio Yáñez, hermano de Fernando Yáñez, el Comandante Germán, supuesto colega y *primus inter pares* de Marcos; Octavio purgó con él su condena en la cárcel chiapaneca. Hacia 1990, cuando Manuel Camacho logra excarcelar al Güero, él y sus familiares reciben concesiones de parte de la regencia; entre otras, permisos de estacionamientos de la antigua empresa Sarkis —nacionalizada por Camacho al tiempo que privatizaba los autobuses—, convertida en Servimet, que devendría en Copemsa, principal propietaria de estacionamientos y valet parkings en la capital. Los uniformes de los rebeldes chiapanecos el 31 de diciembre de 1994 —pantalón kaki, camisas verde oliva, botas negras de hule— replicaban los utilizados por los trabajadores del Sindicato de Ruta 100 de autobuses del DF en años anteriores. Aunque suenan excesivas las teorías conspirativas según las cuales Camacho "montó" (a través de Rosillo pero a destiempo) la insurrección en Chiapas para después resolver el problema creado y ganar la sucesión presidencial, resulta asimismo inverosímil que todo lo narrado, incluyendo la presencia de su hija en las exequias de Rosillo, haya pasado desapercibido por el presidente. A principios de 2013, un columnista mexicano con cierta inclinación por el amarillismo publicó copias *verbatim* de los memoranda enviados por Rosillo a Camacho y a Aguilera, y cuya existencia, mas no su contenido exacto, había sido divulgada desde 1995 por el corresponsal de *Le Monde* en México, Bertrand de la Grange, y después por ese mismo columnista y por mí, en el 2007. Sigo convencido de que Salinas supo del inminente estallido en el sureste —en general, no en los detalles— y optó por el mal menor: alcanzar la aprobación del TLC y resolver el enredo zapatista después. Logró lo primero y fracasó en lo segundo.

En vista de esta madeja de dificultades, se intensificaron los intentos del régimen por evitar nuestra intervención en el debate norteamericano. Más aún cuando sus representantes se percataron de la creciente cercanía y complicidad que personas como Aguilar, Heredia y yo teníamos, por ejemplo, con Richard Gephardt, líder de la mayoría demócrata en la Cámara de Representantes (cuyo abogado era Bob Bauer, mi amigo en El Cairo, y futuro abogado de Obama). También multiplicamos nuestras propias iniciativas, al sentir que la aprobación se encontraba pendiente de un hilo. Desde enero de 1991, Gutiérrez Vivó se vio obligado a retirarme de *Monitor*, según me explicó durante un desayuno en compañía de la escritora Beatriz Rivas, entonces productora ejecutiva del noticiero, debido a presiones del gobierno y de los propietarios de Radio Red. Las del gobierno provenían de su persistente irritación por mis comentarios-revelaciones sobre la negociación del TLCAN, y las de los dueños, de su postura de pujantes en la venta de Imevisión. En mayo de 1992 fui invitado por Gutiérrez Vivó a regresar a su programa, para ser notificado, minutos antes de salir al aire, de que mi colaboración había sido vetada, de nuevo por los mismos actores. En ambas ocasiones, Pepe me relató con entereza los acontecimientos, y con la solicitud sin ambages de evitar un escándalo, que dañaría a todos sin beneficiar a nadie. Por una vez acaté un sabio consejo, me callé la boca, y a partir de principios de 1994, ya aprobado el TLCAN y reestablecida mi relación con Salinas, regresé al que ha sido en mi opinión el mejor noticiero de radio de la historia reciente de México.

El segundo incidente fue más serio. A un mes de la votación final en Washington, Ernest Hollings, presidente del Comité de Comercio del Senado, demócrata liberal de un estado republicano, conservador, textil y pobre (Carolina del Sur), convocó a una audiencia sobre el tratado. Invitó a cinco mexicanos a comparecer, y para esquivar el elevado costo de trasladarlos a Washington, su equipo (encabezado por un amigo mío de tiempo atrás) negoció un enlace satelital con Televisa, desde los estudios de Chapultepec, con el compromiso de la empresa de permitir el acceso a la prensa mexicana, así como a los participantes. Acudimos puntuales, entre otros, Amalia García, Miguel Basáñez y yo. De buenas a primeras, se negó la entrada a los periodistas mexicanos citados para el cubrir el evento, violando el contrato firmado. Poco después, mientras tomaba yo la palabra, sin decir agua va y media hora antes de que se cerrara el satélite, Televisa interrumpió la transmisión. Mantuvimos una conexión telefónica y pudimos, desde México, denunciar en el Senado norteamericano la suspensión de la señal y la expulsión de la prensa mexicana, vinculando ambos hechos a la censura gubernamental, a la ausencia de un debate en México y a la falta de libertad de expresión. Hollings, instigado por sus colaboradores, a su vez "cilindreados" por nosotros, no se tardó en declarar que "No puede haber libre comercio sin una sociedad libre". Por mi parte, troné contra Televisa y el gobierno, exclamando, con ademanes y estridencia, que "Eso demuestra que el gobierno y la televisión no quieren una discusión real sobre el tratado en México".

Esto sucedía diez días después de que el gobierno desterró a Miguel Ángel Granados Chapa de las ondas hertzianas, provocando un justificado escándalo nacional, que desembocó en la remoción del director de RTC de la Secretaría de Gobernación. El salinismo reaccionó con agilidad y destreza, una vez consumada la pifia. Se debía a lo mismo: evitar al máximo cualquier gesto susceptible de provocar el enojo de legisladores en Washington, o de entregarles armas para su cruzada. En el caso de la censura en Televisa, no contaron con el entusiasmo de la cadena y de Jacobo Zabludovsky, quien esa misma noche dedicó más de veinte minutos de su noticiero 24 Horas al incidente, crucificando a quienes nos atrevimos a criticar al gobierno en un foro del Congreso norteamericano y —colmo de colmos— ¡en inglés!, objeto de burlas el mío por su "americanidad", el de Amalia por su "mexicanidad". La diatriba vitriólica descansaba en su "veteranía" (jamás había atestiguado algo así), su "patriotismo" (él era la figura emblemática de millones de mexicanos y concentraba el nacionalismo taurino, culinario, cultural y político del país), y en su oficialismo empresarial. Televisa y el gobierno eran un solo corazón, y si violaron o no el contrato con Hollings, ni modo. Como se jactó Emilio Azcárraga Milmo en esos años, él era un soldado del PRI.

Adolfo Aguilar y yo decidimos armar el mayor "desmadre" posible (así lo dije en una entrevista) y desatar el extremismo de la televisora y del gobierno. Cayeron en el garlito, llegando al grado de publicar un desplegado en tres periódicos nacionales, firmado por una típica organización "patito" y en realidad inexistente —el Consejo Nacional de Egresados de Posgrado en Derecho, AC—, titulado "Jorge Castañeda Gutman ¿Académico o Provocador del PRD y Organizador de Campañas contra México en Estados Unidos". Por fortuna, comprendieron ambos —gobierno y televisora— que en ese momento, el conflicto no les convenía. Enviaron a un emisario para hacer las paces. Me buscó Guillermo Ortega, vicepresidente de Noticieros en ese tiempo; nos reunimos para encontrar una salida, que al final no se produjo, aunque tanto ellos como nosotros le bajamos los decibeles al asunto. Me ofrecieron una entrevista en vivo con Jacobo para explicar mi oposición al TLC; lo reflexioné y concluí que no era conveniente y podía tratarse de una celada. Al mes, se votó en Washington, y ganó Salinas.

Si efectuamos un balance del TLCAN a veinte años de distancia y la evaluación se limita a lo comercial, el saldo es positivo, de panzazo. México adquirió un sector exportador extenso y competitivo, pero donde la importación es elevada, y el valor agregado, diminuto. Logramos incrementar la inversión extranjera directa en los primeros años, pero hacia 2012 se situaba en el mismo nivel como porcentaje del PIB que en 1993. Hemos crecido, salvo en 1995, 2001, 2009 y 2013, a tasas aceptables, pero el promedio, de apenas 2.5%, con dificultades supera la tasa inercial sin TLCAN. El norte y centro del país se aproximan ya a estadios de riqueza de un país próspero con pobreza, pero el sur se aleja cada vez más del resto. Al sumar el factor político, el TLCAN quizás contribuyó a la transición de 2000, pero también al retraso en el 94. Es tal vez en el ámbito social donde sus beneficios han sido mas palpables. Gracias al llamado "efecto Walmart" procedente de la apertura comercial, millones de mexicanos han accedido, de modo sobrecogedor, a bienes y servicios antes inimaginables, a precios asequibles. La consecuencia es una expansión de la clase media, con un incremento correspondiente del ingreso real de los hogares, aunque la masa salarial como proporción del PIB no creció, y la productividad en general tampoco, a pesar de que su elevación fue exaltada como la gran promesa del tratado. En síntesis, no es del todo evidente que sin TLCAN, al incluirse sus posibles costos escondidos e indirectos (Chiapas, debacle de 94-95, los asesinatos ya mencionados) nuestra situación actual hubiera sido peor. Los desastres previstos por muchos no se produjeron; los éxitos, tampoco.

Mentiría si negara que la derrota no me amilanó. Perdí, pero además concluía una etapa más de mi vida en México sin un desenlace dichoso. Abrigué la esperanza, hasta el final, de que demócratas como Gephardt y David Bonior recurrirían a triquiñuelas parlamentarias para aplazar la votación hasta que prescribiera la autorización *fast track* para negociar, o que impedirían una aprobación alcanzada con un mayor número de votos republicanos que demócratas. No fue así. Sólo me restaba definir mi posición en ese momento. Lo hice en algunas entrevistas para CNN, y sobre todo en mi colaboración semanal de *Proceso*, redactaba sobre las rodillas de regreso de una presentación de *La utopía desarmada* en Culiacán. Opté por la única postura posible para un demócrata pragmático y ambicioso. "Era preferible perder que compartir una victoria ajena [...]. Hay que saber perder, como dice el bolero [...]. Hoy el TLC es parte de la realidad del país: nos guste o no —y a mí no me gusta—, es el instrumento que norma nuestras relaciones con el exterior y buena parte de la política económica interna. Seguir combatiéndolo para procurar una abrogación me parece una lucha estéril, y al final no del todo sincera. Hoy hay que enfocar las baterías en el cambio, no en la reversión."

Afirmaba lo anterior contemplando las futuras elecciones, cuya campaña como tal principió el mismo día de la ratificación en Washington con un discurso de Cuauhtémoc Cárdenas. El destape de Colosio se daría cinco días más tarde. La clave para mí consistía en conformar una visión programática que no se centrara en la derogación del TLC o en su constante crítica, sino en los cambios que el país necesitaba, y que podrían insertarse dentro del TLC, en su caso ajustándolo o complementándolo en el porvenir. Resolví abstenerme de participar en la campaña de Cárdenas, y me preocupaba más construir un perfil personal para las elecciones y el sexenio siguiente que una lucha obcecada, de retaguardia, contra el TLC. De allí la definición flexible, que me permitiría los encuentros con Salinas, los almuerzos con Colosio y la creación del Grupo San Ángel después de la tragedia de Lomas Taurinas.

V

La opción de neutralidad provino también de la evolución de mi vínculo con Cárdenas. A partir de su derrota en las elecciones intermedias de 1991, dejó de parecer segura su victoria en los comicios presidenciales de 1994. Como era previsible, se desató en su entorno un debate obligado sobre la estrategia a seguir para derrotar a un imponente adversario priista, renovado y fortalecido, y a una alternativa panista beneficiaria de muchas de las reformas de Salinas, reivindicables con justificación como obra suya. Por mi parte, intuía que si bien el partido creado por Cárdenas constituía un activo político irrenunciable, también conformaba un pasivo electoral innegable. El PRD edificó una imagen de sí mismo rijosa y poco atractiva para los votantes de clase media, de las ciudades, del norte del país, y para los poderes fácticos, siendo que cuando hacía lo contrario, como en el DF a partir de 1997, apelando a esa clase media, le arrebató la capital al PRI y se la negó al PAN durante veintiún años, por lo menos. Se podía responder que estos sectores no representaban a una mayoría de los mexicanos; sin embargo allí estaba una mayoría de los votantes (no cautivos). De allí una primera conclusión: la campaña de Cuauhtémoc debía separarse de su partido y operar en una pista, con un equipo y un programa diferentes, y de ser posible, a la cabeza de una coalición diferente, que incluyera al PRD pero no se limitara a él.

La segunda deducción, obvia para mí, se refería al equipo. A Cárdenas le correspondía armar su *war room* o cuarto de guerra (meses antes, Clinton conquistó la Casa Blanca gracias a un instrumento de esa índole) con algunos dirigentes del partido, pero de modo preponderante con cuadros procedentes de otras trincheras. Debían provenir de la academia, de la sociedad civil, del empresariado, de los medios de comunicación. Yo insistía en ello no sólo por principio estratégico ni por congruencia con la idea de una candidatura lo menos partidista posible, sino por mi opinión sobre la mayoría de los dirigentes del PRD (exceptuando a Muñoz Ledo) y del grupo de amistades de Cárdenas: pura mediocridad. Él, por supuesto, no compartía ese sentimiento, y con toda claridad me expuso su decisión al terminar la conferencia ya mencionada en la Universidad de Princeton: "Miriam y Jorge tenían previsto viajar también a Nueva York y me invitaron a ir con ellos. En el trayecto hablamos de la situación política y de la elección del año siguiente. Jorge me dijo que la campaña debía estar dirigida por un grupo pequeño, eminentemente ejecutivo, con líneas y áreas de competencia y de decisión muy bien definidas. Un grupo constituido por el presidente del partido, Porfirio Muñoz Ledo, el coordinador de la campaña, el vocero del candidato y el candidato mismo. Debían actuar organizados como en las campañas norteamericanas, como cuarto de guerra. Planteó que Aguilar Zínser pudiera ser el vocero, y él mismo coordinar la campaña. Le contesté que me gustaba en principio la idea, pero el coordinador de la campaña debía ser un miembro del partido; y en el grupo de conducción de la campaña me gustaba la idea que participaran quienes él señalaba, quizá agregando a dos o tres personas más. Dijo entonces que a él no le gustaría estar peleando con Adolfo Gilly y Samuel del Villar, aunque yo no había mencionado ningún nombre. Agregó que veía la campaña conducida desde afuera, en paralelo al partido, sobre lo cual le expresé no estaba de acuerdo: el eje en torno al cual debía organizarse la campaña tenía necesariamente que ser el PRD. Adolfo, efectivamente, se hizo cargo de la comunicación en la campaña de 1993-1994, Jorge me dio algunas colaboraciones ocasionales, pero no fue parte del equipo permanente [...]. El 17 de octubre inicié formalmente la campaña al protestar como candidato del PRD. Jorge me envió una amplia nota, de la que tomé algunas partes, adaptándolas a mis propias visiones; agregué otros temas de mi cosecha y algunos más propuestos por otros compañeros. Jorge conoció el texto. Me manifestó cierta incomodidad porque no aproveché la totalidad del documento que me había enviado y su desacuerdo con algunos puntos de vista en mi intervención […] ya no tuvo colaboración sistemática ni se incorporó al equipo de campaña".

Entre mi alejamiento de Cárdenas, mi definición pos-TLCAN, la confianza en sí mismo de Salinas y la mediación de Carlos Fuentes, forjé el tipo de nexos con el llamado sector "modernizador" del PRI que quizás debí haber tejido antes. Después de la memorable comida con Salinas en casa del escritor, Margarita González Gamio me reunió con Colosio, a principios de 1994, desde luego con la venia y el aliento de Salinas. Asimismo, almorcé con él —ya en campaña— y con Federico Reyes Heroles en casa del propio Fuentes. Fue el primero de tres encuentros con el candidato del PRI, todos en casa de Margarita, uno con la breve presencia de su vocero, Federico Arreola. Todos se caracterizaron por un tinte de acercamiento, guiño y auténtica simpatía, por lo menos de mi parte.

Con Carlos Fuentes, Polyforum Siqueiros, Ciudad de México, 1996

A toro pasado, discerní en Colosio a un personaje trágico, rebasado por los acontecimientos, poco arrogante y susceptible de rodearse de personas alejadas de su pequeño círculo. Creí detectar una grieta de carácter, una fractura psíquica, que, ya *post factum*, corroboré con quienes lo frecuentaban mucho más que yo, que pensaban lo mismo. Tiempo después de su muerte, externé mi punto de vista, tan poco sustentado como cualquier otro, sobre su asesinato. Supuse, en primera instancia, que la malévola complicidad de Salinas no se sostenía; nadie perdió tanto como él con el homicidio (tesis que en su eterna avaricia de agradecimientos, el expresidente sólo me reconoció de paso). En segundo lugar, especulé que no debía separarse la muerte de Colosio de la del cardenal Posadas antes, y de José Francisco Ruiz Massieu después. Por varios motivos personales, jamás creí la versión del involucramiento de Raúl Salinas en ese último delito, pero tampoco pensé que los crímenes de esos años se desvinculaban unos de otros. Para mí, y así lo reseñó Alma Guillermoprieto en *The New York Review of Books*, detrás de todo ello se encontraba el narco, actuando en represalia y con fundamento, frente a la violación de Salinas de reglas no escritas para alcanzar el TLC.

Cuando perece Colosio, pierdo a mi único interlocutor con la probable administración siguiente, pero al no ubicarme en ninguna campaña y hallarme dispuesto a trabajar en la construcción de un clima distendido para el país —hasta donde eso resultaba posible—, me volví un aliado interesante para varios actores de la vida política. Empezando, desde luego, por Carlos Salinas, pero de ninguna manera limitado a él. Es la pequeña historia del llamado Grupo San Ángel, denominado así porque las primeras reuniones se celebraron en mi casa de… San Ángel.

El ejercicio lo ideamos, lo armamos y lo condujimos Demetrio Sodi y yo, con el apoyo más constante, aunque en frentes diversos, de Enrique Krauze, Elba Esther Gordillo, Jesús Reyes Heroles y Esteban Moctezuma. El esfuerzo estribó en la creación de un grupo transversal de académicos o intelectuales —muchos—, políticos —un buen número—, empresarios —pocos— y activistas de la sociedad civil —menos, de variados linajes ideológicos—. Allí figuraban representantes a la luz del día de los candidatos, como Moctezuma (de Zedillo), Aguilar Zínser y José Agustín Ortiz Pinchetti (de Cárdenas), Manuel Clouthier y Vicente Fox (de Diego Fernández de Cevallos), pero también personas próximas a los medios masivos (Krauze), a Salinas (Elba) y a sí mismos (Manuel Camacho). Nos agrupamos para evitar un "choque de trenes", expresión afortunada durante un tiempo, y objeto de burlas después, cuando no se produjo. ¿A qué nos referíamos? Con toda inocencia, a que los acontecimientos de esos primeros meses —alzamiento en Chiapas, asesinato de Colosio, intensas divisiones en el seno del PRI, presiones financieras sobre el peso, que redundaron en la emisión masiva de Tesobonos, que a su vez arrojaron la debacle de diciembre— podían contaminar un proceso electoral de por sí polarizado y tal vez muy cerrado.

Gracias a las reformas electorales aprobadas en la primavera, a la campaña del miedo impulsada con gran habilidad por Salinas y Zedillo como candidato del PRI, y quizás ante todo por el inesperado desempeño de Fernández de Cevallos en el debate entre los tres candidatos, el "choque de trenes", como la Guerra de Troya de Giraudoux, no tuvo lugar. Lo que sí surgió fue una "marca", que persiste hasta la fecha, asociada a una proyección no partidista, que atravesaba clivajes ideológicos, geográficos, generacionales y profesionales. El grupo se benefició de una difusión mediática insospechada, todo menos que espontánea, estimulada por Salinas, lo cual engendró la impresión entre algunos de que se trataba de una gran maquinación de Los Pinos. Algo de eso hubo, pero también un deseo real de las élites del país, y de la sociedad mexicana, de superar los pleitos entre partidos y candidatos, y sobre todo, de dotarse de un instrumento para resolver conflictos, si se llegaran a gestar, de una manera distinta al 88, o a los Altos de Chiapas en 1994.

Jorge Carpizo, Carlos Salinas, Bernardo Sepúlveda, Reunión del Grupo San Ángel,
Ciudad de México, 1988

El Grupo San Ángel se transformó en una intempestiva oportunidad para mí —en parte y a corto plazo desperdiciada— de apropiarme de un nombre político nacional, de ampliar mi red de contactos y relaciones, mi convocatoria y capacidad negociadora, y de iniciar nexos con actores decisivos para el país y para mí en los años subsiguientes. Sin el dinamismo, la experiencia política y la ambición de Sodi, quien compensaba las múltiples deficiencias de su "socio", mi presencia mediática más atractiva y mi dominio mayor de la sustancia no hubieran bastado. El rostro del Grupo San Ángel fuimos Demetrio y yo, y el Grupo San Ángel, gracias a la coyuntura y a Salinas, fue uno de los rostros de la campaña del 94. Convocamos a los tres candidatos a conversar con nosotros, a los consejeros de lo que sería el IFE, a Salinas y otras figuras, y nos mantuvimos en los medios hasta el día mismo de la elección. A partir de allí salimos sobrando, porque el "choque de trenes" no tuvo lugar, y porque al tiempo de las campañas siguió el de los ajustes de cuentas. Desaproveché el impulso debido a mi incapacidad de institucionalizar al grupo, o en todo caso, de inventarle una cauce político al torrente mediático construido. Pero de allí data, de cierta manera, mi vínculo con Fox, con Elba Esther, con Santiago Creel y con varios otros compañeros de camino en los años por venir, aunque no haya surgido de allí algo menos personal y más trascendente. No hubo tal choque; a mí sí se me fue ese tren.

Aunque el lazo con Fox se convirtió, por razones evidentes, en el más crucial para mí, la relación con Elba de casi veinte años de duración se caracterizó por una mayor intensidad y por una dosis muy superior de cariño, agravios y oportunidades perdidas para ambos. Jamás imperó más que amistad y alianzas entre nosotros; me entristeció, como lo expresé en mi columna semanal en 2013, que su carrera y tal vez su vida hayan concluido como todos sabemos, y por las razones que allí describí: "En lo personal, lamento el ocaso de la diosa del sindicalismo mexicano. A pesar de la distancia que se abrió entre nosotros, y que intenté explicar en un largo ensayo, a nadie se le puede desear un final así de su propia historia. Dos años de recriminaciones mutuas e incontables agravios anteriores no borran una amistad de veinte, por lo menos en mi Manual de Carreño [...] [Una explicación de su debacle] residió en una renuencia consuetudinaria a leer, estudiar, discutir en serio (no debatir y reafirmar sus posturas preexistentes), a rodearse de algo más que acólitos, y a administrar su agenda y su tiempo. Dependía de ellos para saber qué decían los periódicos, los libros políticos, los opúsculos especializados o incluso descripciones técnicas de temas torales (el IVA, por ejemplo), y para poner orden en su caos cotidiano. Su desprecio por estos temas lo igualaba sólo su desdén por las personas escogidas para conducirlos. En la mente de EEG, su intuición, su experiencia y sus confidentes bastaban para informarla de y organizarle todo. No le informaron de lo esencial." No niego haberme equivocado en mis cálculos con Elba Esther, esperando demasiado de ella. Pero sus errores la condujeron a la cárcel y al escarnio público, y los míos sólo a fracasos políticos que con gran probabilidad hubieran ocurrido de cualquier manera.

Transformó al magisterio de un estamento del antiguo México rural, pobre, y oprimido, aunque exaltado por la hipocresía nacional, en un segmento de vanguardia de la nueva clase media mexicana. En una encuesta confiable levantada en 2013, las dos terceras partes de los maestros del país contaban con un automóvil. Fue una gran dirigente sindical, que consiguió para sus agremiados conquistas inimaginables hace un cuarto de siglo, a costa de un deterioro educativo por ningún motivo responsabilidad exclusiva ni suya ni del sindicato. Lo hizo a pesar de sus limitaciones, de su insensibilidad política y de su incapacidad de rodearse de modo duradero más que de sicofantes, empleados o cómplices. Como amiga he conocido a pocas mujeres semejantes: me dio posada en su anterior departamento en Polanco durante cinco años, pagando una renta mensual considerable, pero menor al precio de mercado. Como aliada, me sacrificó tantas veces que perdí la cuenta, pero no la memoria. Su proceder no variaba. Generaba una expectativa, la presentaba en el bazar político del momento y la mantenía o la retiraba según la evolución de los momios del día.

Recuerdo cuando a pesar de los premonitorios consejos de mis amigos, en enero del 2006, envueltos en una negociación en gran parte iniciada por ella y su grupo de colaboradores de turno, buscamos, junto con Nacho Irys y Fred Álvarez, arrebatarle el Partido Alternativa Social-Demócrata y Campesina a Patricia Mercado y Alberto Begné para lanzar una candidatura conjunta a la Presidencia, armando un tejido desagradable pero ineluctable de conspiraciones, intercambios, premios y castigos. De repente me enteré por la radio de que el partido de Gordillo, Nueva Alianza, acababa de designar a Roberto Campa como su candidato, sin el menor aviso, ni por BBM. Ya sin hablar de las repetidas ocasiones en que me insinuó su apoyo a cualquier candidatura imaginable: desde diputado federal hasta secretario de Educación, cuando ella sabía a cabalidad que jamás me aceptaría de contraparte en la SEP. Por una sencilla razón que no entreví al principio. En el 2003, antes de salir de la Cancillería, o me hacía cómplice de sus métodos, usos y costumbres en la educación básica —algo poco probable, en vista de la inexistencia de cualquier necesidad al respecto de mi parte— o terminábamos enfrentados a muerte. Por eso, más allá de la utilidad o eficacia de su ayuda hipotética, jamás me respaldó para el puesto con Fox, con Calderón o con Peña Nieto. A la pregunta de si la educación en México se encontraría en peor estado que el actual de haber sustituido yo a cualquiera de los secretarios de Educación de los últimos quince años, o de si a Elba le hubiera ido peor conmigo que como le fue, el lector deberá responder por su cuenta.

Nos usamos mutuamente. Fui su consorte y carta de presentación con la intelectualidad del país, no fácil de obtener con otros miembros de esa incómoda comunidad. Por mi parte, ser percibido como uno de sus mejores amigos —no lambiscones— me abría puertas, me atraía amabilidades y me permitía un acceso limitado al mundo del sindicato, del empresariado que no conocía, y a personajes como Salinas. Nunca logré un favor para un tercero y no los solicitaba para mí, de modo que el entramado entero pecaba de una asimetría radical. Pero servía para muchos propósitos, suyos y míos. Pensé, en varios momentos, y así lo conversé con ella hasta el día de un distanciamiento frívolo e innecesario, que acercándose ya al impostergable fin de su vida política y sindical, lo esencial para ella pasaría a ser su legado. No lo aceptó, y nadie más pudo convencerla. Quizás no entendió que sus días en la política e incluso en el sindicato estaban contados, de una forma u otra. ¿Para que preocuparse de la herencia que uno entrega, si no piensa nunca transitar a otro mundo?

Era pésima socia política —y allí yace la razón de su caída—, ya que en el México democrático, el que ella misma contribuyó a impulsar, no sirven las herramientas de la lucha sindical. No se puede tensar tanto la cuerda, suponiendo que al final se desembocará en un arreglo, porque lo indispensable en una negociación sindical —el acuerdo— no lo es en política. No estoy convencido de que el gobierno de Peña Nieto haya acertado al encarcelarla: ni legal, ni educativa, ni sindicalmente. Cuando le pregunté a un expresidente que la conoce bien si resultaría más fácil una reforma educativa con Elba o sin ella, respondió sin titubear: "Con ella". Pero Gordillo nunca supo transmitir ese razonamiento al nuevo equipo, que en mi opinión decidió defenestrarla a como diera lugar por lo menos un par de meses antes de la toma de posesión del presidente entrante. Me reclamó durante mucho tiempo el haber salido de la Cancillería; me siguió hasta París y Londres en un viaje de Fox para convencerme de lo contrario; y me repitió incansablemente que de haber permanecido en el cargo me podría haber convertido en el candidato presidencial de Fox y del PAN. En una de esas tuvo razón, pero prefiero mi derrota a la suya.

Con Elba Esther Gordillo en el segundo informe de gobierno de Vicente Fox, 2002

VI

En un fascículo de 1994, entreví un proceso decisivo del momento y no consideré otro de menor trascendencia. Ambas miradas marcaron mi conducta intelectual y política de los años siguientes. La evidencia se me impuso a mí como a otros, comenzando por Octavio Paz, que en uno de los últimos escritos políticos de su vida —*Vuelta*, octubre de 1994— sentenció que mientras las oposiciones de izquierda y de derecha permanecieran divididas, el PRI se mantendría en el poder, incluso a través de victorias electorales "limpias". De lo cual se desprendía que la unidad del PAN y del PRD, con una candidatura presidencial única, y una amplia coalición de otros actores, destacaba como un requisito imprescindible para vencer. En dicha lógica trabajé durante esos años, en proyectos como Compromisos con la Nación (en el Polyforum Siqueiros, en 1996), Alternativa Latinoamericana (con Fox y Cárdenas, como lo ilustra la foto en esta página, una de las pocas donde aparecen juntos), y en 1999, al apoyar las negociaciones a favor de un aspirante opositor único a la primera magistratura. Concluía el panfleto sobre el 1994 sugiriendo la creación de una corriente política, en ese momento más deseo piadoso que objetivo realista, que seis años después, sería un factor de la victoria de Fox: "Una corriente de esta naturaleza podría plantearse exclusivamente objetivos puntuales. La transición a la democracia y la consolidación de un estado de derecho, de la seguridad ciudadana y de una moral pública serían el punto de partida. [...]. Una redistribución moderada y gradual de la riqueza y del ingreso, mediante el crecimiento y el gasto —que entrañara mayores ingresos— constituiría una segunda bandera. Una tercera sería la lucha contra la corrupción [...]. Dicha corriente incluía a personalidades del PRI, del PRD y del PAN, incluyendo un precandidato ostensible a la Presidencia para el año 2000 de cada una de los tres. Se trata de Manuel Camacho, Vicente Fox y Porfirio Muñoz Ledo. [...]. Mientras permanezca intacto el monolito PRI-gobierno-empresariado-Iglesia-Casa Blanca, el sistema sobrevivirá: nada ni nadie puede vencerlo en un combate tan desigual. Las divisiones dentro del monolito son imprescindibles: sin ellas, nada es posible."

Lo que no asimilé en ese momento fue que la resplandeciente transición mexicana desaprovechó una excelsa oportunidad para

Con Lino Korrodi, Vicente Fox y Cuauhtémoc Cárdenas, Costa Rica, 1997

consumarse a tiempo por culpa de la ceguera de Salinas, de la indiferencia de los poderes fácticos y de la insuficiente ambición de Diego Fernández de Cevallos. A partir del debate de finales de mayo de 1994, con la aplastante victoria de Diego y la inmisericorde derrota de Zedillo, se invirtieron las tendencias en las encuestas. Ascendió el panista, y aunque su campaña se pasmó, de no haber sido por la intromisión de Salinas y del gobierno federal en la contienda (a través del gasto, de la propaganda y del activismo del presidente), el PRI habría perdido.

Ahora bien, la injerencia decisiva del gobierno en la competencia electoral comenzó desde antes, después de la muerte de Colosio. En lugar de soltar la paridad, de asumir una devaluación, de no inflar la emisión de Tesobonos ni de crédito al consumo, y de no permitir que el peso cayera hasta donde "chicoteara" de regreso, Salinas prefirió evitar a toda costa una depreciación del peso y un enfriamiento de la economía. Nadie, ni su gabinete (Córdoba había sido desterrado a Washington) ni sus consejeros, ni los poderes fácticos tan beneficiados por Salinas, le reclamaron su actuación, ni mucho menos, le sugirieron alternativas. Algunos quizás le hubieran recordado que México había asumido un compromiso tácito con Clinton de no devaluar el peso inmediatamente después de la aprobación del TLC, en vista de los vaticinios insidiosos de los opositores norteamericanos al tratado de que eso, justamente, acontecería una vez ratificado el acuerdo. Además, la insistencia de Salinas en una victoria priista no era privativa de él. Se entendía que tratara de ganar a toda costa. La pregunta es ¿para qué?

El ejercicio contrafactual es interesante. Si se cae la moneda, se ajusta la economía y el PRI pierde la elección, no hubiera sucedido la hecatombe económica de diciembre de 1994, no habría caído en la cárcel Raúl Salinas en febrero de 1995, Diego hubiera cuidado las espaldas de su amigo Carlos Salinas con todo el cariño del mundo y la transición mexicana se habría logrado seis años antes, en condiciones más propicias (para el país, de ninguna manera para mí). El peor perjudicado por los esfuerzos desmedidos de elegir a Ernesto Zedillo fue Carlos Salinas, y el principal beneficiario de una derrota de Zedillo hubiera sido… Carlos Salinas. De todo ello no me percaté hasta mucho después, conversando con actores anteriormente decisivos en el sexenio en cuestión, y desplazados por los acontecimientos de ese año fatídico.

Ya para ese momento, gracias a mis conferencias, mis contratos de libros y de artículos, y de invitaciones recurrentes a impartir clases en universidades norteamericanas, mis modestas finanzas gozaban de solidez. Los ingresos personales provenían más o menos en partes iguales de fuera y dentro de México, de modo que las maxidevaluaciones de esos años me afectaron poco, a diferencia de millones de mexicanos. Pude sufragar sin mayores cortapisas la colegiatura de Carlos Miguel en Berkeley, escuela pública con tarifas privadas para no residentes, construir o remodelar las casas de San Carlos y de Tepoztlán y viajar de manera constante —poco a poco descubría que mi verdadera vocación en la vida residía en la organización de magnas odiseas—. Al adentrarme en mi quinta década, veía estable mi situación familiar, un cierto éxito profesional, y mis ambiciones políticas por completo frustradas. Seguí dictando cátedra en Estados Unidos, regresando en particular a Princeton en 1995, cumpliendo de panzazo con mis obligaciones docentes en la UNAM, y escribiendo mis mismos artículos y ofreciendo los mismos comentarios en *Monitor*. En una palabra, me iba bien, pero me aburría. Las cosas comenzaron a cambiar a partir de 1997, pero no antes de atravesar por un momento doloroso y difícil, que son dos epítetos muy distintos.

Si mal no recuerdo, la última vez que vi a Carlos Salinas como presidente, fue en el Instituto Nacional de Nutrición. Ocurrió cuando visitó a mi padre, ya desahuciado según todos sus médicos y nosotros mismos. Durante esos años, Jorge sufrió el agravamiento natural de su diabetes, agudizada por su insistencia en rechazar buena parte de las recomendaciones médicas. Se alargaban sus estadías en París, donde resultaba más difícil recibir la atención necesaria y más fácil evadir las instrucciones de sus doctores. Con el tiempo, los síntomas de la diabetes empeoraron: retinopatía, neuropatía, desmielinización y su consiguiente arteriosclerosis, dificultades renales y digestivas, amputaciones de metatarsos, etc. En septiembre de 1994 sufrió una grave recaída después de una nueva intervención quirúrgica en los pies, y quienes lo atendían en La Pitié Salpêtrière de París recomendaron que se buscara la forma de trasladarlo a México; podían ayudarle ya poco en Francia. "Decidan dónde quieren que fallezca su padre, en París o en México"; quizás se sentiría más tranquilo en su país. Nunca, ni siquiera en momentos similares durante su gestión como embajador de México en París, pasó por su mente solicitar apoyo del gobierno mexicano por sus malestares. Pero en esta ocasión, tanto Marina, Andrés y yo como su esposa, decidimos que debíamos hacerlo. Incluso el viaje en vuelo comercial, sin atención médica, podía amenazar su vida. Andrés, a la sazón subsecretario del ramo en Relaciones, realizó las gestiones con Presidencia; yo mismo, gracias a los contactos mencionados con Salinas, las reforcé, y el 18 de octubre de 1994, el Grumman 4 de la Fuerza Aérea Mexicana aterrizó en París para recoger a mi padre y repatriarlo. De vuelta a México, fue trasladado de inmediato a Nutrición, donde permaneció varias semanas entre la vida y la muerte, con una lucidez muy disminuida, hasta que casi de manera milagrosa se recuperó y sobrevivió tres años. Salinas dedicó unos minutos a entrar a su cuarto y desearle una pronta recuperación; yo aproveché su visita para desearle suerte y éxito al salir de la Presidencia y sugerirle que mantuviéramos el contacto. Así fue.

Mi padre pereció el 12 de diciembre de 1997, como resultado de un cuadro deteriorado de la mayoría de sus funciones vitales, producto de la diabetes. No sufrió al final, y se atendieron sus deseos de no prolongar la vida de manera artificial o dolorosa. Su decisión serena y originaria de vivir a fondo primero y pagar el precio después; de imaginar primero soluciones ideales a problemas irresolubles y confrontar las consecuencias ineluctables después; de optar primero entre alternativas irreconciliables y tratar de atemperar las implicaciones inevitables después, lo acercó de modo comprensible a unos y lo distanció de otros. Comprendo hoy su camino, pero por fuerte que en ocasiones resienta la tentación de seguirlo, me he negado. Debido a una conjunción desafortunada de factores —me encontraba en Nueva York, se canceló el vuelo de Aeroméxico ese día, la Secretaría de Relaciones Exteriores, atendiendo a la exigencia de su viuda, prefirió apresurar el homenaje en la Cancillería, para que después se procediera con la misma celeridad a su entierro—, sólo pude llegar a México para recibir el pésame de mis amigos, y de algunos de los suyos.

Los tiempos finales de su vida no fueron los mejores. Marina sostiene que durante sus últimos tres años de vida sólo se encontró lúcido una semana pocos meses antes de morir. Preferí conservar el recuerdo del padre que me crió, me educó y me condujo por unos senderos de la vida y no por otros. Como escribí cuando por fin descansó de sus tribulaciones físicas, retuve su legado de honestidad y de buena vida —no de buen vivir—. Aprendí mucho del fin de su historia, que me ha servido en la relación con mi hijo, afectada de manera evidente por un recorrido demasiado similar al de mi padre. Andrés, Marina y yo vivimos sus años terminales de maneras distintas, ninguna perfecta o siquiera recomendable para otros, pero tolerable para todos.

Al igual que con mi madre, la anticipación del duelo me preparó mejor para la desaparición que el proceso alterno, accidental, por definición imprevisible. Lo cual no significa que los efectos de una pérdida de esa magnitud, al cabo de cuarenta años de presencia constante, de deuda impagable y de amor e idolatría mutuos e indeclinables no calen hondo en la sique. Quizás por esa antelación del duelo pensé que podría superar o sublimar los estragos emocionales de la muerte paterna con facilidad. A juzgar por un cierto abatimiento sicológico que experimenté entre la fecha del deceso de mi padre y el principio de mi siguiente reinvención al publicarse *La Herencia*, con la gratificación y adrenalina que trajo, tomé menos bien la curva que con la muerte de mi madre. Pero la libré. Y sin duda el juego consciente-inconsciente del factor decisivo de recuperación — el título del libro que me devolvió la alegría de vivir— ilustra lo esencial de la pérdida y del renacer: la herencia que me dejó mi padre fue enorme e impagable.

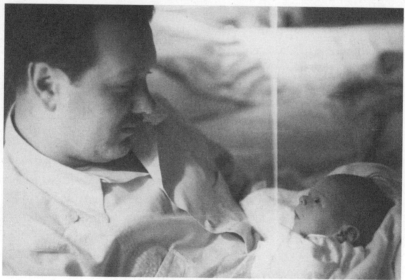

Con mi padre, Ciudad de México, 1953

Libro 6
La Herencia, la campaña de Fox, las elecciones del 2000

I

Intenté extraer las múltiples enseñanzas pertinentes de mis cavilaciones continuas de esos años. Me resultaba obvio que sin una amplia alianza transversal de personas, partidos y posturas políticas, el PRI volvería a ganar en el 2000. Por otra parte, la construcción de una candidatura de oposición potente y ganadora requería, por supuesto, de un protagonista adecuado, pero también de un programa mínimo de campaña y de gobierno realista —para ser viable— y a la vez ambicioso —para movilizar a votantes o poderes fácticos atemorizados, indiferentes o recalcitrantes—. Intuí una dichosa convergencia entre mis convicciones y mi conveniencia: sólo podría abrirse paso la democracia en México a través de la alternancia, y sólo ocuparía las responsabilidades burocráticas que anhelaba cuando se esfumara la hegemonía del PRI.

De ello se desprendía una triple labor: ayudar a construir esa coalición, formal o en los hechos y a descubrir-inventar al candidato; contribuir a la elaboración de algún tipo de programa común; y cerciorarme de que mis esfuerzos se tradujeran en una cercanía real al círculo del poder por venir, de modo que pasaran tanto el balón como el jugador. La magnitud de la tarea por emprender se derivaba de los acontecimientos políticos de mediados de 1997, y que clausuraban en parte el camino contemplado hasta entonces, deseado y deseable, al tiempo que se despejaban otras vías hacia la alternancia, más simples y evidentes, pero menos transformadoras también. Al arrancar las campañas de las elecciones de medio período ese año se perfiló una tendencia que lamenté y critiqué y que modificó el paisaje de la transición mexicana para siempre.

Desde 1994 hasta el arranque del proceso electoral de 1997, parecía que ganaba terreno el fenómeno apuntado por el espantoso término chileno de "transversalidad" (del cual se burló José Córdoba, con toda razón, en una polémica que sostuvimos en las páginas de *Reforma*). La lógica destacaba por su sencillez. En un país aún desprovisto de instituciones democráticas —ni electorales, ni de transparencia o rendición de cuentas, ni de respeto a los derechos humanos— y dominado por tres partidos políticos productos de —y pertenecientes a— el viejo "sistema", sólo un torrente político nuevo, amplio y diverso, agrupado en torno a algunos acuerdos fundacionales, destrabaría el tozudo cerrojo septagenario. Los demoledores defectos de los tres partidos, distintos en cada caso, se complementaban con virtudes propias: la experiencia de gobierno y la tecnocracia del PRI; la vocación democrática del PAN; la vocación social del PRD. Conjuntando lo mejor de los tres, y apartando lo peor —la corrupción del PRI, la falta de programa del PAN, la interminable división interna del PRD— se edificaría una fuerza político-electoral y de gobierno que garantizaría una transición tersa y expedita del viejo régimen a una plena democracia representativa.

Ejercicios como el Grupo San Ángel, Veinte Compromisos por la Democracia, Compromisos con la Nación y otros más, respondían a este impulso y a esa necesidad. Después de San Ángel en 1994, junto con Adolfo Aguilar, dediqué largas horas y muchos días a organizar el evento celebrado en el Polyforum Siqueiros en septiembre de 1996. A Compromisos con la Nación invitamos a actores políticos como Fox, Elba Esther Gordillo, Manuel Camacho, David Ibarra, Porfirio Muñoz Ledo; a intelectuales como Carlos Fuentes y Enrique González Pedrero; a profesionistas como Santiago Creel. Presentaban ponencias, se comprometían más con la política pura; los empresarios apoyaban con recursos, y todos promovimos a lo largo y ancho del país el libro originado en las exposiciones. Funcionó bien el esquema, se llenaba siempre el recinto y las planas de los periódicos reproducían las fotos y los contenidos, pero algo fallaba.

Era obvio. La reforma política de 1996, producto de las estrujantes crisis de 1994 y 1995, que creó el IFE y retiró para siempre al gobierno el control de las elecciones en México, fue diseñada, negociada y consumada por dirigentes de los partidos políticos —un rasgo inevitable, pero preñado de consecuencias—. Una reforma *de* los partidos fortalecería *a* los partidos, dificultando o imposibilitando escisiones, el surgimiento de nuevas organizaciones, la aparición esporádica y efímera de coaliciones o candidaturas independientes, y agudizando las fuerzas centrípetas que impedían la emergencia de una nueva constelación de agrupaciones políticas. Muy pronto, un buen número de mis compañeros de los numerosos grupos nacidos y desaparecidos en esos tres años cobraron consciencia de este fenómeno —con más presciencia que yo— y buscaron una diputación, senaduría o delegación del Distrito Federal en las elecciones de 1997. Elba Esther, Enrique González Pedrero, Demetrio Sodi, Santiago Creel, Ricardo García Sainz, incluso Adolfo Aguilar Zínser, optaron por resignarse ante la ineluctable consolidación de los partidos existentes, en lugar de procurar la imposible o frustrante construcción de alternativas distintas, partidistas o no. Manuel Camacho y Marcelo Ebrard exploraron un camino diferente; no prosperó. Acerté en el diagnóstico del desafío, mas no en sus consecuencias. Solo me equivoqué en creer (o querer creer) que otra vía era posible, y que la recorreríamos todos juntos.

Más allá de la reforma política y la nueva legislación electoral, la prodigiosa ineptitud mexicana para cualquier tipo de acción colectiva yacía detrás de esta tendencia hacia la consecución de salidas personales. En lo individual, ninguno se equivocaba. Su destino sería más seguro en las listas de los partidos y en las bancadas de sus diputados o senadores que embarcados en una aventura de éxito inescrutable. Pero la suma de esas decisiones individuales contradecía lo que en teoría perseguíamos: una alternancia basada en la reconfiguración del sistema de partidos, con un alineamiento más coherente de las tendencias insertadas dentro de cada uno de los partidos existentes, y una mayor competencia en la arena electoral. Se trataba de un clásico dilema del prisionero, de acción colectiva y decisión individual. No increpé a ninguno de mis compañeros de las batallas anteriores por su elección, pero a diferencia de ellos, poseía plena conciencia de las implicaciones. Y del origen de las mismas, sobre el cual trabajaría en 2012, en mi libro *Mañana o pasado*. En 1997 escribí en *Proceso*, exasperado e impenitente, que "La táctica de cada quién para su santo se impuso por encima de cualquier afán colectivo. Unos se abstuvieron de participar por razones o cálculos personales probablemente acertados pero intransferibles; otros prefirieron opciones individuales encomiables alejadas de cualquier proyecto común [...]. Otros más [...] no tuvieron más remedio que escoger una alternativa propia, al comprobar que nadie abrazaba seriamente una propuesta conjunta. Si existe un vicio de la clase política [...] extensible a sus críticos y opositores [...] es la incapacidad radical de realizar proyectos colectivos."

Vicente Fox, uno de los participantes en el Polyforum, integrante del grupo rector de Alternativa Latinoamericana, la ya mencionada agrupación que formé con Mangabeira Unger, asimiló el primero las implicaciones del "sálvese quien pueda" de 1997. Lanzó su candidatura a la Presidencia, vía el PAN, al día siguiente de los comicios de medio período. Se desviviría durante tres años por transformar su búsqueda inverosímil en una victoria ineluctable. Aguilar Zínser logró elegirse como diputado, y luego senador, por el Partido Verde, aunque como postulante externo; Elba y varios colegas de las aventuras de esos años también ingresaron al Senado o a la Cámara de Diputados. Por mi parte, al cabo de un breve coqueteo con la idea de acompañar a Adolfo, preferí apartarme, invocar por enésima vez la metáfora de la travesía del desierto —parece en ocasiones que me he vuelto beduino de tanto cruzar el Sahara político— y emprender varias tareas simultáneas. Primero, inicié mi negociación con universidades en Estados Unidos. Acto seguido, inicié el proceso de confección de *La Herencia*, que se publicaría en 1999, con una repercusión premonitora (en lo político, no tanto en lo personal) de la ruptura del 2000. Y en tercer término, comencé un trabajo de acercamiento con Fox, cada día más convencido de —o resignado a— la inviabilidad de una candidatura única PAN-PRD para el 2000. De allí la necesidad de fortalecer la opción más susceptible de ganar en la "primera vuelta" —las encuestas— para triunfar en la "segunda" (gracias al voto útil de los partidarios de los perdedores en la primera). Esa opción, pensé desde la pasarela de Compromisos, sería Fox. De preferencia un Fox "aumentado y corregido" es decir, bajo la tutoría de Mangabeira, de Adolfo y mía, entre otros, y arrastrado, en lo posible, hacia el centro o la izquierda, por lo menos en algunos rubros. Sobre todo en vista de la creciente inviabilidad, por lo menos en mi mente, de un triunfo de Cuauhtémoc Cárdenas.

El diálogo con las universidades desembocó en el paquete ya descrito con la Universidad de Nueva York. De manera extraña, tratándose de mi ciudad más afín y recordada, después de México y París, jamás viví allí como adulto sino hasta 1997. La recorrí en innumerables ocasiones, con mis padres y Andrés mi hermano de niño y de joven, con Miriam y los chicos después, con amigos y amigas de México y del resto del mundo ya en la madurez. Pero me faltaba la magia de la estancia prolongada, que alienta el gozo sin ansiedad, sin la urgencia de comprimir cuarenta y dos actividades —películas, obras, exposiciones, restoranes, juegos de beisbol, compras con rebajas— en tres días de estancia. A partir de 1997, y hasta la fecha, recupero cada año la felicidad de regresar a Nueva York, a caminar por mis calles y frecuentar mis bares preferidos, a entrar al Blue Note o a Sylvia's, a Bloomingdale's y al MOMA, al nuevo Yankee Stadium y al Campbell Room de la estación central y su techo convertido en firmamento, a trotar por las orillas del Hudson y ver de lejos —antes— las Torres Gemelas y —ahora— la Estatua de la Libertad. Al lado de las muchas decisiones equivocadas de mi vida, sobresale una muy buena: organizarme para vivir cuatro meses del año en la capital del mundo, sin más que hacer que ver pasar el tiempo.

Y producir, con rendimientos y ritmos muy superiores a los que permitía —entonces y ahora— mi hiperactividad artificial en México. El primer libro que escribí parcialmente en Nueva York fue *La Herencia*, justo en los años iniciales de mis residencias recurrentes. La idea surgió por partes, más que nada durante un precioso viaje por Marruecos, Gibraltar y parte de Andalucía con David Ibarra, Cassio Luiselli y Miriam. Cassio y don David me abrieron las puertas para afianzar las entrevistas con López Portillo, a quien yo mismo había frecuentado y conocía; gracias a la gestión de Bernardo Sepúlveda, Miguel de la Madrid, con quien nunca tuve el menor contacto, accedió también; Fausto Zapata me ayudó con su exjefe Echeverría, y luego padeció los estragos procedentes del arrepentimiento parcial del exmandatario; Mangabeira Unger y Carlos Fuentes contribuyeron para persuadir a Carlos Salinas, el más desconfiado de los cuatro, quien por fin consintió varias largas sesiones de trabajo en Londres. A Salinas le debo la inaudita controversia generada por el libro en abril de 1999, comenzando con una presentación atiborrada en el Museo de Antropología, que después se transformaría en un descomunal éxito de ventas provocado por el momento de su publicación y el estado de ánimo imperante en el país.

En efecto, Salinas, por razones que aún no comprendo, me obsequió un bello regalo: confirmar por primera vez *on-the-record* su reunión secreta con Cuauhtémoc Cárdenas en julio de 1988, a pocos días de los acontecimientos electorales tan conocidos. Los medios de comunicación descubrieron de inmediato la "perla" informativa o morbosa del texto y le dieron vuelo, al grado de que el propio Cárdenas se vio obligado a aceptar que el encuentro se había celebrado más o menos en los términos comentados por Salinas. A partir de allí, todo fue reseñas en la prensa, presentaciones en el país, chismes en los desayunos y revisiones curiosas u obsesivas del índice onomástico al final del libro, las páginas más consultadas en diagonal por los lectores, casi siempre protagonistas. Como tantas otras cosas, le debo a Alan Riding el pitazo del índice: comprendió desde sus *Vecinos distantes* de 1985 que lo único que más teme un político mexicano que ser citado en un libro de gran circulación es… no serlo.

La sorprendente repercusión del libro provino del momento vivido por la sociedad mexicana, y el texto incidió, a su vez, en el medio ambiente político e histórico. Habían transcurrido cinco años desde la debacle económica y financiera de principios de sexenio, de las revelaciones sobre la corrupción del régimen anterior y del aumento de impuestos para salir de la crisis. Quedaron dos años atrás las derrotas del PRI en las elecciones de 1997, y las diversas desventuras del gobierno de Zedillo, como la caída del precio del petróleo y la cancelación de buena parte de la obra de infraestructura. Se respiraba un aire de cambio en México, ante todo en un punto crucial de la vida de los países: cómo seleccionar a sus gobernantes. Nadie en México sostenía con seriedad que eran electos; algunos pensaban que mejor ni lo fueran; y otros, puristas o ilusos, creíamos que el mero hecho de elegir a nuestros líderes mejoraría "la raza". Una mayoría de mexicanos anhelaba por lo menos eso: escoger a quienes nos gobiernan de una manera democrática, transparente, confiable y colectiva. El relato de la transmisión del poder hasta el 94 —el "dedazo"—, en boca de quienes fueron sujetos y objetos de la decisión presidencial, atrajo la atención de decenas de miles de lectores y asistentes a eventos. La narración mostraba su rostro a la sociedad mexicana en un espejo incuestionable e impoluto: la voz de sus amos.

El interés despertado por *La Herencia* resultó ser, entonces, premonitor de algo previsible, aunque inasible y flotante: el fin de un dispositivo sucesorio algún día bien aceitado, luego ya anquilosado y responsable de repetidas crisis transexenales, de asesinatos y venganzas, y de una corrupción sin límite. El nuevo mecanismo —el del mundo democrático— no desvanecería ningún eslabón de esta larga cadena de vicios, pero sí le permitiría al país despojarse de la vergüenza del "destape", de las "palabras mayores", del ritual de la sucesión priista. Los partidarios y beneficiarios del viejo sistema vieron el libro como una ofensa o una delación, y un grave error de quienes se prestaron a una maniobra maléfica destinada a desprestigiar al PRI. Los opositores al *ancien régime*, de izquierda y de derecha, lo leyeron como una denuncia fundamentada: la verdad inconfesable confesada por sus principales protagonistas. Tendría que haber sido un muy mal texto para fracasar y no montarse en la creciente ola de indignación popular ante las prácticas del pasado.

Entre las presentaciones y reseñas más entretenidas de esos meses sémieufóricos figuraron una en Chihuahua y la otra en La Paz, Baja California Sur, donde me acompañaron Federico Reyes Heroles y mi colega tijuanense Pedro Ochoa. Digo entretenida porque la combinamos con un viaje de las dos familias por el ferrocarril Chihuahua-Pacífico y luego a Los Cabos, y porque mi ego —y el de Federico, en menor medida— sufrió un severo golpe, a manos de la corresponsal de *The Los Angeles Times* en México. Al cubrir el evento en la península, no se le ocurrió mejor manera de referirse a Federico y a mí que como *two middle-aged professors*, retrato que lastimó mi vanidad hasta el alma.

Evoco la anécdota no por la humillación ni la calidad de los eventos, sino como pretexto para relatar una de las etapas y ventanas más placenteras y gratificantes de esos tiempos: los viajes con pequeños grupos de amigos, pasión que condujo a algunos a endilgarme el apodo de Viajes Jojórquez, tanto por mi afán de proponer periplos como por mi obcecación en revisar cada detalle de los mismos. Había comenzado, por supuesto, desde la adolescencia. Después armé la odisea por América Latina y decenas de excursiones más breves en Europa. A partir de una visita a Nicaragua con los Reyes Heroles en 1985, y otra a La Habana con Cassio Luiselli y Adolfo Aguilar, donde optamos por el consumo de mojitos y daiquiris "intravenosos" y nos abstuvimos de lamentar *ad nauseam* la calamidad eterna de la deuda externa, en lugar de viajar solo, preferí hacerlo con Miriam, amigos y niños. Me convertí en un obsesivo agente de viajes. Desde entonces, con Cassio, Adolfo, Federico y Beatriz Reyes Heroles, Pedro y Gloria Sáez, Manuel Rodríguez y Annette, Paco Ortiz y Rolando Ocampo y diversas acompañantes y niños, desahogué una larga lista de recorridos pendientes, cada vez disfrutando más la compañía, la organización, la comida y el vino, el exotismo y la novedad, la lejanía y la aventura, el lujo y las ligeras privaciones impuestas por la búsqueda perpetua de la alteridad.

Javiera, Jorge Andrés y Miriam, Chile, 1996

Así, regresé a Egipto en 2002, con Tuti, Carlos Miguel y su esposa. Volví a dormir en mi recámara de niño, y Jorge Andrés en la de mi hermano, y repetí la ruta de mis padres: Luxor, Aswan, Abu Simbel, Alejandría y Sharm el Sheikh, aburriendo en cada punto a los jóvenes con mis recuerdos. Así, me trepé al mismo crucero dos veces en el sur de Chile, regodeándome con los témpanos, los glaciares, los mariscos y el pisco sour, y la compañía de Jorge Andrés y los Reyes Heroles una vez, de Miriam, Javiera y una amiga común argentina en otra ocasión. Fuimos a visitar a Cassio a Sudáfrica cuando era embajador allí; transitamos de un Las Vegas del apartheid como Sun City, al Mar Indio y los animales del *veld* y los viñedos de Stellenbosch, cerca de la playas del Cabo de Buena Esperanza donde treinta años antes los autores del *Endless Summer* hallaron la ola perfecta. Así, caminé durante horas y días por Angkor Wat, el único sitio arqueológico que supera a Palenque en su combinación exuberante y artística de ruinas y entorno natural, también con mi hijo, los Reyes Heroles y los Sáez, y así viví la fascinación tardía por la vitalidad de las religiones asiáticas, en Bagan y Borobodur, en Borneo y Kerala, en Amritsar y Calcutta, y en Lhasa y Katmandú, entrando al Tíbet por carretera y rodeando el Everest "por el otro lado", privilegio de mi función de canciller. Nada me ha brindado el placer y la intensidad de estos viajes, seguramente a raíz del hechizo parecido que padecieron y disfrutaron mis padres. Mi consigna de vida sería una paráfrasis de Enrique el Navegante: viajar es necesario, vivir sin viajar no lo es.

II

Aunque saludé a Fox por primera vez el día de su fallida tentativa por conquistar la gubernatura de Guanajuato, en 1991, y lo volví a encontrar en uno o dos cónclaves del Grupo San Ángel, mi vinculación política con él se inició una vez electo gobernador, en 1995. Comenté antes cómo mi reunión sustantiva original con él aconteció en junio de 1995, en casa de Rogelio Sada, gracias a Leticia Calzada, hoy tristemente fallecida y no muy bien tratada por el gobierno de Fox después de mi salida. Adolfo Aguilar se le acercó antes que yo; fue él quien invitó a Fox —y a Elba Esther Gordillo— a una comida a la casona de sus padres, en la calle de Francisco Sosa en Coyoacán, para clausurar la primera reunión de Alternativa Latinoamericana con Mangabeira en febrero de 1996. En ese almuerzo, con el fondo escénico de los jardines espectaculares de la mansión de los Aguilar y Quevedo, Fox, con el tino y la rapidez que siempre lo caracterizaron, propuso incorporarse al grupo no sólo como comensal, sino como participante activo. Estableció asimismo una relación con Mangabeira, a la que le dio rápidamente curso al desplazarse a Boston algunos meses después con el único propósito de conversar con él. El brasileño compartió conmigo las notas que le envió a Fox días después de su encuentro en Cambridge; revelan el tipo de enfoque, algo petulante, que tanto él como yo le sugeríamos a Fox, cuanto nos tomó en cuenta, y cuánto no: "Te encuentras en una situación en la que puedes ser prudente sólo actuando de manera imprudente [...]. Tu prioridad debe ser levantar una tormenta en el país, dejando a un lado cualquier consideración sobre si esto complace o disgusta al PAN [...]. Esto incluye un ataque vigoroso, sostenido y sin cuartel al 'sistema' y al gobierno de Zedillo, por su debilidad; actos ostensibles de búsqueda de alianzas con otros líderes de la oposición democrática, incluyendo a López Obrador; una de tus metas es mostrar tu conciencia de la imposibilidad de ganar sólo con el PAN, y tu fe en la posibilidad de una convergencia nacional basada en una alternativa democrática fuerte [...]. Una clara señal al pueblo mexicano debe ser que no actuarás conforme al código de buena conducta de la *nomenklatura*, ni te ceñirás al guión que los americanos han escrito [...]. Esta es una estrategia de alto riesgo pero es la única posible [...]. Debes cuidarte de dos debilidades: la de tu experiencia como empresario, y como mexicano. El empresario cree que el problema central de la política es la administración. Pero no es cierto: es como entregar tu corazón y tu alma a una lucha sin permitir que la victoria se vuelva un fin en si mismo. La debilidad del mexicano consiste en pensar que el *outsider* terminará siendo un pillo, o un fracaso, o ambos. Pero el mexicano se equivoca. Hay puntos de inflexión en la historia de un país cuando la independencia personal se vuelve el primer requisito de un liderazgo poderoso".

A partir de esos encuentros, Adolfo, Mangabeira y yo formaríamos parte del *braintrust* informal del precandidato a la Presidencia, acudiendo a juntas periódicas y cada vez más frecuentes con él, y con el "otro" grupo: Ramón Muñoz, Eduardo Sojo, Carlos Flores —el "Embajador Dormimundo", apodo inolvidable—, José Luis González, "el Bigotón", Lino Korrodi, y de manera esporádica, Juan Hernández, Fausto Alzati, Rodolfo Elizondo y Santiago Creel. Por supuesto, Marta Sahagún entraba y salía de casi todas las reuniones, pero no fue sino después, en los viajes que realizamos juntos, que Adolfo y yo conocimos el vínculo entre Fox y ella, que sólo se formalizaría al año de ganar la elección presidencial del 2000.

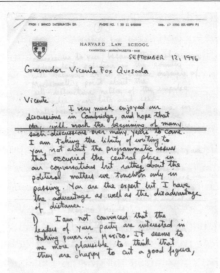

Fax de Roberto Mangabeira a Vicente Fox, 1996

Adolfo Aguilar, Amalia García, Vicente Fox, Roberto Mangabeira,
entre otros, Berkeley, 1998

Las dos anécdotas más chuscas del amorío que tanto impactaría a Fox y a su Presidencia, para bien y para mal, se produjeron a miles de kilómetros de distancia, primero en Buenos Aires, luego en Berkeley, California. La primera insinuación del *affaire* del Bajío provino de los arreglos logísticos en los que me vi obligado a adentrarme durante una conferencia del Banco Mundial en la capital argentina, donde los dos invitados mexicanos éramos Fox y yo. Con cierta incomodidad los anfitriones se me acercaron, conscientes de mi lazo con el de las botas, para consultarme un asunto delicado. El gobernador, dijeron, había solicitado dos habitaciones adyacentes, una para él y otra para su equipo de seguridad. Sólo que la diminuta señora alojada en el cuarto de los guardaespaldas no brindaba grandes garantías de protección para el candidato a la Presidencia. Sonreí hacia adentro, y balbuceé hacia fuera: "Hagan lo que pide el gobernador y quítense de problemas." Marta después me confesaría que comenzaron a "andar" en septiembre de ese año, y que ese fue su primer viaje en pareja.

El segundo "pitazo" se produjo al mes y medio. Adolfo impartió clases un semestre en Berkeley, a principios de diciembre 1998, y decidió organizar un coloquio latinoamericano, siguiendo la consagrada costumbre mexicana de suplir ausencias docentes con eventos de lujo. Invitó, entre otros, a Fox, a Mangabeira, a Amalia García, a Nancy Pelosi y Xavier Becerra, de la Cámara de Representantes norteamericana, y a mí. Todos asistimos a las diversas reuniones, pláticas y cenas, salvo Fox, a una: la del sábado en la noche, de la que apenas se excusó. Adolfo y yo lo divisamos, elegante y acicalado, trepándose a un taxi con Marta, también muy arreglada, dirigiéndose, dijeron más tarde, a una cena de negocios a San Francisco. Años después me confesaría que su romance comenzó en serio esa noche, cuando Fox, como buen ranchero, al final "se le declaró".

Fast Forward (2007)

Al concluir el sexenio de Fox, Rubén Aguilar, su vocero, y yo convencimos al mandatario saliente de sentarse con nosotros y grabar una decena de conversaciones que servirían de fuente principal, mas no única, para un libro sobre los momentos clave —buenos y malos— de su gobierno. Trabajamos durante seis meses con él, en Guanajuato, y el resultado fue *La diferencia: Radiografía de un sexenio*, publicado a finales del 2007. El texto recibió una acogida correcta, a secas. Aunque revelaba una infinidad de datos íntimos casi inconcebibles de un sexenio presidencial a tan poco distancia del mismo, la comentocracia detestaba demasiado a Fox —e insiste en su odio o desprecio— para tomar en serio un libro diferente a las maledicencias o los libelos y panfletos iracundos o incendiarios publicados en la misma época. Unos nos reclamaron no haber incluido otros momentos; otros, el carácter —según ellos— apologético de la obra, al tiempo que *Proceso*, el medio más virulento en sus ataques a Fox y a su esposa, así lo anunciaba en portada: "Desnudan a Fox". Nuestros críticos ignoraban que el capítulo más interesante para ellos se suprimió a la última hora. Se titulaba "Vicente y Marta", y se basaba en un diálogo con ella, y luego con ambos, sobre su papel en la Presidencia. Lo redactamos a sugerencia de Fox (y sin duda de ella, de modo indirecto); pero a punto de ser remitido a la imprenta el manuscrito, Vicente exigió que lo omitiéramos, ya que, en su opinión, transmitía un retrato "malicioso" de su esposa. Ni Rubén ni yo compartíamos la apreciación; tampoco concordaban los editores o nuestro agente literario. Sin embargo, no deseábamos una ruptura con Fox, y los términos del entendimiento le autorizaban a corregir o suprimir cualquier afirmación atribuible a él o Marta, sin ningún derecho de veto a lo que escribiéramos los autores. Aceptamos su *ukase*, erróneo a nuestro juicio. Han pasado los años; la rápida semblanza de Marta que sigue se basa entonces en lo que nos dijo, que incluimos en el capítulo no publicado, y en lo que escribimos nosotros. Ahora lo hago público, con el acuerdo de Rubén, seleccionando los párrafos más novedosos, relativos a los temas más controvertidos de su paso por el poder:

"Marta supo desde el arranque del sexenio que no podía ser portavoz del presidente y, en sus propios términos llanos, su amante. No había más que una salida: casarse. Si no sucedía en un tiempo razonable, se vería obligada a dejar el gobierno […]. Se molestó porque aun casada por lo civil, el Vaticano le notificó que en la audiencia oficial del Papa con el presidente ella no podía acudir. Le pareció una decisión discriminatoria y carente de caridad. Preguntó por qué el Vaticano recibía a parejas que no eran católicas, o no estaban casadas por la iglesia, como Zedillo y Nilda Patricia, y a ella, que era católica y ubicada en un matrimonio legítimo, no se le permitía comparecer con su esposo. La respuesta fue que como ella y su esposo profesaban la fe católica, debían cumplir con las normas de la Iglesia. Finalmente consiguió una audiencia privada con la ayuda de Marcial Maciel. Cuando vio al Papa, se hallaba muy enojada; pidió la audiencia más que nada por ofendida. Estuvo con él sólo tres minutos; no podía ya hablar.

"Los primeros ataques de la oposición provocaron su crecimiento ante la opinión pública; lo registraban las encuestas. Por muchos meses estuvo sólo por debajo de los niveles de reconocimiento y popularidad del propio Fox. Esta posición se mantuvo hasta el tercer año: por arriba de López Obrador, de los gobernadores y de cualquier otro candidato del PAN. De allí emergió la idea de ser candidata a la Presidencia; lo comentaron ella y Fox, y todos querían que aclarara si iba a ser candidata. Fox no tenía la intención de lanzarla pero sí de transferir su popularidad al candidato presidencial que el PAN escogiera; por eso convenía que siguiera creciendo su popularidad. En la medida que eso sucedía, y se propagaban los rumores, la oposición intensificó sus ataques. Su popularidad empezó a bajar. Pensaron que si Creel resultaba el candidato, ella se podría integrar a la campaña para transferirle la simpatía del círculo verde. La estrategia se discutió poco y se daba por buena. Fox trató el tema alguna vez con Rob Allyn, el asesor estadounidense; respondió que la estrategia era coherente mientras Marta se situara arriba de 60%, como López Obrador hacia finales del 2003; pero después de la campaña en su contra cayó a 33% a mediados del 2004, y ya no tenía sentido. Algunas de las encuestas revelaban que Creel y Marta podían tener, cada uno por su cuenta, cierto nivel de popularidad, pero que éstos no se sumaban cuando se sugería que Creel fuera el candidato. Ante la innegable pero explicable popularidad de Marta entre los sectores de menor ingreso —nadie que regala bicicletas y despensas y dispone de tiempo aire ilimitado y gratuito puede no serlo—, sus colaboradores en Los Pinos y sus amigas en el empresariado (sobre todo algunas de las esposas de los magnates de Monterrey) y sus fans entre los ejecutivos mediáticos pueden haberle lavado el cerebro. Si al afán interesado o bien intencionado de alborotarle el ánimo sumamos el decepcionante desempeño de Creel como precandidato, se entiende el fulgor de la tentación. Fox probablemente no se chupó el dedo, pero Marta quién sabe. Lo que es real es que las encuestas de Los Pinos medían su popularidad semana tras semana; la comentocracia y el empresariado creían que iba en serio, y muchos colaboradores de Fox también.

”Al principio del 2004, Televisa le presentó una encuesta. En esta última figuraban ella y López Obrador con porcentajes de aceptación iguales; en la cualitativa salía mejor valorada en todos los sectores, pero en particular en los de menores ingresos. AMLO y ella compartían los mismos atributos; la gente los consideraban como luchadores contra la pobreza, cercanos, apoyando la salud y la educación. Marta está segura de que Televisa también le mostró la encuesta a López Obrador. Pecó de ingenua en su relación con las televisoras. En el caso del llamado 'decretazo', o cambios en la asignación de tiempo aire al gobierno por compensación fiscal, lo único que hizo, según ella, fue conseguir una cita para Bernardo Gómez, en ese momento presidente de la CIRT, con Creel. Sabía lo que Gómez trataría con Creel, pero nunca le hizo ningún comentario. Confiesa que fue innecesario: con la gestión bastaba. La percepción de que había sido la artífice del arreglo provino de una portada de *Proceso* en la que Bernardo le besa la mano. En la reunión entre Bernardo y Creel, este último negoció el contenido del acuerdo, en el entendido que eso quería Marta. Mientras duró la negociación, ninguno de los dos platicó con ella.

"Los medios electrónicos estuvieron desde tiempo atrás apoyando la candidatura del Peje. Televisa empezó desde el 2001. Estaban convencidos de que iba a ganar López Obrador. Así lo hicieron saber incluso en Los Pinos. La cobertura a AMLO como jefe de Gobierno fue desmedida. Fox, según Marta, en más de una ocasión le planteó a Emilio Azcárraga y a Gómez que sólo le otorgaran la cobertura de otros gobernadores, pero siempre le extendieron un trato especial. Jamás atendieron la solicitud; apostaron por el Peje desde muy temprano.

"La ingenuidad de Marta y de Fox no tenía límites. Durante una cena, todavía en Los Pinos después de las elecciones del 2006, Castañeda les dirigió una pregunta: ¿Creían que José López Portillo había sido corrupto o víctima de un linchamiento político? La respuesta de Fox fue inocente y premonitoria a la vez; contestó que por supuesto, y que en todo caso había solapado la corrupción de sus allegados. Castañeda trató de explicar que él abrigaba la convicción de que José López Portillo no había robado, y que su único colaborador encarcelado, Jorge Díaz Serrano, tampoco. No importaba, alegaba Castañeda, si eran culpables o no, sino más bien si existían razones políticas para acusarlos, sentenciarlos y estigmatizarlos ante la sociedad. La pregunta de fondo se reducía a saber si México había cambiado tanto desde 1982. Marta y Fox se limitaron a replicar que sí, y que igual, todos sus asuntos se encontraban en orden.

"Aunque Marta lo niegue, sí desempeñó en los hechos la función de *chief of staff*. Fox le derivaba muchos asuntos: que hablara con secretarios para hacerles saber ciertas decisiones, o para solicitarles información. Por otro lado, algunos secretarios recurrían a ella para lograr acuerdos con el presidente, sobre todo si el secretario particular, Alfonso Durazo, los bloqueaba. Les proponía, entonces, que marcaran por la red a horas en las que Durazo no contestaba.

En algunos casos ella contestaba y le pasaba el teléfono a Fox. Hubo casos en los que tuvo que organizar reuniones para que pudieran ver a Fox en La Cabaña. En más de una ocasión Fox le preguntó por qué las personas invitadas a la casa no pedían cita a través de Durazo. Respondió: porque no se les atendía. Era una chamba que él no le había dado, pero que le gustaba hacer. Fox nunca la instó a actuar como enlace con el sector empresarial. Se dio de manera natural. Disfrutaba de esos encuentros; le gustan las relaciones públicas. No le hacían daño a nadie, y en cambio podía escuchar muchas opiniones que luego compartía con su marido.

"La descripción que ofrece Marta de cómo fue adentrándose, casi de ladito y por circunstancias ajenas, a la política de Palacio, aunada a su ambición y su confeso gusto por la construcción de redes de relaciones, suena cierta y trágica. Cierta, porque probablemente fue así: inconsciente, accidental e irreflexiva; trágica, porque cavó su propia tumba y la de Fox. No se necesitaba la intervención de Marta para funcionar en el gobierno de Fox, pero se funcionaba mejor con su intervención. No era indispensable su injerencia para lograr una audiencia, asistencia o ayuda presidenciales, pero se obtenían con mayor facilidad con su injerencia. Empresarios, jerarcas de la Iglesia, secretarios de Estado y gobernadores, conductores y comentaristas lograban su cometido de modo más expedito y cómodo con Marta. Es casi seguro que esto ayudó al gobierno y a Fox: suplía deficiencias o desviaciones del propio presidente, de la secretaría particular, de las dependencias encargadas de relacionarse con otros sectores. Donde no intervino, porque no se le daba ni le gustaba, su ausencia dejó a Fox desamparado: ante la intelectualidad.

"Pero de la misma manera que se antojaba inevitable el incremento de su fuerza política, ambición, presencia pública y popularidad, resultó imparable la avalancha de resentimientos, venganzas y excesos suyos o de allegados, desatada por esa intrusión. Nadie se hubiera molestado con ella por un rechazo a algo jamás suplicado; por una gestión fallida no pedida. Nadie la hubiera acusado de vetos, abusos o desplantes, de no haber acumulado el poder para ejercerlos o realizarlos; nadie se habría opuesto a su candidatura, de no haber existido; nadie le habría tenido miedo, de no haberlo inspirado. Marta se metió hasta la cocina, para después ser tratada como cocinera, con toda la altanería y clasismo propios de nuestras élites. Podrá alegar que lo bailado no se lo quita nadie; que para una derrotada aspirante a la candidatura del PAN en la alcaldía de Celaya, su paso por las cimas del poder fue irresistible, irrepetible, y mágico: tiene razón. A Fox, no cabe duda que le ayudó; Marta fue la única compañera de camino irremplazable. No sabremos nunca si Marta aportó más o restó menos a Fox: sabemos que le aportó mucho y le restó mucho. Para el país, el veredicto parece irrefutable: hizo daño. Por las peores razones, la sociedad mexicana la rechazó, al verse reflejada en sus contrastes, vicios y virtudes, dones y defectos."

En los dos años y medio durante los cuales Fox fue mi jefe, Marta me formuló una única solicitud, durante un vuelo de Panamá a México, poco tiempo antes de su matrimonio: que utilizando el argumento del próximo viaje de Fox a Roma, donde se entrevistaría con el Papa, le ayudara a convencer al presidente de casarse con ella. Cosa que hice, provocando la molestia de Fox: "¿Tú por qué te metes en esto?". Nunca me recomendó a nadie, ni me pidió que recibiera a alguien, ni procuró inmiscuirse en los asuntos de la Secretaría.

Rewind

A partir de abril de 1997, además de las reuniones de Alternativa Latinoamericana, arrancaron una serie de juntas en León y San Cristóbal, en la casa de Fox y en el Hotel Fiesta Americana, cada par de meses. Acudían siempre Sojo, Adolfo, Mangabeira, Korrodi, yo mismo y varios más, según los temas. Los otros colaboradores ya mencionados veían a Fox en campaña —aún siendo gobernador— o en reuniones de la Ciudad de México, en Monterrey o Estados Unidos. En cada junta se discutían, con mayor o menor seriedad y sustancia, el programa de gobierno, la táctica y la estrategia de campaña, la situación política del país, y en una pequeña medida el panorama mundial y las tareas por cumplir. La más importante de todas a las que yo asistí, en enero de 1999, se celebró en la casa de campo del Bigotón, donde acudieron los de la foto siguiente, así como Marta, Juan Hernández y otros. Se prolongó durante dos días completos, amenizada con música, comida, buen vino y la belleza de Tlacotalpan y de los parajes del Papaloapan. Allí se tomaron —o Fox tomó— varias decisiones clave para la campaña, desde la búsqueda de aliados hasta los mecanismos de fiscalización de aportaciones financieras, e incluyendo el proyecto de campaña de mediano plazo elaborado por José Luis González. Dicho documento, titulado *Millenium*, a través de varios "flujogramas", gráficas y lugares comunes, buscaba trazar una hoja de ruta precisa para los años 1998, 1999 y 2000. Partía del claro propósito, primero, de convertir a Fox en el candidato del PAN, aspirando al 75% de los votos de la convención (finalmente Fox fue candidato único). Después, gracias a la red plural "Fox 2000", se planeaba alcanzar la meta central de la campaña: "Abanderar a Fox como el candidato de la sociedad, postulado por el PAN", y en una última etapa, de enero a julio del 2000, construir "todo un movimiento nacional de ciudadanos que va junto a Fox por la Presidencia". Por primera vez se hablaba del "Grupo San Cristóbal".

Con Lino Korrodi, Vicente Fox, Rodolfo Elizondo, Adolfo Aguilar, Santiago Creel, José Luis González y Ramón Muñoz, Tlacoltalpan, Veracruz, 1999

¿Por qué Fox? Mi primera explicación radica en el texto ya citado sobre la primacía de la unidad opositora para vencer al PRI, y el prerrequisito de la alternancia para lograr los cambios que México necesitaba. Quienes me reclamaron haber hecho de la alternancia una panacea, apostando que con la salida del PRI de Los Pinos todo lo demás seguiría, acertaron en cuanto a que simplifiqué el planteamiento por motivos de campaña. Mi enfoque en realidad era más abstracto y retorcido: la alternancia representaba una condición necesaria, mas no suficiente, para las otras modificaciones requeridas por el país. Con la pura alternancia se alcanzaría poco;

sin la alternancia, no se lograría nada. Partiendo de este principio, discutible o no, pero vigente en la mentalidad de gran parte de los opositores al PRI en el ocaso de su era autoritaria, la clave residía en descubrir al persónaje idóneo para ganar. Todo debía subordinarse a ese imperativo.

En un mundo ideal, el candidato poseería un perfil propio de centro-izquierda, tipo Muñoz Ledo, Manuel Camacho, Jesús Silva Herzog (a la sazón embajador de México en Washington, y con quien conversé larga y repetidamente al respecto), o quizás otra figura desprendida del PRI o proveniente de la academia o del empresariado. Cuauhtémoc Cárdenas ya no correspondía al retrato hablado de una candidatura de esa índole; se veía incapacitado para atraer tanto a un sector de la derecha y de los votantes del PAN como a empresarios de peso o poderes fácticos como Estados Unidos y la Iglesia. Al término de varios intentos infructuosos y frustrantes por descubrir a un candidato diferente, de discutir de manera interminable sobre ello con Elba Esther, con intelectuales o magnates defeños y regios, y de revisar encuestas y estudios diversos, concluí con reticencia que el único posible era Fox. Se lo dije a Pedro Sáez, al salir del mediocre discurso del aún gobernador Fox en Compromisos con la Nación: "Así como lo ves, este va a ser presidente". Fue, en este sentido, mi candidato por default, siguiendo el guión descrito en *La Herencia* en torno a Echeverría, De la Madrid y Zedillo, escogidos por la inexistencia o la debilidad de otras opciones.

En segundo lugar, gracias a las reuniones realizadas durante esos años, supe que el gobernador de Guanajuato, con su provincianismo, incultura y relativo desinterés por una infinidad de temas, carecía casi por completo de prejuicios o creencias *a priori*. Funcionaba como una esponja que absorbía ideas, relaciones, apoyos pecuniarios y aliados políticos sin ambages ni reticencias. Esta predisposición, valiosa e indispensable en una campaña cuesta arriba, se transformó a menudo en indecisión o falta de convicción intolerable en una Presidencia con ambiciones y expectativas históricas. Pero aún nos encontrábamos a años luz de ese predicamento.

Por último —y no era poco—, Fox me brindó en ese momento una oportunidad única: pertenecer al primer círculo de sus consejeros, colaboradores o contactos, cosa que resultaba imposible con el PRI, por obvias razones, pero también con Cuauhtémoc, apuntado como el único aspirante de la izquierda. De tal suerte que cuando francotiradores como Aguilar Zínser y yo dispusimos de un acceso a Fox cada vez más cómodo y libre para presentarle nuestras propuestas, tesis y ocurrencias, la única alternativa se convirtió muy pronto en una opción atractiva *per se*, deseable por sus propios méritos, y en el transcurso de algunos meses en una hipótesis viable. *Pas mal*, a la luz del contexto desolado de esos años.

III

Mi contribución a la campaña y a la victoria de Fox radicó en unas pocas tareas o ideas, menos de lo que muchos pensaron (resumido en la acusación lapidaria: El desastre de Fox es tu culpa… Tú lo llevaste a la Presidencia), y superior a lo que el equipo aquilató en ese momento. Se han escrito varios libros sobre esa etapa, del propio Fox y otros integrantes del círculo cercano: Lino Korrodi, Paco Ortiz, Guillermo Cantú y algunos más. Prefiero contar lo que me correspondió a mí, y no la "historia" real, oficial u oficiosa de la aventura que culminaría el 2 de julio del 2000.

En primer lugar, le presté a Fox un servicio en materia internacional. No se trató tanto de *Educating Vicente*, aunque ese aspecto merece cierta mención. Más allá de lo que pude transmitirle a Fox de visión mundial o de contactos externos, sin embargo —otros aportaron mucho en esta materia—, retengo hoy la impresión de haberle infundido una cierta confianza en sí mismo. Ya la tenía, por supuesto: nadie llega a la Presidencia de un país como el nuestro sin ella. Pero por sus antecedentes, por su innegable provincialismo, por su insularidad, el nexo foráneo se le atoraba, aunque sus dotes histriónicos y su autoestima le permitían disimular casi siempre su inseguridad. Desde que comenzamos a viajar juntos con Alternativa Latinoamericana, y en innumerables encuentros o conexiones posteriores hasta la elección, Fox se apoyó en mí —y en otros— para afianzar lo que a todos los candidatos a la Presidencia en México —y sobre todo al primero en derrotar al PRI— se le exigía como condición *sine qua non* para ganar y gobernar: guarnecerse de credibilidad fuera del país. No sé —aunque lo dudo— si el candidato del PAN recibió recursos financieros del exterior, violando una legalidad mexicana de la que nunca fue acusado jurídicamente. Conviene recordar que en el fallo del IFE y del Tribunal Electoral sobre Amigos de Fox sólo se acreditó la identidad de una persona acusada de aportar fondos desde fuera: un tal Luis Arturo Delgado, de domicilio desconocido, "que vive o trabaja en el extranjero" y que transfirió "un total de once mil dólares mediante dos órdenes de pago". Menos aún doy crédito a las versiones de que recibió apoyos monetarios de la comunidad cubana de Miami. Sí sostengo que la verosimilitud externa de su candidatura, las fotos, los relatos, los encuentros y las declaraciones afuera surtieron un efecto decisivo adentro.

Basta un ejemplo, quizás el más trascendente, junto la visita a Washington ya narrada: la asistencia de Fox a la toma de posesión de Ricardo Lagos en Chile el 12 de marzo del 2000, cuando permanecía atrás de Francisco Labastida en las encuestas. Fue invitado a la ceremonia en Valparaíso en parte gracias a las nexos del PAN con la Democracia Cristiana chilena, pero no bastaba: el nuevo mandatario chileno era socialista. Fox y Lagos se conocieron en la reunión de Alternativa celebrada en Marbella (Chile, no España) en 1997, y fortalecieron su relación de manera indirecta a través de Carlos Ominami, otro integrante del núcleo pequeño de Alternativa. Además de ser entonces, y seguir siendo ahora, uno de mis más cercanos amigos en el mundo, operaba en aquel momento como un virtual jefe de campaña de Lagos. Instado por mí, Ominami logró que Fox fuera invitado a los eventos en Chile, algo inusitado, ya que los políticos de izquierda en aquel país siempre se ostentaban como más priistas que… el PRI. Debido a mi bien fundada suspicacia al respecto, cuando me turnó Fox la invitación de Lagos, me comuniqué de inmediato con Ominami para preguntarle, puntilloso, si además de recibir con el protocolo y la corrección del caso a nuestro amigo, Fox contaría con un encuentro personal con Lagos. De ello dependería su desplazamiento al sur.

Actué en consonancia con otro mandatario latinoamericano, quizás de mayor relieve en ese instante: Fernando Henrique Cardoso, el presidente de Brasil, no muy bien dispuesto hacia Fox —por razones ideológicas— ni hacia mí —debido a mi amistad con Lula a través de Mangabeira Unger, un constante dolor de muelas para el exsociólogo dependentista brasileño. Pero dio la casualidad —de nuevo, gracias al Rolodex— de que su portavoz y yo nos habíamos conocido en Washington quince años antes. Cultivamos y conservamos nuestra amistad hasta hoy; tardé escasos minutos para comunicarme con él y solicitar su intervención para que Cardoso recibiera a Fox en Chile, en un *one-on-one* unos minutos, brindándole así la creciente viabilidad foránea indispensable para una candidatura inaudita a la Presidencia de México. La respuesta de Sergio Amaral fue casi inmediata, positiva y transmisora de la perplejidad de Cardoso: ¿Cómo era eso de que el autor de *La utopía desarmada* y uno de los intelectuales de izquierda mexicanos más conocidos en América Latina apoyara la candidatura de alguien como Fox? Ya le respondería más tarde a Cardoso; por lo pronto le agradecí el gesto de sacarse la foto con Fox, y a su vocero de haberlo amarrado. Al sumarse a la reunión programada con Lagos, y a otra que Fox armó por su cuenta con Andrés Pastrana, presidente de Colombia, en ese mismo viaje, el impacto en México fue clave entre las élites enteradas de estos menesteres. Al grado de que el candidato del PRI, confiado en la ociosidad de odiseas a otras latitudes para asegurar su victoria, resolvió al cuarto para las doce seguir los pasos de Fox. Se notó, para mal de Labastida, y para bien del seudopanista.

Ni Adolfo ni yo acompañamos a Fox a Chile. Supusimos que nuestros amigos se encargarían de él; además, ese tipo de invitaciones se suelen limitar a una o a dos personas (Fox y Marta). Los condujimos hasta el aeropuerto, preparamos todos los acordeones posibles, confiamos en el talento escenográfico de Fox y en las dotes publirrelacionistas de Marta, y ganamos la apuesta. Al candidato de la alternancia le salió redondo el viaje y los encuentros con tres jefes de Estado.

Ya describí las peripecias y los efectos virtuosos de la visita a Washington. El trabajo hacia afuera no se redujo, sin embargo, a los viajes. Coloqué a la disposición del candidato el enjambre completo de mis nexos con corresponsales extranjeros, editores de medios en Estados Unidos, Europa y América Latina, embajadas en el Distrito Federal y visitantes de dulce, de chile y de manteca durante los meses previos al posible, y luego probable, parteaguas mexicano. En algunos casos, ante todo hasta la primavera del 2000, mi febril proselitismo provocaba sorpresa o incredulidad: ¿que hacía un intelectual de izquierda de alcurnia con un cocacolero de derecha? De manera paulatina fue creciendo el número de intelectuales de izquierda enrolados en las filas del foxismo; fue pareciendo menos cocacolero o ranchero y más creíble el candidato, y mis explicaciones comenzaron a sonar más sinceras, realistas y perspicaces. El hecho de que los demás candidatos —Labastida por el PRI, Cárdenas por el PRD, Muñoz Ledo y Camacho por sí mismos— se antojaran poco seductores o serios facilitaba mi tarea de persuasión. No pretendo —sería absurdo— ni que la victoria de Fox se originó en su manejo del factor externo, ni tampoco que yo haya fungido como un *factotum*. Además de Adolfo, varios miembros del equipo asistieron en ese frente, empezando por Marta, cuya capacidad de trabajo no dejaba de deslumbrar. Sí estoy convencido de que un triunfo en condiciones tan adversas como las del 2000 sólo se produce si se alinean todos los astros; algunos de ellos son susceptibles de ser manipulados, acercados o alejados por el experimento, como en el principio de incertidumbre de Heisenberg.

Mi segundo aporte a la victoria del 2000 consistió en la figuración pública, a partir de marzo de ese año, como uno de los escuderos de Fox en innumerables entrevistas, declaraciones, programas de radio y televisión, y en los posdebates, donde o bien se incrementaba el estrecho margen del ganador, o bien se compensaban las pérdidas del derrotado por una nariz, y se hundía el que perdió por un abismo. Varios protagonistas —Adolfo Aguilar, al final Felipe Calderón, Marta, el presidente del PAN, Diego Fernández, aunque sin gran entusiasmo— decían lo que Fox no quería decir, en lugar de lo que quiso decir. Interactuábamos con la prensa extranjera, por supuesto, pero nuestra actividad se centró en los medios mexicanos, denunciando con exageración los excesos del PRI y del gobierno, advirtiendo sobre las consecuencias del fraude, prometiendo castigos y consecuencias para unos y otros si ganábamos o perdíamos, y sumándole puntos a Fox en los debates sobre los debates. Esto resultaba decisivo, porque el acartonado formato de los dos encuentros entre los candidatos (eran seis) permitía pocas escaramuzas o dejaba un estrecho espacio para la esgrima verbal. Conviene recordar dos intervenciones con innegables consecuencias, de signo opuesto en cada caso: "Me dijo mariquita, mandilón y Lavestida" de Labastida, en un vuelco suicida de su campaña; y la magistral respuesta de Fox, ingeniada por Diego Fernández: "Lo majadero y mal hablado se me podrá quitar, pero lo corrupto a ustedes jamás". Y, desde luego, a propósito del segundo debate, el "Hoy, hoy, hoy" de Fox el 23 de mayo, en la casa de campaña de Cárdenas, frente a todos los medios, y su golpe maestro de transformar una aparente obcecación incomprensible en un magno gesto de perseverancia y valor.

La idea de ese giro tuvo muchos progenitores. Por mi parte sólo recuerdo que ese día almorzamos Fox, Adolfo, Muñoz Ledo, Rodolfo Elizondo, Marta y yo en un restorán cerca de las rejas de Chapultepec. Discutimos durante un par de horas, sin copas, la estrategia a seguir para lo que sería el segundo debate, incluyendo las condiciones mínimas para su celebración. Enseguida Fox partió bien apertrechado a la reunión con los otros candidatos y con la Cámara de la Industria de la Radio y la Televisión (CIRT), sin ninguna intención de armar el escandalo que desató. Al escucharlo por la radio un par de horas después, me invadió una pesadumbre insoportable, al igual que a casi a todos quienes seríamos los "hombres del presidente", convencidos de que había descompuesto todo por apartarse del guión convenido. Al día siguiente, en mi cumpleaños, almorcé con Miriam y Elba Esther en el San Ángel Inn, y seguía viendo con negrura el porvenir. Pero ya esa tarde, Fox comenzó a revertir las tendencias y a sacarle un prodigioso provecho al episodio, convirtiendo su presunto capricho en un grito de guerra y consigna. El grupo que le dio la vuelta al asunto lo encabezó Paco Ortiz; otro par de personajes contribuyeron también.

Paco se incorporó a la campaña en septiembre de 1999, como coordinador de marketing, encuestas y estrategia de medios de la campaña, la misma función que ejercería después en la Presidencia. Venía de Televisa y de Procter and Gamble y quizás fue el único estrecho colaborador de Fox en la campaña y en el gobierno cuyo arribo se debió en verdad a los *headhunters* de Fox, sobre todo Horacio McCoy. Paco se vanagloriaba de su sensibilidad con el público y utilización de los medios, y comprendió de inmediato lo esencial: resultaba imperativo borrar la imagen negativa de un Fox necio para mal y sustituirla con la de un Fox necio para bien. El día después de la debacle, en plena depresión colectiva, se reunieron en el Hotel Marriott Paco, Carlos Flores, Santiago Pando —el genio creativo de *esa* campaña— y Dick Morris —alias *el autor*—, el ahora ultra-rreaccionario comentarista de Fox News, antes el principal consultor político de Bill Clinton, y que en las últimas semanas de la campaña de Fox casi le dictaba los *spots* al equipo de Paco. Allí, en pleno *brainstorming*, los cuatro descubrieron la diabólica fórmula para los spots por transmitirse esa noche y las subsiguientes. Si hubo un momento crítico de la campaña, fue ese; y si un grupo cumplió con su resposabilidad, fue ese.

Rob Allyn, el consultor republicano de Dallas, que llevaba tiempo trabajando con Fox, aunque lo hizo en un spanglish texano espantoso, también contribuyó a la jugada maestra de jiu-jitsu. Conocía su profesión a la maravilla y hacía su chamba bien, ante todo en la parte de preparación de debates y respuestas a preguntas incómodas. Desempeñó un papel importante en entrenar a Fox para los debates, y creo recordar una reunión un par de días después del desaguisado del CIRT en la cual Allyn sugirió exactamente lo mismo que el equipo de Ortiz, con justificativos semejantes. Sigo creyendo que el tercer padre del acierto fue Mangabeira Unger, con quien conversé por teléfono durante largos ratos esos días, y que me propuso una copia fiel de la idea de Ortiz y de Morris, a quienes el brasileño no conocía: convertir la debilidad coyuntural del candidato tropezado en la fuerza del aspirante en la víspera del triunfo. Convencí a Mangabeira de que compartiera su propuesta con Fox, sin intermediarios, y guardo la impresión de que así lo hizo.

El caso es que todos participamos, y nadie puede presumir un rol preponderante. Cada quién recuerda el suyo y lo narra a su manera; yo evoco dos actuaciones propias en esa etapa crepuscular de la campaña, que resultaron cruciales para mí, aunque no por fuerza para el candidato o la victoria. La primera estribó en mi denuncia pública, a título personal y sin la aprobación explícita de Fox, de una hipótesis de manipulación de los comicios por el gobierno y Televisa. Los dirigentes de la empresa tardarían en apaciguarse, y algo de mis altos y bajos con la empresa a lo largo de los siguientes quince años se origina en mi vociferante advertencia. Vaticiné que si se cerraba mucho la elección a favor de Fox, las televisoras, a través de sus encuestadoras afines o de casa, divulgarían desde las seis de la tarde sondeos de salida indicando un triunfo del PRI, creando así una inercia irreversible en la opinión y colocando al país ante un hecho consumado. El IFE entregaría resultados muchas horas más tarde; ya para entonces la tendencia resultaría imposible de revertir. Carecía de pruebas para comprobar mi señal de alarma, pero abundaban elementos circunstanciales sugerentes: las encuestadoras del PRI, del gobierno y de Televisa trabajaron juntas mucho tiempo; Televisa y Azteca de ninguna manera actuaron con neutralidad durante la contienda, al grado de que solían demorar hasta cuarenta y ocho horas la transmisión de los spots de Fox, por sus pistolas.

El gobierno de Zedillo no intervino en la elección del 2000 como lo hizo Salinas en 1994, pero ello no significó que se abstuvo de meter las manos, incluso al final, a través de la transferencia masiva de recursos de Pemex a la campaña de Labastida. La idea que cundió después, a saber, que Zedillo se resignó, o incluso alentó, el triunfo de Fox, parecía por completo descabellada en ese momento y desde adentro (creo que era falsa a secas: antes y después, adentro o afuera). Más que un fraude descomunal, tipo 1988, o un asalto físico o electoral a las urnas como en algunos comicios estatales, imaginé una maniobra más sofisticada, posible sólo si la pelea se tornaba muy reñida, si el anuncio contaba con la credibilidad de las televisoras, y no se publicitaba antes el ardid entero. Mi pusilánime desplante se inspiraba en la estrategia global de Fox, desplegada con o sin su consentimiento en la totalidad de las trincheras: denunciar todo —lo real, lo sospechado y hasta lo inverosímil— para impedir la manipulación de los comicios, a sabiendas de que una denuncia falsa pronto se olvidaría, y una cierta contribuiría a detener la trampa escondida. Los "televisos" se molestaron en una medida considerable, ya que pensaban que al haberme invitado desde el principio —fui el tercer ponente— a su esquema de "En la opinión de..." y al comportarse con especial cordialidad conmigo Emilio Azcárraga Jean en varias reuniones, resultaba injusta y maliciosa mi agresión. Externaron su agravio en varios medios y entrevistas, y el asunto no se resolvió sino hasta la transición, cuando gracias a amables componedores reparamos los daños. Así interpretó *The New York Times* el episodio: "En un discurso reciente, Jorge Castañeda, un autor que es asesor de Fox y comentarista de Televisa, expuso una posibilidad de fraude: el PRI podría recurrir a sobornos u otros métodos para intervenir en una encuesta de salida presentada por Televisa el día de las elecciones, dijo, preparando así a la opinión pública para una victoria de Labastida que los operadores del PRI lograrían a través de un fraude al final del día en las zonas rurales. Televisa reaccionó al despedir a Castañeda". Fox no compartía mi opinión sobre la maldad o perversión de las televisoras, pero tampoco me detuvo, ni se deslindó en público de mis intervenciones fantasmagóricas. Si tenía yo razón, o exageraba debido a mi acostumbrada paranoia, lo sabremos cuando los interesados cuenten su versión... o sea, nunca.

Por no dejar, relato también de modo sucinto mi intercambio de golpes bajos, mutuos, con Cuauhtémoc Cárdenas. Casi al final de la campaña, cuando se tornó patente la inminente victoria de Fox, tanto el PRI como el PRD empezaron a atacar al de botas por recibir fondos del extranjeros, vía Amigos de Fox, y en particular del exilio cubano de Miami. Declaré que Cárdenas no debía rasgarse las vestiduras, porque en 1992 y 1993, cuando preparaba su campaña del 94, Adolfo Aguilar y yo, entre otros, solicitamos y conseguimos fondos de varias fundaciones europeas para foros y reuniones sobre distintos temas en toda la república. Recordé que nunca despreció dichas aportaciones, ciertamente pequeñas y antes de la aprobación de la ley prohibiéndolas, pero provistas de suficiente importancia como para ameritar un viaje especial de Cuauhtémoc a Europa, con nosotros. Cárdenas replicó que los fondos se destinaban a campañas contra la drogadicción (para nada), y que si fluyeron recursos adicionales, lo más seguro era que "se los había quedado Castañeda". Gajes del oficio, pasiones de campaña, lógica de una derrota anunciada y de la necesidad de asegurar, con todo el parque disponible, un triunfo al alcance de la mano.

Ya para entonces inicié una serie de reuniones con el grupo de encuestadores de la campaña, gracias a la gestión de un amigo común, y nada de lo que yo decía o pensaba se apartaba mucho de su opinión sobre las tendencias de la elección. Comenzamos a conspirar Guido Lara, a quien frecuento aún en Washington o México, y Rolando Ocampo y Manuel Rodríguez Woog, quienes se convirtieron en dos de mis más cercanos amigos durante los siguientes quince años. Se acercaron a mí en parte por error, en parte con razón, sobreestimando mi influencia para rectificar los errores o peligros de la campaña desde su perspectiva. Acertaron en creer que pensábamos igual, pero exageraron mi ascendencia sobre Fox. No obstante, me proveyeron de datos e intuiciones que permitieron mi segundo momento estelar en toda la gesta.

Se produjo la noche del primer debate, el 25 de abril, cuando se definiría con nitidez el rumbo de la contienda. Me encomendaron la representación de Fox en el foro del Canal de las Estrellas, conducido por Joaquín López Dóriga, realizado inmediatamente después de ese primer debate presidencial. Concurrieron a Televisa Jorge Alcocer, a nombre de Labastida, Paco Ignacio Taibo II, delegado por Cárdenas, y Héctor Aguilar Camín como analista sin vinculación con candidato alguno. Un par de días antes, en la casa de campaña, Fox divulgó su decisión en esta materia, que extrañó a varios integrantes de su equipo, designando también a Adolfo para acudir a los estudios de TV Azteca. Todos nos conocían, pero no eran conscientes de nuestra cercanía con el candidato, o de la confianza que ya imperaba entre nosotros. Con sus ínfulas, algunos panistas, se desconcertaron al comprobar que Fox prefería identificarse con voceros como Adolfo y yo que con ellos. Me coordiné de inmediato con los encuestadores mencionados y con Paco Ortiz y Juan Ignacio Zavala, responsable de comunicación del PAN y provisto entonces y ahora de multitudinarias amistades y complicidades entre directores, editores y reporteros, o "la perrada", como solía decirles con gran cariño. Dick Morris ideó una maniobra grandiosa: colar un spot en el noticiero del Canal 2 antes del debate presidencial, mostrando cómo las encuestas se inclinaban ya ligeramente a favor de Fox, y otro, al término del debate, insistiendo en el mismo punto y acelerando la tendencia, y otro más, durante el posdebate, ilustrando con gráficas sencillas la ola creciente de transferencias de intención de voto de Labastida y Cárdenas hacia Fox. Ortiz logró comprar el tiempo en Televisa de modo subrepticio para poner en práctica esta astucia; yo la complementé con otra treta. Zavala me acompañó al estudio del canal 2, y se comunicó con diversos medios al concluir el debate para obtener los resultados de las primeras encuestas telefónicas y "soplármelas". También recibí las de GAUSSC, o de la campaña, levantadas en el mismo momento. *Reforma* arrojaba una clara ventaja de Fox, que se confirmaría en los sondeos posteriores. Zavala me pasó una tarjeta en pleno posdebate, y la leí, con gran deleite e impacto para unos, y desconcierto y desolación para otros. Junto con los spots de Ortiz y sobre todo, el desempeño de Fox en el debate como tal, generamos una imbatible dinámica ascendente de triunfo. Además, por una serie de razones ligadas a mi papel en el posdebate —no ser panista, afirmar mis diferencias con Fox sobre el tema del aborto, por ejemplo, pero subrayar que él acogía con agrado las diferencias dentro de su equipo y coalición, increpar repetidamente al vocero de Labastida y buscar acercamientos con el de Cárdenas— se ganó también esa competencia. La mañana siguiente, camino a un nuevo posdebate con José Gutiérrez Vivó en *Monitor*, Fox se comunicó conmigo para felicitarme y confesar, con su típico humor y modestia: "No es fácil defender a Vicente Fox como tú lo hiciste anoche". Así me gané el ingreso a la ronda final de candidatos a un puesto de gabinete. Estuve a punto de ser excluido de tal círculo selecto en varias ocasiones a lo largo de los meses por venir.

Al delegarme Fox esa vez como su portavoz en la televisión, actuaba con mayor picardía de la que suponían los panistas y otros miembros del equipo. Se inspiraba en una estrategia de dos ejes, en parte ideados por mí. El primer eje —el más trascendente, y como todas las decisiones en una campaña de naturaleza histórica, imposible de atribuir a una sola persona— consistió en convertir los comicios en un referéndum sobre la permanencia del PRI en el poder. Recordé mis estudios de la historia de la V República francesa, y cómo De Gaulle transformaba cada elección en un plebiscito sobre la continuidad de su mandato, e interpretaba cada referéndum sustantivo como un juicio sobre su lugar en la historia de Francia. Leyendo las encuestas, descansando en mi mediocre olfato y en mi grueso directorio de contactos, y escudriñando varias experiencias internacionales, creo haber convencido a Fox del 96 en adelante —insisto, con otros— de que la mejor manera —y quizás la única— de vencer al PRI yacía en definir el voto como un juicio sobre el futuro del país, no sobre la calidad de los candidatos. Mientras el electorado percibiera la contienda como algo "normal", semejante a procesos en otros países, donde la ciudadanía escoge al "mejor" partido o candidato para gobernar, el PRI triunfaría hasta la eternidad. Era "mejor" a pesar de sus múltiples desaguisados económicos, de la corrupción de sus regímenes, de la represión y la falta de respeto por los derechos humanos y las libertades. Los candidatos priistas solían perfilarse como gobernantes más competentes, experimentados y rodeados de colaboradores superiores a los de la oposición.

Por la vía de la normalidad, perdíamos. Sólo podíamos ganar si la elección equivalía a un plebiscito sobre el PRI. Lo esencial era interpelar a los electores en forma desviada: no ¿qué candidato te gusta más?, sino ¿quieres que el PRI siga en Los Pinos? Me persuadí sin el menor titubeo de que si la mayoría de los ciudadanos contemplaban la elección como una alternativa simple: PRI o no PRI, ganaría el no PRI. Pensaba, por todos los motivos expuestos, que la sociedad mexicana se hallaba harta del "partidazo", y que al término de los repetidos yerros del gobierno de Zedillo (no todos de su factura), optaría por la alternancia. Pero era preciso concentrar la atención del votante en lo que dejaba atrás, no en lo que vendría por delante. Fox reconoció la justeza de esta táctica, y la asumió desde un comienzo. Reclamo su autoría, pero como en tantos otros casos, al alimón con múltiples compañeros, anónimos o ya nombrados.

El corolario de esta estrategia de interpelación del ciudadano sobre la perpetuación del régimen priista —y mi segunda contribución al triunfo foxista— residió en el llamado "voto útil". Como dije tantas veces entre el 2000 y el 2005, yo no inventé el concepto; sólo "le puse Jorge al niño". En síntesis, detecté una evolución en el seno del electorado desde septiembre de 1999, parecida a una primera vuelta en un sistema de dos vueltas electorales. En la mayoría de los países democráticos con régimen presidencial, la votación se ejerce en dos turnos: una primera contienda entre todos los candidatos inscritos, y una segunda, celebrada sólo si ningún candidato obtiene más del 50% de los sufragios (en algunos países el umbral puede ser inferior, o abarcar un margen entre el primer y segundo lugar), reservada para los dos candidatos con mayor porcentaje de votos. En México ese mecanismo no existe, y quizás nunca verá la luz del día, ya que los tres grandes partidos consideran que un dispositivo de esta naturaleza perjudica… a cada uno de ellos, algo por definición imposible. El hecho es que de cualquier manera los votantes imponen su lógica, y en ausencia de dos vueltas formales, se genera un sucedáneo *de facto*. Las encuestas se convierten en un simulacro de la primera vuelta, y en realidad sólo contienden por la Presidencia los dos candidatos punteros: Diego y Zedillo en 1994, Fox y Labastida en 2000, Calderón y López Obrador en el 2006, y Peña Nieto y López Obrador en el 2012. El tercer candidato se rezaga. Los dos primeros se disputan sus votos y simpatías, que no se vuelcan sobre su primera preferencia, sino sobre la segunda. Surge un voto "útil" (los norteamericanos lo llaman estratégico) a favor del menos malo, o contra el peor de todos.

Un grupo respetable de activistas sociales y civiles procuró desde el verano anterior a las elecciones resolver el dilema del candidato único de oposición al PRI mediante múltiples métodos, unos audaces e imaginativos, otros menos. El desafío revestía hartas aristas y una arisca complejidad: Cárdenas consideraba que "le tocaba" la candidatura presidencial de unidad y ganadora; Fox, para entonces candidato oficial del PAN, replicaba que las encuestas le brindaban una ventaja considerable. Fracasó el intento de construir una fórmula de selección aceptable para ambos; ni siquiera prosperó la ingeniosa propuesta de Graco Ramírez de crear una vicepresidencia de la República otorgada al "perdedor" de la primaria de oposición. Al producirse la ruptura, se desató una cacería más o menos consciente, más o menos eficaz, de los votos del "otro", o de los independientes suceptibles de votar por el PAN o el PRD pero no por el PRI. La de Fox resultó más eficaz que la de Cárdenas.

Diversos estudios poselectorales —ninguno de ellos perfecto debido a la ausencia de datos suficientes— calcularon que entre uno y dos millones de mexicanos con preferencias por Cuauhtémoc sufragaron por Fox: buena parte de la diferencia entre el vencedor y Labastida. Una estimación del voto útil parte de la diferencia entre la votación del PRD en las elecciones intermedias (diputados y jefe de gobierno del D.F. con Cuauhtémoc en la boleta) en 1997 y la de

Cárdenas en 2000: 2.1 millones de votos. Otra manera superficial de evaluar el impacto del voto útil radica en comparar la cantidad de mexicanos que votaron por Fox —15.98 millones— con los sufragios reunidos por la Coalición PAN-Partido Verde en diputados —14.20 millones— o senadores. La diferencia, de 1.77 millones de votos representa el número de ciudadanos que votaron por Fox por un lado, y por candidatos a diputados ya sea del PRI, ya sea del PRD, por el otro. Esos 1.77 millones de sufragios constituyeron un poco más del 10% de los votos de Fox, entre 4 y 5 puntos porcentuales del total de votos emitidos. Otro método esquemático adicional de estimar las dimensiones del voto útil consiste en comparar el *porcentaje* de votos obtenidos por el PRD en las elecciones de medio período y para jefe de Gobierno del Distrito Federal 1997 —27%— con el resultado de Cuauhtémoc Cárdenas en 2000, 17%: ¿Dónde se refugiaron esos diez puntos porcentuales de electores mexicanos, equivalentes a siete millones de votos? En un estudio titulado *El voto útil en la elección del 2000*, de Alejandro Poiré y Beatriz Magaloni, se señala que: "El PRD fue el partido que perdió más votantes. Aproximadamente 40% de sus votantes iniciales desertaron en el curso de la campaña —22 % para Fox y 14% para Labastida […]. El reporte final de votantes por partido identificado refleja que la mayoría de votantes de Fox provino de los simpatizantes afiliados al PAN (41 por ciento), seguido de los independientes (29 por ciento) y detractores del PRI (21 por ciento). Si recordamos que la brecha entre Fox y Labastida fue de apenas 5%, es decir de 2.4 millones de votos, comprobamos que el desplazamiento de votantes de izquierda o independientes antipriistas jugó un rol significativo en el desenlace. Y si sospechábamos de la existencia de una estrategia fraudulenta del PRI y de sus aliados para la eventualidad de una elección cerrada, esa diferencia acabó por ser crucial, si no decisiva".

El voto útil surgió porque se buscó. Adolfo Aguilar, Joel Ortega y yo salimos casi a la calle a reclutar, seducir, convencer o secuestrar a los que se dejaban. A Joel y a mí se nos daba fácilmente: nuestras antiguas relaciones del Partido Comunista y del cardenismo agilizaban los contactos y las conversaciones, aunque no siempre las conversiones. Se atrajo a figuras de izquierda a las filas de los simpatizantes de Fox, se definieron posturas de Fox en temas caros a la izquierda y aceptables o deseables para los cardenistas y se insistió en lo esencial: derrotar al PRI, sólo Fox era capaz de lograrlo. La tesis central partió de Joel: sacar al PRI de Los Pinos no bastaba para cambiar al país en conformidad con los cánones de la izquierda, pero con el PRI en Los Pinos ese cambio era imposible. Mejor contribuir a la posibilidad del cambio que a la perpetuación del régimen. Desde Porfirio Muñoz Ledo, la adhesión más impactante, y la que más trabajo costó, hasta Alfonso Durazo y Florencio Salazar, pasando por Fernando Bazúa, Eliezer Morales, Francisco Valdés, Ricardo Valero, Evaristo Pérez Arreola, Layda Sansores, Francisco Curi, Cecilia Soto y varios más, se construyó una estructura de "voto útil" arriba y abajo. A principios de mayo se publicó un desplegado: *Ni un voto al PRI: Por una Plataforma y Gobierno de Transición*; días después Fox firmó un documento donde asumía una serie de Compromisos para un Gobierno de Transición Democrática, en un evento en el Polyforum Siqueiros. Externó una docena de promesas solemnes, a propósito del Estado laico, una solución pacífica al conflicto de Chiapas, la discriminación de grupos minoritarios, la equidad de género, Pemex y CFE, la política social y la educación. Casi a diario se sumaba a la causa foxista un disidente del PRI, del PRD o de la vieja izquierda no partidista: unos anodinos; otros emblemáticos. El candidato se dirigió cada vez más al voto centrista, o de centro-izquierda, enfatizando sus propias virtudes antipriistas, y en el círculo de alianzas destacó la presencia de personalidades con algún tipo de representatividad de centro-izquierda. Con o sin esta estrategia, un caudal significativo de votantes cardenistas disgustados o enemistados con el PRI y partidarios de la persona o del ideario específico o simbólico de Cárdenas hubiera convergido en el torrente final hacia Fox. Esos votantes carecían de alternativas, como les sucedió a sus herederos electorales en el 2006 —los desconfiados ante los excesos de López Obrador derivaron hacia Calderón, aun cuando no les causara mayor gracia— y en 2012, cuando un buen número de simpatizantes panistas se inclinaron por Peña Nieto, más por antipatía hacia AMLO que debido a su simpatía por el PRI. Pero el diseño y la aplicación de una estrategia explícita en el 2000 facilitó el proceso natural, inscrito en el comportamiento electoral de casi todas las sociedades. Permitió empujar a Fox hacia la izquierda, por lo menos en el discurso, ya que quienes deseábamos inclinarlo en esa dirección invocábamos argumentos potentes, siempre atractivos para cualquier candidato: "Así atraerás a los votantes de izquierda". En sus pronunciamientos sobre la Iglesia, cultura, América Latina, Estados Unidos, Chiapas, y otros temas álgidos, Fox sedujo de manera descarada a los electores de centro-izquierda, y esas definiciones influyeron, no siempre para bien, en sus posiciones de gobierno después de la victoria electoral.

Además de concentrar mis esfuerzos en convencer a Fox del mérito de las ideas claves del referéndum y del voto útil, y luego de mantenerlo en esa pista sin desviarse, difundí lo más posible la doble estrategia tanto en México como en el exterior. Actuaba con algo de permiso foxista y con mucha iniciativa propia, persuadido de que para conseguir fondos, apoyos y credibilidad, la campaña requería de una narrativa de triunfo más sofisticada que el puro apoyo "al cambio". A los votantes de a pie quizás un Fox engolado podía argumentar que el anhelo de cambio adquiría ya tales magnitudes que la victoria estaba asegurada; las élites internas y externas exigían una explicación y un diseño estratégico más elaborado. Procuré construir ambos en mis escritos durante esos meses, en particular en *El País* y *Newsweek* afuera, en *Reforma* dentro de México. En febrero publiqué el mismo artículo para los tres medios, insistiendo en que el PRI sólo podía perder con "la transformación de la jornada electoral en un referéndum sobre la permanencia o clausura del sistema político mexicano", y si "quizás reteniendo la respiración y cerrando los ojos, un número cada día mayor de electores cardenistas se aprestan a votar por Vicente Fox: no por sus virtudes o propuestas, sino a pesar de las innegables deficiencias que presenta Fox a ojos de dichos votantes. Por una sencilla razón: es el único que puede ganar".

Llegamos al 2 de julio envueltos en un torbellino de rumores, incertidumbre y esperanzas. La impresión embodegada en mi memoria hoy se centra en el escepticismo de muchos en el equipo, ya sea sobre el número real de sufragios que alcanzaríamos, ya sea sobre la disposición del gobierno de aceptar una derrota de Labastida por un margen exiguo. Marta y Fox creían en la victoria contra viento y marea; algunos de los demás dudábamos una y otra vez, por una razón u otra. Dos hechos me llevaron a pensar que quizás el triunfo se tornaba factible al acercarse el Día D. El primero ocurrió un domingo en San Ángel, dos o tres semanas antes de los comicios, cuando Miguel Limón y su esposa tocaron a la puerta, se bajaron de sus bicicletas y entraron un rato para conversar con Miriam y conmigo. Limón ocupaba el cargo de secretario de Educación con Zedillo, había sido compañero de internado de Fox en Milwaukee y guardaba una relación estrecha conmigo desde que nos conocimos en 1987, justo después del destape de Salinas. Admiré siempre su sabiduría política e integridad personal y su sentido del Estado. Era de los pocos priistas imbuido de esa virtud. Al término de la plática, comprendí que Miguel casi daba por descontada la victoria de Fox, que su sentimiento podía ser compartido por varios colegas en el gabinete zedillista, y que yo figuraba entre las personas en las que confiaba y con quienes podía conversar en el grupo chico de Fox. No me veía como puente ni menos como intermediario para una gestión que nadie le encomendó, pero se sentía más tranquilo conmigo de interlocutor que con otras personas del círculo foxista.

Informé a Fox de mi encuentro con Limón, no sin antes reflexionar al respecto con Adolfo Aguilar. Inventamos de inmediato una argucia intrascendente pero posiblemente útil. Sugerimos a Fox que además de otras líneas de comunicación ya abiertas con Zedillo y que nosotros desconocíamos —la más importante: entre Marta y el secretario particular del presidente— convenía disponer de una más, a través de Limón, si Zedillo lo aprobaba. Sin quererse, Fox y Limón se respetaban desde su época juntos en secundaria. Fox accedió a nuestra iniciativa, y de inmediato busqué a José Luis Barros, coordinador de asesores de Zedillo. Le transmití la idea para que a su vez se la comunicara a Zedillo, y pocos días más tarde, en casa de Andrés mi hermano, tuvo lugar una reunión secreta entre Fox y Limón solos, con pleno conocimiento de Zedillo, para hablar sobre la elección inminente. Fox manifestó sus dudas sobre la limpieza y el compromiso del gobierno y del PRI con un resultado desfavorable; Limón repitió las tesis y las decisiones de Zedillo, y ambos convinieron en mantener el contacto y comunicarse el día de la elección. La señal para mí era diáfana: varios de los mejores políticos del PRI y del gobierno se resignaban ante la inminente derrota de su partido y preparaban el futuro, fraguando nexos con sus escasos conocidos entre las filas del foxismo.

El segundo acontecimiento se produjo el sábado antes de los comicios. Desde varios días atrás, Elba Esther se había esforzado por organizarme un encuentro secreto con Francisco Labastida; parecía que algunos aliados adicionales del candidato del PRI apoyaban la idea. El motivo expreso se asemejaba a la sensación esgrimida por varios priistas —ya sugerida arriba— de que en el foxismo el único sensato, o el menos insensato… era yo. Me conocían bien, compartíamos varias amistades, me veían como un interlocutor un poco tosco pero serio e influyente que hablaba su mismo idioma. Esta percepción encerraba una cuota de verdad y otra de fantasía, pero el buen ánimo priista hacia mí era patente en ese momento. De allí que la iniciativa de Elba no careciera de lógica.

Me reuní con Labastida la mañana del sábado 1º de julio en el departamento de la maestra ubicado en la calle de Galileo (donde yo viviría cinco años como inquilino puntual de pago y privilegiado). Conversamos durante un poco más de una hora; dos temas torales dominaron el diálogo. Por un lado, la aparente certeza de Labastida de que todas las encuestas —salvo las de Fox— arrojaban una ventaja de cinco puntos a su favor; no vacilaba en vaticinar que en eso estribaría el margen de la victoria priista. Me conminaba a aceptar esa inevitabilidad, que la transmitiera a Fox e influyera para que no reventara la elección o denunciara un fraude inexistente, o desconociera los resultados cuando el desenlace de la campaña se presentara contrario al que imaginó. Elba y él enfatizaban la necesidad de voces y mentes de cordura, realismo y madurez en esos momentos, en ambos bandos; debían cesar las constantes denuncias de trampas o manipulaciones de los votantes.

Me limité a reiterar, con serenidad —no sé de dónde me nació en esa ocasión—, las posiciones conocidas. Existían sectores en el PRI renuentes a aceptar su derrota; nuestras encuestas presentaban datos muy diferentes a los del PRI; la mejor manera para nosotros de impedir un fraude consistía en denunciarlo con estridencia creciente. Me retiré con la impresión de que Labastida creía, con sinceridad, en sus encuestas. No controlaba del todo a su equipo de campaña y fue en parte víctima de una visión equivocada de lo que sucedería el día de la elección. A esas alturas, sin embargo, desperdiciar una hora con una figura del equipo de Fox sólo para repetir una mentira me parecía ocioso. Por tanto, la explicación más probable de esa junta descabellada debía ubicarse en una constelación mental diferente. Labastida intuía, o daba por cierta, su derrota, pero ya sea por creer que al final algunas de las promesas de sus colaboradores —el llamado voto verde o campesino a favor del PRI, la operación electoral financiada por el llamado Pemexgate, las reservas estratégicas en Veracruz y el Edomex— se cumplirían y se cerraría la elección; ya sea porque perdiera y convenía abrir un canal de comunicación con el próximo gobierno para lo que se ofreciera, optó por dedicar una de las últimas veinticuatro horas de su campaña a una plática apresurada con un personaje de pertinencia dudosa. Tampoco descarto que su deseo de congraciarse con Elba Esther figurara en la ecuación, y que Elba, por su parte, le haya insinuado que el origen de la idea del encuentro provenía del mismo Fox. Sólo le conté del encuentro a Adolfo Aguilar, aunque por supuesto planeaba informarle a Fox si las cosas salían mal al día siguiente. No fue el caso, y salvo Elba, Adolfo, y Enrique mi amigo parisino, nadie más supo de una conversación sin consecuencias, y en buena medida sin sentido. Salvo para agregar un fundamento adicional para mi confianza en el triunfo, por fin, de mi gallo.

Realicé dos últimos esfuerzos por consolidar la ventaja de Fox, uno infructuoso al extremo, el otro coronado en parte con éxito. A mediados de junio escribí un artículo casi rogándole a Cárdenas que declinara a favor de Fox, ofreciendo argumentos de cierta pertinencia, y a la vez resignándome a su rechazo categórico. Cuauhtémoc debía aceptar que "No sería presidente de México: ni podía ganar esta vez, ni cabía en la fatalidad un nuevo intento en 2006 [...]. Pero sí quedaba en manos de Cárdenas determinar quién sería presidente: Labastida o Fox [...]. Optó por el sistema y el PRI porque lo contrario significaba a sus ojos una traición a su padre y su herencia [...]. Otra cosa es que aquellos que no participan de esa herencia obedezcan a pie juntillas las instrucciones del patriarca en su otoño electoral ... [hacia] un suicidio colectivo, tan temido por Monsiváis: no sólo no impedir el triunfo de Fox, ya inminente, sino prescindir del pacto y del consiguiente acotamiento." Mi rollo cayo en orejas sordas.

El segundo intento tal vez prosperó. A partir de mediados de mayo enfoqué mi proselitismo hacia los pequeños pero influyentes grupos de académicos, activistas sociales, creadores e intelectuales en general que aún no se regocijaban ante el advenimiento de la alternancia, que no compraban mis tesis, pero quizás podían ser convencidos al cuarto para las doce. Partí, en una artículo en *Reforma* el 15 de mayo, afirmando que Fox había ya satisfecho las dos condiciones *sine qua non* de su victoria: transformar los comicios en un referéndum sobre el cambio y aglutinar los sufragios opositores en torno a su candidatura mediante el voto útil. Enseguida repetí lo dicho sobre las posiciones económicas y sociales de Fox, su participación en Alternativa Latinoamericana, para luego dirigirme a quienes le atribuían tal trascendencia a rubros como la Iglesia, el aborto, la mujer, la familia y la educación: "la alternancia cesa de ser un objetivo ontológicamente virtuoso [...]. Pero en la medida en que consiste en el desmantelamiento de un sistema autoritario, crea condiciones de lucha infinitamente superiores a las existentes para lograr diversos cambios. Es, si se quiere, una condición necesaria, mas no suficiente, para el cambio que cada quien quiere. La alternancia resulta deseable no porque Fox vaya a poner en práctica tal o cual política […] sino por la apertura de espacios que generaría el desmantelamiento del sistema […] en tres grandes rubros, por ejemplo: el aborto, el movimiento obrero y la corrupción." Que por razones vinculadas de manera muy directa a mi impericia y debilidad ese desmantelamiento no tuvo lugar, y que en los tres capítulos mencionados en particular, el cambio se produjo de manera muy acotada, es harina de otro costal.

Este debate fue llevado a mediados de junio a la portada de *Proceso,* en un *split screen* sintomático: Monsiváis denunciando que los compromisos de Fox del Polyforum eran "literatura de volanteo, sin importancia alguna" y repelando contra el "mochismo" de Fox, yo sosteniendo que sólo el podía triunfar. No sé quién ganó el debate, pero la circulación de ese ejemplar rebasó el de la mayoría de los números de antes de la elección, y la discusión se planteó con nitidez y seriedad. Las decenas de miles de lectores pudieron formarse una idea explícita y articulada de las dos posturas en pugna y optar como mejor les pareciera. Se trató de uno de los enfrentamientos de ideas más sustanciosos y enriquecedores de la campaña, y objeto de indudable gratificación para mí por haberlo impulsado.

IV

Destacan de la jornada electoral pocas anécdotas diferentes de las que otros han relatado. Desde temprano, después de votar, Adolfo y yo nos dirigimos a Coyoacán, al cuarto de guerra del sondeo de salida de la encuestadora GAUSCC, en comunicación permanente con la firma ARCOP, cercana al PAN, y con Fox, Marta y Pedro Cerisola en la nueva y aún inacabada sede del PAN. Buena parte del equipo se hallaba parapetado en una sala, estudiando los *exit polls* y recopilando informes, pero sobre todo… viendo la final de la Eurocopa de Naciones entre Francia y Alemania. Allí llegamos Adolfo, Paco Ortiz y yo. Alrededor de la una de la tarde, cuando las tendencias de GAUSCC y ARCOP aún no eran contundentes, aunque sí alentadoras, Marta ya había recibido informes de Los Pinos. Sólo que no podía concentrarse del todo en los datos, ya que de repente se aposentó en el puesto de mando la anterior esposa de Fox, Lilián de la Concha, que se encontraba en el cuarto de al lado con sus vástagos, sin mayor motivo ni explicación, salvo para "felicitar" al padre de sus hijos, fastidiar a la nueva compañera y crear un incidente a punto de estallar. Según mi nebuloso recuerdo, Marta y ella casi llegan a los bolsazos hasta que alguien apaciguó las aguas y logró el retiro de Lilian de la escena. Muy poco tiempo después, nos quedamos todos con la sensación de haber ganado, pero sin certidumbre alguna. Adolfo y yo nos dirigimos a Coyoacán de nuevo, almorzamos en uno de los changarros hippiosos de la plaza con Miriam, la esposa de Adolfo, mi hijo y Alan Riding. Allí nos avisaron los amigos de GAUSCC que las tendencias se revirtieron al terminar el futbol y la misa mañanera de los votantes panistas, y que Fox ganaría por cinco puntos cuando menos. Lo demás es historia, salvo por el abrazo que le di a Fox poco antes de su discurso en la sede del PAN, y cómo organicé el besamanos con Fox de varios embajadores —Luis Maira, de Chile, el de Francia y de Alemania— en el atiborrado vestíbulo de la sala de reuniones del PAN. Y una reflexión lapidaria y presciente de Alan Riding, cuando nos encontramos en el Ángel de la Independencia, para celebrar el triunfo de Fox: "Para haber terminado con setenta años del PRI, es poca gente."

Lo que no es historia atañe a la saga de otra elección, la del Distrito Federal, que marcó de modo decisivo el sexenio de Fox. La primera preferencia de Fox para coordinar su campaña, desde el otoño del año anterior, recayó en Santiago Creel. Le simpatizaba, le guardaba confianza, poseía el perfil ciudadano, aún no panista, que Fox buscaba, era joven y procedía de una familia y profesión de abolengo. En noviembre de 1999, Creel —o el "Fíjate tú" como le apodamos en el equipo— se las agenció para contender por, y conquistar, la candidatura panista a la jefatura de gobierno de la capital, contra los deseos de Fox, quien carecía de sustitutos viables en ese momento (en tándem Cerisola y Ortiz consumarían a la perfección esa faena un poco más tarde). Ya en campaña, Creel optaría por un esquema eficaz, aunque en ocasiones desprovisto de solidaridad, de lobo estepario en la administración y el calendario de sus spots, sus finanzas, su equipo de trabajo y sus apariciones en público con Fox. Recuerdo con nitidez la ocasión en que el candidato presidencial se quejó con Adolfo y conmigo del aspirante a la alcaldía del Distrito Federal porque no prodigaba tiempo para grabar comerciales de campaña con él; Paco Ortiz me lo confirmó años después.

El caso es que a pesar de las tiranteces entre ellos, Fox y Creel conformaron una buena mancuerna, al grado de que empezó a achicarse la distancia entre el del PAN y Andrés Manuel López Obrador, candidato del PRD, beneficiario de la benevolencia de Zedillo para presentarse sin ser capitalino, y del gasto extravagante del GDF, en manos de Rosario Robles y de su compañero Carlos Ahumada. Para principios de junio, la brecha entre los dos aspirantes se redujo a un par de puntos, y el día de la elección casi se desvaneció, para ser suplantada por un virtual empate técnico. El Instituto Electoral del Distrito Federal (IEDF), en un concurso abierto, contrató a la empresa GAUSSC para realizar uno de los conteos rápidos al concluir los comicios defeños. Como es costumbre, GAUSCC acompañó el *quick count* a partir de actas exhibidas en una muestra de casillas, con una encuesta de salida o *exit poll* efectuada entre votantes seleccionados. A lo largo de la jornada el resultado de la encuesta de salida se mantuvo cerrado al extremo, pero al final del día el conteo rápido arrojó una significativa ventaja para AMLO. El IEDF comenzó a presionar tarde en la noche para que GAUSSC divulgara su resultado, pero los encuestadores se resistían debido a la diferencia entre las dos cuentas. La discrepancia sólo se explicaba por una peculiaridad de los comicios capitalinos, distintos de los federales. López Obrador aparecía varias veces en la boleta: como candidato del PRD, del PT, del PARM y otros más. Cualquier boleta tachada más de una vez debía anularse, aunque un votante típico supusiera que marcar su preferencia por AMLO de manera repetida no invalidaba su voto. Se podía conjeturar que en varias zonas de la capital, donde el PRD controlaba las casillas y el PAN carecía de representantes, no se anularon las boletas tachadas dos veces —como lo exigía la legislación electoral del Distrito Federal— y que la ventaja final de AMLO provino de esa estratagema.

Años más tarde, un exjefe delegacional del PRD me confesó cómo al caer la tarde él y dos de sus colegas en delegaciones densamente pobladas de la capital montaron un operativo de "movilización" del voto conforme a las inmejorables tradiciones priistas, al comprobar que el candidato de izquierda podía perder. Se entiende que "movilización" del voto significó todo: acarreo, relleno, votaciones múltiples o carruseles (como rezaba el alcalde Richard Daley de Chicago: *Vote early and vote often*), y sobre todo, la validación de boletas marcadas en dos o más casilleros. Por eso la encuestadora no logró cerrar el resultado. Al reunirse el Consejo Electoral del IEDF a la medianoche, de modo extraño el representante del PAN desistió de impugnar los números o de exigir la revisión de las boletas marcadas dos veces. ¿Qué sucedió?

Sin elemento probatorio alguno más allá de las versiones citadas, tengo la certeza de que si Creel no ganó, por lo menos sobraban pruebas suficientes para denunciar un fraude plausible en por lo menos tres delegaciones, y tumbar la elección de López Obrador. Conviene recordar que de acuerdo con los datos oficiales, AMLO obtuvo 34.5% de los votos, Creel 33.4%, es decir, una diferencia de 45 mil sufragios: una proporción mínima de los habitantes de Iztapalapa, Gustavo A. Madero y Álvaro Obregón. En una nueva votación, con el resplandor de Fox y del "cambio", Creel hubiera arrebatado el segundo cargo electoral del país. Pero lo último en pasar por la mente del ya entonces *de facto* presidente electo era un conflicto poselectoral, con la izquierda, en el Distrito Federal. No sé si prefería en ese momento a un partidario en el segundo puesto del país o a un adversario, pero estoy por completo convencido de que no consideraba útil o deseable lidiar con un tumultuoso diferendo de esa naturaleza. Por tanto, con más malicia y sagacidad política de lo que varios le atribuyeron por años, y con una visión de Estado y de largo plazo muy deficiente para las necesidades del caso, sacrificó a Creel y al Distrito Federal. Decidió dejarla pasar y ver más adelante cómo arreglar las cosas.

El costo fue exorbitante. Si esta especulación no se aparta en exceso de la verdad, Fox adquirió una voluminosa deuda con Creel, y éste se apoderó de los proverbiales pelos de la burra, bien agarrados en la mano para obligarlo a saldarla: las pruebas del fraude crepuscular en tres delegaciones perredistas y multitudinarias de la capital. De allí, a mi parecer, la decisión de Fox de designar a Creel en Gobernación y no a Rodolfo Elizondo, a quien siempre le guardó cierta desconfianza por su cercanía al tema de los casinos cuando presidió la Comisión de Turismo del Senado, pero que aparentaba ser el candidato natural para la casona de Bucareli. Por muchas razones, un secretario de Gobernación despojado de ambiciones sucesorias y por consiguiente de rivalidades personales conmigo o de afanes negociadores perpetuos con la oposición priista y de izquierda, que caracterizaron a la gestión de Creel, hubiera sido otra cosa. Tal vez la verdadera disyuntiva del sexenio de Fox, y quizá de la transición mexicana, se habría librado de manera distinta, ya no en una derrota mía, de Aguilar Zínser, de Muñoz Ledo y de algunos más, sino con una ruptura categórica frente al PRI, el pasado y los poderes fácticos.

Por lo pronto, ganó Fox, se produjo la alternancia, y después de tantas derrotas indirectas, me tocaba disfrutar las delicias de una victoria. Arrancaba una nueva etapa: el interinato entre el gobierno saliente y el nuevo, la toma de múltiples decisiones trascendentales para el país y la formación del gabinete. En todo eso deseaba desempeñar un papel destacado; pude, a un alto precio.

V

Dediqué los siguientes cinco meses a un propósito: mi designación como secretario de Relaciones Exteriores, concentrando mis esfuerzos en las tareas cuya lúcida y eficiente realización contribuirían a convencer a Fox de que yo constituía su mejor opción, y de ser posible, la única. Me esmeré en organizarle al presidente electo los viajes necesarios por buena parte del mundo, en una secuencia diseñada en función de criterios de política exterior y de lucimiento de Fox, y mío también. Alcancé mi meta, pero visto en retrospectiva, a un costo elevado en relación a otros objetivos más lejanos pero más relevantes. Esquivar renuncias, evitar vetos, despejar caminos y neutralizar a posibles rivales implicó un magno esfuerzo, gratificante sin duda, pero que ejercí en detrimento de otros empeños. De haber entregado a esos cometidos la misma energía monotemática, quizás el curso de los acontecimientos hubiera resultado diferente: alianzas, nombramientos, secuencia de decisiones, camaradería con el resto del equipo.

Fox manejó las llamadas, cartas y visitas de felicitación con Marta y Juan Hernández, en general con habilidad, salvo excepciones, en mi opinión graciosas —como su saludo a Juan Carlos I de España: ¡Qué tal, mi Rey!—, pero que empezaron a conformar y después a alimentar la leyenda negra de un mandatario rústico, poco atento a la solemnidad mexicana y al maldito culto mexicano por la llamada investidura. En los primeros días, ni Adolfo Aguilar ni yo gozamos de mayor acceso a Fox, y menos de la posibilidad de intervenir en las relaciones internacionales del presidente electo. Sin embargo Fox muy pronto se percató de que en ese terreno, al igual que en el hacendario y el político puro, su victoria le imponía obligaciones y oportunidades inmediatas e imposibles de desaprovechar. Cuando Adolfo y yo pudimos sentarnos con él un par de días después de los comicios, gracias a la gestión y las mañas de Bob Pastor, mi querido amigo ya fallecido, le planteamos la urgencia de organizarse para la transición y utilizar ese lapso interminable e inútil para viajar, planear su política exterior, presentar su proyecto económico y presumir la alternancia desde el primer día. La perpleja decisión de formar una decena de "mancuernas" o parejas de responsables de múltiples temas para el interinato obedecía tanto al imperativo de atender áreas en particular —economía y finanzas, relaciones políticas interiores y exteriores— como a la exigencia de preparar la gestión de gobierno en esos y otros ámbitos.

Esta extraña decisión de Fox descansaba en una cierta lógica y astucia. Necesitaba que alguien se responsabilizara de los temas urgentes o álgidos, y si le encargaba esa tarea a una sola persona desataría una especulación frenética sobre la ineluctable designación de la misma en el gabinete; mejor repartir la carga y la esperanza entre dos y esconder al "bueno" detrás de esa humareda. Lo otro detonaría ataques de los enemigos del elegido, cargadas de búfalos de sus partidarios y la histeria de la comentocracia. El problema con el esquema foxista consistió en las inevitables rivalidades inscritas en un dispositivo de esta naturaleza. En mi caso, el esquema contribuyó a uno de los errores más graves de Fox en su diseño de gobierno, que a la postre encerró consecuencias altamente nocivas para el país. En un primer momento, recibí una llamada de Gina Morris, la principal colaboradora de Marta, encontrándome con Adolfo Aguilar y

Cassio Luiselli en el bar del Hotel Four Seasons; me pidió que tomara la llamada por una línea fija. Procedió Morris a informarme de las designaciones para el equipo de transición, donde ocupaba yo dos funciones —relaciones internacionales y coordinación de asesores en conjunto— y Adolfo, ninguna; así respondió la propia Gina a mi pregunta explícita. El telefonazo me provocó una doble duda: carecía por completo de sentido que Fox me encargara la coordinación de asesores; terminaron siendo Pedro Cerisola y Ramón Muñoz los responsables de ello. Asimismo, resultaba aberrante que Adolfo no fuera ubicado en uno de los cargos principales. Por ello, pensé que se había generado un teléfono descompuesto y que convenía esperar. Pero a Adolfo, que escuchó todo, le cayó el mundo encima, se sumió en una profunda depresión y se retiró-refugió-amorcilló en su casa de Tepoztlán durante varios días. Fue el primer paso en falso de Fox con Aguilar.

Pocos días después, en presencia de varios compañeros, se comunicó Marta conmigo para relatarme que ya se habían completado las listas de "mancuernas", faltando únicamente la de relaciones internacionales. Fox me invitaba a mí y a Gabriel Jiménez Rémus, senador tapatío del PAN, con alguna experiencia y vocación internacional. Aunque no conocía bien a Gabriel, me simpatizaba. Dudaba que fuera un candidato alternativo para la Cancillería, pero de todas maneras decidí oponerme a su nombramiento. Le manifesté mi inconformidad a Marta y traté de escabullirme con la sugerencia de que en el caso de relaciones internacionales figurara un único titular. Marta expresó su escepticismo sobre la viabilidad de la propuesta, pero accedió a planteársela a Fox. A los quince minutos me marcó de vuelta para transmitirme la respuesta: No, a fuerza debían ser dos, pero Fox me ofrecía la oportunidad de proponer un candidato. Delante de varios testigos, no vacilé ni un segundo en sugerir a Adolfo, pero no por las razones que Marta, Fox, o el propio Adolfo se imaginaban. Así entró Aguilar Zínser al equipo de transición.

Sabía que con Aguilar diferíamos en algunos puntos claves de política exterior, y que nunca se facilita el trabajo conjunto entre alguien tan creativo y a la vez caótico como él y un *control freak* como yo. Pero después de atestiguar la depresión de Adolfo de esos días y su persistente exclusión o falta de ubicación en el grupo transicional, decidí que le debía al amigo utilizar mi menguada pero aún suficiente fuerza con Fox para integrarlo, aunque fuera en un terreno distinto al suyo, y donde abrigaba opiniones al margen de las de Fox y mías, plasmadas en un texto programático de campaña. Con el tiempo, pensaba, Adolfo podría ganarse de nuevo a Fox en otras áreas y conquistar el puesto de gabinete que merecía, en cualquiera de los sectores donde destacaba y para los cuales el presidente electo carecía de cartas fuertes, es decir, capaces, confiables y presentes desde la primera hora. No entendí que Fox operaba de otra manera, y que una vez que se formaba una idea, por precipitada que fuera, sobre la competencia, la vocación y el perfil de un colaborador, no la modificaba. Según me relató años después Ramón Muñoz, quien armó las ternas para el gabinete de Fox (lo de los *head hunters* fue puro petate de muerto), yo estaba destinado al gabinete, a menos que me tropezara, y Adolfo no, a menos que deslumbrara, a ojos de Fox, más allá de sus propios méritos.

La pregunta evidente que el lector se formularía aquí demanda una respuesta compleja y a la vez sucinta. ¿Por qué tanta insistencia de un "intelectual de izquierda" como yo para ingresar a un gobierno presidido por un "empresario de derecha"? ¿Qué necesidad? Influyeron varios criterios. El primero, y más importante, brotó de mi antigua obsesión por desempeñar una función gubernamental de alto nivel, con un programa claro por lo menos en el ámbito bajo mi cargo, en un gobierno cuyas credenciales e intenciones democráticas brillaran por su presencia. El dilema de participar o no en un gabinete priista jamás se presentó: incluso el ala más tecnocrática del PRI desconfiaba de mí, y por tanto jamás debí escoger entre resignarme ante las raíces autoritarias y los decenios de corrupción impune, y la posibilidad de poner en práctica un programa de cultura, educación o política exterior diseñado en parte por mí. Tampoco me vi obligado a enfrentar la desgarradora disyuntiva de ingresar o no a un gobierno de izquierda. La hipótesis de un triunfo de Cárdenas era irrelevante; no iba a ganar. El problema, entonces, no yacía en mi disposición abstracta de asumir un cargo burocrático; mi respuesta siempre había sido afirmativa. La opción se planteaba a propósito de los orígenes democráticos del equipo gobernante, de la responsabilidad en cuestión y del programa. De haber vencido Labastida en el 2000, con su proyecto de "computadores e inglés" para los niños mexicanos (el spot más exitoso de la campaña), habría aceptado encargarme de la SEP en el muy remoto caso de que me fuera ofrecido. La elección del 2000 constituía una prueba de ácido: cualquier ganador de esa contienda cumplía con las condiciones mínimas de pedigrí democrático imprescindibles para mí.

En segundo término, nunca compartí la interpretación absolutista de las tesis de Octavio Paz sobre la distancia con el príncipe (que Paz incumplió al trabajar en la Secretaría de Relaciones durante largos años antes de ser embajador de México en la India). Siempre me identifiqué mucho más con la figura del consejero del príncipe de Maquiavelo, o, sobre todo, con el *intellectuel engagé* de Sartre. No tenía sentido ni congruencia incorporarme a la campaña de Fox, desempeñar un papel de cierta relevancia, asumir un compromiso público y notorio, para luego declinar una invitación a poner en práctica las tesis expuestas o esbozadas, las promesas planteadas, y contribuir a algo decisivo para la alternancia: su éxito en el poder. Sostuve que la alternancia constituía una condición necesaria, mas no suficiente de la transformación del país en la dirección apropiada. ¡Qué absurdo lanzarse de lleno para realizar la condición necesaria y excusarse en la realización de la suficiente! Más aún, mi atalaya privilegiada en el equipo de campaña de Fox me permitía detectar una debilidad congénita y medio grotesca del próximo régimen: una absoluta falta de "mundo", de visión global del país, de capacidad comparativa con el resto del planeta; en una palabra, la omnipresencia de un provincialismo enternecedor y aterrante.

Por último, tratándose de la transición de un régimen autoritario a una democracia representativa, no sólo creía que el signo ideológico del nuevo gobierno importaba poco, sino que desde el 88 adiviné que la salida del autoritarismo del PRI se gestaría más bien por el camino conservador que por el progresista. Así aconteció en casi todos los países agobiados por dictaduras más o menos blandas, tanto en América Latina como en la Europa mediterránea y desde luego más tarde en Europa oriental. La única excepción parcial se produjo en Sudáfrica, y la persona de Mandela contribuyó a atenuar la discordancia. Esa uniformidad poseía razones lógicas: los poderes fácticos en México y en el mundo entero, principales beneficiarios de cualquier *ancien régime*, no se resignan a verse desplazados de su zona de confort por un gobierno *afín* en lo ideológico, y mucho menos por uno antagónico. Lo esencial consistía en la consumación de la alternancia, no en la ubicación exacta de la misma en el espectro político derecha-izquierda. Además, salvo su religiosidad histriónica, Fox mismo, y su administración después, no se catalogaban fácilmente en la derecha. Su política económica pretendía ser —y fue— una copia calcada de la de los dos regímenes anteriores y posteriores: ortodoxia pura, para bien y para mal. Su política social, un poco más progresista, su enfoque educativo y cultural, igual de mediocre que los equipos que lo precedieron, pero no menos laico o más privatizador. Su política internacional era moldeable en dirección de los criterios afines a mis convicciones: derechos humanos, multilateralismo, defensa proactiva de los migrantes mexicanos en Estados Unidos, promoción cultural de México en el exterior. Como yo no compartía el dizque erudito prejuicio anticlerical, anticocacolero y antirranchero de buena parte de la intelectualidad mexicana, poco me fastidiaba que Fox invocara a la Virgen de Guadalupe o concluyera algunos de sus discursos con la cursilería de "Dios los bendiga". Mientras se atuviera a su compromiso de respetar el *statu quo* (conservador pero que podría ser peor) del aborto en México, por ejemplo. Asimismo, su innegable figura rústica y su escandalosa falta de solemnidad no sólo no me molestaban, sino al contrario: detesto pocas cosas tanto como la solemne reverencia mexicana por el rito. Me congratulaba del lenguaje coloquial, las sílabas mal acentuadas, la vestimenta relajada, los chascarrillos de buen o mal gusto de Fox y la prestancia despabilada. ¿"Empresario de derecha"? Tal vez, pero presidente centrista de la transición en cuanto a sus políticas públicas concretas. Lo primero me valía madre; lo segundo me importaba sobremanera.

Libro 7
La transición, el gabinete, el nombramiento

I

En cualquier caso, decidí buscar el cargo de canciller. Concentré mi considerable capacidad obsesiva en lograrlo. Pensé que aumentarían mis probabilidades de conquistar el puesto ansiado si le demostraba a Fox mi aptitud, y que, entre los posibles designados, era el más calificado. Aprovechamos los eternos cinco meses de la transición para realizar innumerables viajes, cada uno a varias capitales —un desplazamiento inédito para cualquier presidente electo, aunque desde entonces los sucesores de Fox han recorrido el mismo camino—. López Portillo visitó tres países; De la Madrid sólo Estados Unidos; Carlos Salinas, también únicamente Estados Unidos; Zedillo todo Centroamérica, Canadá y Estados Unidos. Arrancamos con América del Sur en Chile, por razones de política interna mexicana —siempre hay que rendir pleitesía al folclor latinoamericanista nacional—, pero también porque intuí que Fox se sentiría menos tenso y más a sus anchas en una región familiar, con personajes conocidos, libre de la obligación de conversar en un idioma que no era el suyo. Además, suponía yo que algunos presidentes o primeros ministros de la región, por ejemplo, encontrarían la manera de insinuarle al presidente electo mexicano que yo prefiguraba una buena carta para su política internacional.

Palomeada Sudamérica, armé la ordalía de Estados Unidos y Canadá, dificultosa debido a una endemoniada complicación protocolaria y electoral. Bill Clinton iba ya de salida; los candidatos a sucederlo, Al Gore y George W. Bush, se hallaban en plena campaña; era inútil ver sólo a Clinton, e imposible entrevistarse únicamente con uno de los dos candidatos. Por fin logré, gracias a la ayuda de conocidos en el gobierno de Clinton y en la campaña de Bush, que Fox sostuviera una reunión con Clinton en la Casa Blanca, un almuerzo en el Departamento de Estado, un desayuno con Gore en la residencia oficial del vicepresidente y una conversación con Bush en Dallas. Ninguna salió a la perfección, pero de todas asimilé algo: sobre Fox, sus interlocutores y sobre mí.

La Casa Blanca y la Oficina Oval imponen. Por más que Clinton intentara crear un ambiente relajado —subiendo los pies a la silla, practicando sus estiramientos—, nadie escapó al nerviosismo inevitable. Fox lo externó a su manera, la que conoce bien: hablando sin cesar durante más de media hora, impidiendo que Clinton colocara una sola palabra. Abundaron en sus expresiones tanto lugares comunes como destellos de perspicacia, algunas nociones contraintuitivas que sorprendieron al norteamericano, y una escasa disposición a escuchar o aprender de alguien en el ocaso de su mandato, y por ende anuente a compartir confidencias y enseñanzas. Sólo al final, Fox permitió que Clinton recomendara que el mexicano se rodeara de activistas de la sociedad civil como… Adolfo Aguilar y yo, asegurando así un intercambio más fluido con esa sociedad civil. Era la segunda ocasión, después de Ricardo Lagos en Chile, que un colega le "soplaba" a Fox la sugerencia de acercarme. Vi a Clinton varias veces más durante los siguientes diez años. Nunca le agradecí el gesto, pero sí recibí una y otra vez el conocido y privilegiado trato de seducción de quien la propia comunidad afroamericano apodó, medio en broma, medio en serio, por su ritmo, su galantería y sus orígenes, "el primer presidente negro de Estados Unidos".

Con Bill Clinton, Nueva York, 2003

Clinton, como es sabido, combina una extraordinaria capacidad seductora con una memoria fenomenal, una curiosidad por la sustancia de los temas y una *joie de vivre* insuperable. Este menjurje de talentos le permitió actuar como un candidato fenomenal, un expresidente hiperactivo, respetado y exitoso, y un protagonista de las relaciones internacionales inédito en muchos aspectos para su país. Pero el mismo conjunto de dones le impidió ser un gran presidente. Escucharlo explayarse en privado, como me sucedió un par de veces en una isla griega, sobre los detalles más ínfimos —y trascendentes— de las negociaciones entre Ehud Barak y Yasser Arafat en Campo David, y cómo y por qué el esfuerzo fracasó, fue una delicia. Comprobar cómo transmite siempre la impresión de interés, recuerdo y detalle guardado en el disco duro, equivale a admirarlo y sentirse enormemente halagado. Y atestiguar su obsesión —y la de su equipo de seguridad— con las interminables piernas de una novia mía con la que lo frecuenté dos veces en Grecia y Acapulco es comprender cómo desperdició el increíble mandato de su reelección de 1996 al verse obligado a invertir todo su capital político en salvarse —de panzazo— de un escándalo de amoríos con una niña regordeta que no valía la pena. Clinton creó las condiciones del triunfo de Bush, su sucesor, y de la derrota de Al Gore, su segundo. Permitió, por omisión y distracción, la masacre de casi un millón de africanos en Rwanda. Comenzó la construcción del muro entre México y Estados Unidos y cercenó la circularidad migratoria entre ambos países, sentando las bases del descalabro de un modus vivendi que había durado casi un siglo. Seducía a los perros de la playa en la isla de Chios, a mujeres bellas y a premios Nobel de Economía con la misma facilidad y adicción, y no hay expresidente de Estados Unidos tan admirado en el mundo: como él mismo dice, se tarda una hora en recorrer veinte metros en una cena de gala si saluda a todas las mesas, y no puede evitar hacerlo. Es un personaje fascinante, trágico. Quizás lo redima su esposa, en una extraña ironía del destino.

Programar el encuentro con Gore, costó más trabajo que los otros. Su lenguaje corporal en el comedor de la Residencia del Observatorio Naval lo explicaba: aunque se comprometió con México a la hora de la ratificación del Tratado de Libre Comercio, el país le generaba un diminuto interés. Cumplió con Fox porque Clinton y el Departamento de Estado insistieron, pero su mente se hallaba en otra parte: en la campaña, en cómo entenderse con Clinton y cómo vestirse en sus eventos. Pensé que a pesar de su inteligencia y cultura, el Gore polifacético no sería un socio sencillo para Fox si llegara a ganar en las elecciones. No surgió la menor química entre Fox y él.

A diferencia de Bush. Debimos desplazarnos hasta Dallas para celebrar la reunión, pero se justificó el desvío, aunque sólo fuera por incorporarnos a la caravana motorizada del aeropuerto al centro de la ciudad de quien en ese momento ya no era gobernador y aún no llegaba a la Casa Blanca. Decenas y decenas de automóviles, motocicletas, Suburbans, sirenas y helicópteros desplegados a lo largo de varios kilómetros mostraban el poderío y gigantismo texanos, la ambición desmedida del personaje y los recursos a su alcance. Cuando por fin nos instalamos en el recinto elegido para la junta y conversaba con la gente de Bush en espera del candidato, me informaron que al candidato lo acompañaría sólo Condoleezza Rice, su asesora de asuntos internacionales; esperaban que Fox también acudiera con un único asistente. Transmití el mensaje, inquiriendo quién entraría con él al salón cuando arribara Bush. Aunque disponía de varias opciones, simplemente me indicó con la cabeza que lo acompañara yo; en ese momento supe que si no metía la pata durante los meses subsiguientes, probablemente me designaría canciller.

La conversación con Bush fue relajada, desprovista de grandes emociones o contenidos, y agradable. Nos percatamos de que el depositario de un legado político de abolengo (hijo, nieto y hermano de presidente, senador y gobernador, respectivamente) poseía una gran habilidad para hacer sentir cómodos a sus interlocutores, y que su ignorancia e incapacidad de concentrarse en cualquier tema no tenían límites. Hablamos de migración, de Venezuela, del dilema sempiterno del agua en el Valle del Río Bravo y de los grupos ambientalistas que en ese momento y durante los dos mandatos de Bush como gobernador le provocaron incontables jaquecas por sus protestas en el Parque Nacional de Big Bend, en la frontera. Me permití sugerir que en ocasiones resultaba preferible dialogar con las organizaciones no gubernamentales u ONGs ("NGOs" en inglés), tratándose de un mundo que conocía bien. Bush interrogó a Rice: "What are NGOs?" y en ese instante cobré conciencia de las dificultades que enfrentarían México y el mundo con ese singular personaje, amable y simpático, excelso político como Clinton, y carente por completo de la preparación y capacidad de aprendizaje necesarias para la Presidencia.

Conforme pasaba el tiempo y se consumaban los viajes y encuentros, Fox se notaba más suelto, menos nervioso y más dispuesto a aprender de sus anfitriones. No siempre lo debido: de Jean Chrétien de Canadá, quizás el único mandatario ajeno a América Latina con el que tuvo química, recibió un consejo que mucho le costó al país. El político nato de Quebec le confió a Fox cómo, al llegar al poder y encontrarse con la economía canadiense en ruinas, designó a un ministro de Finanzas rudo y técnico a la vez, y decidió confiar en Paul Martin a ciegas durante nueve años, colocándose por completo en sus manos, sin jamás interferir en su trabajo. Es cierto que a Chrétien la estrategia le funcionó; a Fox, con Francisco Gil Díaz en Hacienda, no, ya que si bien las finanzas públicas se mantuvieron sanas y salvas durante seis años, la ausencia de liderazgo económico presidencial imposibilitó el crecimiento elevado y sostenido que la sociedad mexicana anhelaba.

Volvió Fox a inhibirse en el último periplo que le organicé, éste por Europa Occidental. Reveló una faceta que después comprobaría y lamentaría con frecuencia. Al llegar al Eliseo en París, con la guardia montada y el presidente Chirac esperándolo en la soberbia escalinata exterior del palacio, Fox se achicopaló y permaneció cohibido durante toda la sesión, a pesar de los persistentes y cordiales esfuerzos de Chirac por ganarse al mexicano, con el cual después congeniaría. Cualquiera podría obnubilarse ante la fastuosidad de la Presidencia gala, pero la intimidación de Fox no brotaba de su fascinación frente a los siglos de historia desfilando ante sus ojos, sino de su incuria sustantiva. No había hecho, y rara vez haría, la tarea: no leía las tarjetas informativas ni los memoranda que unos y otros elaboraban y le entregaban, siempre con tiempo, ni tampoco conversarsaba conmigo o con alguien más sobre el posible contenido de su próxima entrevista. Cuando se sentía a gusto, o dominaba el tema del intercambio inminente, o compaginaba con su interlocutor, lograba manejarse con soltura, seducción y confianza en sí mismo; ausentes estos requisitos, se achicaba, desahogando su nerviosismo al hablar en exceso o retrayéndose del diálogo. A lo largo de los años subsiguientes, en el gabinete o como simple invitado a cenar en las cabañas de Los Pinos, me constaría que su renuncia a estudiar, leer o siquiera prepararse informalmente para un intercambio significativo o intrascendente generaba consecuencias penosas o deplorables.

De manera paradójica, esta acomodaticia pereza intelectual de Fox se codeaba con una disciplina y resistencia física colosales en los viajes, impresionantes para una persona de cualquier edad, y más para alguien a punto de cumplir sesenta años. Se ceñía con rigor al programa y al guión; se despabilaba con celeridad al cabo de vuelos interminables, nunca cabeceaba ni perdía el dominio de sí mismo. Marta, por supuesto, cumplía un papel eminente en la prestancia del presidente electo, pero sólo mejoró un producto de primera calidad. En ocasiones huraño, siempre se hallaba de buen humor, presto para comer bien y beber su tequila o una copa de vino, y su amabilidad o cortesía con todo el universo —sobrecargos, escoltas, guardaespaldas, secretarias, colaboradores— eran ejemplares. El personaje aglutinaba valiosas virtudes asociadas a sus innegables deficiencias, como todos los seres humanos. La diferencia radicaba, desde luego, en que las suyas sí importaban.

En esa gira por Europa, camino al aeropuerto militar de Londres, de donde Fox retornaría a México y yo me separaba de la comitiva para volar a Nueva York e impartir mis clases, resolví jugar mi resto con el presidente electo. Ya no deseaba permanecer en el limbo. Habían concluido los viajes; con pequeños tropiezos salieron bien, y quienes me iban a apoyar con Fox ya lo habían hecho. El último fue Jack Lang, ministro de Educación francés en ese momento, encargado de cultura durante los catorce años de gobierno de François Mitterrand, y conocido de mi padre como especialista en derecho internacional. Un amigo común gestionó un breve intercambio entre Fox y Lang; el afamado director del Festival de Nantes dedicó unos cuantos minutos a echarme flores, con por lo menos un mínimo de conocimiento de causa: nos encontramos por primera vez cuando vino a México a una conferencia de la UNESCO en 1982.

Comenzaba octubre, faltaban menos de dos meses para la toma de posesión y pocas semanas antes del anuncio anticipado del gabinete. Mientras no amarrara mi propio puesto, con grandes dificultades podía procurar influir, aunque fuera en vano, en otras designaciones. Además, empezaban a coaligarse ciertos intereses dentro de la Cancillería —a pesar del afecto que muchos me guardaban, gracias a mi padre y mi hermano— entre algunos exsecretarios de Relaciones, en la embajada de Estados Unidos, y, a la vez, en la de Cuba, y en algunos sectores empresariales y de la prensa escrita. Urgía una resolución. Compartí con Fox mis sentimientos, sin eufemismos ni imprecisiones. Deseaba ser secretario de Relaciones, y pensaba que desempeñaría el cargo con lealtad y competencia. Pero si por algún motivo no podía ofrecérmelo, prefería descartar cualquier otro puesto, y apoyar al nuevo gobierno desde fuera. Sólo le solicitaba a Fox que me permitiera adelantarme a su decisión negativa, de ser el caso, y anunciar por mi cuenta que había decidido no participar en la administración venidera. Accedió a mi petición, agregando que algo semejante le sugirió Porfirio Muñoz Ledo, y que desde luego aceptó también en su caso. Ya me avisaría.

Desde mi designación como corresponsable de las relaciones internacionales me vi obligado a escalar varios acantilados políticos, unos inherentes a la búsqueda de un cargo así, otros de mi hechura, debido a mi inexperiencia y carácter, y otros más intangibles pero no menos elevados. Se trató de impedimentos reales, de errores ineluctables o autoinfligidos. Esquivé varias celadas, serpientes y escaleras; conviene destacar tres. La primera, de la cual me informé por chismes, pero de buena fuente, se manifestó en la reunión inicial con Fox de un grupo compacto del Consejo Mexicano de Hombres de Negocios, días después de la elección. Allí un par de magnates se permitieron la insolencia de sugerirle a Fox que no debía incluir a nadie de la "izquierda azul" en su gabinete; en particular sería preferible excluir a Muñoz Ledo, a Adolfo Aguilar y a mí. Hasta donde puedo confiar en mis fuentes, dos empresarios rechazaron el planteamiento, no tanto por las personas involucradas, sino por el principio: su interjección se refirió a la impertinencia de imponer o condicionar el gabinete a un presidente electo recién ungido por las urnas y producto además de la única alternancia moderna en México. Entiendo que se trató de José Antonio Fernández, o "el Diablo", de Femsa, y de Slim; desconozco la identidad de quienes nos increparon. Sé en cambio que poco después de designarnos a Adolfo y a mí como sus lugartenientes en materia internacional, Fox armó un "grupo de acompañamiento" compuesto por otros empresarios de México y de Monterrey. A diferencia de los dos emprendedores mencionados, jamás logré desarmar la antipatía política y cultural que les causaba a los del grupo de acompañamiento, aunque nuestro trato personal permaneció dentro de los cánones de la cordialidad. Fox me advertiría al respecto cuando me comunicó mi nombramiento.

Abrí yo mismo un segundo frente, eludible por completo, proveniente de mi convicción profunda sobre la naturaleza del gobierno por venir. Desde mi perspectiva, éste debía abarcar una función didáctica y reformadora en todos los ámbitos, priorizando unos, por supuesto, y dejando otros para más tarde. Entre los dominios de la vida nacional más atrasados y menos *aggiornatis* destacaban de modo sobrecogedor los medios de comunicación, y en particular los adocenados reporteros de los periódicos de la capital. Las "fuentes", como se suele nombrar a los conglomerados de periodistas asignados a una misma dependencia, oficina o partido — en realidad fuentes de desinformación, corrupción e ineptitud, en la mayoría de los casos—, se integran con reporteros provistos de salarios humillantes, en el mejor de los casos dotados de una formación patética, e imbuidos de una mínima curiosidad. Conforman un círculo vicioso: los diarios no venden porque son lamentables; escasean los recursos de publicidad porque no venden; carecen de fondos para pagar bien porque la circulación y la publicidad son ínfimas, y por tanto las remuneraciones de sus trabajadores son una miseria, sólo permitiéndoles contratar a personal incapacitado. Hay excepciones: *El Universal* y *Reforma* constituyen buenos negocios para sus dueños (aunque más por el Aviso Oportuno en el primer caso, o por *El Norte* de Monterrey en el segundo); algunos reporteros suplen con empeño, inteligencia y buena voluntad su pavorosa impericia original; y algunos integrantes de la "perrada", por motivos fortuitos, logran trepar del escalón más bajo a convertirse en columnistas equiparables a los de cualquier país del mundo (el mejor ejemplo quizás sea Carlos Puig, que empezó como reportero en *Proceso* antes de ser corresponsal de la revista en Washington y ahora editorialista cotidiano en *Milenio*).

Todo esto viene a colación porque en la visita de Fox a Washington y Nueva York, donde obtuvo una cobertura insólita para un simple presidente electo —primera plana del *Washington Post*, del *New York Times*, entrevistas con los noticieros de las grandes cadenas— y eventos con personalidades de gran envergadura en los círculos de poder en Estados Unidos, la "fuente" presidencial mexicana repercutió apenas la noticia. Parte se debió a un antigobernismo congénito y empedernido del estamento, paliado sólo con dinero ("sin chayo no me hallo"); parte a un resentimiento de clase con el poder y la riqueza (aunque las comitivas de esos viajes eran reducidas y austeras), producto de años de crisis de empleo y de bajos salarios; parte de ignorancia, sobre todo del idioma; y parte de pura pereza, o para frasearlo en buen francés, simple hueva. El ejemplo más notorio emergió cuando mostré a la enviada de *Milenio* el editorial institucional del *New York Times* del día, dedicado a la visita de Fox y al cambio en México. Sugerí que consultara con sus superiores en el Distrito Federal si debía enviar una nota al respecto, ya que se trataba de algo excepcional, parte de una recepción especialmente calurosa a Fox en las capitales política y económica de Estados Unidos. Contestó: "¿Me lo traduces?" Mi indignación rebasó los límites del disimulo o la prudencia. Al grado que de regreso a México no se me ocurrió nada más inteligente que dedicar mi columna semanal de *Reforma* a este predicamento, exponiendo la necesidad de que se informara con veracidad, precisión y claridad de lo que acontecía durante los desplazamientos presidenciales al extranjero; que parte de esa información existía sólo en los medios de los países visitados; que desde luego no en todos los destinos era posible encontrar corresponsales o enviados especiales que dominaran el idioma local; pero que por lo menos tratándose del nuevo presidente de México, de un viaje a Washington y Nueva York, del idioma inglés y del periódico más influyente del mundo, parecía deseable que los medios despacharan a colaboradores capaces de leer el *Times*. El texto rezaba así: "En cantidad y calidad, la cobertura [del viaje de Fox] fue deslumbrante; fotos a todo color, por encima del pliegue, de Fox al lado de Clinton en *The Washington Post*, *The New York Times*, *The Los Angeles Times*, *The Financial Times*, reportajes de primera plana en los mismos diarios y *The Wall Street Journal*, apoyo a las propuestas más iconoclastas de Fox; entrevista extendida de televisión en el principal noticiero de la élite política e intelectual del país. Como bromearon los principales asesores de Bush: 'Dígannos cómo le hacen'. Conviene reflexionar sobre un dilema: ¿es razonable confiarle la reproducción de la cobertura norteamericana en México a reporteros nacionales quienes —porque no leen inglés o por simple flojera— se niegan a leer los editoriales del *New York Times* y exigen que se les resuma su contenido?"

Vaya tormenta que cayó sobre mi cabeza: una verdadera jauría de desgarramiento de vestiduras y descargas de asombro por parte de media humanidad en México. Primero los reporteros, genuina o falsamente indignados; luego los editores y directores de medios ("¿quién era yo para decirles cómo hacer su chamba?"); Marta Sahagún: "el presidente electo le tiene un gran respeto a los periodistas y medios que cubren sus actividades"; la comentocracia que me taladraba el amor propio (¡Qué mamón! Castañeda sólo lee el *New York Times*, pero no todos los mexicanos tuvieron sus oportunidades). Y así durante varios días. Nada de todo esto revestía mayor gravedad, salvo que como todo error en política, su daño no brota de la equivocación en sí misma; se origina en el uso que de ella hacen los enemigos, que en esas lides son muchos. No importaba qué tanto alegaban los reporteros de la fuente o los columnistas a sueldo, ni siquiera los adversarios priistas o perredistas de Fox que se regodeaban con la pifia. Lo grave radicaba en las maledicencias que le pueden haber susurrado a Fox quienes merodeaban por las oficinas de la Presidencia electa, buscando la misma chamba que yo, o por lo menos una cercanía equivalente a la mía. Por fortuna, gracias a los consejos de mis amigos y a la solidaridad de varios compañeros, la tempestad amainó sin mayores estragos, y con algunas enseñanzas. La primera: desaparecerme un tiempo de los eventos públicos con Fox, y de ser posible, de la casa de Reforma, y de México. La suerte me favoreció: apenas dos semanas más tarde se iniciaban mis clases en la Universidad de Nueva York, y Fox me autorizó atender los asuntos de sus viajes y relaciones internacionales desde allá, con algunos saltos rápidos a México. Esto me permitió "taparme" y evadir controversias innecesarias y nocivas para mis ambiciones. Pero también me impidió incidir en otras decisiones de Fox en ámbitos ajenos al que me había encomendado en ese momento, mas no a la conversación ante todo política que sosteníamos él y yo desde hacía varios años.

Cartón de José Antonio Baz (Jabaz), México, 2001

II

Quienes criticaron mi conducta en este episodio acertaban, aunque descuidaban un elemento esencial. ¿Quién realizaría la labor pedagógica indispensable para que el país comenzara a contar con medios propios de la democracia, de la modernidad, de la apertura económica, cultural y hasta sicológica? ¿Quién organizaría el esfuerzo para que los asuntos ignorados o mal cubiertos, y a la vez decisivos para el país, empezaran a ser reflejados con profesionalismo? ¿Quién le explicaría a la sociedad mexicana, a la comentocracia, a los magnates de la prensa, qué medios de calidad, potentes y prósperos, en democracia, constituyen de manera simultánea un dolor de muelas espantoso y un instrumento de gobierno indispensable? Fox debía abstenerse, salvo en coyunturas especiales y espaciadas. Marta, a pesar de su sensibilidad con los medios y la simpatía inicial que le brindaban, carecía de la visión necesaria y procuraba congraciarse con ellos más allá de lo que su chamba exigía. Creel, a punto de ser nombrado secretario de Gobernación, se moría por caerles bien y jamás confrontarlos. Durazo, futuro secretario particular de la Presidencia, los manejaba a la semiantigüita: buen trato y dinero. O era yo, utilizando el ancla de la relación con el exterior, los viajes y mi cercanía con Fox, o nadie. A menos que Fox le hubiera encomendado la hacendosa tarea a Adolfo Aguilar, quien la habría desempeñado con más desenvoltura y sagacidad que yo. Con una condición: verse ubicado en un puesto que así lo autorizara, burocrática, financiera y políticamente. Desafortunado desenlace: yo reculé, por mis propias razones; Adolfo no le entró, porque no se lo solicitaron; nadie se ocupó, y quince años más tarde, los medios mexicanos ostentan el mismo calamitoso estado que entonces. No servil o censurado, aunque en ocasiones acontezca; simplemente mediocre.

La comentocracia merece un… comentario aparte. Acuñé el término a mediados de la primera década de este siglo, pero se puede aplicar de manera retroactiva. Por un lado, es un estamento común en muchos países, y no tan nuevo en México. Con una salvedad: sólo se volvió viable vivir de modo honesto —a diferencia de los columnistas gatilleros de antaño— como comentócrata a partir de la apertura de los medios en los noventa. Esa apertura posibilitó el acceso de intelectuales, expertos, académicos de todos los colores y sabores a la televisión, a la radio, a los medios impresos y al circuito de conferencias pagadas. Hoy, una buena parte de quienes pueblan las planas editoriales de los diarios también ofrecen opiniones en los noticierios de radio y de televisión, y en los canales de veinticuatro horas de noticias suelen aparecer los mismos nombres y rostros. Todo esto, para bien. Sólo que con la excepción de la extrema izquierda —los simpatizantes de López Obrador— impera en el sector una cierta homogeneidad, así como un espíritu de cuerpo y de manada. Asimismo, está exento de cualquier proclividad a la renovación: muchos de los que hoy escribimos en *Reforma*, por ejemplo, lo hacemos desde que nació el periódico en 1993. Estas características, aunadas a una disparidad de grados de información, versatilidad y preparación, generan una tendencia a la mediocridad, al igual que entre los periodistas como tales. Por fortuna, siento que el impacto de la comentocracia ha descendido en los últimos años; en realidad los gobernantes (empezando por mí cuando esa era mi situación) les (nos) hacen poco caso. No es malo.

El embajador de Estados Unidos en México, que no me guardaba mayor afecto o respeto, relató todo el episodio en un cable confidencial a sus superiores en Washington, fechado el 7 de septiembre del 2000 y obtenido de los archivos del Departamento de Estado gracias a la Freedom of Information Act. Allí afirmaba que yo había sido fuertemente criticado en México por el PAN, la Cancillería y la prensa, debido al presunto fracaso del viaje de Fox a Washington, tanto por el momento escogido (sin el Congreso sesionando), como porque la mayoría del público norteamericano percibió a un Fox agresivo y antagonista con Estados Unidos. Según sus fuentes, las dos terceras partes del PAN, la mayor parte de los funcionarios de la SRE y casi todo la prensa mexicana me detestaban. Citaba a un columnista de *El Universal* que respondió con virulencia y sarcasmo a mi artículo en *Reforma*, acusando a toda una cábala de editorialistas y funcionarios de hacerme el caldo gordo. Pero concluía con un comentario más perspicaz y humorístico: "El viaje inmensamente exitoso de Fox a Estados Unidos tal vez no haya sido perfecto desde el punto de vista de la *comentocracia* (traducción mía de "pundit community") mexicana. Pero los que conocen Estados Unidos saben muy bien que la cobertura de prensa de Fox y sus reuniones representaron algo así como la bienvenida a un héroe. La espinosa contienda editorial fue provocada por gente verde de envidia."

El hecho es que el aparatoso incidente apenas complicó mi arribo a la Cancillería. No obstante, me impidió consagrarme a la lucha política interna dentro del equipo, en las circunstancias críticas del interinato: al desaparecerme, me cuidaba y me marginaba. Dos elementos menores intervinieron en el mismo sentido. Aunque en sus cables secretos posteriores el embajador de Estados Unidos celebró mi nombramiento una vez anunciado, supe —gracias a un alto funcionario del Consejo de Seguridad Nacional de la Casa Blanca— que se mostró escéptico y moderadamente descontento con la eventualidad, en Washington por lo menos, y tal vez con algunos empresarios mexicanos. Asimismo, en una nota confidencial remitida por Ramón Muñoz al presidente electo en agosto del 2000, llamada "análisis de riegos gabinete", el colaborador de Fox informaba que "Jorge Castañeda no es bien visto por el actual embajador de Estados Unidos en México". Sin poseer ninguna certeza, deduzco que su reticencia brotaba de un par de factores, que con el tiempo se manifestarían de manera pública: mi supuesto izquierdismo —de menor importancia— y mi insistencia en colocar el tema migratorio en el centro de la agenda bilateral con Estados Unidos. Como conservaba una relación personal correcta con él desde que ocupó el cargo de subsecretario para América Latina —me invitó en diciembre de 1999 a ofrecer una conferencia ante los enviados de Estados Unidos en América Latina—, pudimos almorzar o cenar en varias ocasiones. Allí le externé mi convicción, antinómica para él, de que en materia externa, el tema central del próximo gobierno de México, ganara quien ganara, se orientaría hacia la situación de los migrantes mexicanos —pasados, presentes y futuros— en Estados Unidos. No creo que haya cabildeado en mi contra, ni en Washington o en México, pero su opinión negativa, aunque no se la haya compartido a Fox —este último no lo hubiera permitido— puede haber llegado a empresarios cercanos a Estados Unidos... y lejanos a mí. Ocurrió lo mismo con los asesores de Jesse Helms, senador de Carolina del Norte, opositor virulento de los regímenes priistas y de la Cuba castrista, que por supuesto no tenía ni la más remota idea de mi existencia. Pero su *staff* era afín a varios panistas de extrema derecha con ambiciones diplomáticas marcadas, y que desde antes de la elección se propusieron apartarme de Fox mediante la acusación de comunista, castrista, izquierdista, etc.

La embajada de Cuba, por su parte, se ubicaba en una encrucijada semejante. El delegado del Departamento de América, con vida aún a pesar de la muerte prematura de Manuel Piñeiro tres años antes, conocía a la perfección mi turbulenta historia con la isla.

Por un lado, comprendía que con dificultad los isleños ejercerían alguna influencia sobre Fox a través de sus acólitos en México —*La Jornada*, parte del PRD, el PT, algunos comentócratas, una que otra facultad de la Universidad Nacional—: era ajeno a ese universo. Por otra parte, detestaban a Zedillo y a su gobierno a raíz del cúmulo de incidentes surgidos a lo largo de su sexenio, coronados por el comportamiento del presidente mexicano en la Cumbre Iberoamericana de La Habana en noviembre de 1999 y su instrucción a la secretaria de Relaciones Exteriores del momento de entrevistarse con varios disidentes. Además, como ya hemos visto, los servicios cubanos me aborrecían por mis artículos, ya citados, y por mis libros, *La utopía desarmada* y sobre todo *La vida en rojo*, donde planteo, con datos robustos aunque no concluyentes, que Fidel pudo haber realizado el intento de rescatar al Che de Bolivia y no lo hizo porque la URSS se lo prohibió.

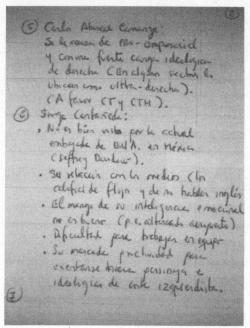

Nota de Ramón Muñoz realizada en agosto del 2000

Obvio: los archivos cubanos o no existen o no se abrirán jamás, pero me embarga la certeza de que movieron todo lo posible para cerrarme el camino a la Secretaría. La única carta a mi alcance era Gustavo Iruegas, del que hablamos a propósito de Nicaragua y El Salvador en la época de mi padre, a la sazón embajador de México en Uruguay, amigo de Aguilar Zínser y mío, y enlace privilegiado con La Habana, la ciudad que eligió para morir diez años más tarde. Desde que lo conocí, mucho tiempo atrás, supe de sus estrechos vínculos con la *nomenklatura* cubana, forjados cuando fue comisionado a la isla por la Cancillería en la década de los sesenta. Resultaron ser más estrechos de lo que yo esperaba. Trabajé con una idea simplista, pero eficaz a corto plazo: asegurarle a Iruegas un puesto clave en mi equipo para apaciguar a los cubanos, y enviar el mensaje de que no mezclaría mis opiniones históricas sobre Cuba con mi gestión como secretario, advirtiéndoles que sin embargo no minimizaran mis convicciones en materia de derechos humanos. Así que como ironizó *Le Monde* al informar de mi nombramiento en diciembre: "Sin embargo, la presencia de Castañeda podría provocar tensiones, y curiosamente con dos países perfectamente antagónicos: Estados Unidos y Cuba".

Sólo se interpuso un incidente —menor— en la memoria y el archivo de Ramón Muñoz, aunque Fox me lo sacó a relucir el día que me participó mi designación. Pocos días después de la elección viajé a Maracaibo, en Venezuela, a impartir una conferencia —que por cierto los anfitriones nunca me terminaron de pagar— y al regreso, con extrema prisa para atender una reunión en las oficinas de Reforma, me enfrenté a una fila gigantesca en Migración, no provocada por la enorme afluencia de turistas procedentes del país ya gobernado por Chávez, sino por la ausencia de funcionarios de Migración, y por la perenne desidia de los pocos vistas presentes. Protagonicé, como acostumbro, un escándalo, señalando a estos últimos ante los demás pasajeros de llegada, increpándolos y, tal vez, denostándolos por inútiles, coyones y desatentos. Las autoridades enviaron un reporte a Muñoz, y por tanto a Fox, y me costó un coscorrón, aunque Santiago Creel me confesó que a Fox le había caído bien mi escena, y que hubiera actuado igual.

Por fin, el 16 de octubre, al término de mi acuerdo con Fox en la oficina del segundo piso de la casa de Reforma, y de haberle tratado varios temas de los últimos viajes pendientes, el presidente electo me invitó a permanecer en la oficina unos momentos. Me anunció que había decidido encargarme la Secretaría de Relaciones Exteriores, que confiaba que cumpliría la encomienda con lealtad y destreza, y que deseaba transmitirme tres consejos (en realidad instrucciones o advertencias). En primer lugar, debía mejorar mis relaciones con los empresarios; sin mencionar nombres, dio a entender que algunos no me amaban en exceso. En segundo término, me recomendó ser menos perfeccionista, menos exigente conmigo mismo y con los demás, y en particular con las colaboradoras de Marta, a quienes les pedía demasiado, para luego maltratarlas cuando no cumplían con expectativas imposibles. Un porcentaje de bateo de .300, dijo Fox, era muy bueno en las Grandes Ligas, y no debía pedir más, ni a mí, ni a otros. Por último, que de allí en adelante evitara incidentes turbulentos como el de Migración en el aeropuerto, no sólo para no comprometer al gobierno, sino también para aprender a atemperar mis estados de ánimo. Le agradecí los comentarios y la confianza, prometiendo que no se arrepentiría. No me avisó si debía guardar silencio al respecto, a la priista, o conversar por lo menos con mi familia y amigos, aunque di por sentado que nada era seguro hasta que no se hiciera público. En verdad me sentía conmovido, aterrado, feliz: era, junto con el nacimiento de mi hijo, el momento cenital de mi vida. Pero también palpitaba de desconcierto, ante la falta de instrucciones precisas sobre la manera de proceder. Poco a poco veía que ese era el cerril estilo de gobernar de Fox: tomar una decisión general, acompañarla en ocasiones de algunas orientaciones abstractas, y dejar que cada quién se rascara con sus propias uñas. Nunca me acostumbraría del todo al esquema, aunque con el tiempo aprendería a sacarle provecho.

Me dirigí a la casa, entré al estudio de Miriam y le relaté la conversación con Fox; conservo un recuerdo nebuloso de su reacción, contenta por supuesto, pero entre escéptica y resignada: "Eso es lo que querías, ¿no?" Respondí afirmativamente, sin entender del todo la raíz del tono. Como siempre, intuía más que yo, y veía con mayor claridad la sucesión de tormentas —personales, políticas, sociales— que se avecinaban. O quizás me hallaba en tal estado de euforia y de *high* maniaco que resultaba incapaz de percibir con claridad la magnitud del cambio que la designación entrañaría. Sólo vivía la gratificación del logro, de la ambición y de la posibilidad de, por fin, ejercer un poder real, por cuenta propia, aunque fuera delegado por otro.

Le conté pronto a Adolfo y a Cassio, y en cuanto salí de México para cumplir con mi siguiente clase en Nueva York, a Enrique, por teléfono, a París. Al mismo tiempo, procuré ir adivinando, en conversaciones con Ramón Muñoz, el virtual *chief of staff*, hasta dónde convenía comenzar a formar equipo o hablar con personas allegadas para solicitar opiniones, y también quién palomearía nombramientos de subsecretarios, embajadores y otros altos funcionarios no directamente dependientes de mi oficina. En esos días me reuní con Andrés para compartir la noticia y recibir sus opiniones, sugerencias y consejos, que escucharía con gran atención los dos años y medio por venir. Asimismo, busqué a Slim, para informarle de mi nombramiento y agradecerle lo mucho o poco que pudo haber hecho para neutralizar vetos y animosidades. Visité a García Márquez en su casa del Pedregal, con la finalidad de compartirle la noticia e instarlo a interceder con los cubanos para calmarlos y transmitirles mi tesis central sobre la relación con la isla: separar nuestras divergencias importantes en materia de derechos humanos y democracia de nuestras convergencias importantes en materia económica, es decir, comerciales, financieras y turísticas. Si ellos aceptaban esta división en dos pistas, le expliqué, nosotros por supuesto también lo haríamos; además deseábamos el mejor ambiente posible en el nexo con La Habana, para superar las tensiones y la "mala vibra" del sexenio de Zedillo.

Me propuse avanzar con la mayor celeridad posible en el frente burocrático de la Secretaría, para atender otros: el capítulo internacional de la ceremonia de toma de posesión de Fox, la relación con Estados Unidos, un poco en el aire por la inminente elección del 4 de noviembre (aún no se sabía que transcurrirían semanas antes de la declaratoria de un vencedor), y, ahora sí, ejercer alguna influencia en la conformación del resto del gobierno y la elaboración y ejecución de su programa. Qué hacer en la Cancillería, en materia de política exterior, me quedaba muy claro, ya que desde enero del 2000 Fox me había encomendado la redacción de un proyecto de política exterior para la campaña. Aproveché la ocasión para poner mis propios pensamientos en orden y confeccionar un prontuario de objetivos y prioridades, de algún modo ya aprobado por Fox, que serviría como hoja de ruta de mi gestión (de seis años, suponía yo en ese momento). Pero antes de entrar en estos detalles, conviene volver al puesto de mando, es decir, a la política pura, de la que en parte me ausenté esos meses, por las razones ya expuestas: en lo personal, ante todo deseaba conseguir mi chamba. Antes, sin embargo, se impone una breve reflexión sobre mi nombramiento.

Uno de los grandes vicios de la política mexicana —no sé si afecte a otros países— radica en el mito que un sinnúmero de funcionarios y "grillos" se inventan a sí mismos a propósito de su insustituilidad o el carácter imperativo, indispensable, de su designación a cualquier cargo. Es el corolario y la condición de existencia de la traición o deslealtad hacia el jefe, cuando deja de serlo. Posibilita la autosugestión barata: "Fulano me nombró porque no le quedaba otra, porque el único posible era yo, porque me necesitaba." Nunca compartí esta creencia, ni en mi caso ni en el de los casi ciento cincuenta altos funcionarios —embajadores, cónsules, subsecretarios y demás— que designé en Relaciones. Yo los favorecí a ellos y Fox a mí porque quisimos; Fox hubiera podido sin ninguna dificultad escoger a otro titular de Tlatelolco. Inclinarse por mí le trajo beneficios, pero costos también. Yo le he agradecido siempre la distinción que me confirió, con independencia de otros actos suyos dirigidos en contra mía que le reclamé o le critiqué. Quizás a ello se debe la estrecha relación que he guardado estos años con él y con Marta: *noblesse oblige*.

En lo político, la madre de todas mis prioridades consistía en poner fin a la era del PRI. No a las personas, ni al reconocimiento de sus logros —reales y supuestos—, pero sí al sistema: el rito y la liturgia; los poderes fácticos, públicos y privados; el control electoral y clientelar; la falta de definición ideológica o programática; el culto al nacionalismo revolucionario que tanto combatí desde la universidad en Francia, y que tanto perjudicó a la academia, la clase política y la intelectualidad del país. Al faltarle un puñado de diputados a la coalición PAN-Partido Verde —y los llamados ecologistas no constituían aliados confiables— y un contingente de senadores más nutrido, se le abrían a Fox y al nuevo gobierno dos caminos, suponiendo que deseábamos empujar las cosas y poner en práctica un programa de alta intensidad económica, social, política e internacional. La primera implicaba un entendimiento con el PRI, o por lo menos con su ala tecnocrática, incrustada en buena parte del aparato estatal desde el sexenio de De la Madrid, y en todo caso a partir de Salinas y Zedillo. Allí cabía, bajo determinadas condiciones, una alianza sustantiva, desgarradora porque iba preñada de serias concesiones mutuas, pero factible —aunque obligaba a renuncias trascendentales para el "gobierno del cambio"— y sesgada hacia lo económico y social. Otra opción radicaba en una intrépida alianza anti-PRI con la izquierda —moderada o no— donde el proyecto de transformación política unía a las partes, aun cuando las divergencias sociales y sobre todo económicas se antojaban abismales. Ninguna alternativa destellaba por sus grandiosas ventajas y promesas, pero ambas podían funcionar, si se actuaba con persistencia y firmeza, concentrando todos los esfuerzos en la dirección seleccionada.

Me inclinaba por la vía de la izquierda, no sólo por querencia, sino también por la posibilidad de fincarla en el advenimiento de la alternancia como un *leit motif*: al igual que múltiples otras transiciones a la democracia, la mexicana incluiría una etapa de alianza provisional, pero duradera, de fuerzas dispares, definidas por su exclusión del antiguo régimen y su disposición a romper con el pasado, de manera nítida y efusiva. Dicha vía correspondía, después del triunfo sin mayoría, a la estrategia del voto útil, de la "izquierda azul" y arrastre de Fox hacia la izquierda, ideada por Adolfo Aguilar, Joel Ortega y yo. Si ganamos con una parte del electorado de izquierda, debíamos gobernar con una parte de las organizaciones de izquierda. Quizás como Joel no aspiraba a cargo alguno, y se sentía ajeno a cualquier conflicto de intereses, entrevía todo esto con mayor claridad que yo, pero al mismo tiempo conocía a los protagonistas mejor que yo, y sospechaba que no accederían a nuestros agradecimientos. La meta era alcanzable bajo dos condiciones, pensaba yo. Primero, incorporar al gabinete de Fox a varios personajes de izquierda, entre otros del PRD, para que los votantes, cuadros y militantes de ese segmento del espectro político no sólo comprobaran las ventajas de la coalición, sino que dispusieran de garantías, hasta donde existen en política, de cumplimiento de lo pactado. Y segundo, justamente, lo pactado: acuerdos programáticos con el PRD sobre temas primordiales, atendiendo en particular las diferencias conocidas, como la generalización del IVA, la reforma eléctrica, la petroquímica, y precisando las convergencias: régimen político, Chiapas, Comisión de la Verdad, etc.

Desde finales de agosto Adolfo Aguilar y yo entablamos pláticas en privado con Jesús Ortega, Jesús Zambrano y Amalia García, entonces presidenta del PRD, para buscar el tipo de acercamientos recién descritos. A partir de mediados de octubre los encuentros se precipitaron y se extendieron a otros perredistas, incluyendo a Rosario Robles y varios dirigentes afines a Cuauhtémoc Cárdenas. Le sinteticé el conjunto de mis conversaciones a Fox en un memorándum fechado el 24 de octubre, aclarando que coincidían con las de otros miembros del equipo, sobre todo Santiago Creel, sostenidas simultáneamente con personajes análogos. Mis impresiones: el PRD aceptaría participar en el gabinete con dos posiciones de primera línea (o dos y media), a condición de que Cárdenas escogiera a los interesados, y que se pudieran procesar los desacuerdos sobre los temas espinosos. El oficial mayor del Gobierno del Distrito Federal, cercano a Cárdenas y a Rosario, explicaba que en vista del poder acumulado por López Obrador y la creciente distancia entre él y Cuauhtémoc, sólo una presencia de gente como Rosario (en SEDESOL), de Alejandro Encinas (en SEMARNAT), o de Amalia García en cualquiera de ambas, y de alguien en la sub-secretaría de Educación Superior equilibraría la balanza. Yo mismo platiqué con Rosario Robles el 21 de octubre, quien se sorprendió ante esta posibilidad. Enfatizó la necesidad de una discusión y un acuerdo programáticos, y sugirió un encuentro "sin fotos" entre Fox y Cárdenas. Así le resumí a Fox mi conclusión de esta maraña de posibilidades: "Me parece que a menos de que hayas descartado la opción de incorporar a gente del PRD en el Gabinete, convendría dar algunos pasos para verificar la veracidad y seriedad de todo esto. Me permito sugerir tres vías alternativas. La primera, que yo pre-fiero, consiste en que me autorices a reunirme a solas con algunos de estos personajes para ver hasta dónde se puede llegar, pero con tu acuerdo para poner en la mesa la participación del PRD en el go-bierno, en puestos de primera línea. De prosperar estas indagacio-nes, de corroborarse la anuencia de Cárdenas y de confirmarse que las divergencias programáticas iniciales y evidentes (energía eléctrica, petroquímica, IVA sobre alimentos y medicinas) son superables, te podrías reunir con Cárdenas para ver si es factible cerrar el trato. La segunda vía consistiría en hacer yo lo mismo, pero en compa-ñía de Elizondo o de Creel, en el entendido de que su relación con el PRD —mejor la de Rodolfo que la de Santiago— es de menor fluidez y franqueza que la mía. La tercera opción es que esta misma operación la realizaran Creel o Elizondo sin mí; la duda que me queda es si serán lo suficientemente explícitos como para que se pueda avanzar."

Lo significativo del planteamiento era el fondo: si existía al-guna remota factibilidad de que una gestión como la propuesta en el memo prosperara, en manos de quien fuera. Por desgracia, el de-talle y los procedimientos pesaron en la balanza. El lector, como Fox, y sobre todo Creel cuando su jefe cometió la imprudencia de mostrarle el memo —quizás porque no lo leyó con atención—, se preguntará por qué el recién nombrado canciller se entrometía en las negociaciones —viables o no— con la izquierda y en la confor-mación del gabinete. Sin que nadie se lo haya pedido, por cierto, aunque Fox sabía desde antes de mis reuniones con los perredistas y yo siempre había sido uno de sus enlaces con ellos. En otras pala-bras, ¿por qué yo?, invirtiendo la expresión del clásico. Pregunta que se formuló con mayor razón Santiago Creel, a esas alturas también designado *in pectore* secretario de Gobernación, tácitamente denostado por su colega responsable de la política exterior en un equipo a punto de asumir del poder. Uno de los múltiples motivos de las tensiones que siempre prevalecieron entre Creel y yo en el gabinete —hasta mi salida— nació con ese memorándum, tanto en la forma como en el contenido. Fox también en ocasiones se inconformaba con mis intromisiones, aunque las utilizaba para despistar y ver si era chicle y pegaba. En todo caso, la respuesta a la pregunta ¿por qué yo? resultó a la vez evidente e insuficiente.

Primero, porque contaba con el deseo y la visión de conjunto para ello. Ninguno de los colaboradores de Fox, salvo Adolfo Aguilar y en menor medida Rodolfo Elizondo, captaban de verdad la magnitud del reto que enfrentaría el nuevo gobierno: lograr una transformación del país y del sistema político más allá de la alternancia, sin mayoría en ninguna de las dos cámaras y con un adversario de talla y desbocado regenteando el gobierno del Distrito Federal, el segundo cargo electivo de la nación. Creel y Alfonso Durazo, ya ungido como secretario particular del presidente, comprendían el problema del gobierno de minoría, pero por lo menos hasta donde yo olfateaba, no se planteaban el dilema transformacional. Para ellos el desafío consistía en ¿cómo gobernar?, no ¿para qué gobernar? Yo sí me planteaba la segunda interrogante y ofrecía una respuesta, cierta o falsa, viable o ilusa. Por lo tanto parecía natural que procurara ocupar un vacío que no me correspondía desde el punto de vista burocrático, pero sí por default.

En segundo lugar, gozaba de la relativa confianza y sostenía una antigua relación con algunos de los principales dirigentes del PRD y en el entorno de Cárdenas. Con Amalia García, nuestra amistad, tan vigente hoy como antes, databa de las batallas de "renos" versus "dinos" dentro del Partido Comunista. A Chucho Ortega lo conocí en 1988, y el trato con él siempre había sido, y sigue siendo, de afecto y respeto. Ya he descrito la evolución de mi nexo con los cardenistas de nuevo cuño. No era el único foxista que podía conversar con ellos, pero sí quien lo podía hacer con mayor comodidad, rapidez y templanza. En tercer término, sumaba yo un valor adicional a la ecuación, al transmitir la impresión, nunca explicitada ni comprobada en los hechos, de hablar a nombre de Fox, y a la vez, de guardar una cierta influencia sobre él. De modo que mis interlocutores de izquierda, al igual que en el caso de Creel, Elizondo y Aguilar, creían que hablar conmigo equivalía a comunicarse con el presidente electo, y que los compromisos de unos y otros revestían su aprobación. Hasta qué punto este sentimiento correspondía a la realidad constituye uno más de los enigmas de aquel momento.

El problema, al igual que con la prensa en el incidente ya descrito, provenía del vacío de poder y de responsabilidades que pronto se formó en el equipo de transición de Fox, amortiguado sólo por las expectativas y el llamado "bono democrático". Se perpetuó debido a la indecisión del presidente electo y a las presiones del PAN. Cuando más adelante, por ejemplo, los panistas se enteraron de que Fox contemplaba el nombramiento de Cecilia Soto, perteneciente a la izquierda no perredista, a la Secretaría de Desarrollo Social —según relató Ramón Muñoz quince años más tarde, recibió la orden de Fox de citarla, pero esperó veinticuatro horas y el nombramiento se cayó—, Acción Nacional puso el grito en el cielo y la vetó. En otras palabras, Fox no decidió de manera consciente qué hacer hasta que los acontecimientos le impusieron una elección; ni Creel ni Elizondo persiguieron con tenacidad la opción de la izquierda partidista; Adolfo Aguilar sólo podía hacerlo de la mano conmigo; y yo me empeñé en el asunto sólo una vez palomeado por Fox, es decir *too little, too late*. Todavía insistí con Amalia García el 31 de octubre, en la opción de Desarrollo Social, Medio Ambiente, agregando la titularidad de la Contraloría, junto con educación superior. Pero el 21 de noviembre, en mi última reunión al respecto con los Chuchos y Carlos Navarrete, me informaron del fracaso del intento. El PRD había resuelto no proceder sin el visto bueno de Cuauhtémoc, y éste, al final, se pronunció en contra de cualquier alianza con Fox, incluso con puestos de gabinete seleccionados de mutuo acuerdo. A finales de noviembre, en un editorial institucional dedicado al gabinete, el *New York Times* aplaudió el pluralismo del equipo, agregando que *Fox* "ofreció tres puestos de gabinete importantes al izquierdista PRD, pero éste los rechazó".

III

La verdadera complejidad se ubicaba en la renuencia del PRD. Más allá del nombre y apellido de los conductos o negociadores, y de su mayor o menor pericia y cercanía a los interlocutores del otro bando, la verdadera pregunta fue si en esas condiciones poseía piernas la alternativa de una alianza con la izquierda. La respuesta en ese momento parecía negativa. La división de la izquierda, incipiente pero marcada, y que estallaría meses más tarde con el conflicto entre Rosario Robles y López Obrador, dificultaba todo. La reticencia del PAN, por prejuicios ideológicos y ambiciones burocráticas —cada cargo del gabinete entregado a un no panista significaba uno menos para Acción Nacional— agravaba la adversidad. La aversión de Fox por cualquier polaridad binaria en materia de gestión pública —o esto o lo otro— terminaba por imposibilitar la tarea. Es probable que aun si el de Guanajuato se hubiera propuesto luchar con ahínco por la opción de izquierda, fuera inevitable el fracaso. Pero nunca se intentó de verdad, y hoy padecemos las consecuencias.

Fast Forward (2001)

Padecimos también las consecuencias de mi mayor derrota durante el sexenio, relacionada con la imposibilidad de fraguar y sostener una alianza de Fox con la izquierda. Una vez exteriorizado ese fracaso, sobrevivían sólo dos senderos alternos. Uno, el que acabó por imponerse con el tiempo (pero de manera definitiva sólo a partir de finales de 2003): llevar la fiesta en paz con el PAN en su conjunto, abdicando de ciertas reformas (como las autonomías locales en Chiapas, vetadas por Diego Fernández de Cevallos); con el PRI, es decir con los gobernadores, con los presidentes del partido y con los jefes de sus bancadas, desistiendo de exigirles grandes sacrificios o cambios de postura o mentalidad; y con el PRD, hasta que López Obrador se convirtiera en una amenaza tal que Fox quedara sin fichas para acotarlo y recurriera al fallido mecanismo del desafuero. Este esquema prometía —y permitió— paz social, gobernabilidad en lo esencial —aprobación del presupuesto, de la mayoría de los viajes del presidente, orden público, buenos niveles de popularidad de Fox hasta su partida—y varias ventajas menores. Garantizaba también una innegable parálisis de innovación: después del rechazo a los acuerdos de San Andrés Larráinzar en Chiapas, a la primera reforma fiscal en abril de 2001, a la segunda en octubre de 2003, y al cabo de la derrota del PAN en las elecciones intermedias de julio de ese mismo año, Fox entendió que el soplo reformador de su gobierno se había agotado de modo irreversible y prematuro. Sin la izquierda de aliada en algunos temas nodales, y resignado a una sosegada cohabitación con todos, la transformación se tornó imposible.

Planteé, con varios más, en cuatro ocasiones directas, y en múltiples coyunturas de modo implícito, la existencia de otro camino, centrado en un entendimiento con un sector del PRI, atraído por una política de ruptura y combate con otro sector. Se trataba de juzgar el pasado, de golpear y amenazar al PRI para dividirlo, atrayendo a la parte "buena", definida por su disposición a negociar y cooperar con el nuevo gobierno, no por cualquier calificativo moral, compuesta por el ala tecnocrática y Elba Esther Gordillo. Se desterraría a la ignominia y en su caso a la cárcel a un número mínimo de "malos", esto es, los rejegos, desprestigiando para siempre a su partido y condenándolo a la marginalidad y a la flaqueza electoral. El criterio de deslinde entre unos y otros partiría de la voluntad de aliarse, no de las bondades o maldades intrínsecas de unos y otros; tampoco se buscaba extorsionar o presentar "ofertas imposibles de rechazar", a la Don Corleone. Se procuraría despejar vías de gobernabilidad *y* de transformación, no sólo la primera, ni en exclusiva la segunda, a cualquier costo. Tres veces me "bateó" Fox; años después diría en privado que tuve razón y que él se equivocó, pero a toro pasado, rectificar no empobrece. No sólo fue mi gran fracaso en el proceso de la transición mexicana a la democracia, sino que, visto de manera retrospectiva, se perdió la oportunidad decisiva y desperdiciada de iniciar una transformación del país. Nunca se habían alineado los astros como durante esos meses; no se han vuelto a alinear, y es de dudarse que la afortunada coincidencia de condiciones propicias para el cambio se repita en el futuro cercano. Allí se jugó el destino de la alternancia mexicana; allí se resolvió la posibilidad de construir un país diferente; en los escollos del fracaso de esos intentos naufragó la transición. La coyuntura se presentaba como idónea; no se volvería a presentar. Una parte de la responsabilidad es mía, por no haber sabido ganar.

La primera ocasión que formulé mi propuesta se produjo en mi casa de San Ángel, con Elba y Manuel Camacho, el 10 de abril del 2001. Allí debatimos con Fox el enigma de los cruces y las aristas de una ruptura con el pasado, con el PRI y con el *statu quo* de los poderes fácticos. El presidente reaccionó con su respuesta acostumbrada, inocua y artificial, ante nuestra insistencia en la necesidad de romper el juego: si hay culpables, que se proceda judicialmente. Nosotros, y yo en particular, repetimos una y otra vez que si no se *buscaba* a posibles culpables, nunca se encontrarían; que la iniciativa la debía tomar el Ejecutivo, construyendo una lista inicial de posibles responsables de actos de corrupción en los sexenios anteriores, e investigándolos uno por uno, a partir de los llamados cruces. La primera lista pecaría de una cierta arbitrariedad, sin duda, pero no perjudicaría a nadie. Las siguientes, más estrechas, se basarían en los cruces de datos, incluyendo a aquellos a quienes se les hubieran descubierto inconsistencias significativas entre sus declaraciones patrimoniales (cuando eran funcionarios), de impuestos (como ciudadanos), sus signos exteriores de riqueza (inocultables), y sus activos en el exterior (rastreados con la ayuda de gobiernos afines, o de agencias investigadoras privadas).

Los tres comensales subrayamos que este ejercicio permitiría conformar expedientes devastadores para pocos, pero suficientes. ¿Para qué? Para consignar a unos y advertirle a otros que el gobierno obraría contra la corrupción comprobada del pasado, o perdonaría aquella que se sospechara mas no se demostrara, no tanto por su inexistencia sino por no haber buscado pruebas. Se restringiría la búsqueda de cruces adicionales si por lo menos una parte del PRI comenzara a actuar como una "oposición leal", alcanzando acuerdos con el Ejecutivo en el Congreso cuando imperaran condiciones sustantivas de convergencia y no siempre rechazara todo, con independencia de posturas anteriores del propio PRI o de un interés nacional evidente. Fox nos respondió con una frase lapidaria, sincera y aberrante para alguien en sus zapatos (o botas): "No soy Dios para escoger a quién castigar y a quién no." Así culminó la discusión esa noche; se repetiría pronto.

En junio del primer año de gobierno, después del fiasco en Chiapas y de la debacle de la reforma fiscal, algunos integrantes del *staff* de Los Pinos y del gabinete que veníamos de la campaña, junto con Francisco Barrio, secretario de la Contraloría, solicitamos una encerrona con Fox en San Cristóbal, sin Durazo, Marta, Gil. El motivo: desatar una "lluvia de ideas" (expresión preferida de Fox) en torno a posibles salidas del atolladero. Nos aceptaron la sugerencia y pasamos el 27 de junio en el rancho de Fox, remodelado desde la visita de Bush en febrero, discutiendo de nuevo el misma asunto de la velada en mi casa. Pero bajo circunstancias diferentes: ya era patente la franca oposición del PRI a avalar cualquier iniciativa de Fox que no perteneciera al limitado ámbito del trámite: presupuesto, ratificación de nombramientos, permisos de viajes al extranjero, asuntos corrientes. Asimismo, Fox había experimentado en carne propia el enredo de negociar con los priistas. Lo padeció en la deblacle sobre la primera reforma fiscal del sexenio.

Algunos lectores recordarán cómo al concluir la marcha de los zapatistas, así como su comparecencia en el Zócalo y la Cámara de Diputados, y la aprobación de reformas indígenas truncas (según el EZLN y los indigenistas), el gobierno se abocó a promover una reforma fiscal de cierta envergadura. Descansaba en el aumento y la extensión del IVA a alimentos y medicinas, justificándolo con las tesis de muchos, entre otros de Mangabeira y Alternativa Latinoamericana: la regresividad del impuesto indirecto se corrige y se transforma en su contrario progresivo vía el gasto. Se agregó una innovación imaginativa, sintetizada por el famoso "copeteo" de Fox, es decir, la devolución a los más pobres de su gasto adicional en alimentos y medicinas a través del padrón de Progresa, el programa de Zedillo de combate a la pobreza, rebautizado Oportunidades en el sexenio siguiente. El PRI y el PRD se oponían, pero entre el proselitismo de Fox y una tupida y genial campaña de spots de Paco Ortiz, remachando cómo los ingresos adicionales se destinarían al combate a la pobreza, la opinión pública mutaba: subían los favorables, caía el rechazo, y el PRI empezó a escuchar pasos en la azotea. Temió que su recalcitrante rechazo a todo, y en especial a una iniciativa novedosa y social, redundaría en su contra. Los líderes de las bancadas priistas en la Cámara de Diputados y en el Senado instaron a Fox a desistir de la campaña de medios, e insinuaron que a cambio aprobarían una reforma fiscal semejante a la propuesta. Fox les creyó, canceló los spots y sus propias apariciones, y a cambio obtuvo… absolutamente nada. No hubo reforma, ni la habría dos años y medio más tarde, cuando Elba Esther Gordillo intentó hasta lo imposible para conseguir los suficientes votos del PRI y aprobar una minúscula ampliación del IVA. Fue derrotada, y luego expulsada del PRI.

En el cónclave de San Cristóbal también resurgió el tema de la corrupción, del ajuste de cuentas con el pasado y de cómo forzar al PRI a pactar con seriedad. Barrio expuso sus dificultades para sacar adelante el llamado Pemexgate, y su ardua pesca de "peces gordos". Otros volvimos a la carga. Reenfatizamos el tema de los cruces: Barrio debía contratar a empresas especializadas en seguir la pista de cuentas, en México y en el extranjero, de gastos, tarjetas de crédito e inversiones, y utilizar los hallazgos para proceder judicialmente. Fox no dijo que no; sólo no dijo que sí. La nueva tentativa: nonata.

Además de la prolongada discusión sobre si crear o no una Comisión de la Verdad para investigar violaciones a derechos humanos y actos de corrupción en el pasado, el tercer episodio de esta telenovela hamletiana de Fox surgió en torno al primer informe de gobierno, en septiembre de 2001. La economía mexicana se encontraba en plena atonía; las reformas no fructificaban; el 11-S daría al traste con la esperanza de un acuerdo migratorio; y las tensiones con el PRI se incrementaban, sin que el gobierno diseñara una respuesta adecuada, firme pero conducente a convergencias posteriores, o a una ruptura diáfana y comprensible. Algunos pensamos que el informe presidencial constituía una oportunidad para provocar esa ruptura, ahora a través de una relatoría clara y demoledora del verdadero estado que guardaba el país al recibirlo Fox. Primero procuré convencer al presidente en varias conversaciones informales durante un viaje a Santiago de Chile, seguido de un día de turismo en Atacama, y los consiguientes traslados aéreos. Lo más que conseguí fue su benévola anuencia de leer un borrador de preámbulo del informe, el cual redacté sobre las rodillas en el vuelo de regreso a México, con la asesoría de Joel Ortega, Héctor Aguilar Camín y Miriam, todos invitados a la gira.

El texto destilaba dureza, evocando la situación de las carreteras y las refinerías, de la educación y la salud, de la vivienda y el narcotráfico, de la corrupción y las violaciones a los derechos humanos, de la productividad y el campo —en una palabra, una letanía de lamentos, plenamente acreditados—. Arrancaba reconociendo que Fox descartó la exhibición de un panorama tan sombrío al principio del sexenio por dos razones: no lo sabía, y guardaba conciencia cabal de que era preciso evitar a toda costa una crisis financiera transexenal, como en 94, 87, 82 y 76, ya que la sociedad mexicana sufrió en exceso los estragos de las mismas, y una denuncia tan explícita del desastre nacional tal vez habría generado un nuevo descalabro. Superado ese escollo, proseguía, no se perdonaría jamás mantener su silencio ante los mexicanos, que se hallaban en completo derecho de conocer la verdad. Enseguida, sin clemencia, se responsabilizaba al PRI y a sus administraciones del lastimoso *statu quo* del país, reconociendo ciertamente lo que se había construido en decenios pasados. Al aterrizar en México lo pasé en limpio, lo pulí y lo envié a la Secretaría Particular de la Presidencia. Durazo lo leyó, lo objetó, se lo entregó a su jefe con su recomendación negativa. Unos días después, Fox se limitó a opinar que estaba loco. El borrador acabó en el cesto de la basura y de la historia.

En el siguiente y último capítulo de esta guerra perdida, Fox creó la Fiscalía Especial para Movimientos Sociales y Políticos del

Pasado, o FEMOSP, en noviembre del 2001, al cabo de meses de discusión interna en el gabinete y el *staff*. Poco antes, la Comisión Nacional de Derechos Humanos había emitido una recomendación: que se resolvieran las más de quinientas desapariciones acontecidas durante los años 60 y 70. Junto con la Suprema Corte, pedía que se abrieran los archivos de la DFS (disuelta en 1985) y que se creara la Fiscalía. Partiendo del imperativo de acatar la recomendación de investigar y abrir los archivos, y de proceder con algún tipo de pesquisa, emergieron varias posturas, agrupables de manera sucinta en tres corrientes. La tesis conservadora, esgrimida por el procurador y el secretario de Defensa, argumentaba que si se indagaba la identidad de los culpables de las desapariciones, no se podía evitar la persecución de quienes causaron la muerte de decenas si no es que centenares de soldados mexicanos en los enfrentamientos de aquellos años aciagos en Guerrero, Michoacán, Oaxaca (en menor medida) y otras latitudes nacionales. No les faltaba razón, pero varios nos preguntábamos si allí se perfilaba un argumento o un pretexto. La corriente centrista, encabezada por Creel y Durazo, admitía la necesidad de alguna investigación, pero acotada en el tiempo y el espacio, en su mandato y recursos, a cargo de un fiscal aceptable para todos, asistido por un contingente apropiado de agentes del ministerio público federal para ejercer la acción penal si fuera preciso, pero sin entusiasmo ante la perspectiva. Representaba una solución intermedia. Por último, la discusión incluyó una tercera vertiente, encarnada en Aguilar Zínser y yo, quienes pugnábamos por una auténtica Comisión de la Verdad, con pleno ejercicio autónomo de la acción penal, y dotada de un mandato amplio, a la vez sobre los plazos —hasta 1994, por lo menos— y los temas: magnicidios, violaciones a derechos humanos, crímenes de guerra y de lesa humanidad, y corrupción. El debate se extendió a parte de la comentocracia y la sociedad civil, pero al vernos Adolfo y yo privados de apoyo *fuera* del gobierno —en el PRD, por ejemplo, o entre activistas de derechos humanos—, pronto nos encontramos privados de apoyo *dentro* del gobierno. Perdimos esta última batalla, quizás la más difícil de ganar, y ya no volvimos a pelear, por motivos distintos.

Al cerrar el 2001 se produjo una escaramuza final, en torno a la designación del fiscal. Propusimos a Sergio Aguayo, rechazado por Creel y Macedo porque no era abogado y había sido miembro del partido de Manuel Camacho; a Alberto Szekely, vetado por falta de experiencia en estos temas (aunque había sido consultor jurídico de la Cancillería durante años) y algunos más. Finalmente, Creel y el procurador lograron que en enero de 2002 Fox nombrara a Ignacio Carrillo Prieto, alguien en apariencia sin personalidad ni antecedentes vigorosos en esta materia, pero que sorprendió a todos (incluyéndome a mí) por su firmeza y vitalidad. Dicho eso, eligió opciones, tal vez las únicas, que a la postre resultaron contraproducentes. Abrió el flanco a ejercicios de descrédito por enemigos de la idea de una Fiscalía Especial, al incurrir por indolencia en descuidos administrativos evitables y perniciosos.

La pregunta en el tintero es evidente: ¿por qué perdimos nosotros (o yo) una y otra vez? Ninguna respuesta unívoca basta. La explicación es múltiple. En primer lugar, por supuesto, por una falta de destreza para tejer alianzas dentro del gobierno, en el seno de la clase política y de la sociedad civil. Si bien en otros momentos, previos y posteriores, fragüé coaliciones como las que en esa coyuntura se antojaban imprescindibles, no pude entonces. Quizás por un motivo evidente pero inasible para mí en ese momento: no es lo mismo trabajar desde la sociedad que desde el poder, e imperaba una sensación generalizada de que Fox me delegaba mucho poder. No era del todo cierto; ni yo ni muchos lo entendimos al principio. De suerte que procuraba urdir alianzas desde un poder que no tenía, con aliados potenciales que no abundaban, ni en la clase política, ni entre los activistas abocados a estos temas, ni en la intelectualidad o el empresariado. Recuerdo al respecto una cena en casa de Gerardo Estrada, en aquel tiempo coordinador de Asuntos Culturales en la Cancillería (y responsable de los magníficos nombramientos propuestos por él para agregados culturales en innumerables embajadas y consulados), con Roger Bartra y Carlos Monsiváis, entre otros. Bartra, con inteligencia y sinceridad reprochó a los intelectuales de izquierda, personificados por Monsiváis, la falta de apoyo a sus propias causas cuando Fox las enarbolaba, sólo porque el presidente no les simpatizaba. Pero este comportamiento era extrapolable a otros numerosos sectores, que tampoco respaldaban mis iniciativas en estas materias (las de política exterior encerraban otra lógica), aunque proviniera yo de sus filas (o por eso, tal vez) y habíamos luchado en las mismas trincheras. Con las mismas metas, durante años. Los partidarios de estas causas no se daban en maceta.

Una segunda explicación yace en el carácter del presidente y la idea foxista de su papel en la historia de México. De manera paradójica para alguien que libró una batalla adversa, épica y victoriosa, Fox reproducía a la perfección la mexicanísima y lamentable aversión al conflicto tan extendida en el país. Mientras se tratara de "sacar al PRI de Los Pinos", se lanzaba a todos los combates y emprendía todas las peleas, trascendentes o nimias. Pero ya lánguidamente instalado en la Presidencia, revirtió a su esencia mexicana: evitar los grandes enfrentamientos cada vez que fuera posible. No comparto el lugar común según el cual Fox se desempeñó como un gran candidato y un pésimo mandatario, porque la tesis banal no explica ni el origen ni el motivo de la mutación. Mientras se ubicaba en la oposición, el "sistema" no le imponía la camisa de fuerza cultural en la que descansa: la aversión al conflicto. Al llegar al poder sin contar con los antídotos necesarios, sucumbió a esa cultura, como lo han hecho todos. En la jerga del barrio, mientras le entraba a los trancazos, descontrolaba a la sociedad y al sistema político; al recobrar las características ancestrales del alma mexicana, le sacó a los trancazos y se volvió un político tradicional, ni mejor ni peor que otros que ocuparon ese cargo.

De manera consciente, o en los vericuetos de su inconsciente guanajuatense, al cabo de seis meses de gobierno Fox concluyó con trepidación que sólo podría aventurarse más allá de la alternancia si desataba un nuevo conflicto con el PRI, apenas menos intenso que el de la campaña presidencial entre 1997 y 2000. Por las buenas, debido a unas u otras razones —la mezquindad del PAN cuando gobernaban los priistas, el cinismo y la incapacidad del PRI de entregarle medallas a Fox, la insuficiente pericia conciliadora de Fox—, no era factible. Y por las malas, no era deseable, como sin duda lo consideraba también la mayor parte de la sociedad mexicana. Entre el sórdido zafarrancho permanente, sin garantías de éxito, y la templada administración del *statu quo*, Fox optó por lo segundo, con el beneplácito de las élites mexicanas, de los votantes, y de los poderes fácticos nacionales y externos.

Esta última aquiescencia se tornó decisiva. En realidad, rebasaba la connotación pasiva de la palabra; nos hallábamos ante una auténtica imposición. No se circunscribió al tránsito transexenal y al imperativo de evitar a toda costa una nueva hecatombe financiera —demanda razonable, mientras incluyera su propia fecha de caducidad—. Abarcaba el hilo conductor del sexenio entero: nada de cacería de brujas, nada de ajuste de cuentas, nada de indagaciones en aguas negras o profundas, nada de abrir las madrigueras del equivalente azteca del triángulo de hierro norteamericano: la complicidad o el contubernio, para bien y para mal de la república, de los funcionarios, políticos y empresarios mexicanos.

Claro: no hay empleados de gobierno corruptos sin corruptores; no hay represores sin anuencia de terceros; no hay coerción benigna sin una clase política dispuesta a tolerarla sin aspavientos. Romper con el pasado entrañaba quebrar y poner a descubierto la "piñata mexicana", donde todos pegan y recogen dulces y palanganas. Las raíces del esquema en su conjunto se remontaban a los años veinte; el dilema específico de Fox databa del embrollo del FOBAPROA y sus consecuencias políticas de finales de los años noventa. Me consta un ejemplo. Al acercarse la sucesión en la gubernatura del Banco de México, Guillermo Ortiz, secretario de Hacienda y autor del paquete de rescate del sistema bancario de México, se perfiló como el candidato evidente y preferido de Ernesto Zedillo. Sin embargo, no sólo el PAN se negaba a aprobarlo; por un tiempo condicionó su voto a favor del FOBAPROA a que Ortiz no dirigiera el banco central. Uno de los empresarios más distinguidos, visionarios y democráticos de Monterrey me confió, en 1998, sabedor ya de mi vínculo con Fox, que él y sus colegas regios sujetarían cualquier respaldo subsiguiente a la candidatura del gobernador de Guanajuato a un criterio esencial: el apoyo del PAN al salvamento bancario y, de manera secundaria, la anulación del veto a Ortiz. No me consta que el PAN se haya convencido sólo gracias a Fox; sí sé que lo intentó, que Acción Nacional se sumó finalmente al FOBAPROA, y que la presión empresarial resultó eficaz.

Recuerdo una noche de noviembre del 2000, cuando Santiago Creel y yo nos revelamos mutuamente nuestros nombramientos, aún secretos, y el secretario de Gobernación *to be* me confesó su preocupación primordial: que para triunfar, Fox hubiera efectuado tal cantidad de concesiones a los poderes fácticos, y de tal magnitud, que su llegada se hallaría comprometida antes siquiera de empezar. Tuvo razón, y tal vez su complacencia con la pasividad ulterior de Fox provino de esa intuición o sapiencia. Quién le dijo qué a Fox durante esos meses interminables entre julio y diciembre, permanece en el misterio; retengo la certeza de que la advertencia, la exhortación, la extorsión o la súplica por parte de esos poderes fácticos se expresaron, obtuvieron un acuse de recibo y fueron asimiladas.

A pesar de los peligros y de las presiones, ¿debió Fox asumir los costos de la ruptura y proceder con audacia o, dirían algunos, temeridad? Sigo convencido de que sí, sobre todo ya en septiembre del 2001, cuando el riesgo del colapso financiero transexenal había sido superado. No surgió otra oportunidad en el sexenio para consumar el corte con el pasado; la siguiente administración panista se enfrascó en una lucha aberrante y monotemática contra el narco; y aunque Peña Nieto ha impulsado más cambios significativos que sus dos predecesores, el precio se elevó: el retorno de todas las prácticas del PRI, las buenas y las malas, sin que se vislumbre a estas alturas el contenido verdadero de las transformaciones iniciadas. La fortuna le sonrió a Fox: le brindó dos oportunidades únicas, en dos coyunturas únicas, en la historia moderna de México. Aprovechó la primera: sacar al PRI de Los Pinos. Dejó pasar la segunda: acabar con el PRI, ya fuera de Los Pinos, con su régimen, sus poderes fácticos, sus ritos y su *nomenklatura*. Le gritaban en El Ángel: "Nos nos falles". Les falló, y le fallamos.

La leyenda negra según la cual nos ilusionamos con la alternancia, pensando que gracias a ella se resolverían de inmediato la totalidad de los retos del país, siempre fue absurda. Nadie jamás supuso algo así. Había quienes no deseaban rebasar el umbral de la alternancia, ya que no percibían la necesidad de arreglar algo que en su opinión no se hallaba descompuesto. Otros pensábamos que la alternancia era sólo un punto de partida, que el destino final sí se caracterizaba por una transformaciónn sustancial del diseño político, económico, social e internacional del país, sin tratarse por supuesto de una revolución o refundación ni mucho menos: algo así como lo que ya relaté de mis escritos con Mangabeira, y más adelante, con Manuel Rodríguez y con Héctor Aguilar Camín. Donde sin duda pecamos de ingenuidad fue en el cálculo de los obstáculos o resistencias que ese tipo de mutación implicaba. Subestimamos los elementos culturales: la aversión mexicana al conflicto no se limitada a la mente o al ánimo de Fox. Desdeñamos —en la discusión con Fox— la imperiosa necesidad de poner en práctica las mutaciones institucionales —políticas, jurídicas, electorales— sobre las cuales volvería yo en mi campaña como candidato independiente y en los tres libros con Héctor. Menospreciamos la fuerza y el arraigo de los poderes fácticos, que se habían beneficiado demasiado tiempo de una realidad tan inmejorable para ellos que imaginar su desaparición les generaba urticaria. Y no comprendimos a tiempo hasta qué grado el recurso a las tácticas, maniobras y estrategias imprescindibles para ganar en condiciones terriblemente adversas —elevar las expectativas, reducirlo todo a sacar al PRI de Los Pinos, simplificar al extremo la exposición de los desafíos por venir— estrecharía después la capacidad transformativa del gobierno futuro. Vistos en este contexto, mis pueriles y fallidos intentos de declaración de guerra al PRI y al *statu quo* estaban condenados no sólo al fracaso: al ridículo.

Rewind

La opción de alianza con una parte del PRI implicaba un enfrentamiento brutal y sin cuartel con otra parte, por lo menos en mi opinión, una de las pocas opiniones que llegaban a Fox, aunque cada día la atendía menos. Yo mismo caí en esta cuenta hasta más tarde, para abril o para mayo del primer año del sexenio. Visto que, por las causas expuestas, Fox renunció a dar la batalla descrita, la opción se desvaneció: ningún priista detectaba incentivo alguno para pactar con el gobierno, aunque por supuesto algunos se comportaban con mayor decencia y sinceridad que otros. Debo reconocer el comportamiento ejemplar con el Ejecutivo federal de gobernadores priistas como Juan Millán, de Sinaloa, Tomás Yarrington, de Tamaulipas, y Miguel Alemán, de Veracruz, durante los dos años y medio que sostuve tratos con ellos como parte del gobierno. Asimismo, varios diputados y senadores del PRI establecieron relaciones cordiales, constructivas y de confianza con Fox. El problema no era ese. Ya sea para los "dinosaurios", ya sea para los "modernizadores", al no existir costo —la amenaza de una represalia— por no negociar con el gobierno, desaparecía también cualquier motivación para ello. Contribuir al éxito de Fox destruía el mito del monopolio priista de capacidad de gobierno; enfrentarlo en cada coyuntura no revestía precio alguno y auguraba la posibilidad de que algún día, gracias a la percepción de parálisis e ineptitud de los panistas, el PRI retornara a Los Pinos. Insisto: tanto con la izquierda por las buenas como con el PRI por las malas, las probabilidades de triunfo de mi corriente eran casi nulas. Si además demoré meses mi involucramiento en la trifulca, el "casi" se caía por su propio peso.

IV

El otro costo de mi obcecación por ocupar la silla de mi padre estribó en mi marginación de las decisiones sobre el resto —o por lo menos una parte— del gabinete. Aquí el ejercicio contrafactual tal vez parezca más ocioso que en las peleas de sustancia, ya que los presidentes se aferran a esta prerrogativa como a ninguna otra. Es cierto que Fox rompió de manera marginal con la tradición unipersonal y sigilosa de sus predecesores. Anunció que consultaría, *pro forma* por lo menos, a cazacabezas; designó a Ramón Muñoz como encargado oficioso del proceso de conformación de ternas y de "pasar a la báscula" a los auténticos aspirantes o a sus ocurrencias. De ninguna manera Fox me permitiría intervenir en este proceso, sobre todo si era yo juez y parte. Con dos posibles excepciones: cargos donde mi voz aparentaba la cierta pertinencia y conocimiento, o personas cuya cercanía común me autorizaba cierta injerencia. En el primer caso, la cultura saltaba a la vista como el ámbito por excelencia donde consejos de mi parte revestirían alguna autoridad; quizás economía y educación también, aunque en menor grado. En cuanto amigos míos partidarios de Fox, o que hubieran llegado a la campaña por mi conducto, los ejemplos evidentes se reflejaban en Adolfo Aguilar, Porfirio Muñoz Ledo, Andrés mi hermano, y personajes de la sociedad civil como Mariclaire Acosta, Sergio Aguayo y Cecilia Soto. Suena absurdo especular si de haber trabajado con tesón y habilidad a favor de ellos, de golpe y porrazo Fox les hubiera ofrecido un puesto de alto nivel en su gobierno. Pero en ausencia de un padrino o "valedor", sus posibilidades menguaban. Sobre todo si su incorporación confrontaba obstáculos personales incómodos, pero superables con buenos oficios, incluso de parte de alguien sin oficio como yo.

Muñoz Ledo le hubiera aportado mucho a un gabinete de Fox, a pesar de sus veleidades y edades. La dificultad se asomó en dos tandas. La primera: tal vez en efecto fue correcta la leyenda urbana según la cual los donantes a la campaña no observaron con agrado que el presidente electo incluyera en su equipo a más de uno de los "no panistas" o de la izquierda azul, y ese uno era yo. Segundo, Porfirio no facilitó las cosas, como nunca las ha facilitado: mi padre solía suspirar que lo único peor que tener de jefe a Porfirio era ser su jefe. Su llegada a la gesta fue tardía y tortuosa, al cabo de innumerables e interminables reuniones con Adolfo, conmigo, con Joel Ortega, con Creel, con Elizondo y con Fox. Y luego, limosnero con garrote, aspiró, de entrada, explícita o tácitamente, y en pleno desvarío, a las secretarías de Gobernación o Relaciones Exteriores. Más que sus méritos —o falta de ellos— para ocupar esos cargos en abstracto, su anhelo otoñal lo colocó en posición de rivalidad o competencia con sus dos principales aliados: Creel y yo. En el viaje a Santiago de Chile en agosto del 2000, al que se coló Muñoz Ledo sin justificación, me obligó a excluírlo de reuniones pequeñas, a la vez que Creel negociaba con él, no sé si a nombre de Fox o por su cuenta, que ocupara de nuevo (como en 1973) la Secretaría del Trabajo. Se rehusó con vehemencia. Con razón, tal vez: cumplidos sesenta y ocho años, recién casado, con una hija pequeña, no lucía aberrante preferir una buena calidad de vida —la que disfrutó en Bruselas durante cuatro años— a un ministerio de segundo rango, del cual fue titular veinticinco años antes.

El caso de Aguilar Zínser escondía una complejidad mayor. Su lealtad a Fox durante esos años era incuestionable; su apuesta desde el principio, también. La creatividad, el dinamismo y las redes de Adolfo —distintas a las mías— representaban activos invaluables para el presidente electo. Las únicas explicaciones que desde aquel momento he recibido, ya sea de Fox, ya sea de Ramón Muñoz, sobre los motivos de su exclusión del gabinete, descansan en una premisa válida, pero parcial. No percibían con agrado a Adolfo en una función ejecutiva, como tampoco abrigaban una opinión distinta de otros colaboradores muy cercanos, —o incluso más queridos—. Los veían como asesores, valiosos consejeros áulicos, mas no para administrar una secretaría de Estado. El enfoque adolecía de dos confusiones. No todas las dependencias federales son iguales: tal vez Adolfo no disponía de la disciplina personal para manejar Agricultura o la SEP, pero sí Semarnat, Conaculta o el CISEN. Por otro lado, nunca conviene olvidar la vieja puntada judía de Nueva York: "Pregunta: ¿Cómo está tu esposa?" Respuesta: "¿Comparada con quién?" Cualesquiera que hayan sido sus debilidades organizativas, Aguilar Zínser poseía un talento político, una visión del mundo y una honestidad muy superiores a las hipotéticas virtudes de quienes ocuparon los cargos a los que podía haber aspirado. Por desgracia, cometió el mismo error en el que incurriría un año más tarde: brindarle a Fox una salida fácil, por su desesperación y tendencia depresiva.

Casi quince años más tarde, Ramón Muñoz me mostró sus notas sobre la composición del gabinete de Fox y compartió conmigo sus recuerdos. Según él, nunca existió terna para Relaciones Exteriores; el único candidato era yo. En algunos instantes figuró Adolfo, pero más como bateador emergente que como rival. El problema fue que Adolfo era en esta materia como las mujeres: no sabía lo que quería. Le pidió a Muñoz que le transmitiera a Fox su deseo de ser nombrado en Educación, Relaciones Exteriores, Medio Ambiente, e incluso Gobernación. Fox le tenía un gran afecto —más que a mí—, pero ante tal dispersión de aspiraciones no sabía qué hacer con él. Cuando Adolfo vio que el presidente electo lo apartaría del gabinete, en lugar de formular una petición concreta, aferrarse a ella y expresar su disposición a apoyar al gobierno desde fuera si su deseo no podía ser atendido, Adolfo inventó un puesto confuso, inviable, y barato para Fox a corto plazo: consejero de seguridad nacional a la mexicana, es decir, abocado a la seguridad interna, sin ninguna responsabilidad exterior, y ubicado entre el comandante en jefe de las fuerzas armadas y estas mismas, junto con la Procuraduría, Gobernación y el CISEN. A nadie le escapaba que jamás los secretarios de Defensa y Marina, o el procurador (general del ejército también) aceptarían la tutela fantasmagórica de alguien que no portara la banda presidencial. Para las pulgas de Creel, era aberrante creer que toleraría subordinarse a Adolfo, o que le entregaría el aparato de inteligencia. La propuesta de Aguilar congeniaba con el propósito de pertenecer a un gabinete megaamplado, pero contradecía cualquier diseño institucional, burocrático o presupuestal sensato. Y le ofrecía a Fox la suculenta opción de argumentar que le concedió a Adolfo lo que Adolfo solicitó. Por mi parte, debido a la persecución obsesiva y obcecada de mi propia posición, fui incapaz de intervenir a su favor, aunque padecí más que nadie las implicaciones de su ausencia del gabinete legal. Me quedé sin aliado.

Además, la probabilidad de una injerencia venturosa de mi parte era mínima. Lo comprobé en el caso de Conaculta, una cartera para la cual Fox podría (o debía) haberme oído. Repetí una y otra vez que se trataba de un puesto de enorme importancia en México, y en particular para un gobierno desvinculado del estamento cultural, académico e intelectual, bajo sospecha de despreciar el ámbito, o de plano de aborrecerlo. Cuando se hizo patente la obstinación de Fox de colocar allí a una mujer —para no desmerecer frente a López Obrador, quien respetó una abultada cuota de genero—, adelanté una candidata tras otra, de un sector u otro, jamás con éxito. Todavía días antes de la decisión final sobre CONACULTA, durante una encerrona en las instalaciones de Nestlé en la carretera a Toluca, le supliqué a Felipe González que intercediera ante Fox para persuadirlo de encontrar a una persona —hombre o mujer— de gran vuelo, para un tema de gran vuelo (como lo hizo el español con Jorge Semprún, en su segundo gobierno). Fox rechazó nuestras imprecaciones y se resistió siempre, incluso más tarde, cuando el desaguisado de la titular era inocultable y la designación retrasada de Aguilar Zínser habría resuelto muchos más enredos que los posibles líos eventuales.

Así llegamos al primero de diciembre: yo fascinado por el ejercicio del poder ya en mano y por el venidero; Fox, ilusionado con el carácter en teoría ilimitado de los logros en puerta; y la sociedad mexicana expectante, aunque como siempre, imbuida de un explicable pero paralizante escepticismo. El día de mi toma de posesión representó el momento culminante de mi vida profesional hasta entonces, y después; pronuncié un discurso decente, se me cortó la voz al evocar la memoria de mi padre; anuncié sin tapujos que llegaba yo a Tlatelolco para "agitar las aguas". Acudieron amigos de Chile, de El Salvador, de Estados Unidos y de Francia; invité a los excancilleres presentes en México y todos me honraron aceptando acompañarme, así como la familia extendida y mis amigos o relaciones de México, entre otros García Márquez y Fuentes. La ceremonia revistió un cariz anticlimático, en la medida en que desde agosto comencé a gozar las delicias del pequeño poder delegado por Fox; el acto protocolario sólo consagraba una situación de hecho vigente desde meses atrás. Esos meses me permitieron familiarizarme con las tres facetas del poder que todo político ambiciona y acaricia: el aparato, la sustancia, y ejercer sobre hombres y mujeres cercanos y ajenos una potestad decisiva: qué será de su vida por un período determinado. Mi reencuentro con el aparato —al fin, usé y abusé del de mi padre veinte años antes— se produjo a partir del primer viaje del presidente electo, a América del Sur. Yo controlaba la agenda, el Estado Mayor Presidencial acordaba conmigo escalas, hoteles, rutas y horarios; las embajadas se colocaban a mis órdenes, unas con agrado, otras con resignación o resentimiento, todas con esperanzas y cálculos. Los visitantes extranjeros deseaban verme; los gobernantes en los países visitados me recibían como colega en potencia; la prensa, con simpatía o franca hostilidad, se regodeaba sin soslayo de mis puntadas y andanzas. En una palabra, gocé de una introducción a los pasillos del poder sin gran responsabilidad, y eso moduló mi llegada a la oficina del canciller, que ya no era la de mi padre, más que analítica y simbólicamente (es decir, todo). Dispuse del tiempo necesario para disfrutar de las mieles del poder sin la amargura ulterior e inevitable; para prepararme hasta donde es factible aprender a nadar antes de aventarse al agua, y para armar un equipo que me permitiera suplir mis debilidades y desventajas, y a la vez poner en práctica el programa de política exterior acordado con Fox.

Sabía, que mi flanco más vulnerable en la Cancillería radicaba en el Servicio Exterior Mexicano (SEM), del cual no formaba parte, del cual mi padre fue miembro distinguido y despreciativo, y mi hermano integrante de cuerpo entero, con el triple de eficiencia y capacidad de trabajo de todos los burócratas juntos. Aunque la gente del SEM no me abominaba, sentían como afrenta el advenimiento a la Secretaría de alguien con un estilo, trayectoria y agenda en las antípodas de la diplomacia mexicana tradicional. Por ello, para empezar, incluí en el grupo directivo de la Cancillería a gente conocida por mí y respetada por el Servicio. Recurrí a algunos colaboradores de mi padre, con quienes —pensaba, quizás con ingenuidad— había conservado una buena relación durante las dos décadas transcurridas. De allí mi ofrecimiento a Miguel Marín, secretario particular de mi padre, y en el 2000, cónsul general de México en Barcelona, para que ocupara una subsecretaría; a Gustavo Iruegas, de quien ya hemos hablado, para que se encargara de otra; y a Jorge Eduardo Navarrete, a la sazón embajador en Brasil y subsecretario para asuntos económicos con mi padre, para que asumiera la representación de México en la ONU, y en particular en el Consejo de Seguridad si lográbamos la elección. Mauricio Toussaint, exmarido de mi prima, a quien rogué que me ayudara en la Oficialía Mayor, fungió como secretario privado de mi padre y era miembro del Servicio Exterior con licencia y subsecretario de Energía, pero acudí a él en vista de nuestra amistad y de mi absoluta confianza en su lealtad e integridad. Me imaginé que arropado con estos escuderos, el trato mío con la burocracia de Tlatelolco sobreviviría a las novatadas, las trampas y las puñaladas traperas. A medias.

Mi inexperiencia administrativa y jurídica también me obligaba a buscar colaboradores afines, más jóvenes que los anteriores e incluso que yo, del Servicio pero pertenecientes a una generación moderna, dinámica, abierta: quienes ingresaron a Relaciones durante la gestión de Fernando Solana, en mi opinión el mejor administrador de la SRE. El principal conducto hacia ellos reposaba en

Andrés, que si bien se ausentó de la carrera a partir de 1997, cuidó y cultivó sus contactos adentro con gran esmero. Con él, y mi propio conocimiento de los elementos más innovadores del SEM, armé mi cuarto de guerra: un subsecretario joven, responsable de América del Norte; el consultor jurídico; mi coordinador de asesores y mi secretario particular. Sólo el responsable de prensa venía de fuera: del PAN y la campaña de Fox. Incluí, porque ese fue el diseño decidido por Fox, a una subsecretaria para derechos humanos y democracia, después de que los senadores priistas resolvieran que una embajadora especial sin asignatura debía ser ratificada por esa "augusta cámara", y un subsecretario económico, el premio de consolación obsequiado por Fox con magnanimidad al rechazar mi propuesta alternativa. Desde agosto —y así constaba en varios memos entregados al presidente electo— sugerí que la Unidad Negociadora de la Secretaría de Comercio y Fomento Industrial (ahora Economía), junto con el departamento de promoción del Banco de Comercio Exterior, se trasladaran a Relaciones, para fundir bajo un techo único la relación económica —no hacendaria— del país con el mundo. Entre la oposición de Secofi, de los empresarios y de lo que sería el *staff* de Los Pinos, la idea naufragó. Fox me ofreció entonces resucitar la subsecretaría económica de la SRE, clausurada por De la Madrid en 1985; yo busqué darle la vuelta a la negativa a mi expansionismo nombrando a conocidos de Secofi; declinaron el ofrecimiento. Al buscar a otros, y ya designado Luis Ernesto Derbez en la Secretaría de Economía, recibí de su parte una amenaza clara y atendible: si no nombraba como subsecretario a Miguel Hakim, amigo suyo de Puebla, colaborador dedicado de la campaña, y un gran tipo, "es la guerra". Sin candidatos propios, y deseoso de buscar una alianza con Derbez para protegerme de su archienemigo y mi némesis en Hacienda, Francisco Gil Díaz, acepté el ultimátum de quien me sucedería en Tlatelolco con una maraña de complejos en la cabeza y de gatos en la barriga. Cerré así el capítulo de los nombramientos en México. Faltaban los de fuera.

Fox me "impuso" únicamente dos embajadores o cónsules: Porfirio Muñoz Ledo, primero para París, y por fin, a petición suya, en Bruselas; y Pablo Ruiz Limón, socio de su excuñada, en Centroamérica, donde yo escogí El Salvador. Algunas otras sugerencias indirectas ostentaban una autoría evidente, o se originaron en intermediarios con credenciales: Gabriel Jiménez Rémus, propuesto por el Negro Elizondo para España; y César Leal, sugerido por Luis

Felipe Bravo Mena, presidente del PAN, en Grecia, y quizás dos o tres más. Con la excepción de Washington, jamás le presenté una terna al presidente, o presidente electo: no descartó ninguna propuesta.

Para Washington sí preferí someter varios nombres, que a su vez reflejaban distintas variantes de relación con Estados Unidos. Excluí, de común acuerdo con los interesados, a dos candidatos naturales y de lujo: Andrés Rozental y Adolfo Aguilar. El primero conocía Washington y Estados Unidos mejor que nadie en México, concordaba con la gran mayoría de las ideas asumidas por Fox en esta materia, pero además del obvio inconveniente de la relación fraternal con quien sería su jefe, posee una recia personalidad que no se iba a conformar con una situación ineluctable: el encargado de todos los temas importantes de la relación con Estados Unidos, salvo lo hacendario y la seguridad, iba a ser, por las características propias, el secretario. El embajador, que nunca goza, en ninguna adscripción, de la autonomía o línea directa con el presidente que todos los mandatarios prometen y que ninguno cumple, sería, con mayor énfasis que antes, un subordinado leal y eficiente, pero subordinado al fin, del canciller —una receta para un pésimo desenlace burocrático y familiar—. Por cierto, no habría sido el caso de haber aceptado mi hermano el cargo de representante de México ante la ONU y el Consejo de Seguridad, ya que sin soslayar la trascendencia de la misión en Nueva York, abarca menos aristas y fuentes potenciales de conflicto que Washington.

El caso de Adolfo era distinto. Nuestras coincidencias en las inclementes arenas movedizas de la política interna se remontaban a casi veinte años atrás, y cualquier divergencia se desvanecía al ventilarla. En algunas vertientes de la vida internacional —América Latina, Cuba— coincidíamos también. Pero no tanto, o bastante poco, en lo tocante a Estados Unidos, ya sea a propósito de la relación bilateral, ya sea a propósito del papel de ese país en el mundo. Poseedor al igual que Andrés de un carácter fuerte y sin el sentido del Estado adquiridos por Andrés a lo largo de treinta años de servicio público, con Adolfo en Washington, mucho antes de la destrucción ulterior de nuestra amistad por otros motivos, se habría producido una crisis inevitable e irresoluble.

De allí el abanico que construí. Si Fox prefería colocar el acento en la relación económica con nuestro vecino, una buen elección podía recaer en Jaime Zabludovsky, en ese momento embajador ante la Unión Europea, quien participó en la negociación del

TLC con Estado Unidos, fungió como negociador en jefe del Tratado de Libre Comercio con la UE y formaba parte desde una década antes del equipo negociador de SECOFI. Si Fox optaba por centrar la relación en la seguridad, la frontera, la migración y el combate al narcotráfico, podía enviar a Washington a Miguel Limón, invocando la experiencia del secretario de Educación saliente en Gobernación, encargado bajo Gutiérrez Barrios a finales de los años ochenta de estos temas. Por último, si pensaba enfocarse a una relación ante todo política, le sugerí el nombramiento de Juan José Bremer, que si bien no pertenecía al Servicio Exterior, había dedicado los anteriores veinte años de su vida a la diplomacia, ocupando cargos tan disímbolos y significativos como Moscú, Alemania, Suecia y Madrid. Contaba además con la experiencia de haber participado en las labores de una importante comisión binacional México-Estados Unidos en los años ochenta. Más que nada, Fox escogió a Bremer por la relación cordial sostenida en sus repetidas visitas a Madrid antes y durante la campaña. No sé hasta que punto figuraron otros elementos, de índole sustantiva, en la decisión. Acepté con gusto, porque siempre le había guardado respeto y afecto a Bremer, y trabajamos bien juntos durante dos años, sin el tipo de conflictos típicos entre un canciller y el jefe de la representación diplomática más importante de México.

En parte, Fox desistió de nombrar a Limón por el mismo motivo que lo impulsó a prescindir, en nuestras representaciones diplomáticas, del talento y la experiencia de varios integrantes del gabinete saliente, que o bien manifestaron su interés de manera explícita, o bien insinuaron sus aspiraciones con discreción. La razón era evidente: mantener en embajadas de primer nivel a funcionarios de primer nivel del gobierno anterior mandaba una señal de continuidad política y personal nociva para la generación de una inercia de cambio. Se deseaba la continuidad en la política macroeconómica y en el combate a la pobreza. Nada más. En cambio proponerle a varios titulares zedillistas de dependencias importantes sólo cargos de menor relieve evitaba estos inconvenientes.

La prerrogativa de designar a ciento cincuenta jefes de misión en el mundo, más otros cincuenta mandos medios y superiores en México, constituye una de las escasas facultades omnipotentes de la Cancillería. Despunta en el gobierno federal, ya que rara vez un titular de otras dependencias designa de manera personal y directa a tantos altos funcionarios. El imperativo de invitar a los cuadros de carrera limita la discrecionalidad, pero cada secretario incluye un 30% en promedio de nombramientos políticos (dependiendo del presidente, muchos o pocos desde Los Pinos), y puede rotar *ad infinitum* a los miembros del SEM. De modo que de manos de un individuo depende el destino provisional, pero no efímero, de una gran cantidad de personas, y esta faceta de ejercicio del poder, que me había obnubilado en tiempos de mi padre, me embelesó cuando me correspondió a mí.

V

Los meses del interregno guardaron un atractivo especial debido a la posibilidad de poner en práctica —antes de ocupar la oficina— elementos esenciales de una política exterior diferente. Aunque me encandilaban las redes y *the trappings of power*, en esta ocasión mi mayor placer provino de la sustancia: tener un programa y echar a andar su aplicación. A finales de 1999, Fox me pidió una propuesta específica de política exterior. Decidí plasmar allí buena parte de las ideas esbozadas en mis escritos o conferencias de los años anteriores, algunas ya viejas, otras adaptadas a las nuevas circunstancias del país y del mundo. Entregué el texto en enero del 2000, y si bien nunca fue objeto de una discusión seria y prolongada con Fox, sirvió de plataforma para pronunciamientos de relaciones internacionales y para tomas de posición puntuales durante la campaña. De todos los textos no periodísticos que he escrito, se trata del más preciso y contundente, ya que no fue redactado para divulgarse, aunque permití su publicación una vez nombrado para que nadie se llamara a engaño. En agosto, ya después de la elección y de mi designación como responsable de política exterior del presidente electo, decidí actualizarlo para tomar en cuenta novedades, y publicarlo, de modo oblicuo, en una recopilación de fin de año del CIDE, *Chile-México: Dos transiciones frente a frente*. Oblicuo porque no aclaraba que mi texto en la recopilación realizada por el embajador de Chile en México había cumplido la función de documento programático en la campaña, y constituía un anuncio de la actuación del nuevo gobierno en este ámbito. Además, porque un ladrillo con ensayos obtusos de múltiples autores aseguraba una estrecha lectura del texto —eso quería—, pero a la vez me permitía reivindicar el carácter público de la propuesta y remitir a ella a quien yo decidiera.

En otras palabras, que la leyeran los amigos y la ignoraran los adversarios. Por fortuna, en México son remotas las posibilidades de que alguien lea algo que no tenga frente a sus narices, y casi nadie —salvo mis partidarios— se molestaron en indagar qué se proponía el próximo presidente en materia de política exterior.

En ese texto, de sintaxis árida y académica —por tanto tedioso al citar—, formulaba las tesis básicas de lo que sería mi gestión. Ostentaba de entrada los colores de la camiseta: era preciso "ajustar" (eufemismo indigno) la política exterior de México a las nuevas circunstancias y al nuevo régimen. No consideraba factible ni deseable un esfuerzo de diversificación de nuestras relaciones económicas con Estados Unidos, pero no debíamos tampoco centrar nuestra postura externa en la relación económica con el vecino del norte, "ya que no convenía confundir la política exterior —que posee propósitos, instrumentos y ámbitos propios— con la indispensable tarea de allegarnos en el extranjero los recursos que exige nuestro desarrollo". Enseguida delineaba un catalogo de seis apartados. Primero: un país seguro, honesto y en paz, dedicado a la urgencia de transformar la imagen de México en el mundo, concediendo que "no va a ser posible proyectar una imagen distinta del país si no se cambia la realidad que proyecta dicha imagen". Segundo: construir nuestra propia agenda con Estados Unidos, como entre 1979 y 1994 con Centroamérica primero, y el TLC después, sobre todo en dos temas: un acuerdo migratorio bilateral, en vista de que nuestra tradicional posición del avestruz se volvió insostenible visto el creciente número de muertes y de abusos contra mexicanos en la frontera o dentro de Estados Unidos. Retomaba, como pregunta retórica, la que había formulado cinco años antes en un largo ensayo en *Reforma*: ¿No le convenía más a México negociar un arreglo con su vecino, basado en concesiones mutuas y responsabilidades compartidas, en lugar de seguir confiando en que nos haríamos de la vista de gorda a perpetuidad? Luego insistía en la abrogación del odioso proceso certificatorio del Congreso norteamericano sobre la cooperación mexicana en la lucha contra el narcotráfico, y "un diálogo latinoamericano con Estados Unidos sobre un nuevo enfoque hacia la droga, incluyendo la despenalización de ciertas sustancias ilícitas, la adopción de estrategias de 'reducción del daño' provocado por el consumo y la utilización de mecanismos de mercado para aminorar los estragos procedentes del carácter prohibido del comercio de estupefacientes".

Dediqué el tercer apartado a lo que llamé un Mercado Común de la Cuenca del Caribe, es decir una integración económica y todoterreno de los países de Centroamérica y las islas del Caribe con México, para cuadrar el círculo inasible de nuestra política exterior: "compaginar nuestros vínculos culturales, históricos, y afectivos, pero carentes de sustento económico, con América Latina, con un sano y objetivo interés nacional". Lo que se llegó a llamar el Plan Puebla-Panamá, y que partía del mecanismo de Tuxtla ideado por Zedillo, retomaba mis viejas tesis de los años ochenta y de la gestión de mi padre sobre nuestra vocación centroamericana, el único latinoamericanismo viable para México, y que no se redujera a parodiar el puro folclor. Pienso lo mismo hoy, y aunque así se lo propuse a Peña Nieto a petición de su coordinador de asesores antes de su asunción, temo que el proyecto correrá la misma suerte que desde López Portillo: engavetado por Hacienda.

Enseguida retomé el viejo debate sobre nuestra participación en el Consejo de Seguridad de la ONU. Desde la era de mi padre no habíamos vuelto al Consejo, ya que tres presidentes sucesivos —De la Madrid, Salinas y Zedillo— aceptaron el veto de Manuel Tello, canciller diez meses con Salinas, hijo del canciller de López Mateos y virulento opositor a la inclusión de México como miembro no permanente. En el célebre Coloquio de Invierno realizado en la Universidad en 1992, mi padre se había manifestado de nuevo partidario de poner fin a la excepción mexicana, desatando las iras de la Cancillería. Se creó el mito de que todo el SEM se oponía a ello, lo cual implicaba que en su seno abundaban diplomáticos con opiniones y carácter: nada más lejano a una institución donde la mayoría de los funcionarios no se comprometen ni siquiera con el clima.

Enfaticé también la necesidad de una nueva mirada hacia América Latina, reproduciendo el pecado de muchos de mis predecesores y todos mis sucesores en la Cancillería: redactar una lista de Santa Claus de prioridades, equivalente a suprimir cualquier jerarquía explícita de política exterior, y de mantener a la sociedad mexicana en ascuas ante un cantinflismo incomprensible. Incurrí en el error y el engaño por motivos similares a mis colegas, antes y después: la infatuación de la clase política mexicana con todo lo que suena a América Latina. Con la excepción de Chile, para mí era evidente desde antes, y más que nunca hacia la mitad del segundo decenio del siglo veintiuno, que jamás habría una base económica suficiente para anclar nuestra política exterior en el sur. Por otra

parte, mi marxismo de juventud me impedía imaginar una super-
estructura política, ideológica o jurídica sin una infraestructura
arraigada en relaciones económicas profundas y potentes.

Por último, expuse mi antiguo plan cultural, insinuado en el
ensayo publicado en *Nexos* en 1987 (y brevemente citado muchas
páginas antes) y sobre todo en Compromisos con la Nación en 1996
(el foro celebrado en el Polyforum Siqueiros) y en múltiples artículos de periódico o entrevistas. La diferencia provenía de un hecho
singular: ahora podía poner en práctica esas ideas. Las resumí de la
siguiente manera, que reproduzco *verbatim*: "Propongo hacer de la
difusión de la cultura mexicana la piedra angular de nuestra política exterior, en lugar de un pretencioso y engañoso primermun-
dismo, un tercermundismo inviable o de una ilusa excelencia
macroeconómica y una competitividad esclavista. Debemos multi-
plicar y fortalecer los institutos culturales mexicanos en el mundo,
reclutar artistas, escritores, académicos y otras figuras culturales de
México para convertirlos en abanderados de esa presencia, promover becas para atraer a estudiosos y estudiantes extranjeros a México
y repetir, hasta donde sea posible, la experiencia de países como
Francia, España, Inglaterra en cuanto a fomentar el conocimiento
del país. La cultura mexicana ha sido nuestra mejor carta de presentación en el mundo, y quizá sea la única realmente nuestra y
realmente carta. La literatura y la cocina mexicanas, la arquitectura
y los sitios arqueológicos, las iglesias y la artesanía, la música y la
pintura, los colores y sabores de todos los pueblos de México, son
lo que honestamente puede identificarnos afuera, y enorgullecernos
ante cualquier crítica o atisbo de escepticismo. Es nuestra verdadera
ventaja comparativa: no el petróleo o el sol, ni las naranjas o jito-
mates del TLC, ni los talentos cosmopolitas de nuestros funcionarios. Cuando naciones como Francia e Italia enfatizan su diferencia
a través de su pasado y su manufactura cultural, México, cuyos es-
plendores culturales no le piden nada a países como ésos, debería
dedicarle la misma importancia, los mismos recursos, la misma voluntad política a esta tarea. Nuestra vocación en el mundo, y en
México, es la cultura."

Al día siguiente de mi designación en privado, puse manos a
la obra y comencé a trabajar en la ejecución de estas tesis. Me limi-
taré a narrar algunos de los eventos o pasos en los que esa labor se
materializó antes de la toma de posesión, en el entendido de que se
trataba más de intenciones que de realizaciones concretas. Empecé

con un terreno familiar, en ambos sentidos de la palabra: los derechos humanos, parte consustancial del esfuerzo de proyectar la imagen de un país seguro, honesto y en paz. Convencí a Fox de que nombrara a una embajadora especial (después subsecretaria) para derechos humanos y democracia: Marieclaire Acosta, una activista de la sociedad civil de viejo cuño, que se había atrevido (en parte instada por mí) a apoyar a Fox desde la campaña. Le encargué de inmediato que preparara nuestro posible ingreso a la Comunidad de Democracias, una iniciativa —al final fallida— de Madeleine Albright, la secretaria de Estado saliente, que nos alentó a participar durante la visita de Fox a Washington. Le encomendé emprender, junto con otros, una negociación con la alta comisionada para Derechos Humanos de la ONU, y su equipo en Ginebra y en México, para firmar un convenio de cooperación técnica con el ACDH y abrir una oficina en México. El acuerdo se firmó en Oaxaca el día siguiente de la toma de posesión de Fox, y la oficina se inauguró en 2002; sigue abierta hasta la fecha. Asimismo, entré en contacto (más o menos clandestino) con Baltasar Garzón en España, para asegurarle que, llegado el momento, se concedería la extradición de Ricardo Cavallo, el verdugo argentino detenido en México y acusado por España de crímenes contra la humanidad. Le envié mensajes directos o indirectos a organizaciones no gubernamentales como Human Rights Watch y Amnistía Internacional, avisando que a partir del 1º de diciembre, y a diferencia de su áspera relación con el gobierno anterior, el de Fox le daría la bienvenida —más aún, solicitaría— a la visita de todos los relatores, observadores y activistas, a Chiapas, a la Ciudad de México y a todo el país. Si pequé de algo en esta materia, fue quizás en no haber anunciado con suficiente claridad y vigor las dimensiones (de las cuales tenía perfecta conciencia) del cambio que entrañaba para la política exterior de México. Colocar los derechos humanos en el centro de nuestra postura externa, ante todo para fines internos, utilizando la metáfora del ancla de Felipe González, y asumiendo el caracter universal y prioritario de los derechos humanos, implicaba subsumir *otros* princios, y en particular el de la no intervención. Significaba cesar de rendir pleitesía a la anacrónica e irrelevante Doctrina Estrada, abandonar el prurito priista de no meternos para que no se metan, y volvernos afines a países con posiciones similares (Europa, Canadá, Chile), y distantes de naciones con definiciones tercermundistas, no alineadas o anti-intervencionistas (Brasil, Cuba, la India, China, etc).

Nuestros *like-minded countries* (países con visiones parecidas) serían los citados; los otros, amigos lejanos. De haberlo entendido el PRI, la izquierda, parte del PAN, la comentocracia y la ralita academia mexicana de relaciones internacionales, hubieran chillado como gatos boca arriba. Cuando se percataron, igual chillaron, pero era demasiado tarde, por lo menos durante ese sexenio. El retroceso comenzaría en el siguiente, y se consumaría con Peña Nieto.

El corolario de este realineamiento se prefiguraba con un mayor activismo en el orden multilateral, y en su principal instancia, el Consejo de Seguridad de la ONU. Cuando acompañé al presidente electo a Nueva York a un evento de la reina Sofía el 1º de noviembre, le aconsejé que visitáramos a Kofi Annan en el palacio de cristal de la Bahía de Tortugas para adelantarle estos propósitos, y darle la primicia de que contenderíamos por el escaño latinoamericano rotativo del Consejo para el período 2002-2003. Decisión tomada de manera definitiva por Fox la víspera: la noche de su llegada, al esperarlo en el aeropuerto reservado para aviación comercial y militar, me propuse replicar el ejemplo de mi padre de 1980, a propósito del mismo Consejo de Seguridad. Así narró el episodio López Portillo en *Mis tiempos*, sus interminables memorias: "México, con mi autorización (después de resolver una contradicción entre Manuel Tello y el propio Jorge Castañeda, en un acto de gran honestidad intelectual de su parte) ingresa al Consejo de Seguridad de la ONU […] lo que claro, nos va a comprometer." El expresidente se refería a la decisión de mi padre de invitar a Tello, subsecretario para asuntos multilaterales, a su acuerdo con López Portillo e instarlo a exponer las razones del rechazo permanente suyo y de su padre a la inclusión de México en el Consejo. Así lo hizo Tello, en presencia pero con el silencio absoluto de su jefe, para sorpresa del mandatario, que exclamó, según mi padre: "Me siento presidente de Suecia". Como el mismo Tello ocupaba el cargo de embajador de México ante la ONU en el año 2000, lo invité a acompañar a Fox en la limosina que los transportaría a su hotel sin mí, para que le transmitiera a Fox los motivos de su achatada oposición, de entonces, de antes y de toda la vida. Así lo hizo, con la misma elocuencia de siempre, y con las mismos débiles argumentos de siempre, Fox reaccionó igual que su predecesor en 1980: "Gracias, iremos al Consejo, espero su apoyo".

A pesar de confusiones imputables ante todo a la ignorancia —en el caso del canciller de Peña Nieto en 2013, por ejemplo— o a la mala fe —de una parte de la comentocracia—, nuestra intención de entrar al Consejo no violentaba ningún acuerdo del Grupo Latinoamericano y del Caribe en la ONU. Tan no era así que se perfilaban dos precandidatos para el período 2002-2003, por definición carentes de apoyo consensual: Venezuela y República Dominicana. En estrecha consulta con mi hermano, resolví que la candidatura más potente provenía del país petrolero y de Hugo Chávez, electo presidente apenas un año antes. Si bajábamos a los venezolanos, difícilmente se mantendrían los dominicanos, y de empecinarse, les ganaríamos. Aunque no lo conocía, había sido invitado por Chávez a intervenir por vía telefónica en su insufrible programa radial, ¡Aló Presidente!; escribí varias columnas en *Newsweek* o *El País* que reflejaban una auténtica simpatía por el personaje. Sometí a la consideración del presidente electo enviar un emisario a Caracas a conversar con Chávez, para indagar qué tanto se aferraba a su postulación. Al cabo de un día entero —el 14 de noviembre— de acompañar a Chávez en mil y una reuniones, Andrés logró no sólo que Venezuela desistiera de su candidatura, sino que apoyara de modo explícito la nuestra. República Dominicana se obstinaría en pelear el escaño onusiano en cuestión; pero como hacía veinte años que México no ingresaba al Consejo, como muchos países veían con beneplácito que nuestro país por fin asumiera sus responsabilidades internacionales, y gracias al llamado bono democrático, consideré garantizada la victoria cuando votara la Asamblea General de la ONU. Contamos además con el apoyo discreto pero significativo del ex y siguiente mandatario dominicano, Leonel Fernández, conocido mío de antes y después, y quien tenía motivos políticos propios para ver con buenos ojos la elección de México. La maniobra urdida de esa manera daría lugar, dos años adelante, en el punto culminante de la política exterior del sexenio de Fox, y uno de los más destacados de la etapa moderna de la diplomacia mexicana. Y en un triste y trágico desenlace para dos de los personajes centrales de la aventura.

Ahora bien, si la prioridad de mi gestión en la Cancillería recaería en la persecución de un acuerdo migratorio con Estados Unidos, parecía imprescindible barbechar el terreno para exprimirle el mayor provecho posible a un acontecimiento surgido sólo cada doce años: la llegada al poder simultánea de dos nuevos mandatarios en México y Estados Unidos. Se supo apenas en la tercera semana de noviembre quién habitaría la Casa Blanca a partir de enero, y no fue sencillo para nadie mantener el compás de espera hasta que se resolviera el recuento en Florida, que la Suprema Corte rechazara el recurso de impugnación de Gore, y que este último se resignara a su derrota. Pero antes del 1º de diciembre aprovechamos igual el tiempo, con tres gestiones desiguales: empapar a Fox de los avances realizados por varias comisiones de estudio o *task forces* de ambos países en torno al asunto migratorio; comenzar a relacionarlo con los grupos mexicano-americanos en Estados Unidos, un sector recalcitrante e indispensable para cualquier acuerdo de migración; y construir canales discretos de comunicación con Bush (cuya victoria parecía probable desde el 6 de noviembre).

Comencé a familiarizar a Fox con las conclusiones y los integrantes del Grupo México-Estados Unidos sobre Migración, patrocinado por el ITAM en México y el Carnegie Endowment en Washington (la misma institución donde trabajamos Aguilar Zínser y yo quince años antes), financiada por la Fundación Ford y copresidida por Rozental y Mack McLarty, el primer jefe de la Oficina de la Casa Blanca de Clinton y luego su embajador especial para América Latina. La Comisión sesionó durante casi dos años, aglutinando a empresarios, activistas, religiosos y académicos de ambos países. Se proponía dilucidar si imperaba un nuevo ambiente en materia migratoria, y en caso de una respuesta afirmativa, en qué estribaría un entendimiento distinto entre ambos países en un tema tan sensible, complejo y conflictivo. Los comisionados concluyeron que, en efecto, había surgido una situación inédita, caracterizada por oportunidades y voluntades diferentes a las del pasado, y que los términos de un conjunto de concesiones mutuas y equivalentes se vislumbraban en un horizonte no muy lejano. El conjunto abarcaría la legalización de los indocumentados mexicanos en Estados Unidos, un incremento significativo de visas para trabajadores estacionales, y mayor seguridad fronteriza de parte de Estados Unidos; una aplicación severa y puntual de la ley sobre salidas ilegales, y la canalización de recursos especiales a regiones expulsoras por parte de México. En una palabra, lo que después se denominaría "la enchilada completa". Cuando la Comisión celebró uno de sus últimos encuentros, ya con sus recomendaciones escritas, en México a mediados de octubre, Fox dedicó dos horas a escuchar sus conclusiones y dialogar con sus integrantes. Por su cuenta, arribó a tesis muy parecidas antes, pero el intercambio con la Comisión acabó por convencerlo. Era necesario, deseable y factible luchar por un acuerdo migratorio con Estados Unidos, cuyo contenido se debería ceñir, detalles más, detalles menos, al diseño de la Comisión.

Con esta decisión en mano, varios persuadimos a Fox de acudir como orador principal a la cena anual de MALDEF, una de las organizaciones chicanas de mayor abolengo y combatividad, en Los Ángeles, el 9 de noviembre. Allí, en compañía de Antonia Hernández, la presidenta; de Mónica Lozano, dueña y editora de *La Opinión*, el diario en castellano de mayor circulación en Estados Unidos; de Gloria Molina, la poderosa concejal de la ciudad; de otras personalidades mexicano-americanas de California, y del cardenal Roger Mahony, Fox comprobó el fervor y la anchura del movimiento a favor de un cambio en materia migratoria, así como el carácter punzante y sinuoso de la ecuación. Los republicanos, los empresarios y los conservadores del mencionado grupo binacional, o a los que Fox interrogaba, se mostraban partidarios de una ampliación del contingente anual de trabajadores provisionales, pero contrarios a cualquier tipo de "amnistía", es decir, a la documentación de los indocumentados. Por su parte, los latinos, esto es, los ciudadanos norteamericanos de origen hispano —principal mas no exclusivamente mexicano—, junto con la Iglesia católica, los sindicatos y los demócratas, apoyaban con entusiasmo la legalización de los llamados ilegales, pero se oponían a todo lo que oliera, sonara o supiera a una reedición del Acuerdo Bracero, el convenio de trabajadores agrícolas estacionales entre México y Estados Unidos, vigente entre 1942 y 1964. Ambos grupos defendían así sus intereses más directos. Por tanto, cualquier acuerdo, bilateral o doméstico, sólo era viable al incluir ambas facetas. Si no, favorecería en exceso a un bando, en detrimento del otro.

Por último, en un viaje más o menos privado a Houston el 8 de noviembre, visité a James Baker, ex-todo en varias administraciones republicanas, especialmente afín a Bush padre y coordinador, justo en esos días, del equipo de abogados de Bush hijo en la disputa jurídica sobre la elección presidencial. Me había encontrado varias veces con él desde tiempo atrás, igual que Fox. Le informé que el presidente electo me había designado secretario de Relaciones Exteriores, suceso que se divulgaría en unos días, y que el nuevo gobierno le otorgaría la máxima prioridad al tema migratorio. Pedí consejos sobre varios asuntos, incluyendo su sentimiento sobre la intensidad del compromiso de Bush hijo con una reforma migratoria, y sobre la posibilidad de crear una Comisión Binacional de gran vuelo para tratar este tema y otros relativos a la profundización del Tratado de Libre Comercio de América del Norte. No le complació la idea, por más que se trataba de un recurso —los Blue Ribbon Committees— utilizado con frecuencia en Estados Unidos. Pero me tranquilizó sobre las convicciones de Bush: firme partidario de una relación prioritaria y estrecha con México, que comprendía muy bien que la cuestión migratoria ocupaba un lugar decisivo en esa relación. Volví a México confiado, y en el fondo equivocado, ya que Bush hijo se apartaría de muchos de los colaboradores de su padre, con la excepción, para desgracia del mundo, de Dick Cheney, su vicepresidente, y Donald Rumsfeld, su secretario de Defensa. Baker no gozaría de la misma cercanía con Bush hijo que sostuvo con el padre.

Por último, senté las bases durante esas semanas para conseguir uno de los trofeos más importantes de la actuación internacional del gobierno de Fox, que como algunos otros, no recibió el reconocimiento merecido. Algunos lectores recordarán cómo a partir del sexenio de Miguel de la Madrid (aunque la ley norteamericana data de 1974), cada año el Ejecutivo estadounidense se hallaba obligado a "certificar" ante el Congreso de esa nación qué países "cooperaban" con Estados Unidos en su combate al narcotráfico y cuáles no. Los primeros veían suprimida la asistencia norteamericana, y en su caso se les cancelaban visas a sus funcionarios para entrar a Estados Unidos (lo que sucedió con el presidente Ernesto Samper de Colombia en 1996). Los segundos eran premiados con… elogios. Cada año, en México, Colombia, Turquía, Pakistán, Perú y Bolivia, por mencionar sólo los ejemplos más resonantes, la opinión pública y la clase política se escandalizaban por la naturaleza unilateral e injusta del procedimiento, los gobiernos se desvivían para evitar la "descertificación", y procuraban afanosamente entregar a algún capo o cargamento valioso como cordero de sacrificio. Un horror. Varios senadores estadounidenses, de ambos partidos —sobre todo Chris Dodd y Chuck Hagel—, junto con la administración Clinton y algunos colaboradores de Bush, entendían que se trataba de un factor irritante, innecesario y contraproducente en la relación entre los dos países. Accedieron a iniciar discusiones para encontrar una salida. A mediados de diciembre Ivan Schlager, excolaborador del senador Hollings de Carolina del Norte, aliado en el debate sobre el Tratado de Libre Comercio, organizó varias reuniones en Nueva York y Washington con senadores, donde fuimos construyendo una nueva inercia. Lo cual condujo a la derogación de la ley el 14 de noviembre de 2001, decisión que fue personalmente comunicada a Fox por el senador Tom Daschle y el representante

Dick Gephardt, líderes de ambas cámaras legislativas de Estados Unidos, en un viaje a la capital de México y a Guanajuato esos días. Fue sustituida por una legislación que sólo contemplaba la censura a países en franca rebeldía contra el odioso régimen punitivo y prohibicionista impuesto por Estados Unidos desde 1961, y en particular a partir de 1971 con Richard Nixon.

VI

Cuando el 22 de noviembre se hace pública la integración de la primera entrega del gabinete, la reacción a mi nombramiento, ya muy "cantado", fue variopinta. En México se produjeron tres tipos de respuestas. Un primer conjunto de comentarios mexicanos, al igual que los de fuera, se enfocaban en mi fama de hombre de izquierda, crítico de los Estados Unidos y del Tratado de Libre Comercio. Para unos resultaba aplaudible que Fox hiciera gala de pluralismo en la conformación de su gabinete, y quizás yo representaba el ejemplo más destacado, debido a mi trayectoria de izquierda y crítica de Estados Unidos. Un ejemplo fue Sergio Aguayo, quien afirmó: "Que lo condenen los conservadores estadounidenses es una buena señal." Para otros —empresarios, comentaristas o diplomáticos anónimos— en eso yacía mi principal defecto: como diría Jaime Sánchez Susarrey, "Las relaciones con nuestra frontera norte son de por sí suficientemente complicadas, como para complicarlas aún más." Esta crítica se reproducía con cierta frecuencia, casi siempre refiriéndose al supuesto malestar que le causó mi designación a Jesse Helms, el senador ultraconservador de Carolina del Norte, y presidente del Comité de Relaciones Exteriores del Senado. Lo extraño fue que un par de mes después, cuando traje a México al Comité de Relaciones entero, empezando por Helms, acompañado de su homólogo demócrata, Joseph Biden, ninguno de los que censuraron mi nombramiento debido a las críticas de Helms recapacitaron. Algunos me cuestionaron por ser... amiguito de Helms.

En un segundo grupo figuraban aquellos que fundaban su rechazo en mi inexperiencia burocrática —innegable— o diplomática —real también, aunque menor—. Parte de esta crítica provenía del sempiterno lamento de la comentocracia sobre la exclusión del Servicio Exterior de la titularidad de la Cancillería, parte de una duda —válida— si me atendría yo a los famosos —e infumables—

principios dizque tradicionales de la política exterior mexicana. El escepticismo se confundía con la necesidad de algunos priistas de mostrar su patriotismo de partido al denostar todo distanciamiento frente al pasado. Sabían bien que más allá de mis sólidas relaciones personales con mucha gente del PRI, me había erigido en el principal partidario de una ruptura. Decidí hacer caso omiso de las críticas abiertas o embozadas del Servicio Exterior; de censores anónimos recurriendo a falacias evidentes; y atender lo mejor posible los temas torales: suplir mi inexperiencia con un equipo experimentado, mostrarle a Washington y a Nueva York que no pensaba relitigar el TLC ni envolverme en la bandera tres veces por semana, y consolidar algunos nexos con priistas cercanos, hasta donde lucía posible.

Un tercer conglomerado de reproches y aplausos —ahora externos— seguían un curso paralelo al de México. Por un lado, varios periódicos y académicos se congratularon del pluralismo y de la naturaleza no partidista del gabinete, e incluso elogiaban mi independencia frente a Estados Unidos como un contrapeso natural y necesario frente a las inclinaciones proempresariales, conservadoras y hasta religiosas de Fox. Otros, quizás inspirados por algunos funcionarios del Departamento de Estado o de integrantes republicanos del poder Legislativo, reclamaban, de nuevo, mi oposición al TLC, mi cercanía con Cuba, demostrada, según ellos, por mi biografía del Che Guevara (de seguro adulatoria), o hasta mi carácter, como *The Economist*: "En una sacudida a la almidonada Secretaría de Relaciones Exteriores, Fox nombró a Jorge Castañeda, un científico político con antecedentes de izquierda, cuya oposición inicial al Tratado de Libre Comercio y su personalidad quisquillosa lo hacen controversial." Hasta *The New York Times* cayó en el garlito: su corresponsal me describió como un "izquierdista estridente"; destilaba tanta agenda personal la caracterización que al día siguiente el editor corrigió públicamente a su enviada: "Un artículo ayer sobre el nuevo gabinete en México describió al canciller entrante, Jorge G. Castañeda, como un 'izquierdista estridente'. Si bien ha asumido posiciones de izquierda sus puntos de vista no son doctrinarios; no debió ser descrito de esa manera."

Algunos, los menos, pero también los más clarividentes, se preguntaban si no esgrimiría una agenda mexicana demasiado ambiciosa y retadora para Estados Unidos en materia migratoria, pero también a propósito de las drogas, la profundización del TLC, derechos humanos, etc. Acertaban, y peor aún: no se imaginaban hasta qué punto Fox y yo llevaríamos esa agenda a Estados Unidos, desplazándonos por todo su territorio, sus medios de comunicación, sus universidades, sus asociaciones locales y sus congresos estatales. Algunos, lo intuían, como el enviado del *Washington Post*: "Castañeda dijo que México se comprometerá más con los derechos humanos en casa y será más franco en los temas de derechos humanos afuera bajo la Presidencia de Fox, que firmará una declaración con Mary Robinson, la Alta Comisionado para Derechos Humanos de Naciones Unidas, después de su toma de posesión como muestra del nuevo compromiso de México. Pondrá un nuevo énfasis en la supervisión de los cincuenta consulados mexicanos en Estados Unidos y tratará de asegurar un mejor trato a los mexicanos que viven allí. Aunque Castañeda padre fue Ministro de Relaciones Exteriores de 1979 a 1982 y su hermano tiene un alto rango en el Servicio Exterior, algunos críticos lo ven muy volátil para el puesto diplomático. Pero sus simpatizantes apuntan a su intelecto y experiencia, desde enseñar en la Universidad de Nueva York hasta escribir varios libros, muy respetados, sobre la política mexicana."

En América Latina, las reacciones conllevaban en general felicitaciones y agrado, ya que la mayoría de los gobiernos, medios y académicos me ubicaban como uno de los intelectuales mexicanos más conocedores de la región, y con mayor vocación latinoamericana. *El Tiempo* de Bogotá, por ejemplo, le dedicó un largo pasaje al acontecimiento: "Como su Secretario de Relaciones Exteriores, Vicente Fox escogió a Jorge G. Castañeda, un escritor y analista político, díscolo a cualquier filiación partidaria: severo crítico del PRI y demasiado liberal e independiente para que pueda sospecharse su vecindad al PAN, un partido conservador. Conoce a fondo las difíciles relaciones y el complicado abanico de problemas que América Latina enfrenta con Estados Unidos. El nuevo canciller mexicano anuncia liderar una campaña tan empeñada y decidida como la que realizó México para lograr el Tratado de Libre Comercio, para que, en este caso, Estados Unidos abrogue su legislación sobre descertificación en el combate al narcotráfico [...]. Colombia debe establecer una firme alianza con el nuevo director de la política exterior mexicana [...]. Un hombre cuya valentía enfrente al poder ha declarado que el problema de la droga sólo puede resolverse a largo plazo a través de una política de despenalización de las sustancias ilícitas y estableciendo mecanismos de mercado que aminoren los estragos procedentes del comercio de estupefacientes."

Los principales columnistas brasileños y argentinos también se felicitaban de mi designación, cada uno por su propias y no siempre fundadas razones. Clovis Rossi, en *Folha* de Sao Paulo, me atribuía virtudes inexistentes: "Varias señales de humo deben ser leídas en el nombramiento de Castañeda; vale decir que es uno de los mejores sociólogos latinoamericanos, una especie de Fernando Henrique Cardoso de nueva generación (tiene 47 años)." Y Andrés Oppenheimer en *La Nación* de Buenos Aires vitoreaba algunas de mis intenciones declaradas (estas sí se confirmarían): "Me reconfortó escuchar a Castañeda —un intelectual de izquierda que ha criticado la ausencia de libertades elementales en Cuba— decir que el nuevo gobierno será 'más explícito, más vigoroso' en abogar por la democracia y los derechos humanos." Los latinoamericanos no suponían que podría separar las cosas de manera tan tajante: mi simpatía e interés intelectual por la región por un lado, y la evaluación del interés nacional mexicano, por el otro, tal y como se la comunicaba a Fox, y tal y como él la asimilaba.

Para formarse un juicio ecuánime sobre estas apreciaciones, conviene recordar dos hechos. Por primera vez un gabinete mexicano se sometía a una escrutinio externo minucioso, informado y público. Aparecieron incontables editoriales sobre los nuevos titulares de las dependencias federales, en medios que jamás se interesaban por México con ese grado de detalle. Asimismo, apenas por segunda ocasión, un gabinete suscitaba análisis, escepticismo u oposición por una clase política desplazada —los priistas— o deprimida y resentida —la izquierda—. Recuerdo aún cuando los periodistas ovacionaban los nombramientos propagados al arrancar los sexenios de López Portillo y De la Madrid, y cómo el completo control de los medios por Salinas impidió que se manifestaran críticas a su equipo, aun cuando varios de sus integrantes eran impresentables. Para bien del país, la sociedad mexicana, a partir de 1994, ya no es la misma, y la arena política, tampoco. La prensa, el Congreso, las víctimas de la alternancia y sus marginados, desahogan sus penas o demuestran su independencia criticando sin misericordia al nuevo presidente, ya sin hablar de sus colaboradores. Así debe ser, pero se trata de un triste consuelo para quienes esperábamos puro aplauso y ninguna censura. Habría que esperar doce años para que volviéramos a la aprobación casi unánime de los medios y al silencio casi unísono de la clase política institucional frente a la integración de un gabinete. Sé lo que me parece preferible para el país; no estoy seguro de que sea mejor para cada quién.

Libro 8
Relaciones y "la enchilada completa"

I

Más que narrar de manera lineal las vicisitudes de mi tiempo en el gobierno de Fox, prefiero concentrarme en los grandes rubros que marcaron mi paso por el gabinete. Primero, por orden cronológico y sustantivo, la lucha por un acuerdo migratorio con Estados Unidos, y al final, el fracaso de la búsqueda de "la enchilada completa". Segundo, el conflicto con el gobierno cubano, con Fidel Castro en persona y con los acólitos mexicanos de la dictadura tropical. Tercero, nuestro paso por el Consejo de Seguridad de la ONU, los prolegómenos de la guerra de Irak de 2003, la ruptura con Adolfo Aguilar y mi salida de Relaciones Exteriores. Por último, mi renuncia al gobierno, mi separación matrimonial, los motivos de la misma y el inicio y fin de otra relación amorosa, sonada e intensa.

No sugiero con esta selección que el trabajo de mi equipo en la Secretaría antes de y durante mi estancia allí se haya reducido a esto. Se avanzó mucho en otros rubros importantes. El mayor de ellos, quizás, fue la puesta en práctica de mi antigua idea sobre el papel de la cultura y de los agregados culturales en la política exterior. Gerardo Estrada, conocido mío de años y coloborador de mi padre en la Embajada en Francia, aceptó apoyarme a partir de un cargo burocrático inferior al que el tema y su talento merecían. De inmediato elaboró una lista de candidatos para las principales adscripciones —embajadas y consulados— y al acabo de menos de seis meses la mayoría estaban nombrados: escritores, pintores, arquitectos, dramaturgos, músicos, activistas culturales, gente de danza. A propósito modificamos el esquema de siempre: ni burócratas del Servicio Exterior, ni "promotores culturales", sino creadores como tales, con la heterogeneidad inevitable. No fueron casos aislados como antes; se trataba de una política generalizada, basada, por supuesto, en los espléndidos antecedentes de toda la vida: Alfonso Reyes, Octavio Paz, Carlos Fuentes, Sergio Pitol y muchos más. Y la política cultural no se limitó a los nombramientos. Procuramos que en cada gira presidencial figurara un evento cultural importante: una exposición, un concierto, un foro académico, o incluso, como tanto escarnio causó, una visita de Fox y su comitiva a un sitio cultural del país huesped. Cuando viajamos a China en 2001, decidí incluir una escala en Xian para conocer los Guerreros de Terracota, no sólo por curiosidad arqueológica sino por dos motivos adicionales: que Fox conociera sitios así y le mostrara a sus anfitriones el interés mexicano por su cultura, y que se entendiera que en las visitas a México esperábamos que programaran más recorridos de nuestras bellezas también. La "perrada" se encontraba ya de mal humor y cansada de tantos días de viaje y de trabajo y decidieron castigarnos al hacer correr la especie que varios miembros de la comitiva habíamos "jugado a las escondidillas" en la zona reservada de la zona arqueológica. Nada más falso: para los visitantes distinguidos, los administradores del sitio invitan a recorrer las áreas reservadas y sugieren que los invitados se fotografíen en una hilera de guerreros y personas intercaladas. Como el beso a la Esfinge en Giza. Gajes del oficio.

En Xian, China, con
Bernardo Gómez y
Emilio Azcárraga, 2001

Otro avance fue la aprobación por el Congreso de una Ley del Servicio Exterior revisada, con varios propósitos. Creé una comisión ad hoc, presidida por Jesús Silva Herzog, con extensa experiencia en la administración pública y en Relaciones, sin ser del Servicio; también incluí a Manuel Tello y a Andrés mi hermano. Buscábamos privilegiar los ascensos por mérito y concurso, y menos por antigüedad; autorizar y alentar la entrada horizontal vía examen; permitir la designación de mexicanos naturalizados como embajadores y cónsules; y limitar la expedición de pasaportes diplomáticos para los no derechohabientes a los expresidentes de la República, ni siquiera excancilleres. El PRI detuvo la propuesta de los mexicanos naturalizados en el Congreso; casi todas las demás pasaron, a pesar del cabildeo en contra de la Asociación del Servicio Exterior y sus aliados priistas en la Cámara de Diputados. La Ley rige hasta la fecha, aunque mis sucesores la han ido diluyendo y deformando a través de cambios en el Reglamento. De nuevo, gajes del oficio.

Tomé también algunas decisiones personales en los primeros días. Le informé al general Armando Tamayo, jefe del Estado Mayor Presidencial, que no deseaba personal de seguridad del EMP en mi automóvil, ni en mi casa, ni escolta. Me manejaría con una camioneta blindada y el personal de intendencia de la Cancillería para eventos oficiales y el aeropuerto. Hasta mi último día en la Secretaría, así fue. Asimismo, decliné el sobresueldo de casi 50% por alto riesgo o peligro previsto para los titulares de ciertas dependencias, que mi predecesora y uno de mis sucesores sí aprovecharon.

Recordé cómo mi padre devolvía al final de cada ejercicio la suma no gastada de lo que entonces se llamaba la partida de gastos no justificables. Su gesto irritaba a sus colegas del gabinete, al grado de que el secretario de Programación y Presupuesto, Miguel de la Madrid, le suplicó que desistiera de hacerlo, ya que colocaría en apuros a los demás integrantes del gobierno y obligaría a una reducción en la partida al año siguiente. A partir del primer viaje con Fox, me percaté de que los altos funcionarios dobleteaban los viáticos legalmente: en Relaciones, se nos entregaba contra recibo el estipendio diario previsto (entonces como quinientos dólares), pero el EMP pagaba todo por su cuenta: hoteles, alimentos, desplazamientos, etc. Resolví devolver el dinero procedente de Relaciones y que no gastaba a la administración, contra recibo, en lugar de embolsármelo, como era posible y permitido hacerlo. En dos años y medio habré devuelto entre veinte y treinta mil dólares. Por último, le sometí al presidente la idea de crear la figura del Consejero Diplomático en

Los Pinos, para ahorrarme la necesidad de estar presente en cada conversación presencial o telefónica de Fox con un interlocutor o visitante extranjero pertinente para la Cancillería, y a la vez contar con el memorándum —o *memcom*, como dicen los anglosajones, y no verme sorprendido por algún compromiso —o rechazo— asumido por la Presidencia. Aceptó, y su anuencia me facilitó mucho la vida.

Finalmente, instruí a mis colaboradores más cercanos, los de las comidas de los lunes en la Cancillería, a que midieran nuestro éxito por la sobrevivencia, con balizas específicas: durar más que Jaime Serra Puche, o sea 29 días, con Zedillo; luego, más que Fausto Alzati, o sea 52 días, también con Zedillo, y por último, más que Esteban Moctezuma, secretario de Gobernación de Zedillo, que renunció a los seis meses. Con eso nos dábamos por bien servidos. Sin menoscabo del significado de estas decisiones, fueron otros los asuntos torales de mi gestión. Aquí van.

Junto con millones de mexicanos, amanecí el 2 de diciembre del 2000 con la noticia de que la primera iniciativa del primer gobierno de la primera alternancia en la historia de México... se centraba en "la paz para Chiapas". En su discurso de toma de posesión, Fox anunció el retiro del ejército de varias bases y el desmantelamiento de cincuenta y tres retenes militares en "zona zapatista", la liberación de los presos del EZLN en cárceles del gobierno federal, el nombramiento de Luis H. Álvarez como comisionado para la paz en Chiapas, el desplazamiento de Álvarez y Rodolfo Elizondo a las Cañadas para iniciar negociaciones con Marcos y el inminente envío por el Ejecutivo al Congreso de las leyes derivadas de los Acuerdos de San Andrés Larráinzar para su aprobación inmediata.

Las proclamas fueron bien recibidas por la izquierda y por muchos extranjeros invitados al cambio de mando; con sorna por el antifoxismo de cajón (siempre esgrimiendo los famosos "quince minutos" de Fox para acabar con el conflicto chiapaneco), y con desconcierto e incomprensión por el PAN, el empresariado, el gabinete y los medios. No se entendía la inversión de capital político, en el momento de mayor fuerza del presidente y del gobierno, en un tema somnoliento, y que nunca revistió la trascendencia que se le asignó en 1994 en México, y durante los años siguientes en el resto del mundo. ¿Para qué moverle?

Adolfo Aguilar fungía como encargado de seguridad; yo era el secretario más identificado con la izquierda. De modo que muy pronto los críticos del nuevo régimen nos endilgaron la responsabilidad de la extraña decisión de Fox. En el caso de Adolfo, es posible que sí haya participado en las deliberaciones previas, vista su antigua cercanía con el obispo Samuel Ruiz —bautizó a su hijo— y con varios de los involucrados en las reuniones de la "sociedad civil" con Rodolfo Elizondo antes del 1º de diciembre: Rubén Aguilar, Miguel Álvarez, Gabriel Szekely y Joel Ortega, entre otros. El reproche o el aplauso carecían de justificación. No tuve nada que ver con la opción de Fox, y más bien mi insistencia durante el interinato se enfocó en impulsar antes que nada una ambiciosa reforma fiscal. Pensaba, como se lo habían manifestado a Fox varios interlocutores latinoamericanos y europeos durante nuestras excursiones fuera de México, que era conveniente empezar por lo más difícil: aumentar los impuestos. Lo sigo pensando a propósito del sexenio de Peña Nieto.

Elizondo y Luis H. Álvarez consideraron, con fundamento, que si el gobierno cumplía con las exigencias anteriores de Marcos, se podría firmar un acuerdo de "paz" (las comillas son obligadas, ya que no hay paz sin guerra, y nunca hubo guerra) y lograr la deposición a bajo costo de las supuestas armas zapatistas en un corto plazo. El consiguiente triunfo del gobierno se capitalizaría en las reformas venideras, empezando, en efecto, por una transformación del sistema fiscal. A pesar de mi escepticismo, concluí que era preferible participar en el proceso que marginarme u oponerme, y a través de una astucia retorcida, logré ser incluido en el "Grupo Chiapas", que se reunía una vez por semana en la Secretaría de Gobernación bajo la presidencia de Creel. La maniobra era sencilla: visto que el conflicto chipaneco abarcaba una amplia serie de connotaciones internacionales, comenzando por la fascinación de los europeos por Marcos y los pueblos indígenas de la zona, Fox y el gobierno requerían de un vocero externo para las negociaciones, y el más indicado era yo. Junto con mi participación en el llamado Grupo de los Lunes o de Los Once, compuesto por el *staff* de Los Pinos, los tres coordinadores temáticos del equipo (Aguilar en Seguridad, Sojo en Economía, Sarukhán en temas sociales) y por los titulares de las tres secretarías "transversales" (Hacienda, Gobernación y Relaciones), Chiapas me aseguró de entrada una intromisión directa en la política interna. Sumado esto a las oportunidades casi únicas de conversar con calma y a solas con Fox durante los viajes —que arrancaron de inmediato: desde los primeros días de diciembre a la frontera, y a Davos en enero—, abrí la posibilidad de intervenir en ámbitos ajenos a mi encomienda específica.

Mis únicas contribuciones a la ofensiva política foxista sobre Chiapas consistieron, primero, en desactivar el intento del EZLN de que la Cruz Roja Internacional custodiara la marcha zapatista; se logró a cambio del compromiso del gobierno de ratificar varios instrumentos jurídicos que intensificarían la relación mexicana con el CICR. Segundo, junto con Marta y varios gobernadores que acompañaron a Fox al Foro Económico Mundial en Suiza en enero, de persuadir al presidente de permitir la marcha zapatista hasta el Distrito Federal, sin condiciones ni exigencias, salvo que el gobierno federal garantizara la seguridad de los marchistas. Una contribución muy mexicana y simulada al trato contrainsurgente, o a la negociación con una guerrilla imaginaria: un gobierno democrático protege a un "ejército" sin armas que se paseó por todo el país denunciando al gobierno, que se empeña en brindarle todas las tribunas posibles para esa denuncia, incluyendo el Zócalo y el Congreso.

Todo esto resultaba gratificante para mí, e incómodo o molesto para otros, empezando por Creel, e incluyendo a Derbez y a Gil Díaz, en Hacienda. Con estos últimos, las consecuencias del desencuentro fueron mínimas para el gobierno, aunque penosas para mí. Gil no sólo me detestaba de entrada por viejos prejuicios —a pesar de varios esfuerzos de amigos comunes para atemperar su disgusto—, sino que despreciaba a la Cancillería, considerando, como buena parte de la burocracia hacendaria y del Banco Central, que el único nexo internacional del país digno del nombre y de recursos era el financiero. Desde el primer presupuesto, diseñado antes de la toma de posesión y aprobado en diciembre, comprobé que Hacienda me regatearía todo, que debería acudir a la Cámara de Diputados para conseguir fondos por mi cuenta, y que Fox no interferiría en el asunto, ni siquiera tratándose de una suma mínima (menos del 2% del presupuesto total del gobierno) o de un tema en teoría caro para el corazón presidencial. Ni yo ni mi sucesor en la Secretaría pudimos superar el bloqueo fiscal. Parte de la perenne debilidad de la política exterior de México (por ejemplo, frente a Brasil) proviene de este factor, tan vigente en el sexenio de Peña Nieto como en los anteriores. Con Derbez, el mal entendimiento tuvo escasas repercusiones, salvo en la organización de la Conferencia de APEC en Los Cabos, hacia finales del 2002, programada desde el gobierno de Zedillo. Ambos comparecimos ante Eduardo Sojo para plantear nuestras tesis: yo, que la Cancillería debía ser la dependencia de tutela para una conferencia internacional de contenido económico y político; Derbez, que debía mandar Economía, y Relaciones limitarse a un papel de apoyo logístico. Sojo, mucho más afín a las posiciones de Derbez de tiempo atrás, respaldó a su colega de mancuerna en la transición, y yo retiré a la SRE de la preparación de la conferencia, argumentando que Relaciones no podía figurar detrás de otra dependencia en ningún foro o negociación internacional.

Los dos primeros conflictos con Creel tenían elementos personales y políticos. Después de que Adolfo Aguilar me mostrara un día la llamada *carpeta naranja*, o resumen de inteligencia semanal elaborado por el CISEN y entregado al presidente y al gabinete de seguridad, le solicité autorización a Fox para recibirla también. Primero fingió desconocimiento, aduciendo que ignoraba la existencia de tal carpeta. Le enseñé de inmediato el ejemplar de Adolfo; respondió que sí, pero como en otros casos, ya que yo aprovechaba los ratos de ocio en los vuelos para formular peticiones sin acuerdo formal, o bien Fox contestaba sin pensarlo demasiado, o bien se le olvidaba pronto; no existía registro alguno de su anuencia. En este caso, cuando Creel relinchó, no sólo porque no deseaba que yo leyera cada semana la mentada —y en gran medida inútil— carpeta, sino también a raíz de la infidencia de Aguilar Zínser, Fox recapacitó, regañó a Adolfo y me borró de la lista de destinatarios.

En parte como represalia, decidí recomendarle a Fox la eliminación de los representantes del CISEN en nuestros consulados en Estados Unidos. Desde la creación de la agencia dizque de inteligencia, el CISEN despachaba delegados suyos a algunos embajadas —Washington, La Habana, Bogotá, Madrid, entre otras—. Se enviaban también a diversos consulados, donde su única misión imaginable se reducía a monitorear las actividades de los grupos organizados o de los partidos de oposición en las comunidades mexicanas de Chicago, Los Ángeles, Houston y algunas ciudades adicionales. Me molestó al extremo enterarme de la existencia de estos cargos, y a los pocos días de instalarme en Tlatelolco pedí a Alejandro Alegre, todavía director del CISEN, que retirara sus funcionarios de las oficinas consulares en Estados Unidos. Replicó que no espiaban a nadie, que su función no era política sino de seguridad y de combate al narcotráfico, y que no iba a suprimirlos; el secretario de Gobernación ya lo había acordado. Instruí al día siguiente a los cónsules en las adscripciones pertinentes a cerrar los cubículos de los delegados del CISEN y negarles la entrada a las misiones diplomáticas. Si Gobernación insistía en espiar a los paisanos, lo tendría que hacer pagando su propia renta, luz, teléfono, mantenimiento, etc. Así fue, por lo menos hasta el cuarto año del sexenio.

Detrás de estas mezquinas rivalidades burocráticas e individuales se perfilaban dilemas más sustantivos. La clave de toda función presidencial, cualquiera que sea el régimen, es el arbitraje: resolver los inevitables conflictos de intereses, de personalidad, de ambición, o incluso políticos e ideológicos, entre pares en un gobierno. Hasta el equipo más homogéneo acaba atravesado por grietas de toda índole, producto del convulso y cotidiano trabajo gubernamental. No tiene nada de malo, y en muchos casos, los debates y las disidencias se convierten en fuentes de imaginación, innovación y mejores resultados. Con una condición: que el jefe sea un árbitro entre las partes, que no siempre tome partido a favor del interesado más poderoso por su ubicación burocrática. Hasta cierto punto, el arbitraje es delegable. López Portillo lo logró con Jesús Reyes Heroles, su primer secretario de Gobernación, provisto del prestigio y la autoridad para arbitrar, y a la vez inhabilitado para ambiciones ulteriores debido al Artículo 82 de la Constitución. Salinas de Gortari confirió a José Córdoba una función análoga, limitada por la misma inhabilitación: no ser mexicano por nacimiento ni elegible para la Presidencia. Fox lo intentó a medias con Ramón Muñoz y en parte con Marta, pero sin delegar lo suficiente en alguien con la estatura o la experiencia necesarias para la función. Se impuso así en los gabinetes presidenciales una especie de sórdida ley de la selva, donde siempre ganaban los más fuertes: primero Hacienda, luego Gobernación, y otros casi nunca. En consecuencia, los más débiles o derrotados procedían por su cuenta, hasta donde podían, conduciendo a lo que se llamaba el gabinete Montessori. Cada quien hacía lo que quería. Confiar en el arbitraje presidencial significaba o bien la parálisis, porque Fox no lo ejercía; o bien una resolución inteligente pero desprovista de la sustancia necesaria por parte de Ramón Muñoz; o a la victoria por default de Creel o de Gil. Mejor desistir de buscar el arbitraje, y actuar por la libre.

El segundo problema reflejado en estas luchas intestinas radicaba en el papel de la política exterior, de la Cancillería y del responsable de la misma. Como le escribí a Fox una vez, el titular de Relaciones Exteriores tiene *a constituency of one*: carece de clientela, de presupuesto, de prebendas y, salvo excepciones, de megáfono. Aparte de instituciones recientes como el Consejo Mexicano de Asuntos Internacionales (COMEXI), fundado en 2001 por mi hermano Andrés y un grupo de prominentes internacionalistas, no existen en nuestro país tribunas, facultades, medios o grupos empresariales dedicados a la política exterior, con recursos, audiencia y prestigio. Basta comparar la sección internacional de *Reforma*, el principal diario de México, compuesta por un par de páginas al final de la primera parte del periódico, con el espacio equivalente en *El País*, *Le Monde* o *The New York Times*. Lo externo no interesa: ni a los lectores, ni a los periodistas, ni a los editores. Esto no encerraría mayor trascendencia si no fuéramos una sociedad cada vez más globalizada, altamente sensible a lo que sucede en el mundo, penetrada por poderosas corrientes foráneas, económicas, financieras, culturales, migratorias y turísticas.

Ahora bien, con la posible salvedad del gobierno de Miguel de la Madrid, no había regido una cercanía tan grande entre canciller y presidente como la que imperó por lo menos durante el primer año del sexenio entre Fox y yo. Ni siquiera en esas condiciones se elevó la visibilidad, la fuerza y la aceptación de Relaciones Exteriores por el resto del gobierno y los demás poderes. La personalidad del secretario juega un papel: si es discreto, de bajo perfil, diplomático y rara vez enfrentado a unos u otros, es más fácil agradar, pero más difícil dotarle al factor externo una mayor prioridad. Si, al contrario, es controvertido y ambicioso (como fue mi caso), se magnifica más fácilmente el sitio de la Cancillería en la institucionalidad, en los medios y entre la gente, pero surgen otros obstáculos perturbadores de la relación con el Congreso, el resto del gabinete, o con los sectores de la prensa afines a otros intereses o países. Si el presidente no interviene ante Hacienda, el Congreso, el empresariado, o con los medios, la correlación de fuerzas se torna inmanejable. Mis enfrentamientos con Creel se originaban en concepciones opuestas de lo que debía ser el gobierno de Fox, y también en una contienda entre puestos burocráticos y ambiciones sucesorias. Dejados sueltos ambos, por mil razones iba a vencer Creel en su duelo conmigo. Sólo Fox podía equilibrar la balanza, aunque ni con todo el respaldo de Fox alcanzó Creel la candidatura presidencial del PAN. En una palabra, mientras no haya un presidente que se proponga transferirle a la política exterior una porción de su poder, acceso a medios, vínculo con empresarios y clase política, el país padecerá las consecuencias de una Cancillería débil y una sociedad desinformada sobre la cuota de avances y desventuras que provienen del exterior.

II

Si bien al inicio del sexenio me apoderé de una ruta estrecha para influir en la política interna, entre la inercia burocrática, la falta de apoyo de Fox y las vicisitudes ineludibles de la política exterior, pronto me convertí en un canciller como los que me precedieron y me sucedieron: un poco más visible, un poco más afín al presidente, mucho más empeñado en transformar la política exterior que unos y otros, pero tan desprovisto del poder necesario como ellos. Por eso conviene voltear ahora hacia dichas vicisitudes, ya que dediqué los siguientes dos años de mi vida a ello, gozando el ejercicio del poder, y sufriendo el desgaste ineluctable y previsible motivado por su merma.

Si no fuera por la madeja de antecedentes ya reseñados, se validaría una acusación simple y grave: todo el énfasis en la cuestión migratoria durante el sexenio entero, y en particular durante mi tiempo al frente de la Cancillería, nació de una ambición y de una agenda de política interna, ya que el único tema de relaciones internacionales con una connotación interna abarcaba la situación de nuestros connacionales en Estados Unidos. Así cuando me brillaron los ojos ante la perspectiva de lanzar una candidatura presidencial, me saltó a la vista el impulso político que me aportaría un acuerdo migratorio con Estados Unidos. Le brincó la idea a varios: durante la cena descrita con Carlos Salinas en Bruselas, en mayo del 2002, donde conversamos sobre mi descabellada pero apasionante hipótesis, el expresidente atrajo mi atención sobre las implicaciones políticas de lograr un avance con Estados Unidos en esta materia. No obstante, para qué buscarle chichis a las víboras: perseguir una negociación con los norteamericanos para transformar el *status quo* migratorio era una tesis con luz propia. En mi caso, procedía de mi análisis ya citado de 1995, de *Enfoque* en *Reforma*, y de las conclusiones que de allí se desprendían. Las medidas impuestas por el gobierno de Clinton a partir de 1994 —la construcción de una barda desde el mar en Playas de Tijuana hasta pasada la Mesa de Otay, cerrando el paso tradicional de los migrantes; el incremento descomunal en el presupuesto de la Patrulla Fronteriza; las escenas escalofriantes —para muchos estadounidenses— de migrantes gambeteando entre los automóviles de Interstate 5 en San Ysidro; la campaña xenófoba de Pete Wilson en California a favor de la propuesta 187, asombrosa por antimexicana; y el aumento vertiginoso en el peligro de muerte y el costo de cruzar al norte sin papeles; todos estos factores conducían a una conclusión irrefutable.

Se volvió inviable el arreglo tácito y mutuamente beneficioso, inaugurado en 1965 por el fin del Acuerdo Bracero, según el cual nosotros nos hacíamos de la vista gorda, salvo por una que otra rabieta, ante el maltrato a nuestro connacionales y la violación constante de nuestras propias leyes migratorias, mientras que Washington, las capitales estatales y grandes urbes mexicano-americanas miraban de lado cuando transitaban los paisanos sin papeles por sus parajes. No pedían identificación ni verificaban documentos falsos; pagaban sueldos infames e imponían condiciones de trabajo, de salud y de vivienda abominables para Estados Unidos, pero inmejorables para México. El *quid pro quo* dejó de ser sostenible en Estados Unidos porque la presencia mexicana se extendió a demasiadas regiones de aquel país, provocando sentimientos racistas inaceptables y premonitorios. De manera paulatina, los mexicanos indocumentados migraron de empleos estacionales en la agricultura y algunos servicios rurales a trabajos de tiempo completo en la industria, en el turismo y los servicios urbanos, desde los restoranes poblados de poblanos en Nueva York hasta las nanas mexicanas del gabinete de Clinton y los jardineros de Fox glorificados de manera repetida en su campaña. La legalización de casi tres millones de mexicanos en los años noventa gracias a la llamada Ley Simpson-Rodino creó un potente imán para atraer a familiares y amigos, y la aplicación de medidas draconianas por el gobierno de Clinton interrumpió la circularidad del flujo migratorio entre México y Estados Unidos vigente desde antes de la Revolución. Surgió una población estable y creciente cuyas dimensiones ya no podían ser ignoradas por las autoridades estadounidenses.

Las consecuencias del *modus vivendi* anterior se perfilaron pronto, perjudicándonos de modo creciente. Se disparó el número de personas fallecidas en los desiertos de Sonora y Arizona, nueva zona de cruce al cerrarse Tijuana e incluso el oriente de California. Al elevarse el riesgo y la adversidad de la travesía, los polleros o coyotes elevaron sus tarifas; el alza hizo más apetitoso el negocio, atrayendo a nuevos gestores: el crimen organizado, los narcos, o ambos. Las autoridades norteamericanas pusieron en práctica medidas repentinas cada vez más reprobables y perniciosas: deportaciones, detenciones, retenes, fichaje. Para mí, como para muchos expertos más capacitados, el futuro no auguraba nada bueno. Como siempre sucede con el porvenir, acabó por llegar. Primero, el intento de promulgación de la llamada Ley Sensenbrenner en 2006, retirando beneficios a indocumentados y aumentando el costo y las penalidades de su contratación; después, el muro de Bush en 2007; luego, las deportaciones masivas de Obama, seguidas por legislaciones estatales racistas y odiosas: Arizona, Alabama, Georgia, Oklahoma. Y por supuesto, la macrofosa común de San Fernando, en Tamaulipas, donde más de 72 migrantes fueron hallados muertos, a consecuencia de riñas entre cárteles, bandas y sicarios. Nosotros, en el 2000, ignorábamos esta evolución pero sí advertimos que la desaparición del entendimiento previo acarrearía consecuencias trágicas para México. La única manera de evitarlo yacía en un nuevo acuerdo, pactado entre ambos países, explícita o indirectamente. No se pudo, ni en 2001, ni en 2006 o 2007 bajo Bush; ni en 2013 o 2014 bajo Obama. Los efectos generados por las sombrías causas detectadas se agravaron, y se perpetuaron.

La primera reunión sustantiva entre los dos equipos —el de Fox y el de Bush— en materia de política exterior tuvo lugar en un vuelo transcontinental, y en el aeropuerto de Los Ángeles. Condoleezza Rice había sido designada consejera de Seguridad Nacional desde el 18 de diciembre del 2000, antes de la toma de posesión de Bush, ya que el cargo no requería ratificación por el Congreso. A partir de nuestros intercambios para el encuentro de Fox con su jefe cuando era candidato, solíamos conversar por teléfono de vez en vez, utilicé esa relativa familiaridad para proponerle que nos encontráramos en privado antes de la instalación del equipo en la Casa Blanca. Convinimos en reunirnos en un salón del aeropuerto de Los Ángeles, ya que ella haría allí un escala entre Washington y la Universidad de Stanford, y yo tenía pendiente un viaje a esa ciudad, pensando volar desde Nueva York. Pero gracias al pitazo de un viejo conocido, mis colaboradores averiguaron el vuelo de Rice, y no sólo me trepé al mismo sino que reservé un asiento a su lado. Dedicamos buena parte del viaje a conversar de historia soviética, de Lenin y Zinóviev, así como de Chávez y Cuba, dejando para Los Ángeles el intercambio formal. En otras palabras, empecé a compartir nuestra agenda con el nuevo gobierno de Washington antes siquiera de su llegada al poder. No sé si fui el primer canciller en reunirme con Rice, pero en público no apareció con nadie antes de nuestro encuentro en Los Ángeles. Toda especulación posterior sobre la manera en que "sorprendimos" o "madrugamos" a la gente de Bush con nuestras propuestas sobre migración, drogas,

América del Norte y demás descansa en la ignorancia —es cierto que estos primeros encuentros no se divulgaron— o en la mala fe.

Con Condoleezza Rice, reunión de APEC en México, 2002

Conocíamos al detalle las partituras de la agenda bilateral, sí; Rice y más tarde Colin Powell, el primer secretario de Estado de Bush, no. Lógico: para nosotros, como para todos los cancilleres mexicanos y sus equipos, la relación con Estados Unidos, retórica y folclor aparte, siempre se ostentaba como primordial, y objeto central de discusión, estudio y reflexión. En cambio para los norteamericanos, aun aquellos que por un factor u otro le extendían a México una elevada prioridad, el lazo con el vecino del sur ocupaba un espacio secundario en su universo mental. Mi informe confidencial entregado a Fox sobre la plática con Rice refleja estos matices y paradojas: "Mi intercambio con ella confirma que es una mujer inteligente y creativa, con acceso directo a Bush y que mantiene una buena disposición hacia México y hacia tu gobierno, pero que tiene un conocimiento muy limitado y superficial de los temas de la agenda bilateral. Temas: Encuentro con Bush: Acordamos una ventana potencial para el primer encuentro entre el 10 y el 25 de febrero. Si Bush viaja a San Cristóbal, la idea sería agendar una visita de Estado tuya a Estados Unidos en abril. Insistí en la importancia de que Bush viajase a San Cristóbal. Narcotráfico: Insistió en que la derogación del estatuto que da pie a la certificación es una atribución del Congreso. Indicó que si el Congreso presenta una iniciativa en ese sentido, la administración Bush lo apoyaría y buscaría convencer a legisladores indecisos u opuestos. Subrayó que la DEA se opondría claramente a una iniciativa de esta naturaleza y que una manera de suavizar esta posición sería otorgando la inmunidad diplomática y la portación de armas a sus agentes adscritos en México. Migración: Este es uno de los rubros en los que demostró el mayor desconocimiento. Nuevamente indicó que cualquier reforma migratoria deberá ser promovida y encabezada por el Congreso. Le subrayé que era importante diseñar una amplia agenda de discusión a largo plazo, construida sobre cuatro puntos: generar condiciones que desincentiven los flujos migratorios; proteger los derechos de los trabajadores indocumentados y combatir la violencia contra ellos; ampliar el programa de visas H2 y asignar cuotas diferenciadas para México; y regularizar el estatus legal de los que ya están en EU. Le subrayé que debíamos casar las iniciativas de amnistía con los programas H2 y la importancia de explicar a las organizaciones cupulares mexicoamericanas e hispanas en Estados Unidos los alcances de las acciones que vayamos instrumentando. Venezuela: Es claro que existen dos visiones con respecto a Chávez en el equipo de Bush. Mientras que Rice considera que Chávez es un reto, Powell y aparentemente Bush mismo consideran que el mandatario venezolano ya representa un problema serio para Estados Unidos y la estabilidad regional. Acordé con Rice que nosotros buscaríamos propiciar un primer acercamiento entre Bush y Chávez, tentativamente en el marco de la Cumbre de las Américas en Quebec. La condición *sine qua non* que estipuló Rice es que Chávez no incurra en más acciones provocadoras. Podrías transmitirle a Chávez vía telefónica que Bush desea encontrar maneras de reducir la tensión y propiciar un diálogo más constructivo. Rice opinó, de manera personal, que había que distinguir entre las travesuras de Chávez y las cosas realmente peligrosas para EUA en la región. Por ahora ella consideraba que sólo eran travesuras (subir al coche con Saddam Hussein, fotografiarse con Fidel Castro, mentadas de madre a EUA), pero tomar medidas expropiatorias dentro de Venezuela o seguir ayudando a las FARC o desestabilizar a Ecuador y Bolivia o reenergizar a Castro con su presencia en la región, eran cosas muy diferentes. Preguntó cual era nuestra opinión y qué podíamos hacer al respecto."

A principios de febrero, una vez acordada la visita de Bush al rancho de Fox, me trasladé a Washington para preparar la cumbre y conocer a Powell, ya confirmado por el Congreso e instalado en el séptimo piso de Foggy Bottom, como se le conoce al Departamento de Estado. Mentiría si no confesara que me intimidó el edificio, los salones, pero sobre todo el hecho mismo: después de años de escribir, estudiar, argumentar y vociferar sobre la relación de México con Estados Unidos, allí me hallaba, conversando de tú a tú con un general de cinco estrellas, veterano de Vietnam, el primer afroamericano en ocupar el cargo, y ofreciendo una conferencia de prensa en el inmenso salón de medios de la Cancillería estadounidense, en compañía de un colega afable, ya después amistoso, favorecido, sin embargo, por una descomunal asimetría de poder, fama y opulencia institucional frente a su contraparte mexicana. Medio asombrado, me defendí como pude, pero resplandecían mi nerviosismo y novatez.

Con Hugo Chávez,
Venezuela, 2001

Sugerimos una agenda para la visita de Bush, y un borrador de comunicado de prensa, explícito, pero menos vinculante que un comunicado oficial. Le asignamos trascendencia a la visita en sí, dado su simbolismo. La idea del rancho provino de múltiples ejemplos en el mundo, anteriores y contemporáneos. Recordaba cómo Lyndon Johnson recibía a visitantes en su rancho, en Texas; cómo varios líderes soviéticos hacían lo propio en sus *dachas* afuera de Moscú, o en Crimea; cómo los primeros ministros británicos invitaban a sus pares a Chequers, la residencia oficial en la campiña inglesa. En México, ya sea por ausencia de una casa presidencial fuera de la capital, ya sea porque todos los presidentes en la época moderna habitaban el Distrito Federal, no se trazó un camino análogo. Pero muchos presidentes mexicanos acogían a su homólogo norteamericano en una playa, en una ciudad emblemática de provincia, o para embellecer su lugar de origen, más o menos auténtico: Salinas en Agualeguas, o Peña Nieto en Toluca. Algunos comentaristas que reverencian el rito, la solemnidad y el protocolo mexicanos objetaron que al vecino sólo debía invitársele a Los Pinos o Palacio Nacional, sin payasadas de tipo "Mi casa es tu casa". Allá ellos.

Con George Bush, Vicente Fox, Colin Powell, México, 2001

Lo importante provenía de la prelación. La primera salida de un nuevo presidente norteamericano solía darse a Londres o Canadá, y el primer invitado a la Casa Blanca tendía a ser inglés o canadiense. Por primera ocasión, si todo se desenvolvía como planeamos, en ambos casos, la secuencia comenzaría con México: el viaje inicial de Bush al extranjero en San Cristóbal del Rincón, Guanajuato; la primera visita de Estado a Washington bajo la nueva administración, la efectuaría Fox. Entiendo que para personas sin el interés o el conocimiento indispensables para asimilar la pertinencia de estas primacías, convenía relegarlas al formalismo puro, o al basurero de la obnubilada sumisión a Estados Unidos: Bush le otorgaba estos privilegios a Fox porque el de las botas ya había vendido el país, o se hallaba a punto de hacerlo. No obstante, para cualquier observador serio, se antojaba evidente que el avance de la agenda mexicana con Estados Unidos se facilitaría si el nuevo régimen en Washington optaba por mandar la señal —cierta o falsa, pero pública— de que su prioridad residía en la relación con México.

Mi visita a Washington arrojó dos avances significativos. Me permitió entablar un trato personal con Powell, que si bien jamás contradiría los intereses de nuestros respectivos gobiernos, se convirtió en la base de algo esencial para una buena relación entre dos países: la confianza entre sus altos funcionarios. Nos hablábamos con franqueza, sin eufemismos ni engaños, sin alentar falsas expectativas ni achicar de modo artificial las ambiciones debido a la estrechez de miras de las burocracias. Mi equipo y yo comprobamos además que tanto Powell como Rice, y en menor medida el procurador, se resignaban —sin entusiasmo pero con realismo— a nuestra tesis central: el tema migratorio pertenecía de manera legítima a la agenda bilateral. No debía habernos sorprendido —mi subsecretario para América del Norte, por ejemplo, se maravillaba de la tersura en la negociación del comunicado—, ya que existían antecedentes históricos conocidos y contundentes. El primero, desde luego, involucraba a México. El extinto Acuerdo Bracero, que rigió las relaciones migratorias entre ambos países durante más de veinte años, fue suscrito por los dos gobiernos (Roosevelt y Ávila Camacho). El segundo implicaba a un país con el cual Washington no sostenía relaciones diplomáticas, e intentó, repetida e infructuosamente, derrocar a su gobierno: la isla de Cuba. Desde comienzos de los años sesenta, y hasta el Convenio Balsero (apodado "pies mojados, pies secos") de agosto de 1994, Estados Unidos y La Habana negociaban y renegociaban los flujos migratorios en el estrecho de Florida, con crisis mayúsculas (el Mariel en 1980) y períodos ecuánimes (desde 1994 hasta la fecha). Cuando planteamos nuestro deseo de enfocar la reunión de San Cristóbal en la cuestión migratoria, los norteamericanos accedieron, quizás sin aquilatar nuestra obcecación y compromiso. Tal vez atribuyeron la insistencia de Fox y mía a factores políticos; quizás con el tiempo se desvanecería nuestro interés.

III

Algunos estudiosos de buena fe, y muchos comentócratas malintencionados, criticaron nuestra supuesta obsesión monotemática por el asunto migratorio. Pero por lo menos durante los tres primeros años del sexenio de Fox (dos míos y uno de mi sucesor), casi nunca México y Estados Unidos conversaron tanto sobre temas no pertenecientes al ámbito bilateral en el sentido estricto. Fue el caso también en la época de mi padre en Relaciones, y durante la primera mitad del sexenio de Miguel de la Madrid. En ese tiempo, los intercambios se condensaban, desde luego, en la crisis centroamericana; en el 2003 en la guerra de Irak. Traigo a colación la nota confidencial circulada por funcionarios del Departamento de Estado a propósito de mi reunión con Colin Powell el 4 de septiembre de 2001, en la víspera de la visita de Estado de Fox a Washington, donde los temas de conversación no borrados por los censores del gobierno norteamericano fueron: Colombia y las negociaciones de paz; la crisis financiera argentina; el Plan Puebla-Panamá; nuestro ingreso al Consejo de Seguridad; la Carta Democrática Interamericana, por firmarse el 11 de septiembre; la Conferencia de la ONU en Durban sobre Racismo; la Conferencia de la ONU sobre Financiamiento para el Desarrollo, programada para Monterrey en febrero de 2002; el Tratado Interamericano de Asistencia Recíproca, y si México permanecería en el TIAR. En pocas ocasiones la Cancillería mexicana ha celebrado un diálogo tan multifacético, abarcando casi todos los temas de la agenda internacional, como aquel que caracterizó mis conversaciones con Colin Powell durante dos años.

La visita de un día de Bush a la casa de Fox salió bien, sobre todo al generar un ambiente relajado, de confianza y de intercambio de sustancia con su equipo. El evento se deslavó en parte por un bombardeo quirúrgico de Estados Unidos en Irak, frecuentes con la administración Clinton, pero que aún no sucedían bajo Bush. A Powell y a Rice les sorprendió por completo el desastrado incidente. Reconocieron con incomodidad que el episodio empañó la visita, ya que la prensa norteamericana encaminó sus preguntas a Bush hacia ese tema; los medios mexicanos de inmediato inventaron descabelladas teorías conspirativas según las cuales Bush recurrió al ataque en Irak para doblegar nuestra insistencia en la migración, o Cuba, o Venezuela. Hasta donde pude entender, los integrantes de un equipo aún novato, recién arribado a la Casa Blanca, al Pentágono y al Departamento de Estado, no se "hablaron"; unos procedieron conforme a protocolos y manuales militares, y otros con procedimientos propios de política exterior.

Retengo dos cápsulas de ese momento. Una, cuyo contenido permanece vigente hasta el segundo gobierno de Obama, fue la confesión de Bush, manifestada a Fox en su conversación privada, de la que Rice y mi subsecretario tomaron notas. Al presionar el mexicano sobre el imperativo de combinar un número mucho mayor de visas temporales para flujos futuros de mexicanos hacia Estados Unidos, con la "amnistía" para los sujetos de flujos anteriores, el de Texas exclamó que jamás autorizaría un camino hacia la ciudadanía para los indocumentados, ya que todos acabarían votando por los demócratas. Fox replicó con buen tino que a México le interesaba que sus nacionales tuvieran derechos en Estados Unidos, para defenderse de abusos, ganar más y vivir mejor. Si optaban por la nacionalidad estadounidense o no, y qué condiciones exigía Washington al respecto, no nos incumbía. Por tanto, la revelación de Bush, si bien interesante, no debía interferir en los intercambios entre ambos gobiernos. Trece años más tarde, después de tres intentos fallidos de reforma migratoria en el Congreso de Estados Unidos, no se ha podido. Los republicanos se oponen a la legalización por principio, y debido a un respeto reverencial por su *country of laws*, pero también por motivos electorales. Los demócratas jamás aceptarán un incremento sustancial del número de trabajadores temporales, sin algún tipo de ruta a la nacionalidad.

La segunda impresión grabada en mi memoria provino de la actitud de Bush, Powell y Rice (aunque de ella en menor medida) a propósito de Chávez y Venezuela. A diferencia de nosotros, que lo mirábamos con indulgencia, como un gobernante tropical excéntrico, medio fanfarrón y arrebatado, pero al final inofensivo, los norteamericanos ya le guardaban una verdadera tirria y lo consideraban como una creciente amenaza para sus intereses. Bush admitió la idea de que su padre, quien viajaba con frecuencia a Caracas y mantenía buenos contactos allí, fungiera como conducto para tratar de suavizar tensiones. No me pude desprender de la sensación de que o bien por el tema de Cuba, o por razones ideológicas, o por otros motivos que no compartían con nosotros, el nuevo equipo en Washington desconfiaba de Chávez. No consideré, y al día de hoy no creo, que se animaran a derrocarlo, pero sí me convencí de que su posible caída generaría un prodigioso entusiasmo entre las filas conservadoras en Estados Unidos. Quizás la transformación de Venezuela en una tabla de salvación para el decrépito régimen cubano en plena bancarrota originó el antagonismo de Bush: su hermano era gobernador de Florida y necesitaba el voto cubano-americano de Miami para ser reelecto. Convinimos que temas como Venezuela y Cuba figurarían de manera prominente en nuestra agenda común, y que los norteamericanos conversarían con nosotros en la víspera de cualquier decisión de fondo en relación con Chávez. Dos años más tarde se negarían a hacerlo, muy en su perjuicio, cuando por lo menos avalaron un golpe de Estado contra Chávez, que encerró un grave pecado: fracasar.

El comunicado expedido al terminar el almuerzo muestra a la vez el avance logrado al aceptar Estados Unidos la legitimidad del tema migratorio en la agenda común, y la magnitud de los retos por venir, al no captar del todo nuestros homólogos norteamericanos la complejidad de los compromisos que asumían: "Una vez realizadas las consultas con nuestros socios canadienses, nos esforzaremos por consolidar una comunidad económica de América del Norte, que beneficie a las zonas menos desarrolladas de la región y a los grupos sociales más vulnerables [...]. La migración es uno de los nexos que más vinculan a ambos países. Los enfoques y políticas que adoptemos sobre este fenómeno deben reflejar nuestros valores y necesidades [...]. México debe aprovechar al máximo el talento y la productividad de sus propios trabajadores para el bien del país, pero es necesario un esquema ordenado de flujos migratorios que garanticen trato humano, seguridad jurídica y condición de empleo dignas a los migrantes [...] hemos instruido a nuestros Gobiernos para iniciar a la brevedad negociaciones formales de alto nivel tendientes a alcanzar acuerdos de corto y largo plazo, que nos permitan atender de manera constructiva la migración y sus aspectos laborales. Este esfuerzo será encabezado por el Secretario de Estado y el procurador general de Estados Unidos, y por los Secretarios de Relaciones Exteriores y de Gobernación de México."

IV

Se multiplicaron las reuniones de Fox y Bush: en Quebec, durante la Cumbre de las Américas; en Washington, a principios de mayo, en una cena de gala del American Jewish Committee; y la visita de Estado a Washington a principios de septiembre, para gran irritación de los ingleses y canadienses. En todos y cada uno de estos encuentros, Fox volvía a la carga con su caballito de batalla. Bush destilaba anuencia y escepticismo, así como escaso entusiasmo por otros temas de la agenda, con la excepción de los problemas —acuciantes— del agua en la cuenca del Río Bravo, y con la tardanza mexicana en saldar nuestra deuda, agravada por varios años de sequía. Fox y yo viajamos también a Chicago, Sacramento, San José, Detroit, de nuevo a Los Ángeles y Milwaukee ese verano, en candente campaña por el acuerdo migratorio, imponiéndonos una triple tarea para esos meses: mostrarle a las comunidades que el gobierno de México ponía su resto en el empeño; convencer a los mexicano-norteamericanos, a los sindicatos, a la Iglesia Católica y a los demócratas de que sin un programa ampliado de trabajadores temporales (aplicable al *flujo* de mexicanos), no habría regularización con papeles (aplicable al *acervo* de mexicanos). Por último, para movilizar a la opinión pública y a las élites vinculadas a México de que este era la madre de todos los temas de la agenda bilateral; convenía apoyarlo.

En abril fue convocado en Washington el Grupo de Alto Nivel creado en Guanajuato, que hizo público un comunicado de prensa, insólito en su alcance, y contradictorio por la distancia entre el compromiso asumido por Estados Unidos y los desafíos para su cumplimiento: "Los gobiernos de México y Estados Unidos hoy iniciaron conversaciones para lograr un marco para una migración ordenada, legal, segura y humanitaria, y para la protección de los derechos de los trabajadores [...]. Ambos gobiernos ven este proceso como un ejercicio de responsabilidad compartida, con una perspectiva de largo plazo, para asegurar que la migración de mexicanos a los Estados Unidos sea una oportunidad y un beneficio mutuos. Ambos gobiernos también están comprometidos con la regulación y la seguridad de las personas en nuestra frontera común. Se reconoce que los componentes de esta agenda constituyen un emprendimiento único para una solución de fondo para la migración. La agenda incluyó una discusión sobre la seguridad fronteriza, el programa de visas H2, ideas sobre la regularización de los mexicanos indocumentados en Estados Unidos, algunas alternativas para trabajadores temporales con un énfasis en la circularidad, los derechos de los trabajadores y la demanda de fuerza de trabajo. El grupo de trabajo entregará un informe preliminar en verano y buscara entregar sus primeros resultados en otoño e informar a los dos Presidentes."

En pocas palabras, logramos algo de lo anhelado, pero no sin raspones. El más delicado sucedió en agosto, durante mi visita a Washington en preparación del próximo viaje de Fox, previsto para el 3 y 4 de septiembre. Poco antes, en julio, asistí en Los Ángeles a la primera convención nacional del sindicato de empleados hoteleros y de restoranes, donde fui invitado como orador de cierre. La lógica de la invitación carecía de ambigüedades: se trataba de un sector en plena expansión, nutrido por un enorme caudal de trabajadores mexicanos, muchos de ellos sin papeles. Eran partidarios de la "amnistía"', y grandes adversarios de un Temporary Workers' Program (TWP), o programa de trabajadores temporales. Pronuncié un discurso de textura ligeramente demagógica, pero eficaz y coherente. Salí medio eufórico del recinto, encaminándome a una cena con Alvin Toffler. Un par de días más tarde, apareció una reseña de mi intervención en *The New York Times*, de extensión mediana, más bien laudatoria, pero que subrayaba el aspecto más radioactivo en un Washington republicano y conservador: "Canciller mexicano hace campaña y busca alianzas con sindicatos demócratas en California." Allí fue cuando, con toda buena fe y una presciencia por desgracia exacta, recurrí al término ya anglicizado de "*the whole enchilada*" para nombrar el concepto clave del acuerdo deseado, y que hasta esta fecha permanece fuera del alcance de demócratas y republicanos, mexicanos y estadounidenses, liberales y conservadores: legalización y flujos futuros. El artículo, y el hecho mismo, provocaron una veraniega urticaria en la somnolienta capital norteamericana, más que nada entre los sectores de la administración opuestos no sólo al acuerdo migratorio con México, sino a la deferencia que Bush le extendía a su homólogo mexicano.

Al ingresar a la sala de juntas del séptimo piso del Departamento de Estado, Colin Powell me pidió conversar a solas antes de invitar a las delegaciones. Pasamos a un salón barroco afrancesado, nos sentamos ambos en unos sillones Luis XV espantosos, y Powell, sin mayores ambages, me espetó que Bush se había molestado conmigo por el discurso de los sindicatos ("Jorge: You are getting out in front of the President of the United States in the United States"; Jorge: Te le estás adelantando al Presidente de Estados Unidos en Estados Unidos"). Sus colegas, especialmente el procurador general, un hiperconservador de Missouri, le habían puesto el grito en el cielo al propio Powell por los estrépitos de su "Mexican amigo". Recibió críticas en particular por mi rechazo demasiado vehemente a la idea de un simple aumento de visas, resumido en la expresión "la enchilada completa o nada". Respondí que lo lamentaba: nunca supuse que un discurso donde procuraba convencer a opositores a Bush de las bondades de la postura de Bush fuera mal recibido por la Casa Blanca. No se repetiría en esa forma, mas tal vez en otras, menos estridentes y provocadoras. De cualquier manera, le dije, esta es una batalla que debemos dar juntos, en Estados Unidos y en México; si no la ganamos, los dos perdemos. Powell se sosegó, pero me percaté de que los obstáculos al acuerdo no provenían en exclusiva de los demócratas en cuanto al TWP, ni sólo de los republicanos conservadores en cuanto a la "amnistía", sino incluso del seno del gobierno de Bush. El próximo viaje de Fox revestiría entonces un carácter crucial, ya que sólo la presencia y el carisma presidencial en Washington, en persona, en el Congreso, contrarrestaría las resistencias emergentes y suscitaría los apoyos necesarios a favor del propio Bush.

Así fue. Nadie imaginó lo que acontecería después, y la consiguiente futilidad final de la visita a la capital estadounidense, cinco días antes del 11 de septiembre y de los atentados contra las Torres Gemelas de Nueva York. Al contrario: todo sugería que al igual que con el TLC y la política centroamericana, de nuevo México fijaba la agenda con Estados Unidos, en ambos partidos y poderes de gobierno, en los medios y en la academia. Para mí, se trató de un proceso complejo, tenso y arriesgado al extremo, ya que se jugaban, por una vez en mi vida, asuntos de gran envergadura para otros, no sólo para mí. Tomé tres decisiones, sometidas a Fox y palomeadas con plena conciencia por el presidente, de las que sigo convencido, aunque hayan generado, en ese momento y después, crujidos internos y externos. Se referían a nuestra ambición en Washington, en el costo interno a pagar, y al margen de maniobra ante Bush y su equipo, gracias al llamado "bono democrático" mexicano.

El embajador norteamericano en México se entrevistó conmigo después de la reunión con Powell en Washington para plantear, con instrucciones, una propuesta de medias tintas. No se lograría todo durante la estancia de Fox, pero Bush no deseaba dejar con las manos vacías a su amigo, debilitado por una economía letárgica, sus fracasos en Chiapas, en la reforma fiscal y otras dificultades de arranque. Estaría dispuesto a solicitarle al Congreso un incremento del techo de visas H2A y H2B (para trabajadores temporales en la agricultura y los servicios) a doscientos cincuenta mil por año, un aumento a casi el doble de lo vigente en aquel momento, pero alrededor de doscientas mil menos del flujo anual. Nada de legalización, nada de apoyo a comunidades emisoras. La oferta irradiaba peligros y perversión, aunque se trataba de la mitad de la mitad del objetivo final: un avance nada despreciable. No obstante, excluía la otra mitad, lo cual enfurecería a los demócratas, a los hispanos, a los sindicatos y a la Iglesia. Aun en la hipótesis remota de lograr la aprobación sin mayores tropiezos en el Congreso, aceptarla aseguraba la posposición hasta las proverbiales calendas griegas de cualquier "legalización" de los "ilegales". Ya con el incentivo anterior en la bolsa, la administración Bush carecería de interés en pugnar por la regularización, de suerte que la mitad obtenida sumaría la totalidad conseguida. Después de consultar con Fox, le respondí al embajador que su propuesta constituía un paso considerable e interesante, pero que los dos temas nos parecían indisociables, y que mejor conversaran los presidentes en Washington sobre la forma de avanzar en ambos frentes. Más aún, para despejar cualquier duda sobre el respaldo completo de Fox a esta postura, insté al embajador a solicitar una cita con Fox sin mi presencia, para que le ratificara mi dicho. Se dio el 29 de agosto.

Mirando hacia atrás, quizás debimos contemplar un rechazo a medias, o una aceptación a medias: decir que sí y perseverar sólo con los demócratas —en aquel momento mayoritarios en ambas cámaras— en el intento de alcanzar la legalización, comprobando de ese modo si la oferta de Bush entrañaba un *quid pro quo* tácito: más visas a cambio de aminorar nuestra presión por los casi cuatro millones de mexicanos sin papeles entonces radicados en Estados Unidos. Propusimos de manera oficiosa una tercera vía: regularización vía visas temporales, extendiendo cincuenta por ciento de estas últimas a mexicanos presentes en Estados Unidos sin papeles, y el otro 50% a mexicanos que las solicitarían desde México. Volvería sobre esta opción días después en Washington, sin ilusiones sobre su fragilidad embozada. ¿Cómo convencer a los indocumentados de desfilar ante las autoridades para solicitar una visa temporal, sublimando su justificado terror ante el mal trato, la persecución y la deportación? Optamos por persistir en nuestra tentativa; la historia de todos los ensayos ulteriores ilustra la imposibilidad de dividir la enchilada en dos, o de consumarla o consumirla entera.

Como correlato de esta primera decisión, resolvimos utilizar las dos tribunas excepcionales ofrecidas por nuestro anfitrión —el césped de la Casa Blanca durante el recibimiento oficial, y una intervención ante el pleno del Congreso— para argumentar a favor de —y presionar al máximo por— un acuerdo por lo menos de principio, con por lo menos una fecha límite, aunque lejana, para finiquitarlo. De allí las palabras de Fox ante Bush a la intemperie esa mañana, equiparado al "Hoy, hoy, hoy" de la campaña: urgía un arreglo antes de fin de año. Según algunos, se le pasó la mano al de las botas, esto es, al que redactó el discurso y diseñó la estrategia: yo. De acuerdo con esta visión, no se le impone un ultimátum al presidente de Estados Unidos en su propia casa. Powell me confesó en la tarde que en efecto, las palabras presidenciales surtieron cierta molestia, dificultando la respuesta deseable: "Compartimos la urgencia de Fox y haremos lo posible por terminar pronto; en lugar de la respuesta ofensiva: ¿Quién es Fox para aleccionarnos de cuándo concluir una negociación tan ardua y entreverada?" De modo retrospectivo, uno puede preguntarse si no debimos bajar el tono, disminuir las expectativas y presionar menos a un Bush también en apuros, poco receptivo a que el único logro de su primer año de gobierno se debiera a votos demócratas en el Congreso. Se mostraba renuente a ser el responsable de múltiples derrotas de su partido en el futuro lejano, aunque también el autor de sus victorias en comicios cercanos, gracias al voto latino. Por otro lado, tampoco confeccionaba los textos de Fox por mis pistolas y él los leía en el acto. Primero transitaban por el tamiz de la Cancillería, es decir, de la Subsecretaría de América del Norte y la Coordinación de Asesores, de mis consejeros y del embajador de México en Washington. No se atrevían siempre a confrontarme, sobre todo cuando me empeñaba en algo con mi consabida terquedad, pero tampoco se trataba de funcionarios obsecuentes. Luego, pasaba a Los Pinos, donde Durazo y su equipo revisaban, diluían, conculcaban e introducían el estilo priista hasta por los poros del borrador. Por fin, Fox cerraba el círculo, en cuanto a los discursos más trascendentes. Si bien el responsable final era yo, no actuaba solo ni por la libre.

El tercer momento indeleble del viaje a Washington aconteció en Blair House, la residencia oficial de los visitantes de Estado. En la mañana del día de la visita de Fox al Congreso, nos reunimos Creel, Adolfo y Marta con el presidente para dirimir una diferencia profunda entre Santiago y yo sobre el hilo conductor del discurso.

Lo había tejido, en colaboración con los funcionarios mencionados, en torno a la confianza, o *trust*. Hasta la alternancia, a pesar de varios instantes luminosos en la relación bilateral, esta última descansó en un precario piso de desconfianza, producto de muchos factores, entre otros, el autoritarismo mexicano, o la falta de democracia en México. No reducía la espinosa problemática a eso, pero recalcaba su relevancia, sabiendo que nada conmueve más a los norteamericanos que un dejo de autocrítica. Afirmé en el borrador, apenas pulido la víspera, que nosotros desconfiamos de Estados Unidos, en ocasiones con razón, a raíz de la historia; y que ellos desconfiaban de nosotros, en ocasiones con razón, debido a la hegemonía del partido único. Aconsejé un discurso dirigido al Congreso estadounidense, no a la galería o la taquilla mexicanas, y menos aún a la desgarbada clase política, desterrada del poder Ejecutivo, por lo menos durante unos años. Adolfo y yo, en una de nuestras mejores faenas acompasadas, nos convencimos de que para ganarnos al Congreso en los dos temas que nos interesaban —la migración y acabar con la detestable certificación antidrogas—, apremiaba reconocer nuestros propios errores como mexicanos, y no cargar la lápida del priismo.

Creel, incluido en la comitiva por copresidir el Grupo de Alto Nivel sobre Asuntos Migratorios, tenía otra agenda. Por una parte, deseaba llevar la fiesta en paz con el PRI y el PRD; días antes, en el primer informe presidencial, había ganado la batalla ya descrita sobre el ajuste de cuentas con el pasado. Además, invitó —con mi total acuerdo— a varios jerarcas del PRI a Washington; acompañarían a Fox al Congreso. Ante todo, el secretario de Gobernación se adentró justo entonces en la laboriosa negociación de un "Pacto Nacional", adefesio sustantivo rodeado de todos los ritos ancestrales mexicanos, para, según él, plasmar en un documento los grandes temas comunes de la agenda de reformas, y el acuerdo del PAN, del PRI y del PRD para llevarlas a cabo. Con independencia del destino de ese pacto —nacido muerto desde el día de su presentación, al mes, en Palacio Nacional—, Creel denunciaba, con coherencia y vigor, la incongruencia de pactar con el PRI, de no romper con el pasado, de invitar a sus dirigentes al TP-01, y en el discurso más connotado del breve sexenio, infligirles una tunda elegante pero demoledora frente al público que más detestaban: "los gringos". Creel insistía en un discurso para México; Adolfo y yo, en uno en beneficio de México, para Estados Unidos. Fue el penúltimo combate donde lo vencí; de su puño y letra, delante de varios colaboradores en Blair House, Fox aceptó nuestra versión, y desechó la de su segundo de abordo. Creo que hizo bien, y que yo tuve razón, pero Creel tampoco se equivocaba por completo. Debía haber consistencia y continuidad entre la política interior y la exterior, y el único que podía imponerla era Fox. Esa vez lo hizo a mi favor, pero sin cambiar el rumbo interno de largo plazo; mantuvo la contradicción. En el futuro, se esfumaría el apoyo a un curso externo (el mío), en flagrante contraste con el camino interno de Creel. Triunfaría el camino de la confrontación sin ruptura.

El viaje en su conjunto lució espectacular. La cena de gala y los juegos pirotécnicos en la Casa Blanca deslumbraron a los invitados mexicanos; tuvimos que pelear su cupo asiento por asiento, mesa por mesa. La hospitalidad y simpatía natural de Bush, la presencia de todo el gobierno de Estados Unidos, de los principales líderes del Congreso, de empresarios, artistas y deportistas garantizó una velada memorable. Cuando los colaboradores de Fox nos fuimos por la caminera, no nos la creíamos: mejor, imposible. Hasta el discurso de Fox en la OEA, denunciando el llamado Tratado de Rio o de Asistencia Interamericana Recíproca (TIAR) y anunciando nuestra salida del mismo, arrancó aplausos *in situ* y en México. Dejábamos atrás un instrumento de la Guerra Fría hecho guiñapo, buscábamos sustituirlo por una nueva definición de la seguridad regional y por la firma de la Carta Democrática Interamericana, programada para el 11 de septiembre en Lima. Ningún otro país, ni siquiera los del ALBA, se atrevieron hasta el 2012 a derogar su membresía en el TIAR. Nuestro retiro tuvo lugar dos años después, conforme a los plazos estipulados en el tratado, lo cual nos obligó a acompañar a Brasil y Argentina cuando mañosa y equivocadamente lo invocaron en torno al 11 de septiembre.

La noche siguiente, después del discurso en el Capitolio y de un salto en Air Force 1 a Ohio con Bush, celebramos la llamada cena de "regreso": en reciprocidad, el huésped corresponde al anfitrión la invitación del día anterior. En un diminuto comedor de Blair House, donde sólo acompañaron a Fox, además de los funcionarios, Carlos Slim y Lorenzo Zambrano, conversé largamente en una esquina de la mesa con Rice sobre el detalle de nuestra propuesta migratoria oficiosa. Procuré exponer las cifras y la lógica de la ecuación.

Para evitar que la legalización detonara un nuevo contingente de indocumentados (como sucedió en 1986), y para utilizar las nuevas visas como instrumento paulatino de absorción del acervo existente, era preciso incrementar el flujo legal en el futuro. ¿Cuánto tiempo? Pues un lapso intermedio entre la estimación de los demógrafos —diez o quince años hasta que, por edad o convergencia de ambas economías, los mexicanos cesaran de emigrar o lo hicieran en menor cantidad— y el plazo necesario para regularizar a todos. ¿Cuántos mexicanos partían sin papeles al año y cuántos indocumentados había? Hasta donde sabíamos, cuatrocientos mil migraban al año en ese momento, y había entre tres y medio y cuatro millones sin papeles. ¿Cuántas visas temporales se extendían cada año? Entre 125 y 150 mil. ¿Cómo evitar el resurgimiento de un nuevo reto en el porvenir y regularizar a todos poco a poco? Cosa de aumentar las visas temporales para mexicanos en 300,000 o 350,000 al año, para ascender a un total entre 400,000 y 450,000. Se trataba de un incremento de más del doble. Con un cambio esencial: la mitad sería para mexicanos sin papeles ya en Estados Unidos, la mitad para mexicanos en México. La población no autorizada disminuiría gradualmente, si la convencíamos de participar (un gran "sí"), hasta desaparecer hacia finales de un segundo mandato de Bush.

No aceptaríamos únicamente más visas sin legalizar a indocumentados, pero esta era una fórmula de compromiso factible. Le garabateé a Rice varios números adicionales en una servilleta de tela, donde ya había apuntado los anteriores. Si en ese momento figuraban en Estados Unidos entre 3.5 y 4 millones de mexicanos sin documentos, y se procedía a una regularización escalonada de trescientos o cuatrocientos mil al año, con multas, requisitos y castigos, sin expulsiones, hacia finales del segundo mandato de Bush se habría absorbido casi la totalidad de la población sin papeles. No surgiría un nuevo estamento ilegal, gracias a las visas temporales. Además, se respetaría la noción muy norteamericana de no condonar la violación del estado de derecho, al imponerle a los "ilegales" penalidades severas pero asimilables. Rice se quedó con la servilleta, los números y el recuerdo de un posible entendimiento. En una entrevista siete años más tarde, al concluir su período como secretaria de Estado, evocaría nuestra primera reunión en Dallas: "La política migratoria es política exterior […]. Recuerdo el primer encuentro de política exterior que tuve con el entonces presidente electo Vicente Fox, donde ellos hablaron de la necesidad de arreglar este problema. Yo creo en la necesidad de defender nuestras leyes y nuestras fronteras, pero también que hay muchas personas en este país que trabajan largas horas y viven en las sombras. Era partidaria de un programa de trabajadores temporales y de encontrar cómo normalizar la situación de estas personas."

Con George Bush, Washington, Estados Unidos, 2001

Por una vez Fox, cuyo encanto para la comentocracia comenzaba a amainar, recibió reconocimiento y aplausos en México y de los mexicanos en Estados Unidos, incluso de parte de críticos, escépticos y expertos. Jorge Ramos, el conductor de Univisión y quizás el mexicano naturalizado en Estados Unidos más influyente (en una entrevista, Ramos le preguntaría años después si tomaba Prozac: Fox se levantó furioso y abandonó el estudio), lo vitoreó. Resumió así la visita: "Nunca antes ningún presidente de México había peleado tanto por los mexicanos en Estados Unidos como lo ha hecho Vicente Fox. La agenda entre México y Estados Unidos se ha desnarcotizado. Y ahora, es un hecho extraordinario, es México quien ha impuesto su agenda sobre Estados Unidos [...]. Los expresidentes priistas, acobardados o incapaces de enfrentarlo, se excusaban diciendo que la inmigración era un asunto interno de Estados Unidos [...]. Esto es nuevo. Y por eso, los mexicanos acá están diciendo: thank you, mister Fox." Jesús Silva Herzog-Márquez, otra voz crítica poco proclive al halago a presidentes, concluyó lo siguiente: "La visita de Vicente Fox a Estados Unidos ha sido la jornada más exitosa de su gobierno. Un presidente necesitado de orgullos tiene finalmente uno que presumir: la nueva voz de México ante su vecino […]. Un análisis de David E. Sanger en el *New York Times* lo advertía el sábado pasado: rara vez un líder extranjero se ha parado en la Casa Blanca para exponer que se deben replantear las reglas que rigen la relación de su país con Estados Unidos, y además pedir que se cumpla su propuesta en cuatro meses […]. Que estas definiciones provengan, no de una potencia nuclear, sino de un país que ha seguido tradicionalmente la línea de Estados Unidos, es lo más extraordinario, concluía el analista […]. Es una muy bienvenida novedad escuchar a Vicente Fox adoptar posiciones claras, hacer exhortos concretos, defender persuasivamente sus iniciativas, definir los plazos para la acción política concertada […]. Advierto simplemente que en política exterior hay una visión estratégica que no existe ni por asomo en el terreno de la política interna […]. Quizá lo único claro e imaginativo del gobierno de Fox es justamente esta política internacional […]. México necesita un presidente como el que dijo cosas ante el Congreso norteamericano, no un presidente como el que balbuceó lugares comunes ante el Congreso mexicano." Lorenzo Meyer, otro crítico de Fox, cuya vehemencia iría *in crescendo*, pero al fin y al cabo un estudioso de la relación bilateral, formuló un juicio análogo: "Al presidente y su canciller hay que darles el crédito por imaginar, armar y llevar a cabo una ofensiva diplomática alimentada y sostenida no en el apoyo de la clase política —apoyo que se le ha regateado—, tampoco en la fuerza de algún factor económico estratégico —como el petróleo de López Portillo—, ni en un sorpresivo golpe de timón —al estilo de Carlos Salinas—, sino sostenida casi exclusivamente en el 'capital democrático' adquirido al cambio en la naturaleza histórica del régimen […]. La decisión del mandatario de presentar su propia agenda política a Washington y demandarle, de buen modo, desde luego, que le responda dentro del marco en que le planteó la iniciativa —en los términos mexicanos—, no es algo común en la relación mexicano-americana". Hasta un cascarrabias como la persona que escribe en *Reforma* con el seudónimo de Manuel J. Jáuregui (un familiar de Alejandro Junco), a pesar de su sano escepticismo, se vio obligado a reconocer que: "Lo cierto es que, tanto la cobertura de la visita de Fox, como el trato recibido por parte de la representación estadounidense, han sido verdaderamente extraordinarios. Se le han extendido todos los tratos y privilegios reservados para los grandes estadistas mundiales […]. Y si bien todo esto es bueno para

México, nos preocupa que tanta pompa pudiera influir para mal en la personalidad presidencial." El peligro no estribó en que a Fox se le subieran los humos; el riesgo, realizado, residió en el humo de las Torres Gemelas, cuatro días después.

V

El cartón de Paco Calderón del 18 de septiembre resumió bien mi ánimo y mi reflexión. De Washington acompañé a Fox a Miami a una cena con Jeb Bush; de allí seguí a Lima a rubricar, con los cancilleres de la OEA, la Carta Democrática Interamericana, un instrumento nacido del fraude electoral anterior en Perú, y que por primera vez proclamaba sin ambages que la defensa colectiva de la democracia representativa en el hemisferio constituía una tarea y responsabilidad de todos. Por fin se subordinaba a este principio el de la no intervención, como de alguna manera ya había sucedido con los derechos humanos a través del llamado Pacto de San José de 1968. En la mañana del 11 de septiembre, antes de bajar al salón de sesiones y la firma, todos atestiguamos en vivo y en directo cómo se estrellaban los aviones en el World Trade Center. Comprendí, una vez que supimos quiénes eran los autores de la atrocidad, que allí también se estrellaba mi esperanza de lograr un acuerdo migratorio, bueno, malo o regular, con la administración Bush, por lo menos durante su primer mandato. Aun sin brotes xenófobos —casi ineluctables— o revanchismos comprensibles, Washington se enfrascaría durante un rato en descubrir y destruir a los culpables de la muerte de miles de norteamericanos, y otro rato en cerciorarse de que nada semejante volviera a ocurrir. Colin Powell permaneció en el salón hasta que todos hubiéramos inscrito nuestra firma en el documento; recibió el abrazo, el pésame y la solidaridad de todos, para después marcharse a su capital. Los demás maniobramos como pudimos para esfumarnos y acudir a nuestras oficinas respectivas y ver de qué manera reaccionábamos ante un acontecimiento histórico que arrastraba múltiples daños y ningún beneficio para nadie. Conversé de nuevo con Powell tres días más tarde, para repetir las condolencias del gobierno de México y revisar temas fronterizos de seguridad, la próxima reunión del Consejo Permanente de la OEA, y la invocación del Tratado de Rio por Argentina y Brasil.

Cartón de Paco Calderón, 2001

Aterricé en México tarde por la noche; el Estado Mayor envió un avión por mí y me apersoné en Los Pinos para recibir instrucciones de Fox. Entre el 12 de septiembre y el 5 de octubre, cuando finalmente pudimos viajar a Washington y a Nueva York para darle el pésame a Bush, al alcalde Giuliani y a los familiares de los mexicanos fallecidos en la tragedia, se concatenaron una desoladora serie de tropiezos, errores, malentendidos y celadas de unos y otros —todo entre mexicanos, por supuesto— que complicaron mi existencia pero también la del país. No salimos bien librados del lance, mas no por las razones propaladas por la comentocracia especializada, de ambos lados de la frontera.

Fox se comunicó de inmediato con Bush y le manifestó su solidaridad. A la salida de Los Pinos, en la inevitable entrevista de banqueta con "la perrada", declaré que no era el momento de regatearle respaldo a Estados Unidos; tendrían todo el derecho de ejercer represalias en defensa propia si identificaban con precisión a los autores del cataclismo y se invocaba el Artículo 51 del Capítulo 7 de la Carta de las Naciones Unidas. En la recién convocada reunión de gabinete se acordó ser solidarios sin tapujos; insistir en que los culpables causaron la muerte de cientos o quizás miles de mexicanos (el primer día se sospechaba del deceso de más de diez mil ocupantes de las Torres), y que el horror del acto nos afectaba a nosotros igual que a los estadounidenses. Hallaríamos la manera para que el presidente se trasladara a Washington lo antes posible, tomando en cuenta que había regresado de allí apenas tres días antes. Para eso, sin embargo, resultaba imprescindible cuadrar tres círculos laceriosos, cada uno más enredado que el otro.

Primero, conseguir una "ventana" con el gobierno de Bush. Una multitud de jefes de Estado se dirigían a la costa este para expresar pena y apoyo, desde Blair y Chirac hasta Aznar y Berlusconi. México ya había sido objeto de gran deferencia por la primera visita de Estado, y no éramos prioritarios en una lista tan extensa. No se requería un nicho prolongado: bastaba una hora en la Casa Blanca y otra en Nueva York. Pero la negociación se presentaba menesterosa y accidentada, con cambios bruscos, casi cotidianos, de día y de hora. Por fin Rice me propuso una apretada opción el domingo 18 de septiembre, sin confirmarla hasta el jueves 15 por la tarde: una buena oportunidad, con una confirmación tardía. Por una simple razón, que constituía el segundo embrollo necesitado de solución: el permiso legislativo para todo desplazamiento del presidente fuera del país. Nos enfrentábamos a un anacronismo espeluznante: en el siglo diecinueve quizás se justificaba que en un régimen presidencial el poder Legislativo acotara los viajes del jefe del Ejecutivo por motivos logísticos o de seguridad. En el México del siglo veintiuno, la restricción carecía de cualquier fundamento. No obstante, el PRI, ardido porque Acción Nacional negó un permiso de salida a Zedillo a Costa Rica en 1999, blandió esa arma pueril y miope de manera repetida con Fox, negándole incluso la autorización de salir poco antes de concluir su mandato, para asistir a la cumbre anual de APEC en Vietnam. En todo caso, Fox no podía viajar a Washington y Nueva York sin permiso del Congreso en pleno. Cuando el jueves 15 en la tarde consulté con los líderes priistas y panistas de ambas cámaras sobre la probabilidad de obtener la autorización en 48 horas, vista la consabida asiduidad de nuestros legisladores, recibí un ominoso cubetazo de agua fría: imposible reunir el *quorum* en viernes o sábado, y menos para un traslado a Estados Unidos, motivado por el afán baladí de solidarizarse con Bush. Habría que respetar los "tiempos" del Congreso; si se perdía la "ventana" abierta por Rice, ni modo. Por fortuna, la asesora de Bush canceló la cita al día siguiente y evitamos el oso de avisarle a los norteamericanos que el Congreso mexicano impedía al presidente de México ausentarse del país, aunque sólo fuera para extenderle un abrazo a su homólogo en Washington después de la hecatombe neoyorquina. Ahora bien, detrás del odioso leguleyismo del Legislativo se perfilaba un problema más preocupante, a saber, el tercer factor de discordia.

El gobierno de México no le falló a Estados Unidos en su mayor momento de duelo desde la guerra de Vietnam. Pero sí le quedó mal la sociedad mexicana, y en mayor medida, la clase política. Se respetaron, por supuesto, los formalismos; en eso México se pinta solo. No obstante, al igual que todos, en un momento de conmoción y dolor, los norteamericanos notaron que faltaba emoción, que el corazón no latía, que la compunción carecía de sinceridad. Nadie dijo nada, pero tres años más tarde, cuando en el partido eliminatorio de futbol entre México y Estados Unidos para la Olimpíada de Atenas en el Estadio Jalisco, el público de casa comenzó a corear ¡Osama, Osama, Osama! salió el peine, no muy presentable que digamos.

La reacción pavloviana reverberó en dos actitudes: la de los locos ultras que coreaban "¿E Hiroshima qué?", y la de la izquierda y el PRI quienes, fieles a si mismos, pretendían condicionar el respaldo a Estados Unidos a una interpretación rigurosa, o excesiva, del derecho internacional y de la política exterior mexicana. En la encuesta de *Reforma* levantada el 22 de septiembre, a la pregunta: "A raíz de los atentados terroristas ¿usted siente solidaridad hacia Estados Unidos?", ciertamente 78% respondieron que sí, pero a la interrogante "Si Estados Unidos ataca militarmente a los países involucrados en los atentados terroristas ¿cuál cree que debe ser la posición de México?", 62% prefirieron una posición neutral, 16% se opusieron al ataque y sólo 17% lo respaldaron. Si bien 79% de los interrogados manifestaron su acuerdo con la tesis de que los atentados terroristas no sólo golpearon a Estados Unidos sino también a la libertad y a la democracia en todo el mundo, también 79% consideraron que México debía mantener una posición neutral en los conflictos internacionales en general.

Para verse muy machos, los medios y los integrantes de nuestra augusta clase política agregaron a su solidaridad o empatía un rechazo a cualquier envío de tropas o colaboración militar con Washington, una opción inexistente y absurda que nunca figuró en la mente de nadie en sus cinco sentidos. No existe en México tradición, formación, o permiso para hacerlo. Pero al juntar las dos tesis —somos solidarios pero no mandamos soldados— se le brindaba una buena salida al nacionalismo ramplón y al antiamericanismo primario de muchos panistas así como del PRI y de la izquierda. La revista *The Economist* captó bien el oblicuo ardid discursivo. Refiriéndose a mis declaraciones de solidaridad con Estados Unidos, la publicación inglesa esgrimió sus dudas sobre los verdaderos sentimientos mexicanos: "A pesar de esta retórica, muchos americanos residentes en México se preguntan en voz alta por qué el país no ha celebrado ningún acto oficial o vigilias masivas, como en Canadá y varios países europeos. Los mexicanos —sobre todo los de alto nivel educativo y prósperos— responden con descaro: 'No es nuestro pleito; ya les tocaba en vista de lo que le han hecho al resto del mundo y para que vean lo que se siente cuando les toca un verdadero desastre' […]. Los mexicanos comprenderán un día que si quieren que Estados Unidos sea un amigo no sólo en las buenas, ellos tendrán que hacer lo mismo".

Ni a la sociedad mexicana o la clase política y las élites les faltaban portavoces en el gobierno de Fox. Disponían de dos aliados: Creel y Durazo. No se trataba de fuego amigo, sino del enemigo en casa. Algunos, como ellos en el fondo, opinaban con candor que la sociedad mexicana se estremecería ante un alineamiento completo con Estados Unidos en este tema; yo afirmé que el único alineamiento posible era completo. No se comprobó en México el torrente de simpatía y apoyo a Estados Unidos que surgió en otras latitudes, a pesar de las muertes mexicanas. El haber enfatizado este último aspecto del drama no funcionó: algunos comentaristas me reclamaron haber exagerado el número de mexicanos fallecidos para fines propagandísticos. Era cierto, pero cuando por fin acudimos a Nueva York y nos trasladamos por barco al *Ground Zero* de las torres destruidas, en compañía de Giuliani y del gobernador de Nueva York, el alcalde reveló que, en su opinión, quedaron sepultadas en los escombros unas setecientas personas no identificadas, la mayoría mexicanos.

A pesar del círculo rojo, la gente aprobó la postura de Fox. Una encuesta levantada en Los Pinos el 13 de septiembre mostró que para 71% de los mexicanos, el comunicado presidencial de solidaridad respondió del todo o en parte a sus preocupaciones; y 83% consideró que México debía respaldar a Estados Unidos con medidas de seguridad o diplomáticas. Cuando Fox por fin pudo viajar a Estados Unidos, 62% de los mexicanos creyó que su visita era necesaria, sólo una tercera parte pensó lo contrario. En un sondeo de Televisa, 53% la consideraron superflua. Dos terceras partes de los mexicanos sintieron que la definición de Fox había sido firme y no tibia; el 70% halló que su visita a Estados Unidos fue positiva para el país.

En realidad, el problema rebasaba la descosida discusión sobre los verdaderos sentimientos del pueblo mexicano. Los priistas, pragmáticos como siempre, pero resentidos por su derrota y cada vez más irritados con Fox, se proponían complicarle la vida al máximo. Entorpecerle una solidaridad plena con Bush y Estados Unidos (en ese momento indisociables) ofrecía una oportunidad imposible de desperdiciar. Algunos de ellos, como Beatriz Paredes, la líder del PRI en la Cámara de Diputados, eran famosos por sus antiguas posturas hipernacionalistas o, por así decirlo, "antiimperialistas": qué mejor prueba de la arrogancia imperial de Washington que ejercer represalias contra Afganistán, país de donde se fraguó el ataque, pero de ninguna manera responsable del mismo. Otros, juridicistas, alegaban que Estados Unidos no debía proceder de manera unilateral, sino sólo con el apoyo de las Naciones Unidas (cosa que, de acuerdo con algunas interpretaciones de la Carta de la ONU, consiguió en los días subsiguientes a los atentados, a través de la resolución 56/1 del 12 de septiembre, en la Asamblea General).

La izquierda, por su parte, se oponía por principio a cualquier aval a cualquier acción militar norteamericana. Si bien condenaba lo ocurrido en Nueva York, no titubeaba en evocar hechos semejantes, perpetrados a lo largo de la historia por Estados Unidos, contra terceros indefensos. Esta reticencia en la oposición redundó en… resistencias dentro del gobierno. Creel declaró que nuestro respaldo a Estados Unidos no podía ser incondicional; debía ceñirse a los principios de la Constitución y del derecho internacional. Aclaró que el gobierno seguiría de cerca la evolución de la crisis internacional sin comprometer sus valores o tradiciones. Más allá del recelo que me provocaba la injerencia de Creel en mi ámbito —en un arrebato, llegué a provocar una entrevista donde respondí a una pregunta sugiriendo que mejor conversaran con Creel, ya que ahora él se encargaba de la política exterior—, era obvio que Fox no había resuelto el rumbo a seguir. Empecé a dirimir el diferendo en público, y con varios interlocutores en privado, sobre todo a la luz de las verdaderas razones de Creel, y de su alianza provisional con Durazo.

El 13 de septiembre, en la reunión de los lunes, Paco Ortiz, para entonces director de Comunicación del Gobierno, sugirió una ingeniosa idea. En el grito del 15 de septiembre, desde el balcón de Palacio Nacional, Fox solicitaría un minuto de silencio para los mexicanos, salvadoreños, hondureños y norteamericanos fallecidos en los atentados. Ortiz argumentó que si brotaba una rechifla se anularía el audio suministrado a las cadenas por Presidencia; nadie se daría cuenta. Secundé la propuesta, subrayando que o bien nos comportábamos con congruencia, en consonancia con la tesis de una relación diferente con Estados Unidos, o bien recaíamos en los viejos pregones nacionalistas, aunque fuera por default. Suprimir cualquier gesto fuera de serie o de la normalidad tradicional en un momento anormal, perpetuaba la inercia. No se decidió nada, pero cuando salió Fox al balcón a las 23 horas, se atuvo al guión de siempre. Estoy seguro de que gracias a Durazo, el encargado inmediato de los rituales con Fox, se desperdició una oportunidad única, costosa pero de gran eficacia mediática y simbólica.

Persistieron los desacuerdos con Creel. En un primer momento, la Embajada de Estados Unidos, en sus cables confidenciales, no le asignaba mayor relevancia a los matices: "La yuxtaposición del apoyo pleno de Castañeda con los comentarios más recatados de Creel son más un asunto de medios que una divergencia en el gobierno. Castañeda habla a nombre del gobierno sobre este tema, y ante el Congreso, expuso clara y tajantemente el apoyo completo del gobierno a EU." No obstante, días después, en otro cable, el embajador concluyó que "Las declaraciones de Fox con mayor perfil probablemente emanan de su impresión que su gobierno debe reponerse de la negativa reacción norteamericana y extranjera sobre las aparentes vacilaciones en su apoyo a EU. Por ahora, sus fuertes declaraciones colocan un sello presidencial a lo que Castañeda ha dicho desde un principio y debe servir para disipar las dudas sobre la postura de su gobierno."

A pesar de todo, Fox persistía en su indecisión. Yo no lograba agendar la visita a Washington y Nueva York; desfilaban presidentes y primeros ministros por *Ground Zero* y la comentocracia mexicana, junto con el empresariado, se inquietaba. No Estados Unidos: Powell y Rice jamás nos reclamaron alguna falta de sensibilidad o de apoyo; el embajador le reprochó más a la sociedad mexicana que a mí —su enemigo preferido— una relativa indiferencia, no sin motivo. Pero los "mexicanólogos" en Estados Unidos —y sus pares en México— se pusieron nerviosos. Finalmente se destrabó todo. Fox aceptó una entrevista con Larry King en CNN donde respaldó sin restricciones a Estados Unidos; Adolfo Aguilar concertó una junta entre Fox, Creel, él y yo, en el campo de tiro del Estado Mayor Presidencial, para formalizar el desenlace y donde Fox se pronunció a favor de mis tesis y contra las de Creel. El secretario de Gobernación mostró el cobre: seguía negociando su Pacto Nacional, y temía, con fundamento, que una postura en exceso proamericana entorpecería sus pláticas con la izquierda y con parte del PRI. Fue mi última victoria sobre Creel; incluso me opuse cuando sugirió que si Fox viajaba a Estados Unidos debía acompañarnos él. No tenía nada que hacer el encargado de la política interior en un viaje foráneo puramente protocolario. Mi triunfo fue pírrico, como acostumbraba decir Fox, sin utilizar siempre el término de modo adecuado. No pude aglutinar al gobierno, a la clase política, al empresariado ni a la comentocracia en torno a una nítida definición de solidaridad con Estados Unidos en un momento que nos hubiera ennoblecido. Mi credibilidad con Washington se desplomó, aunque sólo se notaría con el tiempo. Por el momento, el viaje de Fox el 5 de octubre tuvo éxito y nadie nos criticó en las altas esferas del Estado norteamericano. Sólo yo sabía del daño autoinfligido.

A partir de esta coyuntura, consideramos necesario abrir un compás de espera en el tema migratorio, incorporando las nuevas preocupaciones de Washington en nuestra propuesta de agenda bilateral. Se inició muy pronto una negociación de "frontera inteligente", que aterrizó en un convenio de 22 puntos firmado el año siguiente en Monterrey, durante la Cumbre de Naciones Unidas sobre Financiamiento de Desarrollo. Los supuestos especialistas fabricaron una leyenda según la cual el gobierno mexicano no captó la magnitud del cambio que implicó el 11-S, y seguimos insistiendo en la misma cantaleta como si no hubiera ocurrido nada. Al contrario: buscamos, ahora sí en acuerdo completo Creel, su jefe del CISEN, Eduardo Medina Mora y yo, que la prioridad residía en la seguridad fronteriza, aérea y marítima de que convenía rebasar a los norteamericanos proponiendo un "perímetro" de América del Norte, coordinando esfuerzos de sobrevuelos, visas etc., entre los tres países (los canadienses nunca aceptaron).

En la Secretaría, con Enrique Berruga, el subsecretario para América del Norte, lanzamos un imaginativo programa de expedición de nuevas matrículas consulares para todos los mexicanos en Estados Unidos. Existía una versión "patito"; inventamos sellos de seguridad, un mejor formato, una foto menos falsificable, e iniciamos una difusión masiva de las matrículas. Asimismo, instruí a nuestros cónsules en Estados Unidos a negociar la aceptación de la nueva credencial con autoridades locales, bancos, empresas de transporte y escuelas. Emitimos casi dos millones en 2002-2003; para 2007, más de seis millones de paisanos, casi todos indocumentados, la habían obtenido, alcanzando así un pequeño paso hacia la legalización. Pocas medidas me gratificaron más en Tlatelolco que ésta, porque pocas significaron una diferencia tal en la vida cotidiana de los mexicanos al norte de la frontera.

Cuando retomáramos el tema migratorio, este énfasis nos fortalecería; procuramos vincular ambos asuntos —migración y seguridad— en la medida de lo posible. Dicho esto, no podíamos inventar el hilo negro: nuestro vecino era Estados Unidos, nuestra agenda era la migración, la certificación (lograda después del 11 de septiembre), la comunidad económica de América del Norte y los conflictos comerciales pendientes (autotransporte, aguacates, atún). El margen de maniobra se estrechó, por un sencillo motivo: esa agenda dependía de nuestro estatuto prioritario con Washington. Sin ese estatuto, retornábamos a lo de siempre: administrar la relación, atender los innumerables retos cotidianos, distraernos con otras regiones o temas (Cumbre de Naciones Unidas, Consejo de Seguridad, APEC, derechos humanos y defensa colectiva de la democracia en América Latina) y esperar que amaneciera. Cuando amaneció, en el segundo año del segundo mandato de Bush, fue demasiado tarde. Para seis millones de mexicanos sin papeles en Estados Unidos, sigue sin salir el sol.

No quitamos el dedo del renglón, sin ilusiones en cuanto a la inminencia de éxito. Salí del gobierno a principios de 2003 reconociendo no sólo mi fracaso, sino el hecho incontrovertible de que no habría grandes avances en materia migratoria hasta después de las elecciones presidenciales de noviembre de 2004. Alcanzamos la cima de nuestra tentativa en 2006, y durante la visita de Fox a Washington en 2001; nunca volveríamos a acercarnos tanto. En un memorándum secreto de Powell a Bush de agosto de ese año, cuyo destino desconozco y Powell no recuerda, el secretario de Estado admitía tres hechos fundamentales. Primero: "Nuestra relación con México es central para la conducción y el éxito de la política exterior. La migración ha sido la piedra de toque de esta relación, y será el tema central de la próxima visita de Estado de Fox." Segundo: "A este gobierno se le ha brindado una oportunidad única para desarrollar un medio para asegurar la disponibilidad de trabajadores para nuestros empleadores, consumar una iniciativa de política exterior memorable, y poner en práctica políticas públicas sanas." Tercero: "El presidente Fox necesita, desesperadamente, que su Administración colabore con él para resolver el tema de los indocumentados mexicanos en Estados Unidos." Powell subrayaba que para el gobierno de México era imprescindible tomar en cuenta a una amplio sector de los mexicanos indocumentados; encontrar una solución a este dilema representaría un hito en las relaciones entre Estados Unidos y México. Más que la idea de un programa de trabajadores temporales accesible a los mexicanos sin papeles en Estados Unidos, Powell aconsejaba una solución radical: extraer a México y a Canadá del tope mundial vigente de migración legal a Estados Unidos: "La propuesta funcionaría bajo las leyes existentes, autorizando la migración por motivos familiares o de empleo, y no necesitaría de ningún cambio fundamental en la legislación migratoria." Esta propuesta, por cierto, se formuló originalmente en el informe del grupo de trabajo Carnegie Endowment-ITAM citado páginas atrás.

Al suprimir el techo para Canadá y México, por tratarse de países contiguos (existe la analogía cubana, por razones políticas e ideológicas) se habrían otorgado visas de trabajadores temporales (por dos o tres años renovables) a mexicanos de ambos orígenes geográficos —México y Estados Unidos— y de ambas situaciones jurídicas —sin papeles en EU, sin papeles en México—. Al ser amplio y transparente el programa, un contingente significativo de "ilegales" se acogerían a el, y al contemplar flujos futuros, disuadiría a indocumentados potenciales, ya que con el tiempo obtendrían una visa. Cuando se debate si el 11 de septiembre fue un motivo o un pretexto del fin de las ilusiones, es preciso considerar la viabilidad de esta propuesta de Powell, esbozada a Rice en la servilleta de la cena de Blair House. ¿Hubiera sido la enchilada completa? No, porque los números no daban: la absorción demoraría muchos años; nadie garantizaba que los mexicanos allende el Bravo se inscribirían, vistos los riesgos; muchos en Estados Unidos —desde ONGs, sindicatos, hispanos, la Iglesia, como lo reconoce Powell en su memo— se opondrían y buscarían desbaratar cualquier arreglo trunco; y al suprimir el límite de visas reservadas para mexicanos y canadienses, habría habido más olotes para menos burros. A otros países no les agradaría un trato preferencial para México. Mala tarde.

No sé si nos faltó un pelito, o igual no nos alcanzaba para un acuerdo, ni siquiera como el de Powell. La evolución ulterior del tema muestra su complejidad y a la vez lo cerca que estuvimos. Conviene recordar el intento del los senadores Kennedy y McCain en

2006, con una iniciativa de ley casi idéntica al esquema discutido en 2001, y que fue bloqueada por la Cámara de Representantes. En buena medida la frustración se debió al momento: en el segundo año de su segundo período, Bush ya carecía del capital político necesario para convencer o imponerle a los conservadores de su partido una reforma apropiada. Lo reconoció después: su error radicó en no arrancar el segundo mandato con el tema migratorio. Cuando volvió a la carga en 2007, sufrió un nuevo revés, ahora debido a un proyecto avinagrado que hasta el Senado reprobó. Obama reincidió en su primer cuatrienio; no persuadió a los legisladores de construir una opción propia. En 2013 surgió una nueva propuesta, muy restrictiva y acompañada de un presupuesto de 40 mil millones de dólares para el fortalecimiento hipotético del cerco fronterizo de Clinton y de Bush. Chocó con la oposición intransigente del *Tea Party* republicano y baila las calmadas en el Congreso hasta esta fecha. El hecho de que, casi quince años después de la primera formulación de "la enchilada completa", el dilema ocupe todavía un sitio primordial dentro de Estados Unidos y en la relación bilateral, ilustra su pertinencia. Las características esenciales del paquete permanecen idénticas —legalización y más visas—; lo cual demuestra la centralidad del asunto y su inmutabilidad sustantiva.

Perduran tres preguntas. ¿La migración debe ser un asunto prioritario en la política exterior de México? ¿México debe pugnar por una reforma o un acuerdo, pública y proactivamente? Y de manera secundaria, si la respuesta a los primeras interrogantes es afirmativa, mi enfoque personal en la Cancillería, y después en incontables artículos, entrevistas, libros y conferencias ¿fue el adecuado? Recapitulemos de manera sucinta.

Mi réplica a la primera pregunta es categórica: sí. Nada es más importante para México fuera de nuestras fronteras que los nacionales que allí residen, con o sin papeles, y que conforman el 11% de la población nacida en nuestro territorio; que aportan más divisas que el turismo o que el petróleo en un mal año; que padecen dramas familiares personales, ocupacionales y étnicos en ocasiones intolerables; y cuyo destino se vincula de modo estrecho a otros universos afines y trascendentes para México: el de los mexicano-americanos, el de sus familiares en México, el de los vecinos centroamericanos en sus barrios colindantes de Los Ángeles. No sólo constituye un fenómeno prioritario por sus dimensiones e impacto, sino por el deterioro en sus condiciones de vida y de trabajo de estos últimos años. Hoy, más mexicanos pierden la vida en la frontera y en el paso por México que antes. Son deportadas del interior de Estados Unidos más familias escindidas que antes. La persecución en varios estados de la Unión americana se ha agravado; proliferan los coyotes pertenecientes al crimen organizado; la extorsión, el costo y peligro han crecido como nunca. El asunto es más acuciante para México que hace cinco, diez, quince o veinte años. Más mexicanos, de más zonas del país, de más edades y profesiones, se proponen expatriarse; los números de salidas anuales netas sólo son nulos debido al inmenso caudal de deportaciones. Casi dos millones de mexicanos han sido expulsados de Estados Unidos durante la Presidencia de Obama.

A la segunda pregunta también respondo de modo afirmativo. México debe involucrarse más que nunca en la defensa de su gente y en la lucha por una solución de largo plazo. Hemos intentado todo: el proselitismo proactivo, algunos dirían desapacible, durante dos años y medio; una postura vigorosa, pero más discreta, por parte del canciller, no del presidente, entre 2003 y 2006; la displicencia desganada, tanto de los cónsules y del embajador como de la canciller y el presidente, entre 2007 y 2012; y una posición intermedia, a partir del gobierno de Peña Nieto: ni chicha ni limonada. Ninguna ha producido resultados; la que menos duró, y la que más impacto surtió, fue la del activismo rotundo, o febril, si se prefiere. Los anticuerpos suscitados en Estados Unidos por el activismo son innegables, pero emergen con independencia de la actitud mexicana. Añorar el silencio y la postración, y creer que a través de la tradicional política del avestruz son más conducentes a una reforma que un robusto combate a favor de la misma, ignora la porosidad del sistema norteamericano. Peor aún, induce a pensar que nos van a devolver el favor, y que nuestra definición debe someterse a "consejos" de expertos y funcionarios norteamericanos, siempre portadores de una agenda propia. Si alguien puede demostrar que la pasividad ha rendido mejores frutos que el empeño entusiasta, quisiera ver las pruebas y los argumentos.

La tercera pregunta es más retorcida y la respuesta, más ambigua. Mi estilo y la impulsividad de esa etapa de mi vida me permitieron difundir en poco tiempo y a los cuatro vientos las demandas de México. Influyeron en gente como Powell, quien comprobó la pasión e intensidad que alguien poco asimilable al típico mexicano indocumentado o al clásico político priista le aportaba a la promoción y defensa de una causa antes ausente. Pero también es cierto que mi inexperiencia y el escarpado tránsito de la vida civil de conferencista, polemista y académico, a portavoz de un gobierno y representante de un país, me indujo a excesos evitables. La desmesura propia de la coyuntura mexicana, de mi personalidad y de la confianza depositada en mí por Fox me dificultaron distinguir qué parte de mi agitación desenfrenada aportaba resultados positivos y cuál desataba opiniones o reacciones contrarias. Alguien con más prudencia y formalidad diplomática, ¿hubiera hecho lo mismo, pero mejor? Andrés mi hermano realizó una labor proselitista parecida en 1992, siendo subsecretario de Relaciones, contra la Propuesta 187 en California, destinada a excluir a los indocumentados de los servicios públicos del estado. Sus modos eran —y siguen siendo— profesionales y educados. No obstante, su desempeño despertó una virulenta campaña en contra hasta del gobernador Pete Wilson, sin hablar de los medios conservadores y los partidarios de a pie de la iniciativa racista. Contribuyó, por supuesto, a la derrota ulterior de la 187 y a dejar por sentada una definición digna y explícita del gobierno de México: un buen desenlace, a un alto costo. No conozco otro ejemplo, salvo los perennes esfuerzos de Israel: siempre presente, eficaz y público en Estados Unidos, oscilando entre la intransigencia vociferante de los Begin y Netanyahu, y la discreción militar de los Meier y Rabin. Fox lució atrabancado y rústico en sus campañas a favor del acuerdo migratorio, y al final exasperó a los norteamericanos, pero sigue siendo una figura respetada entre los "anglos", y admirada entre los mexicanos y latinos de Estados Unidos. En un mundo ideal, existiría la figura idónea para diseñar la estrategia y los objetivos, poner en práctica la promoción y la pasión necesarias para levantar ánimos y movilizar conciencias y realizar todo esto con la serenidad, la paciencia y la delicadeza que a mí me faltaron. Me gustaría conocer ese mundo ideal.

Me quedo con satisfacción y tristes consuelos. La primera, por haber intentado lo que nadie se propuso antes, y que resplandece como algo indispensable para México: defender de la mejor manera a nuestros connacionales en Estados Unidos, esto es, ayudarles a obtener todos los derechos para todos. Los segundos, que aunque yo no pude, tampoco nadie ha podido, y todos (salvo Calderón y su canciller) han insistido en vano. Y porque cuando lleguemos a "la enchilada completa", alguien se acordará que nació con mi puntada ante la asamblea de empleados hoteleros y restauranteros en Los Ángeles, celebrada para defender a los trabajadores mexicanos sin papeles.

Libro 9
"Comes y te vas",
la guerra de Irak y la renuncia

I

La relación con Cuba ocupó más atención y tiempo de los medios, de la comentocracia y de la clase política que cualquier otro tema durante mi gestión. Pero no mío ni de Fox. He allí una de las paradojas de la actuación cubana en México: los isleños son más ruidosos que nadie, pero al final pintan poco en los datos duros de la realidad. Otra contradicción, no siempre percibida: se pelean con uno, aunque uno no se pelee con ellos. Felipe Calderón, antiamericano de piel por católico ultramontano y decimonónico, y sincero admirador de los Castro, en vano desplegó serios esfuerzos para reconciliar al gobierno de México con La Habana a lo largo de seis años. Tan no lo logró, que Raúl Castro se permitió el lujo de exclamar, al saludar por primera vez a Enrique Peña Nieto en Santiago de Chile a inicios de 2013, "¡Qué bueno que ya volvió el PRI!". Con estos dos recordatorios, recorramos la pequeña historia de un conflicto desproporcionado.

El nexo entre el régimen de Ernesto Zedillo y Cuba no brilló por su tersura. Los cubanos abrieron el fuego, con una afirmación espontánea e incomprensible de Fidel Castro, de que Mickey Mouse había sustituido a Miguel Hidalgo como figura referente para los mexicanos a partir del Tratado de Libre Comercio de América del Norte (negociado, como sabemos, por su amigo Carlos Salinas). Zedillo llamó al embajador mexicano a consulta. Nunca se recuperó la cordialidad; se agravó la tensión cuando en noviembre de 1999 el presidente mexicano, al acudir a la Cumbre Iberoamericana en La Habana, afirmó que la soberanía sin democracia era inviable. Instruyó a su canciller a entrevistarse en la Embajada de México con un grupo de "disidentes", es decir, críticos u opositores *legales* del régimen castrista. México se abstuvo un par de veces en las votaciones de la entonces Comisión de Derechos Humanos de la ONU en

Ginebra, foro cuyas resoluciones en esta materia le importaban sobremanera a La Habana y a Washington, y a nadie más. Al concluir ese sexenio y arrancar el de Fox, a pesar de todas sus reticencias con respecto a mi persona, la isla recibió con agrado la llegada del panista, con quien Castro se entendió desde una visita de Fox a La Habana en 1996. No me querían, pero me conocían: desde principios de los años ochenta, cuando me responsabilicé de una parte de la parte de la relación de mi padre como canciller con la isla. El castrismo suponía que entre sus amigos en el seno de la izquierda y del PRI (retomado por la vieja guardia, y ajeno a influencias perniciosas como la de Zedillo), en la burocracia de Tlatelolco y su ascendiente sobre los medios en México, conjurarían cualquier daño que yo deseara infligirles. Sí y no.

Para redefinir el lazo con Cuba, Fox y yo partimos de dos premisas. Una, la prescripción de la excepcionalidad cubana, es decir, de la regla diseñada y aplicada por los sucesivos gobiernos priistas desde López Mateos, según la cual México no se enfrentaba con Cuba, ni se unía, incluso de modo marginal, al aislamiento o a la censura impuesta por Estados Unidos, a cambio de que las huestes de Manuel Piñeiro, "Barbarroja", no hicieran de las suyas en México. La excepción prescribía porque un gobierno democrático no podía mantener el doble rasero anterior: vociferar, romper relaciones diplomáticas o exigir el cumplimiento de compromisos internacionales o regionales con unos (España, Chile, Nicaragua, El Salvador, Perú, Guatemala) pero no con otros: Cuba. Nos proponíamos ser más activos en el ámbito multilateral y regional. Por ello desdoblamos un esfuerzo considerable, por ejemplo, para darle "dientes" a la Carta Democrática Interamericana y a la Comisión y a la Corte Interamericanas de Derechos Humanos. Nuestra credibilidad en esas instancias se vería mermada, sin embargo, si manteníamos la predilección cubana, por eficiente y redituable que haya parecido el cuadragenario *quid pro quo* con la isla. Además, su rentabilidad iba en picada: salvo editoriales en *La Jornada* o puntos de acuerdo en la Cámara de Diputados, Cuba ya no disponía de las canicas necesarias para sus travesuras en México. No sobrevivían guerrillas a quienes apoyar, ni con qué apoyarlas en una economía desolada. Sin saña ni mala fe, mucho menos con afanes conflictivos, trataríamos a Cuba como a cualquier otro país, sin mayor o menor consideración. Se lo expuse al canciller cubano de entonces, el ahora defenestrado Felipe Pérez Roque, en un primer encuentro, organizado por

Gustavo Iruegas, la víspera de la asunción de Fox. Sin éxito. Insistí en que la nueva postura poseía un carácter universal, no dirigido contra Cuba; no interferiría en nuestras relaciones comerciales, financieras, migratorias ni en convergencias posibles sobre otros temas de la región. Fue la idea de dos pistas que yo atesoraba: lo económico, financiero, migratorio y latinoamericano por una pista; la democracia y los derechos humanos por la otra. En múltiples ocasiones, y mediante diversos canales, procuré explicar el esquema a los cubanos. Mi hermano Andrés se los comunicó de manera confidencial varias veces, en conversaciones privadas con personajes de la talla de Ricardo Alarcón, presidente de la Asamblea, o José Arvezú, sucesor de Barbarroja en el Departamento de América, y, por supuesto con Jorge Bolaños, el embajador de Cuba en México. Sirvió de poco.

La segunda premisa encerraba mayor trascendencia. Muchos de los integrantes del nuevo gobierno —Aguilar, Creel, Elizondo, Luis H. Álvarez y yo, entre otros— proveníamos de las filas de la lucha por la alternancia y la democracia en México durante los treinta años transcurridos. Asimilamos en nuestros respectivos credos valores que nos unían, de peso superior a otros que nos dividían. Entre todos armamos un tramado para ponerlos en práctica, fortalecerlos o blindarlos contra retrocesos y contra nosotros mismos. Ya he enumerado las medidas ordenadas por Fox en materia de derechos humanos; describí la teoría del ancla en la que reposaban, y el temor —a la postre más que fundado— de que los avances en estos menesteres resultarían reversibles. Parecía indispensable amarrarlos con cadenas, compromisos, convenios, transparencia, legislación interna, etc. Entre ellos figuraba de manera destacada el conjunto de instrumentos intergubernamentales (ONU, OEA, CIDH) y no gubernamentales (Amnistía Internacional, Human Rights Watch, medios internacionales), a quienes les brindamos desde el primer día la mayor bienvenida y apertura posibles. No pretendíamos imponerle este enfoque a nadie; ni siquiera recomendarlo. Pero cuando nos correspondía pronunciarnos sobre su vigencia y universalidad debido a nuestra pertenencia a organismos determinados, opinábamos al respecto, trátese de México, Cuba, Estados Unidos, China o Rusia. Para nosotros, el que Cuba fuera un país más (en el pasado) o menos (en el presente) acosado por otro (Estados Unidos) no justificaba su famosa excepcionalidad.

Resumí nuestra actitud en una declaración en La Habana, en febrero de 2002, cuando Fox visitó la isla, durante la estadía más larga de un mandatario mexicano desde López Portillo (incluyendo a Peña Nieto): "Ha concluido la era de las relaciones de México con la revolución cubana. Comienza la era de las relaciones con la República de Cuba." Algunos objetaron que ambos conceptos eran indisociables. Tal vez para los Castro y sus acólitos en México sí, pero para los demás, no. O más bien, sólo se consideraban inseparables mientras rigiera la excepción cubana, ya que implicaba que a un régimen al que por diversas razones no extrapolables —simpatía, temor, admiración— se extendía un trato de interlocutor revolucionario, no de país "normal". Nosotros buscábamos relacionarnos con ellos como con cualquier otro país, ni más, ni menos. En una conferencia del Curso de Verano de la Universidad Complutense en 1997, publicada después en *Reforma*, intenté establecer una paralelismo entre Cuba, México y otras transiciones a la democracia. Que esto se perfilara como una ruptura con la "tradición" mexicana, que perduró entre 1960 y 1994, no debió sorprender a nadie. Nuestras posiciones, para quien quisiera conocerlas, pertenecían al ámbito público, y se manifestaron en múltiples ocasiones a lo largo de los veinte años anteriores. No simpatizábamos con esa tradición mexicana. Ahora resultaba que la huella priista debía confundirse con la historia de México.

Las encuestas de Presidencia mostraban nuestra sintonía con la opinión pública. En un sondeo levantado el 2 de abril de 2002, es decir después de la pataleta de Fidel Castro en la Conferencia de Monterrey de la ONU, pero antes de que se divulgara una conversación privada con Fox, al preguntársele a la gente si los derechos humanos son universales o cada país decide los derechos que se respetan en su territorio, 60% de los mexicanos respondieron que "universales", y 40%, que "cada país". Asimismo, a la tesis: "Fidel Castro es un héroe para los cubanos y un ejemplo para los mexicanos", 86% se mostró en desacuerdo y 11% estuvo de acuerdo; mientras que a la tesis "Fidel Castro es un dictador que debe dejar el poder", 73% expresaron su acuerdo y 19% su divergencia. A propósito de la actuación de México en el mundo y su vínculo con Estados Unidos, a la pregunta "¿Con el nuevo gobierno la política internacional de México ha mejorado, empeorado o sigue igual?", 37% expresó que mejoró, 55% que seguía igual; y sólo 7% creían que empeoró. Estas encuestas fueron levantadas después del presunto desaguisado de Monterrey.

El primer incidente con los cubanos nació con la toma de posesión de Fox. Hasta allí, todo era miel sobre hojuelas. Apenas tres semanas después de la victoria, convencí a Fox de asistir al festejo del 26 de julio en la Embajada de Cuba; lo acompañamos Iruegas y yo. En cuanto se supo que Castro acudiría a la ceremonia del 1º de diciembre, comenzaron sin embargo las solicitudes habaneras y las invitaciones mexicanas castrófilas: las llaves de la ciudad en el Distrito Federal; un doctorado honoris causa en la Universidad de Zacatecas; otro en la Veracruzana; una nueva visita al museo del *Granma* en Tuxpan; y varias más. Con la autorización de Fox, instruí a Iruegas, designado subsecretario, a que les explicara a los cubanos: era la fiesta de Fox, no de Fidel. Si otorgábamos esos privilegios a Cuba, nos veríamos obligados a proceder igual con los otros veinte mandatarios presentes. El nuevo gobierno, les transmití, decidió invitar a Ricardo Lagos de Chile a una visita de Estado dos días después de la transmisión del mando por razones que incumbían a México y a Chile. Por tanto, convenía que los cubanos desistieran de sus pretensiones de armarle una gira triunfal a Castro por la república, que asistieran a los eventos colectivos programados y se retiraran. Cenas y te vas. Casi lo logramos…

Recomendé a Fox la designación de un embajador en La Habana que le agradara a los cubanos. Mi primer candidato, Ricardo Valero, rechazó el ofrecimiento y prefirió partir a Chile; el segundo, Ricardo Pascoe, a quien le había sugerido Chile, pidió Cuba, y tanto la presidenta del PRD, Amalia García, como el encargado del Departamento de América del Partido Comunista Cubano en México, abogaron por él. Era un colaborador cercano de Cuauhtémoc Cárdenas y de Rosario Robles, y dirigente del PRD. A pesar de las advertencias en contra de uno de mis predecesores, accedí a su solicitud y la tramité en Presidencia, donde fue aceptada. Cometí un grave error.

El segundo episodio generó una tormenta más intensa. Cada mes de febrero se congregaban los estados miembros de la Comisión de Derechos Humanos (ahora Consejo) de la ONU en Ginebra. Cada año, Washington maniobraba para que alguno de sus aliados, sobre todo los países de Europa del Este, sometieran un proyecto de resolución condenatorio de Cuba. Cada año la tentativa prosperaba, pero cada año también se suavizaba el contenido y se modulaba la exigencia para reunir los votos requeridos. México se abstenía casi siempre, salvo una vez cuando Zedillo, furioso con la intervención norteamericana en Kosovo, ordenó votar en contra. En el año 2000, el vicepresidente de Estados Unidos, Al Gore, intentó comunicarse con Zedillo la víspera del voto, para pedir su apoyo; el presidente no tomó la llamada. Decidimos con Fox que a pesar de una leve presión estadounidense, en el 2001, a escasos tres meses del inicio del gobierno, no modificaríamos el voto, a sabiendas de que unos nos criticarían por ello, pero conscientes también de que disponíamos del sólido argumento de la premura para justificar la continuidad provisional. No obstante resolví, con la anuencia explícita y minuciosa de Fox, pronunciar un discurso diferente en el cónclave ginebrino; fue uno de los mejores textos de mi gestión. Subrayé, en la sala llena y con la presencia de la Alta Comisionada —una deferencia especial, debido al acuerdo que firmamos con ella el 1 de diciembre— que no existía, para el nuevo gobierno, ningún factor que justificara la violación a los derechos humanos en ningún país: ni un embargo, ni el acoso, ni las dificultades económicas, ni siquiera un estado de guerra (para eso estaban las Convenciones de Ginebra).

México lo diría con claridad en todos los foros, todo el tiempo, a propósito de todos los países durante mi gestión; después, menos. Se podía leer mi pronunciamiento con dedicatoria para Cuba, y sí la llevaba, para la isla y varios países más, incluyendo a México, desde luego. Apuntamos un equilibrio razonable entre la continuidad del voto y una ruptura sustantiva con las clásicas tesis antiintervencionistas y contrarias a la invocación universal y atemporal de los derechos humanos. A los cubanos no les gustó, pero se callaron. Los norteamericanos, en un cable confidencial, valoraron el cambio en la postura de México; pero externaban su escepticismo sobre la aplicación práctica de las tesis expuestas: "El discurso de apertura ante la Comisión de Derechos Humanos de Castañeda fue claramente el momento estelar de las intervenciones VIP del primer día, subrayando el compromiso del nuevo gobierno de México de asegurar el respeto a los derechos humanos en el mundo entero. Extendió una invitación permanente para visitar México a los representantes de los mecanismos de derechos humanos, y prometió que pronto México se adheriría a los principales tratados de derechos humanos de los cuales aún no es parte [...] el discurso de Castañeda generó un fuerte aplauso y numerosos delegados se acercaron para saludarlo. Sus comentarios colocan a México claramente en el campo activista [...] sin embargo habrá que ver en qué medida estas palabras elocuentes se reflejan en las contenciosas negociaciones dentro de la Comisión sobre Cuba, China u otros temas complicados".

Poco después, en México, el embajador estadounidense me transmitió un recado de Colin Powell. ¿Cómo reaccionaría México si la delegación norteamericana en Ginebra redactaba un proyecto de resolución cuyos considerandos descansaran *verbatim* en mi discurso, y que pidiera la aceptación por Cuba de un relator de la ONU para examinar la situación de los derechos humanos en la isla? ¿La copatrocinaríamos? Respondí que lo comentaría con mis colaboradores y que pronto respondería. Era una celada, hábil y de largo aliento. Convenía meditar la respuesta. Habiendo viajado a Brasil una semanas antes, donde conversé de manera extensa con mi colega Celso Láfer sobre el tema de Cuba y Ginebra, y lo previne de que algún día México modificaría su postura anterior, sabía que los brasileños no se mostrarían proclives a secundar una iniciativa de ese tipo. De allí que decidimos reaccionar a la gestión de Washington de manera condicionada y mañosa: si Brasil y Argentina, ambos miembros de la Comisión, aceptaban, México se uniría al copatrocinio con ellos y los demás que así lo desearan.

Días después, los norteamericanos avisaron que en Buenos Aires la astucia había sido bien recibida, mas no en Itamaratí, la Cancillería brasileña. Así lo supuse. Convenimos que si el presidente Cardoso mudaba de parecer, lo conversaríamos. Mientras, cada quién procedería conforme a sus intereses y antecedentes. El enredo surgió cuando los cubanos concluyeron, gracias a sus fuentes de inteligencia en Tlatelolco y en Ginebra, que Estados Unidos se atrevió a someternos su idea, y que en lugar de rechazarla de entrada, profanamos su dignidad al contemplarla. Peor aún, sin nuestro patrocinio, República Checa y otro país exsocialista presentaron el proyecto por su parte, con todo y considerandos "fusilados" de mi discurso. La molestia de los cubanos se acrecentaba, sin tener en el fondo mayor justificación, ya que al final, nada de México había cambiado… todavía.

La conferencia de Ginebra se desenvolvió como siempre. Sólo La Habana y Washington se emocionaron con los votos, abocándose a cabildear y a comprarlos, a amenazar y a seducir a unos y a otros. Por enésima vez, perdió el gobierno de Castro, ganó Estados Unidos, México se abstuvo y nuestro voto no habría hecho la diferencia, aunque tal vez, de haber respaldado a Fidel, otros nos hubieran seguido. Enfurecieron en La Habana, y de inmediato convocaron a una llamada "mesa redonda" en la televisión estatal (la única), donde denostaron a quienes votaron a favor de la resolución (diluida e inocua), Estados Unidos por supuesto, y a mí, por "haberme prestado a una maniobra del imperialismo". Fueron ofensivos los castristas, y excesivos, como suelen ser los cubanos. Fox y yo nos encontrábamos en la Cumbre de las Américas en la ciudad de Quebec, con los jefes de Estado del hemisferio, preparando una trilateral con Bush y Chrétien de Canadá, viendo si se producía un encuentro, o un saludo cordial, entre Bush y Chávez. No era el momento de responder en serio a los retrógradas ultrajes habaneros. Opté por comentar a través de la prensa mexicana que acompañaba al presidente, después de pensarlo y sin que fuera una entrevista de banqueta, que no le prestaba mayor importancia a la "mesa redonda", que así eran ellos, y que seguramente "estaban ardidos" por su derrota en Ginebra. Fue una respuesta ríspida, arrogante, pero *lite*, en el sentido de tomar a la ligera los insultos televisivos de Pérez Roque con un toque de humor y el propósito de dejar las cosas por la paz. Así lo entendieron los cubanos, pero no sus adeptos aztecas, que se alzaron en armas, se rasgaron las vestiduras y se indignaron, no por las ofensas de Cuba al canciller mexicano, sino por el comentario chusco de este último en referencia a sus amos. No pasó a mayores, salvo por transformarse en un preludio ominoso de las tempestades por venir.

II

La primera en llegar fue el "guaguazo", o en un español menos antillano, la captura de un autobús por unos jóvenes en La Habana, y su subsiguiente ingreso por la fuerza a la Embajada de México, utilizando la "guagua" como ariete para derrumbar el zaguán. Esto sucedía semanas después de las sesiones en Ginebra y días después de una ceremonia en Miami, cuando al inaugurar el nuevo Instituto Cultural de México declaré que esa y todas nuestras representaciones culturales, consulares y diplomáticas se encontraban abiertas a todos los latinoamericanos… y a todos los cubanos. Los operadores de la isla aprovecharon esta bienvenida anodina para "descubrir" a unos muchachos de apariencia medio lumpen, quienes confesaron que me tomaban la palabra —difundida desde Miami por Radio Martí— y solicitaban asilo en la sede oficial mexicana. Los guardias allí apostados desaparecieron de repente; la policía también; los jóvenes penetraron en la embajada y eso comenzaba a perfilarse como un incidente más de una larga lista, remontando a la embajada del Perú en 1980, cuando diez mil cubanos de a pie, y muchos procedentes de cárceles y de los manicomios de Fidel, se refugiaron en la sede diplomática y permanecieron allí durante semanas. Al ser notificado por Iruegas, de inmediato lo despaché en el vuelo de la noche a La Habana, entré en contacto con el embajador, que confirmó mis peores sospechas —era una provocación del gobierno cubano— e informé a Fox de lo sucedido.

Para corroborar mi diagnóstico, al par de horas se apersonó el propio Castro a la embajada, en un jeep y con tenis negros, para insertarse de manera directa y personal en la solución de una crisis que... él mismo había fabricado. Con Iruegas *in situ*, giré instrucciones para que salieran los asilados *wannabe*, no sin recibir ciertas garantías de los cubanos en cuanto a su integridad física, temiendo que de los veinte en cuestión, los cabecillas eran agentes provocadores pero los demás no. Nunca dudé que se trataba de una advertencia y una amenaza del régimen: "Síganle por donde van y verán a dónde llegamos." Responsabilizamos a las autoridades cubanas de la seguridad e inviolabilidad de nuestras instalaciones y la tormenta —premonitoria y a la vez indolora— amainó.

A lo largo del año, los cubanos movieron a sus peones de izquierda en México, y a sus aliados y amigos en el PRI. Retornó la calma en la ONU: una mera tregua. Pusimos de nuestra parte una cómoda renegociación de la histórica deuda cubana con Bancomext, otorgándoles generosas condiciones de pago pero con garantías en caso de la suspensión del mismo; ni Calderón ni Peña se atrevieron a incluir en la eterna reestructura —nunca han podido pagar— una salvaguarda mexicana en caso de incumplimiento cubano. E iniciamos pláticas en torno a una visita de Fox a La Habana, la primera bilateral desde 1994, y con pernocta, la primera desde López Portillo. Existían poderosas razones para hacerlo.

Para viabilizar nuestra estrategia, debíamos demostrarle a Castro que aceptábamos correr riesgos y pagar costos, en la primera pista, y encapsular los inevitables estragos de la segunda en un compartimento hasta cierto punto estanco. Se aproximaba la Conferencia de Financiamiento para el Desarrollo de la ONU en Monterrey, antes prevista en Chile, pero cuando el costó se reveló excesivo, Ricardo Lagos le pidió a Kofi Annan y a Fox que México entrara al quite. Se construía lenta pero seriamente un consenso creciente sobre un *quid pro quo* histórico en materia de asistencia oficial para el desarrollo (AOD): los países ricos se comprometían a transferir sumas mayores que antes, de manera principal a África; los países pobres aceptaban el principio de una condicionalidad en materia de régimen político, transparencia, respeto a los derechos humanos, límites a la corrupción, etc, para el otorgamiento de la asistencia. Sólo los cubanos, algunos árabes y los *ultra* como Irán, Siria y otros cuestionaban al principio mismo. Los demás países objetaban tal o cual parte del "consenso", no su totalidad. Ha sido, al día de hoy, el cónclave que ha aglutinado al mayor número de jefes de Estado y de Gobierno en territorio mexicano.

Parecía probable —y deseable— que Fidel no fuera a Monterrey, ya que su presencia pondría de relieve su aislamiento, envuelto en una retórica fatigada aunque lírica —"Otro mundo es posible"— y por completo ineficaz. Sería un intruso. Ya no pensábamos verlo, entonces, antes de la nueva votación en Ginebra, programada para abril de 2002; intuíamos que nuestro voto enfriaría las relaciones. De modo que cualquier viaje de Fox a Cuba —algo que le importaba mucho— o bien se realizaba antes de Monterrey y Ginebra, o bien se postergaba *sine die*. Conversamos con los cubanos y convinimos en una fecha a principios de febrero, y en un formato. No sería visita de Estado, sólo de trabajo, de casi dos días, sin discursos públicos, con homenajes a José Martí, almuerzo de comitivas, cena en el Palacio de la Revolución, sin conferencias de prensa de los presidentes. Acompañarían a Fox algunos empresarios mexicanos, Carlos Slim entre ellos, y procuraríamos acotar las desavenencias. Con una excepción, presentada a Fox con sus pros y contras desde un inicio.

Cuando Zedillo asistió a una cumbre en La Habana, ordenó una reunión de su canciller con los disidentes. Con su "sana distancia" y una vocación democrática ausente entre su predecesores, igual debía considerarse un presidente emanado del PRI, es decir perteneciente a un sistema político autoritario. Nadie comprendería que un mandatario de la alternancia, que luchó con abnegación por las garantías individuales, la libertad de prensa, los derechos humanos, y contra el fraude electoral, la represión y la corrupción, miembro de un partido liberal (salvo en algunas cuestiones culturales), y que padeció en carne propia las odiosas prácticas de los gobiernos priistas de obstruir contactos de la oposición con visitantes de otros países, procediera con mayor timidez o prudencia que Zedillo. Le sometí a Fox cuatro opciones: no ir a Cuba y patear el bote hacia adelante; viajar a la isla y descartar el contacto con los opositores; ir y repetir la estrategia de Zedillo, es decir, que yo me entrevistara con los disidentes, algunos de los cuales ya conocía; o dar un paso adicional y organizar un encuentro presidencial con ellos. Postergar la visita entrañaba el riesgo de una cancelación definitiva. Que nadie los recibiera era indigno de un gobierno democrático y representaría una regresión al peor estilo del PRI y de la izquierda latinoamericana más cavernícola; que Fox los viera, provocaría una severa molestia de los cubanos, desatarían un alud de denuncias y aspavientos en México a través de su quinta columna. Después de meditarlo un momento, Fox me respondió con una frase sencilla, típica: "Hagamos lo que espera de nosotros la gente que votó por nosotros. Ármame un encuentro con ellos, y antes yo hablo con Fidel."

Le encargué la tarea a Iruegas, advirtiéndole que no previniera a nuestro embajador en La Habana hasta el último momento. El subsecretario podía no concordar con la decisión, pero debía acatarla o renunciar. Intuía que le avisaría a los cubanos, lo cual me servía, ya que permitía que supieran lo que pretendíamos hacer, pero les impedía actuar en consecuencia sin "ventanear" a una fuente de información invaluable.

Mis colaboradores se las olían: se avecinaba una nueva borrasca tropical con Cuba. En enero de 2002, realizamos la encerrona acostumbrada de dos días en Acapulco con los subsecretarios, el *staff* de mi oficina, el oficial mayor y el encargado de prensa para programar el año, repartir el trabajo y discutir los desafíos inminentes. Al final de la primera mañana expuse uno de nuestros dilemas de manera explícita: si la resolución presentada por Estados Unidos vía sus aliados en Ginebra en abril resultaba igual de moderada, o menos agresiva que el año anterior, no dispondríamos de mayor opción que votar a favor. De cometer los norteamericanos el error de retornar a sus anteriores gesticulaciones excesivas, nos ahorrarían la controversia; pero de resignarse a una solicitud de envío por la ONU y de aceptación por los cubanos de un relator sobre derechos humanos, no tendríamos más remedio que apoyarla. Pregunté si alguien discrepaba de este análisis; nadie dijo esta boca es mía. Insistí: ¿comparten no sólo el diagnóstico y las premisas, sino también la conclusión? Todos asintieron, incluyendo los dos subsecretarios, Iruegas y Marín, cuyo desacuerdo lucía patente y reflejaba desacuerdos más de fondo, en su fuero interno, con la nueva política exterior. Volví a formular la inhóspita interrogante, agregando una opinión: dudaba que Washington nos obsequiara el regalo de una tor-

peza mayúscula, volviendo al fraseado contumaz de antaño. No debíamos contemplar el mejor caso, sino el más complejo. De nuevo,
ni una disonancia, mucho menos un franco disenso o una insinuación de renuncia o siquiera una válida solicitud de excusa: "yo prefiero no participar en esa bronca porque me invaden sentimientos
encontrados". Una decena de testigos presenciaron el comportamiento de mi equipo; ese era el momento idóneo para argumentar,
objetar o discrepar lisa y llanamente. No lo hicieron. ¿Debí haberles
solicitado la renuncia, en vista de su desavenencia tácita? A toro pasado, tal vez sí, pero con la cantidad de asuntos pendientes, con la
reforma de la Ley del Servicio Exterior en curso y en vista de la aún
vigente buena relación personal con ellos, concluí que el costo de
conservarlos era menor que el de correrlos. Traté entonces de ubicar
la votación de Ginebra en el contexto de una sucesión de eventos
previos y posteriores: la visita de Fox a Cuba, la Conferencia de Monterrey a la que tal vez Fidel decidiría acudir a última hora, la sesión
mexicana del Congreso que concluía a finales de abril, donde la
oposición armaría un escándalo, y la ulterior Cumbre Iberoamericana, a celebrarse ese año en España en otoño, a la que podría asistir Castro también.

Con Jorge Carpizo y Fidel Castro en la toma de posesión de
Carlos Salinas de Gortari, México, 1988

La visita a Cuba fue fascinante, no por la escenografía o la
vista desde el Malecón; su sabor e intensidad se originó en los in-

tercambios con los cubanos: de Fox con Fidel, míos con Pérez Roque, de los disidentes con nosotros, de nosotros con la prensa internacional que entera acudió a la cita. Se multiplicaron los momentos de tensión, por supuesto, pero también los de "buena vibra", como cuando Fidel decidió, tan *impromptu* o premeditado como siempre, conducirnos al pequeño y viejo casco restaurado de La Habana, donde Eusebio Leal, su encargado, nos recetó la misma historia de antes y después sobre los trabajos de reconstrucción. Luego Fidel inició un baño de pueblo con Fox, la comitiva y un largo séquito; allí me di un abrazo, empapado de sudor, con Pérez Roque, como si fuéramos amigos de toda la vida. En la mañana, mientras se reunían Fox, Castro, los empresarios y los funcionarios económicos cubanos, los de Relaciones y del MINREX nos *enganchamos* en un fuerte agarrón en las oficinas de Pérez Roque, sobre derechos humanos, América Latina, Estados Unidos y la próxima Conferencia de Monterrey. De los archivos de la Secretaría, de mis notas y de mis recuerdos, retengo algunas imágenes icónicas del encontronazo. Comienzo por mi insistencia, la cual enfrentó una resistencia a toda prueba; en la necesidad para Cuba de atender el tema de derechos humanos, tanto en Naciones Unidas y frente a México o las organizaciones no gubernamentales, como Amnistía Internacional o Human Rights Watch. No había cómo persuadir a los cubanos de que no valía la pena pagar un precio tan oneroso por rechazar las normas de la ONU y su Comisión —a la que ellos ingresaron por voluntad propia—. Seguían convencidos que se trataba sólo de un tema propagandístico de sectores ultraconservadores de Miami y Nueva Jersey, y que era inconcebible que México le asignara trascendencia a un asunto tan descalificado por la opinión pública mundial. Sugerí que en Ginebra debían estudiar y negociar el contenido concreto del texto sometido a votación, en lugar de rechazarlo *a priori*. Inútil.

Pérez Roque respondió con inteligencia, firmeza y una infinita terquedad estalinista. Sobre Monterrey, disculpó a Fidel por no asistir; subrayó el carácter proimperialista de los documentos por aprobarse en Monterrey y repitió la fatigada tesis socialista de que la ayuda externa no es ayuda, sino compensación por agravios seculares cometidos por las potencias contra los países pobres. Enfatizó que no existía redacción susceptible en Ginebra de obtener la anuencia de Cuba; que el ejercicio en si mismo, además de constituir una maniobra del imperialismo, implicaba una injerencia intolerable en los asuntos internos de la isla. Si México se prestaba a semejante agravio, provocaría una gran tristeza entre sus amigos cubanos, y en México entre sus amigos habaneros.

Al comprobar que no se entreabría ni un resquicio de convergencia, le transmití a mi homólogo dos mensajes. No habría normalización plena y cercana con la Unión Europea, y menos con Estados Unidos, mientras los cubanos no consideraran que los derechos humanos en la isla, y la falta de democracia representativa o un arremedo factible, pertenecían de modo legítimo a la agenda internacional con Cuba. Que eso era injusto, contrario al principio de no intervención, producto de la obsesión de Estados Unidos, sin duda. Pero nos hallábamos ante una realidad geopolítica inamovible. Segundo, insinué que esta postura, repudiada por los isleños y atribuida en exclusiva a la presión de "los yanquis", empezaba a mutarse y convertirse en la postura de… México. El nuevo gobierno del país, muy distinto de los anteriores, sí creía en la superioridad de la democracia representativa sobre las demás expresiones hipotéticas de la misma, con otros adjetivos; sí admitía la universalidad de los derechos humanos; y sí consideraba que las probabilidades de un cambio de fondo en Washington o en Bruselas eran diminutas. Todo ello encolerizaba a mi colega; se aguantó el enojo como los grandes. Ironías del destino: cinco años más tarde, ambos habríamos dejado nuestros cargos, yo por voluntad propia y disponiendo del cómodo colchón de la Universidad de Nueva York, mis conferencias y mis artículos; Pérez Roque, defenestrado por Raúl Castro sin mayor explicación y consignado al oprobio del famoso "plan pijama" castrista: el exilio interno.

III

Los dos roces mayores se originaron, como era lógico, en el conciliábulo nocturno de Fox con Fidel para notificarle de su inminente reunión al día siguiente con los opositores legales. Cuando se encerraron en un pequeño cuarto dentro del salón de recepciones del Palacio de la Revolución, quienes permanecimos afuera y conocíamos el motivo del cónclave oscilamos entre la euforia por su duración —¡qué bueno: están conversando!— y la depresión colectiva —se demoran demasiado: ya es pelea—. Por fin emergieron, y pasamos a cenar. Fox me apartó para confiarme los pormenores de su diálogo. Castro aceptó de mala gana la junta con los disidentes; reiteró su conocida postura de que era innecesaria y poco amistosa; sobre todo, alertó a Fox sobre las consecuencias para la política interna mexicana. Según Fidel, allí yacía el verdadero peligro para Fox, y la razón por la cual no le convenía proceder así: "mucha gente" en México lo vería con malos ojos. Fox respondió que de eso se encargaba él, y que su intención consistía sólo en apoyar a Cuba e incentivar una apertura ya tardía. Pasaron después al tema de Ginebra. Fox mencionó la existencia de un borrador de resolución moderado, que México adecuaría a las preferencias cubanas si así lo deseaba Fidel. Sería conveniente que el comandante y Pérez Roque lo revisaran.

El intercambio sirvió para un solo propósito: cubrir el expediente de informar oficialmente a Fidel, sin abrirle la opción de detener a los disidentes *ex ante*. Confirmó también nuestras sospechas: la respuesta cubana se produciría dentro de México, recurriendo a sus conocidas y cansadas tácticas de agitación de las carcomidas huestes castrófilas en la Universidad, *La Jornada*, el PRD, el PT y algunos grupos marginales. Ni modo. Ordené la confirmación del encuentro del día siguiente, vía Iruegas, y que le informara sólo entonces al embajador (que sin duda ya sabía, sin poder actuar en consecuencia), y preparara a la prensa para un anuncio importante a finales de la mañana.

El encuentro en si mismo revistió escaso significado, salvo por su existencia. Los opositores revelaron ser personas valientes, íntegras y desamparadas en su lucha tan desigual. Se emocionaron con la plática; convinimos mantener el contacto. Uno de ellos, Oswaldo Payá, visitaría a Fox en México un año después; moriría en un misterioso accidente de automóvil diez años más tarde. De las oficinas de la embajada nos dirigimos a la residencia donde Fox saludó a los mexicanos residentes en la isla y habló con la prensa, ante la cual leyó un breve comunicado dando cuenta de la visita, de los acuerdos firmados, de los intercambios sostenidos y, por supuesto, de la conversación con los disidentes. Pérez Roque lo acompañó en el convoy al aeropuerto, sin mí, para conversar del tema de Ginebra y del proyecto de resolución. Fingió interés para obtenerlo de parte nuestra —Fox instruyó a Iruegas que se lo entregara llegando a Rancho Boyeros— y nosotros fingimos deseos de que Cuba lo contemplara como una opción, a sabiendas de que el drama ginebrino era anatema para Fidel y sus compañeros.

Supimos desde el regreso que La Habana montaría una feroz campaña de presiones dentro de México para evitar un voto a favor de cualquier resolución en Ginebra, con completa independencia de su contenido. Comprendimos que el PRI en las Cámaras se sumaría en buena medida a dicha campaña, y que la comentocracia se mantendría a la expectativa, dependiendo de cómo soplaran los vientos. A pesar del rechazo cubano, insté a Mariclaire Acosta, la subsecretaria para Derechos Humanos y jefe de la delegación mexicana en la reunión anual de CDH, a atemperar al máximo la resolución, ante todo en sus párrafos condenatorios, reforzando los apartados propositivos. Así lo hizo, para beneplácito de los europeos occidentales y de algunos latinoamericanos, que deseaban votar a favor, pero sin aventurarse al extremo anhelado por los checos, polacos, húngaros y demás exsocialistas. Repito: sólo los cubanos, los norteamericanos y los europeos del este le prestaban atención a la danza ginebrina; conversé largo y tendido al respecto con mis colegas que manifestaban su incredulidad ante la obsesión de los dos países situados en las riberas del estrecho de Florida. Lo que aconteció en Monterrey a finales de marzo debe ubicarse en el contexto de esa obsesión. Para los cubanos, no ser condenados en Ginebra constituía un asunto de vida o muerte; se mostraban dispuestos a todo para evitarlo, más que nunca con motivo del nuevo voto de México, aliado o cómplice histórico.

Un mes y medio más tarde, después de incontables reiteraciones de que Fidel no se desplazaría, el día previo al inicio de las deliberaciones en Monterrey, Fox recibió un fax (sólo los cubanos utilizaban ya esa máquina obsoleta) de Castro anunciando su asistencia. Marta ya había sido advertida por Carmen Lira de *La Jornada*, la representante oficiosa de la dictadura cubana en México. Condoleeza Rice me insinuó lo mismo, en una llamada un par de días antes, inquiriendo qué sabíamos. Preferí mantenerme en la versión oficial; ya decidiríamos cómo proceder si la situación cambiaba. Rice se limitó a solicitar que si Castro acudía, buscáramos la manera de evitar que Bush y él coincidieran en el llamado retiro: la reunión de un día sólo de presidentes, prevista para la última jornada de la conferencia. Por ejemplo, Bush en la mañana y Castro en la tarde, o al revés; de no ser posible, Bush pronunciaría su discurso en la plenaria, acudiría a la cena de gala en La Fundidora, celebraría nuestra reunión bilateral para firmar el acuerdo de frontera inteligente en el Palacio de Gobierno de Monterrey, llevaría a cabo varios encuentros bilaterales, y se marcharía sin participar en el retiro. A Rice no le preocupaba que Castro llegara; tampoco le inquietaba la posibilidad de un roce o una foto; los agentes del Servicio Secreto y de seguridad de Naciones Unidas se encargarían de que no sucediera. En otras palabras, Washington no exigió que Castro no asistiera —tratándose de una conferencia de Naciones Unidas, la petición hubiera sido inatendible—, ni amenazaron de manera explícita y categórica con cancelar su asistencia —¿para qué?—. Sólo se proponían evitar el debate o la confrontación con Fidel frente a los demás jefes de Estado o de gobierno, donde el gobernante del país más rico del mundo tenía poco que ganar ante el de uno de los más pobres. Hasta el embajador de Estados Unidos en México reconoció mas tarde que en efecto así fue.

Camino a Los Pinos para definir con Fox el curso a seguir, recordé el episodio similar que vivió mi padre con Fidel Castro en 1980 en La Habana, donde estuve presente. López Portillo, Willy Brandt y el canciller Bruno Kreisky de Austria convocaron a una Conferencia Norte-Sur sobre Cooperación Económica, fuera del marco de la ONU, en Cancún, invitando a una decena de países ricos y otra decena de países en desarrollo, como se denominaban entonces, para discutir la agenda económica internacional. Recién arribado Ronald Reagan a la Casa Blanca, en enero de 1981, con la reunión citada para octubre del mismo año, surgió el dilema de si Estados Unidos aceptaría la invitación. Muy pronto se tornó patente la imposibilidad de que Reagan viajara a Cancún si Castro acudía, aun siendo presidente en aquel momento del Movimiento de Países No-Alineados. Castro inventó diversas estratagemas para ser requerido. Ninguna resultó, pero todos contribuyeron a enturbiar la relación entre México y La Habana, a pesar de la recepción majestuosa brindada a López Portillo el año anterior en la isla. A la luz del desasosiego, el presidente y mi padre concluyeron que no había más solución que redactar una carta, firmada por López Portillo, explicando los motivos de la exclusión de Cuba, y que mi padre se la entregara en persona al Comandante, y que aguantara vara.

Mi padre y su equipo aterrizaron en La Habana el 8 de abril de 1981; se dirigieron a la casa de protocolo, en El Laguito; a las ocho de la noche nos recibió Castro en su despacho, en compañía de Carlos Rafael Rodríguez, su segundo para asuntos internacionales. Reproduzco a continuación las notas confidenciales, enviadas a la Cancillería por el embajador Gonzalo Martínez Corbalá, sobre ese encuentro y la atmósfera irrespirable en que se desenvolvió, al centrarse en la imposibilidad de invitar a Castro a Cancún: "Ningún país respaldó la moción [sobre Cuba], ni siquiera aquellos que se esperaba lo hicieran como Yugoslavia, Argelia, la India y Canadá [...]. Castañeda menciona que López Portillo ofrece tratar este problema con Reagan, inquiriendo sobre cuáles serían los argumentos más adecuados, y que si se lograra la asistencia de Castro, no se plantearían cuestiones bilaterales Cuba-Estados Unidos que pudieran derivar la reunión a darle un carácter no propiamente Norte-Sur sino Este-Oeste, asegurando que si pudiera evitarse caer en una discusión bilateral, él mismo garantizaría la conducción de los debates en estas condiciones. A lo cual Castro contestó que aun siendo México el mejor amigo que tiene Cuba en este hemisferio, no podría aceptar una colaboración, que planteada en estos términos, consideraría indigna: 'En nombre de la amistad se pueden pedir muchas cosas, pero no la aceptación de la indignidad', agregando que 'considera que de este modo nos van a obligar llevar esta lucha a un terreno más activo y no vamos a desaparecer del mapa sin luchar' [...]. Castañeda precisó que se trata de la posibilidad misma de que haya reunión o de que no la haya, puesto que si es posible convencer a los Estados Unidos, habrá Conferencia y si no fuera así, no la habrá, explicando que esto ha sido una consecuencia de que nos fallaron los países desarrollados, aunque también con otros pasó lo mismo [...]. Afirmó luego Castro que podemos estar absolutamente seguros de que llegado el caso de que asistiera Cuba, no plantea ningún problema bilateral, por respeto y reconocimiento a México y no a los Estados Unidos [...]. Castro conocía perfectamente el motivo de la visita de Castañeda a Cuba y sin duda preveía lo que éste le iba a decir. Era visible el enojo e irritación de Castro [...]. Añadió, con cierta vehemencia, que la aceptación por parte de México de que no se invitara a Cuba, sin pelearlo, le parecía ininteligible e inaceptable y que representaba un alejamiento de los principios que tradicionalmente había seguido México en su política exterior. También observó que si México y otros países aceptaban esta condición, o mejor dicho, este chantaje de los Estados Unidos desde el principio, ¿cómo podríamos esperar que Estados Unidos atendieran nuestros planteamientos en la cuestión de fondo? [...] Castañeda contestó que pesando las ventajas y desventajas, de que, por un lado, no asistiera Estados Unidos, debido a la presencia de Cuba, lo cual, en opinión de varios Estados presentes en Viena hubiera significado el fin de la reunión, ya que no tenía sentido que una conferencia precisamente de este tipo pudiera celebrase en ausencia del país que en mayor grado tiene los medios financieros para contribuir a una transferencia de recursos importantes a los países en desarrollo, o por la otra, la presencia de Estados Unidos significaba la ausencia de Cuba [...]. El objeto que perseguía México al explicarle directamente a Castro las razones por las que no fue posible invitar a Cuba, no era el de contentarlo ni disipar su enojo. Era explicar que o asiste Cuba o asisten los Estados Unidos, probablemente no ambos a la vez [...]. Que si no aceptaba Reagan la presencia de Cuba, de cualquier modo se celebraría la reunión, y México no pediría que no se celebrara debido a la ausencia de Cuba".

Agrego un detalle. Cuando mi padre sugirió (con falsa ingenuidad: sabía que era inviable) la idea de que tal vez Reagan aceptaría la asistencia de Castro si se comprometía a comportarse, Fidel se levantó, aparentó enfurecerse, comenzó a pasearse de lado a lado de la oficina, deleitándose en su creciente despecho. Por fin espetó: "Ahora usted le pide permiso a alguien para convidarme a cenar, y después me exhorta a usar buenos modales y no hablar con la boca llena. Es el colmo." Una vez que se resignó a su exclusión, Castro se tranquilizó. López Portillo lo recibió en Cozumel unos meses más tarde y todo quedó en la pataleta de La Habana, más fingida en mi opinión que otra cosa.

Nosotros, tres decenios después, enfrentamos una disyuntiva más compleja, y a la vez más sencilla. No podíamos negarle el derecho a Castro de viajar a Monterrey: Cuba era miembro de la ONU, y México sólo fungía como anfitrión administrativo. Caso resuelto. Bush no amenazó, como Reagan, con suspender su participación; caso también resuelto. La complicación era otra. Ya para esos meses, Fox confrontaba una serie de problemas sociales de cierta envergadura, empezando por los macheteros de Atenco, donde se planeaba construir el nuevo aeropuerto, otras movilizaciones en el Distrito Federal, problemas con maestros y, en el horizonte, con el sindicato petrolero, que ya le había derrumbado su intento por incorporar a consejeros independientes (empresarios de éxito) al Consejo de Administración. Asimismo, conocíamos de viva voz el descontento cubano por nuestra postura en Ginebra, y la amenaza implícita de Fidel de movernos el tapete en México. De repente, cuando surge el rumor de que siempre sí, Castro va a Monterrey, afloran con desenvoltura invitaciones por doquier: que un doctorado honoris causa en la Universidad Autónoma de Nuevo León; que un discurso en la Macroplaza de la capital de Nuevo León, en el campamento de los altermundistas; que un reunión con los macheteros de Atenco, en plena marcha desde México —con todos los enemigos iracundos del régimen—. Discerníamos de lejos el escenario: los jefes de Estado, Fox, Kofi Annan y yo en el recinto de la conferencia, negociando los términos del comunicado final, y Castro en la calle, agitando a los macheteros, los petistas, los castrófilos, los altermundistas o globalifóbicos. Bien informados, como era mi caso, de las andanzas similares de Fidel desde su primer viaje en el poder, a Caracas, en febrero de 1959, pasando por su estancia en el Hotel Teresa de Harlem, a los pocos meses en Nueva York, y sus casi cuarenta y cinco días en Chile en octubre de 1971, contribuyendo a la debacle de Allende y la Unidad Popular, no toleraríamos un teatro semejante. Más bien, una pesadilla. Decidimos parar la fiesta, a como diera lugar. Si la frase no hubiera existido, habría que haberla inventado, como Dios para Voltaire: "Comes y te vas." Le debemos a Carlos Marín, de *Milenio,* haber imaginado una exclamación jamás pronunciada por Fox, pero que sintetiza a la perfección el mensaje.

Al llegar a Los Pinos y leer el fax, y después de haber reunido allí a Iruegas y a los demás colaboradores de la Cancillería (Annan cenaba esa noche en Los Pinos con Fox), sometimos al presidente varias opciones. La primera: no hacer nada. Acusar recibo del aviso de Castro de manera burocrática, negociar a nivel de subsecretarios el tema del retiro y olvidarnos del asunto, esperando que no se nos complicara la Conferencia y, sobre todo, nuestro margen de maniobra para el voto en Ginebra, dentro de un mes. Segunda opción: enviar a alguien a La Habana a tratar el tema en persona con los cubanos, a nivel intermedio, ya que yo no podía desplazarme, debido a mis obligaciones en Monterrey de recibir a los cancilleres, jefes de gobierno y de Estado conforme aterrizaban, y porque mi relación personal con los cubanos podía entorpecer las cosas, en lugar de mejorarlas. Iruegas era el encargado de la organización material de la Conferencia, y su cercanía a los cubanos, normalmente un plus, podía transformarse en un pasivo. Marín era el subsecretario para la Conferencia (responsable de la ONU), y tampoco me parecía confiable para una tarea de esa delicadeza. Andrés mi hermano no estaba en México. Descartamos entonces esa opción, quizás de modo apresurado, ya que Fox hubiera podido despachar a un enviado especial, sin cargo público, para negociar en La Habana, aunque sólo fuera unas horas antes del despegue del avión de Castro, cuyo aterrizaje estaba previsto en Monterrey para la noche del día siguiente. Tercera posibilidad: una llamada telefónica a Castro, como lo llevan a cabo todos los días decenas de estadistas en el mundo entero, exponiéndole nuestras preocupaciones. Se optó por esta solución, conscientes de sus riesgos, pero desprovistos de alternativas.

Nuestras preocupaciones representaban la suma de las de mi padre en 1981, y las de la coyuntura mexicana, ginebrina y tropical de 2002. Redacté con Iruegas y Rodolfo "el Negro" Elizondo, a la sazón director de Comunicación de la Presidencia, unas notas, en forma de guión, para el telefonema de Fox. La estrategia de trasfondo era evidente. Primero, insinuar que ojalá Fidel recapacitara y no viajara. Segundo: cuando esto desatara su furia —fingida o no—, recular y afirmar que nos interesaba conocer su agenda en Monterrey y su itinerario, para extenderle el mejor trato posible, dentro de los estrechos parámetros de una Conferencia multilateral que no contemplaba actividades extracurriculares. El guión rezaba así: "Que en cualquier declaración que hicieras, te ciñeras a los temas de la Conferencia y no abordes temas de la relación México-Cuba; que no hicieras ningún ataque a Bush ni a Estados Unidos. Solicitud que también estoy haciendo a Bush con respecto a ti; que no te reúnas con ningún grupo extranjero o mexicano, ni con globalifóbicos ni con partidos políticos mexicanos de ninguna orientación política, sino que te apegues al comportamiento de los demás Jefes de Estado".

Fox deseaba aparecer al lado de Castro en varios eventos, igual que con Bush. Concluido el discurso de Fidel y el almuerzo de jefes de Estado latinoamericanos, Castro regresaría a Cuba, para no toparse con Bush y esquivar el espinoso dilema del retiro. Accedió a partir después de almorzar, sobre todo si Fox le ayudaba a intervenir más temprano en la mañana, en el turno número diez en lugar del treinta; cosa que el mexicano aceptó tramitar ante la ONU. Fox sonrió, y así concluyó el intercambio, según la grabación divulgada por los cubanos: Fox: Oye, Fidel, de cualquier manera está la invitación a que me acompañes a la comida, que sería como a la una de la tarde y acabando de comer, entonces puedes salir. Entonces, ¿podemos quedar en eso Fidel? Castro: Podemos quedar en ese acuerdo y quedamos amigos, como amigos y caballeros. Fox: Me acompañas a la comida y de allí te regresas. Castro: Y de ahí cumplo sus órdenes: me regreso. Fox: Nos van a salir bien las cosas así. Castro: Yo pienso que sí, y le doy las gracias, por su deferencia y por buscar una fórmula que sea honorable y aceptable". Al colgar Fox en Los Pinos, todos reflejamos la sensación de alivio del propio Fox. Las cosas habían salido bien, Castro sólo puso el grito en el cielo ante la posibilidad de cancelar su viaje; aceptó de buena gana lo demás. Claro: nosotros no escuchábamos a Castro, sólo a Fox; no grabamos la conversación para analizarla posteriormente. De allí que no detectamos dos ingredientes extraños en la textura del intercambio. El factor indiscernible para nosotros, en ese momento, fue el tono eufemístico y burlón de Castro en varias ocasiones, su reserva sobre el tema del retiro —"esa reunión ya la tendríamos que discutir"— y su insistencia en orillar a Fox a pronunciar palabras que no figuraban en el guión, revelando así su intención de grabar el dialogo y publicarlo si le convenía.

Se debe subrayar este último elemento. Cuando se integró Kofi Annan a la cena en Los Pinos, a sugerencia mía, Fox expuso la situación y le dio a leer nuestro guión. Al terminar su lectura, el secretario general recomendó que Fox iniciara la plática haciendo hincapié en el carácter privado de la conversación, inquiriendo si Castro concordaba que así fuera. Fox aceptó de inmediato la sugerencia, y procedió de la suerte: "Fox: Fidel, primero que nada quisiera que esta conversación fuera totalmente privada. ¿Estás de acuerdo? Castro: Sí, de acuerdo." ¿Ingenuos por confiar en él? ¿Cuando el intercambio telefónico, grabado o no, pero nunca divulgado, es una práctica común entre jefes de Estado, ministros de Hacienda o de Relaciones? ¿Cuando de manera explícita y mutua se pacta la privacidad de la conversación? Tal vez, pero en ese caso también es preciso admitir que Castro era un paria entre mandatarios, que no era confiable, y que su animosidad contra el gobierno de Fox no fue consecuencia del "comes y te vas", sino de otra causa previa. Ahora sí que resolvió "jugarnos cubano" antes del diálogo, de desembarcar en Monterrey, de armar su numerito en la plenaria al día siguiente, y optó por apoderarse del arma de la grabación para utilizarla como chantaje en torno al voto de Ginebra, antes de que Fox procurara mantenerlo quieto durante su estancia en México. Como ya he dicho, lo esencial era el voto, no Monterrey, o Bush, o el retiro o lo que fuera.

Castro faltó a su palabra. Al terminar su discurso amenazó con exhibir pruebas de que se le había presionado para que abandonara Monterrey antes de tiempo. Mintió: él mismo reconoció que el acuerdo concluido era aceptable y honorable. Quiso dejar colocada una bomba de tiempo que se sebó, proponiendo de mala fe que al regresarse él a Cuba, Ricardo Alarcón, el segundo de la delegación cubana, debía ser convidado en su lugar al retiro. La ONU respondió que no, ya que sólo participaban jefes de Estado o de Gobierno en dicha reunión. El escándalo que provocó al marcharse intempestiva y dramáticamente de la sala tampoco surtió el efecto deseado. Repercutió ante todo en los medios mexicanos y latinoamericanos; casi ningún diario o noticiero norteamericano o europeo le otorgó mayor espacio o tiempo. Como casi siempre, un buen ejemplo fue *Le Monde*: "Fidel Castro Denuncia la Mundialización y se Va. Conocido por sus legendarios discursos interminables, el presidente cubano debió contentarse con los seis minutos reglamentarios para su intervención ante la Conferencia de la ONU en Monterrey. Después se fue dando a entender que una 'situación especial' creada por su presencia lo obligaba a partir. El presidente cubano casi se cruza con George Bush en el aeropuerto." Todo era un montaje para movilizar a sus atolondradas tropas en México, ultrajar a Fox y obligarlo a votar como siempre en Ginebra. La grabación sí le infligió un pequeño daño a Fox en las encuestas, a mí un raspón mayor en las mismas y en los medios, pero ni obligó a mi renuncia, ni Fox cambió el voto (ese año o los tres siguientes, cuando yo ya había dejado la Cancillería). Fidel sólo dejó una frase lapidaria, asociada a Fox, que sobrevive a su sexenio y le permite a sus copiosos enemigos criticarlo de manera socarrona, en la mayoría de los casos sin saber de qué hablan. Ni saben discernir los sentimientos de la sociedad mexicana: en las encuestas de Los Pinos levantadas después de la Cumbre, 61% de la gente consideró buena la actuación de Fox y 13% muy buena; 53% lo vieron como un buen anfitrión más y 38% como un líder importante.

Se imponen unas reflexiones, que quizás debimos haber explicitado en esos momentos, para desmenuzar los motivos de nuestra insistencia en acotar la estancia de Fidel en Monterrey en el tiempo y el espacio. El primero es el esencial: no queríamos a Castro en México más que el mínimo indispensable. El gobierno de Fox, a diferencia de otros en América Latina, y de algunos en México (por lo menos de dientes para afuera), no le guardaban ninguna simpatía al régimen cubano. Vale la pena enfatizarlo: desde 1959 no se ha producido una sola visita de Fidel o Raúl Castro a la Ciudad de México fuera del contexto de la transmisión de mando de un presidente mexicano. Ninguna visita de Estado, de trabajo u oficial al Distrito Federal. Ni una sola en 55 años de régimen castrista: ese es el tamaño de la pavorosa hipocresía de quienes se refieren sin cesar a la histórica amistad entre los dos pueblos. Por las razones ya expuestas, los anteriores presidentes, hasta Salinas, apapachaban a Castro, como intentaron hacerlo, sin fruto alguno, Calderón y ahora

Peña Nieto (veremos con qué éxito), pero de lejecitos. Zedillo no, y Fox menos. No deseábamos ser amigos, ni vecinos cercanos de un lóbrego régimen que ejemplificaba lo que combatimos durante años: la represión, la falta de libertades, el fracaso económico, el nacionalismo galopante, las violaciones a los derechos humanos y la total ausencia de democracia, tal y como la entendíamos nosotros.

Como además, en contraste con otros países, Cuba no reviste la menor importancia económica para México y expulsa hacia nuestras costas sólo un minúsculo flujo migratorio, no desentrañábamos la razón de ser amistosos u hospitalarios, más allá de lo que el protocolo de Naciones Unidas nos exigía. La diferencia entre una visita bilateral, y la asistencia a una conferencia multilateral linda en lo abismal. De plantearse un evento bilateral, nosotros, sin la hipocresía del PRI, no hubiéramos invitado a Castro y punto. Como nos veíamos forzados, quisimos que fuera por el menor tiempo posible: "Comes y te vas." Aquellos que consideraban que esto no era lo conveniente para México, o que violaba la Constitución, o le hacía el juego a Estados Unidos, debían acogerse a varias opciones: hacer campaña sobre una plataforma procubana de política exterior y ganar las siguientes elecciones; interponer un recurso de inconstitucionalidad ante la Suprema Corte y atenerse a su fallo; o elevarle a Fox a tal grado el precio de su actitud, que por su cuenta desistiría de ella. No se atrevieron a ninguna de estas dinámicas, porque intuían que la opinión pública no compartía su postración ante "el Caballo".

De estas consideraciones, se desprende la respuesta —necesaria— a quienes objetan de buena fue que si Fox podía reunirse con disidentes en La Habana, ¿por qué Fidel no podía hacer lo propio en Monterrey? La contestación descansa en la distinción entre una visita bilateral, donde en nuestra opinión, cualquier jefe de Estado no sólo podía, sino que debía reunirse con líderes de la oposición en México —como lo hacía Fox en sus periplos— y una invitación de la ONU, donde no procedía ningún tipo de actividades salvo aquellas pertenecientes al evento. La razón de esta razón se explica sola: si todos los invitados se lanzaran a orquestar actividades por su cuenta, la ciudad sede se convertiría de inmediato en una kermés, con eventos paralelos compitiendo entre si, con una cacofonía de declaraciones y discusiones desvinculadas de la agenda de la conferencia, con una tragicomedia de seguridad y de logística, ya que cada asistente merecería y demandaría el mismo trato de guardaespaldas, edecanes, motociclistas, automóviles, etc.

Esto sucede una vez al año, en septiembre, durante la semana del debate general de la Asamblea General de la ONU en Nueva York. Existe un acuerdo de sede al respecto, desde 1945, entre Estados Unidos y la ONU, que regula esa locura anual, y aún así contiene limitaciones: muchos participantes no pueden circular más allá de un radio de cuarenta millas a partir del Palacio de Cristal de la calle 42. Algunos dirán: bueno, pero Fidel es Fidel, hay que tomar en cuenta la historia; aun entre jefes de Estado hay clases sociales. Pues no: el cambio en nuestra postura consistía en eliminar la excepción cubana. Quizás debimos compartir estos razonamientos con una sociedad mexicana ávida de información y de pedagogía, apelar y adiestrar a la opinión pública contra la castrofilia de la clase política y de la comentocracia, en lugar de ser vergonzantes o mañosos. No mentimos. Bush nunca presionó para que Castro no acudiera a Monterrey; Fox no le dijo a Castro que se fuera, el otro ofreció hacerlo, y Fox sólo martilló la pregunta ¿Comes y te vas? Pero no aclaramos de manera explícita y contundente los motivos de nuestro descontento con la venida del Comandante, y a la postre me he convencido de que debimos contemplar con más esmero esa alternativa. Correspondía al canciller proponerlo, sin duda, pero también al jefe de prensa de la Presidencia, al secretario particular y al *chief of staff*. A nadie le pasó por la cabeza.

Primera plana del periódico *Granma*, 26 de marzo de 2002

IV

La última vez que saludé a Castro fue esa mañana en Monterrey, él vestido de verde oliva, como en los grandes días, yo a la entrada del salón de la plenaria, al lado de Fox y de Marta, recibiendo a los participantes. Fue frío con Fox, amable con Marta, gélido conmigo. A los pocos días, *Granma*, el diario oficial del Partido Comunista, publicó un interminable editorial en primera plana titulado "El culpable de lo sucedido en Monterrey se llama Jorge Castañeda", el cual, según todos los expertos consultados, redactó el propio Castro de puño y letra. Fue su despedida de mí, veinte años después de la primera ocasión cuando lo vi, y de una decena de encuentros. No descarto que mis recuerdos iniciales de Castro se vean distorsionados o empañados por los ulteriores, y sobre todo por el conflicto con él. Pero incluso durante el almuerzo en La Habana en febrero de 2002, cuando fui colocado a su izquierda por el protocolo cubano (con Marta a su derecha), y a lo largo de los años, jamás me deslumbró con los dotes que cientos de otros interlocutores han descrito. Salvo en sus exposiciones de agenda, donde por supuesto se vanagloriaba de una memoria notable y de un dominio impresionante del detalle de los temas, las demás disquisiciones que atestigüé me impactaron por su carácter anodino. Una versó sobre la capacidad cubana de fabricación de quesos: los franceses se quedarían muy pronto atrás. Otra, sus medicinas, y las virtudes del yogurt —de preferencia cubano— para diversos males que padecía. Otra, sobre los méritos comparativos de los vinos de distintos países: el español, el francés, el italiano, etc. Otra, sobre la forma en que la oligarquía cubana de antes de la revolución escondía antigüedades, alhajas y arte en los muros, fondos y techos falsos de sus mansiones en la Quinta Avenida de Miramar. En la foto siguiente, se aprecia la exageración pública de su estatura: más alto que yo, menos que mi padre. Me impresionaba —mejor dicho: me apantallaba— la figura histórica, pero no siempre, casi nunca, el contenido de la conversación. Sus monólogos sí se prolongaban durante horas, pero de esas horas no perduraba una huella de brillantez suya, o de admiración mía ante la cultura, la información o el análisis. Es probable que el recurso del eterno *small talk* operaba como piloto automático: tratándose de un gigante de la historia, cada visitante a La Habana se empeñaba en encontrarlo, y la única manera de complacerlos a todos consistía en apagar el intelecto y hablar de minucias: el chiste era verlo, no platicar con él. Los únicos comentarios personales que me dirigió surgieron en su entrevista con Fox en la toma de posesión, cuando recordó a mi padre con afecto, y luego al saludarme en La Habana, llegando de México: "Güero, ya deja esa cara de enojado". Puntada perspicaz, ya que, en efecto, suelo guardar una expresión de mal humor, y es muy probable que esa mañana, por el nerviosismo natural, se me trasminara.

Leí a lo largo del tiempo, en realidad desde finales de la década de los sesenta, suficientes libros sobre Castro y su revolución, interactué con tal número de funcionarios cubanos y compañeros de ruta y desafectos de la misma, que mi juicio sobre Fidel, que a él se le resbala, pero a algunos lectores no, no puede evitar ser severo, con una sola excepción, que no sé si sea cumplido o condena. En un país de menos de doce millones de habitantes, desprovisto de recursos, el último de América Latina en conquistar su independencia de España para de inmediato caer bajo la tutela de Estados Unidos y demorarse medio siglo en lograr alguna autonomía frente a Washington, para de inmediato colocarse bajo la férula de Moscú y ser el último en aferrarse al modelo socialista, para luego depender del petróleo y de la magnanimidad faraónica de Hugo Chávez, Fidel logró para Cuba un papel desproporcionado en el firmamento mundial. Pudo transferir su megalomanía a su patria: otorgarle a un país sin mayores merecimientos una dimensión internacional extraordinaria. Sabemos lo que obtuvo Fidel a cambio —la fama eterna—; no sabemos en qué medida se benefició el pueblo cubano.

Con mi padre y Fidel Castro en Cuba, 1980

Con Vicente Fox y Fidel Castro, Cuba, 2002

El otro lado de la moneda es trágico. Un colega salvadoreño que conoció Cuba y a los cubanos como pocos, que interrumpió sus viajes a la isla durante veinte años y volvió en 2014, me lo resumió mejor que nadie. Al cabo de cincuenta y cinco años de régimen castrista, el país vive más o menos de lo mismo que antes: níquel, turismo (ahora de bajo costo y de jineteras), remesas de Miami y subsidios masivos de Venezuela, en parte recompensados por el envío de médicos, instructores deportivos y agentes de seguridad cubanos. Todos los proyectos delirantes de Fidel fracasaron: Ubre blanca o H4, la vaca lechera milagrosa; el cinturón cafetalero de La Habana; la zafra de los diez millones; las decenas de miles de cítricos sembrados y talados; la central nuclear de Cienfuegos; la prostitución generalizada a través de las jineteras, alentada como anzuelo turístico. Sus aventuras foráneas, también desorbitadas —el Che en el Congo y Bolivia, las tropas en Angola, Etiopía y el Ogadén, la ya citada visita a Chile, sus envíos esporádicos y vergonzosos de balseros desesperados o enfermos a Florida, la manipulación de Hugo Chávez para convertirlo en un nuevo Bolívar con el ALBA—, naufragaron. Los cubanos han padecido privaciones indescriptibles en distintos momentos, sin libertades, sin pasaporte, sin elecciones, sin la posibilidad de quejarse y protestar en las urnas o en las calles, sin información del mundo, con presos políticos. Hoy no viven mejor que hace diez, veinte, treinta, cuarenta o siquiera cincuenta años. Si valiera la falacia de que todo es culpa de Washington y del bloqueo o embargo —y no lo es: hoy hay doce vuelos diarios de Miami a La Habana, Estados Unidos es el principal abastecedor de alimentos de Cuba y las remesas de Florida son su segunda fuente de divisas—, la pregunta es: ¿vale la pena tanto sufrimiento y vejación a nombre de la llamada dignidad? Peor aún: ¿alguien le consultó al pueblo cubano si se hallaba dispuesto a pagar un precio tan exorbitante, durante tanto tiempo, por una supuesta soberanía siempre maltrecha por otros? La isla hoy no produce nada, importa todo, y ha acumulado un descomunal rezago tecnológico, habitacional, médico (salvo las instalaciones para la *nomenklatura* y los extranjeros que pagan) y educativo. Todo ello para garantizarle un otoño e invierno apacibles y seguros a su patriarca, que morirá en su cama, con la conciencia en paz, *et après moi le déluge*.

Libramos el berrinche de Castro en Monterrey, pero menos bien sus consecuencias, a saber la divulgación del diálogo telefónico entre Fox y Castro. Las encuestas en México levantadas después de Monterrey y antes de la grabación arrojaron datos favorables: apoyo a la decisión de Fox de cambiar de política hacia Cuba y otorgarle más importancia a la relación con Estados Unidos que con la isla. Empeoró la imagen de Castro, mejoró la de Fox. De manera significativa, 92% de los mexicanos estimaba que se violaban los derechos humanos en Cuba. Después de Monterrey y antes del escándalo de la grabación, 62% de los mexicanos pensaba que el gobierno de Fox debía modificar la política hacia Cuba de los gobiernos priistas; sólo 28% decía que convenía mantenerla. A la pregunta de si el gobierno manejó de manera acertada o equivocada el conflicto con Cuba, el 49% afirmó que fue acertada y el 40% equivocada. Para un tercio de los encuestados empeoró la imagen de Castro; para el 30% siguió igual de mala, para el 24% igual de buena y para el 7% mejoró; en el caso de Fox, para el 40% siguió igual de buena, para el 22% empeoró, para el 17% siguió igual de mala y para el 18% mejoró.

Hasta allí íbamos bien. Las cosas se descompusieron cuando se hizo patente el chantaje castrista, transmitido, entre otros, por la directora de *La Jornada* y por Iruegas. Este último propuso encontrarse con el embajador de Cuba en México y a la vez subsecretario del Exterior con el fin de buscar una solución a la crisis en las relaciones entre ambos países. Según narró después Iruegas y le comunicó a Fox mientras yo me encontraba en Ginebra en la reunión anual de la Comisión de Derechos Humanos, el propio Castro mandó un mensaje dictado y copiado a mano por el embajador preguntando: "¿Qué propuesta decorosa me hacen?" Iruegas proponía de manera tácita y vergonzante algo que a él le parecía sencillo y para mí era inaceptable: abstenernos en Ginebra y evitar la difusión del intercambio por teléfono. Fox se comunicó conmigo una madrugada para avisarme de esta gestión; le propuse que al volver a México lo revisáramos. En México Iruegas me entregó un largo, farragoso y ambiguo borrador de carta de Fox a Castro llena de lugares comunes y retórica burocrática (quien así lo desee, puede consultar el texto en sus confesiones póstumas, y también los comentarios críticos al mismo por parte de su hijo). Le indiqué que lo consultaría con el presidente, una vez que dispusiéramos de los elementos faltantes antes de seleccionar el curso de acción: el texto definitivo de la resolución en Ginebra, la posición de Ricardo Lagos de Chile, el otro latinoamericano con el que hacíamos mancuerna, y el punto de vista de nuestro embajador en La Habana, a quien le prometí que podría exponer su punto de vista en persona al presidente. Resumí la idea de Iruegas con Fox, aclarándole que si no votábamos como deseaban los cubanos, la gestión carecía de sentido. Cuando, doce años más tarde, le pregunté a Fox si conservaba algún sentimiento de engaño o desinformación de mi parte hacia él en esos días, rechazó la insinuación de modo tajante y, quiero suponer, sincera. Iruegas nunca se atrevió a expresar claramente su postura sobre el voto, pero al repetir varias veces en sus escritos posteriores que consideraba que mis discursos en Ginebra, y la votación a favor de los derechos humanos en Cuba, equivalían a actuar "contra Cuba", mostraba el cobre: primero la revolución cubana, después los derechos humanos.

El chantaje seguía. La prueba de que a eso se reducía todo el sainete yacía en el silencio cubano mientras no se votara en Ginebra. De haber resuelto recurrir a la publicidad por indignación o traición o maltrato en Monterrey, hubieran divulgado la grabación de inmediato. La propuesta de Iruegas, a diferencia de lo que él sospechaba, me ayudó con Fox. El chantaje se perfilaba de manera tan obvia, y parecía tan peligroso para Fox acceder a él delante de mí, de Creel, de Durazo, de Elizondo y de varios colaboradores míos, que al presentarla como una idea proveniente de los cubanos vía Iruegas, gané la mitad de la partida. Me he preguntado estos años: si Iruegas se ofendió tanto por el episodio de Monterrey y de Ginebra, ¿por qué no renunció? Pertenecía al Servicio Exterior, pero se acercaba a la edad de retiro. Era factible y fácil solicitar su jubilación anticipada —que se le concedió un año después— y revelar su oposición a mi postura, o ser enviado a una embajada digna, guardar silencio, pero no prestarse a una gesta que consideraba "traicionera, patética y terrible", como la describió en sus memorias. En cambio, seis meses más tarde, quien fungiría como el canciller legítimo de López Obrador me regalaría un libro suyo, sobre las brujas de Coahuila, con la siguiente dedicatoria: "Para Jorge, con la confianza de un amigo, con confianza en un amigo. Hoy como nunca. Hasta la victoria siempre. Tlatelolco, 6 de septiembre de 2002." ¿Por fin?

La única duda que me aqueja proviene de un comentario enigmático de Castro: "Casi adiviné que usted me iba a llamar para decirme algo parecido a eso." Si uno compara el texto del guión redactado por Iruegas, Elizondo y yo en la tarde, y las intervenciones de Fidel por teléfono, es difícil esquivar la sensación de que el Comandante recorría en tiempo real el guión de Fox, de punto en punto, adelantándose a Fox en varias oportunidades ¿Fue informado con antelación? ¿Quién pudo haberle avisado, en tan poco tiempo? ¿O su sapiencia fue producto de su instinto y experiencia inigualables en el mundo? ¿Es atribuible la impresión de advertencia previa a su interminable colmillo, o a la obviedad de los planteamientos o… a que en efecto recibió una copia del guión. No lo sabremos quizás nunca, o lo saben sólo los que necesitaban saberlo…

Pobrecito del Diablo, qué lástima le tengo…
Pito Pérez

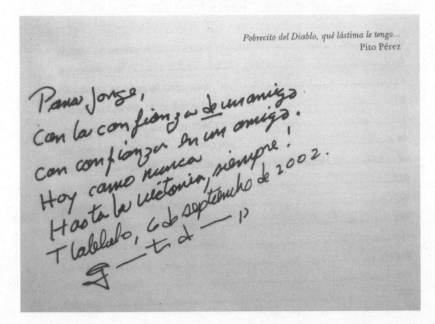

Si en la primera mitad de esta trifulca triunfé gracias a los excesos de los cubanos, la otra mitad se ganó en San José de Costa Rica, el 12 de abril —diez días después de Monterrey y siete antes de la votación en Ginebra—. Se celebraba la reunión anual del Grupo de Río, un vestigio de los años ochenta y de la crisis centroamericana, carente ya por completo de razón de ser, al que cada vez asistía un menor número de mandatarios latinoamericanos, pero que en esta ocasión coincidió con el intento de golpe de Estado a Hugo Chávez en Caracas. No sé si de manera acertada, pero con Lagos y Celso Lafer, el canciller brasileño (Cardoso no asistió), logramos detener un intento de Estados Unidos, vía El Salvador y Colombia, de legitimar la asonada. Defendimos el orden constitucional venezolano, y por ende a Chávez, agregando a nuestra declaración conjunta una breve referencia a los orígenes de la polarización en aquel sufrido país. No previmos, o preferimos ignorar, que el retorno de Chávez —no se debió a nosotros pero sí contribuimos en algo— entrañaría otras rupturas recurrentes del orden constitucional en Venezuela. La cosa es que, una vez atendida la crisis venezolana, organicé con Soledad Alvear, la canciller chilena y querida colega hasta la fecha, una cena de Lagos y Fox, ella y yo, en un restaurante en las afueras de la capital tica, para discutir y pactar una posición común en Ginebra. La tertulia fue intensa, interesante y concluyente, pero sobre todo agradable. En síntesis, Lagos y Alvear explicaron por qué el gobierno socialista y democrático de Chile no podía oponerse a una resolución que defendiera los derechos humanos en Cuba, y que en vista de la moderación del texto sometido a consideración, su voto sería a favor. Lagos argumentó su voto con la inteligencia y articulación que lo ha caracterizan, y si a Fox le faltaban elementos para persuadirse, los escuchó en boca de su homólogo chileno. Allí tomó la decisión del voto a favor, ni en secreto, ni presionado por mí, ni sin conocimiento de causa. Explicó el tema de Monterrey y la grabación; Lagos convino en que no era ni siquiera imaginable sucumbir al chantaje. La cena concluyó con brindis, abrazos y gran afecto y respeto, que Lagos perdería por Fox cuatro años más tarde, cuando sintió que el mexicano lo engañó con una candidatura intempestiva de su canciller (mi sucesor) a la Secretaría General de la OEA.

Al día siguiente desembarcó en San José el embajador de México en Cuba. Conversó con Iruegas, conmigo y luego le expuso de modo sucinto a Fox, en presencia de Iruegas —allí desaprovechó la

oportunidad de plantearle al presidente su enfoque— las razones
por las cuales consideraba que debíamos abstenernos. Fox lo oyó, y
al igual que con Tello y el Consejo de Seguridad, respondió que había resuelto votar a favor, y que esperaba la disciplina y lealtad del
embajador. Éste, como Fidel, relinchó, alegando que cuando lo nombré no le advertí que esto podía suceder. Contesté que, al contrario,
lo previne de que era una posibilidad, y que mi único compromiso
estribaba en darle la oportunidad de convencer al presidente de su
posición.

Con Vicente Fox, Ricardo Lagos y Soledad Alvear, Costa Rica, 2002

El 19 de abril se consumó la votación en Ginebra. Procedi-
mos como determinó Fox, y la resolución fue aprobada por un margen respetable, con el voto de México, Chile, Uruguay y otros
latinoamericanos, y las consabidas abstenciones y apoyos a Castro.
Los cubanos se enardecieron, por el voto y por la derrota, y convocaron para dos días después una conferencia de prensa en La Habana, colocando a disposición de la prensa mexicana un avión de
redilas para acarrear a los reporteros de la perrada. Acudieron todos,
y el 23 de abril transmitieron *urbi et orbi* la conversación privada
entre Castro y Fox, asumiendo que nos castigarían por nuestra osa-
día e irreverencia. Deliberamos en Los Pinos y en Tlatelolco sobre
las opciones de respuesta. Fox escogió un comunicado vigoroso, mas
no romper relaciones ni llamar a nuestro embajador. Antes, me reuní

con mis colaboradores más cercanos, Rodolfo Elizondo y un par de miembros de su oficina. Sólo un participante propuso la opción extrema (desechada de inmediato) de romper relaciones con Cuba: Iruegas. ¿Por qué el colaborador emocionalmente más cercano a la Isla —casado con cubana, quien decidiera pasar sus vacaciones navideñas en Cuba en el momento de mayor tensión, y después muriera en La Habana— propuso semejante represalia? Un miembro de mi equipo sugirió tiempo después que tal vez eso era lo que quería Fidel.

El escándalo suscitó gran conmoción en México, nulo interés en el resto del mundo y molestia real de Fox con Castro, y quizás en alguna medida conmigo, por no haber cuadrado el círculo: defender los derechos humanos en Cuba, anclarlos en México, colocarlos en el centro de nuestra política exterior y, de manera simultánea, llevar la fiesta en paz con los cubanos. Me confieso culpable.

Falta el chisme. Las encuestas nos golpearon, no tanto en mejorar la lamentable imagen de Cuba y Castro en México —desde años atrás el líder latinoamericano con menor aprobación de todos—, pero sí revelando una merma sustancial, aunque provisional, en la credibilidad de Fox. Los encuestados me asignaban la responsabilidad del lío —con razón: para eso están los funcionarios— y la mitad creyeron que Washington presionó a Fox para "correr" a Fidel. Dos tercios de los entrevistados consideraron que la divulgación era una venganza por el voto sobre derechos humanos en Ginebra; que Castro ofendió a Fox y al pueblo de México y condenaban el comportamiento de Castro. No obstante, una mayoría admitía que sí hubo presión de Estados Unidos y en un primer momento, que Fox mintió. A partir de las explicaciones del gobierno y de la indignación por el golpe bajo de Castro, una leve mayoría descartó la tesis de la mentira. La aprobación de Fox en general, y la de su política exterior en particular, se mantuvieron igual de elevadas que antes. Pero la comentocracia ya había dado su fallo. Fue uno de los costos del drama de La Habana.

Otro fue mi alejamiento definitivo con García Márquez, punto final de la historia ya relatada. Durante los tiempos iniciales al frente de la Cancillería, nuestra relación recobró parte de la confianza y cariño de antes. Por eso, cuando en junio quiso que le concediera una larga entrevista a Ramón Alberto Garza, director de la revista *Cambio*, propiedad de García Márquez, accedí sin reparos. Me costaba: aunque a Ramón le debía mi presencia editorial en *El*

Norte desde 1989, y en *Reforma* a partir de 1993, su vínculo con el periódico reventó en 1999, con un conflicto a muerte entre él y el dueño y director, Alejandro Junco, a principios del año 2000. Le interesaba publicar un largo reportaje, de portada, sobre mis primeros pasos en Tlatelolco. Conversé *in extenso* con Ramón Alberto. Para mi sorpresa, una semana antes de la publicación la gente de prensa de la Secretaría me alertó de una golpe bajo de García Márquez en la portada: "¿Por qué nadie quiere al Güero?" No lo podía creer, sobre todo en un momento cuando muchos —en el PRI, en La Habana, y entre los feligreses de la Isla en México— me aborrecían. Ordené que lo localizaran; se reportó, justamente, desde Cuba. Inquirí: "¿Qué onda, Gabo? Me dicen que autorizaste una portada de muy pocos amigos en contra mía." Respondió que la portada era lo de menos; lo importante se hallaba en el reportaje, largo, detallado y en general positivo, además de incluir unas fotos magníficas. Le contesté que me abstenía de dar clases de periodismo al maestro, pero que una portada pesa mil veces más que un texto, y que se me hacía demasiado hostil, por no decir artero, pedir una entrevista para legitimar una patada debajo de la cintura. García Márquez se limitó a repetir lo mismo y a insinuar que él no aprobaba ni mucho

menos imponía las portadas; mi ira crecía minuto a minuto. Un par de años más tarde, cuando la misma revista, ya ajena al novelista, me entrevistó de nuevo, el editor me reveló que García Márquez no sólo dispuso el título sino que cuando los periodistas propusieron que por lo menos se quedara en "Por qué no quieren al Güero", él insistió en el "nadie". Lo frecuenté poco a partir del incidente; una vez en casa de mi hermano, donde lo saludé con frialdad y me retiré. Opiné siempre que para él un agresión de esa índole representaba una concesión barata y emblemática pero sincera hacia los cubanos. Le disgustaba sobremanera el distanciamiento de México con el régimen cubano. Cuando increpé a Carlos Fuentes un tiempo después por negarme su apoyo en los temas de Cuba, sabiendo que compartía mis opiniones, e invocando la antigua relación que describí antes, explicó: "Me costaría la amistad con el Gabo, y ese es un precio que no estoy dispuesto a pagar."

V

El día del escándalo de la grabación, discutí con Fox la posibilidad de mi renuncia. La excluyó de entrada; sin embargo Santiago Creel sostuvo que debía yo dar explicaciones en la televisión de lo sucedido. Sentí que no le molestaría que trastabillara al hacerlo, y que paladeaba la posibilidad. En la tarde, Fox me notificó que Marta pactó con Televisa una larga entrevista a modo y en vivo durante el noticiero de López Dóriga, y que debía presentarme en Chapultepec a las nueve. Le pedí a Rodolfo Elizondo que me acompañara; en el camino me manifestó sus dudas sobre las buenas intenciones de los "televisos". Asimismo, recibí una llamada de una fuente que había volado de regreso esa mañana con los jóvenes ejecutivos de la empresa de un evento en Pachuca, donde detectó una cierta euforia y resignación entre ellos: "Si Castañeda la libra, enhorabuena, y si no, pues lo despiden y ya." Mi fuente temía una celada, y cada minuto que pasaba, yo también. Al entrar a las oficinas de López Dóriga entreví los monitores de formación del noticiero, donde aparecían entrevistas mías ofrecidas un mes antes, en Monterrey, contrastadas con lo que se decía ahora. Asimismo, reproducían declaraciones de Ricardo Alarcón, el dirigente cubano, con gran despliegue.

Cuando comenzó la junta con Joaquín y los directivos de noticias, recordé que me habían invitado, según Los Pinos —y allí estaba Elizondo de testigo— a una entrevista sin confrontación ni cotejo con los cubanos o con el pasado. Respondieron que esa era la intención original, pero que no podían secundar con descaro al gobierno. Aduje que para eso me hallaba allí: para aprovechar el realce de Televisa y rebatir las calumnias, mentiras y ofensas cubanas al presidente, al gobierno y al país. Por tanto, señalé que mi segmento no debía incluir más que las preguntas de López Dóriga y mis respuestas: sin insertos, recuadros o comentarios editoriales. Mis interlocutores consideraron excesiva mi petición y no se sentían capacitados para complacerme. Sin aspavientos, pero con firmeza, les informé, de nuevo en presencia de Elizondo, es decir, de la oficina de Fox, que en ese caso prefería declinar la invitación e irme a dormir, al término de un largo día. Insistieron, sin mayor convicción, y así quedaron las cosas. Fox me reclamó a la mañana siguiente el no haber salido al aire: un error, a su parecer. Respondí que tal vez tenía razón, pero estando la decisión en mis manos, y sin que Elizondo me transmitiera una orden presidencial, prefería confiar en mi instinto que en las seguridades verbales de los directivos a Marta, que después podían desvanecerse con múltiples explicaciones a toro pasado. ¿Fue una trampa de Televisa, o de Marta y Creel? ¿Fue paranoia de mi parte? Gracias a mi destreza mediática, ¿hubiera salido airoso de un lance delicado en circunstancias adversas? Son preguntas a las que nunca podré responder, más que con mi intuición.

El postmortem de la saga caribeña es conocido. Tanto en el 2003 como en 2004 y 2005, mi sucesor procuró modificar el voto de México en Ginebra, pero a cambio de algo, aunque fuera un taparrabos. En vano: Castro rechazó cualquier cambalache y prevaleció el "voto Castañeda". No obstante esa buena voluntad, el 1º de mayo de 2004, el gobierno cubano desató una ofensiva virulenta contra Fox, de más insultos, acusaciones y, ahora, acciones concretas, como la detención en Cuba de Carlos Ahumada, el empresario *argenmex* amigo del PRD pero enemigo de AMLO, y su posterior deportación y entrega a las autoridades del Distrito Federal. Fox expulsó al funcionario de inteligencia en la Embajada de Cuba en México, amenazó con exhibir pruebas del apoyo de los cubanos a AMLO y de sus conspiraciones en México contra el gobierno, pero no lo hizo. En otras palabras, como al principio de mi experiencia y travesía, La Habana decidió cuándo, cómo y dónde pelear, sin mayor criterio que los estados de ánimo y de salud de Fidel Castro. La relación se mantuvo congelada hasta que la debilidad de Calderón por la trova cubana y el antiamericanismo tropical lo condujo a concesiones desmedidas para normalizar el nexo: una renegociación de la deuda sin garantías contra el no pago; accionar el ingreso de Cuba al Grupo de Río; recibir a Raúl Castro en distintas cumbres en México (nunca en la capital) y honrarlo con varias distinciones; no recibir a ninguno de los disidentes, ni en México, ni en La Habana cuando viajó a Cuba hacia finales de su sexenio. De nada valió: cuando la debacle mexicana de la influenza en 2009, junto con China, el país más insolente y severo en sus cuarentenas a México fue Cuba, acompañando sus actos inamistosos con diatribas antimexicanas. La decisión la tomaron ellos, sin que Calderón la provocara ni con el pétalo de una gardenia.

A partir de 2005 se reformó el sistema de la ONU en materia de derechos humanos. La Comisión se transformó en Consejo; desaparecieron las resoluciones de Título Cuatro, que causaban tantos dolores de cabeza a todos, sustituidas por el llamado MEPU (Mecanismo de Evaluación de Pares Universal), y durante unos cuantos años se despolitizaron los cónclaves anuales en Suiza. A partir de 2012, el pasado se vengó y México se vio obligado a tomar partido: por ahora no sobre las continuas violaciones a los derechos humanos en Cuba, pero sí en China, Siria, Palestina, Irán, Sri Lanka y otras naciones. Peña Nieto optó por la postura tradicional del PRI: ¿para qué nos metemos? El tiempo dirá si La Habana le agradece el favor, incluyendo la condonación virtual de la deuda histórica con México, o le vuelve a jugar... cubano.

VI

Nuestra primera participación en el Consejo de Seguridad de la ONU desde 1980 comenzó mal y terminó peor, pero entretanto constituyó un momento cenital de la política exterior de Fox y de la diplomacia mexicana. Sin volver sobre los antecedentes de nuestra llegada, baste recordar que fuimos elegidos por una amplia mayoría de votos, en segunda vuelta, derrotando a los dominicanos, que debieron haber declinado su candidatura al comprobar la nulidad de sus posibilidades de victoria. El ejercicio contrafactual sí encierra un interés histórico y no sólo una curiosidad académica. De no haberse postulado México, República Dominicana y Chile se habrían visto obligados a resistir solos la inmensa presión norteamericana en febrero del 2003 para avalar la invasión de Irak. La primera hubiera sucumbido, y el segundo con dificultades se habría aferrado al rechazo, una vez aislado en la región. Así, por lo menos dos votos hipotéticos contra la intervención se hubieran desvanecido, y quizás dos o tres más en África y Asia (entre ellos, Angola, Camerún y Pakistán). Washington y Bush se habrían acercado al número mágico de nueve votos —sobre quince— necesarios para aprobar una resolución, a condición de que ninguno de los miembros permanentes la vetara. Francia, Rusia y China se oponían al uso de la fuerza, pero preferían no ejercer su veto. En total, vivimos tres momentos estelares en el Consejo, dos de enorme trascendencia, uno de alcance mediano.

El primero, al que algunos en la Secretaría de Relaciones, así como el nuevo embajador de México ante la ONU, atribuyeron carácter emblemático, se refería a un estrecho tema jurídico vinculado al Estatuto de Roma. En 1999, éste creó la Corte Penal Internacional (CPI), que en 2002 México aún no ratificaba —Estados Unidos no lo ha hecho—, y a su aplicación a las tropas de operaciones de mantenimiento de la paz (OMP o Cascos Azules) de la ONU. Los países signatarios del Estatuto aceptaban la jurisdicción de la CPI para sus militares, en cualquier lugar o misión del mundo. Los no firmantes, y que además no participaban en OMP, se despreocupaban del dilema. La disyuntiva más compleja surgió con la pregunta de si el Estatuto regía para países no signatarios del mismo, pero con tropas bajo la bandera de la ONU. Pocos se encontraban en esa situación peculiar, pero un país sí se inmutaba ante la posibilidad de que el Estatuto, que no suscribió, se aplicara a tropas (suyas), aunque éstas estuvieran integradas a una OMP. Obvio: Estados Unidos. El 1 de julio de 2002 entró en vigor el Estatuto de Roma; al día siguiente Washington comenzó a circular en el Consejo de Seguridad un proyecto de resolución tendiente a exentar a sus tropas, aún integradas a una OMP, de las disposiciones del Estatuto. Proponían que la Corte Penal se abstuviera de iniciar o realizar investigaciones o inculpaciones de posibles omisiones o actos contrarios al Estatuto por el período de un año, renovable de manera indefinida, a menos de que el Consejo de Seguridad decidiera lo contrario. Como Estados Unidos dispone de veto en el Consejo, la resolución garantizaba que ningún norteamericano perteneciente a una OMP podría ser juzgado por la Corte, aunque hubiera cometido las más atroces barbaridades. Fue aprobada por unanimidad, incluyendo a miembros permanentes como Rusia, China y Francia (no catalogables como sumisos a Estados Unidos), por Siria y por Noruega y, desde luego, por México.

Las implicaciones intrínsecas de la resolución parecían inaceptables desde un punto de vista moral. Nada ameritaba que un Estado exigiera inmunidad o impunidad para sus contingentes militares o individuos involucrados en operaciones de paz, por no ratificar el Estatuto de Roma, en cuya redacción participó y que firmó tres semanas antes de la salida de Bill Clinton de la Casa Blanca. No existía justificación alguna para una resolución del Consejo de Seguridad con un único destinatario. Si Washington insistía en reclamar esos privilegios, podía proceder de manera unilateral, sin embaucar a los demás miembros del Consejo. Someterse a su *diktat* equivalía a sujetar sin descaro al Consejo a los pruritos de la derecha republicana estadounidense, siempre hostil y recalcitrante ante la ONU. Estas fueron las tesis expuestas de modo verbal por algunos colaboradores en la Cancillería, y por escrito, en un estruendoso oficio de virtual denuncia por traición a la patria, de Adolfo Aguilar Zínser, ya titular de la Misión de México ante la ONU.

Existían dos pequeños problemas con esta envanecida envoltura en la bandera. Primero, México tampoco había ratificado el Estatuto. Ni siquiera habíamos aprobado la modificación constitucional pertinente, que autorizaría la ratificación. ¿Con qué cara sermoneábamos a otros por evadir las disposiciones de un tratado que no suscribíamos, al cabo de año y medio de intentos? Segundo, y más importante: ¡ningún otro miembro del Consejo compartía esa opinión o defendía esa postura! En ocasiones debemos osar estar solos, cuando la soledad, es decir el desacuerdo de los demás, se debe a imposiciones, chantajes o injerencias inaceptables. Quizás Colombia ese año fue víctima de ellos, por ejemplo, aunque se exagere al pensarlo. Pero ¿China, Rusia, Francia, Siria? ¿De verdad alguien podía creer que Washington le torcía el brazo a estos cuatro gobiernos, los cuales menos de un año después se negarían a avalar la invasión de Irak? Por último, se aproximaba la invasión, ya cantada desde mediados de año, donde discreparíamos de forma ineluctable con Estados Unidos, en alianza con Francia, China, Rusia, entre otros, y debíamos, en mi opinión, conservar nuestra escasa pólvora para esas batallas. Mi preocupación central no era jugar al niño héroe aislado (defendiendo principios que no acatábamos nosotros mismos), sino actuar de forma encaminada al eventual aval del Estatuto de Roma por el Senado mexicano. Requeriría otro año de cabildeo. Por todo ello, decidí votar a favor de la resolución, y así se lo comuniqué a Colin Powell el día antes, cuando me preguntó por teléfono cómo votaríamos. La interrogante yace en el motivo de su llamada, el cual nos dirige al episodio más doloroso de mi gestión en la Secretaría.

Hacia el otoño del primer año del gobierno de Fox, la permanencia de Adolfo Aguilar Zínser en el cargo que se inventó, y que Fox le asignó, se tornó insostenible. De los tres coordinadores de gabinetes —José Sarukhán en temas sociales, Aguilar en seguridad y Eduardo Sojo en asuntos económicos— sólo este último sobrevivía. Sarukhán renunció en septiembre de 2001, y en noviembre, el presidente, bajo la presión de Creel, del secretario de la Defensa, del de Marina y del Procurador, relevó a Adolfo de esa responsabilidad, aunque lo retuvo como consejero de Seguridad Nacional. Lo despojó de cualquier función coordinadora de gabinetes; los secretarios del gabinete de seguridad jamás aceptaron acordar con nadie que no fuera su comandante en jefe. En esas condiciones, Adolfo, con lucidez, comprendió que conservaba un simple cascarón, sin atribuciones ni recursos, y se lanzó a buscar una alternativa. Comentamos varias opciones, entre nosotros y con Cassio Luiselli, sin hallar ninguna buena solución. Rememoramos el Pacto de Orvieto, un compromiso que hicimos los tres, con las respectivas esposas de aquella época, en Italia en 1995, de lanzar una candidatura presidencial de Aguilar, el único con vocación para ello, cuando llegara el momento. Asimismo, nos reunimos una noche Adolfo, Creel y Rodolfo Elizondo, para rebotar ideas y encontrar una transacción que lo mantuviera en el gabinete y fuera aceptable para Fox. Convinimos en una estrategia escalonada: someterle a Fox varias opciones, entre los cuatro. La primera abarcaba el gabinete legal: la Secretaría de Educación, la de Trabajo o la de Medio Ambiente, aunque ésta, la más natural, se complicaba debido a la amistad con Víctor Lichtinger y la designación de Cassio como subsecretario. Si ninguna de esas propuestas prosperaba, reviraríamos con otras, las principales siendo Conaculta, SRA y Banobras o la vocería de la Presidencia (ocupada por Paco Ortiz, quien ya prefería mudarse al Consejo Mexicano de Promoción Turística). Si tampoco funcionaban, Adolfo sugeriría un cargo que ya había discutido con Ramón Muñoz —y él conmigo—, a saber, embajador ante la ONU, al iniciarse en enero nuestro período de dos años en el Consejo de Seguridad —opción que me desagradaba, por las razones que ahora expondré, pero que no deseaba vetar de entrada—. Concordábamos en que si bien ninguna de las sugerencias era idónea —el talento de Adolfo no sintonizaba con el perfil de esos puestos— y todas acarreaban problemas para Fox —remover al titular de cualquiera de las dependencias mencionadas sin que su desempeño, a ojos de Fox, desmereciera—, encerraban una gran ventaja para todos: conservar a Adolfo en el gabinete, aportando su capacidad no sólo en la tarea que le fuera encomendada, sino en el equipo en su conjunto. Resolvimos que Adolfo hablaría con el presidente, nosotros apoyaríamos su petición y, sólo si nada fructificaba, revisaríamos el tema de Nueva York. A los pocos días, Aguilar se comunicó conmigo para explicar que Fox rechazó todas las propuestas, salvo la de Nueva York, y que él había aceptado, sobre todo en vista de que yo estaba de acuerdo. Lo cual era cierto… a medias.

Con Adolfo, Florencia, Italia, 1995

No tenía para dónde hacerme. Si Adolfo se marchaba, permanecía solo y aislado en el gabinete. Si me hubiera opuesto a su nombramiento en Nueva York desde el primer susurro al respecto, quedaba mal con el amigo, orillado a una salida casi desesperada. Sin margen de maniobra, elegí un curso de acción entre azul y buenas noches, con la esperanza de que algo ocurriera que nos salvara. No me enganché contra la idea de la ONU y procuré inventar otra opción, para no verme obligado a aceptar algo que no iba a funcionar, u objetar una posibilidad que destruiría una larga, estrecha y productiva amistad. Así se sembraron las semillas de la ruptura. Aguilar violó nuestro acuerdo al obsequiarle a Fox una salida barata; yo no actué ni me manifesté con la suficiente claridad y deje crecer el malentendido, por lo menos a ojos de Fox y Ramón Muñoz: resignarme a la designación de Adolfo en la ONU. Subestimé también hasta qué punto Fox y Creel deseaban alejar a Adolfo de México, ya no soportaban su presencia por los peores motivos.

Cuando se agotó el tiempo, sin culminar con éxito ninguna de las vías contempladas (según Adolfo, porque Fox no quería; según yo, porque le abrió un camino demasiado fácil), subsistieron tres opciones. O conversábamos Aguilar y yo, y nos entendíamos, o Fox aceptaba mi súplica de retroceder y recurrir a otro expediente; ciertos intermediarios se inmiscuían y realizaban un milagro —Cassio Luiselli, Iruegas, Andrés mi hermano—. Adolfo y yo exploramos la primera posibilidad un par de días antes de Navidad en su casa, y terminamos a gritos: él insistiendo en que yo había dado mi acuerdo, que no existía otra vía para él, y que si él tenía que renunciar, debíamos hacerlo juntos; yo repitiendo que él se adelantó, se desesperó, más por motivos personales (sus hijos, su esposa) que por falta de alternativas, y que nunca convendríamos sobre la sustancia ni sobre los procedimientos burocráticos en la Misión de México. En eso consistía el meollo del dilema, que me recordaba la amarga experiencia de mi padre, y luego de su sucesor, con Muñoz Ledo en la ONU: un conflicto permanente de fondo, de protagonismo y de personalidad, que rebasó de inmediato la amistad previa.

En cualquier país más o menos moderno, un embajador padece una verdadera esquizofrenia profesional. Es como el capitán de una nave sin comunicación con tierra: posee una autoridad ilimitada sobre el personal y el aparato bajo su mando. Al mismo tiempo, es un empleado más del presidente y, en los hechos, del secretario de Relaciones, del subsecretario que le toca y del oficial mayor, responsable de sus dineros. Adolfo no estaba acostumbrado a ninguno de los dos predicamentos. Jamás toleraría ser un subalterno, a su parecer de mayor jerarquía y relieve pero objeto del mismo trato que otros. Tampoco aceptaría ceñirse a las reglas internas no escritas del "navío", por independiente, indisciplinado y desorganizado, no por abusivo o déspota. Buscaría sin remedio brincarse al subsecretario para tratar asuntos conmigo; o a mí, para tratarlos con Fox.

Asuntos múltiples: de sustancia, de recursos, de personal, de apariciones públicas y de campañas publicitarias de lobo estepario.

El mejor ejemplo de la incongruencia suscitada por Fox al imponerme a Aguilar para resolver un problema suyo emergió con las primeras notas redactadas por el consejero diplomático en Los Pinos, después de la llegada de Adolfo a Nueva York. Me enteré de que dichas notas, no recuerdo si de gran trascendencia o triviales, fueron enviadas a Aguilar. De inmediato interpelé al consejero en cuestión sobre su proceder, para recibir una respuesta ilustrativa del enredo en el que nos hundíamos: "Yo decidí mandarle las notas a Adolfo, porque me parece que le incumben y porque es mi amigo. No me obligues a tomar partido en el diferendo entre ustedes". Lo despedí en el acto, no sin antes aclararle que su lazo no era con dos amigos ni con dos jefes. Tenía un solo jefe y ese jefe lo desterró.

Ante todo, me aterraba la perspectiva de controlar a Aguilar, envuelto en la bandera, ensalzado por la prensa enemiga, ensoberbecido por las loas del nacionalismo más ramplón, en los dilemas inminentes en el Consejo de Seguridad. Se trataba de uno de mis proyectos predilectos en la Cancillería. Después del 11 de septiembre, fresco en la memoria, parecía evidente la proliferación de represalias de Estados Unidos en Oriente Medio, Afganistán, Pakistán, Yemen y anexos. Mi meta en el Consejo, más allá de la coyuntura, se sintetizaba en una tentativa de "destetar" a la política exterior mexicana de su "tercermundismo", de su "antiintervencionismo", para abanderar temas como el R2P (responsabilidad para proteger) o intervención humanitaria, la universalidad de los derechos humanos, la participación en operaciones de mantenimiento de la paz, y el realismo en los conflictos existentes o futuros, enfatizando la defensa de soluciones reales, no de principios abstractos. El conjunto de cambios demandaba un acercamiento a países con visiones semejantes (*like-minded countries*), como Francia, con cuyo canciller en esa primera etapa comenzamos a trabajar en mancuerna, gracias a Régis Debray y a nuestra relación de un cuarto de siglo; como Canadá (creadores del R2P), como Suecia (con quien trabajamos decenios antes, en el desarme) o como Chile, que ingresaría al Consejo en 2002, coincidiendo un año con nosotros. El enfoque así resumido no sólo me imponía un micromanejo personal extremo; demandaba una disciplina e incondicionalidad completa del representante permanente ante el Consejo, que ni soñara con saltarme para revisar un asunto con Fox. Nadie menos apropiado para esa tarea —y más proclive a aventarse con la bandera nacional del piso 38— que Adolfo Aguilar. Reconozco que el embajador en funciones, Jorge Eduardo Navarrete, tampoco correspondía por completo al retrato hablado de mi imaginación; confieso que coqueteé con la idea de un enroque con Bremer en Washington. Pero Navarrete esgrimía una ventaja sobre Adolfo: le afloraba institucionalidad por los poros.

Los dos anhelos principales de Adolfo en Nueva York coincidían con dos divergencias básicas entre él y yo. Primero, ambicionaba utilizar el puesto, durante los dos años que durara nuestra presencia en el Consejo, para reinventarse en la política interna en México, ya sea para un cargo de gabinete con Fox, ya sea con miras al 2006, siempre movido por su nacionalismo extremo. De allí su constante contacto —algunos emplearían el término asedio— con los medios mexicanos e internacionales —para lo que Adolfo se pintaba solo— y sus viajes recurrentes fuera de la adscripción para dictar conferencias, participar en páneles y asistir a seminarios. Para cualquier canciller, ese proceder es intolerable entre otras razones porque el otro centenar de embajadores y cónsules se sentirían con el derecho a hacer lo mismo. Segundo, la mejor manera de atraer los reflectores provenía del protagonismo nacionalista: erigirse como el guardián de la soberanía y la dignidad mexicanas en Nueva York, horadadas por el entreguismo de Fox y Castañeda en México. Quién tenía razón, no importaba en ese dilema: Fox ganó la elección, y yo fui designado secretario. Ni Adolfo fue electo, ni fue nombrado. Ambos comportamientos contradecían mis propósitos.

El esfuerzo siguiente de cuadrar el círculo tuvo lugar en la cabaña de Los Pinos, con Fox, horas antes de Nochebuena. Acudí para suplicarle que no insistiera; que si persistía en su error lo pagaría caro a la larga; que procuráramos otra solución aceptable. Se limitó a una respuesta incongruente tras otra: "¡Pero si ustedes son amiguísimos!" A lo que contesté: "Lo somos porque no competimos ni nos pisamos los callos; estás destruyendo una amistad que te ha rendido frutos invaluables." Y luego la explicación final, a la que no pude ni supe responder, por su nimiedad, o por ser, tal vez, una interjección despectiva: "Además, Adolfo ya le anunció el cambio a sus hijos, y están muy ilusionados."

Sólo restaba la última oportunidad, la mediación, que fracasó por completo en un desayuno en Le Meridien del Lago, donde acudieron Cassio, Iruegas, y Andrés. No pudieron destrabar el nudo, que en realidad era imposible de cortar. No podían ser pares dos funcionarios con jerarquías burocráticas tan disímbolas; y no podían ser amigos dos funcionarios tan dispares, dotados ambos de una fuerte personalidad y de convicciones recias y divergentes. Para desatorar el pleito, los tres amigos comunes se hubieran visto obligados a tomar partido y a presionar a uno de las dos partes a ceder. Por buenas razones, ninguno de los tres se disponía a actuar en consecuencia.

Contemplé la posibilidad de renunciar. Mi fuerza en el gabinete se desvanecía semana por semana; sin Adolfo, se mermaría de manera más precipitada. El Consejo de Seguridad se convertiría en una pesadilla; mi relación con Fox se dañó, aunque no de modo irreversible. Darle la cara a Navarrete y premiarlo por ganar la elección defenestrándolo, no me apetecía. Ramón Muñoz y Andrés me convencieron de lo contrario. Elegí encargarle al subsecretario de Asuntos Multilaterales la relación con Adolfo y suspender cualquier contacto con él que no fuera estrictamente protocolario. Mi padre había procedido así con Porfirio, encomendándole todo primero al subsecretario correspondiente, que al fracasar en el intento fue sustituido por su secretario particular, el mismo funcionario que ahora ocupaba la subsecretaría conmigo. Tal vez con rudeza innecesaria —pero ya los ánimos se habían caldeado— erigí el caso de Aguilar en un ejemplo para otros en Relaciones, de casa o de fuera, por los cinco años restantes de mi mandato hipotético. Si alguien lograba convencer a Fox de imponerme un nombramiento, las condiciones de vida, de trato, de apoyo y de atención en la Cancillería del interfecto dependían de mí. Podía transformar esa vida en un infierno, como lo demostré con Aguilar: recortando gastos de representación, no elevando sueldos, negando recursos para refaccionar la residencia, los automóviles, la oficina, etc. Y por supuesto, excluyendo a Adolfo de toda delegación, misión o desplazamiento que requiriera la autorización de Relaciones en México. Me lo reprochó parte de su familia después, pero era la norma en la Secretaría: la imposición de fuera se paga adentro.

VII

El punto culminante de nuestra presencia en el Consejo durante mi gestión ocurrió el 8 de noviembre de 2002. Surgió a raíz del primer intento de Estados Unidos y el Reino Unido de obtener un cheque en blanco para intervenir en Irak, si los inspectores de la

Agencia Internacional de Energía y de la ONU desenterraban armas de destrucción masiva (ADM), o si Saddam Hussein les impedía el acceso. Washington aspiraba a un texto que impusiera a Irak la obligación de cooperar con una inspección reforzada, sin trabas, por un período corto. Al término del mismo, aun sin una nueva resolución del Consejo, la ONU adoptaría medidas, incluyendo el uso de la fuerza, para asegurar el cumplimiento de las resoluciones anteriores sobre el desarme obligatorio de Irak. Estados Unidos procuraba así ahorrarse la vuelta al Consejo al cabo de una breve inspección, si esta última no hallaba las ADM, o si Saddam no cooperaba, o si aparecían armas y Saddam no las entregaba. Bush y Powell se proponían conseguir un permiso previo, sin necesidad de refrendo, para invadir Irak bajo el manto del Artículo VII de la Carta de la ONU y del Consejo de Seguridad.

Francia, Rusia, China y varios otros miembros del Consejo, incluyendo a México, comprendían que el objetivo último de Washington radicaba en una invasión legal y legitimada ante la comunidad internacional. Estos países se oponían a la invasión, pero preferían abstenerse de torpedear a Bush de manera directa (a través del veto), sin tampoco volverse cómplices de Hussein. Por tanto, pugnaban por postergar cualquier desenlace. Conservaban la esperanza de que los inspectores no encontrarían nada, o al contrario, si descubrían armas químicas, nucleares o biológicas, y Saddam las entregaba, el *casus belli* se desbarataría. Se trataba de ganar tiempo y de garantizar que si Estados Unidos e Inglaterra intervenían, carecieran de la caución de la ONU, y de buena parte de la comunidad internacional.

La negociación se desenvolvió en tres pistas. En una figuraban Bush, Powell, Tony Blair, el primer ministro inglés, con los tres miembros del Consejo con veto —Francia, Rusia y China—. En la segunda, Estados Unidos cazaba suficientes votos de los diez miembros no permanentes para alcanzar una mayoría de nueve (el mínimo para aprobar una resolución en ausencia de veto), y obligar a los tres primeros a vetarla, o a aceptarla mediante la abstención. En la tercera pista se desplegaban México y Chile, los africanos y los asiáticos, negociando con los franceses. Estos últimos se dedicaban a evitar que Washington reuniera los votos correspondientes. Francia, cuyo canciller, Dominique de Villepin, era un viejo amigo de América Latina y de México, no había recurrido al veto en el Consejo de Seguridad desde los años sesenta, y prefería evitarlo. La complejidad vibrante del tema, la trascendencia de los asuntos en juego y la posibilidad para México de ser un factor destacado, por nuestro peso y prestigio, conformaban el escenario exacto que perseguí cuando recomendé nuestro ingreso a la máxima instancia encargada de la paz y la seguridad internacionales. Como ha dicho mi compadre Pedro Sáez —presidente de Chivas un tiempo—, si no te alinean, no anotas goles.

Al final, los franceses, los rusos y varios miembros no permanentes —entre ellos, de modo central México— convencimos a Powell, al negarle los votos, de que le convenía a Estados Unidos resignarse a una resolución unánime, severa y precisa, que sujetara cualquier acción ulterior a una nueva reunión del Consejo. Éste se seguiría ocupando del tema, advirtiéndole a Irak que "de seguir infringiendo sus obligaciones, se expondría a graves consecuencias". No había cheque en blanco o amenaza explícita de acción militar, ni automatismo o predeterminación de lo que vendría después. Se fijaba un plazo más largo del que solicitaban Estados Unidos e Inglaterra para una inspección ulterior. Aunque Carlos Salinas, años después, me acusaría de votar a favor de una resolución "entreguista" que autorizaba la invasión posterior, Francia, China, Rusia y hasta Siria aprobaron el texto. Nos congratulamos por obligar a Washington y a Londres a comparecer de nuevo ante el Consejo y conseguir los votos necesarios para una invasión, si deseaban consumarla conforme al derecho internacional. Fue un gran triunfo, pasajero sin duda, sobre todo de los tres permanentes, pero de México también.

Sólo se vio manchado por la estridencia histriónica de Adolfo Aguilar, de quien un Bush agriado se quejó en persona con Fox, delante de las delegaciones de ambos gobiernos, reunidas en Los Cabos para la Conferencia de APEC en octubre. El reclamo fue contundente y previsible. Una cosa era que México no compartiera el diagnóstico, las propuestas y las conclusiones de Estados Unidos; otra, muy diferente, que nuestro embajador ante la ONU desdoblara —con su innegable talento y frenesí— múltiples actividades proselitistas y mediáticas contra la postura de Estados Unidos. Lo primero constituía un desacuerdo comprensible entre aliados al fragor de una coyuntura determinada; lo segundo reflejaba la animosidad desenfrenada de un enemigo embozado. ¿De qué se trataba? preguntaron Bush y Powell, casi en público. Fox pasó aceite, no dijo nada, pero los demás miembros de la delegación mexicana se asombraron de la vehemencia del presidente de Estados Unidos. Dos meses más tarde, después de mi salida del gobierno, se reproduciría la escena y escalaría a niveles de mayor gravedad, debido a la magnitud de la crisis en puerta.

Mi injerencia en la saga de Irak y la ONU concluyó en marzo del 2003, con el discurso de Fox a propósito del inicio de las hostilidades. Aunque renuncié a la Secretaría a mediados de enero, mantuve una estrecha relación con Fox esos meses, invitando a cenar a la cabaña a varios intelectuales, juntos o uno por uno, para que el presidente escuchara sus opiniones sobre Irak. La postura de México contra la invasión fue consensual en el gobierno —según mi subsecretario Enrique Berruga, en la última reunión celebrada para definirla, la única voz discordante fue la de Felipe Calderón, jefe de la bancada del PAN en la Cámara de Diputados—. Por razones que ya relataré, de abandonar el gobierno, prefería hacerlo antes de la guerra y de la consiguiente definición mexicana. De modo que mi sucesor, un hombre inteligente pero acomplejado y resentido, se vio forzado a resolver por su cuenta, sin experiencia ni conocimiento algunos de Medio Oriente o de la ONU, una de las posturas diplomáticas de México más delicadas y trascendentes de la era moderna. Descansó demasiado en Adolfo y en los instintos políticos de Fox, como casi siempre acertados, pero acompañados de una expresión pública excesiva. Cuando en febrero Washington debió retornar al Consejo de Seguridad para denunciar —de manera falsa y de mala fe por parte de Bush, Cheney y Rumsfeld y, en mi opinión, de buena fe por parte de Powell— la existencia de ADM en Irak, la posición mexicana se tornó crucial.

Desde las primeras escaramuzas se hizo patente la negativa de Francia, Rusia y China a avalar cualquier acción militar contra Hussein, sobre todo en vista de que los inspectores de la ONU y de la OIEA no detectaron nada en Irak que la justificara. Estados Unidos primero valoró la opción de obligar a sus adversarios a emitir un veto, al acumular los nueve votos necesarios para aprobar una resolución con efectos militares. Powell me compartió, meses más tarde, su diagnóstico del carácter cardinal de nuestra posición. Chile sustituyó a Colombia en el Consejo; según el secretario de Estado, ese voto lo perdió Washington a pesar de la amistad de Blair con Ricardo Lagos, su colega social-demócrata; sin la coincidencia con México, sin embargo, el país andino tal vez habría cedido ante la presión anglosajona. La reticencia latinoamericana le brindó espacio a dos africanos —Angola y Camerún— para expresarle en privado, a Washington, su rechazo. Esos cuatro votos hipotéticos en contra, según Powell, envalentonaron a Pakistán, opuesto a la invasión por afinidad islámica, pero cercano a Bush por su carácter de aliado en la cruzada antiterrorista detonada por el 11-S. Se sumaban así cinco votos no permanentes. Con Alemania, recién ingresada al Consejo y bajo un gobierno socialista, contrario al uso de la fuerza, totalizaban seis no permanentes, más Francia, Rusia y China. No salían las cuentas. Powell persuadió entonces a Bush de esquivar la derrota en la ONU y de proceder con su famosa —e infame— *coalition of the willing*, es decir Blair, Aznar, algunos latinoamericanos y otros europeos orientales. La sangrienta e inútil invasión aconteció, pero no dispuso de la legitimidad internacional que sólo el Consejo de Seguridad podía otorgar. México contó mucho para ello, y Fox y Derbez actuaron de manera correcta en lo fundamental.

Cometieron errores, en parte provocados por Adolfo, en parte por la irreprimible proclividad de Fox por la campaña política permanente. En lugar de manifestarle con claridad y discreción a Bush y a Powell que México no los respaldaría, y de permanecer callados mientras no fuera indispensable votar una resolución que nunca llegó a la mesa del Consejo, vociferaron —unos más que otros— y medio mintieron, provocando un malestar innecesario, longevo y pernicioso, en la Casa Blanca y en el Departamento de Estado. Fox soñaba con sacar ventaja electoral de su postura nacionalista; Adolfo, de consagrarse como el defensor de la independencia mexicana frente a la traición de otros; Derbez se alió con Aguilar para consolidarse en Tlatelolco en contra mía. Los tres se equivocaron. Nunca se votó, por fortuna. El PAN sufrió una derrota humillante en los comicios de medio período en julio; Adolfo no pudo erigirse en salvador de la patria; y el pobre Derbez, al concluir nuestra rotación en el Consejo, debió despedirlo a fin de año de modo vergonzoso. El responsable de esta trajinada indolencia diplomática era yo, por renunciar a la Cancillería. También lo era de habernos colocado en el lugar decisivo, en el momento decisivo, con la postura adecuada. Acepto lo uno y presumo lo otro.

VIII

Cuando falleció Adolfo en 2005, su hermano Gonzalo había iniciado un principio de reconciliación. Logró que Adolfo me invitara a su programa de televisión y que yo aceptara. Su trágica muerte dio al traste con la iniciativa y al presentarme en el velorio en Coyoacán, dio lugar a un incidente grandilocuente de Porfirio Muñoz Ledo y al reclamo de una de sus hermanas.

Me despedí de la Secretaría de Relaciones Exteriores el 10 de enero de 2003. Por varias razones, comandadas por una: mi aspiración a aparecer en la boleta de la elección presidencial del 2006, para competir realmente como candidato independiente, por un partido pequeño o tan sólo para impulsar un debate. Vista de modo retrospectivo, mi decisión fue equivocada, ya que no figuré en la boleta, pero las decisiones de otros, que contribuyeron a mi no aparición en ella, tampoco brillaron por su presciencia. De nuevo, lo bailado no me lo quita nadie, además de que en la Cancillería la música había terminado. Para relatar la partida de Tlatelolco y mi ulterior campaña, fallida pero fascinante, deberé contar las premisas —incluyendo las afectivas o emocionales— en las que descansaba la determinación de lanzarme a esa aventura.

A partir del regreso de un viaje a la India en octubre, asumí de frente la hipótesis de renunciar al gobierno, ya que una candidatura presidencial era imposible de construir desde la Cancillería. Con Paco Ortiz, quien me acompañó a Delhi y a Mumbai, y a la luz de mis propias recolecciones históricas, concluimos lo obvio: ni en México, ni en América Latina, ni en Estados Unidos o Europa, abundaban antecedentes de un encargado de la política exterior que alcanzara la primera magistratura. Si Hillary Clinton es electa en 2016, no será por haber sido secretaria de Estado, y su único predecesor del mismo andar fue Thomas Jefferson, a principios del siglo diecinueve. En Brasil, Fernando Henrique Cardoso ocupó la titularidad de Itamaratí unos meses en 1992, pero muy pronto se mudó a Hacienda, donde diseñó y aplicó el Plano Real que abolió la inflación para siempre de su país; nadie más. Bajo los regímenes parlamentarios, en ocasiones la rotación natural lleva de Relaciones a la residencia del primer ministro; los escasos ejemplos son Anthony Eden en Inglaterra, Willy Brandt en Alemania Occidental y Lester Pearson en Canadá. La explicación no requiere gran ciencia. Para empezar, el secretario de Relaciones, por definición, viaja por lo menos la mitad de su tiempo hábil. Nada irrita tanto a los electorados o a los comentócratas que los paseos a costa del erario, por evidente que sea su necesidad. En segundo lugar, cuando interrumpe las odiseas continuas, en su país aparece de manera inevitable y justificada en compañía de visitantes extranjeros, embajadores, príncipes y reinas, en cócteles y cenas de Estado, vestido de smoking o de traje obscuro, cuidando las formas y, en la mayoría de los casos, salvo el mío y de quienes destacan en el puesto, diciendo lo menos posible.

He allí el retrato hablado del cargo; los votantes lo detestan. Como me dijo Colin Powell un mes antes de mi renuncia, cuando le confié mi deseo de ocupar otra cartera en el gabinete para contender por la Presidencia: "No vas a ganar redactando resoluciones del Consejo de Seguridad." En tercer término, los cancilleres carecen de presupuesto, de clientela, de prebendas, de cajas negras o partidas secretas o de posibilidades de ofrecer magnos favores cuando se encuentran en funciones, a cambio de magnos aportes cuando las dejan. La rentabilidad del cargo es mínima. Con una pésima imagen institucional en la opinión pública, sin base de masas y sin presupuesto, toda candidatura iniciada allí termina nonata.

Dos factores adicionales agravaban mi situación particular. Primero, la única agenda de éxito posible, y de cierta socialización, se ubicó en el acuerdo migratorio con Estados Unidos. Hubiera beneficiado a millones de mexicanos en su país y allende el Bravo. Desde el 11-S, se estrecharon en forma dramática las probabilidades de una reforma en Washington. Lo que más me interesaba y lo que más me convenía, lo que me parecía más importante para el país, agonizaba. En su lugar permanecían el protocolo, el folclor, la próxima confrontación con Estados Unidos sobre Irak, los pleitos internos y con Aguilar, y un elemento adicional de desaliento para mí, plasmado en una conmovedora anécdota vivida por Paco y por mí en Montecarlo, al final de nuestro viaje a la India.

Realizamos una escala de trabajo en la Conferencia del Buró Internacional de Exposiciones Universales, para presentar y defender la controvertida candidatura de Querétaro, propuesta por el gobernador, y en teoría patrocinada por el empresariado mexicano y varias personalidades de relieve. Volamos de Delhi a París, de allí a Niza y en el aeropuerto de la Costa Azul nos trepamos en un minúsculo helicóptero tipo mosquito que nos transportó a Mónaco. Al aterrizar en Niza y despegar en el miniaparato, divisamos en otra pista un jumbo 747 de China Airlines, del cual, según nos informaron los funcionarios del aeropuerto, descendieron erguidos los ciento y pico oficiales chinos resueltos a promover la candidatura de Shanghai. A pesar de un sólido expediente, y un buen discurso que pronuncié en francés, y de la destreza de los propagandistas de Querétaro, los chinos nos arrasaron. La disparidad entre el mosquito y el 747 reflejaba la asimetría de los recursos invertidos por un país y otro en sus respectivas propuestas.

Esa inequidad, que aquejó a incontables cancilleres, se originaba en una contradicción de sucesivos gobiernos mexicanos, incluyendo el de Fox, y el actual: imaginarse un papel más activo y protagónico en la arena internacional, y no proveer las correspondientes partidas presupuestales. A pesar de mi cercanía con Fox y de su afinidad por los viajes y la figuración internacional, nunca le impuso a Hacienda los aumentos o ampliaciones del presupuesto necesarios para los proyectos aprobados por él mismo. Cada secretario exigía lo mismo, desde luego, pero la Cancillería costaba menos y a Fox le gustaba más. Nunca obligó a Gil Díaz a obtener y a entregar más recursos; en mi tercera negociación presupuestal, para 2003, se llegó al colmo. Gracias a la gestión de un amigo común —el presidente de la Comisión de Hacienda de la Cámara—, Gil Díaz y yo pactamos un incremento sensato de mi presupuesto para el ejercicio siguiente, y parecía que el secretario de Hacienda ultraortodoxo y despreciativo de las tareas de la Cancillería admitía que quizás, sí, podía cumplir alguna función. Pero a la hora de votar en el Congreso, sus operadores me retiraron los fondos convenidos, prohibieron que negociara mi partida directamente con Felipe Calderón y lograron que Ramón Muñoz me mandara al diablo con mis malogrados lamentos. Todo ello se debía a mi debilitamiento político en el gabinete y con Fox, quien se "empanizaba" cada vez más al acercarse las elecciones de medio período de 2003. Resolví que mis días en la SRE ya no languidecían; concluían.

Primero abordé el tema con Muñoz. Intentó convencerme de modificar la estrategia que diseñé con tranquilidad y calma en las semanas anteriores, incluyendo diversas reuniones en París con Enrique, con Elba Esther, con Cassio, con Paco Ortiz y con mis amigos de los desayunos de carnitas los domingos. Consistía en plantearle a Fox que había acabado de estar en Relaciones Exteriores, pero que no deseaba alejarme de su gobierno. Al contrario: quería que me arraigara en otra cartera, de naturaleza más política y más interna, por las razones ya expuestas. Aún hoy me pregunto si constituía una batalla perdida; en cualquier caso, entendía de manera cabal que el riesgo de una negativa presidencial era elevado. Por tanto, debía calcular mi siguiente paso si, en efecto, la disyuntiva real estribara en permanecer en la SRE o salir del gobierno.

A finales de noviembre, Muñoz concertó un almuerzo con Fox en El Estoril, donde le expuse mi petición, de la cual lo había advertido el propio Muñoz. La respuesta de Fox, en parte cordial, en parte molesto, fue negativa al extremo, aduciendo dos motivos: yo "no servía para otra cosa más que Relaciones", y él no disponía de algún cargo atractivo para mí. Mis argumentos cayeron en un vacío, sobre todo en vista de un antecedente ocurrido en el mes de julio de ese mismo año. Para mi gran molestia, Fox me reclamó después de la filtración de una encuesta de Presidencia dañina para Creel, pues varios empresarios lo exhortaron a poner en orden al gabinete, y en particular de atemperar las ansias sucesorias de algunos de sus miembros, empezando por las mías. Me insinuó que el principal portador de la queja empresarial se llamaba Ricardo Salinas Pliego; quiso saber si aceptaba cesar toda actividad de esa naturaleza. Le respondí afirmativamente, agregando que ojalá dirigiera la misma pregunta o dictara una instrucción análoga a colegas del gabinete que andaban en las mismas. En otras palabras, si le incomodaba verme inmiscuido en las luchas sucesorias intestinas, incluso desde la Secretaría de Relaciones, menos me regalaría el margen para involucrarme en esas actividades desde una atalaya más propicia. Opté por remitirle una nota explicando mis razones para buscar un cambio y si no, una salida. Fue el único memorándum en varios años que no me respondió.

Expliqué primero algo que Fox no aquilataba: la diplomacia nunca fue mi vocación, ni una localización burocrática deseada. De haber sido el caso, habría aprovechado las posiciones de mi padre y de mi hermano para ingresar al Servicio Exterior, ocupar puestos relevantes y escalar en la carrera. Cierto: le pedí a Fox la Cancillería, el puesto donde mejor podría ayudarle y donde podría designarme con mayor facilidad. Al agotarse la agenda migratoria, y a la luz de mi marginación consciente o inercial de las reuniones semanales o esporádicas de política interna, la SRE perdía interés para mí. Así se lo aclaré a Fox: "De tal suerte que en la agenda internacional de tu gobierno perduran una serie de temas que revisten una innegable importancia —Naciones Unidas, América Latina, Europa, asuntos globales— pero que carecen de vinculación interna y cuyo interés intrínseco para quien que no se especializa en las relaciones internacionales es limitado. Por otro lado, entiendo bien las razones que te llevaron a pedirme un deslinde tajante frente a cualquier aspiración sucesoria explícita. Creo haber cumplido con el compromiso que asumí contigo en julio cuando compartiste conmigo tus preocupaciones al respecto. Pero esa admonición, junto con la evolución natural de las cosas, han desembocado en mi marginación completa de la política interna [...]. Entiendo que adentrarme en estos rubros provoca reacciones adversas y suscita suspicacias; y tu entiendes la dificultad de dedicarme exclusivamente a una agenda internacional acotada por los acontecimientos posteriores al 11 de septiembre [...]. Colocado ante una responsabilidad de naturaleza política interna que encierre retos difíciles, sin duda, pero alcanzables en un plazo razonable, los costos personales tan elevados ahora vuelven a ser aceptables [...]. Entiendo que tú puedas dudar de esta convicción, que para ti sea una apuesta, y que concluyas que el riesgo es excesivo, tratándose de las carteras donde yo podría serte útil. Pero espero también que comprendas que precisamente porque no veo las cosas de la misma manera, la alternativa para mí no puede consistir en seguir ocupando un puesto sin futuro, para el que no tengo vocación mayor, y que me ha expuesto a una batería de ataques que pocos ministros han padecido en la historia reciente. Por ello, prefiero pedirte una oportunidad de servir en otra titularidad, más afín a mis verdaderas vocaciones y más cercana a los problemas torales del país. Si no resulta factible incorporarme a otra labor en este momento, contarás con mi apoyo desde fuera del gobierno. Asimismo, si resolvieras brindarme una nueva oportunidad de apoyarte desde otra trinchera, pero estimas que los tiempos no son los adecuados, cuentas con mi permanencia en Relaciones mientras implementes tu decisión."

Avisé a Muñoz que en vista de la imposibilidad de ocupar otro cargo, abandonaría el mío cuando lo decidieran en Los Pinos, antes de un viaje de Fox a finales de enero a Europa, para que mi sucesor arrancara con el pie derecho (no sabía que tendría dos pies izquierdos), o después, si preferían encomendarme esa última gira presidencial. Muñoz me informó que Fox prefería una renuncia cercana en el tiempo, y empecé entonces, desde mediados de diciembre, a preparar mi partida. El proceso en su totalidad duró un par de meses. Desde el momento cuando decidí, en la India, alejarme de Tlatelolco, hasta el día del relevo a mediados de enero, transcurrieron más de sesenta días: todo menos que una decisión intempestiva, improvisada, fruto de la precipitación, de la pasión o de la impaciencia. Cada paso fue bien o mal calculado, pero calculado al fin.

Antes que otra cosa, monté a mis costillas un viaje a Egipto con mi hijo, su hermano Carlos Miguel y Nefertiti, su esposa de entonces, para aprovechar la presencia de un colaborador cercano en la Embajada que ocupó mi padre cuarenta años antes. Tuti durmió en lo que fue mi recámara; recorrimos Abu Simbel y Aswan, presa de construcción soviética a cuya inauguración por Khruschev asistió mi padre en 1964; nos subimos al crucero de Luxor por el Nilo, buceamos en Sharm el Sheikh y cenamos en Montaza, el fastuoso palacio de verano del rey Farouk en Alejandría. Llegando a México, me trasladé casi de inmediato a Rio de Janeiro a pasar el Año Nuevo en Copacabana, un espectáculo único en el mundo, y representar a Fox al día siguiente en la toma de posesión de Lula, conocido mío desde 1991, y de Fox a través de las reuniones de Alternativa Latinoamericana. Durante el recorrido, redacté y pulí mi discurso de renuncia, diseñé el formato que le propondría a Fox y resolví la situación de mis colaboradores más cercanos. Pretendí proteger, gracias al apoyo de Fox, a mi secretario particular, a mi coordinador de asesores y a mi oficial mayor. Por mucho que pertenecieran al Servicio Exterior, la tentación para cualquier sucesor de exiliarlos podría resultar irresistible, por magnánimo que fuera; el desastrado Derbez fue todo menos eso. Gracias a Rodolfo Elizondo y a Ramón Muñoz, Fox admitió que uno ocupara el Consulado General en Nueva York, otro el de Miami, y el tercero, ya con rango de embajador, nuestra misión en Santiago de Chile. Fox cumplió las dos primeras solicitudes, a pesar de la resistencia del nuevo depositario de su confianza. Me falló a medias en el caso de Mauricio Toussaint, nombrado después de mucho estira y afloja embajador en Portugal.

Sostuve un intercambio con Muñoz sobre el perfil posible de quien me sucedería en el cargo. Con ingenuidad, pensé que no debía preocuparme de mi situación, ya que Fox me cuidaría las espaldas, en el sentido más amplio de la expresión: continuar mis políticas, mantenerme cerca y tratar bien a mis colaboradores, aunque no los conservara en sus puestos. Por tanto no incorporé ese factor en mis sugerencias. Compartí con el *chief of staff* las tres verdaderas opciones de Fox: alguien del Servicio, en cuyo caso el candidato natural era Andrés, mi hermano; alguien del PAN, es decir, Luis Felipe Bravo Mena o Felipe Calderón; o una persona con un perfil diferente, tal vez del gabinete económico, que, aun sin experiencia, poseyera el suficiente "mundo" para desempeñarse con soltura gracias al apoyo de la burocracia diplomática. Entre otros, mencioné a Luis Ernesto Derbez. Con muy pocas excepciones, este ha sido el abanico disponible para los presidentes de México desde los años setenta; los nombramientos estrictamente políticos en la Cancillería han sido desastrosos.

IX

En mi último acto sustantivo de Relaciones Exteriores firmé la demanda de México contra Estados Unidos ante la Corte Internacional de Justicia por violar las disposiciones de protección consular, es decir los artículos 5 y 36 de la Convención de Viena sobre Relaciones Consulares de 1963: el llamado "Caso Avena". Llevábamos años padeciendo los verdaderos estragos de la justicia texana en particular, y de Estados Unidos en general, que condenaba a la pena de muerte a mexicanos en algunos casos culpables, en otros no, pero siempre desprovistos del apoyo consular de abogados, traductores, llamadas a México y asesoría no jurídica. Bajo esas condiciones, acusarlos de los delitos más horrorosos, solicitar la pena capital y luego ejecutarlos se presentaba como un procedimiento económico, dotado de cierta celeridad e indoloro para la opinión pública norteamericana. En cambio, la opinión pública mexicana se incendiaba ante ejemplos de saña, de racismo y abuso, y frente a la aparente pasividad de los sucesivos gobiernos mexicanos, que disponían de armas precarias para impedir ajusticiamientos casi bárbaros, conforme al derecho norteamericano.

Al cabo de varias ejecuciones durante el primer año y medio del gobierno de Fox, incluyendo una en Texas que nos obligó a cancelar una gira presidencial, decidí, a sugerencia de los juristas de la Cancillería y de varios expertos externos, junto con abogados norteamericanos, estudiar la posibilidad de remitir el asunto a La Haya. Solicité por escrito la opinión de los excancilleres; con la excepción de Manuel Tello, coincidieron en la pertinencia y necesidad de la demanda. Se presentó a principios de enero de 2003 en Holanda; en marzo de 2004 conseguimos un triunfo trascendente, aunque incompleto. Se instruía al Ejecutivo estadounidense ordenar la revisión y reposición del juicio en cada caso patibulario pendiente donde no se hubiera realizado la notificación consular. El gobierno de Estados Unidos aceptó la sentencia de la Corte Internacional de Justicia, aunque después resolvió retirarse del Protocolo Optativo sobre notificación consular que firmó años antes. En 2008, a propósito del caso "Medellín vs. Texas", la Suprema Corte de Justicia norteamericana falló que los tratados internacionales, incluso aquellos ratificados por el Senado, no eran vinculantes para los estados de la unión, y por ende ninguno de ellos se veía obligado a revisar o reponer un proceso. Las ejecuciones de mexicanos se detuvieron durante casi diez años (entre 2003 y 2013 únicamente se produjeron tres), pero en 2014 se reanudaron. Henos ante un hito en la historia de las relaciones entre México y Estados Unidos: nunca habíamos demandado al vecino ante la CIJ. No obstante, el caso ilustró la relativa futilidad de estos ejercicios cuando una de las partes, por un motivo u otro, se niega a aceptar el veredicto final. Sentí una gran satisfacción al ordenar y firmar la demanda y al festejar nuestra victoria un par de años más tarde; me dejó un sabor de boca un poco amargo seguir sometidos a los abusos de las policías de Texas, Florida y Oklahoma, y comprobar nuestra impotencia ante la crueldad de los gobernadores de esos estados.

El 10 de enero en Los Pinos, con jaloneos y nerviosismo, finalizó mi relevo en Relaciones, junto con el de Derbez en Economía. Pronuncié un breve discurso, transmitido en vivo por los principales medios, explicando los motivos de mi renuncia, dejando entrever mis intenciones futuras y agradeciendo a Fox el haberme nombrado. Un par de días antes, el presidente me instó en público a no dejar el cargo, algo inusitado en México. Con Carlos Tello en 1977, creo haber sido el único integrante del gabinete legal en renunciar de verdad, es decir, por voluntad propia y contraria a la de su jefe, sin eufemismos o simulaciones. Al concluir el acto con Fox, ofrecí un par de entrevistas y acudí a un almuerzo con dos mujeres centrales para el curso futuro y pasado de esos acontecimientos: Elba Esther Gordillo y Adela Micha, que en apariencia tenían poco que ver la una con la otra y cuya relación conmigo era por completo distinta, a pesar del ingenioso apodo que me endilgaron algunos: Jorgitud, en honor al predecesor de Elba como líder del SNTE y presunto novio. Pero las unía un elemento en mi mente, o en mi febril imaginación: pensaba construir mi candidatura sobre los pilares que representaban para mí: el político, con Elba, y el afectivo, el más importante, con Adela. Contaba con ambas para las faenas por venir, y perdí —o nunca tuve— su apoyo. Historia que conviene relatar ahora, en lo tocante a Adela; de Elba agregaré en un momento la posdata faltante, antes de responder a las obvias interrogantes que me he dirigido a mí mismo estos años.

Mi relación —tormentosa, apasionada— con Adela comenzó en mayo de 2001, en Washington. Concluyó, al cabo de innumerables pleitos, separaciones y reencuentros, a mediados de 2004. Durante los primeros cuatro meses se mantuvo en la penumbra; luego capté que no era factible, deseable ni digno seguir ese camino. Mi matrimonio con Miriam, sin encontrarse en una etapa terminal, se agotaba; mi fascinación por Adela se acrecentaba. Sin lo primero, quizás lo segundo no se hubiera dado; sin lo segundo, tal vez lo primero habría tenido remedio. La conjunción de ambas emociones, la sensación de omnipotencia embriagadora —de querer y poder comerme el mundo— condujeron tanto a mi ruptura final con Miriam —decisión mía y carente de alternativas— como a la esperanza o ceguera de construir una nueva pareja con Adela. El enamoramiento emanaba de los meandros judíos del inconsciente por los bosques de Vileyka; de hallarme obnubilado por la compañía de una personaje público y con una vida familiar y profesional propias, que me absolvía de responsabilidades de esa índole; de manera muy probable, de mi encandilamiento pigmaliónico con una mujer de gran inteligencia e insuficientes instrumentos para aprovecharla; y por último, tal vez, de la palpitación provocada por un físico extraño, llamativo, decorado de manera excéntrica, en ocasiones estridente, pero siempre provocador. ¿Basta todo esto para el amor? No sé, pero fue más que suficiente para enloquecerme.

La publicidad asociada a mi cargo y a la profesión y visibilidad de Adela imposibilitaban la secrecía. Además, la intensidad de los primeros meses contribuyó en gran medida a una inevitable separación matrimonial de ambos —ella también era casada—, susceptible sin embargo de ser postergada, en mi caso. Como último factor en mi decisión —hasta donde uno puede contabilizar estos asuntos—, figuró la voluntad de empeñar un compromiso unilateral, sin contrapartida simultánea exigida u ofrecida, pero que produjo el efecto buscado: la cancelación casi simultanea del matrimonio de Adela. Miriam, con toda la razón del mundo, estalló en una mezcla de tristeza y coraje. Los linimentos de su inteligencia y madurez, junto con el amor de sus hijos, le permitieron, con el tiempo, perdonarme los agravios y excesos, y comprender que en el torbellino donde me hallaba no podía ser de otra manera. Saqué mis cosas del domicilio conyugal una madrugada (la leyenda urbana miente, como casi siempre); le expliqué a Jorge Andrés lo mejor posible los motivos del rompimiento; me instalé en una pequeña casa de Héctor Vasconcelos donde Adolfo Aguilar habitó hasta pocos días antes; comuniqué la noticia a quienes debían saberlo:

Carlos Miguel y Javiera, Fox, mi hermano y, más tarde, Marina. Lo conversé también con Enrique en París, y procedí a arrancar una nueva etapa de vida, envuelta en una serie de confusiones y vallas insuperables y provocadoras de soluciones acomodaticias.

Destellaba, por obvio, un triple pecado de origen. Primero, no suelen prosperar las relaciones entabladas desde matrimonios anteriores y que provocan su terminación. Abundan los sentimientos dañados y las personas perjudicadas, empezando por los niños. Adela procreó dos y no parecía sencillo convencerlos de que el señor que dormía en su casa, culpable de la separación de sus padres, era "a toda madre". La carga emocional es elevadísima, porque la inversión afectiva lo es también: cada día se debe justificar la ruptura anterior, suprimir cualquier viso de arrepentimiento, y regodearse en la felicidad cotidiana, cosas que a partir de cierto momento en la vida no se dan con facilidad. Acaba uno pidiendo demasiado, como en la canción de Juan Gabriel, a una relación nacida de la pasión y la novedad, pero no siempre construida sobre bases sólidas.

Desde un principio, durante un viaje a Nueva York en octubre de 2001, ya ambos viviendo solos, conversamos sobre nuestro futuro, si deseaba figurar en el mío, de perseguir yo una carrera política, y de buscar la Presidencia. Conocíamos al detalle las consecuencias de una decisión de esa naturaleza para la vida personal, profesional y privada de cada uno. También sabíamos —no nos chupábamos el dedo— que nos encantaba la idea: lanzarme a una campaña con una mujer como ella a mi lado; ella, ser candidata a primera dama, y acompañante de una figura pública que suscitaba críticas y rechazos, también, pero admiración y respeto en ciertos sectores. Una amiga común se unió a algunos de estos intercambios neoyorquinos y nunca corrigió mi impresión inicial: Adela cobró plena conciencia "de qué iba", de las implicaciones, y lo aceptó con gusto, compromiso y total sinceridad. El malentendido provino de mi ingenuidad y obnubilación. Cuando uno orilla a la gente, al calor de las pasiones y los afectos, la gente, piensa y realiza cosas insensatas, inviables y dañinas, con toda convicción y cariño. Yo orillé a Adela y ella se sumó entusiasta a un proyecto cuyos costos no calculó. Nunca pensé que hubiera engaño o mala fe de su parte; inocencia y arrojo, quizás.

El tercer pecado, incidental, fue Televisa. Desde el inicio, ni Adela ni yo supimos apartar su nexo con la empresa. Nos conocimos en Brasilia, yo de visita oficial, ella buscando a Gloria Trevi en la cárcel. Me pidió apoyo ante los brasileños, y Televisa me reiteró la solicitud. Hasta el último día, la televisora ocupó un papel significativo en la locura entre todos los involucrados. Muchas personas —incluyendo a algunas que pertenecen a mi círculo de amigos más íntimos— sospecharon que la injerencia de Televisa jamás fue desinteresada. Sí sé que al final Adela se sintió obligada, con algo de fundamento, a escoger entre su carrera en la televisión y yo. Para mí, su apoyo, presencia y aparición pública en la campaña, ante todo a la luz del compromiso de Nueva York, resultaban imprescindibles. Para ella, carecía de cordura tirarse del precipicio, dadas sus obligaciones con sus hijos, su estilo de vida y su fascinación por las apariciones públicas diarias. Dados los inevitables diferendos surgidos en cualquier pareja cuyo lazo se ve interrumpido de manera recurrente por conflictos y reconciliaciones —y reclamos por lo acontecido durante los intervalos entre unos y otras—, hoy no me sorprende su renuncia a correr el riesgo. Al mismo tiempo, me persigue la duda de si se lo propuso en verdad alguna vez, si lo conversó con los altos ejecutivos de Televisa y si ellos adoptaron —o hubieran adoptado— una actitud tan contraria y tajante como ella se imaginaba o suponía. Pasados los años, dejé de indagar al respecto; prefiero quedarme con la pregunta, y no con una respuesta difícil de corroborar. Era al final de cuentas lo de menos: la clave del triste desenlace de ninguna manera radicaba allí.

El hecho es que conté con ella cuando me lancé a la aventura y me vi forzado, una y otra vez hasta el truene, a prescindir de ella. Sucedió lo mismo con Elba Esther, con dos diferencias: la relación afectiva era por completo distinta, desde luego, y de alguna manera la maestra me avisó a tiempo. Hizo hasta lo inimaginable para persuadirme de permanecer en Relaciones: viajó a París y Londres para conversar conmigo y con Enrique para rogarle que me disuadiera de una decisión equivocada. Su razonamiento era sensato: no te apoyo para la SEP, eso es inviable, pero sigue en Tlatelolco, después veremos cómo convencemos a Fox de que desista de su respaldo incondicional al intento sucesorio de Creel, como lo desea Marta. Más tarde, especulé que no sólo se abstuvo de respaldar mi aspiración a cambiar de cartera, sino que ejerció una especie de veto en el caso de Educación Pública. Por más cariño que me tuviera, no le cabía la menor sospecha de que si me percataba de cualquier exceso o abuso suyo con los recursos de la Secretaría, lo denunciaría y lo detendría. No pienso, hasta la fecha, que ella en lo personal y legal haya incurrido en delitos de esa índole, pero no dudo que sus empleados y acólitos, sí, aunque su tren de vida y la divulgación generalizada del mismo induzcan a muchas personas a pensar lo contrario. Existían, pues, motivos válidos para su oposición.

Aunque conversamos incontables veces sobre cómo me podría apoyar si saliera de la Cancillería y persiguiera la Presidencia, supe de viva voz que resolvió no hacerlo. Para mi pesar, nunca recibí en mi intento por la Presidencia un centavo ni de ella ni del SNTE, o soporte logístico o de recursos humanos. Menos aún lo más importante: aprovechar la oportunidad de dirigirme a los maestros en cada ciudad de la república para aprender a hacer campaña, llenar los recintos y disponer de un aparato en todos los pueblos chicos y grandes del país. Elba me lo advirtió, tarde para mi gusto, y sin confesar que su decisión no era de carácter provisional o vinculada a los tiempos de Fox, sino definitiva. Después de insistir, desde nuestro primer encuentro en 1994, de que debiera ser candidato a la Presidencia, por un camino u otro, mudó de parecer cuando la posibilidad concreta se materializó.

Las dos ausencias, debidas a errores míos de juicio, no a traiciones o repentinos cambios de opinión de terceras, dificultaron de entrada mi esfuerzo. En ese momento desconocía el desenlace: en mi mente, daba por sentado ambos respaldos; mi cálculo incluía su presencia activa. El resto de la ecuación era transparente. Una vez tomadas dos decisiones —la mía, de buscar la candidatura a la Presidencia; la de Fox, de no abrirme el camino a ella, y de negarse a transferirme a otro cargo—, los tiempos no autorizaban mayores márgenes de maniobra. Para muchos observadores, la inminencia de un ataque de Estados Unidos a Irak no admitía discusión. Bush y Powell señalaron que, con o sin aval de la ONU, las temperaturas del verano mesopotámico impedían un retraso más allá de abril, para terminar con Hussein antes de junio. Pronto se disipó cualquier incertidumbre sobre la decisión de Washington y Londres de proceder de manera unilateral de no conquistar los votos necesarios en el Consejo de Seguridad. De tal suerte que si no me retiraba de Relaciones en enero, debería liderar la posición de México en el Consejo de Seguridad, o bien relevando a Aguilar Zínser (cambio ya aprobado por Fox, según Ramón Muñoz), o bien manejando yo mismo las negociaciones y definiciones en Nueva York.

No tenía ninguna duda sobre nuestra postura en el Consejo, ni sobre cómo sería recibida en Washington y en el seno del empresariado nacional. En noviembre celebré una larga reunión sobre el tema con varios integrantes del Consejo Mexicano de Hombres de Negocios, y me percaté de su intranquilidad por nuestra inclusión en el Consejo. Se abstenían de argumentar en forma explícita y mayoritaria que debíamos apoyar a Estados Unidos (algunos sí), pero preguntaban de modo reiterado qué diablos hacíamos allí y qué nos importaba si los norteamericanos invadían o no Irak o derrocaban o no a Saddam Hussein. Su sentimiento no era del todo público; el innegable disgusto empresarial me afectaba en lo personal. Sólo podría aventurarme a un inicio de campaña si recolectaba copiosos recursos desde el arranque (al final, acabé por recaudar casi cinco millones de dólares), y no provendrían más que de los empresarios. Me parecía aberrante disputar con ellos por Irak, la ONU y Bush, por un lado, y por el otro solicitarles fondos para mi campaña en ciernes. O me iba antes del ineluctable enfrentamiento con Washington en la ONU y obtenía cuantiosas contribuciones del empresariado, o permanecía en el cargo y manejaba todo con destreza como canciller, pero enterrándome como candidato. Debía renunciar antes del conflicto, rogándole a Alá que Fox, Derbez y Aguilar sortearan la tormenta venidera y conservar intactos mis nexos con los magnates. No había alternativa.

De haber conocido el resultado final de mi quijotesca persecución de la Presidencia, ¿habría actuado igual? ¿Tenía sentido pedirle a Fox un cambio de titularidad, por ejemplo a la SEP, si el movimiento me abriría espacios para contender, en contra de su firme y expreso deseo —y el de Marta— de impulsar a otro candidato? Cuando le dirigí una versión de esta pregunta a Fox en el 2014, y un par de días después, a Elba Esther, Fox en su hotel en México, Elba en el hospital para presos de Tepepan, las respuestas de ambos ilustran la complejidad del caso. Fox aceptó en efecto que hubiera sido mejor secretario de Educación, durante los cuatro años restantes de su sexenio, que Reyes Tamez. Expresó lo contrario durante nuestro almuerzo en El Estoril en 2002, cuando lo increpé por compararme con un ideal y no con el secretario real. Pero Elba, con la ventaja de la lucidez procedente de la derrota total, me aclaraba: "El problema no era la SEP, sino Creel." Argumentó siempre, con falsa ingenuidad, que aun desde Relaciones era factible convencer a Fox (a Marta menos) de que yo resultaría mejor candidato que Santiago. No creí que Fox fuera susceptible de ser convencido, pero tampoco avalo la explicación simplista ofrecida por Ramón Muñoz diez años después de los acontecimientos: según él, me excedí al pedirle a Fox un cambio que implicara encontrar relevos en Relaciones, la SEP y otras dependencias, así como nuevos cargos para los titulares desplazados. Para mí, hasta hoy, el cálculo sucesorio fue clave para Fox. Le importaba más despejarle el camino a Creel que el desempeño de cualquiera en la SEP, en Relaciones Exteriores o incluso en el staff de Los Pinos.

La auténtica interrogante es otra. ¿Cómo le habría ido a Fox si me hubiera permitido contender? Creel perdió, Calderón ganó la interna del PAN y durante seis años le hizo la vida de cuadros a la "pareja presidencial", imponiéndole al país una pesadilla inédita de sangre y violencia. ¿Hubiera sido yo peor candidato foxista que Creel? ¿Habría yo sido peor presidente que Calderón? ¿Hubiera tratado peor a Fox que Calderón?

Mi salida fue recibida con un alud de comentarios dentro y fuera de México. En Estados Unidos y Europa, los principales periódicos lamentaron que al no prosperar mi agenda migratoria con Washington, me vi obligado a abandonar un cargo vuelto irrelevante. En México proliferaron las columnas, unas deleitándose con todo tipo de interpretaciones, otras afirmando el carácter previsible e ineluctable del suceso, y la mayoría reflejando una esquizofrenia palmaria. Aplaudían la partida de un personaje detestable a sus ojos, y a la vez deploraban la desincorporación del equipo de Fox de su "inteligencia" o "cerebro". Obvio: perduraban en el gabinete muchos integrantes de gran intelecto o competencia, pero en efecto quizás Fox indujo la salida del que "más mundo" poseía. Complicado saber si le importaba.

Fuera del país se gestó una reacción insólita y a la vez comprensible. Para un simple ministro de Relaciones Exteriores de un país con ranking intermedio en el firmamento internacional, sorprendió la repercusión de mi renuncia. Rara vez medios "de casa" le atribuían semejante espacio a un acontecimiento sin consecuencias. *The New York Times*, por ejemplo, publicó un editorial titulado "Retrocediendo en México": "Los presidentes Fox y Bush tomaron posesión hace dos años y prometieron forjar una nueva asociación que uniera ambas riberas del Río Bravo, caracterizada por un nivel de cooperación antes. No ha sucedido, y en consecuencia, Jorge Castañeda, el ilustrado y visionario (*enlightened*) canciller mexicano, ha renunciado. El centro de la nueva relación debía ser un nuevo acuerdo sobre migración. Enfrentó resistencias iniciales en el Congreso y los ataques del once de septiembre reordenaron las prioridades de la Casa Blanca. Desde entonces, Washington no ha reconocido que un arreglo migratorio que sirva las necesidades económicas y a los que viven ilegalmente en este país es compatible con el aumento de la seguridad. La omisión de la Casa Blanca le ha infringido un daño político a Fox. El gobierno mexicano debió superar un escepticismo generalizado y preocupaciones sobre la soberanía nacional para vender un nuevo entendimiento con la superpotencia; Castañeda era el partidario más explícito de lazos más cercanos con Estados Unidos. Su frustración sobre el impasse en esta relación contribuyó a su decisión de renunciar. Castañeda trabajó sin descanso para promover un acuerdo migratorio, combatir el tráfico de drogas y otros temas de seguridad. Terminó con la tradición mexicana de vínculos calurosos con Cuba para apoyar las denuncias de las violaciones de derechos humanos por Fidel Castro. La administración Bush debe tomar nota de la frustración de Castañeda y mejorar las relaciones con nuestro vecino." El otro diario estadounidense, con el que había publicado desde 1986, *The Los Angeles Times*, también insistía en el tema migratorio pero agregaba un ingrediente más personal, vinculado al tema cubano, y a la izquierda mexicana, y gracias a una filtración mía, incluía el elemento de Irak: "Al hablar con la verdad sobre la compleja relación entre Estados Unidos y México, Jorge Castañeda trajo aire fresco a la política mexicana. Pero el Ministro de Relaciones Exteriores intentó hacer más de lo que era posible y no sorprende que su frustración lo haya llevado a la renuncia. Es posible que lo que se necesite ahora sea una relación más suave entre México y Estados Unidos, pero la chispa de Castañeda dio una nueva visión a los asuntos de migración, y si los ataques del 11 de septiembre no hubieran ocurrido, pudieran haber cambiado para siempre las políticas de la frontera. Obviamente Bush quiere que México esté de su lado ante cualquier decisión que conlleve a un ataque militar contra Irak, pero las encuestas muestran que la gran mayoría de mexicanos se oponen a cualquier guerra. La renuncia salvó a Castañeda de tener que navegar por este pantano. La izquierda mexicana también buscará volver a tener una relación cercana con Cuba, y esto podrá significar abandonar la pelea por los derechos humanos que había sido el pilar de la política externa de México. La animadversión de Fidel Castro hacia Castañeda forzó al ex secretario a malgastar capital político en su propio país, denunciando la violación de derechos humanos en Cuba. Pero México mantuvo un rol protagónico en la región. Seguramente Fox extrañará a su amigo y mentor intelectual, pero si mantiene la relación estable con la ayuda del gobierno de Estados Unidos, podrá y deberá resistir al clamor de regresar el tiempo atrás."

En Europa la respuesta fue semejante. El diario español *El País*, cercano a mí desde 1986, cuando comencé a escribir para su página editorial, comentó lo siguiente: "Con la renuncia del canciller Jorge Castañeda, Fox pierde a la más brillante estrella de su gabinete en un año político de gran importancia. Desde mediados del año pasado se especulaba con la dimisión de Castañeda, que quería colocarse en una importante cartera doméstica, en línea con sus deseos de apuntalar una posible candidatura presidencial en 2006. Pero sus planes no cuajaron y decidió despedirse de Fox. En la noche del miércoles a bordo del avión presidencial, el mensaje presidencial evidenció la confusión a la que se enfrenta Fox. 'Lo que estoy haciendo es contemplando su petición y decidiendo si aceptamos esa renuncia que está solicitando o si le insisto en que continúe', dijo el presidente." *Le Monde* explicaba más o menos lo mismo, citando a un diario mexicano: "La renuncia de Jorge Castañeda es una prueba del cambio democrático", afirma el periódico *El Universal*. Visto desde el extranjero, la salida de un ministro no tiene nada de trascendente. Pero dentro del contexto político mexicano, esto es algo nuevo. Esta vez, no se trata de una separación arbitraria tomada por un presidente cuyos poderes son ilimitados, ni de un golpe mediático para señalar a un chivo expiatorio por los errores del gobierno, y tampoco se trata de una maniobra para equilibrar a los poderes."

Los latinoamericanos, por último, manifestaron la esperanza de que mi alejamiento no modificara un rumbo aprobado por muchos, y denostado por otros. Así, Andrés Oppenheimer en *La Nación* especuló que: "Es muy pronto para afirmarlo, pero la renuncia de Castañeda podría debilitar lo que ha sido uno de los mayores logros del gobierno de Vicente Fox: terminar con el viejo nacionalismo a ultranza y convertir a México en uno de los actores más influyentes de la diplomacia hemisférica. Castañeda sacudió la política exterior mexicana, convirtiéndola en más procreativa, más pragmática y más pro democrática. En otras palabras, la adecuó al cambio que tuvo lugar en México tras la victoria en 2000 del primer presidente surgido de la oposición. Castañeda invitó a los grupos pro derechos humanos a establecerse en México, y apoyó demandas internacionales para que Cuba y otros regímenes totalitarios respeten los derechos humanos. La vieja guardia de la izquierda y el nacionalismo lo tildaron de pro americano y trataron de pintarlo como un lacayo de Washington. Castañeda redefinió el nacionalismo mexicano, y quizás el latinoamericano. En noviembre pasado, dijo que el nacionalismo y el antiamericanismo tenían sentido en los siglos XIX y XX, pero que ya no son viables en un mundo globalizado. Durante sus dos años como canciller, Castañeda obtuvo varios éxitos: ganó una banca para México en el Consejo de Seguridad de la ONU, ayudó a convencer al gobierno de Bush de eliminar el vergonzoso proceso anual de certificación de drogas e introdujo en la agenda de Estados Unidos con México el tema de la legalización de casi 3.5 millones de mexicanos indocumentados. Asimismo, México se convirtió en un defensor de la democracia y los derechos humanos, y fue un actor clave en gestiones silenciosas para tratar de solucionar crisis regionales en Colombia, Venezuela y la Argentina."

Como se comprenderá, dejé Tlatelolco con el agridulce sabor de boca de una labor reconocida por algunos, repudiada por otros y asimilada por mí con gran satisfacción y sin arrepentimiento al haber puesto término a una misión —u obsesión— de la vida.

Libro 10
La candidatura, la campaña,
los programas y el Plan B

Con Tachi, Enkidu,
Jerónimo, Jorge Andrés
y Carlos Miguel,
Vail, 2014

Con Pedro Sáez y
Federico Reyes Heroles,
Indonesia, 2013

I

El mundo al que volví despidiéndome de Relaciones no era el mismo que cuando ganó Fox en 2000. México cambió menos de lo que deseaba; la realidad internacional, mucho más de lo que hubiera imaginado. Por primera vez desde el fin de la Guerra Fría en 1989, la hiperpotencia restante sintió amenazada su seguridad insular, impoluta desde el bombardeo japonés a Pearl Harbour en 1941. Su respuesta, como todas las reacciones a un ataque artero, fue errática y excesiva. Quizás el impacto más trascendente del 11-S se produjo en la sicología estadounidense, desacostumbrada después de la caída del Muro de Berlín a peligros reales o imaginarios para su integridad territorial. La sociedad norteamericana replicó con la estridencia lógica de un pueblo introvertido —o aislacionista, como dicen ellos— a una ofensa incomprensible e inmerecida. Por su parte, los combatientes árabes del mundo islámico veían de modo distinto la ecuación de agravios mutuos: el choque cultural, Palestina, el racismo. Daba igual: los neoyorquinos no entendían que el nivel de resentimiento árabe —y/o islámico— pudiera justificar un acto de la magnitud del atentado contra las Torres Gemelas.

Esa incomprensión norteamericana impedía ver el cambio dramático transcurrido en la correlación de fuerzas *políticas* a escala mundial. La obsesión con el terrorismo cegó a muchos responsables en Washington ante otra modificación en la escena internacional: el surgimiento de China y su consiguiente impacto en la correlación de fuerzas económicas mundiales. Cuando llegué al gobierno con Fox, apenas se vislumbraban en el horizonte estas tendencias. Algunas fueron vaticinadas por mentes más previsoras que las nuestras; cuando me retiré de la administración pública, eran ya una realidad incontrovertible y sorprendente.

Más allá de los errores de inteligencia o de análisis por parte del inmenso aparato de espionaje norteamericano, el surgimiento del Islam árabe como una fuente de peligro, agresión y odio para el llamado "mundo occidental" era imprevisible. Que se haya germinado en el interminable conflicto entre palestinos e israelíes en una tierra que pertenece a ambos; que el crecimiento insólito de la población islámica y/o árabe de primera o segunda generación en Europa haya creado relevos nuevos y locales de iras lejanas y ancestrales; que se haya diagnosticado a tiempo la radicalización de una cosmología totalizante, donde la separación entre mezquita y Estado es nula; que el acceso a dispositivos capaces de infligir daños inconcebibles a grandes poblaciones, dada la disposición de algunos a perder la vida, se haya generalizado; nada de eso obstaba para que la sorpresa fuera inconmensurable frente a cualquier otro acontecimiento después de la desaparición del socialismo real.

Existen versiones moderadas del Islam no árabe: Indonesia, en menor medida Pakistán, la India y Bangladesh y algunas zonas del centro de Nigeria. Subsisten islotes de sociedades árabes imbuidas, en apariencia, de una religión musulmana menos invasiva y radical, y capaz de establecer una delgada pared de vidrio entre el ámbito de Alá y el de César. Pero son sólo islotes: Túnez, Jordania, Marruecos cada vez menos, Argelia, a un costo terrible en los años noventa. Se volvió trágicamente cierta, aunque parcial, mañosa y excesiva, la exclamación de los servicios de inteligencia occidentales: "No todos los musulmanes son terroristas, pero todos los terroristas son musulmanes." Parcial, porque sobrevivían hace diez años —y hoy— grupos como las FARC en Colombia, la ETA en España y algunos más; mañosa, porque la causalidad aparente nunca fue demostrada o explicitada; y excesiva, porque la motivación de muchos grupos terroristas de fe islámica no residía de manera comprobable en su religión. Para Estados Unidos, Europa Occidental y sus aliados, renuentes o entusiastas, en América Latina, África y Asia, la idea de que la principal ideología rival de la democracia liberal y de la economía de mercado no fuera el socialismo o el tercermundismo secular, sino una fanática mezcolanza religiosa, cósmica y antediluviana, no cuadraba con el pensamiento imperante. Hoy, la confusión es mayor. Los conflictos sectarios entre grupos islámicos, dentro de las organizaciones palestinas y en el seno de las comunidades de origen árabe en Europa desafían cualquier interpretación sencilla: ni la oratoria de gran vuelo de Obama en El Cairo, Indonesia o Jerusalén, ni el racismo de las urbes europeas, ni el antisemitismo escondido detrás de muchos de los reproches a Israel.

Estados Unidos seguirá como la superpotencia ordenadora del mundo por lo menos durante las siguientes tres décadas. No como antes: Washington y el pueblo norteamericano se niegan a sufragar el costo humano y en ocasiones material de su hegemonía. Para finales de 2004, el consenso estadounidense sobre la primera represalia por el 11-S —la invasión de Afganistán— se esfumó con el desastre de la segunda —la invasión de Irak—. Los demás países ricos no aceptaron la imposición norteamericana con la docilidad anterior; las llamadas economías emergentes no sintieron que la menguada preeminencia estadounidense justificara su arrogancia. La cacería de culpables por la agresión a Nueva York de 2001 sólo culminaría diez años más tarde con la ejecución de Bin Laden. Entretanto, los estadounidenses perseguían fantasmas, unos más delirantes que otros —Saddam Hussein, Hugo Chávez, Mahmud Ahmadineyad— y exhortaban a sus amigos y aliados a acompañarlos en sus delirios. La mayoría se resistía, provocando su ira y alejamiento. Pero el unilateralismo de Bush y la insistencia de Washington en arropar sus pasiones, venganzas y prejuicios en los hábitos encomiables de los derechos humanos y la democracia, desvirtuó a estos sin adornar a aquellos. Faltaría el advenimiento de Obama y el anuncio de un supuesto nuevo multilateralismo para encender la esperanza de acomodar el mermado ascendiente de Estados Unidos no en un mundo multipolar —que todavía no existe— sino en un orden internacional más equilibrado. Éste se inspiraría en valores universales y se vería dotado de instrumentos más eficaces de defensa de dichos valores, de actuación rápida y de injerencia consensual. Lo seguimos esperando.

En el ámbito económico, para el 2003 abundaban las evidencias del agotamiento del impulso exportador del Tratado de Libre Comercio de América del Norte. La entrada de China a la Organización Mundial de Comercio, la deficiente infraestructura mexicana, el enfriamiento de la economía norteamericana en 2001 y el fin del ciclo de expansión iniciado con la llegada de Clinton en 1993 impusieron una serie de límites al modesto crecimiento mexicano anclado en el acceso a Estados Unidos y Canadá. Sobraban pruebas de que México no ingresaría a una etapa de auge económico sólo gracias al empuje anterior. El boom de precios de recursos primarios originado por la insaciable demanda china y de la India prácticamente no nos beneficiaría. La vertiginosa transformación de China en el corazón manufacturero del mundo desplazó a México como destino de inversión extranjera, como proveedor del mercado más grande del orbe y como fuente de innovación y tecnología. Sin crecimiento, sin una reforma fiscal de gran envergadura y sin un claro mandato de las urnas, los anhelos sociales del equipo de Fox se disiparon, como se desvanecerían los de Calderón y de Peña Nieto, por lo menos durante el primer tercio de su sexenio. La debilidad interna procedente de esas transformaciones sociales, pospuestas una y otra vez, le impidió a México colocarse en una posición atractiva, o por lo menos no adversa, en el inestable firmamento internacional. Peor aún, pronto nos atrapó una vorágine de curvas invertidas y perversas.

A partir de la entrada de México al GATT en 1985, se agudizó la sensibilidad del país frente al mundo. El intercambio exterior, el turismo, las remesas de los migrantes, la inversión foránea, los flujos migratorios de centro y sudamericanos en tránsito por México, la proliferación y la explosión demográfica en las ciudades fronterizas: todo ello contribuyó de manera innegable al progreso del país. Hoy, a México le afectan más que nunca las vicisitudes externas, para bien y para mal, y su sociedad se encuentra más integrada a América del Norte y al ámbito internacional que en cualquier momento de su historia. Nuestros empresarios, intelectuales, profesionistas y élites de administración pública se han globalizado a un ritmo cada vez más acelerado aunque insuficiente.

Pero de modo desconcertante, "el mundo" de los presidentes de México ha decrecido. Hasta Carlos Salinas, cada primer mandatario mexicano ostentaba una personalidad pública más cosmopolita que la de su predecesor. Echeverría, más que Díaz Ordaz; López Portillo, más que Echeverría; De la Madrid más que López Portillo (aunque menos culto), y por supuesto Salinas de Gortari más que su mentor en la Secretaría de Programación y Presupuesto. La tendencia se invirtió en 1994 con Zedillo (habría acontecido lo mismo con Colosio), y se agravó. Zedillo, a pesar de sus estudios en Yale, carecía del mundo de Salinas, por las razones —familiares, regionales, profesionales— que fueran. Fox, aunque fue director general de Coca Cola para América Latina, no residió durante varios años en uno de los centros académicos más notables del mundo, como Zedillo. Calderón, antes de pasar unos meses en Cambridge, en teoría cursando una maestría de Harvard, seguía siendo un provinciano de Michoacán. En su honor, Peña Nieto se vanaglorió siempre de sus orígenes mexiquenses, pero es el presidente de México más provinciano desde su paisano López Mateos. Hoy, cuando el país interactúa como nunca con el resto del mundo, y cuando el bienestar de una enorme cantidad de mexicanos depende de ese lazo con el mundo, nuestros presidentes, más allá de sus múltiples y diversos talentos, revisten cada vez "menos mundo". Esta paradoja hubiera encontrado un remedio parcial en cualquier combinación de tres designaciones durante los sexenios de Fox y de Calderón: en Relaciones Exteriores, en Hacienda, o en la Oficina de la Presidencia. No fue así.

La Secretaría de Hacienda y la Oficina de la Presidencia representan una especie de pilón para mandatarios insulares. A condición de que nombren allí a cosmopolitas dotados de una visión estratégica del exterior —José Córdoba con Salinas, Guillermo Ortiz o Ángel Gurría con Zedillo—; así pueden suplir sus propias debilidades en la materia. No obstante, en el sentido estricto, esas virtudes no son indispensables para esos puestos. En Relaciones sí, pero sólo surte efecto el "mundo" de un canciller si la solidez de su nexo con el presidente le autoriza a hablarle con franqueza, sin miedo a perder su confianza o el puesto. Luis Ernesto Derbez gozaba de esa cercanía con Fox, pero resultó provinciano y desprovisto de pensamiento estratégico; Patricia Espinosa, diplomática de carrera cortada con tijera a la Tlatelolco —con oficio y disciplina, sin ilustración ni imaginación— no conocía a Calderón cuando la designó, y según todas las versiones disponibles, el presidente la aterrorizaba. A dos años de haber ocupado el cargo, José Antonio Meade no parece disfrutar de la cercanía suficiente con Peña Nieto ni estar dispuesto a jugarse el puesto como para cambiar la ecuación de sus dos predecesores. De suerte que en un intervalo crucial para el país, caracterizado por cambios dramáticos en el mundo, en la región y en México, nuestras máximas autoridades se encontraron huérfanas de ideas, de mirada de largo plazo y familiaridad con el resto del mundo. Una lástima, en parte atribuible a mí, pero más a Fox, a Calderón y a Peña Nieto, al no asignarle a este tema la prioridad que merecía, y sobre todo a las élites mexicanas, cuyo provincianismo impide cualquier debate sustantivo sobre el lugar y el papel de México en el mundo.

De esta premisa correcta extraje una conclusión errónea. Nunca como en la primera década del nuevo siglo necesitó México un liderazgo, cosmopolita y extrovertido. Según mi análisis, allí yacía mi primera ventaja en la carrera por el 2006. Primera y última...

Dediqué los siguientes tres años a construir una candidatura presidencial en múltiples frentes. En todos avancé; en ninguno, lo suficiente. La idea de la candidatura presuponía una sinergia compleja, o un círculo virtuoso. Conseguir financiamiento permitía comprar tiempo-aire; salir en la televisión y la radio garantizaba figurar en las encuestas; gozar de aprobación o de una sólida intención de voto en los sondeos incrementaba las probabilidades de que un partido preexistente o incipiente me postulara; y construir la opción de una candidatura sin partido, o un partido propio, autorizaba a pensar que las otras alternativas se tornaran más viables. A las cuatro exigencias —conseguir dinero, alcanzar una fuerte exposición en medios, crecer en las encuestas y abrir un camino seguro al registro— se agregaba la necesidad de un esquema programático detallado y sofisticado, superior a cualquier otro en México, y traducible a un lenguaje de campaña con recursos menos abundantes que otros. Además debía conformar sobre la marcha un equipo de campaña que combinara competencia, entusiasmo y experiencia, y —quizás lo más cuesta arriba— adquirir yo mismo los usos y costumbres de un candidato novato en un país de democracia en ciernes. En este rubro, mucho operaba en mi contra: apariencia, estilo, trayectoria profesoral y conflictiva, y mi falta de conocimiento de los ritos de campaña obligatorios, asimilables y que con el tiempo pueden incluso resultar aleccionadores: comer tacos de buche o nenepil, besar niños acatarrados, hablar ante tres gatos, saludar cuando nadie lo conoce a uno.

Tenía lógica mi estrategia. Hasta la segunda mitad del 2004, la evolución de los acontecimientos siguió la ruta trazada. Hoy discierno los éxitos y los reveses con la serenidad que brinda la retrospección y la resignación que provoca la derrota, siempre ilustrativa y fructífera. Como en varios temas, la pertinencia de mi esfuerzo se evidenció en las dificultades sufridas por otros, años después, para alcanzar lo mismo: una candidatura presidencial de sustancia y competitiva, sin partidos esclerotizados y monopólicos. La futilidad del empeño se refleja en los repetidos fracasos políticos y legislativos acontecidos. Al día de hoy, la viabilidad de una aspiración presidencial externa al sistema de partidos es casi nula. Pero el intento no carecía de sentido o de verosimilitud. Guardo en la memoria la intensidad del momento o del esfuerzo y la experiencia vivencial; prefiero haberme equivocado por tratar que por desistir.

II

El desafío político-jurídico mereció mi primera atención, porque sus plazos eran más prolongados. Desde marzo de 2003, gracias a Gonzalo Aguilar Zínser, hermano menor de Adolfo, amigo de años y hombre noble que supo colocarse por encima de nuestro diferendo y apoyar la candidatura con una generosidad y sapiencia fuera de serie, comencé a construir la opción de un amparo contra el Código Electoral (COFIPE) vigente. Éste negaba el registro a una candidatura sin partido; por lo tanto, era preciso llevar el litigio hasta la Suprema Corte y la Corte Interamericana de Derechos Humanos en Costa Rica. Aguilar Zínser concertó una conversación con Fabián Aguinaco, gran "amparista", para que llevara el caso; le pedí a Ignacio Morales Lechuga que notarizara el procedimiento. Aguinaco nos explicó que necesitábamos un acto de autoridad del IFE contra el cual ampararnos; no bastaría un simple rechazo al registro de la candidatura por extemporánea. Sin una justificación legal más amplia, jamás prosperaría un amparo contra una ley electoral que en nuestra opinión violaba el derecho constitucional (Artículo 35) de todo mexicano a votar y ser votado.

Me propuse convencer a Luis Carlos Ugalde, flamante consejero presidente del IFE, de que nos abriera el paso a un recurso de esa naturaleza. Nos reunimos bajo cierta discreción Ugalde, su colaborador cercano Alejandro Poiré y yo; expuse lo que planeábamos hacer, y cómo no podríamos avanzar si ellos no actuaban como cómplices de la estratagema al negar mi registro, invocando el COFIPE. Con solidaridad, convicción y operatividad, Ugalde nos entregó una carta rechazando la petición de registro debido a la incompatibilidad de las candidaturas sin partido con la legislación electoral de México. Con ese documento en mano, Aguinaco, Aguilar y todo el equipo nos presentamos en la sede del Poder Judicial de la Federación y sometimos nuestro recurso de amparo el 6 de febrero de 2004. No sería hasta el 2007, en San José de Costa Rica, cuando se nos daría parte de razón, y parte no. En el ínterin, abrimos una pequeña cuarteadura en el monolito político mexicano, que para el 2014 se habría transformado en una grieta aún estrecha, pero más ancha y susceptible de ser ampliada en las elecciones municipales y estatales del sexenio de Peña Nieto y en las elecciones federales de 2018.

La tesis esgrimida por los abogados destellaba sencillez y elegancia. El derecho consagrado en el Artículo 35 constitucional no incluía condicionamiento alguno; se ejerció a través de candidaturas sin partido entre 1917 y 1946. Sujetarlo a una ley secundaria limitativa violaba tanto mi derecho constitucional como tratados internacionales de derechos humanos suscritos por México. Gracias al tercer abogado del equipo, Santiago Corcuera, quien se unió a nosotros casi desde el inicio, se contempló siempre la opción de llevar el asunto a la Comisión y a la Corte Interamericanas de Derechos Humanos. A partir de un fallo en Nicaragua algunos años antes, Corcuera sostenía que el derecho a candidaturas no postuladas por partidos políticos quedó consagrado en la jurisprudencia interamericana y amparado por la Convención Americana de Derechos Humanos, o Pacto de San José. De no concedernos la razón la Suprema Corte (SCJN) en México, las instituciones regionales sí lo harían.

Condujimos el amparo etapa por etapa, del magistrado unitario al tribunal colegiado, hasta que la SCJN atrajo el caso y deliberó al respecto en agosto de 2005. La Corte nunca se pronunció sobre el doble fondo del asunto, a saber, si el COFIPE era o no violatorio de la Constitución, y si le correspondía a la SCJN conocer de ello. Falló sobre temas procedimentales, no exentos de sustancia, pero al final de cuentas secundarios.

La crítica que varios ministros nos hicieron —junto con abogados y comentaristas— radicó en la elección que hice, aconsejado por Aguinaco, Aguilar Zínser y Corcuera, de recurrir al amparo y, al final del camino, a la Suprema Corte, en lugar de dirigir mi queja al Tribunal Electoral de la Federación. Como dijo la ministra Margarita Luna Ramos, que votó en mi contra ¿A donde querían que fuera? El Tribunal en principio no veía asuntos constitucionales; la Corte no veía asuntos electorales. No existía ventanilla a la cual podía acudir la víctima, término controvertido en mi caso, pero certero. Las leyes electorales mexicanas se edificaron sobre fundaciones ambiguas: los derechos políticos, y por ende, los derechos electorales, son derechos humanos fundamentales, pero se resuelven de manera distinta a otros. Para ellos hay un Código Electoral especial, un tribunal electoral propio, y un camino jurisprudencial específico.

Se trataba de un auténtico *Catch-22* de Joseph Heller, o la Gata de Dora del vulgo latinoamericano: si se la meten, grita; si se la sacan, llora. Hasta la fecha, y siguiendo un viejo esquema estalinista, los derechos políticos siguen separados de los derechos humanos esenciales, a diferencia de lo que acontece en otros países democráticos, mas no de naciones sometidas a dictaduras o *dicta-*

blandas: Cuba, Pakistán, Nigeria, Argelia, Egipto, etc. La vigencia de un régimen especial electoral, con tribunales, procedimientos y leyes propias, perdura como una peculiaridad mexicana, resabio del autoritarismo de antaño. Anacronismo explicable a mediados de la década de los noventa, pero aberrante al rebasar la primera del siglo veintiuno.

El círculo vicioso nacía de la relación entre poderes y partidos. Pedirle a las organizaciones políticas que legislen y autoricen candidaturas sin partido equivale a solicitarle a Carlos Slim o a Emilio Azcárraga que redacten las leyes secundarias antimonopólicas en telecomunicaciones o radiodifusión: absurdo. Aun cuando sus dirigencias y tres gobiernos de inclinación política distinta se manifestaron a favor de las candidaturas independientes, las leyes votadas a nivel federal y estatal en 2013-2014, por todos los grupos parlamentarios, siguieron restringiendo la competencia en la arena electoral. Ni abrieron por completo las candidaturas, ni facilitaron la creación de nuevos partidos (otra vía para alcanzar la misma meta). De allí la lógica de acudir al poder judicial, electoral u ordinario: lo otro no iba suceder.

Tampoco ocurriría algo indispensable para abrir el cerrojo de la partidocracia, a saber, que el poder ejecutivo no litigara el caso —mío, o de otros— en las instancias internacionales. Padecí otra aberración en esta odisea: tanto el gobierno de Fox como el de Calderón —el segundo de modo más explícito y contundente— respaldaron de dientes para afuera el principio de las candidaturas independientes, y al mismo tiempo enviaban nutridas delegaciones a la Corte en Costa Rica a disputarnos todo: las medidas cautelares solicitadas por la Comisión Interamericana de Derechos Humanos, la admisibilidad del caso, la sustancia del mismo, y la existencia —negada en los hechos— de supuestos recursos nacionales no agotados. Hicieron lo mismo, primero, con la Suprema Corte: cabildeo, argumento de oreja, chantajes personales. Me encantaría pensar que se trató de una postura con dedicatoria: "No le vamos a entregar gratis una victoria a este desgraciado, hagamos después lo que pide, pero por nuestra cuenta." No lo creo. La explicación es más simple. A la hora de renunciar al control de su partido para determinar quien ocupará los escaños en el Congreso, cualquier presidente de la República recula y se niega a sacrificar esa prerrogativa.

Por fin, en agosto de 2005, la Suprema Corte rechazó mi recurso de amparo. Resultó rocambolesco el episodio, porque en la primera votación los ministros empataron cinco contra cinco. La ministra Luna Ramos se encontraba fuera del país; al regresar se votó otra vez, y la nueva ronda reflejó dos comportamientos sorprendentes. Ella, la más elocuente en caracterizar mi situación de víctima, votó en contra de que la Corte conociera del asunto. Y el ministro de mayor edad, Juan Díaz Romero, cambió su voto de una ronda a otra, en apariencia sin comprender lo que hacía. El hecho es que en lugar de un seis a cinco a favor —nuestro cálculo— perdimos siete a cuatro. Con eso agotamos las instancias nacionales, y podíamos transitar a las otras. No puedo evitar pensar que los ministros fueron sensibles a los argumentos del gobierno de Fox, que en público alegaba lo contrario.

Con Pedro Sáez, Gonzalo Aguilar, Fabián Aguinaco, Manuel Rodríguez y Santiago Corcuera, Costa Rica, 2008

Nos trasladamos de inmediato a Washington y a la OEA, para solicitar medidas cautelares en contra de la prohibición de mi candidatura. La Comisión recibió bien la petición. Primero, gracias a mi antigua relación personal con su secretario, el argentino Santiago Cantón, con el secretario general de la OEA, el chileno José

Miguel Insulza, y con dos miembros importantes de la Comisión, José Zalaquett, viejo colega del Carnegie Endowment, y el brasileño Paulo Sergio Pinheiro. Nadie fija su posición por inclinaciones afectivas, pero inciden. Segundo, porque la idea de medidas cautelares en cuestiones políticas revestía un interés innovador para la CIDH. Lo normal es obsequiarlas cuando la integridad física de la víctima se encuentra en peligro. No era el caso, mas sí era cierto que de mantenerse la prohibición de la candidatura hasta que la Comisión y la Corte fallaran sobre el fondo, no prosperaría, al encontrarnos a pocos meses del inicio del proceso electoral del 2006. Por último, la Comisión me veía como una de las figuras más comprometidas con los derechos humanos en México, antes, durante y después de mi paso por la Cancillería, y deseaba expresar su solidaridad. Lo hizo, consciente que al tratarse de una simple recomendación no vinculante, el gobierno de México podía rechazar las medidas cautelares sin mayor costo.

Así fue. México desechó la recomendación de la CIDH; ésta, con nuestro acuerdo, la llevó a la Corte, cuyos fallos son obligatorios para nosotros desde 1998; perdimos en San José. La mayoría de los ministros consideraron que la CIDH y yo nos proponíamos implantar por la puerta de atrás la tesis de la incompatibilidad del CO-FIPE con el Pacto de San José. En parte acertaban, pero sólo porque no existía la puerta frontal. Allí concluyó el proceso jurídico centrado en los comicios del 2006. No aparecería en la boleta presidencial de ese año como candidato sin partido. Fox y Santiago Creel sostuvieron en privado, conmigo y con otros, que resultaba imposible, a esas alturas, autorizar una candidatura independiente, sin reglamentos para el acceso a financiamiento, a medios, al IFE y al Tribunal Electoral; no había tiempo. Era en parte cierto, de nuevo, pero sólo porque antes, cuando sobraba tiempo, ellos y Ugalde se opusieron. Prefirieron no abrir espacios. En otras palabras, en teoría sí, pero no para *mi* candidatura *ese* año de *ese* modo. Hasta la derrota de Creel en las primarias del PAN en octubre del 2005, la motivación de Fox fue no perjudicarlo con una rivalidad incontrolable; con Calderón como contendiente panista, a Fox no se le iba el corazón en el asunto, pero también elucubró que una candidatura como la mía favorecería a López Obrador, restándole votos —pocos o muchos— al aspirante del PAN.

Fast Forward

A principios de 2007, con Calderón en la presidencia y después de un intercambio con él a finales de diciembre, mis abogados y yo creímos, con ingenuidad, que se abría el camino a un arreglo amistoso en el juicio, ya inminente, en Costa Rica. Se reunieron Aguilar Zínser, Aguinaco y Corcuera con el subsecretario de Relaciones encargado del asunto y con el consejero jurídico de la Presidencia para explorar avenidas de entendimiento. Propusimos una salida decorosa: ante nuestras dos demandas al Estado mexicano —el no ejercicio del derecho a ser votado violaba la Convención Americana de Derechos Humanos, y la ausencia de acceso a la justicia o a la protección judicial también—, el gobierno se desistiría. Aceptaría su responsabilidad, anunciaría que enviaría sendas iniciativas de ley y de modificaciones constitucionales al Congreso, y reconocería el papel de nuestra lucha en la exposición de motivos. Le pasaría la pelota al poder legislativo. Llegamos incluso a coincidir sobre el juez *ad hoc* mexicano que sustituiría a Sergio García Ramírez, quien se excusó por sus cargos políticos previos. Pero cuando el asunto llegó a Calderón, se cayó. El gobierno aceptaba la segunda demanda —falta de acceso a justicia— mas no la primera —candidaturas sin partido—. Optamos entonces por ir al juicio. Lo peor que podría suceder es que perdiéramos ambas demandas, o una de las dos —lo mismo que ofrecía el Estado—. De nuevo, la incongruencia: si el régimen de Calderón apoyaba las candidaturas sin partido, ¿por qué no retirarse del juicio en Costa Rica, usarlo para empujar los cambios legislativos pertinentes y no oponerse a algo con lo que estaba de acuerdo?

La audiencia se celebró en Costa Rica en febrero de 2008, un año antes de que Calderón presentara su "decálogo" de reformas políticas que incluía candidaturas independientes. Descendió sobre las instalaciones de la Corte en Costa Rica una nube de funcionarios mexicanos de Presidencia, la SRE, Gobernación, la embajadora de México, expertos del IFE, todos ellos defendiendo la soberanía nacional contra mí, los tres abogados, mis amigos y un *amico curia*, Federico Reyes Heroles, que presentó una magnífica ponencia sobre el sistema político mexicano. Describió sin ambages la compatibilidad de las candidaturas sin partido con el régimen instalado en 1996 y la vinculación del monopolio partidista con el viejo orden institucional mexicano. Mis abogados insistieron en sus intervenciones en el caso Yatama, de Nicaragua, donde la Corte falló que la prohibición de candidaturas sin partido violaba el Pacto de San José, ciertamente más por tratarse de derechos indígenas colectivos que por otro motivo.

A pesar de mis centenares de intervenciones públicas previas en todos los foros imaginables, me intimidó la Corte en San José. En parte por el nerviosismo procedente de un enfrentamiento directo con el Estado mexicano, en parte por la evidente asimetría de fuerzas y recursos, en parte por saber que de algún modo arribábamos al último tramo del viaje, me sentí tenso, quizás menos elocuente o persuasivo que en otras ocasiones. Salimos contentos de la Corte. Almorzamos en un restorán cercano, donde nos topamos con la delegación del gobierno, menos optimista que nosotros. En la noche nos invitó a cenar el presidente Óscar Arias, a un sitio sencillo de carne y ensaladas, donde llegó conduciendo su automóvil y del cual se despidió en taxi. Sirvió haberle ayudado a redactar sus discursos veinte años antes. Volvimos a México al día siguiente, agotados, felices y resignados al fallo.

Llegó en agosto del 2008, contradictorio y anticlimático. La Corte nos negó la razón en el tema de la violación de la Convención Americana por la prohibición de las candidaturas sin partido, rechazando la jurisprudencia de Yatama, y sentenciando que cada Estado podía establecer el detalle de la reglamentación electoral que quisiera. Optó por no imponerle al sistema político del segundo país de América Latina una reforma institucional de gran alcance. En cambio, nos dio la razón en que el COFIPE y otros instrumentos electorales mexicanos violaban mi derecho a la protección judicial o acceso a la justicia, y que el Estado mexicano, además de pagar costes y publicar la sentencia, debía modificar su legislación correspondiente. Por primera vez en la historia, un ciudadano mexicano demandaba al Estado mexicano y ganaba —no todo, quizás no lo esencial, pero una victoria importante—. No me produjo la satisfacción que hubiera generado un triunfo total. Sí resultó gratificante recordar cómo, casi treinta años atrás, mi padre consumó la firma y ratificación del Pacto de San José por México; yo era el primer mexicano beneficiado por ese acto de congruencia. En el transcurso de ese largo litigio, gané algo más: la amistad estrecha con los tres abogados que donaron amplios espacios de sus abultadas y remuneradoras agendas a un empeño de desenlace incierto. Nunca les podré pagar a Fabián, a

Santiago y a Gonzalo lo que erogaron, pero sobre todo el cariño y la solidaridad que me brindaron.

Rewind

Concluí que la conjunción de elementos coaligados en contra de una resolución favorable de la Suprema Corte o de las instituciones interamericanas era imbatible. Sufrí una hostilidad política implacable por parte de Creel —no personal: hasta la fecha mantenemos un trato cordial y afectuoso— que se traducía en intentos por obstaculizar mis ambiciones a cada paso: el jurídico, el acceso a medios, la recaudación de fondos y varios más. Hasta septiembre de 2005, es decir semanas después del fallo de la Corte, Fox y Marta seguían el mismo sendero, por omisión, permitiendo pequeñas agresiones, o por comisión, litigando grandes conflictos. De allí el imperativo de no depender en exclusiva del camino jurídico, a pesar de la competencia y devoción del equipo de abogados.

Un ejemplo de las represalias que el presidente autorizaba, con o sin conocimiento de causa, fueron las dos vergüenzas que mi sucesor, Luis Ernesto Derbez, le causó a Fox y al país por su comportamiento. La primera ocurrió en Francia, durante la primavera del 2003, poco después del inicio de la guerra de Irak y del trabajo conjunto de ambos países en el Consejo de Seguridad para impedirla. Viajé a la ciudad de mi juventud para conversar con múltiples amigos —Enrique, Debray y un nuevo aliado, Jacques Séguéla, el consultor político francés artífice de las victorias electorales de Mitterrand y Ricardo Lagos, entre otros— y saludar también a Dominique de Villepin, a la sazón ministro de Relaciones Exteriores. Con la afabilidad y cortesía propia de los franceses cuando desean manifestar esos atributos, a pesar de sus incontables compromisos me invitó a almorzar al Quai d'Orsay, palacio soberbio en sus pretensiones históricas, y disfuncional como cancillería del siglo veintiuno.

Al llegar Villepin me confesó que el embajador de México en París, nombrado por recomendación mía, al enterarse que había sido convidado al Ministerio para conversar con Villepin, le hizo saber que mis opiniones sobre cualquier asunto no reflejaban las del gobierno de México. Más aún, que éste no veía con buenos ojos que Villepin mantuviera su relación conmigo. Desconcertado, Villepin desde luego hizo caso omiso del comentario. Quiso saber el motivo de tanta animosidad; respondí que era una cierta tradición mexicana y priista echarle tierra al predecesor; la gente del PAN no era inerme al mismo sentimiento, y mi sucesor sufría de cierta inseguridad por mi sombra en la Cancillería. Al terminar el almuerzo, me acompañó al pie de la majestuosa escalinata del Quai y preguntó por mi coche. Medio apenado, dije que no había ninguno, pero que si me llamaba un taxi, se lo agradecería. Ordenó que su vehículo me condujera al hotel.

Con Colin Powell ocurrió lo mismo, pero el exceso de Derbez resultó más bochornoso. Al igual que con Villepin y otros excolegas en varias capitales, al viajar a Washington, meses después de mi renuncia, solicité un encuentro con Powell, comunicándome en forma directa a su oficina. De inmediato accedió, y siguiendo el protocolo de siempre, su asistente se comunicó con la Embajada de México para obtener los datos de mi vehículo para autorizar su ingreso al Departamento de Estado. En la sede diplomática mexicana enloquecieron, preguntaron a algunas de mis colaboradoras en México si sabían algo —permanecieron calladas— y le informaron a la secretaría particular de Derbez. Como me confió el propio Powell, su homólogo le restó varios minutos por teléfono para protestar por la invitación que me hacía, para insistir en que mis opiniones eran solo mías, y que no entendía por qué deseaba conversar conmigo. Powell respondió que le parecía un poco extraña la gestión, ya que de su Embajada en México le informaban de mi buena comunicación con Fox. Cuando Derbez, o "Louis", como le decía, ya no fuera canciller, y lo buscara, Powell o su sucesor le brindarían el mismo trato que a mí. Cuento esto para describir el ambiente en la Cancillería, y no sólo allí: en buena parte del gobierno.

III

Mi equipo y yo disponíamos de dos vías adicionales para aparecer en la boleta del 2006. La primera, la más compleja, consistía en la construcción de un partido nuevo, celebrando el número exigido de asambleas distritales o estatales (el código electoral de entonces preveía ambas opciones), con el número necesario de asistentes, certificados por notarios públicos. Se trataba de una tarea titánica, casi imposible, en ausencia de un aparato corporativo propio (el caso del SNTE y Nueva Alianza en 2005) o de un caudal de seguidores previos, fieles y organizados (el caso de MORENA en 2014). Una alternativa a estos métodos inaccesibles yacía en conquistar el apoyo de gobernadores simpatizantes con mi persona o con mi causa, que aportaran los recursos, los cuadros o las masas correspondientes. Tarde, porque me disgustaba el procedimiento y sus implicaciones, decidimos seguir el consejo de Arturo Whaley, exdirigente y fundador del SUTIN, compañero de muchos de mis partidarios en esta aventura y operador político con experiencia en la creación de partidos. Comenzó a trabajar por su lado, y yo, con los demás, en concertar la ayuda de algunos gobernadores: Manuel Ángel Núñez Soto, de Hidalgo; Juan Millán, de Sinaloa; Eduardo Bours, de Sonora; Enrique Martínez, de Coahuila, y Tomás Yarrington, de Tamaulipas. Asintieron a la idea de asistirnos; con el paso del tiempo algunos lo hicieron más que otros. El esfuerzo se vio interrumpido por una tragedia personal y una desgracia política: en febrero de 2004, al saque, Whaley sufrió un accidente de automóvil del cual jamás se recuperó. Rolando Ocampo lo sustituyó, con la misma inteligencia y dinamismo, pero sin la experiencia de Whaley, y con muchas otras tareas por cumplir. Logramos una o dos asambleas; para finales de 2005, abandonamos el proyecto.

Lo dejamos por el accidente de Whaley y los reveses en las asambleas, pero también por la desgracia política invocada. A principios de 2004 apareció otro pretendiente a los afectos de los gobernadores. Algunos lectores recordarán cómo en las elecciones de medio período de 2003, Elba Esther Gordillo, entonces secretaria general del PRI, alcanzó la jefatura de la bancada de su partido en la Cámara de Diputados y comenzó a trabajar con tenacidad e imaginación a favor de una reforma fiscal semejante a la que Fox había propuesto en 2001, basada en la extensión del IVA a alimentos y medicinas. Al final, por las peripecias de los priistas y los desamores y las depresiones de Arturo Montiel, Elba fue derrotada, defenestrada en la Cámara y expulsada del PRI. Poco después, tomó una decisión trascendente, equivocada en mi opinión, y no del todo leal: crear su propio partido basado en el magisterio, para incrementar su poder de negociación sindical y su interlocución con ese gobierno, o los que siguieran. Aun contando con el peso corporativo del SNTE, Elba además enlistó a algunos gobernadores en su proyecto. Vista la percepción pública de la estrecha relación entre nosotros, los gobernadores se preguntaban si el partido de "la maestra" y el "mío" eran el mismo. Obvio, no: pero la confusión me zarandeó más que a ella.

No obstante, especulé que el éxito de Elba en la construcción de su partido me abriría otra posibilidad de llegar a la boleta. Empecé a estudiarla a partir de mediados de 2004, midiendo los inconvenientes. El primero era la impopularidad de Elba Esther y del SNTE: como aparato corporativo, funcionaban a la perfección en defensa de los intereses del millón de educadores del país; para obtener votos en el seno de un electorado más amplio, sobre todo de clase media, su descrédito era patente, jactarse de ser candidato del partido de Elba Esther parecía un despropósito, suponiendo que ella lo aceptara. De allí el segundo problema. Ella se comprometería conmigo si y sólo si sus demás opciones le parecían peores o inexistentes. Aunque me jurara su amor político —y tampoco lo hacía con la frecuencia o intensidad deseables—, cualquier promesa valía y duraba el tiempo que le resultara útil. No convenía depender de Elba; sí tenía sentido tratar de integrarla a una alianza con otros aliados o partidos. Con esa intención, iniciamos conversaciones con algunos dirigentes social-demócratas pertenecientes a un grupo que alcanzó su registro gracias a su experiencia en la creación de nuevos partidos, y al apoyo de Nacho Yris y su organización campesina, que en 2014 obtendría un registro propio. El nuevo partido recibió el retorcido título de Partido Social-Demócrata y Campesino; lo encabezaban Yris, Alberto Begné, Patricia Mercado y Jorge Díaz Cuervo. La organización nació dividida, y de esa división provino un acuerdo con nosotros, aceptado sólo por algunos de los líderes.

Convinimos que en noviembre del 2005 se levantaría una encuesta para determinar quién contaba con una mayor intención de voto para la presidencia: Patricia Mercado o yo. Los dirigentes social-demócratas aceptaron el pacto a regañadientes; Yris lo impuso como condición para completar las asambleas faltantes y porque se negaba a postular a Mercado como candidata. Cuando llegó noviembre, el grupo de Mercado rechazó el acuerdo. Nunca se realizó la encuesta, y los campesinos actuaron por su cuenta. Conspiraron dentro del nuevo partido para arrebatarle la dirección, las finanzas y la representación ante el IFE al grupo social-demócrata. De modo simultáneo, emprendieron la búsqueda de un candidato propio, y se encontraron conmigo. Para no extenderme, basta relatar que al cabo de varias reuniones con Yris y sus compañeros, con Alberto Cinta y Miguel Ángel Jiménez, dirigentes del partido del magisterio, y con la propia Elba Esther, formalizamos una mesa de negociación con tres objetivos: una candidatura común a la presidencia;

el apoyo de Nueva Alianza (el partido del SNTE) a Nacho Yris y a los suyos en su tentativa de "tomar" el partido social-demócrata; conformar listas comunes de diputados y senadores de ambos partidos, evitando así que la legislación electoral perjudicara a alguno de los dos.

No me entusiasmaron los métodos o las probabilidades de éxito de la operación, pero no se perdía nada en el intento. A pesar de algunos avances no se llegó a ningún lado, ante todo porque Elba negociaba al mismo tiempo con Calderón y el PAN, por un lado, y con López Obrador y Manuel Camacho, por el otro. Por fin decidió, sin aviso alguno, lanzar la candidatura presidencial de Roberto Campa, aunque la víspera del anuncio ella y yo habíamos "planchado" ya casi todos los asuntos pendientes de nuestro acuerdo. Los campesinos no ganaron la asamblea celebrada en San Luis Potosí; yo me quedé chiflando en la loma, o si se prefiere otra metáfora, como novio de pueblo, vestido y alborotado por Elba Esther, y abandonado por ella. Sin disponer de pruebas al respecto, sospeché entonces y lo pienso todavía, que su decisión respondió a sugerencias de Fox y Marta, ya para entonces a favor de Calderón. Campa golpearía a López Obrador sin restarle votos al PAN; Calderón saldaría la deuda después. Yo resultaba demasiado independiente e imprevisible para una maniobra de esa naturaleza. Quizás fue para bien: dudo que mi suerte como candidato de la maestra, incluso en compañía de otros, hubiera tenido mejor suerte que la de Gabriel Quadri, seis años después. El desprestigio de Elba era excesivo para que una sola persona pudiera contrarrestarlo.

Durante ese mismo período perseguí otro camino a la boleta, con perseverancia y sin muchas ilusiones. Desde que Dante Delgado, político veracruzano a la antigua, conquistó el registro para Convergencia —ahora Movimiento Ciudadano— en 2003, sospeché que allí se escondía una opción. Manteníamos una buena relación; varios de sus cuadros eran compañeros míos de otras trincheras; le convenía promover una candidatura presidencial fuerte, ya sea para incrementar su caudal de diputados, senadores y prerrogativas a raíz de los comicios de 2006, ya sea para negociarla al final con otro candidato, a cambio de lo mismo. Sostuvimos numerosas e interminables juntas con Dante y sus aliados, desde Alfonso Romo y Ramón Alberto Garza de Monterrey hasta Layda Sansores, Luis Walton y varios jóvenes morelenses, guerrerenses y chiapanecos; con Elba Esther y mi hermano Andrés también, y muchos más: empresarios, intelectuales y operadores. Nunca fructificó el intento, en parte por las ambiciones de otros —el propio Romo, Alejandro Gertz, Esteban Moctezuma—, por una desconfianza de Dante hacia mí por el tema de Cuba, y por miedo a que fuera un caballo de Troya de Fox y del PAN. Ateniéndose a una lógica impecable —y por completo ajena a la mentalidad presidencial—, Dante temía que Fox teledirigía mi candidatura para sumarla al final a la de Creel, o si la de su delfín no despuntaba, para que él declinara a mi favor. En efecto, Fox me confesó, en un almuerzo en el restorán Alfredo di Roma organizado por Rubén Aguilar, en febrero de 2005, uno de sus temores: si Dante me postulaba y rebasaba yo a Creel, ¿qué sucedería? Era una especulación ociosa, ya que en el mundo ideal de Fox, mi candidatura no existía ni debía existir, aunque concedió que avancé más de lo que él esperaba.

La verdadera razón de la renuencia de Dante, de Elba, o de Democracia Social se originaba en el escepticismo colectivo sobre mi viabilidad, duda que no pude superar a través de un crecimiento significativo en las encuestas. El lector se preguntará: ¿Por qué fracasaron todos los intentos? ¿Por factores circunstanciales diferentes en cada caso? ¿Por un error o vicio de origen: un mal candidato? ¿Como reflejo de la imposibilidad estructural de lanzar una candidatura externa a los tres partidos? ¿Acaso no se me ocurrieron estas interrogantes? ¿Disponía de alguna respuesta? Antes de entrar al meollo del asunto, esto es, al segundo eje de la campaña, el del dinero, conviene resumir la teoría de mi práctica —como diría el viejo Althusser— en ese esfuerzo fútil pero fascinante.

La estrategia diseñada entre los integrantes del equipo —Manuel Rodríguez, Rolando Ocampo, Pedro Sáez, Paco Ortiz, Jaime Alcudia, Roberto Cruz, María Ocampo, Alejandra Zerecero, José Luis Alberro, José Luis Ramírez Coronado y varios más— era simple. Si durante un año aprovechábamos mi afinidad con los estudiantes universitarios, si aprendíamos a hacer campaña, recaudábamos fondos, atravesábamos la república para tejer redes en las ciudades de más de doscientos cincuenta mil habitantes; si manteníamos presencia en los medios nacionales y locales y lográbamos una cierta simpatía de su parte; entonces empezaríamos a figurar en las encuestas. Poco, y al principio sólo en las telefónicas, pero lo suficiente para mostrarlas a los posibles aportadores de recursos. En marzo del 2004 anunciaríamos formalmente la candidatura en los medios, a través de la compra —no se prohibía— de un spot *roadblock* de dos minutos, en todos los canales y noticieros de radio y televisión (Canal 2, Canal 13, Radio Fórmula, etc.), a la misma hora, el mismo día. Esa exposición, por onerosa que resultara, nos permitiría presentarnos ante la sociedad y subir en las encuestas, y de convencer a los empresarios, gobernadores, líderes sindicales y otros poderes fácticos de que la candidatura era seria. Recolectaríamos más recursos procedentes del empresariado, los cuales nos brindarían la oportunidad de llevar a cabo varias caravanas por el país, aprovechando la penetración, la apertura y el bajo costo de los medios locales. De esa manera, para mediados de 2005, nos encontraríamos en un buen nivel en las encuestas —entre 10% y 15%— y sobrevendrían dos sucesos.

Primero, se invertiría la correlación de fuerzas entre los pequeños partidos y yo. Me necesitarían más que yo a ellos: obtendrían más votos conmigo que con otro candidato propio, y/o que les arrastraría cualquier aspirante de un partido grande. La simpatía, la afinidad, la relación personal se relegarían a un segundo plano: entraríamos al imperio de la política real. Segundo, nadie podría excluirme de los debates, tuviera yo o no partido, registro o presencia asegurada en la boleta. En los debates, discurríamos, se abriría la posibilidad de un triunfo más o menos contundente, por varios motivos. Los otros candidatos —digamos, Creel por el PAN, Madrazo o Montiel por el PRI, López Obrador por el PRD— llevaban menos tiempo en campaña (tenían otras cosas que hacer). El no padecer ataduras partidistas me colocaba en una situación privilegiada para ese menester. Y el trabajo programático rendiría frutos: yo proponía algo concreto —acertado o equivocado, pero existente— para casi la totalidad de la agenda nacional. Por último, al cabo de años como polemista en la radio, la televisión, la prensa y las universidades, disponía —se supone— de una cierta destreza. La propulsión emanada de los debates me situaría en una posición favorable para seguir adelante solo o para negociar con los otros tres candidatos (en realidad dos, ya que la idea de una alianza con el PRI de Roberto Madrazo era anatema para mí y para muchos más): declinando a su favor, a cambio de concesiones programáticas y burocráticas. Pasarían el balón y el jugador.

IV

Hasta mayo del 2004 el guión se cumplió, con las peripecias inevitables de una aventura de esta naturaleza. Un año después de mi salida de Relaciones, ingresaron a nuestras pequeñas arcas más de tres millones de dólares, que nos permitieron sostener una oficina, un equipo, las giras constantes por buena parte de México —casi siempre financiadas por invitaciones de universidades, o la COPARMEX de cada estado, y otras asociaciones de la sociedad civil—, la producción de un video de campaña, encuestas telefónicas, la realización del spot "Somos muchos" para el *roadblock*, producido por Paco Ortiz y Santiago Pando, y sobre todo comprar tiempo-aire en marzo de 2004 para difundir el spot. Gracias a éste logramos entrevistas en los principales noticieros de televisión y de radio, en las primeras planas de los periódicos y revistas, y un runrún notable en la sociedad.

El esquema funcionó. En la encuesta de vivienda trimestral publicada por *Reforma* el 24 de mayo, los cuatro candidatos propuestos salían así: López Obrador 32%, Santiago Creel 20%, Roberto Madrazo 17%, y yo 7%. El desglose exhibía datos aún más alentadores. En el centro del país, las cifras eran AMLO 46%, Creel 17%, Madrazo 9% y Castañeda 11%. Asimismo, en las pesquisas de Roy Campos o Consulta Mitofsky, en vivienda también, entre marzo del 2004 y mayo del mismo año, subí de 35% de personas que me conocían a 44%, siguiendo a Creel, que prácticamente no crecía, con 68%. Sólo los consagrados —AMLO, Marta, Cárdenas y Madrazo— nos superaban a Creel y a mí. Costó trabajo: cuando salí del gobierno, en enero del 2003, según Mitofsky, había alcanzado un 38% de conocimiento, para mayo, caí a 29%. A partir de allí, primero con la semicampaña universitaria y de medios locales, después con la pauta pagada, escalé a 36%, luego a 44% para llegar al pico de 49% en agosto de 2004. Con estos resultados en mano, me lancé a dos ejercicios específicos: una caravana en verano por toda la costa del Pacífico, desde Tijuana hasta Tehuantepec, y de allí vía Chiapas hasta Mérida; y un esfuerzo concentrado de recaudación de los fondos necesarios para la gira y para comprar un nuevo paquete de spots al terminar la vuelta de agitación política. De cumplirse ambas metas, y de fructificar un par de ideas adicionales, arribaríamos en sólidas condiciones a septiembre-octubre de 2004, cuando se perfilarían con mayor nitidez las otras candidaturas probables.

La caravana fue un éxito en términos de resistencia física y de trabajo en equipo. También prosperó en lo tocante a la convocatoria de prensa nacional escrita y de radio —varios medios comisionaron a reporteros para cubrirla— y de recepción local por diversos sectores en cada ciudad —empresarios pequeños, políticos locales, universitarios, medios de comunicación, activistas y algunos sectores populares, cuando lográbamos acercarnos a ellos—. Dirigentes de empresa solidarios y generosos nos ofrecieron un autobús nuevo —*El Güeromóvil*— con conductor y gasolina pagados, alojamiento gratuito para toda la comitiva en hoteles "Business Class" en buena parte de las escalas; agua, comida y un tráiler para transportar espectaculares, brincolines para distraer a los niños cuando sus padres acudían a una reunión; camionetas Suburban para la prensa o los grupos de avanzada que volanteaban o voceaban la inminente llegada del "circo"; gasolina para los vehículos; en una palabra, desde el punto de vista logístico, de autofinanciamiento, y de organización, se trató de una experiencia más que lograda.

El Güeromóvil en campaña, 2004

Se convirtió además en un ejercicio educativo maravilloso y enriquecedor. Conocimos un país diferente, a pesar de tratarse, en mi caso, de mi tercera campaña presidencial. No era lo mismo. Esta vez, yo era quien hablaba con la gente, quien recibía sus quejas y reclamos, quien discutía con los estudiantes, quien daba las entrevistas, quien pedía dinero, quien perdía el tiempo en intercambiar banalidades y lugares comunes con las señoras ricas lugareñas, quien se avergonzaba o deprimía ante un recinto vacío o una plaza abandonada. Entendí cosas antes incomprensibles para mí; descubrí paisajes, platillos, peculiaridades inéditas y patrones reiterados de conducta enigmáticos y fascinantes; compartí todo esto con acompañantes esporádicos o permanentes, durante seis semanas.

En campaña, 2004

En el par de años y medio que duró la campaña, descubrí viñetas del ser mexicano que no había procesado antes, aunque las intuía. Comprendí cómo en toda reunión unisex de dimensión mediana, por ejemplo, más allá del cliché de que los varones intervienen más que las mujeres, éstas poseen una capacidad de síntesis y precisión que debiera avergonzar a los hombres. Siempre hablan con brevedad, pertinencia y claridad. Al conversarlo con diversos colegas solidarios que me apoyaron en las caravanas, concluimos que la explicación yacía en la vida misma: el fabuloso *multitasking* de las mujeres mexicanas les impide perder el tiempo en el chisme, aunque sea de lavadero, y las obliga a ser sucintas. Los caballeros, acostumbrados a perder horas interminables hablando de "viejas" y futbol, no sintiéndose obligados en exceso a trabajar —se gana lo mismo echándole ganas que echando la hueva—, se permiten el lujo de extenderse verbalmente *ad infinitum*. Las dos costumbres se trasladan a los eventos públicos y políticos, a los cuales hombres y mujeres en México acuden desde hace poco tiempo.

Capté que la infinidad de topes tendidos en la carretera entre San Cristóbal Las Casas y Ocosingo en Chiapas carece de cualquier conexión con el control de la velocidad o asegurar la seguridad de los automovilistas o peatones. Proviene del imperativo de detener a los vehículos para que en una de las regiones más pobres del país los niños y las mujeres puedan vender todo tipo de frutas, amuletos y chácharas, como única forma de generar un ingreso (ganarse la vida sería una exageración). Que eso provoque que el recorrido de noventa y cinco kilómetros dure más que cualquier trayecto semejante en la república, dañe los vehículos, exponga a los niños y descomponga la carretera, no tiene importancia para las autoridades locales. Topes y ya: una de las contribuciones mexicanas a la ingeniería occidental.

Asimilé que el increíble ingenio mexicano para arreglar algo —desde la plataforma del tráiler donde por el viento no se mantenía erguido el espectacular de la campaña, hasta conseguir una botella de tequila a las doce de la noche en Tuxpan, pasando por las incontables vueltas a la legalidad en materia de automóviles importados, luz, agua, teléfono, televisión de paga, alcantarillado y documentos— es el corolario del exacerbado individualismo mexicano. Cada quién se rasca con sus propias uñas, y se rasca con una descomunal imaginación, que abarca todo: entenderse con el narco en Sinaloa, o como los coyotes engañan a los "pollos" en Reynosa, Tamaulipas, haciéndoles creer que un canal de riego a quinientos metros de la frontera es el Río Bravo. Del otro lado: Estados Unidos.

A pesar de esa fantástica vivencia, al final no pudimos superar dos escollos fatales. El primero, de menor gravedad aunque significativo, provino de un cambio de actitud de Televisa. Cuando salí de la Cancillería conversé con los ejecutivos de la empresa; por múltiples motivos —uno, el vínculo con Adela Micha—, sostenía con ellos una amistad superficial pero franca y cordial. Les solicité dos favores: conducir un programa de entrevistas semanal o quincenal, para el cual grabamos tres pilotos; y una cobertura tan asidua y amplia de mis eventos —foros, entrevistas, declaraciones, encuentros con dignatarios extranjeros dentro y fuera de México— como fuera posible. Accedieron en principio a ambas peticiones. La primera naufragó por mis propias deficiencias —puedo ser buen entrevistado, en ocasiones; soy pésimo entrevistador, siempre—. Para la segunda se creó un mecanismo de enlace eficaz y funcional, que irritaba a veces a los directivos pero que afianzaba, con regularidad, mi presencia en los noticieros. Asimismo, la negociación con los ejecutivos de ventas para el *roadblock* en febrero de 2004 fue expedita y generosa: ofrecieron términos favorables, con varios "pilones" y facilidades de pago. Pero por alguna razón que hasta la fecha ignoro, semanas antes del arranque de la gira de verano comenzó a reducirse la cobertura, incluso con varios incidentes concretos desagradables y dañinos.

Conversé con mis interlocutores en la dirección de la empresa, y recibí una respuesta burocrática y desconsoladora: "Cubrimos todo lo que sea noticia; cuando hagas noticias te cubrimos; cuando no, no." Lo cual parecía muy sensato y admisible, si se omitían dos factores. El primero: ¿quién decide qué es noticia, y en función de qué tipo de criterios? Durante casi un año imperaron criterios de una naturaleza; a partir de ese momento, rigieron otros. El segundo: el apotegma televiso valía para mí, mas no para todos. Varios precandidatos potenciales en esa etapa recibían una atención mediática muy superior a su peso político, sin que su cargo lo ameritara. El mejor ejemplo se reflejaba en las conferencias mañaneras de López Obrador, que a pesar de la citada insistencia de Fox y Marta con los "televisos" de cubrirlas en el canal local, se retransmitían con largos segmentos en el canal nacional, aunque su temática se limitaba casi siempre a la Ciudad de México.

A partir del inicio de la caravana y de la ruptura definitiva con Adela, se suspendió la cobertura previamente otorgada. No sospecho de una relación causal entre ambos cambios; sólo apunto la coincidencia en el tiempo. Perder la cobertura de la que gocé antes, durante la caravana y después, equivalía a la virtual imposibilidad de mantener la inercia procedente del spot de "Somos muchos"; imponía la necesidad de comprar tiempo, o caer en las encuestas. Para noviembre de 2004, sin pauta y sin cobertura, mi nivel de conocimiento había descendido a 42%.

Tenía varias hipótesis sobre el origen del distanciamiento de Televisa: unas, de índole personal; otras, de tipo político; unas, circunstanciales, hasta fortuitas; otras, con una lógica incomprobable, pero subyacente a fenómenos surgidos en esos mismos meses. En vista del agravamiento del diferendo con Televisa en 2005 y 2006, y su posterior superación en 2010 gracias a los buenos oficios de Héctor Aguilar Camín, y la vigencia actual de una relación profesional y venturosa para ambas partes, prefiero perpetuar mi perplejidad de entonces. Sólo agrego el intercambio sostenido con Bernardo Gómez a raíz de la gestión de Aguilar Camín. Bernardo se refirió a nuestro diferendo como uno de los más ásperos y onerosos que le habían tocado desde que se encontraba al frente de la empresa de Emilio Azcarraga; respondí que a mí me costó más, pero que no era el tema. Me preguntó si yo podría dejar atrás los rencores y agravios, él estaba dispuesto a hacerlo. Repliqué con un argumento que ya he esgrimido en estas páginas, y que cada día me parece más válido: hay pleitos políticos y pleitos personales. Los segundos casi nunca se superan, aunque se puedan colocar a un lado; los primeros siempre tienen solución, ya que no está en juego ni el alma ni el corazón: sólo el poder. El de Televisa era político; no existía ningún motivo para prolongarlo y lo podíamos enterrar sin mayores aspavientos. Así sucedió.

Con dinero, el dilema de la cobertura menguada hubiera tenido arreglo. Pero las fuentes de financiamiento comenzaron a secarse. La mayor parte de los recursos recaudados ingresaron entre abril del 2003 y junio del 2004; después de esa fecha, el flujo se redujo en forma dramática. Uno de los motivos obvios consistía en el reto para cualquier esfuerzo de obtención de fondos en México: el abanico de donantes es limitado. Si bien nadie alcanza a tocar todas las puertas, el directorio de personas accesibles y solventes se cubre pronto, y sólo con gran dificultad se puede tocar dos veces. Quienes potencialmente podían haber apoyado empezaron a mostrar escepticismo o reticencia, al no discernir con claridad el camino a la boleta. Al cabo de más de un año y medio de trabajo intenso, giras, spots, entrevistas, reuniones, negociaciones y litigios en los tribunales, no emergía un trazo despejado y seguro hacia la formalización de la candidatura. Así, al mismo tiempo que perdíamos a Televisa, vimos mermada nuestra capacidad de seguir sufragando los crecientes costos de la campaña, que se incrementaban por las dimensiones mismas del proyecto.

Primero, los sueldos para el equipo remunerado llegaron a sumar, hacia mediados de 2004, casi un millón de pesos mensuales, aunque varios jóvenes cobraban en empresas o entidades gubernamentales donde se entendía que su ocupación consistía en apoyar la campaña. Aumentaban los gastos de viajes a provincia, no tanto porque las invitaciones de universidades u organizaciones de la sociedad civil se desvanecieran, sino porque para sacarle provecho a una visita a una universidad o a un grupo de la Coparmex, debía acompañarme de varios colaboradores: prensa, logística, financiamiento, programa.

Enseguida, comprábamos tiempo-aire e incluso entrevistas en provincia. Recurríamos a esos métodos desagradables en el interior de la república, aunque reconozco que ninguno de los grandes grupos de medios (Televisa, Azteca, Radio Fórmula, Imagen, Canal 40, Milenio, MVS) jamás me cobró una entrevista. La comunicación implicaba erogaciones considerables: cuentas de celular, de línea fija, envíos de documentos... Durante más de un año nos beneficiamos de la hospitalidad de Lino Korrodi, Carlos Rojas y Enrique Burgos en la casa que albergó las oficinas de Fox durante el período de transición; entre más tiempo transcurría y se ampliaba el equipo, se necesitaba más espacio. Canalizamos sumas considerables a la producción de otros materiales, incluyendo el video promocional de Carlos Bolado, fotografías, consultores electorales de Francia, Canadá, Chile e Israel, y a especialistas en imagen.

¿De dónde vino el dinero? Hacia finales de 2004 entregamos la lista de donantes bajo sigilo a Transparencia Mexicana, y los nombres permanecerán allí de manera confidencial por un tiempo indefinido. La información remitida fue auditada por un comité compuesto por el contador público Manuel Reza, por el exdirector de la Facultad de Derecho de la UNAM y ahora subsecretario de Educación Superior, Fernando Serrano Migallón, y por Leo Zuckermann, exsubdirector del CIDE y conductor del programa donde colaboro en Televisa. Hoy puedo contar algunos detalles, incluyendo los nombres de tres contribuyentes significativos que han fallecido en el ínterin: Moisés Saba, Lorenzo Zambrano y Fernando Barbachano. De Monterrey en conjunto obtuvimos más de un millón de dólares; de la comunidad judía, recibimos un poco menos de un millón; empresarios de Sinaloa, Chihuahua, Guerrero, Coahuila, Baja California y Tamaulipas aportaron casi otro millón, con una porción importante en especie: inclusión en su nómina a colaboradores de la campaña, camionetas, boletos de avión, cuartos de hotel, papelería, mensajería, etc. En el Distrito Federal debimos haber sumado otro millón de dólares, tanto a través de dos o tres grandes contribuciones, como gracias a una treintena de pequeños montos de entre cinco y veinte mil dólares cada uno. Entre dinero, aportaciones en especie y salarios en nómina, recaudamos en total aproximadamente cinco millones de dólares.

Entre los nombres figuran José Gallicót, Agustín Irurita, Dionisio Garza Medina, Eloy Vallina, Ignacio Cobo y Eduardo Henkel; a ellos y a otros cuyos nombres no menciono, mi agradecimiento eterno. Todo era transparente y legal, aunque en ocasiones nos entregaban cantidades considerables de efectivo, y es posible que algunos empresarios hayan donado fondos de sus empresas por una sencilla razón. Las disposiciones electorales vigentes en ese momento eran laxas, y mi campaña se hallaba fuera de la normatividad al no ser postulado por partido alguno; no existía un ordenamiento jurídico para candidaturas independientes.

Nuestro verdadero cuadro normativo era el fisco. Todos los fondos que ingresaban a nuestras dos cuentas —en Mifel e Inbursa— debían destinarse a actividades de campaña, ya que de lo contrario, incurría yo, en lo personal, en tremendas responsabilidades tributarias. Gonzalo Aguilar, Rafael Robles y Sergio Hernández consagraron largas horas a poner todo en orden y a protegerme de cualquier error o delito; nunca surgió el menor incidente. Es cierto que muchos de los colaboradores del equipo recibían su salario en efectivo —formaban parte, como más de la mitad de la población, de la economía informal— y con frecuencia solventábamos gastos diversos en efectivo. La legislación actual es mucho más severa, y buena parte de lo que hicimos entonces se prohíbe hoy, no sé si para bien o para mal.

Los que dieron una vez, vacilaron en volver a aportar. Otros prometieron, y cambiaron de opinión. Por lo menos en cinco casos —dos en Guadalajara, uno en Mérida, otro en Ciudad Juárez y un último en Puebla-Nueva York— recibimos compromisos formales con montos, fechas y modo de entrega de recursos, que nunca se materializaron. Pero nuestras obligaciones de pago por servicios, colaboraciones o productos adquiridos contando con dichos fondos sí se concretizaron. Esto perjudicó nuestra capacidad de financiar de manera cabal la primera caravana, y sobre todo la segunda, realizada en noviembre de 2004, por todo el Golfo de México, desde Progreso hasta Matamoros. ¿Existe una explicación única, o dominante, de la súbita astringencia de dinero? ¿Se conectaba de un modo u otro con la actitud de Televisa? Sin poder corroborarlo, a pesar de numerosos indicios, siempre he sospechado que la respuesta es afirmativa, y que emana de la actitud de Fox, de Marta y de Santiago Creel.

Una advertencia previa: he sostenido desde que tengo una mínima idea de estos asuntos que la transmisión del poder en México ha sido el principal desafío del país desde que éste existe. Ahora bien, a principios de julio del 2004 presentó su dimisión Alfonso Durazo, el secretario particular de Fox y uno de los personajes más poderosos de los primeros dos tercios del sexenio. Acompañó su renuncia con una vitriólica carta pública denunciando las aspiraciones presidenciales de Marta y la complicidad de Fox. Exigía un claro deslinde presidencial al respecto y, como lo narra Rubén Aguilar, en *La diferencia*, el presidente por fin decidió cortar por lo sano e imponerle a su esposa una declinación abierta e irreversible para la sucesión del 2006. Cualquiera que haya sido la intención profunda de Marta, por un lado, o la de Fox, por el otro —y no eran por fuerza la misma—, el presidente, a partir de ese instante, a raíz del mecanismo del descarte que describí en *La Herencia*, se quedó con un solo candidato: Santiago Creel. En ese momento Felipe Calderón no aparecía en el firmamento; los otros panistas posibles —Pancho Barrio y Alberto Cárdenas— no eran viables a ojos de Fox; en cambio, su secretario de Gobernación poseía, en su mente, el perfil deseable. Con su dilema resuelto, Fox escudriñó los otros detalles del paisaje político presentes en su caballete, y resolvió apoyar a Creel con todas las herramientas a su alcance. Vio a López Obrador ascender en las encuestas, y cómo la gran debilidad de Creel se ubicaba en la fortaleza de AMLO: el apoyo popular.

En esas condiciones, tanto Fox como Marta y el propio Creel se aprestaron a acumular fuerzas y a desmontar rivalidades u obstáculos, menores, potenciales o significativos. Yo era uno de ellos —ni el más trascendente, ni el menos amenazante— y convenía cerrarme pronto el camino. Traigo a colación el ejemplo de un intercambio entre un empresario, conocido de Creel y mío, narrado por otro empresario, también presente. Santiago se reunió con ambos en Ixtapa para solicitar su apoyo; los dos accedieron en principio, pero como Creel sabía que el anfitrión ya me había facilitado recursos, le advirtió: "Si sigues respaldando a Castañeda, prefiero prescindir de tu apoyo por ahora: con melón o con sandía". Nada grave, salvo en boca de un secretario de Gobernación. Asimismo, a través de Juan José Frangié, un inteligente empresario tapatío, Jorge Vergara, dueño de Omnilife y Chivas, nos comunicó que no podía apoyarnos porque Marta lo había exhortado a no hacerlo.

Esa era la época cuando, al descartarse en definitiva la candidatura de Marta, Televisa optó por la de Creel, sabiendo que la del PRI y Roberto Madrazo o Arturo Montiel eran impresentables (las hundirían después), y que un respaldo robusto a Creel podría facilitar importantes concesiones en materia de permisos de casinos, o *books*. En esos mismos meses, Fox convocó en varias ocasiones a Paco Ortiz, quien diseñó y organizó tanto el spot como la imagen de la caravana y ocupaba el cargo de director del Consejo Nacional de Promoción Turística, para preguntarle, con jiribilla, por qué se involucraba en mi campaña, insinuando que no le agradaba la idea. Tal vez la sorpresiva renuencia financiera de empresarios regiomontanos cercanos se debía a que, siendo ellos y sus esposas afines a Marta, se sentían tentados a adivinarle el pensamiento, si ella no lo externaba.

La clave de esta posible explicación me la dio el propio Fox en febrero de 2005, durante nuestro almuerzo en Alfredo di Roma. Al reclamarle su pasividad ante mis esfuerzos, por no decir su franca oposición, me respondió lo que muchos decían, incluyendo el propio Creel: suponiendo que mi candidatura creciera, le restaría votos a Creel y no a AMLO. Además, preguntaba Fox, ¿qué sucedería si la brecha entre Creel y yo se cerrara? Respondí que al contrario: de figurar en los foros, en los debates y en el proceso electoral en su conjunto, podría golpear con mayor libertad al "Peje" que a Creel, ya que no debía preocuparme por ganar, sino por contribuir a la victoria del foxismo, cualquiera que fuera su portaestandarte. Si, como Fox temía, alcanzaba a Creel o lo rebasaba, debería acontecer lo mismo, salvo con los roles invertidos.

Por supuesto que mi razonamiento fue inútil; cada vez sentía más el disgusto de Fox, Marta y Creel con mi proyecto. Al negociar un nuevo spot de *roadblock* en febrero con Televisa, las condiciones se tornaron más adversas; de nuevo imaginaba yo la mano de Los Pinos. La gota que derramó el vaso consistió en el cabildeo evidente del gobierno ante algunos ministros de la Suprema Corte, ante todo con el presidente, Mariano Azuela, para evitar que el tribunal entrara al fondo de mi litigio.

Fox me ha negado de manera sistemática que Creel fuera su candidato, pero no he conversado con nadie de su staff, gabinete o círculo de amigos que admita esa versión. Es cierto que una vez derrotado Creel por Calderón, en el otoño de 2005, Fox colocó su considerable talento y experiencia en campaña al servicio del candidato del PAN; en la opinión de la mayoría de los encuestadores y analistas, el panista triunfó —de panzazo— gracias a Fox. Pero mientras Creel seguía vivo, no tengo la menor duda de que Fox lo respaldó despejándole sendas, removiéndole impedimentos y suministrándole apoyos de diversa índole. Si esta panoplia de ayudas incluía neutralizarme, o de plano extraerme del juego, es decir, vetar ni candidatura, no lo sé a ciencia cierta; lo intuyo y lo deduzco de los hechos aquí narrados. No aceptó Fox lo que parecería obvio dos elecciones después: si el PAN postula a un panista de cepa, no rebasa el 35% del voto; sólo alguien como Fox, o Creel entonces, o yo, podía romper ese techo electoral. Fox prefirió apostarle todo a Creel y perdió; yo también.

V

El factor principal del fracaso, según Paco Ortiz, surgió de mi incapacidad de descubrir o inventar la bandera que nos vinculara a la gente: el tema central que resume los demás, los ordena y los ilustra, mediante un llamado sencillo y percuciente. Para Fox, fue el cambio; con Calderón, el miedo a López Obrador; con este último, la pobreza y la mafia. No podíamos utilizar ni el cambio ni el miedo, y no logramos encontrar una enseña original, pertinente y de fácil inserción social. Realizamos numerosos estudios cualitativos de mi propia persona, de consignas o preocupaciones de la gente, sin jamás aterrizar en una que funcionara. Quizás con más tiempo habríamos acertado, pero se trataba de una ardua tarea: sintetizar en unas cuantas palabras el sentimiento de la sociedad mexicana y la esencia de mi planteamiento programático, aunado a los rasgos principales de mi trayectoria y personalidad. En ausencia de esa bandera, de ese nexo emotivo y de sustancia con el electorado, era imposible construir un círculo virtuoso. Tal vez Samuel Huntington tuvo razón al susurrarle a nuestra cónsul en Boston, en mayo de 2003, después de mi presentación en Harvard, que nunca había escuchado a un aspirante presidencial con un programa tan detallado y articulado; sin bajarlo a la gente mediante la consagrada técnica leninista de la consigna, de nada servía. No pudimos enunciar un deslinde nítido, sucinto y sustantivo con los demás. Los ingredientes sobraban: propuestas, marketing, trayectoria personal académica, independencia, "mundo". El chef no acudió a la cita, y yo no sé cocinar ni un huevo duro.

El programa me parecía indispensable, ya que constituía el ámbito en el cual podía diferenciarme de los demás candidatos. Durante el 2003 trabajé sobre él, de forma constante, en conferencias, artículos, ensayos y discusiones con especialistas. Plasmé el conjunto de tesis, justificaciones y desarrollos en un pequeño libro, *Somos Muchos: Ideas para el mañana*, que apareció en junio de 2004, unos seis meses tarde, debido a uno de los varios enigmas de este proceso. En esta ocasión involucró a una institución o empresa de gran envergadura.

A mediados de 2003 negocié con mi editorial de años, donde publiqué dos libros pequeños y dos más voluminosos —*La vida en rojo* y *La Herencia*— la salida de un libro programático, de *mis* ideas, para *mi* campaña. Pagaron un anticipo apropiado; intercambié capítulos, temas, título y portada con Marisol Schulz, mi interlocutora en Santillana desde que nombré a Sealtiel Alatriste cónsul general de México en Barcelona. Hacia principios de 2004 cerramos el texto, escogimos la portada y el título, inspirado en lo que ya se había convertido en el *leitmotif* del proyecto, del spot inminente y de las ACs que conformamos para propósitos legales y fiscales: *Somos Muchos* e *Ideas del Cambio*. Convinimos en que en cada ejemplar se encartaría un CD con el video de Carlos Bolado, y que en la portada se incluiría como fondo el logo de la campaña.

De repente, hacia fines de abril de 2004, ya con varios ejemplares llamados *express* o prototipos en mis manos, que había comenzado a repartir firmados a personas cercanas, me cita de urgencia en el lobby bar del Marriot Antonio Navalón, un personaje extraño, a quien conocía desde el 2000, de origen español y naturalizado mexicano en 2005. Era íntimo de Jesús de Polanco, fundador y dueño del Grupo PRISA —incluyendo el diario *El País*— y pasó a ser también conocido de ejecutivos de Televisa, de Baltasar Garzón, de José Gutiérrez Vivó, de Paco Ortiz y de Marta Sahagún. Aunque en principio el entonces gigantesco consorcio español delegaba en sus directores las diferentes secciones del grupo, hasta poco antes de la muerte de Polanco en 2007, Navalón era el que mandaba en México. Nuestra relación osciló entre muy buena y muy mala, con agravios mutuos, unos fundados y otros no, pero siendo quién era, y dada la importancia que revestía para mí el nexo con PRISA, de inmediato me apersoné en el Marriot.

Cuál no fue mi sorpresa cuando extrae el libro de su portafolio y me explica que no podía publicarse en ese formato. Debía modificarse el título, la portada, suprimirse el CD y buena parte del contenido, y sustituir el sello de Alfaguara por otro de Santillana (Aguilar o Taurus). Manifesté mi perplejidad y disgusto: los editores habían seguido paso a paso la confección del texto, al grado que... ya estaba impreso. Hacer lo que pedía Navalón implicaba más trabajo, demoras y una metamorfosis radical: de libro de campaña, útil para ese fin, a texto de escaso interés, en aquel momento, para un público que esperaría más de mí. Alegó que recibió instrucciones de Madrid al respecto, que Alfaguara no era el sello apropiado para un libro así, que parecía propaganda el contenido y que o bien lo reformaba, o bien se rescindía el contrato.

Acepté esta última propuesta, insistiendo en que cumplí con remitir el manuscrito a tiempo y en forma. Por tanto, no devolvería el anticipo, y procuraría publicarlo con otra editorial. En eso quedamos, con el pendiente de firmar un finiquito de destrucción de los ejemplares y discos. Navalón insinuó que eran pocos; en el acta notarizada de la destrucción se mencionan quince mil y un número idéntico de CDs. El anticipo total devengado por Santillana sumó ochenta y cinco mil dólares, a lo cual se agregó el costo de imprimir los ejemplares y CDS destruidos: un total superior a cien mil dólares. Aun para una empresa boyante de esas dimensiones, debe haber imperado una poderosa razón para tirar ese monto a la basura. No resultó difícil negociar un buen contrato con Planeta; el libro se colocó en librerías a partir de junio y cumplió con su objetivo: venderse o regalarse como texto de campaña, donde figuraban mis principales propuestas.

El colofón de la historia: en noviembre de ese año asistí por última vez a la reunión anual del llamado Foro Iberoamericano, liderado por Carlos Fuentes, financiado por varios empresarios mexicanos, españoles y sudamericanos, y celebrado en 2004 en Cartagena de Indias. Acudió, como siempre, Jesús de Polanco; en uno de los almuerzos me le acerqué, cargando uno de los ejemplares de la edición de Alfaguara que había conservado, y donde había inscrito una dedicatoria irónica, que resumí así: "Jesús: Te entrego una copia del único libro que has mandado quemar en tu vida. Cuídala." Un poco apenado —no en exceso—, contestó que Alfaguara no publicaba *non fiction*, a lo cual repliqué que en mi caso sí: dos veces. Hoy insistiría en que sigue publicando *non-fiction*: ésta no es una novela. Recompuse mi relación con Santillana a los dos años que dejara Fox la presidencia; desde entonces he publicado seis libros con ellos; éste es el séptimo.

Conviene recordar que Santillana es la primera editora de libros de texto en castellano en el mundo; el mercado más grande para esos libros es México, y buena parte es controlado por la Secretaría de Educación Pública. Algunos meses más tarde, en un artículo de *Proceso* sobre el desaguisado, el editor de Planeta especuló que tal vez la decisión de la primera editorial se originó en "la relación de Grupo Editorial Santillana y el gobierno federal. [A su vez] Fernando Valdés, propietario de Plaza y Valdés, indicó que Santillana es una de las empresas españolas que concentran más de 70% de los títulos que el gobierno mexicano adquiere a través de Conaliteg y que ésta pudo ser la a razón de que decidiera no distribuir el libro impreso." El pie de imprenta de la versión Alfaguara es de abril de 2004. Algo sucedió entre el día de salida de los primeros ejemplares de la imprenta y la cita con Navalón que explica esta aún incomprensible y lamentable desventura editorial. Esos ejemplares se destruyeron el 24 de mayo.

El libro sirvió para plasmar en blanco y negro más o menos pulido las ideas discutidas y ajustadas a lo largo de un año de foros y debates en todo el país. Mi público en dichos encuentros tendía a ser estudiantil, académico, empresarial y de profesionistas, además de las reuniones casi cada fin de semana organizadas por José Luis Ramírez Coronado en Iztapalapa con colonos, líderes comunitarios y madres de familia. Las propuestas respondían a las preocupaciones centrales de la gente a la que conocí, a las respuestas en grupos de enfoque y encuestas, y a mi propia jerarquía de valores y prioridades. El engarzamiento lógico de las cuatro grandes secciones —seguridad jurídica, educación, las instituciones y el Estado pobre— es sólido; la justificación de las lagunas es adecuada; la debilidad del texto reside ante todo en la constante falta de enganche con el electorado más amplio. Vista la coyuntura de 2003-2004, cuando ya era palmaria la insuficiencia del impulso transformador del foxismo, pero aún no se discernía con claridad ni se extendía en el tiempo el estancamiento económico del período 2001-2014, se trata de propuestas detalladas, viables y encadenadas; algunas conservan su pertinencia y otras no. Trataré de sintetizar las más vigentes ya que se convirtieron en los prolegómenos del ideario programático que he alentado en estos años, en compañía de Manuel Rodríguez, de Rubén Aguilar y de Héctor Aguilar Camín.

El primer rubro versó sobre la seguridad jurídica: para las personas, es decir la seguridad pública; para los bienes, es decir, los derechos de propiedad; y para las transacciones, es decir, los contratos entre particulares, y con el Estado. Empecé con este apartado porque pensaba que sin seguridad jurídica es inalcanzable el crecimiento económico en México: "La razón por la cual conviene otorgar a la seguridad jurídica la máxima prioridad en las grandes metas de cambio es porque se trata de una reforma que realmente condiciona muchas otras e impacta directamente en diferentes ámbitos." Gracias a la tutoría del grupo de especialistas organizado por Alberto Szekely, incluyendo a Gonzalo Aguilar Zínser, Federico Ponce Rojas y Gustavo Gónzalez Báez, pude sumergirme en el tema. Sugerí una serie de reformas concretas para atender este vacío tan pernicioso para el país: la autonomía del Ministerio Público; el tránsito a un sistema de juicios orales; una policía nacional única, y la unificación nacional de los Códigos Penal y de Procedimiento. Aparecen de manera recurrente en los textos que he publicado desde 2004, y en particular en los breves libros escritos con Aguilar Valenzuela y Aguilar Camín. Una de ellas —la oralidad en la administración de justicia— fue puesta en marcha por el gobierno de Felipe Calderón en 2008, y deberá concluir en materia penal para el 2016. Las otras siguen pendientes, aunque se han producido avances. Calderón expandió la Policía Federal de Fox y de Zedillo, en condiciones discutibles de transparencia y de previsión. Peña Nieto retomó la idea en su campaña, aunque la jibarizó más adelante en una Gendarmería Nacional diminuta y demorada. Pero también asumió el control policíaco en Michoacán y Tamaulipas, aplicando a su manera la tesis del tránsito, estado por estado, de policías municipales y estatales a una nacional, a solicitud de las autoridades locales. Asimismo, implementó la unificación de los Códigos de Procedimientos Penales de los Estados, aunque no suprimió la nociva diferencia entre el fuero federal y el fuero común. Las ideas formuladas en 2004 han permanecido en mi catálogo de reformas propuestas; partes se han traducido en realidades.

La segunda reforma presentada con detalle se refería a la educación. Este grupo de "tutores" lo lideró Toni García Lascuráin, e incluía a María Ibarrola. Su fundamento estribó en el efecto multiplicador de la modernización educativa: "Por dramáticas que sean las consecuencias de los rezagos en materia de salud, de vivienda o pobreza, las mejoras obtenidas en estos frentes no surten el impacto de los posibles avances en la educación sobre el conjunto de la sociedad. Dada la evolución técnica y económica mundial, con cada año que pasa nuestro rezago en educación se agrava; esto significa que todos nuestros problemas se agudizan". Al cabo de una breve descripción de las características y orígenes del desastre, propuse varias reformas específicas.

Arranqué con la que me parecía —y me sigue pareciendo— la primordial, tanto por el número de alumnos a los que involucra —casi todos los de primaria en el país— como por sus efectos sobre la alimentación de los niños de escasos recursos y sus implicaciones para la tranquilidad y los horarios de trabajo de sus madres: la jornada completa, es decir, la escuela de ocho horas diarias. Asocié a esta transformación un cambio radical en los contenidos y los métodos de aprendizaje, reiterando lo que múltiples expertos en la materia ya habían recalcado: el énfasis en la alfabetización entre la década de los cincuenta y el final de la de los setenta obligó a priorizar la memorización y la repetición. El tránsito a la siguiente etapa —de educación primaria ya no limitada a leer y escribir— no trajo consigo una actualización pedagógica.

La siguiente reforma educativa sugerida abarcaba la enseñanza secundaria y media superior, escindidas en México por una doble asociación anacrónica. La secundaria forma parte, con la primaria y la preescolar, de la llamada educación básica: como si hasta allí durara la escolaridad. La preparatoria se vincula a la educación superior. En consecuencia, la inmensa mayoría de las prepas públicas (y muchas privadas también) pertenecen a universidades, empezando por las nueve Preparatorias y los cinco Colegios de Ciencias y Humanidades de la UNAM. Otro anacronismo: en la época de juventud de mi padre, se entendía que la llamada educación media superior, al ser un privilegio reservado a una minúscula élite, se ubicara dentro de las universidades. Hoy ya no.

Sugerí por tanto la creación de un ciclo obligatorio único, de posprimaria, de seis años, con planes de estudio articulados a lo largo de ese período. Esto permitiría evitar las repeticiones de materias e introducir una primera especialización de los alumnos, abriendo dos vías en el quinto año, una, para quienes aspiran a la educación superior como tal, y otra para ingresar a tecnológicos o a instituciones de formación de profesiones para las cuales la universidad sería necesaria. Subrayé que este cambio permitiría otro, igualmente indispensable, a saber, la instauración de un examen nacional único de salida de los doce años de educación preuniversitaria (al estilo Bac francés, Abitur alemán o A Levels inglés) o de entrada a la universidad (tipo SAT en Estados Unidos, Vestibular en Brasil o el equivalente en Japón o Corea del Sur). Ese examen revestiría varias ventajas: una definición vocacional para los alumnos; la especialización regional de las universidades públicas; y el establecimiento de una selección democrática y eficaz. Como repetía en los foros: en Inglaterra todo el mundo tiene derecho a la educación pública superior, pero no siempre en Oxford o Cambridge. Por último, sugerí crear una Secretaría de Educación Superior, Ciencia y Tecnología, igual que en muchos países latinoamericanos y europeos, para fijar el deslinde educativo donde corresponde: entre los doce primeros años de un país moderno de clase media, y la universidad u otras opciones posteriores a los doce años básicos.

Un lector meticuloso se percatará que varias de estas propuestas reaparecieron en los libros escritos con Manuel Rodríguez y Héctor Aguilar Camín: la jornada completa, la transformación de los métodos pedagógicos y la Secretaría de Educación Superior. Asimismo, discernirá la inclusión del paquete de estas ideas —y las malogradas computadoras para niños— en el libro de campaña de Peña Nieto en 2012, y en su reforma educativa de 2013. Verá también que algunas de estas sugerencias se han quedado en el tintero, quizás porque faltó un diseño global de los cambios educativos que el país requiere, tanto con Calderón como con Peña Nieto. Creo, sin embargo, que la pertinencia de las reformas omitidas es análoga a la de las reformas instituidas; con el tiempo, será tan imperativo avanzar en esa dirección como en las otras.

En seguida propuse una serie de reformas políticas o institucionales casi idénticas a las de los trabajos posteriores. Antes del gobierno de Fox, incluso del de Zedillo, consideré que el andamiaje institucional mexicano era obsoleto y disfuncional. Nunca acepté la visión según la cual el origen de nuestros males emanaba de la aplicación nula o inadecuada de un marco constitucional casi perfecto; pensaba más bien "que la letra y el espíritu de las instituciones permitieron funcionar perfectamente al sistema autoritario que gobernó el país durante setenta años, no a pesar de que éste no las respetaba, sino precisamente porque no las respetaba. Para construir instituciones que funcionen en la democracia en México, se requiere un nuevo marco constitucional, por lo menos en lo esencial". Si no se modificaba la relación entre el Legislativo y el Ejecutivo, y el que rige entre los tres niveles del segundo, la democracia mexicana resultaría inoperante. Cuando emergió un empantanamiento del cambio a la mitad del primer año de Fox, le propuse, en la ya citada junta de San Cristóbal sobre la ruptura con el pasado, que contemplara su sexenio bajo una de dos lecturas, recurriendo a la analogía española: la etapa de Adolfo Suárez, de construcción institucional, y la de Felipe González, usando las nuevas instituciones para aplicar las reformas económicas, sociales e internacionales. Fox podía tratar de emular la una o la otra, mas no ambas; el sexenio ya no daba.

Me empeñé en la urgencia de estas transformaciones. En *Somos Muchos* evoqué cómo en la primera reunión del equipo de transición, a principios de agosto del 2000, recomendé que se le solicitara a Zedillo enviar al Congreso saliente la reelección consecutiva de diputados y senadores. De haber sido aprobada —y abundaban las razones para esperarlo—, valdría para los legisladores entrantes el 31 de agosto; Fox gobernaría con un Congreso reelegible. Recomendación descartada, por supuesto. Un año después, en el memorándum citado, enumeré para Fox las reformas imprescindibles: "La reelección de diputados, senadores y presidentes municipales, la segunda vuelta presidencial y algún nexo entre mayoría presidencial y legislativa, la introducción de la figura del referéndum […] son algunas de las reformas pertinentes en este capítulo".

Las propuestas institucionales lanzadas en 2004 fueron las mismas: reelección, referéndum para modificaciones constitucionales, un mecanismo de surgimiento forzado de mayorías en los comicios legislativos, el régimen híbrido francés, con un jefe de gobierno nombrado por el presidente y aprobado por la Cámara de Diputados y un jefe de Estado electo por el sufragio universal, la reducción del número de diputados plurinominales, la segunda vuelta en la elección presidencial, y las candidaturas independientes. Son también las reformas aconsejadas por Aguilar Camín y por mí en 2009, primero en *Nexos* y enseguida en *Un futuro para México*, muy parecidas a las que sometió Felipe Calderón a la consideración de los partidos, con su "decálogo", y a aquellas plasmadas en el desplegado *No a la Generación del No*, impulsado por Aguilar Camín, Federico Reyes Heroles y yo en febrero de 2010.

Cartón de Paco Calderón, 2010

En este último texto intentábamos respaldar el "decálogo" y en particular la reelección, el referéndum, la segunda vuelta y las candidaturas independientes. Estamparon su firma un voluminoso número (primero ochenta, y en una segunda tanda ciento veintidós más) de intelectuales, empresarios, artistas y exfuncionarios, incluyendo a integrantes de gobiernos anteriores. El propósito era mostrarle al PRI —opuesto a las reformas en ese momento— que más allá de los abajo firmantes de siempre, personajes exentos de cualquier sesgo antipriista se mostraban dispuestos a manifestarse a favor de herejías como la reelección o las candidaturas independientes. Las ideas encierran asimismo un parecido innegable con aquellas aprobadas en 2013 por iniciativa de Peña Nieto. Por desgracia, la falta de unidad y fuerza del PAN no permitió que Peña Nieto y el PRI admitieran mecanismos como la segunda vuelta o el referéndum sin cortapisas. La reforma política de 2013-2014 se diluyó o se postergó a tal grado en su aplicación que puede tornarse irrelevante.

Las tesis expuestas en 2004 se convirtieron así en la base de mis desarrollos ulteriores, y junto con las otras, en ingredientes de la agenda electoral del 2012, y de los acuerdos del llamado Pacto por México.

El último apartado de las reformas abarcaba el refinanciamiento del Estado mexicano y pobre. Partiendo de las raquíticas recetas fiscales disponibles y del costo de las reformas propuestas en seguridad y educación, resultaba evidente en esa momento —y ahora— que no hay proyecto programático posible sin un capítulo destinado a la forma de financiarlo. Propuse tres mecanismos tradicionales y obvios para enfrentar el desafío. El primero consistió en la eliminación de los regímenes especiales, o una reducción drástica de lo que se denomina el gasto fiscal, incluyendo la exención de medicinas y alimentos del IVA, la tasa inferior en la frontera, y otras joyas exentas, desde los derechos de autor o las revistas y periódicos hasta el gas LP.

El segundo abarcaba la duplicación de las exportaciones de petróleo en cinco años (2003-2008), de 1.5 millones de barriles diarios a 3 millones. Me basaba en las reservas conocidas (antes de que comenzara a agotarse Cantarell), en el marco constitucional vigente, pero recurriendo a soluciones financieras imaginativas. Incluían la emisión de bonos garantizados por el flujo de crudo (el instrumento empleado como garantía del rescate de 1995), las ventas anticipadas a largo plazo (lo que ahora hace Venezuela con China, o lo que intentó Díaz Serrano con el gasoducto Cactus-Reynosa en 1977-1979) y los Pidiregas (la solución de Zedillo y Fox para la generación eléctrica).

El mecanismo adicional —un poco más novedoso que los anteriores— partía de "una tendencia creciente en México, al igual que en otros países, a la etiquetación de derechos y obligaciones, estableciendo un vínculo entre pago y servicio o entre ingreso y gasto; aumentar los recursos sin recurrir a este tipo de mecanismos sería extremadamente difícil, pues no generaría el apoyo político necesario para enfrentar las resistencias que inevitablemente provocará la eliminación de todas las exenciones y de todos los regímenes especiales." En este diseño, me beneficié de los conocimientos fiscales y petroleros de José Luis Alberro, de la sabiduría de Jorge Díaz Serrano y de la inteligencia de Fausto Alzati.

De nuevo, se nota una evidente coincidencia con Rodríguez y Aguilar Camín. Por supuesto para el IVA y otros regímenes especiales, pero también en la etiquetación —pilar del esquema de protección social universal que retomamos de Santiago Levy— y de la apertura de Pemex a la inversión privada nacional y extranjera. La reforma fiscal de Peña Nieto no etiquetó recursos de modo explícito (quizás a ello se deba parte de su impopularidad), ni suprimió los gastos fiscales más importantes (IVA en medicinas y alimentos), pero sí eliminó algunos (IVA reducido en frontera, transporte de carga y agricultura). Recurrió también a una etiquetación abstracta para pensión universal y seguro de desempleo. No justificó la reforma energética mediante el aumento de los ingresos del erario procedentes de una mayor exportación de petróleo; si funciona la reforma, generará sin embargo ese incremento, que permitirá una reforma social mucho más ambiciosa en el futuro. Mi propuesta de duplicación de las exportaciones petroleras partía de que un alza sustancial de la inversión en Pemex conduciría a un incremento comparable de su producción, y por ende de las ventas foráneas, y de los ingresos del Estado procedentes de Pemex.

VI

Las reformas del texto de 2004 han gozado de una larga vida gracias a escritos ulteriores, a acciones colectivas como desplegados y foros, y a iniciativas de ley de tres gobiernos, ya que incluso Fox intentó aterrizar algunas de estas ideas. Esto no quiere decir que a raíz de mi libro, o de mi campaña. Capté, ordené y divulgué el pensamiento de la intelectualidad, del empresariado, de la clase política, de los medios. Los gobiernos las retomaron del ambiente público, no de mi ideario, pero ese ambiente fue producto del trabajo de mis colegas, de mis colaboradores y mío. Me congratulo.

Cometería una omisión si no mencionara las propuestas formuladas unos años más tarde, y que ignoré hasta 2006-2007. Son dos grandes temas, a los que me he dedicado desde que terminó la campaña —en agosto de 2005— y en los que sigo involucrado: drogas y monopolios. A un ritmo menos desenfrenado que antes, cuando los años no pesaban.

Fast Forward

Comencé a estudiar y a comentar la funesta guerra contra las drogas a partir de los años ochenta, desde una perspectiva de política exterior y de relaciones con Estados Unidos. En el libro que escribí con Robert Pastor en 1988 —*Límites en la amistad*—, cada uno consagró un capítulo al problema, ya que en esa época ocupaba un enorme espacio en los titulares de los periódicos y en la agenda bilateral. Era el tiempo de "Kiki" Camarena, el agente encubierto de la DEA asesinado en Guadalajara; de la disolución de la Federal de Seguridad por Miguel de la Madrid; de las tensiones con Ronald Reagan; y de los golpes de mano de Carlos Salinas y de Guillermo González Calderoni, antes de que se volviera narco y lo mataran en McAllen en 2003. Siempre pensé que asociarnos a la guerra de Richard Nixon —y después de Nancy Reagan— era absurdo. En todo caso, debíamos participar sólo por la presión —en ocasiones irresistible— ejercida por Washington, nunca por convicción o a raíz de un interés nacional imaginario. Sabía que los norteamericanos inventaron un dilema moral y político sin fundamento científico o médico. Tan fue así que en 1977 Jimmy Carter intentó legalizar la marihuana y restarle importancia al combate punitivo y racista a las demás sustancias ilícitas. No pudo, y después Reagan retomó la aberrante cruzada de Nixon.

Cuando Ernesto Zedillo decidió seguir la ruta de Salinas y de De la Madrid, a saber, la menor guerra posible dada la insistencia estadounidense, ofreciendo como corderos de sacrificio a capos —García Abrego— o a militares metidos en el narcotráfico —Gutiérrez Rebollo—, consideré que equivocaba el rumbo. Se comprendía que la entrada en vigor del TLCAN obligaba a un mayor compromiso con Estados Unidos. En el libro con Pastor escribí que "México probablemente puede esforzarse más por atender las preocupaciones norteamericanas. Pero también Washington ha de entender que el problema no tiene la misma importancia cuando se cruza la frontera. La droga no es un problema para México: lo es para Estados Unidos." Al llegar el Acuerdo de Libre Comercio, los volúmenes ilícitos se dispararon, porque el comercio *lícito* se incrementó de manera insospechada. Las dimensiones de los cárteles mexicanos también se expandieron y aparecieron los Arellano Félix, el Señor de los Cielos, el Chapo Guzmán, el Mayo Zambada y el propio García Ábrego. Washington exigía más cooperación de México; nuestras autoridades asintieron, ante todo al involucrar al ejército no sólo en tareas de erradicación o fumigación de sembradíos, sino de inteligencia, intercepción, patrullaje en las fronteras y detención de capos. El narco se convirtió en un problema para México, aunque hasta el sexenio de Calderón se mantuvo dentro de parámetros manejables: ni Zedillo ni Fox se desvivieron al respecto. Cumplieron con los compromisos asumidos al acotar el fenómeno lo más posible, al enviar una cuota suficiente de capos en prenda a Estados Unidos, y al cooperar de dientes para afuera en los aspectos que Washington enfatizaba.

No obstante, a partir de finales de los noventa, muchos vimos que el costo para México, Colombia y Perú de esa aplicación *lite* del enfoque prohibicionista de "guerra contra las drogas" arrastraba costos humanos y materiales crecientes y por el contrario arrojaba pocos resultados. Demandamos el fin de la postura punitiva y la legalización de las drogas, por lo menos de la marihuana. En septiembre de 1999 publiqué un artículo en *Newsweek*, *The Los Angeles Times* y *Reforma* abogando de modo explícito por la legalización (traducción al castellano de *Reforma*): "Este capítulo de la guerra contra las drogas en México se perdió antes de que comenzara [...] en Colombia también se está perdiendo [...]. Nadie está ganando la guerra en ninguna parte [...]. Especialmente no en Texas, donde el gobernador George Bush ha llevado a los latinoamericanos a maravillarse por su hipocresía [...]. ¿Cuál es el propósito de invertir cientos de millones de dólares, hundir a países en la guerra civil, fortalecer grupos guerrilleros y desatar una enorme violencia y corrupción sobre sociedades enteras si líderes estadounidenses pueden desdeñar preguntas acerca del uso de drogas en su juventud? [...] O la cocaína y la mariguana son sustancias peligrosas e infringir la ley al consumirlas es una ofensa grave que debe ser castigada, o estos son asuntos personales que no cuentan, y en tal caso una guerra sangrienta, costosa e inútil contra ellas es absurda [...]. Un balance inteligente podría incluir formas en las que el mercado y los mecanismos de precios puedan ser dirigidos contra el negocio de las drogas [...]. Legalizar ciertas sustancias puede ser la única manera de reducir los precios y hacerlo puede ser el único remedio para algunos de los peores aspectos de la plaga de las drogas: la violencia, corrupción y el colapso del estado de derecho."

Durante el gobierno de Fox, mi única participación en este ámbito se centró en el esfuerzo —exitoso— por suprimir la llamada "certificación" de buena conducta antinarco por el Senado norteamericano. No pugné dentro del gabinete por la legalización, ya que supuse que cualquier postura nuestra en ese sentido entorpecería la reforma migratoria. Durante mi campaña tampoco abordé el tema: ni la guerra contra las drogas o la legalización figuraban en el centro del debate nacional, salvo cuando Fox envió al Congreso en 2006 una modificación a la Ley General de Salud aumentando de manera significativa (mucho más que ahora) las dosis de portación permitidas. Reculó cuando Bush se lo pidió, a raíz de una posible reforma migratoria.

Cuando Calderón arrancó su sexenio con una declaración de guerra al narco en Michoacán, dudé que la estrategia tuviera éxito. Sospeché que el enfoque brotaba de motivaciones de política interna, más que de combate a la delincuencia o a la inseguridad. A partir del primer año del gobierno calderonista, comencé a criticar con dureza la postura bélica, destacando, en un artículo en *El País* y *Reforma* en mayo de 2007, la violación de la "Doctrina Powell" del uso de la fuerza. Ésta exigía cuatro condiciones para cualquier intervención militar proactiva: disponer de una fuerza aplastante; contar con una definición clara de la victoria; poseer una estrategia de salida; y gozar del apoyo de la opinión pública. Calderón cumplió sólo con la cuarta condición, y sólo por un tiempo. A partir de 2008, el precio de la guerra se volvió exorbitante, tanto en pesos como en muertos, desaparecidos, violaciones de derechos humanos y un agudo deterioro de la imagen internacional del país. Hacia finales de ese año se desató un proceso de crítica y denuncia de la postura de guerra en el llamado "círculo rojo", mientras que la popularidad inicial que obtuvo el presidente por su aparente audacia y mano dura se esfumó.

A principios de 2009, con Rubén Aguilar, el exvocero de Fox y viejo compañero de lucha en las guerras centroamericanas, y poco después con Héctor Aguilar Camín, por un lado, y con Human Rights Watch en Nueva York y Washington, por el otro, eché a andar una doble campaña. En primer término, me aboqué a combatir las mentiras y los estragos del gobierno. Denuncié la peregrina tesis del aumento del consumo de drogas en México, la de la supuesta culpa norteamericana por la guerra debido a su laxa regulación de la venta de armas, y la premisa más falsa de todas las que esgrimió Calderón. Según él, la guerra provino de la violencia que azotó a Michoacán en 2006, y no al revés, como de verdad ocurrió: la guerra, nacida de necesidades de legitimación electoral, provocó la violencia a lo largo y ancho del país. Esta falacia incluía una mentira adicional: que el gobernador Lázaro Cárdenas de Michoacán le solicitó, casi le rogó, al presidente el envío del ejército a su tierra. Han transcurrido ocho años y sigue sin aparecer una sola huella de tal solicitud: ni por escrito, ni verbal, ni una sola declaración de Lázaro confirmando el hecho. Subrayé también la distorsión tácita más cínica de Calderón: las decenas de miles de muertes provenían del combate entre narcos.

La otra vertiente de mi esfuerzo se centró en proponer alternativas a los delirios del sexenio, y en particular a promover la legalización de las drogas en general y de la mariguana en particular. Desde el punto de vista conceptual, combatir la estrategia de Calderón y alentar la descriminalización de la marihuana constituían dos lados de la misma moneda. Bajo una perspectiva política, conformaban dos pistas paralelas pero diferentes. Políticos, empresarios o intelectuales dispuestos a criticar a un gobierno del PAN no se inclinan siempre por legalizar las drogas; ciertos escritores o académicos favorables a la legalización prefieren posponer sus críticas a una estrategia costosa, sin duda, pero vista como inevitable por un tiempo. De modo que tratándose de los dos Aguilar, con Rubén trabajamos más en luchar contra el enfoque de Calderón; con Héctor optamos por acentuar la vertiente propositiva.

Con Rubén Aguilar en la presentación del libro *La diferencia*, España, 2008

En los dos libros que publiqué con Rubén: *El narco: La guerra fallida* (2009) y *Los saldos del narco: El fracaso de una guerra*, insistimos en el costo de la guerra de Calderón, término cuyo uso logramos imponer en el seno de la comentocracia. Llamábamos a legalizar las drogas, pero nos deteníamos más en otras propuestas

—la policía nacional, cabildear en Estados Unidos, sellar el Istmo de Tehuantepec— y sobre todo en describir el desastre de la guerra, que se agravaría en 2010 y 2011, antes de que la violencia disminuyera. En 2005, México alcanzó el nivel de violencia más bajo de su historia: ocho homicidios dolosos por cien mil habitantes, apenas el doble de Estados Unidos y una cifra similar a la de los países latinoamericanos menos violentos. En 2012 llegamos a veintitrés homicidios dolosos por cien mil habitantes. El talento y la valentía de Rubén en materia comunicativa ayudó a difundir nuestras tesis. Ha sido el único verdadero vocero presidencial duradero en el México democrático; se paraba cada mañana ante los desvelados reporteros de la fuente presidencial para responder a preguntas con frecuencia necias o inverosímiles por su ignorancia. Ni Calderón ni Peña Nieto se atrevieron a atender esa mínima aspiración democrática: que todos los días la Presidencia responda a las interrogantes de los medios, por absurdas que parezcan.

Con Aguilar Camín hicimos hincapié en las tesis programáticas en general —en casi todos los ámbitos de la vida pública— y de modo específico en la legalización. Con los dos coautores puse en práctica mi obsesión por las giras de promoción de libros. Con Rubén, contribuimos de modo decisivo a destruir, dentro y fuera de México, el mito de una guerra necesaria, y exhibir, antes que muchos, la barbaridad de la estrategia calderonista. Con Héctor, contribuimos a definir la agenda de los comicios del 2012 y extender nuestro esfuerzo a otros ámbitos. Realizamos una serie de programas de televisión en MilenioTV consistentes en una entrevista con la mayoría de los entonces precandidatos a la presidencia; a cada uno le preguntamos, al aire, si estaba a favor o en contra de legalizar la marihuana.

A partir de 2011 fuimos uniendo adeptos a la causa de la legalización; nos sumamos asimismo al trabajo en curso de la Comisión Global y Latinoamericana sobre Drogas, encabezadas por los expresidentes Cardoso, Gaviria y Zedillo. En octubre de 2010, la revista *Nexos* publicó un número especial sobre la marihuana, con artículos de diversos especialistas y un manifiesto institucional del consejo editorial, titulado "Por la legalización de las drogas". A través de la iniciativa de "los preguntones", llevada a cabo por Aguilar Camín, Fernando Gómez Mont, Juan Ramón de la Fuente y yo, dirigimos preguntas detalladas a cada uno de los cuatro candidatos definitivos, y a recoger y publicar sus respuestas. Logramos posicionarlos sobre la legalización.

En 2013 formamos un grupo *ad hoc*, compuesto de nuevo por Aguilar, De la Fuente, Gómez Mont al cual se agregaron Ángeles Mastretta, Pedro Aspe y María Elena Morera. Recuerdo con una sonrisa la cena en casa de uno de los integrantes de nuestro grupo, quizás más conservador que otros. ¡La cara que puso el anfitrión cuando alguien exhibió una bolsa con cinco gramos de marihuana para mostrar lo ridículo del gramaje permitido por la ley! Celebramos un evento con buena repercusión en medios en la Fundación Miguel Alemán en agosto de 2013; publicamos un desplegado en septiembre con sesenta y siete firmas, pronunciándonos a favor de la despenalización del consumo en el Distrito Federal. Nuestro objetivo era arropar a la bancada perredista en la Asamblea de la capital con figuras de corte ortodoxo o del *establishment* gobernante del país; quizás ese apoyo facilitaría la aprobación de una ley de despenalización. Esperábamos que, de adoptarse, la promulgaría el jefe de Gobierno, Miguel Ángel Mancera, a quien también nos acercamos.

Con Aguilar Camín publiqué artículos al respecto en *El País*; con Gómez Mont en *The Washington Post*. A principios de 2010 apareció un largo ensayo mío en *Foreign Policy*, titulado "Mexico's Failed War", donde repetía los argumentos esgrimidos contra la guerra de Calderón. A partir de finales de 2012 convencí a Human Rights Watch de fijar una posición como la nuestra, basada en consideraciones de derechos humanos. A principios de 2013 la organización expidió un documento robusto y explícito, llamando a la despenalización; José Miguel Vivanco lo hizo público en Antigua, Guatemala, durante la Asamblea anual de la OEA, consagrada ese año a las drogas, con gran impacto en los medios internacionales y de América Latina.

Con Fernando Gómez Mont, Héctor Aguilar Camín, Pedro Aspe, Juan Ramón de la Fuente y María Elena Morera, México, 2013

A pesar del impulso que tuvo en su arranque, para finales de 2014 el *proyecto* aún no prosperaba. En cambio el *debate* en la sociedad mexicana, o por los menos en el círculo rojo, avanzaba a gran velocidad. Tal vez sea la causa que he abrazado en estos años con mayores probabilidades de éxito. Cierto, no la enarbolé en mi campaña; sólo con dificultades verá la luz del día una legalización plena antes del referéndum previsto en California en 2016. Ha sido una batalla que ha valido la pena dar, con mis compañeros de trinchera.

Rewind

Para muchos, el grado de concentración y centralización del capital —como diría Marx— o la fuerza de los monopolios en una jerga más directa han representado el obstáculo más trascendente y adverso en el tortuoso camino mexicano al crecimiento y la prosperidad. Aunque de vez en cuando me ocupé del tema, hasta 2006 no le presté la atención que merecía. Así, por ejemplo, en 2005, a propósito de la negativa del IFE de aceptar la solicitud de la Comisión Interamericana de Derechos Humanos de otorgarme medidas cautelares, escribí en *Reforma*: "Siempre estuvimos a favor de la autonomía de los entes reguladores porque su reforzamiento es la única manera de diseñar y poner en práctica un mínimo de política antimonopólica. La regulación autónoma es el arma indispensable contra los monopolios. Sin agencias regulatorias fuertes y autónomas, los monopolios bancarios, de telecomunicaciones, televisivos, cementeros, etcétera, capturan rápidamente a los sectores gubernamentales encargados de supervisarlos." Nada muy original.

Al concluir el sexenio de Fox, en parte porque no entraría al nuevo gobierno, publiqué cuatro largos textos en *Reforma* bajo el título "Golpe a golpe", donde por primera ocasión colocaba el acento en la monopolización del poder en México. Describí sin ambages lo que veía, al igual que otros: "Lo que no se ha hecho, ni bajo Salinas ni bajo Zedillo ni bajo Fox, fue desmantelar el sistema corporativista, indisociablemente ligado al PRI en sus orígenes pero que, como las gallinas degolladas, sigue andando después de la agonía de sus fundadores, creado en los años treinta, agotado para los setenta y mantenido vivo mediante respiración artificial desde finales de la década de los ochenta." Propuse, entre otras medidas, dos que con el tiempo parecerían menos descabelladas o inviables que entonces: "La primera es simplemente la desintegración de Telmex/ Telcel. Nadie discute el genio empresarial de Slim, ni que la privatización haya mejorado el servicio, ni que se necesitan empresas grandes para competir en el mercado nacional e internacional, ni que en teoría se podría obligarlo a reducir tarifas y mejorar servicio a través de un mayor rigor regulatorio [...]. Si no se pueden acercar las frecuencias y entregar los canales 3, 6, 8, 10 u 12, sencillamente se obliga a Televisa a desprenderse de uno de sus canales nacionales abiertos". Debí haberlo dicho esto antes, pero mejor tarde que nunca.

Ese ensayo sirvió de base para publicar un libro pequeño o panfleto escrito en mancuerna con Manuel Rodríguez. Asumí la postura abstracta —y creo que válida— de la "culpa monopólica". No me limité al dilema de los monopolios privados en la industria, la banca o los servicios. Subrayé la pertinencia de reducir el poder de los monopolios estatales —Pemex, CFE, IMSS—, sindicales —cláusula de exclusión, de contratación y toma de nota—, de representación electoral —prohibición de las candidaturas independientes— y hasta intelectual: la debilidad o inexistencia de una verdadera meritocracia en la academia mexicana. Después del texto con Rodríguez, insistí en el tema y confeccioné los libros citados con Aguilar Camín. Surtieron un cierto impacto gracias a la coyuntura, a la figura de Aguilar Camín, y al esfuerzo que hicimos para promoverlos. Ni inventamos el hilo negro, ni los candidatos a la presidencia adoptaron tal cual nuestros consejos. Sólo ordenamos las tesis que flotaban en el ambiente político-intelectual, les dimos forma. Los políticos captaron que la sociedad demandaba lo que proponíamos, o mejor dicho, nosotros proponíamos lo que la sociedad demandaba. Volvemos al dilema del balón y del jugador. Las buenas ideas no siempre las ponen en práctica sus adeptos o autores, y los demás no siempre las asimilan o las comprenden a cabalidad.

El programa de reformas presentado en *Un futuro para México* (2009) y después en *Una agenda para México* (2012) descansaba en la premisa de la omnipotencia monopólica en México. Si bien las propuestas desarrolladas en esos pequeños textos no se limitan al desmantelamiento de los monopolios, todas comparten ese punto de partida: en energía, en los sindicatos, en la atención médica que brindan el IMSS y el ISSSTE, en la banca y las ventas al menudeo, en las elecciones y en los medios. Quizás Aguilar Camín y yo hipostasiamos el asunto: ni todo era culpa de los monopolios, ni todo se resolvía acotando o menguando su poderío. Pero en la coyuntura del 2006, de desilusión justificada con las pobres cuentas económicas de Fox, y luego ante la incredulidad de muchos frente a los deseos piadosos de Calderón de crecer casi por puras "ganas", el énfasis fue correcto.

Buena parte de la agenda antimonopólica de Peña Nieto proviene del clima generado en el sexenio de Calderón, sobre el carácter pernicioso de la excesiva fuerza de los poderes fácticos. Tal vez exageramos al transformar una condición necesaria —debilitar a los monopolios— en una condición suficiente para lograr la madre de todas las metas: crecer. Es posible que sea correcta la crítica de Jaime Ros: cualquier modificación de la potencia avasalladora de los monopolios de todo signo en México sigue perteneciendo al ámbito microeconómico, y el gran desafío del país se halla en el área macroeconómica. En cualquier caso, el combate antimonopólico fue crucial, no sólo porque Héctor y yo vendimos libros, aprendimos de nuestras giras y fortalecimos una vieja camaradería, sino también porque nada bueno se puede lograr en México sin limitar la concentración del poder en el país: económico, financiero, comercial, sindical, intelectual y político.

VII

Cuando concluyó mi infructuosa búsqueda de la presidencia confronté un hecho insoslayable. No iba a ser presidente de México; volver al gabinete en el gobierno de Calderón, si vencía a López Obrador, era improbable; y no me despertaba grandes apetitos adentrarme en la política pura, sin mayor vocación para ello y ausente cualquier espacio al respecto en un país dominado por la partidocracia. Hice mi lucha por obtener un nombramiento en el gabinete de Calderón, tarea por fortuna fútil, vista de modo retrospectivo. En julio del 2006, durante la protesta de López Obrador contra el supuesto fraude electoral, Calderón me pidió que le asistiera en el ámbito externo para neutralizar la campaña de AMLO de denuncia de los comicios. Accedí con gusto; le armé a Calderón, por mi cuenta o de la mano con otros, llamadas telefónicas con James Baker, Colin Powell, Madeleine Albright, Felipe González, Mario Vargas Llosa y varios más. Organicé una retahíla de comidas o cenas con corresponsales extranjeros en México y con intelectuales mexicanos para que expusiera de manera directa su visión de la batalla en curso. Antes de empezar le manifesté que mi apoyo en el ámbito externo se limitaría a esa faena: no aspiraba a ningún cargo en su gobierno relacionado con las relaciones internacionales del país. Semanas después, en una de las juntas que sostuvimos, me permití otra aclaración, en respuesta a un rumor procedente de su equipo: tampoco deseaba ocuparme de los temas culturales.

En septiembre de 2006, antes de marcharme a Nueva York a mis clases de siempre, al despedirme de Calderón, y ante su previsible pregunta de a qué sí aspiraba, respondí que con gusto y entusiasmo trabajaría como Secretario de Educación o de Desarrollo Social. Tomó nota, y salvo dos breves encuentros, uno en diciembre de 2006, otro a finales de 2011, no volví a conversar con él. Tuvo a siete titulares de la SEP y SEDESOL…

Semanas antes de la toma de posesión, al esperar que Elba Esther tomara la bocina del otro lado del hilo telefónico desde Nueva York, entreoí su conversación con un colaborador que sospecho era Miguel Ángel Yunes. Allí supe que Calderón no me invitaría a su gobierno. Elba explicaba que no podía aceptar ni a Juan Molinar ni a José Luis Romero Hicks en la SEP; visto que Josefina Vázquez Mota era mujer, no podía ni debía vetarla. A partir de ese momento puse manos a la obra en lo que desde entonces, gracias a la generosidad e inteligencia de Federico San Román, he llamado el Plan B. Con el paso del tiempo se transformó en el Plan A, mejor que el original.

Primero con resignación, más adelante con entusiasmo, convertí los sucedáneos de la política o mis herramientas anteriores para hacer política en ocupaciones gozosas, gratificantes y remuneradoras. He seguido fascinado por los juegos de poder y cada acercamiento al poder me despierta el placer de siempre. Extraño el juego, y en los muy esporádicos y efímeros instantes cuando lo he vuelto a ver de cerca, lo disfruto. Pero la magnitud de los obstáculos, así como la estrechez y sinuosidad del improbable sendero para volver a jugar, me impusieron una vida, cada día más placentera y satisfactoria.

La escritura me divierte; es el primer capítulo del Plan B. Prefiero los ensayos a los artículos; los libros a los ensayos; los libros bien logrados y bien vendidos, a los que por una razón u otra no despegan. Desde 2007 he publicado siete libros breves (los ya mencionados con Aguilar y uno más en Estados Unidos sobre migración, *Ex-Mex*), dos largos, el que aquí empieza a concluir; *Mañana o pasado: El misterio de los mexicanos*, editado en Estados Unidos, España,

Brasil y México; y una recopilación en México y Estados Unidos, con Marco Morales. El trabajo de orfebrería, lento y meticuloso, me gusta cada vez más, y le dedico tiempo y esmero. Sé que los textos cortos, baratos y contundentes revisten mayor impacto, pero los largos y pausados me aportan más. Disponer del tiempo en México o en Estados Unidos para redactar, corregir, pulir a mano, sin preocuparme de anticipos o ventas; después promover y discutir con jóvenes las locuras que se me ocurren o las ideas que les someto, es uno de los principales deleites de mi existencia. No que antes me repeliera, o que no lo gozara; pero la escritura consistía para mí en una tarea al servicio de una meta, un medio para un fin —la política, el poder—. Se ha vuelto un fin en sí mismo. He encadenado las publicaciones contratadas; al cabo de años de intentos infructuosos, vendí la siguiente entrega, a saber, una mirada cercana y a la vez lejana de Estados Unidos, dirigida a norteamericanos; saldrá en el 2016 bajo el sello de Oxford University Press.

Mantengo, más por razones económicas que de interés temático u ontológico, mis colaboraciones en diarios, tanto en México como en el extranjero. A diferencia de algunos, soy escéptico sobre el efecto que surten las columnas —buenas o malas— en los lectores, de a pie o poderosos. Una vez le propuse al dueño del periódico donde colaboro que me pagara por no escribir; él dispondría de un espacio más; de un editorialista latoso menos, y yo saldría tablas. No le agradó la idea.

El artículo semanal, junto con mi par de comentarios en radio y el programa de televisión que grabamos cada lunes con Héctor Aguilar Camín, Leo Zuckermann y Javier Tello, devengan un ingreso directo o indirecto suficiente para financiar la escritura cuando no vende, y las demás actividades propias del Plan B. El programa en Televisa, producto de la reconciliación negociada por Aguilar Camín con la empresa, es un regocijo. La sobremesa de los fines de semana con Héctor, Ángeles Mastretta, sus hijos o el mío, se amplía a los otros participantes. Conversamos igual, sobre los mismos temas, con el mismo lenguaje; nos reímos de las mismas puntadas, simpáticas o insufribles, y llegamos a las mismas conclusiones. Nos pagan y nos aplauden los escasos espectadores que nos ven. Mejor, imposible.

Por formar parte de la comentocracia nacional y conjugar mi pertenencia a ésta con redes internacionales construidas a lo largo del tiempo —universitarias, de medios, conferencias y otras actividades retribuidas— me gano bien la vida. Ahorré lo necesario para asegurar una vejez tranquila, y cuento con un tiempo libre considerable cada día, cada semana, cada año. Me jubilé de la Universidad Nacional en 2008, después de un cuarto de siglo de dar clases, con asiduidad y distancia a la vez. No creo que haya sido un gran maestro; tal vez algunos alumnos y alumnas conserven gratos recuerdos de mis clases de relaciones internacionales, pero nunca le invertí la dedicación o el tiempo necesarios a mis visitas semanales a Ciudad Universitaria. La UNAM no invirtió mucho en mí, tampoco: mi pensión mensual del ISSSTE no rebasa los diecisiete mil pesos. Guardo algo de nostalgia por CU, ya que era de mis pocos puntos de contacto con la juventud perteneciente a la clase media emergente, de la que tanto hablo y presumo.

La Universidad de Nueva York me provee un sueldo, un departamento y seguro médico todo el año; impartir clases no es lo que más me complace en el mundo, pero se trata de una pequeña inversión que redunda en un gran dividendo. Univisión me recompensa con generosidad, en vista de los servicios entregados, que sin embargo me permiten una extensa exposición mediática en Estados Unidos. No necesito más.

El esquema genera los recursos para sostener una amplia independencia y un pequeño aparato que funciona con una eficiencia y devoción ejemplares, las cuales me aseguran la posibilidad de dedicar mi tiempo a lo que escojo hacer, y hacer y pensar lo que escojo. Ninguna fuente individual de recursos es indispensable; ninguna presión afecta a todas. Soy vulnerable como todos a la crítica o a la incomodidad de los poderes públicos y fácticos, pero es probable que mis posibilidades de asegurar mi autonomía de vuelo los irriten más.

El aparato opera como relojito desde hace diez años. Alejandra Zerecero debería conducir una secretaría de Estado como mínimo: su disciplina, lealtad y profesionalismo son inéditos en México. Ella maneja todo: a Muñoz el conductor, que lleva catorce años conmigo; a las otras jóvenes que allí trabajan, con una rotación de dieciocho meses en promedio, el tiempo que necesitan para aprender lo que van a aprender y no empezar a aburrirse; los departamentos de México, Nueva York y Miami; y la oficina en México, que tiene varias sedes: mi casa, mi coche, mi ipad, mi celular y mi laptop. La paciencia de Alejandra es histórica, ya legendaria entre mis amigos, como lo es también su inteligencia y, a estas alturas, su sabiduría. Sobrina de Enrique, mi finado compañero, ha sido el mejor legado que me dejó.

El segundo capítulo del Plan B corresponde a una vida gregaria, en medio de un círculo perfecto de amistades de ambos géneros. El anacoreta o y misántropo que fui durante años quedó atrás; no hay fin de semana, puente, o vacación que transcurra sin mis amigos. Como todo el mundo, he perdido a algunos: Enrique, Adolfo. Como muchos, conservo amistades nacidas hace decenios, y he construido lazos nuevos: en México, en Estados Unidos, en Chile. Con unos viajamos; con otros comemos y bebemos; con otros más lanzamos proyectos provechosos o aberrantes y fallidos. A todos los quiero; a unos los frecuento por su magnífico sentido del humor o vitalidad; a otros por su solidaridad; a otros más por su inteligencia o buen corazón; a casi todos, por articular este conjunto de virtudes.

Al cumplir sesenta años organicé una comida, igual que cada año, pero un poco más grande: parte de la familia; mi amiga y vecina colombiana de Nueva York, en representación de las novias de Jorge, como ella dijo; *et les amis de Georges* (dixit Brassens) presentes ese día en México. Sumaron sesenta, por azar. Cuando pronuncié unas palabras e intenté referirme en pocos segundos a cada comensal, me percaté de que se trataba de relaciones afectivas estrechas e intensas. A tal grado grabé en mi memoria los momentos de alegría y de tristeza con ellos, de triunfo y derrota, de afinidades y lejanías, que pude recuperarlos uno por uno, en plena fiesta, aburriendo a mis invitados, pero regodeándome en el lujo de dirigirme a ese público cautivo y querido. Y de tener el placer y la prerrogativa de reunirme con personas adoradas, sin necesidad ya nunca de cumplir con compromisos sociales —como las bodas— o de trabajo —como las cenas de embajadas— odiosos e interminables. El *small talk* nunca se me dio; por eso desagrado a muchos que se eternizan en él, y me simpatizan quienes lo aborrecen como yo.

La familia que sobrevive en México —los niños; Javiera, Carlos Miguel y Tuti; mi tía Rosita, Andrés y Vivian, Marina y Patricia; mi prima Claudia y mi sobrina Sandra, sus maridos Jacobo y Ulises—, acudieron también a mi festejo, y fueron objeto de mis interminables reflexiones, desprovistas de la jerarquía necesaria. Marina merece más espacio en mi vida y en este libro; de manera paulatina hemos ido cicatrizando heridas y reencontrando caminos extraviados. Nunca los perdimos del todo; en momentos difíciles para ambos, conservamos lo esencial: el trabajo juntos —tradujo mi biografía del Che Guevara en 1996; en Relaciones, cuando pude ayudarle en algunos trámites; remontamos los agravios mutuos, ins-

Con Marina y Andrés, México, 2010

critos en los acontecimientos comunes más dolorosos —la muerte de nuestros padres, mi divorcio— y volteamos la página en los años otoñales. Hoy escribe libros imprescindibles; ordenó su vida cotidiana hasta donde le fue posible; buscó y consiguió el cargo de agregada cultural en la Embajada de México en Bruselas, la ciudad donde estudió su mamá. Allí podrá colocar al servicio de su puesto una formidable cultura musical, literaria y plástica que condensa la de Oma y Jorge padre, de la cual yo carezco, pero cuyas lagunas ahora puedo paliar recurriendo a Marina. Junto con la multitud de parientes regados por el mundo, veo que la existencia pasajera de mi familia nuclear paterna o propia no obstó para poder rodearme, en pleno Plan B, de seres cercanos y afines. Lo celebro.

Con esos amigos emprendo mis viajes, cada vez con mayor frecuencia y duración. Si antes buscaba combinar goce y trabajo y acortaba los periplos para retornar a un compromiso dizque trascendente, ahora los prolongo y los organizo en función del interés intrínseco de la expedición. De pura vacación, a partir de 2005, cuando de alguna manera el Plan A se clausuró, he visitado la India tres veces; Turquía e Israel dos; China, Vietnam, Camboya, Myanmar, Indonesia y Croacia. He pasado cuatro semanas en goletas o catamaranes en el Mar de Cortés y el Caribe, cruzado el Canal de Panamá en un pequeño crucero el 31 de diciembre, y navegado en otro por los afluentes del Amazonas en Perú. Procuro efectuar tres de estas odiseas cada año, además de la semana que desde 1995 aparto para esquiar con Jorge Andrés, empresa a la que se sumó Carlos su hermano a partir del 2009, su hijo Enkidu desde 2011 y ahora Jerónimo, y Tachi, la hija de Javiera. Es la semana del año.

Con Jorge Andrés, Ciudad de México, 2005

Empecé a llevar a Tuti apenas a los nueve años, sin su madre. Las primeras seis o siete veces lo depositaba en la escuelita de esquí y pasaba el día por mi cuenta en las pistas y subidas. Lo esperaba cuando bajábamos juntos; lo tranquilizaba cuando se espantaba por las "negras" o el hielo o la neblina; suspendíamos actividades cuando se cansaba. Hoy, al igual que para todos los padres, es al revés: esquía cien veces mejor y más rápido que yo; me canso más que él; quiero creer —sin gran convicción— que a pesar de las apariencias se preocupa tanto por mí como yo por él cuando era chiquito. Ahora, en las noches, se van de parranda los hermanos; permanezco como nana designada con los enanos, que siguen despiertos viendo películas cuando yo llevo horas dormido. Solemos ir a Colorado porque la operación logística es más sencilla, pero trato de variar el destino. Todavía con Jorge Andrés nos peleamos como antes al momento de escoger la pista, o el camino, o donde almorzar, o qué *lift* tomar; espero que esos pleitos duren una eternidad. Y mi salud también, que me aguanta eso y más, a pesar de los innumerables excesos de comida, bebida, desveladas y aviones.

Con Carlos Ominami y Héctor Aguilar, Perú, 2013

Desde que volvió a México de Londres, Jorge Andrés y yo normalizamos una relación complicada, como es lógico, y de mucho amor y atención. Imposible que un hijo responda más que él a las expectativas de un padre obsesivo como yo. Es todo lo que habría podido desear como persona y profesionista; como lector, cinéfilo y adicto a las series; como chismoso, irónico y ávido de conocimientos y experiencias. Disciplinado en el trabajo, dotado de una inteligencia sobresaliente y de un sentido del humor negro (el único que vale), es mi adoración y mi karma a la vez. Ningún hijo podría responder a las exigencias de compañía, de cuidado, de presencia, que un neurótico compulsivo como su padre le formula sin cesar; como él mismo dice, soy la versión masculina de una madre judía. Me exaspera cuando no atiende cada una de mis infinitas demandas; él a su vez se irrita o se deprime con mis faltas de atención o apoyo —reales o imaginarias—, o cuando mi molestia por su aparente desapego le hiere. Sufre las consecuencias de mi soledad ocasional, de mi carácter ocioso y ermitaño: no tengo a quién más molestar. Goza, sin embargo, de los beneficios —que no son pocos— de un padre sin segunda pareja.

En efecto, entregarle tanto tiempo a los viajes, a los amigos, a Jorge Andrés y a la escritura es un privilegio que parte de un origen e implica un costo. Otro capítulo del Plan B ha resultado ser, en los hechos, prescindir de una pareja estable y duradera —de planta, digo yo—. Desde hace diez años la soltería ha sido una condición necesaria. No afirmo que con una mujer —la misma— siempre presente, lo demás hubiera sido imposible. Pero difícil sí, ya que llegada cierta edad y sabiduría uno hace concesiones si desea algo; esas concesiones interfieren de manera ineluctable con otros deseos, mañas o manías.

Con Roberto, Pedro y Gonzalo en Croacia, 2014

Con Paco Ortiz, Pedro y Manuel Rodríguez en el Mar de Cortés, 2006

A diferencia de lo que decía T.S. Eliot sobre la juventud, en la presunta madurez uno sabe que no todo es posible. A diferencia de disfrutar lo factible con una única mujer, y resignarme a ver desvanecerse los anhelos y los apetitos incompatibles con ella, opté, hasta ahora, por acompañarme de varias mujeres que se insertan en lo que yo quiero hacer, con la gente que yo quiero ver, con los destinos que a mí se me antojan, y vivir repartido entre los lugares que a mí me gustan. Como se concluirá sin tapujos, una decisión de esa naturaleza no se compagina muy fácilmente con una monogamia perdurable. Estos años he frecuentado a un gran número de mujeres, he viajado con muchas de ellas, y he establecido relaciones más cercanas e intensas con un pequeño círculo. Dos duraron más; al no vivir en la misma ciudad, nos brindábamos el espacio necesario para seguir juntos. Pasé lindos momentos con ellas y las demás de ese pequeño círculo; encajaron de modo inmejorable en mi esquema, pero al final éste resultó inaceptable para ellas y no negociable para mí.

Aun si cediera en una u otra de mis demandas, o alguna santa las aceptara en su conjunto, persistiría una contradicción insalvable. Nace de mi estilo de vida actual. Además de mis desplazamientos vacacionales, me instalo cuatro meses al año en Nueva York y visito con frecuencia Miami, donde compré a crédito un pequeño departamento en 2006. En otras palabras, resido en tres departamentos, uno espacioso, los otros más restringidos, todos inundados de luz y atiborrados de libros y cuadros. Me deleito con frecuencia y por necesidad, pues, en la compra de muebles y otros pertrechos decorativos, pero sobre todo de arte. Además de las pocas piezas que recibí de mis padres y la mitad de las muchas que adquirimos Miriam y yo, procuro obsequiarme un cuadro cada fin de año; festejo su llegada a la casa en México como si fuera un acontecimiento mayor.

Todo ello forma parte de la vida solitaria que me he impuesto: lo hago, decoro, mantengo y manejo *yo*. Como me dijo una escritora cuando le alquilé el departamento de la Calle 15 en Nueva York: "es una morada de soltero"; como me dijo una de mis más antiguas conocidas en México, cuando la invité por primera vez a mi casa en el D.F.: "aquí no cabe una mujer para quedarse". Supongo que una mujer que se enamorara de mí aceptaría feliz acompañarme en esta versión tropical del judío errante. Dudo, sin embargo, que lo pueda hacer el tipo de mujer que siempre he preferido: con vida propia, profesión y actividad propias, entorno y familia propias, raíces y compromisos propios. No pienso renunciar a mi intervalo en Nueva York hasta que me despidan o me muera; seguiré de itinerante perpetuo mientras pueda; no me siento capaz de convivir de tiempo completo con una mujer cuya vida entera sea… yo. Hay dilemas sin solución.

En otro ámbito, no me hago de la boca chiquita. El Plan B me parece espléndido, pero de haber surgido una nueva oportunidad de volver al punto de partida del Plan A, por ejemplo en el gabinete de Peña Nieto, lo hubiera contemplado, aunque con ambivalencia. Pensé, con ingenuidad y amnesia ante las idiosincrasias priistas, que el número y la calidad de encuentros que sostuvimos Aguilar Camín y yo con Peña Nieto desde 2010 desembocaría en un ofrecimiento atractivo. A ello se agregaba un hecho por pocos conocidos: una porción considerable de sus propuestas de campaña, plasmadas en su libro *México, la gran esperanza: Un Estado eficaz*, se inspiró de manera explícita en nuestros textos. Por último, creí que la relación de confianza y afecto que establecimos ambos durante esos tres años con Aurelio Nuño, su futuro *chief of staff*, impulsaría la opción de incorporarme a su gobierno, por ejemplo a la Secretaría de Educación, cuya agenda elaboramos en buena medida juntos Héctor, Nuño y yo. Antes de que concluyera que la idea jamás prosperaría, me pregunté si en verdad prefería abandonar lo edificado estos años a cambio de un trabajo agotador, frustrante, de duración incierta y con resultados aún más dudosos. Supongo que si Peña me hubiera propuesto algo por el estilo, habría aceptado con escepticismo. No me imagino inmerso en los insoportables ejercicios rituales del PRI, ni rodeado de colegas tan heterogéneos: unos inteligentes, de nuevo cuño, honestos y trabajadores, y muchos otros lo contrario. Menos me veo dentro de cuatro años, al cumplir sesenta y cinco, agobiado por las frustraciones y los conflictos de una labor burocrática por definición incompleta, con la salud descompuesta por las tensiones y el agotamiento, y con la lograda paz interna trastornada, si no destruida, por el cotidiano combate cuerpo a cuerpo.

Tampoco me sulfuro. Cuando he podido aportar algo al gobierno de Peña Nieto, lo he hecho con entusiasmo. Hay un ejemplo concreto. Durante los dos últimos años de la administración de Calderón, el gobierno francés, a través de su embajador en México y de algunos altos funcionarios en París, buscó el apoyo de los pocos francófilos sobrevivientes en México para destrabar el "affaire Cassez". Los galos se sentían desesperados debido al empecinamiento de Calderón de mantener en la cárcel a toda costa a la presunta secuestradora francesa, y por el peso aplastante de la opinión pública

Con Régis Debray,
Francia, 2013

mexicana que la consideraba culpable. Desde el presidente Sarkozy hasta la totalidad de los corresponsales franceses en México, todos estaban convencidos de su inocencia. Junto con varios abogados, puse lo mío para que a principios del gobierno de Peña Nieto supieran el nuevo presidente y los padrinos legislativos del nuevo ministro de la Suprema Corte que no existía solución con Francia sin devolver a Cassez a su país. Así sucedió. Poco después de su liberación, se creó por iniciativa de Peña Nieto y de su colega François Hollande un Consejo Estratégico Franco Mexicano (CEFM), con el propósito de reconstruir la dañada relación y de formularle propuestas a los dos gobiernos, procedentes de empresarios, académicos, políticos y creadores. Philippe Faure, el copresidente francés del CEFM y antiguo embajador de Francia en México, me consultó sobre quién podría ser su homólogo mexicano. Después de pensarlo como treinta segundos, le respondí que yo mero. A l cabo de algunas consultas adicionales, le pedí a José Antonio Meade, el recién nombrado canciller, que le transmitiera a Peña Nieto mi interés; el presidente aceptó mi sugerencia y me nombró. De suerte que 53 años después de haber pasado el Bac, 32 años después de la Declaración Franco-Mexicana sobre El Salvador, 10 años después del trabajo conjunto en el Consejo de Seguridad de la ONU contra la invasión norteamericana a Irak, se presentó la oportunidad de traducir mi francofilia y francofonía en realidades, menores pero satisfactorias.

Con Jacques Chirac y Vicente Fox, Francia, 2002

Con François Hollande y Enrique Peña Nieto, México, 2014

Más allá de estos detalles prefiero retratarme como un veterano *philosopher king* (así me describió *The New York Times* en 2011) en paz consigo mismo, destinando estos años a los placeres y los esfuerzos de pensamiento y debate ya descritos, siguiendo mi costumbre matutina de señora de sociedad; arrancar el día con los periódicos, luego hora y media en el gimnasio, luego los correos y las llamadas, luego vestirme y arreglarme, siempre con la televisión prendida, como una chimenea de la Edad Media, escribir un par de horas y salir a la calle a almorzar, tomar el aperitivo y matar la tarde. Prefiero contemplarme leyendo más y mejor; disfrutando más películas en mi casa en buena compañía y no en eternos vuelos transatlánticos; haciendo más ejercicio, y bebiendo y comiendo menos. Podré seguir mandando buenos balones durante algún tiempo. El jugador se habrá replegado ya a la media cancha, sin saber nunca con certeza si esa era su verdadera posición (o vocación), o si los astros no se alinearon más que durante un breve lapso para permitir que pasara con todo y balón. Concluyo con la canción de Edith Piaf: *Je ne regrette rien*, y el verso de la de Montand y Prévert: *Tu vois, je n'ai pas oublié*. No hubo mal que por bien no viniera, como reza el detestable dicho con el que inicié este cuento de mi vida.

Índice onomástico

Bibliografía general

Aguilar, Rubén y Jorge Castañeda, *La diferencia: Radiografía de un sexenio*, México, Grijalbo, 2007.

Aguilar, Rubén y Jorge Castañeda, *El narco, la guerra fallida*, México, Punto de Lectura, 2009.

Aguilar, Rubén y Jorge Castañeda, *Los saldos del narco. El fracaso de una guerra*, México, Punto de Lectura, 2012.

Aguilar Camín, Héctor y Jorge Castañeda, *Un futuro para México*, México, Punto de Lectura, 2009.

Aguilar Camín Héctor y Jorge Castañeda, *Regreso al futuro*, México, Punto de Lectura, 2010.

Aguilar Camín Héctor y Jorge Castañeda, *Una agenda para México*, México, Santillana Ediciones Generales, 2011.

Castañeda, Jorge, *Nicaragua: Contradicciones en la revolución*, México, Tiempo Extra Editores, 1980.

Castañeda, Jorge, *Los últimos capitalismos*, México, Era, 1982.

Castañeda, Jorge, *México: El futuro en juego*, México, Joaquín Mortiz, 1987.

Castañeda; Jorge, *La casa por la ventana: México y América Latina después de la guerra fría*, México, Cal y Arena, 1993.

Castañeda; Jorge, *Sorpresas te da la vida*, México, Aguilar, 1994.

Castañeda; Jorge, *La utopía desarmada. Intrigas, dilemas y promesas de la izquierda en América Latina*, México, Joaquín Mortiz, 1995.

Castañeda; Jorge, *The Mexican shock: its meaning for the United States*, Estados Unidos, New Press, 1996.

Castañeda; Jorge, *The Estados Unidos Affair: Cinco ensayos sobre un "amor" oblicuo*, México, Aguilar, 1996.

Castañeda, Jorge, *La vida en rojo. Una biografía del Che Guevara*, Buenos Aires, Espasa Calpe, 1997.

Castañeda, Jorge, *La herencia: Arqueología de la sucesión presidencial en México*, México, Alfaguara, 1999.

Castañeda, Jorge, *Somos muchos. Ideas para el mañana*, México, Planeta, 2004.

Castañeda, Jorge, *Ex-mex: from migrants to immigrants*, Estados Unidos, The New Press, 2007.

Castañeda, Jorge, *Mañana o pasado. El misterio de los mexicanos*, México, Aguilar, 2011.

Castañeda, Jorge y Enrique Hett, *El economismo dependentista*, México, Siglo XXI Editores, 1978.

Castañeda, Jorge y Marco Morales, *Leftovers: Tales of the Latin American Left*, Estados Unidos, Routledge, 2008.

Castañeda, Jorge y Robert Pastor, *Limits of friendship: the United States and México*, Estados Unidos, Alfred A. Knopf, 1988.

Castañeda, Jorge y Manuel Rodríguez, *¿Y México por qué no?*, México, FCE, Colección Cenzontle, 2008.

Archivos consultados:

Versión Pública de Jorge Castañeda Gutman y Versión Pública de Jorge Castañeda y Álvarez de la Rosa, Archivo General de la Nación, Galería 1.

Archivos del Departamento de Estado de Estados Unidos.

Bibliografía y hemerografía específicas:

Libro 1

Caro, Robert, *The Passage of Power: The Years of Lyndon Johnson*, Estados Unidos, Vintage, 2012.

Castañeda, Jorge, "Es priista la política exterior", *Reforma*, México, 19 de febrero de 2006.

Castañeda, Jorge, "El asesinato de John F. Kennedy y Cuba", *El País*, 24 de mayo de 2012.

Castañeda y Álvarez de la Rosa, Jorge, "Clashes in Mexico", *The New York Times*, 21 de octubre de 1968.

Diario personal de Neoma Gutman, mayo de 1967. Archivo personal de Jorge Castañeda.

Estevez, Dolia, *El Embajador*, México, Ediciones Temas de Hoy, 2013.

García Romo, Francisco, "Puntualización a Castañeda", *El País*, 30 de mayo de 2012.

Montgomery, Paul, "Deaths put at 49 in Mexican clash", The *New York Times*, 4 de octubre de 1968.

Libro 2

Castañeda, Jorge, Memorándum sobre Nicaragua. Archivo personal de Jorge Castañeda

Castañeda , Jorge, "La herencia de un patriota", *Reforma*, México, 14 de diciembre de 1997.

Castañeda, Jorge (alias Elisabeth Granjeas), "Iniatives de droite concessions à la gauche", *Le Monde Diplomatique*, octubre de 1977.

"Cent militants: que valent les formalités juridiques face aux exigences de la demócratié?, desplegado, *Le Monde*, 17 de mayo de 1978.

Paz, Octavio, *Sueños en libertad. Escritos políticos*, México, Seix Barral, 2001.

Libro 3

Aguilar Camín, Héctor; Castañeda, Jorge, "Un futuro para México", *Nexos*, México, 1 de noviembre de 2009.

Aguilar Camín, Héctor; Castañeda, Jorge, "Un futuro para México II", *Nexos*, México, 1 de agosto de 2010.

Asz Sigall, José, Gerardo Fernández Sobrino, Jorge Cervantes Castro, "México y la crisis política por la enfermedad del Sha de Irán", *Cirujano General*, México, v. 27, núm. 1, 2005

Castañeda, Jorge, "El petróleo al servicio de la gran burguesía", *Proceso*, México, 11 de diciembre de 1978.

Castañeda, Jorge, "¿Nacionalismo petrolero o marxismo?", *Proceso*, México, 1 de enero de 1979.

Castañeda, Jorge, "Lo que puede cambiar en el PCM" serie de artículos publicados en el diario *Unomásuno* del día 18 al 24 de octubre de 1980.

Castañeda, Jorge, "Autonomía y democracia", *Reforma*, México, 14 de diciembre de 2005.

Castañeda, Jorge, "Empoderar a los niños", *Reforma*, México, 20 de agosto de 2008.

Castañeda, Jorge; Rodríguez, Manuel, "Una agenda para 2012", *Reforma*, México, 9 de agosto de 2009.

Ceberio, Jesús, "Francia y México reconocen a la guerrilla salvadoreña", *El País*, 29 de agosto de 1981.

Correspondencia de Rolando Morán a Jorge Castañeda, 7 de abril de 1982. Archivo personal de Jorge Castañeda.

Desplegado "Por la renovación del partido comunista mexicano", publicado en el periódico Excelsior en México el 21 de noviembre de 1980.

Fortuny, José Manuel, "Nicaragua: entre Sandino y la dependencia", *Nexos*, México, 1 de mayo de 1980.

García, Márquez, Gabriel, "The solitude of Latin America", trad. de Marina Castañeda, *The New York Times*, 6 de febrero de 1983.

Gilly, Adolfo, "Dependentismo y sandinismo, una tesis", *Unomásuno*, México, 27 de diciembre de 1979.

Granma, Editorial: "El culpable de lo ocurrido en Monterrey se llama Castañeda", Cuba, 26 de marzo de 2002.

Harnecker, Martha, "¿Se la podrá una cabra?", *Chile Hoy*, núm. 37, 23 de febrero de 1973.

Hidalgo, Jorge A.; Millán, Daniel, "Arrecia crisis Cuba-México", *Reforma*, México, 27 de marzo de 2002.

Hierro, Martín, "El Tlatoani en la Torre de Babel", publicación de la célula "26 de julio del PCM", Núm. 7, agosto 1980.

Jordan, Hamilton, *Crisis: The last year of the Carter presidency*, Estados Unidos, Putnam Adult, 1982.

López Portillo, José, *Mis tiempos*, México, Fernández Editores, 1988.

Memorándum confidencial de Salvador Samayoa enviado al Co. Gilberto Rincón Gallardo, sin fecha. Archivo personal de Jorge Castañeda.

Memorándum confidencial de la Misión Especial CG-CPD (Fermán, Bernardo y Manny), del 9 de febrero de 1981, Clasificación D1004-01-09.

Nepomuceno, Eric, "El Salvador: La Ayuda de fuera. Francia y México dan apoyo oficial a la guerrilla", *Veja*, Brasil, 2 de septiembre de 1982.

Ramírez, Carlos, "Nicaragua y Castañeda. Prohibidos para dogmáticos", *Proceso*, México, 1 de marzo de 1980.

Riding, Alan, "Mexico bars return of sha as doctors finish treatment; U.S. sues Iran in worl court", *The New York Times*, 30 de noviembre 1979.

Riding, Alan, "Salvador rebels gain new support", *The New York Times*, 29 de agosto de 1981.

Sánchez Céren, *Salvador, La guerra que no quisimos: El Salvador, 1980-1992*, El Salvador, Ocean Sur, 2012.

Samayoa, Salvador, *El Salvador: La reforma pactada*, El Salvador, UCA Editores, 2002, pp. 37-38.

Sick, Gary, *All fall down. America's Fateful Encounter with Iran*, Estados Unidos, Universe, 2001, pp. 181-186.

Versión pública JCG. 6 de diciembre de 1979.

Videgaray, Luis (@LVidegaray   ), "En Uruguay con @ JorgeGCastaneda y @arios_piter conociendo el Plan Ceibal, que da a cada niño una laptop.", 30 de julio de 2011, tweet.

Weiner, Tim, "Mexico Seizes Official in 'Dirty War' Case of 70's", *The New York Times*, 20 de febrero de 2004.

Libro 4

Aguilar Camín, Héctor, "El canto del futuro", *Nexos*, México, 1 de abril de 1986.

Carreño Figueras, José, "Viaja Fox a EU para posicionarse?", *El Universal*, México, 20 de marzo de 2000.

Carreño Figueras, José, "Cuestiona Fox la relación con Estados Unidos", *El Universal*, México, 22 de marzo de 2000.

Castañeda, Jorge, "Mexico on the Brink", *Foreign Affairs*, Invierno 1985.

Castañeda, Jorge, "Sobre Centroamérica", *Foreign Policy*, Otoño 1985.

Castañeda, Jorge, "¿Qué hacemos en Centroamérica?", *Nexos*, México, 1 de octubre de 1985.

Castañeda, Jorge, "México en la orilla", *Nexos*, México, 1 de febrero de 1986.

Castañeda, Jorge, "México en el mundo ", *Nexos*, México, 1 de febrero de 1987.

Castañeda, Jorge, "Two Roads Await Mexico's Next Chief", *The New York Times*, 8 de octubre de 1987.

Castañeda, Jorge, "La víspera. Cárdenas en Guerrero", *Proceso*, México, 2 de julio de 1988.

Castañeda, Jorge," The Silver Lining in Mexico's Election", *The New York Times*, 13 de julio de 1988.

Castañeda, Jorge, "El expediente del fraude", *Proceso*, México, 18 de julio de 1988.

Cason, Jim y David Brooks "Inmigración y lucha antidrogas, temas de su agenda", *La Jornada*, México, 22 de marzo de 2000.

De la Madrid, Miguel, *Cambio de rumbo*, Fondo de Cultura Económica, México, 2004, pp. 815-818.

GAUSSC , "Los candidatos", 20 de junio de 2000.

Granados Chapa Miguel Ángel, "Vicente Fox", *Reforma*, México, 20 de marzo de 2000.

Suárez, Ray, entrevista a Vicente Fox en PBS Newshour, 21 de marzo de 2000.

Unamuno, Miguel de, ¿Cómo se hace una novela?, Cátedra, España, 2009.

Libro 5

Bustillos, Juan, "Juniorismo editorial", *El Universal*, México, 11 de marzo de 1990.

Caño, Antonio, "Un cabeza de turco mexicano", *El País*, 6 de julio de 1990.

Cárdenas, Cuauhtémoc, *Sobre mis pasos*, Aguilar, México, 2010, pp. 352-354.

Carta de Wayne A. Cornelius dirigida a Otto Granados el 24 de mayo de 1990. Archivo personal de Jorge Castañeda.

Carta dirigida al editor de *Newsweek* el 22 de mayo de 1990, firmada por Pablo Espresate, asistente de prensa de la Oficina de Prensa del Presidente de México. Archivo personal de Jorge Castañeda.

Carta a la prensa de Jorge Castañeda del 15 de junio de 1990. Archivo personal de Jorge Castañeda.

Carta de Carlos Salinas de Gortari publicada en *La Jornada*, 17 de junio de 1990

Cason, Jim, y David Brooks, "Lamenta Hollings el ambiente autoritario de México", *La Jornada*, México, 22 de octubre de 1993.

Castañeda, Jorge, "Hacia la integración", *Proceso*, septiembre de 1989.

Castañeda, Jorge, "Opinion", *Newsweek*, 21 de mayo de 1990.

Castañeda, Jorge, "Cuba a caminar solos", *Proceso*, México, 16 de noviembre de 1991.

Castañeda, Jorge, "The Old Man and the Island", *Newsweek*, 18 de noviembre de 1991.

Castañeda, Jorge, "Castro y los legados de la revolución", *El País*, 27 de noviembre de 1991.

Castañeda, Jorge, "El Bolero", *Proceso*, México, 20 de noviembre de 1993.

Castañeda, Jorge, ¿La última sorpresa?, México, Aguilar, 1994.

Castañeda, Jorge, "Götterdämmerung", *Reforma*, México, 28 de febrero de 2013.

Castañeda, Jorge, y Carlos Heredia, "Hacia otro TLC", *Nexos*, México, 1 de enero de 1993.

Castañeda, Jorge y Roberto Mangabeira Unger, "Después del neoliberalismo: Un nuevo camino", *Nexos*, México, 1 de marzo de 1998.

Cornelius, Wayne A., carta dirigida a *Los Ángeles Times* el 2 de abril de 1990. Publicada en *El Nacional* el 20 de abril bajo el título "Jorge G. Castañeda, vocero de Cuauhtémoc, dice Wayne Cornelius".

Correa, Guillermo, "Ganaderos e indígenas hablan de grupos guerrilleros", *Proceso*, México, 5 de junio de 1993.

Desplegado firmado por el Consejo Nacional de Egresados de Posgrado en Derecho, A.C. "Jorge Castañeda Gutman ¿Académico o Provocador del PRD y Organizador de Campañas contra México en Estados Unidos", *El Financiero*, México, 26 de octubre de 1993, p. 9.

Editorial, "Sí a la libre discusión", *El Nacional*, México, 17 de junio de 1990

Fuentes, Carlos, "Después del neoliberalismo", *Reforma*, México, 20 de abril de 1998.

Guillermoprieto, Alma, "Mexico murder without justice", *The New York Review of Books*, 3 de octubre de 1996.

Informe de Americas Watch, "Los derechos humanos en México: una política de impunidad", 1º de junio de 1990. Disponible en: http://www.hrw.org/reports/1990/06/01/human-rights-mexico-policy-impunity

Informe de Human Rights Watch, México: El Cambio Inconcluso, Avances y desaciertos en derechos humanos durante el gobierno de Fox, HRW, Mayo de 2006, 150 págs.

"New ideas for the old left", *The Economist*, Reino Unido, 15 de enero de 1998.

Paz, Octavio, "Las elecciones de 1994: doble mandato", *Vuelta*, octubre de 1994.

Puig, Carlos, "Una discusión interna en Washington acabó con el secreto de la negociación del acuerdo comercial", Proceso No. 700, México, 30 de marzo de 1990

Rohter, Larry, "Government Critics Harassed in Mexico, Setting Off a Storm", *The New York Times*, 21 de junio de 1990.

Salinas de Gortari, Carlos, *México. Un paso difícil a la modernidad*, Plaza y Janés, Barcelona, 2000, p. 88.

Truell, Robert, "U.S. and Mexico agree to seek free trade pact", Wall Street Journal, Washington, Estados Unidos, 27 de marzo de 1990

Vargas Llosa, Mario, "¿Una izquierda civilizada?", *El País*, 25 de abril de 1993

Libro 6

Capítulo inédito del libro *La diferencia*. Archivo personal de Jorge Castañeda.

Castañeda, Jorge, "Adiós a las grillas", *Proceso*, México, 29 de marzo de 1997.

Castañeda, Jorge, "La polarización mexicana", *El País*, 7 de febrero de 2000.

Castañeda, Jorge, "Conservatism and change", Newsweek, 21 de febrero de 2000.

Castañeda, Jorge, "2 de julio: los escenarios", *Reforma*, México, 4 de febrero de 2000.

Castañeda, Jorge, "Enseñanzas y conjeturas", *Reforma*, México, 19 de junio de 2000.

Castañeda, Jorge, "Las razones de la alternancia", *Reforma*, México, 15 de mayo de 2000.

Castañeda, Jorge, "El 2 de julio, referéndum para el cambio, y el "único que puede" es Fox", *Proceso*, México, 4 de junio de 2000.

"Desnudan a Fox", *Proceso*, México, 25 de noviembre de 2007.

Desplegado "Ni un voto al PRI", publicado en prensa nacional el 8 de mayo de 2000.

Dillon, Sam, "Clean vote vowed in Mexico, but fraud dies hard", *The New York Times*, 28 de junio de 2000.

Fax de Roberto Mangabeira dirigido a Vicente Fox, 12 de septiembre de 1996. Archivo personal de Jorge Castañeda.

Magaloni, Beatriz y Alejandro Poiré, "Strategic coordination in the 2000 mexican presidential race", en Jorge Domínguez y Chappell Lawson, *Mexico's Pivotal Democratic Election: Candidates, Voters, and the Presidential Campaign of 2000*, Stanford University Press, 2003.

"Millenium", documento elaborado por José Luis González. Archivo personal de Jorge Castañeda.

Monsiváis, Carlos, "Cárdenas, la opción de voto más confiable"", *Proceso*, México, 4 de junio de 2000.

Libro 7

Aguayo Quezada, Sergio, "El gabinete de Fox: El equilibrista", *Reforma*, México, 22 de noviembre de 2000.

Archivos del Departamento de Estado. 7 de septiembre del 2000.

Castañeda, Jorge, "Apuntes de política exterior para el gobierno de Vicente Fox: 2000-2006" en: Carlos Elizondo y Luis Maira, eds., *Chile-México: Dos transiciones frente a frente*, México, Centro de Investigaciones y Docencia Económicas, Grijalbo, ProChile, 2000, pp. 333-347.

Castañeda, Jorge, "La gira por Norteamérica", *Reforma*, México, 28 de agosto de 2000.

Editorial, "A new mexican government", *The New York Times*, 27 de noviembre de 2000.

Editorial, "At last, change", *The Economist*, Reino Unido, 23 de noviembre de 2000.

Editorial, "México, el gran cambio", *El Tiempo*, Colombia, 1 de diciembre de 2000.

López Portillo, Jorge, Mis Tiempos, *op. cit.*, p. 915.

Memorándum confidencial a Vicente Fox, octubre 2000. Archivo personal de Jorge Castañeda.

Nota confidencial remitida por Ramón Muñoz al presidente electo en agosto del 2000, llamada "análisis de riegos gabinete". Archivo personal de Jorge Castañeda.

Nota del editor, *The New York Times*, 23 de noviembre de 2000.

Renaud, André, "Le Mexique tourne la page du PRI, Vicente Fox prend ses fonctions", *Le Monde*, 2 de diciembre de 2000.

Sánchez Susarrey, Jaime, "El gabinete de Fox", *Reforma*, México, 18 de noviembre de 2000.

Sullivan, Kevin, "Fox names leftist as foreign minister; executive to guide Mexico´s finance", *The Washington Post*, 23 de noviembre de 2000.

Oppenheimer, Andrés, "Fox y el nuevo protagonismo mexicano", *La Nación*, Argentina, 28 de noviembre de 2000.

Rossi, Clovis, "Uma prévia de Ciro?", *Folha de Sao Paulo*, Brasil, 23 de noviembre de 2000.

Thompson, Ginger, "Fox expected to star naming cabinet today in Mexico", *The New York Times*, 22 de noviembre de 2000.

Libro 8

Cartón de Paco Calderón, *Reforma*, México, 18 de septiembre de 2001.

Comunicado conjunto de los presidente George W. Bush y Vicente Fox,

Rancho San Cristóbal, México, 16 de febrero de 2001.

Cooper, Helene y Scott Malcomson, "Welcome to my world, Barack", *The New York Times Magazine*, Estados Unidos, 16 de noviembre de 2008.

Departamento de Estado de Estados Unidos. Septiembre 2001.

Encuesta de Los Pinos, septiembre de 2001.

Encuesta realizada por el diario *Reforma*, México, 22 de septiembre de 2001.

Greenhouse, Steven, "In U.S. Unions, Mexico finds unlikely ally on inmigration", *The New York Times*, 19 de julio de 2001.

Herzog-Márquez, Jesús Silva, "Washington y el Fox posible", *Reforma*, México, 10 de septiembre de 2001.

Informe confidencial Jorge Castañeda. Enero, 2001. Archivo personal de Jorge Castañeda.

ITAM, *Carnegie Endowment for International Peace, Mexico-U.S. Migration: A Shared Responsibility*, 2001.

Jáuregui, Manuel Jorge, "Sic transit gloria", *Reforma*, México, 7 de septiembre de 2001.

Memorándum confidencial de Collin Powell a George Bush 2001. Archivo personal de Jorge Castañeda.

Meyer, Lorenzo, "Fox en Washington... antes del ataque", *Reforma*, México, 13 de septiembre de 2001.

"Mexico and the United States. Fair-weather friends?", *The Economist*, Reino Unido, 20 de septiembre de 2001.

Ramos, Jorge, "Míster Fox", *Reforma*, México, 9 de septiembre de 2001.

Sondeo de Televisa, septiembre 2001.

Libro 9

Archivo del Departamento de Estado.

Carol, Jorge Williams, "Castaneda Hands In His Resignation", *Los Angeles Times*, 9 de enero de 2003.

Declaración de Vicente Fox, La Habana, Cuba, 4 de febrero de 2002.

Discurso de Jorge Castañeda pronunciado en la Inauguración del Instituto Cultural de México en Miami, 26 de febrero de 2002.

Editorial, "El culpable de lo sucedido en Monterrey se llama Jorge Castañeda", *Granma*, La Habana, Cuba, 26 de marzo de 2002.

Editorial, "Fidel Castro Denuncia la Mundialización y se va", *Le Monde*, 23 de marzo de 2002.

Editorial, "Backtracking on Mexico", *The New York Times*, Estados Unidos, 11 de enero de 2003.

Encuesta realizada por la Coordinación General de Opinión Pública e Imagen de Los Pinos. Abril 2002.

Lévêque, Christine, "Vue par la presse mexicaine", *Le Monde*, 15 de enero de 2003

Memorándum privado a Vicente Fox. Noviembre del 2002. Archivo personal de Jorge Castañeda.

Notas confidenciales enviadas a la Cancillería por el Embajador Gonzalo Martínez Corbalá. Archivo personal de Jorge Castañeda.

"¿Por qué nadie quiere al Güero?", *Cambio*, México, 22 de julio de 2001.

Oppenheimer, Andrés, "México después de Castañeda", *La Nación*, Argentina,14 de enero de 2003.

Ortega Ávila, Antonio, "Fox confirma la renuncia de Castañeda y afronta la primera crisis de su Gobierno", *El País*, 10 de enero de 2003.

Sondeo levantado en abril de 2002. Archivo personal de Jorge Castañeda.

Libro 10

Castañeda, Jorge, "How we fight a losing war", *Newsweek*, 6 de septiembre de 1999.

Castañeda, Jorge, "Golpe a golpe: ¿un quinazo?", *Reforma*, México, 22 de noviembre de 2006.

Castañeda, Jorge, "Golpe a golpe: contra el corporativismo y los monopolios", *Reforma*, México, 23 de noviembre de 2006.

Castañeda, Jorge, "Golpe a golpe: TV, el IMSS y el SNTE", *Reforma*, México, 24 de noviembre de 2006.

Castañeda, Jorge, "Golpe a golpe: la partidocracias y la diferencia", *Reforma*, México, 25 de noviembre de 2006.

Castañeda, Jorge, "¿Guerra contra el narcotráfico?", *El País*, 14 de mayo de 2007.

Castañeda, Jorge, "Mexico's failed war", *Foreign Policy*, enero de 2010.

Castañeda, Jorge; Gómez Mont, Fernando, "Un esfuerzo para legalizar la marihuana", *Reforma*, México, 29 de julio de 2013.

Castañeda, Jorge y Héctor Aguilar Camín, "México explora nuevas tácticas contra las drogas", *El País*, 6 de agosto de 2013.

Encuestas de Grupo Reforma, 24 de mayo 2003.

Encuesta de Consulta Mitofsky, "Así van … la carrera continua rumbo al 2006". Agosto 2004.

La redacción, "Una misteriosa cancelación", *Proceso*, México, 14 de noviembre de 2004.

Memorándum confidencial a Vicente Fox. Archivo personal de Jorge Castañeda.

Redacción, "Legalizar. Un informe", *Nexos*, México, 1 de octubre de 2010.

Starr, Alexandra, "Campaigning for change in Mexico", *The New York Times*, , 24 de junio de 2011.

Índice

Amarres perros, de Jorge G. Castañeda
se terminó de imprimir en marzo de 2015
en los talleres de Litográfica Ingramex, S.A. de C.V.
Centeno 162-1, Col. Granjas Esmeralda,
C.P. 09810, México, D.F.